Institutionalisiertes Controlling als Risiko-Träger

BILDUNG UND ORGANISATION

Herausgegeben von Harald Geißler
und Jendrick Petersen

BAND 27

*Zu Qualitätssicherung und Peer Review*
*der vorliegenden Publikation*

Die Qualität der in dieser Reihe
erscheinenden Arbeiten wird vor der
Publikation von der Herausgeberschaft
geprüft. Dabei ist der Autor der Arbeit dem
Gutachter während der Prüfung nament-
lich nicht bekannt

Jens-R. Olesch

# Institutionalisiertes Controlling als Risiko-Träger

## Theoriegeleitete Verortung und Bewältigungsoptionen im Rahmen eines dialogischen Führungsverständnisses

PETER LANG
EDITION

**Bibliografische Information der Deutschen Nationalbibliothek**
Die Deutsche Nationalbibliothek verzeichnet diese Publikation in der Deutschen Nationalbibliografie; detaillierte bibliografische Daten sind im Internet über http://dnb.d-nb.de abrufbar.

ISSN 0945-9596
ISBN 978-3-631-71379-2 (Print)
E-ISBN 978-3-631-71391-4 (E-Book)
E-ISBN 978-3-631-71392-1 (EPUB)
E-ISBN 978-3-631-71393-8 (MOBI)
DOI 10.3726/b10604


Peter Lang Edition ist ein Imprint der Peter Lang GmbH.

Peter Lang – Frankfurt am Main · Bern · Bruxelles · New York · Oxford · Warszawa · Wien



Diese Publikation wurde begutachtet.

www.peterlang.com

# Inhaltsverzeichnis

# Abbildungsverzeichnis

# Abkürzungsverzeichnis

| | |
|---|---|
| AktG | Aktiengesetz |
| Basel | Baseler Ausschuss für Bankenaufsicht |
| CO | Controlling |
| DCGK | Deutscher Corporate Governance Kodex |
| DRS | Deutsche Rechnungslegungs Standards |
| DRSC | Deutsches Rechnungslegungs Standards Committee |
| FI | Führungsinstanz |
| HGB | Handelsgesetzbuch |
| IE | Istergebnis |
| PE | Planergebnis |

# 1. Problemstellung und Zielsetzung der Forschungsarbeit

## 1.1 Problemstellung: Controlling als Risiko-Träger

Controlling als Teildisziplin der Betriebswirtschaftslehre und Unternehmenspraxis hat über die vergangenen Jahrzehnte eine intensive Beachtung und Einbindung in die betrieblichen Prozesse erfahren.[1] Das Spektrum des Controllings reicht dabei vom bereichsbezogenen über das funktionsbezogene Controlling bis zu Spezialisierungsformen (z.B. Investitions-Controlling, Forschung und Entwicklungs-Controlling).[2]

Der Stellenwert des betrieblichen Controllings wird unter anderem durch dessen Beitrag zur Effizienz von Unternehmen begründet.[3] Im Kern soll das Controlling die Führungsinstanzen bei der zielorientierten Unternehmensführung unterstützen und ihre Handlungen als kritischer Begleiter überwachen.[4]

---

1 Vgl. Binder, Christoph (2006): Die Entwicklung des Controllings als Teildisziplin der Betriebswirtschaftslehre, Wiesbaden: Deutscher Universitäts-Verlag, S. 20ff. (Entwicklung der Anzahl von Controlling-Lehrstühlen und Publikationen zu Controlling-Themen bzw. Stellenanzeigen zu Controlling-Stellen im deutschsprachigen Raum); Schäffer, Utz/Binder, Christoph/Gmür, Markus (2006): Struktur und Entwicklung der Controllingforschung – Eine Zitations- und Kozitationsanalyse in deutschsprachigen wissenschaftlichen Zeitschrift von 1973 bis 2003, Zeitschrift für Betriebswirtschaft, Jg. 76, Heft 4, April 2006, S. 395–440, S. 401ff. (zum Anstieg von Publikationen, die sich mit Themen des Controllings befassen).

2 Vgl. Küpper, Hans U. (2008): Controlling. Konzeption, Aufgaben, Instrumente, 5., überarbeitete Auflage, Stuttgart: Schäffer-Poeschel Verlag, S. 463ff. (Bereichs-, Marketing-, Logistik-, Personal-, Investitions-Controlling); Reichmann, Thomas (2006): Controlling mit Kennzahlen und Management-Tools. Die systemgestützte Controlling-Konzeption, 7., überarbeitete und erweiterte Auflage, München: Verlag Franz Vahlen, S. 109ff. (u.a. Beschaffungs-, Produktions-, Finanz-, Konzern-Controlling).

3 Vgl. Hoffjan, Andreas/Kolberg, Anja/Ufer, Heinz-Werner (2010): Controllingeffizienz in der Praxis – Effizienzverständnis, Einflussfaktoren, Maßnahmen, ZfCM – Zeitschrift für Controlling und Management, Jg. 54, Heft 2, April 2010, S. 96–101, S. 96.

4 Vgl. Horváth, Péter (2009): Controlling, 11., vollständig überarbeitete Auflage, München: Verlag Franz Vahlen, S. 125 (Controlling als Unterstützungsfunktion der Führung); Reichmann 2006, S. 13 (Controlling als zielbezogene Unterstützung in der Führung); Weber, Jürgen/Schäffer, Utz (2008): Einführung in das Controlling, 12., überarbeitete und aktualisierte Auflage, Stuttgart: Schäffer-Poeschel Verlag, S. 15, S. 34 (Controlling als Counterpart der Führungsinstanzen).

Mit der Bereitstellung seines Wissens soll das Controlling die Problemlösungskompetenz von Führungsinstanzen erhöhen.[5] Unter diesen Gesichtspunkten lassen sich für das Controlling unterschiedliche Aufgaben, Funktionen und Rollen darlegen. Diese umfassen neben der Bereitstellung von Fakten- und Methodenwissen[6] auch die Koordination der Führung, die nach Küpper ein wesentliches Merkmal des Controllings darstellt[7].

Unter diesen Aspekten scheint das betriebliche Controlling ein unentbehrlicher Bestandteil des Führungsgeschehens zu sein. Allerdings stellt sich dabei die Frage, in wieweit die Überwachungsfunktion des Controllings nicht ein grundsätzliches Misstrauen gegenüber den Fähigkeiten von Führungsinstanzen zum Ausdruck bringt. Weber/Schäffer sprechen in diesem Zusammenhang von der Bewältigung von Wollens- und Könnens-Problemen der Führungskräfte durch das Controlling.[8]

Folgt man Deyhle, so umfasst Controlling als Element der Führungsaufgabe auch die Selbstkontrolle der Führungsinstanzen.[9] Kontrolle bzw. Überwachung sind Bestandteile des Führungsgeschehens.[10] Damit ist (Selbst-)Kontrolle ein von

---

5 Vgl. Winter, Peter (2007): Risikocontrolling in Nicht-Finanzunternehmen. Entwicklung einer tragfähigen Risikocontrolling-Konzeption und Vorschlag zur Gestaltung einer Risikorechnung, Lohmar-Köln: Josef Eul Verlag, S. 54.

6 Vgl. Winter, Peter (2008): Controlling-Konzeptionen revisited. Definition von Anforderungskriterien an Controlling-Konzeptionen und Thesen für die konzeptionelle Controlling-Forschung, München, Universität München, MPRA Paper Nr. 10503, verfügbar auf: http://mpra.ub.uni-muenchen.de/10503/, Stand: 16.10.2010, S. 23 (Bereitstellung von Faktenwissen über das Berichtswesen); Rissbacher, Clemens/Rissbacher, Christof/Messner, Martin (2008): Zur Rolle des Controllings im Reorganisationsmanagement. Überlegungen auf Basis einer Fallstudie, ZfCM – Zeitschrift für Controlling und Management, Jg. 52, Heft 2, April 2008, S. 116–122, S. 120 (Methodenwissen und soziale Kompetenz von Controllern); Weber/Schäffer 2008, S. 41 (Methodenwissen des Controllings zur Erhöhung der Führungsqualität); Küpper 2008, S. 568ff. (Anforderungen an das Fakten- und Methodenwissen im Controlling).

7 Vgl. Küpper 2008, S. 47.

8 Vgl. Weber/Schäffer 2008, S. 38ff.

9 Vgl. Deyhle, Albrecht/Kottbauer, Markus/Pascher, Dietmar (2010): Manager und Controlling. Kompaktes Controllingwissen für Führungskräfte, Freiburg, Br., Wörthsee: Verlag für ControllingWissen, S. 28/30.

10 Vgl. Deyhle/Kottbauer et al. 2010, S. 27; Link, Jörg (2009): Führungssysteme. Strategische Herausforderung für Organisation, Controlling und Personalwesen, 4., überarbeitete und erweiterte Auflage, München: Verlag Franz Vahlen, S. 7 (Kontrolle als Element der Führungstätigkeit), S. 129 (Führungssystem); Kieser, Alfred/Walgenbach, Peter (2007): Organisation, 5., überarbeitete Auflage, Stuttgart: Schäffer-Poeschel Verlag, S. 32.

der Führungsaufgabe untrennbarer Bestandteil.[11] Vor diesem Hintergrund zeigt sich ein systemischer Fehler im Konstrukt des institutionalisierten Controllings. Seine[12] Überwachungs- bzw. Kontrollfunktion gegenüber den Führungsinstanzen reflektiert das grundsätzliche Misstrauen in deren Verantwortung zu und Umgang mit ihrer Selbstkontrolle.

Wo einzelnen Akteuren – zumindest partiell – Verantwortung und Vertrauen entzogen wird, sind unerwünschte Reaktionen der betreffenden Individuen wahrscheinlich. Opportunistisches bzw. kollusives Handeln beinhaltet Risiken, die innerhalb eines sozialen Systems nicht umfänglich oder wenigstens mit zeitlicher Verzögerung erkannt werden. Mithilfe des institutionalisierten Controllings sollen derlei Risiken identifiziert und transparent gemacht werden.[13] Dieser Sichtweise steht zumindest die Aussage von Weißenberger/Löhr entgegen, wonach die klassische Controllingfunktion nicht speziell auf Risikogesichtspunkte ausgerichtet ist.[14] Folgt man Weber/Schäffer, dann ist auch das Controlling nicht frei von Wollens- und Könnens-Problemen, die seine Wirkung im Unternehmen zumindest teilweise zweifelhaft erscheinen lassen.[15] Das Controlling, das Risiken aufzeigen und bei deren Bewältigung mitwirken soll, wird faktisch zum Risiko-Träger. Den beteiligten Akteuren ist dieses Risiko aber weder bekannt, noch bewusst. Ihnen fehlt systemisch bedingt die Beobachtungsperspektive auf das Controlling als Risiko-Träger. Diese Problemstellung findet in der Controlling- bzw. Führungsliteratur bislang so gut wie keine Beachtung.[16]

---

11 Vgl. Schreyögg, Georg/Koch, Jürgen (2007): Grundlagen des Managements, Wiesbaden: Gabler Verlag, S. 11 (Kontrolle als Phase des Führungsprozesses), S. 143 (Kontrollfunktion als Kompensation zu Risiken aus Selektionsentscheidungen).

12 Wenn in der Folge zur Bezeichnung einzelner Akteure die männliche Geschlechterform verwendet wird, ist hiermit auch immer dessen weibliche Form umfasst. Dies geschieht aus Gründen der Lesbarkeit und hat keine geschlechter-diskriminierende Absicht zum Hintergrund.

13 Vgl. Gleißner, Werner (2008): Grundlagen des Risikomanagements, München: Verlag Franz Vahlen, S. 219 (Verantwortung des Risikocontrollings innerhalb des Risikomanagements); Winter 2007, S. 255 (Risikocontrolling als informations- und methodenbezogene Unterstützung der Unternehmensführung).

14 Vgl. Weißenberger, Barbara E./Löhr, Benjamin W. (2010): Integriertes Risikocontrolling in Industrieunternehmen. Status quo im deutschsprachigen Raum, ZfCM – Zeitschrift für Controlling und Management, Jg. 54, Heft 5, Oktober 2010, S. 336–343, S. 336.

15 Vgl. Weber/Schäffer 2008, S. 432 (Wollens- und Könnens-Probleme im Controlling mit Auswirkungen auf dessen Rationalitätssicherungsfunktion im Führungsgeschehen).

16 Vgl. Jaroschinsky, Alexander/Sekol, Thilo (2014): Wenn Controlling Controlling braucht, Controlling & Management Review, Jg. 58, Heft 4, August 2014, S. 64–71, S. 68.

Die nachfolgende Abbildung 1 fasst die Problemstellung zusammen und gibt einen Überblick über die anschließend dargelegten Bezugsobjekte der Forschungsarbeit.

*Abbildung 1: Problemstellung, Zielsetzung und theoretisches Lösungsmodell*

<u>Problemstellung</u>

Die »traditionelle« Sichtweise auf die Führung und Steuerung von Unternehmen führt im betrieblichen Controlling zu risikobehafteten Handlungen, die den beteiligten Akteuren verborgen bleiben. Damit wird das Controlling zum Risiko-Träger innerhalb des Führungsgeschehens.

↓

<u>Praxis- und Theoriedefizit</u>

| | |
|---|---|
| Praxisdefizit | Die Einbindung des Controllings in das betriebliche Führungsgeschehen führt zu risikobehafteten Handlungen, die den beteiligten Akteuren systemisch verschlossen bleiben. |
| Theoriedefizit | Es existiert kein Modell zur Identifizierung des Controllings als Risiko-Träger. |

↓

<u>Zielsetzung</u>

Aufzeigen des Controllings als Risiko-Träger im betrieblichen Führungsgeschehen und Ableitung von Bewältigungsoptionen im Rahmen des Ansatzes »dialogische Steuerung«.

↓

<u>Theoretisches Lösungsmodell</u>

| | |
|---|---|
| Managementforschung | Darlegung charakteristischer Merkmale von Managementtheorien und Führungskonzepten. |
| Controllingforschung | Beschreibung von konzeptionellen Ansätzen zu Aufgaben und Funktionen sowie Rollenbildern des betrieblichen Controllings. |
| Theorie sozialer Systeme | Erklärung von Unternehmen als soziale Systeme, die aus Kommunikationen ihrer Akteure bestimmt werden. |
| Prinzipal-Agenten-Theorie | Darlegung charakteristischer Merkmale von Agenturbeziehungen im betrieblichen Führungsgeschehen. |
| Verfügungsrechtetheorie | Erklärung von Entscheidungs- und Handlungsspielräumen im Kontext unvollständiger Verträge. |
| Strukturationstheorie | Erklärung sozialer Systeme aus Sinnzuweisung, Handlung und Machtausübung betrieblicher Akteure. |
| Risikotheorie | Erklärung von systemischen, verhaltens– bzw. handlungsbezogenen Risiken und deren Steuerung im Führungskontext. |
| | Ableitung des Controllings als Risiko-Träger innerhalb des betrieblichen Führungsgeschehens. |
| Dialogisches Management | Aufzeigen des dialogischen Ansatzes als Alternative zur »traditionellen« Führung. |
| Dialogische Steuerung | Ableitung von Bewältigungsoptionen zum Controlling als Risiko-Träger im Kontext eines dialogischen Steuerungsansatzes. |

## 1.2 Praxis-, Forschungsdefizit und Forschungsfragen

In der betrieblichen Praxis wird dem Controlling bei der Identifizierung und Bewältigung von Risiken eine bedeutende Stellung beigemessen. Dies zeigt sich unter anderem in der Schaffung von Instanzen des betrieblichen Risikocontrollings.[17] Gegenüber den anderen Controlling-Instanzen scheint das Risikocontrolling eine besondere Stellung einzunehmen, weisen doch Weißenberger/Löhr darauf hin, dass im Grenzfall das Risikocontrolling ein direktes Vortragsrecht gegenüber der Unternehmensleitung haben soll.[18] Damit scheint die Rolle des betriebswirtschaftlichen Controllings innerhalb der Unternehmensführung relativiert. In Fällen, in denen das Controlling durch Weisungen anderer Führungsinstanzen in seinem Handeln gebunden ist, kann es möglicherweise nur bedingt zur Identifizierung und Bewältigung von Risiken beitragen. Ähnliches ist zu erwarten, wenn das Controlling sich zur Verfolgung mikropolitischer Ziele[19] mit anderen Linienstellen zusammenschließt. Reimer/Orth weisen in diesem Zusammenhang auf das Spannungsfeld zwischen Mikropolitik und Steuerungsfunktion des Controllings hin.[20] Darüber hinaus ist davon auszugehen, dass Führungsinstanzen sich bei der Kommunikation bzw. Umsetzung unangenehmer Entscheidungen auf das Controlling als Urheber der Entscheidung berufen und sich damit aus ihrer Entscheidungsverantwortung herausstehlen. In diesem Fall wird dem Controlling eine entscheidungsbeeinflussende, wenn nicht entscheidungsbestimmende Rolle zugewiesen. Damit besteht das Risiko der Manipulation von Führungshandlungen durch das Controlling.

Die betriebliche Praxis erwartet vom Controlling eine Reihe von Fähigkeiten. Hierzu zählt neben Fachkenntnissen auch die »Managementfähigkeit«, die sich

17 Vgl. Weißenberger/Löhr 2010, S. 337f. (empirische Untersuchungen zur Integration des Risikocontrollings in die Unternehmensführung); Winter 2007, S. 175 (Risikocontrolling als neu geschaffener Themenkomplex in Wissenschaft und Praxis); Gleißner 2008, S. 206 (Koordination und Entwicklung von Methoden des Risikomanagements).

18 Vgl. Weißenberger, Barbara E./Löhr, Benjamin W. (2008b): Verzahnung des Risikocontrollings mit den traditionellen Controllingaktivitäten. Konzeptionelle Gestaltungsvorschläge und Status quo im deutschsprachigen Raum, Gießen, Justus Liebig Universität, Working Paper 4/2008, verfügbar auf: http://wiwi.uni-giessen.de/controlling/, Stand: 09.07.2008, S. 12.

19 Vgl. Schreyögg/Koch 2007, S. 321 (Mikropolitik als Gegenstand politischer Prozesse in Organisationen).

20 Vgl. Reimer, Marko/Orth, Mathias (2008): Die Bedeutung verhaltensorientierter Aspekte in der Controllingausbildung an deutschen Hochschulen, Zeitschrift für Planung & Unternehmenssteuerung, Jg. 19, Heft 2, August 2008, S. 185–205, S. 198.

in der kritischen Hinterfragung und der Unabhängigkeit des Controllings widerspiegelt.[21] Erfolgreiche Controller sind ihrem Aufgabenspektrum nachdrücklich zugetan; sie „verbinden eine intensivere Beraterfunktion mit einer intensiveren Informationsversorgung“[22]. Ihr Aufgabenfeld ist weit gefächert, sie nehmen eine Vielzahl von Rollen[23] innerhalb des Unternehmens ein. Dabei scheint gerade diese Vielfalt an wahrgenommenen Aufgaben zur Unsicherheit auf Seiten der Führungsinstanzen gegenüber dem Controlling zu führen.[24] Es ist davon auszugehen, dass solcherlei Unsicherheitszonen vom Controlling bewusst oder unbewusst zur Ausübung von Macht und Durchsetzung eigennützlicher Ziele genutzt werden können.[25] Das Controlling als Risiko-Träger wird diesbezüglich den anderen betrieblichen Instanzen nicht einmal erkennbar, denn es verbirgt sein risikobehaftetes Handelns quasi hinter seiner institutionalisierten Allgegenwärtigkeit.

Diese Sichtweise wird in der Literatur kaum diskutiert. Das Controlling als Risiko-Träger erfährt so gut wie keine Beachtung. Allenfalls bei Paefgen finden sich Hinweise auf die Notwendigkeit zur Rationalitätssicherung[26] bzw. zur Bewältigung von Rationalitätsdefiziten[27] im Controlling. In diesem Zusammenhang

---

21 Vgl. Weber, Jürgen (2007): Aktuelle Controllingpraxis in Deutschland. Ergebniss des WHU-Controllerpanels, Vallendar/Rhein, WHU – Otto Beisheim Graduate School of Management, verfügbar auf: http://www.whu.edu/uploads/media/Ergebnisbericht_WHU-Controllerpanel_2007.pdf, Stand: 26.06.2011, S. 13.

22 Weber, Jürgen (2010b): Was unterscheidet erfolgreiche von nicht erfolgreichen Controllern?, ZfCM – Zeitschrift für Controlling und Management, Jg. 54, Heft 2, April 2010, S. 91–95, S. 93.

23 Siehe Kapitel 2.3, S. 44ff.

24 Vgl. Weber, Jürgen (2008): Rollen der Controller – Theoretische Herleitung und empirische Erkenntnisse, in: Weber, Jürgen/Vater, Hendrik/Schmidt, Walter/Reinhard, Hartmut/Ernst, Edgar (Hrsg.): Die neue Rolle des Controllers. Aufgaben, Anforderungen, Best Practices, Stuttgart: Schäffer-Poeschel Verlag, S. 3–14, S. 4.

25 Zu Unsicherheitszonen als Machtmittel vgl.Scherm, Ewald/Pietsch, Gotthard (2007): Organisation. Theorie, Gestaltung, Wandel, München: Oldenbourg, S. 85 ; Kieser/Walgenbach 2007, S. 57ff., mit Verweis auf Crozier, Michael/Friedberg, Erhard (1993): Die Zwänge des kollektiven Handelns. Über Macht und Organisation, Frankfurt a.M.: Athenäum/Hain.

26 Vgl. Paefgen, Anne (2008b): Rationalitätssicherung im Controlling, ZfCM – Zeitschrift für Controlling und Management, Sonderheft 3, November 2008, S. 80–88, S. 81 (eigennützliches Handeln, kognitive Begrenzungen/Verzerrungen im Controlling).

27 Vgl. Paefgen, Anne (2008a): Rationalitätsdefizite im Handeln von Controllern. Ausprägungsformen und Gegenmaßnahmen. Dissertation, WHU – Otto Beisheim School of Management, Wiesbaden: Gabler Verlag, S. 3 (Rationalitätsdefizite im Controlling

wird zwar auf mögliche kollusive Handlungen von Controllern und Führungskräften hingewiesen[28], eine weiterführende Diskussion des Controllings als Risiko-Träger erfolgt aber nicht. Dabei erscheint insbesondere vor dem Hintergrund der Informationsversorgungsfunktion des Controllings[29] eine risikoorientierte Reflexion dieser Instanz geboten. Das Vorliegen von Informationsasymmetrien zwischen Controlling und Führungsinstanzen wird jedoch auch in der Literatur nicht bezweifelt.[30] Die asymmetrische Verteilung von Informationen zwischen dem Controlling und den Führungsinstanzen weist auf das Controlling als kontingente Manipulationsinstanz im Unternehmen hin.[31] Was also charakterisiert das Controlling, wenn es um die Bewältigung von Defiziten in der Unternehmensführung geht? Kann das Controlling vor diesem Hintergrund dem Anspruch an seine rationalitätssichernde Funktion im Führungsprozess[32] gerecht werden?

Mit Bezug auf die »Behavioral Economics« als wirtschaftswissenschaftliches Erkenntnisobjekt wird insbesondere das Vorhandensein rationaler Akteure bezweifelt.[33] Individuen unterliegen kognitiven Dissonanzen, die ihre rationale Urteilsfähigkeit beeinträchtigen.[34] Aus solcherlei Rationalitätslücken wird unter

---

durch Unzufriedenheit, mangelnder Perspektive bzw. nicht kontrollierbare Handlungsspielräume).

28 Vgl. Weber/Schäffer 2008, S. 432.

29 Vgl. Weber/Schäffer 2008, S. 43; Wall, Friederike (2008a): Controlling zwischen Entscheidungs- und Verhaltenssteuerungsfunktion. Konzeptionelle Gemeinsamkeiten und Unterschiede innerhalb des Fachs, DBW – Die Betriebswirtschaft, Jg. 68, Heft 4/2008, S. 463–482, S. 470; Winter 2008, S. 23.

30 Vgl. Paefgen 2008b, S. 83; Maas, Victor S./Matějka, Michal (2009): Balancing the Dual Responsibilities of Business Unit Controllers: Field and Survey Evidence, The Accounting Review, Jg. 84, Nr. 4, Juli 2009, S. 1233–1253, S. 1236 (mit weiteren Verweisen); Hartmann, Frank G. H./Maas, Victor S. (2010): Why Business Unit Controllers Create Budget Slack: Involvement in Management, Social Pressure, and Machiavellianism, Behavioral Research In Accounting, Jg. 22, Nr. 2, S. 27–49, S. 29 (Ermessensspielräume im Controlling und Nutzung von Informationsasymmetrie).

31 Vgl. Reimer/Orth 2008, S. 200.

32 Vgl. Weber/Schäffer 2008, S. 33ff.

33 Vgl. Herrmann-Pillath, Carsten (2009): Elements of a Neo-Veblenian Theory of the Individual, Journal of Economic Issues, Jg. 43, Nr. 1, März 2009, S. 189–214, S. 190/194.

34 Vgl. Pronin, Emily/Puccio, Caroly/Ross, Lee (2008): Understanding Misunderstanding: Social Psychology Perspective, in: Gilovich, Thomas/Griffin, Dale/Kahneman, Daniel (Hrsg.): Heuristics and biases. The Psychology of Intuitive Judgment, Nachdruck der Erstausgabe von 2002, Cambridge: Cambridge University Press, S. 636–665, S. 637.

anderem die Existenz von betrieblichen Führungsinstanzen begründet.[35] Diese Führungsinstanzen unterliegen ihrerseits der Kontrolle durch interne bzw. externe Überwachungsorgane, insbesondere auch im Zusammenhang mit der Identifizierung und Bewältigung von Risiken.[36] Nicht zuletzt die Anforderungen zur Corporate Governance zeigen diesbezüglich eine intensive Auseinandersetzung mit dem Problem der Überwachung von Führungsinstanzen.[37]

Sowohl in der betrieblichen Praxis als auch in der Literatur zeigt sich das Controlling als Überwachungsinstanz innerhalb der Unternehmensführung. Es stellt sich allerdings die Frage, in wieweit betriebliches Controlling nicht auch Risiko-Träger in sich ist. Diese Frage wird im Rahmen der Forschungsarbeit zum Controlling als Risiko-Träger untersucht. Somit stellen sich aus dieser Perspektive zwei Forschungsfragen:

> <u>Forschungsfrage 1</u>. Warum kann sich das betriebliche Controlling als systemisch bedingter Risiko-Träger im Führungsgeschehen ausprägen, ohne dass dies den beteiligten Akteuren sichtbar wird?
>
> <u>Forschungsfrage 2</u>. Kann im Rahmen der dialogischen Führung das betriebliche Controlling als Risiko-Träger vermieden bzw. bewältigt werden?

---

35 Vgl. Kühl, Stefan (2010): „Rationalitätslücken" – Ansatzpunkt einer sozialwissenschaftlich informierten Organisationsberatung, in: Kühl, Stefan/Moldaschl, Manfred (Hrsg.): Organisation und Intervention. Ansätze für eine sozialwissenschaftliche Fundierung von Organisationsberatung, München und Mering: Rainer Hampp Verlag, S. 215–243, S. 222.

36 Vgl. Holder-Webb, Lori/Sharma, Divesh S. (2010): The Effect of Governance on Credit Decisions and Perceptions of Reporting Reliability, Behavioral Research In Accounting, Jg. 22, Nr. 1, S. 1–20, S. 3 (Bedeutung des Aufsichtsrates bzgl. der Überwachung der Führungskräfte); Quick, Reiner/Warming-Rasmussen, Bent (2007): Unabhängigkeit des Abschlussprüfers – Zum Einfluss von Beratungsleistungen auf Unabhängigkeitswahrnehmungen von Aktionären, Zeitschrift für Betriebswirtschaft, Jg. 77, Heft 10, Oktober 2007, S. 1007–1033, S. 1008 (Bedeutung des Abschlussprüfers); Quick, Reiner/Wiemann, Daniela (2011): Zum Einfluss der Mandatsdauer des Abschlussprüfers auf die Prüfungsqualität, Zeitschrift für Betriebswirtschaft, Jg. 81, Heft 9, September 2011, S. 915–943, S. 918 (Abschlussprüfer als Korrektiv bzgl. Informationsasymmetrie zwischen Unternehmensleitung und Eigentümern).

37 Vgl. Velte, Patrick (2009): Die Implementierung von Prüfungsausschüssen/Audit Committees des Aufsichtsrats/Board of Directors mit unabhängigen und finanzkompetenten Mitgliedern, Journal für Betriebswirtschaft, Jg. 59, Nr. 2–3, November 2009, S. 123–174, S. 125ff., mit weiteren Verweisen.

## 1.3 Zielsetzung und Vorgehensweise der Forschungsarbeit

Diese Forschungsarbeit zum Controlling verfolgt das Ziel, Konstellationen zu identifizieren, unter denen das betriebliche Controlling zum Risiko-Träger wird, sowie Optionen zur Bewältigung dieser Problemstellung im Rahmen eines dialogischen Führungsverständnisses abzuleiten.

Mittels des Ansatzes einer beobachtenden Perspektive soll der Blick auf risikobehaftete Handlungen des Controllings ermöglicht werden. Die Forschungsarbeit umfasst folgende Vorgehensweise:

Nach den Darlegungen zur Problemstellung, dem Praxis- und Forschungsdefizit sowie zu ihrer Zielsetzung wird das Strukturierungsmodell zur Bewältigung des Controllings als Risiko-Träger aufgezeigt.

Im Abschnitt »Unternehmensführung und Controlling« (Kapitel 2) werden beide Bezugsobjekte einer begrifflichen Bestimmung unterzogen und zueinander abgegrenzt. In der Folge wird das Controlling anhand seiner Aufgaben, Funktionen und Rollen beschrieben. Diese Bezugspunkte werden im Zuge der Identifizierung (Kapitel 5) und Bewältigung (Kapitel 6) des Controllings als Risiko-Träger wieder aufgenommen.

Der Abschnitt »Risiko und Controlling im Unternehmen« (Kapitel 3) umfasst die begriffliche und inhaltliche Auseinandersetzung mit dem Risiko als Erscheinungstatbestand der Unternehmensführung. Neben den rechtlichen Rahmenbedingungen zur Führung von Unternehmen wird aufgezeigt, wie der Gesetzgeber bzw. die betriebswirtschaftliche Forschung den Beitrag des Controllings zur Risikobewältigung sehen. Dies ermöglicht, in einer grundsätzlichen Skizzierung das Controlling als Risiko-Träger zu beschreiben.

Mit dem Abschnitt zum theoretischen Rahmen des Controllings als Risiko-Träger (Kapitel 4) werden die Theoriebezüge der Forschungsarbeit hergestellt. Damit wird die methodische Herleitung zum Controlling als Risiko-Träger (Kapitel 5) fundiert. Innerhalb dieses Abschnittes erfolgt die Ableitung des Controllings als Risiko-Träger.

Auf dieser Basis setzt der Abschnitt zur dialogischen Führungs als Lösungsansatz zur Bewältigung des Controllings als Risiko-Träger (Kapitel 6) auf. Bezugspunkt ist hierbei das dialogische Verständnis von Führung und daraus resultierende Veränderungen im Selbstverständnis von Führungskräften und ihrer sozialen Austauschbeziehungen im Führungsgeschehen. Das Kapitel schließt mit der Darlegung grundsätzlicher Optionen zum Umgang mit dem Controlling als Risiko-Träger.

Die Forschungsarbeit schließt mit einer zusammenfassenden Darstellung zur Identifizierung und Bewältigung der Problemstellung »Controlling als Risiko-

Träger« und gibt einen Ausblick auf weiteren Forschungsbedarf zu diesem Problemfeld.

*Abbildung 2: Aufbau der Forschungsarbeit*

**Controlling als Risiko-Träger: Identifizierung und Bewältigungsoptionen im Kontext dialogischer Führung**

| | | |
|---|---|---|
| Problemstellung »Controlling als Risiko -Träger«, Praxis- Forschungsdefizit und Forschungsfragen, Zielsetzung, Vorgehensweise und Strukturierungsmodell. | Kapitel 1 | »Problemstellung und Zielsetzung« |
| Begriffsbestimmungen zu »Unternehmensführung« und »Controlling«. Aufgaben, Funktionen und Rollen des Controllings. | Kapitel 2 | »Das Erkenntnisobjekt Controlling« |
| Risikoorientierte Unternehmensführung und Controlling. Begriffsbestimmung »Risiko« und Beitrag des Controllings zur Risikobewältigung. | Kapitel 3 | »Das Erkenntnisobjekt Risiko im Kontext der Unternehmensführung« |
| Theoretischer Rahmen der Forschungsarbeit. | Kapitel 4 | »Theoriegestützte Ableitung des Controllings als Risiko-Träger« |
| Controllings als Risiko-Träger. | Kapitel 5 | »Modellgestützte Identifizierung des Controllings als Risiko-Träger« |
| Dialogische Führung als Lösungsansatz zur Bewältigung des Controllings als Risiko-Träger. | Kapitel 6 | »Dialogische Führung als Ergänzung bzw. Alternative zum institutionalisierten Controlling« |

## 1.4 Theoretisches Lösungsmodell

Ausgangsbasis der Forschungsarbeit ist das institutionelle Controlling als Risiko-Träger innerhalb der Steuerung des sozialen Systems »Unternehmen«. Mit dieser Problemformulierung sind die Bezugsobjekte des Lösungsmodells determiniert.

Im Zentrum der Betrachtung steht das Erkenntnisobjekt »Controlling« und seine Aufgaben, Funktionen und Rollen innerhalb des Führungsgeschehens.

Auf dieses Erkenntnisobjekt greift der theoretische Rahmen bzw. Praxisbezug zurück, um das Controlling als Risiko-Träger zu identifizieren und Optionen zur Problembewältigung abzuleiten.

Dabei wird mit Hilfe einer systematischen Beobachtungsperspektive[38] auf die sozialen Austauschbeziehungen[39] und -prozesse der Akteure im Controlling und in den Führungsinstanzen die Identifizierung und Erklärung des Controllings als Risiko-Träger möglich. Auf dieser Basis lassen sich systemische bzw. verhaltensbezogene Risiken des institutionalisierten Controllings aufzeigen und den betroffenen Akteuren erläutern. Schließlich erlaubt diese Beobachtungsperspektive auch, Optionen zur Bewältigung des Controllings als Risiko-Träger aufzuzeigen.

Diese Forschungsarbeit soll einen Beitrag zur Bewältigung des Controllings als Risiko-Träger leisten. Um das Controlling als Risiko-Träger transparent zu machen, wird die Perspektive der »Beobachtung zweiter Ordnung« eingenommen.[40] Eine solche Beobachtungsperspektive ermöglicht das Sichtbarmachen von »blinden Flecken«, die den betreffenden Akteuren systembedingt verschlossen sind.[41] Mit den Bezugsobjekten des systemischen[42] und des verhaltensbezogenen[43]

---

38 Zur Bedeutung der Beobachtungsperspektive für das Verstehen vgl. Schneider, Wolfgang Ludwig (2009): Grundlagen der soziologischen Theorie, 2. Auflage, Wiesbaden: VS Verlag für Sozialwissenschaften, S. 148.

39 Vgl. Ahrens, Sophie (2009): Soziale Netzwerktheorie, in: Schwaiger, Manfred/Meyer, Anton (Hrsg.): Theorien und Methoden der Betriebswirtschaft, München: Verlag Franz Vahlen, S. 299–314, S. 308; Ballinger, Gary A./Rockmann, Kevin W. (2010): Chutes versus Ladders: Anchoring Events and a Punctuated-Equilibrium Perspective on Social Exchange Relationships, Academy of Management Review, Jg. 35, Nr. 3, Juli 2010, S. 373–391, S. 374 (zur Bedeutung von sozialen Austauschbeziehungen auf das Verhalten von Akteuren); Kieser/Walgenbach 2007, S. 58 (Organisationen als Ergebnis von Aushandlungsspielen der Akteure).

40 Vgl. Luhmann, Niklas (2006): Organisation und Entscheidung, 2. Auflage, Wiesbaden: VS Verlag für Sozialwissenschaften, S. 130 (mit weiteren Verweisen).

41 Vgl. Luhmann, Niklas (1994): Die Wirtschaft der Gesellschaft, Frankfurt am Main: Suhrkamp Verlag, S. 180.

42 Vgl. Gillespie, Nicole/Dietz, Graham (2009): Trust Repair After an Organization-Level Failure, Academy of Management Review, Jg. 34, Nr. 1, Januar 2009, S. 127–145, S. 132; Krahnen, Jan Pieter (2011): „Das systemische Risiko ist letztlich die Ursache für die ganze Misere", Zeitschrift für das gesamte Kreditwesen, Jg. 64, Nr. 23 vom 01.12.2011, S. 1248–1251, S. 1249; Kane, Edward J. (2010): Redefining and Containing Systemic Risk, Atlantic Economic Journal, Jg. 38, Nr. 3, S. 251–264, S. 252.

43 Vgl. Holtz, Brian C./Harold, Crystal M. (2008): When your boss says no! The effects of leadership style and trust on employee reactions to managerial explanations, Journal of Occupational and Organizational Psychology, Jg. 81, Nr. 4, S. 777–802, S. 779; Scholz,

Risikos wird eine Perspektive auf die Handlungen der Akteure »Controlling« und »Führungsinstanzen« gewählt.

Sowohl die Akteure in den Führungsinstanzen als auch im Controlling können ihre eigenen Handlungen nur bedingt beobachten. Diese Handlungen können zu systemischen Risiken führen, die beiden Akteuren nicht erkennbar sind. Mittels einer systematischen Beobachtungsperspektive können diese blinden Flecken sichtbar gemacht und bewältigt werden.[44]

Die Sicht auf Unternehmen als soziale Systeme bezieht sich auf die beteiligten Akteure mit ihren unterschiedlichen Bedürfnissen, Fähigkeiten und Zielsetzungen.[45] Damit wird das wechselseitige Beziehungsgeflecht dieser Akteure innerhalb ihres sozialen Systems in den Vordergrund gestellt.[46] Das Controlling als Risiko-Träger kann aus dieser Perspektive heraus als systemisches Problem erklärt werden. Das heißt, dass Risiken den beteiligten Akteuren aufgrund der konzeptionellen Gestaltung von Aufgaben und Funktionen des institutionalisierten Controllings nicht erkennbar sind. Im Rahmen ihrer sozialen Austauschbeziehungen bewegen sich Führungsinstanzen und Controlling innerhalb eines gemeinsam gestalteten und gelebten Systems.[47] Sowohl ihre Erwartungen als auch ihre Handlungen prägen und reproduzieren dieses System.[48]

Die nachstehende Abbildung 3 fasst die Strukturierung des theoretischen Lösungsmodells zusammen.

---

Christian (2010): Was eigentlich ist „gutes" Personalmanagement? Einige Anregungen zur Professionalisierungsdebatte, Zeitschrift für Management, Jg. 5, Heft 3, September 2010, S. 221–252, S. 233; Merna, Tony/Al-Thani, Faisal F. (2008): Corporate risk management, 2. Auflage, Chichester, Hoboken (NJ): Wiley, S. 14.

44 Zur Beobachtung als Einnehmen einer Außen- bzw. Binnenperspektive auf das soziale Geschehen vgl. Kirsch, Werner/Seidl, David/van Aaken, Dominik (2007): Betriebswirtschaftliche Forschung. Wissenschaftstheoretische Grundlagen und Anwendungsorientierung, Stuttgart: Schäffer-Poeschel Verlag, S. 80.

45 Vgl. Königswieser, Roswita/Hillebrand (2004): Einführung in die systemische Organisationsberatung, Heidelberg: Carl-Auer Verlag, S. 31.

46 Vgl. Ellebracht, Heiner/Lenz, Gerhard/Osterhold, Gisela (2009): Systemische Organisations- und Unternehmensberatung. Praxishandbuch für Berater und Führungskräfte, 3., überarbeitete und erweiterte Auflage, Wiesbaden: Gabler Verlag, S. 14.

47 Zur Bedeutung von sozialen Austauschbeziehungen organisationaler Akteure vgl. Ahrens 2009, S. 308; Holtz/Harold 2008, S. 778; Tekleab, Amanuel G./Chiaburu, Dan S. (2011): Social exchange: Empirical examination of form and focus, Journal of Business Research, Jg. 64, Nr. 5, Mai 2011, S. 460–466, S. 461; Ballinger/Rockmann 2010, S. 374.

48 Vgl. Gargiulo, Martin/Ertug, Gokhan/Galunic, Charles (2009): The Two Faces of Control: Network Closure and individual Performance among Knowledge Workers, Administrative Science Quarterly, Jg. 54, Nr. 2, S. 299–333, S. 301.

*Abbildung 3: Strukturierung des Lösungsmodells*

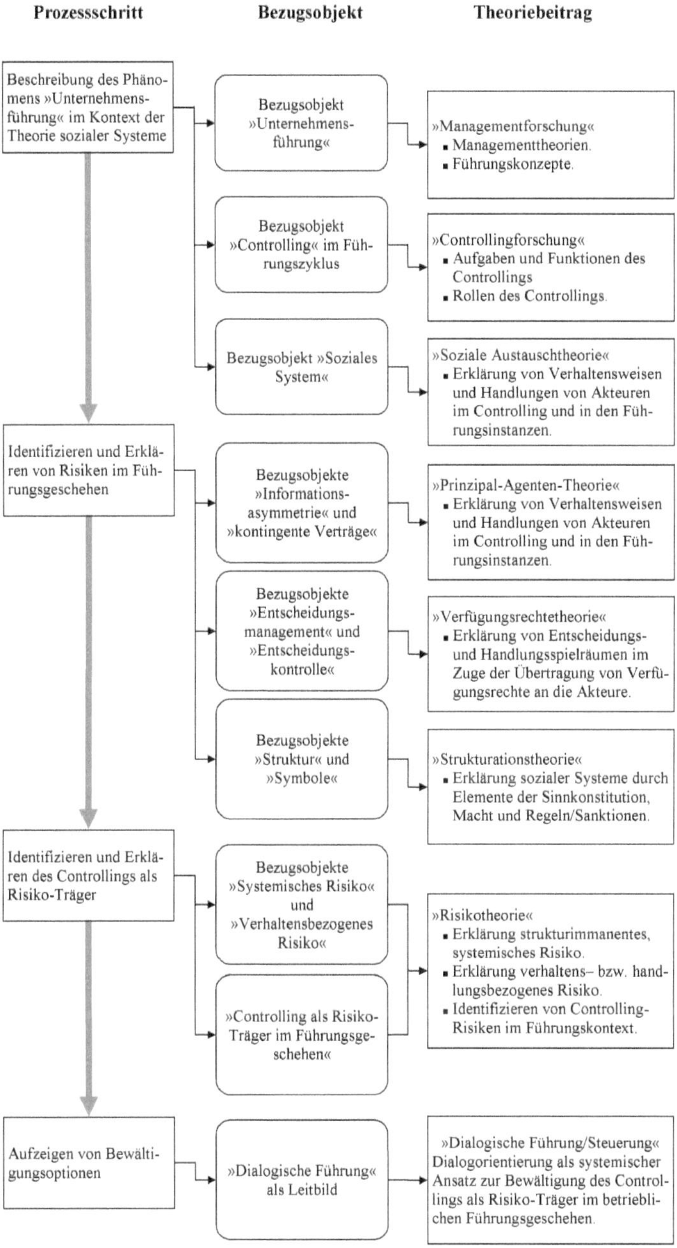

# 2. Unternehmensführung und Controlling

## 2.1 Begriffsbestimmungen und Abgrenzungen

In der Folge werden zunächst die Erkenntnisobjekte »Unternehmen«, »Unternehmensführung« und »Controlling« einer begrifflichen Einordnung unterzogen. Damit wird die Basis zur inhaltlichen Bestimmung weiterer Begriffe gelegt, die innerhalb der Führung und Steuerung von Unternehmen für diese Forschungsarbeit von Belang sind. Im Rahmen des Lösungsansatzes dieser Forschungsarbeit[49] werden die Erkenntnisobjekte »Führung« und »Steuerung« wieder aufgegriffen und im Zuge eines dialogisch orientierten Verständnisses aufgespannt.

Unternehmen stellen eine rechtliche Einheit dar, die erwerbswirtschaftlich ausgerichtet ist und innerhalb eines marktwirtschaftlichen Systems autonom handelt.[50] Die neoklassische Theorie versteht Unternehmen als gewinnzielorientierte Institution, die mittels einer Produktionsfunktion beschreibbar ist.[51] Die Existenz von Unternehmen (Organisationen) begründet sich daraus, dass Märkte den Akteuren keine klaren Entscheidungsdirektiven geben und Entscheidungsprobleme durch Unternehmen zu geringeren Transaktionskosten gelöst werden können.[52] Im Kontext der Institutionenökonomik werden Unternehmen als ein Nexus von Verträgen betrachtet.[53] Charakteristisch hierbei ist, dass die Akteure

49 Siehe Kapitel 6 »Dialogische Führung als Lösungsansatz zur Bewältigung des Controllings als Risiko-Träger«, S. 315ff.

50 Vgl. Müller, Hans-Erich (2010): Unternehmensführung. Strategien – Konzepte – Praxisbeispiele, München: Oldenbourg, S. 8.

51 Vgl. Richter, Rudolf/Furubotn, Eirik Grundtvig (2003): Neue Institutionenökonomik. Eine Einführung und kritische Würdigung, 3., überarbeitete und erweiterte Auflage, Tübingen: Mohr Siebeck, S. 394ff.

52 Vgl. Luhmann 2006, S. 19.

53 Vgl. Rausch, Alexandra (2011): Reconstruction of decision-making behavior in shareholder and stakeholder theory: implications for management accounting systems, Review of Managerial Science, Jg. 5, Nr. 2–3, S. 137–169, S. 141; Chiapello, Eve (2009): Die Konstruktion der Wirtschaft durch das Rechnungswesen, in: Diaz-Bone, Rainer/Krell, Gertraude (Hrsg.): Diskurs und Ökonomie. Diskursanalytische Perspektiven auf Märkte und Organisationen, Wiesbaden: VS Verlag für Sozialwissenschaften, S. 125–149, S. 129; Frey, Bruno S./Osterloh, Margit (2005): Yes, Managers Should Be Paid Like Bureaucrats, Journal of Management Inquiry, Jg. 14, Nr. 1, S. 96–111, S. 98 (hier in Abgrenzung zum Verständnis von Unternehmen als Ressouren-Pools, die einer gemeinsamen Bewirtschaftung unterliegen).

unvollständige Verträge miteinander schließen, weil sie die Transaktionskosten der Vertragsgestaltung und des Vertragsabschlusses gering halten wollen.[54] Mit Bezug auf die Organisationstheorie lassen sich Unternehmen als soziale Gebilde bezeichnen, die durch Zielbezüge und formale Strukturen gekennzeichnet sind.[55] Unternehmen als eine mögliche organisationale Ausprägungsform lassen sich in diesem Zusammenhang instrumentell (Unternehmen haben eine Organisation) und institutionell (Unternehmen sind Organisationen) betrachten.[56] Die im Unternehmen handelnden Akteure folgen Regeln der Organisation. Im Rahmen von Austauschprozessen zwischen den Handelnden entstehen Regeln ihres Miteinanders; solche Aushandlungsspiele finden vor dem Hintergrund ungleicher Ausgangsbedingungen bzw. kontingenter Spielregeln der beteiligten Akteure statt.[57] Die sozialen Austauschbeziehungen der Akteure sind bestimmend für ihr Verhalten bzw. Fehlverhalten innerhalb der Organisation und legitimieren ihre organisationalen Praktiken.[58]

Ein weiteres Merkmal von Unternehmen ist das Vorhandensein von Hierarchie[59]. Hierarchieebenen ermöglichen die zentralisierte Koordination des Systems »Unternehmen« mithilfe von Weisungskompetenzen.[60] Mit dem Hierarchiebegriff ist der Ansatz verbunden, dass Entscheidungen von übergeordneten Hierarchieebenen für nachgelagerte Stellen anordnenden Charakter haben.[61] Aus dieser Perspektive heraus lassen sich Führungsebenen[62] bzw. Führungsinstanzen in Unternehmen begründen. Diesen Instanzen obliegt die Entscheidung über die

---

54 Vgl. Wolf, Joachim (2011): Organisation, Management, Unternehmensführung. Theorien, Praxisbeispiele und Kritik, 4., vollständig überarbeitete und erweiterte Auflage, Wiesbaden: Gabler Verlag, S. 346f. (unvollständige Verträge als Kernelement der Transaktionskostentheorie).

55 Vgl. Kieser/Walgenbach 2007, S. 6; Kreitner, Robert (2007): Management, 10. Auflage, Boston, New York: Houghton Mifflin Company, S. 250.

56 Vgl. Wolf 2011, S. 47.

57 Vgl. Kieser/Walgenbach 2007, S. 58.

58 Vgl. Ballinger/Rockmann 2010, S. 374.

59 Vgl. Luhmann 2006, S. 138 (Hierarchie als Konsequenz von Entscheidungssystemen).

60 Vgl. Fischer, Jens Henning (2009): Steuerung in Organisationen, Wiesbaden: VS Verlag für Sozialwissenschaften, S. 51.

61 Vgl. Kirsch, Werner/Seidl, David/van Aaken, Dominik (2009): Unternehmensführung. Eine evolutionäre Perspektive, Stuttgart: Schäffer-Poeschel Verlag, S. 38.

62 Vgl. Miebach, Bernhard (2007): Organisationstheorie. Problemstellung – Modelle – Entwicklung, Wiesbaden: VS Verlag für Sozialwissenschaften, S. 110 (Hierarchieebenen); Laux, Helmut/Liermann, Felix (2005): Grundlagen der Organisation. Die Steuerung von Entscheidungen als Grundproblem der Betriebswirtschaftslehre,

Führung[63] und Steuerung des Wirksystems »Unternehmen«.[64] Neben der Zentralisierung von Koordinationsaufgaben hat allerdings die Dezentralisierung von Entscheidungs- bzw. Handlungskompetenzen zunehmende Bedeutung in Organisationen erhalten.[65] Mit der Übertragung von Entscheidungs- bzw. Handlungsspielräumen an dezentrale Instanzen wird die Nutzung einer breiteren Wissensbasis und gleichsam die Erhöhung intrinsischer Motivation der Akteure angestrebt.[66]

Betriebliche Führungsfunktionen zeigen sich auf unterschiedlichen Hierarchieebenen.[67] Die Unternehmensleitung ist diejenige Instanz, der die Führungsverantwortung für das Unternehmen als rechtliches und wirtschaftliches

---

6. Auflage, Berlin, Heidelberg, New York: Springer-Verlag, S. 180 (System von Weisungsbefugnissen).

63 Eine Auseinandersetzung bezüglich der begrifflichen Verortung von »Führung« und »Management« findet sich beispielsweise bei Staehle, Wolfgang H./Conrad, Peter/Sydow, Jörg (1999): Management. Eine verhaltenswissenschaftliche Perspektive, 8. Auflage, München: Verlag Franz Vahlen, S. 71ff.

64 Vgl. Link 2009, S. 3 (Führung als Verhaltensbeeinflussung); Reimer, Jürgen-Michael (2005): Verhaltenswissenschaftliche Managementlehre, Bern [u.a.]: Haupt Verlag, Schriftenreihe UTB, S. 206 (Führung als zielorientierte Konditionierung von Akteuren); Luhmann 2006, S. 146 (Entscheidungen als Konsequenz aus ungewissen Zukunftsbedingungen und hiermit verbundener Verantwortung des Entscheiders).

65 Vgl. Fischer 2009, S. 51 (Autonomisierung in Organisationen); Wolf 2011, S. 422 (Selbstorganisation in Unternehmen).

66 Vgl. Peetz, Thorsten/Lohr, Karin (2010): Arbeit und Organisation in der funktional differenzierten Gesellschaft. Ein theoretischer Rahmen zur Analyse von Arbeit, illustriert am Beispiel von Unternehmen und Schulen, Berliner Journal für Soziologie, Jg. 20, Nr. 4, Dezember 2010, S. 447–473, S. 462 (Autonomisierung von Unternehmenseinheiten und Auswirkungen auf Entscheidungs- bzw. Handlungsspielräume der Akteure); Kunz, Jennifer (2010): Beeinflussung der intrinsischen Motivation durch Controllingaktivitäten. Eine Diskussion am Beispiel der Balanced Scorecard, ZfCM – Zeitschrift für Controlling und Management, Jg. 54, Heft 6, Dezember 2010, S. 391–394, S. 392 (Beeinflussung von Akteurshandlungen und Auswirkung auf deren intrinsische Motivation); Schewe, Gerhard/Nienaber, Ann-Marie (2011): Explikation von implizitem Wissen: Stand der Forschung zu Barrieren und Lösungsansätzen, Journal für Betriebswirtschaft, Jg. 61, Nr. 1, März 2011, S. 37–84, S. 49 (starre Organisationsstrukturen als Hindernisse im innerbetrieblichen Wissensaustausch).

67 Vgl. Miebach 2007, 110 (Hierarchieebenen als organisationale Strukturelemente); Franken, Swetlana (2007): Verhaltensorientierte Führung. Handeln, Lernen und Ethik in Unternehmen, 2., überarbeitete und erweiterte Auflage, Wiesbaden: Gabler Verlag, S. 252f. (Führungsfunktionen im Kontext von Führungskonzepten); Paetow, Kai (2005): Organisationsidentität: Eine systemtheoretische Analyse der Konstruktion von Identität in der Organisation und ihrer internen wie externen Kommunikation. Dissertation,

Gesamtsystem obliegt.[68] Unterhalb der Unternehmensleitung finden sich Führungsinstanzen, deren Akteure die Verantwortung für einzelne Funktionen (Beschaffung, Produktion, Personal, Marketing, etc.) bzw. Objekte (z.B. Projekte, Produkte) tragen.[69] Dabei unterscheidet man Funktionsebenen[70] bzw. Funktionsbereiche[71]. Im Sinne dieser Forschungsarbeit werden die Akteure dieser Instanzen als Führungskräfte bezeichnet. Führungskräfte sind hier also der Unternehmensleitung zugeordnete Akteure.[72]

Der Begriff »Controlling« erfährt in der betriebswirtschaftlichen Literatur eine vielfältige Definition, ohne dass sich bis dato ein einheitliches Verständnis hierzu ausgebildet hat.[73] „Jeder hat seine eigenen Vorstellungen darüber, was

---

Hamburg, Universität Hamburg, verfügbar auf: http://ediss.sub.uni-hamburg.de/volltexte/2005/2413/, Stand: 28.12.2009, S. 79 (Umfang der Führungsfunktion).

68 Vgl. Müller 2010, S. 3 (Entscheidungen zu existenziellen Problemstellungen der Unternehmenstätigkeit); Buß, Eugen (2009): Managementsoziologie. Grundlagen, Praxiskonzepte, Fallstudien, 2., korrigierte Auflage, München: Oldenbourg, S. 8 (Positionsautorität der Unternehmensleitung); Boddy, David (2002): Management. An Introduction, 2. Auflage, New York: Pearson Education, S. 13 (»General Manager« als Führungskräfte mit umfänglichen Leitungsbefugnissen).

69 Vgl. Kieser/Walgenbach 2007, S. 90ff.; Miebach 2007, S. 96ff.

70 Zur Einteilung von Führungsebenen vgl. Cordini, Melanie (2007): Vertrauen im Prozess komplexer Systeme. Zur Führungsfunktion des Mittelmanagements als Hauptträger personellen Verhaltens. Dissertation, Hannover, Gottfried Wilhelm Leibnitz Universität Hannover, verfügbar auf: http://d-nb.info/986451843/34, Stand: 19.01.2010, S. 41f. (mit weiteren Verweisen).

71 Vgl. Laux/Liermann 2005, S. 186 (Funktionsbereichsleiter verantworten ihnen zugeordnete betriebliche Teilfunktion); S. 182ff. (verrichtungsorientiert gegliederte Funktionsbereiche); Werder, Axel von (2008): Führungsorganisation. Grundlagen der Corporate Governance, Spitzen- und Leitungsorganisation, 2., aktualisierte und erweiterte Auflage, Wiesbaden: Gabler Verlag, S. 31 (Funktionalstrategien der betrieblichen Teilbereiche).

72 Vgl. Franken 2007, S. 255.

73 Vgl. Reimer/Orth 2008, S. 190 (Diversität bzgl. Begriff und Konzeption des Controllings); Küpper, Hans U. (2007): Controlling und Operations Research – Der Beitrag quantitativer Theorie zur Selbstfindung und Akzeptanz einer praxisorientierten Disziplin, Zeitschrift für Betriebswirtschaft, Jg. 77, Heft 7–8, Juli 2007, S. 735–758, S. 738 (Gegenstand des Controllings unterliegt unsicheren Bestimmung); Hirsch, Bernhard (2007a): Controlling und Entscheidungen. Zur verhaltenswissenschaftlichen Fundierung des Controllings, Tübingen: Mohr Siebeck, S. 4f., mit weiteren Verweisen; Hirsch, Bernhard/Schäffer, Utz/Weber, Jürgen (2008): Zur Grundkonzeption eines verhaltensorientierten Controllings, ZfCM – Zeitschrift für Controlling und Management, Jg. 52, Sonderheft 1, Mai 2008, S. 5–11, S. 6.

Controlling bedeutet oder bedeuten könnte, doch jeder meint etwas anderes, wenn er von Controlling spricht."[74] Reichmann definiert Controlling als zielbezogene Führungsunterstützung und Lieferant entscheidungsnützlicher Informationen[75] an die Führungsinstanzen.[76] Horváth betrachtet das Controlling als ein Subsystem der Unternehmensführung zur Sicherstellung der Adaptionsfähigkeit und Koordination des Gesamtsystems »Unternehmen«.[77] Eine etwas weitergreifendere Sichtweise vertritt Küpper, indem er Controlling als Koordination der Führung bezeichnet.[78] Weber/Schäfer verstehen Controlling als eine betriebliche Instanz zur Sicherstellung von Rationalität im Führungsprozess.[79] Bei Deyhle et al. findet sich der Hinweis auf das Controlling als interner Berater der Führungsinstanzen.[80] Nach Hartmann/Maas repräsentiert das Controlling die ökonomische Realität der von ihm betreuten betrieblichen Bereiche.[81] Diese Perspektive auf das Controlling spiegelt die bei Lang vertretene Sichtweise wider, wonach Controlling als objektivierte, institutionalisierte Ordnung zur Wirklichkeitskonstruktion in Organisationen anzusehen ist.[82]

Aus dieser Vielfältigkeit von Begriffsdefinitionen des betrieblichen Controllings kann man zunächst einmal schließen, dass das Controlling als institutionalisiertes Praxisphänomen offenkundig für die betriebswirtschaftliche Forschung nur schwer greifbar ist. Hirsch weist diesbezüglich auf eine konzeptionelle „Orientierungslosigkeit"[83] der Controllingforschung hin. In diesem Zusammenhang verweisen Hirsch und auch Reimer/Orth auf die Bedeutung von verhaltensbezogenen

---

74 Preißler, Peter R. (2007): Controlling. Lehrbuch und Intensivkurs, 13., vollständig überarbeitete und erweiterte Auflage, München: Oldenbourg, S. 14.

75 Zur Bedeutung von Informationen für organisationale Akteure vgl. Thomas, Gail Fann/ Zolin, Roxanne/Hartman, Jackie L. (2009): The Central Role of Communication in Developing Trust and Its Effect On Employee Involvement, Journal of Business Communication, Jg. 46, Nr. 3, S. 287–310, S. 302f.

76 Vgl. Reichmann 2006, S. 7 u. 13;

77 Vgl. Horváth 2009, S. 125.

78 Vgl. Küpper 2008, S. 47.

79 Vgl. Weber/Schäffer 2008, S. 33ff.

80 Vgl. Deyhle/Kottbauer et al. 2010, S. 32.

81 Vgl. Hartmann/Maas 2010, S. 29.

82 Vgl. Lang, Rainhart (2004): Controlling – Verstehen, erklären oder gestalten. Interdisziplinäre Perspektiven eines Konzeptes und einer sozialen Praxis aus der Sicht einer sozialwissenschaftlichen Management- und Organisationstheorie, in: Scherm, Ewald/ Pietsch, Gotthard (Hrsg.): Controlling. Theorien und Konzeptionen, München: Verlag Franz Vahlen, S. 57–80, S. 65.

83 Hirsch 2007a, S. 5.

Determinanten bei der konzeptionellen Bestimmung des Controllings.[84] Jonen greift diese Frage im Rahmen seiner Konzeption eines kognitionsorientierten Controlling-Ansatzes auf, indem er auf kognitive Beschränkungen der Akteure (hier allerdings schwerpunktmäßig auf die Führungsinstanzen bezogen) eingeht.[85] Für die Forschungsarbeit zum das Controlling als Risiko-Träger ist die oben skizzierte Bandbreite an Begriffsbestimmungen des Controllings allerdings nicht handhabbar. Aus diesem Grund formuliert diese Forschungsarbeit das folgende Begriffsverständnis zum betrieblichen Controlling:

> »Controlling ist die unterstützende Begleitung von betrieblichen Führungsinstanzen. Das Hauptaugenmerk des Controllings liegt auf der Verfolgung rationaler Grundsätze im Rahmen kognitionsbasierter Wahrnehmungs- und Entscheidungsprozesse der betreffenden Akteure.«

Mit dieser Definition ist zum einen die Abgrenzung des Controllings von den betrieblichen Führungsinstanzen erfolgt; Controlling in diesem Sinne unterstützt Akteure im Führungsgeschehen, es ist aber gleichsam in den Führungsprozess eingebunden, allerdings als der Unternehmensleitung untergeordnete Funktion bzw. Fachstelle. Zum anderen wird die Sicherstellung rationaler Grundsätze in Entscheidungsprozessen und Handlungen der Führungsinstanzen betont. Die Wahrung ökonomischer Vernunft im Führungsprozess[86] stellt hierbei einen wesentlichen Bezugspunkt des betrieblichen Controllings dar. Der kognitionsorientierte Bezug folgt der Erkenntnis, dass Entscheidungen und Handlungen von Akteuren grundsätzlich durch kognitive Beschränkungen gekennzeichnet sind.[87]

---

84 Vgl. Hirsch 2007a, S. 5; Reimer/Orth 2008, S. 187.

85 Vgl. Jonen, Andreas (2008): Kognitionsorientiertes Risikocontrolling, Lohmar-Köln: Josef Eul Verlag, S. 93f.

86 Vgl. hierzu Boddy 2002, S. 16 (Führungsprozess); zur Überwachung als Bestandteil von Führungsprozessen vgl. Minelli, Eliana/Rebora, Gianfranco/Turri, Matteo (2009): Why do controls fail? Results of an Italian survey, Critical Perspectives on Accounting, Jg. 20, Nr. 8, S. 933–943, S. 933, und zur Kontrolle im Führungsprozess vgl. Schreyögg/Koch 2007, S. 11.

87 Vgl. Jonen 2008, S. 125 (im Zusammenhang mit der Informationsverwertung); Hirsch 2007a, S. 159 (im Zusammenhang mit Anreizsystemen); Hirsch/Schäffer et al. 2008, S. 7ff. (Rationalitätssicherungsfunktion im Rahmen des verhaltensorientierten Controllings); Pronin/Puccio et al. 2008, S. 637 (kognitive Dissonanzen und rationale Urteilsfähigkeit); Lingnau, Volker (2006): Controlling – Ein kognitionsorientierter Ansatz. Beiträge zur Controlling-Forschung Nr. 4, Technische Universität Kaiserslautern, verfügbar auf: www.controlling-forschung.de, Stand: 17.11.2008, S. 16 (Bewältigung

## 2.2 Aufgaben, Funktionen, Konzeptansätze und organisatorische Einbindung des Controllings

Im Zuge der Einordnung von Aufgaben und Funktionen des institutionalisierten Controllings wird in der Literatur die Frage nach dessen konzeptionellem Ansatz diskutiert.[88] Dabei zeigt sich, dass die theoretischen Konzeptansätze eine unterschiedliche Ausprägung innerhalb der betrieblichen Praxis erfahren.[89] Will man die Vielfalt an Aufgaben und Funktionen des Controllings[90] klassifizieren, bietet sich die Bezugnahme auf die in der Literatur bezeichneten Ansätze einer Controlling-Konzeption an – eine synoptische Übersicht zu den konzeptionellen Ansätzen findet sich beispielsweise bei Ortelbach/Hagendorf[91] sowie bei Winter[92]. Diese Konzeptansätze werden in der Folge kurz dargelegt und die hierauf basierenden Aufgaben und Funktionen des Controllings aufgezeigt.

Mit dem informationsorientierten Ansatz einer Controlling-Konzeption vertritt beispielsweise Reichmann die Auffassung, das Controlling habe seine Aufgaben vornehmlich in der „entscheidungsbezogenen Informationsbereitstellung“[93]

---

komplexer Probleme); Holder-Webb/Sharma 2010, S. 17 (asymmetrische Verlustfunktion aufgrund kognitiver Verzerrungen der Akteure).

88 Vgl. Reichmann 2006, S. 6; Winter 2008, S. 3.

89 Vgl. Ernst, Edgar/Vater, Hendrik/Reinhard, Hartmut/Poschmann, Sarah (2008): Veränderungen im Rollenbild des Controllers. Theoretische Grundlagen und Erfahrungen aus der Unternehmenspraxis, DBW - Die Betriebswirtschaft, Jg. 68, Heft 6/2010, S. 729–742, S. 732; Seal, Will (2010): Managerial discourse and the link between theory and practice: From ROI to value-based management, Management Accounting Research, Jg. 21, Nr. 2, Juni 2010, S. 95–109, S. 95.

90 Vgl. Weber, Jürgen/Schäffer, Utz (1999): Sicherstellung der Rationalität von Führung als Aufgabe des Controllings?, DBW – Die Betriebswirtschaft, Jg. 59, Heft 6/1999, S. 731–747, S. 732 (zur Bandbreite der Aufgaben); Weber 2007, S. 16 (Aufgabenfelder und Aufgabenschwerpunkte); Meckl, Reinhard/Horzella, Andreas (2010): Wertsteigerung bei Unternehmensakquisitionen durch ein M&A-Controlling-System, DBW – Die Betriebswirtschaft, Jg. 70, Heft 5/2010, S. 425–442, S. 428 (im M&A-Prozess); Ahrens, Thomas/Chapman, Christopher S. (2007): Management accounting as practice, Accounting, Organizations and Society, Jg. 32, Nr. 1–2, Januar-Februar 2007, S. 1–27, S. 3 (im Kontext der strategischen Führung); Kirsch/Seidl et al. 2009, S. 97 (im Kontext von Führungssystemen); Horváth 2009, S. 37ff. (Vielfalt der Controllingfunktionen).

91 Vgl. Ortelbach, Björn/Hagenhoff, Svenja (2004): Entwicklungen und Perspektiven der Controllingforschung, Göttingen, Georg-August-Universität, Institut für Wirtschaftsinformatik, Arbeitsbericht Nr. 17/2004, verfügbar auf: http://www.uni-goettingen.de/de/67744.html, Stand: 10.11.2008, S. 5.

92 Vgl. Winter 2007, S. 56f.

93 Reichmann 2006, S. 7.

an die betreffenden Führungsinstanzen. Küpper vertritt einen koordinationsbezogenen Konzeptionsansatz für das Controlling, indem er dessen Aufgaben in der „Koordination der Führung“[94] verortet. Auch Horváth vertritt einen koordinationsorientierten Ansatz einer Controlling-Konzeption, beschränkt diesen allerdings auf Koordinationsaufgaben im Zusammenhang mit dem „Planungs- und Kontrollsystem sowie mit dem Informationsversorgungssystem“[95]. Weber/Schäffer beziehen die von ihnen vertretene Controlling-Konzeption auf die „Rationalitätssicherung der Führung“[96]. Lingnau vertritt eine kognitionsorientierte Controlling-Konzeption und begründet dies mit kognitiven Beschränkungen auf Seiten der Führungsinstanzen, die „der Unterstützung insbesondere bei der Verwendung bereichsfremden (sekundären) Wissens bedarf“[97]. Die von Scherm/Pietsch bezeichnete reflexionsorientierte Controlling-Konzeption geht „über die Kontrolle (= abweichungsorientierte Reflexion) hinaus, da [sie] auch eine perspektivenorientierte Reflexion beinhaltet“[98].

Die dargestellten Konzeptionsansätze des institutionalisierten Controllings zeigen in ihrer Bandbreite der Verortung dieses betrieblichen Akteurs ein ebenso breites Spektrum wie das hiermit verbundene Verständnis von Führung und Führungsunterstützung. Die Abbildung 4, Seite 37, fasst diese konzeptionellen Ansätze überblicksartig zusammen.

Aus der Vielschichtigkeit der Konzeptansätze des Controllings lässt sich auf das bereits zuvor bezeichnete Problem einer bisweilen unscharfen Begriffsbestimmung »Controlling«[99] Bezug nehmen. Diese Palette an Controlling-Definitionen findet ihr Pendant in der konzeptionellen Ausrichtung dieses Akteurs im Führungsgeschehen. Damit ist allerdings grundsätzlich das Problem verbunden, dass andere Akteure eine Standortbestimmung zum institutionalisierten Controlling bisweilen nur schwer vornehmen können.[100] Zugespitzt formuliert, kann das Controlling damit für »Alles oder Nichts« im betrieblichen Geschehen

---

94 Küpper 2008, S. 47.

95 Horváth 2009, S. 127.

96 Weber/Schäffer 2008, S. 26.

97 Lingnau 2006, S. 16f.

98 Scherm, Ewald/Pietsch, Gotthard (2003): Die theoretische Fundierung des Controlling: Kann das Controlling von der Organisationstheorie lernen?, in: Weber, Jürgen/Hirsch, Bernhard (Hrsg.): Zur Zukunft der Controllingforschung. Empirie, Schnittstellen und Umsetzung in der Lehre, Wiesbaden: Deutscher Universitäts-Verlag, S. 27–62, S. 35.

99 Siehe Seite 33 »Vielfältigkeit von Begriffsdefinitionen des Controllings in der Literatur«.

100 Vgl. Hirsch/Schäffer et al. 2008, S. 8.

stehen und sich mit vielfältigen Erwartungen an seine Rollen im Führungskontext konfrontiert sehen. Hieraus resultierende Problem- und Konfliktfelder zu beleuchten, ist dem Abschnitt 2.3, Seite 44ff., vorbehalten.

*Abbildung 4: Konzeptionelle Ansätze des Controllings*[101]

| **Ausrichtung des Controllings** | **Konzeptioneller Ansatz des Controllings** |
|---|---|
| Informationsorientierung | ♦ Führungsinstanzen fehlen geeignete Informationen und Methoden zur Entscheidungsfundierung.<br>♦ Bereitstellung von entscheidungsnützlichen Informationen für Führungsinstanzen.<br>♦ Verbesserung der Qualität von Führungsentscheidungen. |
| Koordinationsorientierung | ♦ Notwendigkeit zur Abstimmung einzelner Teilbereiche des Führungssystems.<br>♦ Koordination bezüglich der Reaktions- und Adaptionsfähigkeit betrieblicher Führung.<br>♦ Sicherstellung von Maßnahmen im Führungszyklus. |
| Rationalitätsicherungsorientierung | ♦ Führungsinstanzen unterliegen Könnens- und Wollens-Problemen.<br>♦ Rationalitätsdefizite in Führungshandlungen.<br>♦ Sicherstellung ökonomischer Vernunft im Führungsgeschehen. |
| Kognitionsorientierung | ♦ Führungsinstanzen unterliegen kognitiven Begrenzungen.<br>♦ Bereitstellung von sekundärem Wissen des Controllings zur Verbesserung der Entscheidungsgüte von Führungsinstanzen.<br>♦ Vermeidung bzw. Verminderung von Verzerrungen in der Aufnahme und Interpretation von Informationen bzw. Fehlentscheidungen im Führungsgeschehen. |

101 Eigene Darstellung, basierend auf Winter 2007, S. 56f.; Wall 2008a, S. 420; Weber, Jürgen/Georg, Johannes/Janke, Robert (2010): Nachhaltigkeit: Relevant für das Controlling?, ZfCM – Zeitschrift für Controlling und Management, Jg. 54, Heft 6, Dezember 2010, S. 395–400, S. 398; Hungenberg, Harald/Wulf, Torsten (2011): Grundlagen der Unternehmensführung. Einführung für Bachelorstudierende, 4., aktualisierte und erweiterte Auflage, Berlin, Heidelberg: Springer-Verlag, S. 453; Berens, Wolfgang/Knauer, Thorsten/Sommer, Friedrich (2013): Gemeinsamkeiten deutscher Controlling-Ansätze. Konzeption und empirische Analyse von Stellenanzeigen, Controlling, Zeitschrift für erfolgsorientierte Unternehmensführung, Jg. 25, Heft 4/5,

Ausgehend von den obigen Konzeptansätzen lassen sich folgende Aufgaben und Funktionen des Controllings aus der Literatur konkretisieren.

Reichmann sieht in der Beschaffung und Aufbereitung von Informationen, der Analyse und Beurteilung von Daten sowie in der Kontrolle die wesentlichen Aufgabengebiete des betrieblichen Controllings.[102] Horváth bezieht den Aufgabenbereich des Controllings auf solche Aktivitäten, die zur Erreichung der Controllingziele dienen.[103] Neben Aufgaben im Rahmen der strategischen und operativen Planung stehen dabei auch die Gestaltung von Planungssystemen und die Abstimmung einzelner Teilpläne zu einem Gesamtplan. Ferner umfassen die Controllingaufgaben auch die Gestaltung von Informationsversorgungssystemen.[104] Küpper beschreibt die Aufgaben des Controllings unter Bezugnahme auf die Koordination von Führungsaufgaben.[105] Diese beziehen sich auf die Koordination von Planungs-, Informations- und Kontrollsystemen als Teilsysteme der Führung.[106] Darüber hinaus beziehen sich Aufgaben des Controllings auch auf die Gestaltung der Aufbau- und Ablauforganisation sowie auf das Personalführungssystem.[107] Weißenberger/Löhr weisen auf die Bereitstellung von Messgrößen und Bewertungsmethoden durch das Controlling hin, die den Führungsinstanzen bei der Entscheidungsfindung dienen können.[108] Hartmann/Maas sehen in diesem Zusammenhang vor allem die Bereitstellung von Spezialwissen durch das

---

April/Mai 2013, S. 223–228, S. 226f.; Horváth 2009, S. 100/125; Küpper 2008, S. 47; Weber/Schäffer 2008, S. 33f.; Weber, Jürgen (2011): The development of controller tasks: explaining the nature of controllership and its changes, Journal of Management Control, Jg. 22, Nr. 1, September 2011, S. 25–46, S. 26; Rapp, Matthias J./Wullenkord, Axel (2011): Unternehmenssteuerung durch den Finanzvorstand (CFO). Aktuelle Herausforderungen und Lösungen, Wiesbaden: Gabler Verlag, S. 116; Jonen, Andreas/Lingnau, Volker (2007): Das real existierende Phänomen Controlling und seine Instrumente – Eine kognitionsorientierte Analyse, Technische Universität Kaiserslautern, Lehrstuhl für Unternehmensrechnung und Controlling, Nr. 13, Juli 2007, verfügbar auf: http://www.Controlling-Forschung.de, Stand: 19.06.2011, S. 17; Lingnau 2006, S. 16f.; Lingnau, Volker (2004): Kognitionsorientiertes Controlling, in: Scherm, Ewald/Pietsch, Gotthard (Hrsg.): Controlling. Theorien und Konzeptionen, München: Verlag Franz Vahlen, S. 729–749, S. 741f.

102 Vgl. Reichmann 2006, S. 4.

103 Vgl. Horváth 2009, S. 124.

104 Vgl. Horváth 2009, S. 124, S. 141ff., S. 166 (systembildende und systemkoppelnde Aufgaben innerhalb der Planung und Kontrolle).

105 Vgl. Küpper 2008, S. 309.

106 Vgl. Küpper 2008, S. 309.

107 Vgl. Küpper 2008, S. 92

108 Vgl. Weißenberger/Löhr 2008b, S. 40.

Controlling innerhalb des Führungsgeschehens.[109] Dieses Spezialwissen umfasst den Bereich des Rechnungswesens sowie die Finanzwirtschaft.[110] Nach Werder/Grundei wird die Nutzung des Spezialwissens im Controlling erst durch die organisatorische Bündelung von Aufgaben und Aktivitäten des Controllings möglich.[111] Jonen/Lingnau sehen das Spezialwissen des Controllings als sekundäres Wissen, das nicht funktionsbereichsspezifisch ist und damit kognitive Beschränkungen von Führungskräften bewältigen hilft.[112] Dieses Sekundärwissen der Controller kann die Problemlösungseffizienz der Führungskräfte erhöhen.[113]

Ein ähnlich differentes Bild zeigt sich in Bezug auf die Funktionen des Controllings.[114] Winter weist auf die Führungsunterstützungsfunktion hin, im Zuge derer kognitive Beschränkungen von Führungsinstanzen bewältigt werden sollen.[115] Controlling bzw. Controllingsysteme haben hauptsächlich die Funktion der Entscheidungsunterstützung von Führungsinstanzen bzw. die Bewältigung von organisationalen Kontrollproblemen.[116] Weber/Schäffer ordnen dem Controlling eine rationalitätssichernde Funktion im Führungsgeschehen zu.[117] Dabei wird der Informationsversorgungsfunktion des Controllings eine hohe Bedeutung beigemessen.[118] Horváth erweitert diese Perspektive, indem er das Controlling als Führungsunterstützungsfunktion betrachtet.[119]

---

109 Vgl. Hartmann/Maas 2010, S. 29.

110 Vgl. Hartmann/Maas 2010, S. 29.

111 Vgl. Werder, Axel von/Grundei, Jens (2006): Konzeptionelle Grundlagen des Organisations-Controllings, in: Werder, Axel von/Stöber, Harald/Grundei, Jens (Hrsg.): Organisations-Controlling. Konzepte und Praxisbeispiele, Wiesbaden: Gabler Verlag, S. 15–50, S. 39.

112 Vgl. Jonen/Lingnau 2007, S. 17.

113 Vgl. Lingnau 2006, S. 16ff.

114 Vgl. Horváth 2009, S. 37ff., mit weiteren Verweisen.

115 Vgl. Winter 2007, S. 65.

116 Vgl. Weißenberger, Barbara E./Wolf, Sebastian (2010): Involvement of management accountants in incentive compensation. – Empirical results from a cross-sectional survey -. Working Paper 2/2010, Giessen, Justus Liebig Universität, verfügbar auf: http://www.wiwi.uni-giessen.de/controlling/, Stand: 02.04.2011, S. 4.

117 Vgl. Weber/Schäffer 2008, S. 33ff.

118 Vgl. Weber 2011, S. 33; Mundy, Julia (2010): Creating dynamic tensions through a balanced use of management control systems, Accounting, Organizations and Society, Jg. 35, Nr. 5, Juli 2010, S. 499–523, S. 506 (im Kontext von Budgetgrößen und Zielerreichung); Gleißner 2008, S. 205 (hier im Kontext des Risikomanagements).

119 Vgl. Horváth 2009, S. 125.

Aus den obigen Darlegungen lässt sich erkennen, dass in der Literatur ein vielschichtiges Verständnis zu den Aufgaben und Funktionen des Controllings existiert. Dies ist für die Forschungsarbeit zum Controlling als Risiko-Träger allerdings eine nicht handhabbare Vielfalt. Daher wird hinsichtlich der Controlling-Aufgaben dem Ansatz von Weber/Schäffer gefolgt. Hiernach nimmt das betriebliche Controlling im Führungsgeschehen (1) Entlastungsaufgaben, (2) Ergänzungsaufgaben und (3) Begrenzungsaufgaben gegenüber den Führungsinstanzen wahr.[120] Diese Aufgabenperspektive erscheint insofern geeignet, als dass sich mit ihr auch ein Bezug auf die Austauschbeziehungen der Controller und Führungskräfte herstellen lässt.

Bezogen auf die Funktionen des Controllings wird der von Wall identifizierten (1) Informations-, (2) Entscheidungs- und (3) Verhaltenssteuerungsfunktion[121] gefolgt. Dies begründet sich in der Tatsache, dass Führung regelmäßig mit der Bewältigung von Entscheidungsproblemen und hierzu notwendigen Informationen in Bezug gebracht wird.[122] Ein weiteres Problemfeld der Führung umfasst die Verhaltensbeeinflussung anderer Akteure.[123] Im Rahmen des Führungsgeschehens zeigen sich Kommunikationsbeziehungen entlang der Hierarchie bzw. der betrieblichen Funktionen. Diese Kommunikation zwischen den beteiligten Akteuren dient dem Austausch von Informationen zur operativen Führung und

120 Vgl. Weber/Schäffer 2008, S. 39ff.

121 Vgl. Wall 2008a, S. 466ff.

122 Vgl. Wall, Friederike/Greiling, Dorothea (2011): Accounting information for managerial decision-making in shareholder management versus stakeholder management, Review of Managerial Science, Jg. 5, Nr. 2–3, S. 91–135, S. 93 (Informationen zur Reduzierung von Entscheidungsunsicherheit); Müller 2010, S. 3 (Führungsentscheidungen mit weitreichenden Konsequenzen); Macharzina, Klaus/Wolf, Joachim (2008): Unternehmensführung. Das internationale Managementwissen: Konzepte – Methoden – Praxis, 6., vollständig überarbeitete und erweiterte Auflage, Wiesbaden: Gabler Verlag, S. 105/106 (Mehrdeutigkeit in Führungsentscheidungen); Kirsch/Seidl et al. 2007, S. 215 (Informationsnachfrage von Führungsinstanzen).

123 Vgl. Link 2009, S. 3 (zielorientierte Verhaltensbeeinflussung); Macharzina/Wolf 2008, S. 35 (zielgerichtete Koordination von Handlungen); Kieser/Walgenbach 2007, S. 9 (Verhaltenssteuerung von Akteuren); Schreyögg/Koch 2007, S. 256 (Führung als Einflussprozess); Hungenberg, Harald/Wulf, Torsten (2007): Grundlagen der Unternehmensführung, 3., aktualisierte und erweiterte Auflage, Berlin, Heidelberg: Springer-Verlag, S. 22 (Koordination und Einflussnahme); Reimer 2005, S. 208 (Interaktion und Verhaltensbeeinflussung); Buß 2009, S. 9 (Abhängigkeit der Führungsinstanzen von anderen Akteuren).

Steuerung des Unternehmens.[124] Inwieweit Entscheidungen der Unternehmensleitung für nachgelagerte Instanzen anordnenden Charakter haben[125] oder Leitlinien zur Handlungsorientierung[126] darstellen, hängt von der Führungskultur[127] bzw. vom Führungskonzept[128] im Unternehmen ab. Führung als zielorientierte Konditionierung von Verhalten und Handlungen der Akteure[129] unterliegt mehr und mehr der Erkenntnis, dass eine gemeinsame Zielerreichung letztlich auf der gegenseitigen Einflussnahme auf und Gestaltung von Realitäten im Unternehmensgeschehen basiert[130]. Führungskräfte sind dabei zunehmend vom fachlichen Wissen ihrer Mitarbeiter abhängig. Der fachliche Wissensvorsprung von Mitarbeitern bewirkt, dass sie Führungsinstanzen über informelle Prozesse beeinflussen können.[131] Damit rückt die Informations- und Verhaltenssteuerungsfunktion des Controllings gleichsam ins Zentrum der Problemstellung dieser Forschungsarbeit: Das Fakten- und Methodenwissen im Controlling als Wissensvorsprung gegenüber Führungsinstanzen beschränkt sich eben nicht auf die Bereitstellung von Sekundärwissen im Führungsgeschehen. Es ist gleichermaßen die Basis für die Beeinflussung von Entscheidungen und Handlungen in der Führung, ohne dass dieser Tatbestand den betroffenen Akteuren bekannt bzw. bewusst sein muss.

Darüber hinaus ist das Controlling als Fachstelle unterhalb der Unternehmensleitung auch in die Unternehmens- bzw. Führungskultur eingebettet und in

---

124 Vgl. Thomas/Zolin et al. 2009, S. 303 (Übersetzung von Leitungsentscheidungen).

125 Vgl. Kirsch/Seidl et al. 2009, S. 38.

126 Vgl. Link 2009, S. 51ff. (Handlungsspielräume im Rahmen der Selbstbestimmung und Selbstorganisation von betrieblichen Aufgabenträgern); Schreyögg/Koch 2007, S. 308 (zum Handlungsspielraum der Aufgabenträger im Rahmen der Führung mit Zielen).

127 Vgl. Franken 2007, S. 278 (Bedeutung der Führungskultur auf die Wirkung von Führungskräften); Schreyögg/Koch 2007, S. 332ff. (Bedeutung der Unternehmenskultur auf die Handlungen der Akteure).

128 Vgl. Stadlbauer, Cornelia (2008): Betriebliche Führungskräfte-Entwicklung. Mechanismen der Selbstdisziplinierung, Wiesbaden: VS Verlag für Sozialwissenschaften, S. 36 (zum Wandel von Führungskonzepten); Zielowski, Christian (2006): Managementkonzepte aus Sicht der Organisationskultur. Auswahl, Ausgestaltung und Einführung, Wiesbaden: Deutscher Universitäts-Verlag, S. 109ff. (Führung und Koordination durch persönliche Weisungen versus Selbstabstimmung der Akteure).

129 Vgl. Reimer 2005, S. 206.

130 Vgl. Franken 2007, S. 253.

131 Vgl. Macharzina/Wolf 2008, S. 37.

seiner Wirkung hiervon beeinflusst.[132] Sein oben bezeichnetes Spektrum an Aufgaben und Funktionen übt es im gleichen organisationalen Spannungsfeld aus Hierarchie und Autonomie wie andere Funktionsinstanzen aus. Damit erscheint die abstrakte Fähigkeit des instanziellen Controllings zur Rationalitätssicherung im Führungsgeschehen in einem anderen Licht. Minelli et al. sprechen in diesem Zusammenhang von Rationalitätsmythen bzw. Rationalitätsritualen.[133] In der Konsequenz bedeutet dies, dass Controller denselben Bedingungen aus Erwartungen und sozialem Druck ausgesetzt sind, wie die von ihnen begleiteten Akteure der anderen betrieblichen Funktionen.[134]

In diesem Zusammenhang soll auf die organisationale Einbindung des Controllings[135] eingegangen werden. Die Literatur zeigt zum Controlling als Institution in der betrieblichen Aufbauorganisation mehrere Ansätze und die mit ihnen verbundenen Vor- bzw. Nachteile auf. Grundsätzlich kann die organisatorische Einbindung des Controllings nach abteilungs- bzw. hierarchiebezogenen Gesichtspunkten erfolgen.[136] Mit der Zuordnung des Controllings zur ersten Führungsebene ist in der Regel ein hoher Handlungsspielraum zur Konzeptionierung und Umsetzung von Controllingaktivitäten verbunden.[137] Dies kann zu Problemen führen, wenn das Controlling zu einer dominierenden Kraft innerhalb von Entscheidungsprozessen wird.[138] Die Zuordnung des Controllings zur zweiten

---

132 Vgl. Parvis-Trevisany, Natalie (2006): Implementierung von Controllinginstrumenten. Identifikation und Überwindung von Implementierungsbarrieren, Wiesbaden: Deutscher Universitäts-Verlag, S. 199 (Bedeutung der Unternehmenskultur bei der Implementierung von Controlling-Konzepten).

133 Vgl. Minelli/Rebora et al. 2009, S. 934.

134 Vgl. Hartmann/Maas 2010, S. 30.

135 Vgl. Weber, Jürgen (2010a): Organisation des Controllerbereichs – ein Überblick, ZfCM – Zeitschrift für Controlling und Management, Jg. 54, Sonderheft 2, Juli 2010, S. 39–46, S. 39, hier wird bezüglich der organisatorischen Einbindung des Controllings auf umweltbezogene Determinanten bzw. Präferenzen des Managements rekurriert.

136 Vgl. Temmel, Philipp (2011): Organisation des Controllings als Managementfunktion. Gestaltungsfaktoren, Erfolgsdeterminanten und Nutzungsimplikationen, Wiesbaden: Gabler Verlag, S. 96ff. (mit weiteren Verweisen).

137 Vgl. Barth, Thomas/Barth, Daniela (2008): Controlling, 2., vollständig überarbeitete und aktualisierte Auflage, München: Oldenbourg, S. 49; Horváth 2009, S. 759ff.

138 Vgl. Daum, Andreas/Steinle, Claus (2007): Controlling. Kompendium für Ausbildung und Praxis, 4., überarbeitete Auflage, Stuttgart: Schäffer-Poeschel Verlag, S. 33.

Führungsebene erfolgt zumeist im Bereich »Finanzen und Rechnungswesen«.[139] Hiermit ist allerdings der Handlungsspielraum des Controllings bereits dadurch eingeschränkt, dass mit dem Informationsmonopol des Finanzbereiches eine neutrale Position des Controllings gegenüber den anderen Funktionsbereichen kaum noch besteht.[140] Schreiber weist in diesem Zusammenhang auf die Bedeutung der Informationsversorgungsfunktion des Controllings innerhalb organisationaler Machtbeziehungen hin.[141]

Die Frage, ob das Controlling organisatorisch als Stabs-, Linien- oder Querschnittsinstanz eingebunden werden soll, ist vor dem Hintergrund seiner Weisungs- bzw. Entscheidungskompetenz zu betrachten. Das Controlling als Stabsinstanz hat im Wesentlichen beratende und empfehlende Funktionen, wohingegen mit der Linieninstanz auch Weisungsbefugnisse im Zusammenhang mit Planungs- und Berichtswesen-Tools verbunden sind.[142] Mit der Zuordnung des Controllings als Linieninstanz ist die Gefahr verbunden, dass sein Wirken von anderen Instanzen als nicht mehr neutral angesehen wird, da es durch seine Linienzuordnung die jeweiligen Linieninteressen vertritt.[143] Das Controlling als Stabsinstanz kann dieses Problem nur vordergründig lösen. Stabsinstanzen haben häufig eine faktisch starke Machtposition, die sich aus ihrer Nähe zu Führungsinstanzen begründet und im Grenzfall sogar ein Vetorecht der betreffenden Stabsinstanz beinhaltet.[144]

Neben der Frage nach der hierarchischen Zuordnung des Controllings wird ebenfalls die Zentralisierung bzw. Dezentralisierung von Controlling-Instanzen betrachtet.[145] Dabei ist insbesondere die Fragestellung nach der Einbindung des

---

139 Vgl. Peemöller, Volker H. (2005): Controlling. Grundlagen und Einsatzgebiete, 5. Auflage, Herne, Berlin: Verlag Neue Wirtschafts-Briefe, S. 85.

140 Vgl. Barth/Barth 2008, S. 48f.; Peemöller 2005, S. 85.

141 Vgl. Schreiber, Daniel (2010): Management von Controllingwissen. Ein sach- und verhaltensorientierter Ansatz zur Verbesserung der Manager-Controller-Beziehung, Wiesbaden: Gabler Verlag, S. 73.

142 Vgl. Peemöller 2005, S. 88ff.

143 Vgl. Ossadnik, Wolfgang (2009): Controlling, 4., vollständige überarbeitete und erweiterte Auflage, München: Oldenbourg, S. 70ff.

144 Vgl. Ziegenbein, Klaus (2007): Controlling, 9., überarbeitete und aktualisierte Auflage, Ludwigshafen (Rhein): Kiehl Verlag, S. 194.

145 Vgl. Horváth 2009, S. 745ff. (Organisation, Herausforderungen, Kontextfaktoren); Weber/Schäffer 2008, S. 470ff. (zentrales und dezentrales Controlling); Küpper 2008, S. 545ff. (Eigenständigkeit der Controlling-Organisation); Spillecke, Dennis (2006): Interne Kundenorientierung des Controllerbereichs. Messung, Erfolgsauswirkungen, Determinanten, Wiesbaden: Deutscher Universitäts-Verlag, S. 197ff. (Spezialisierung

Controllings in Entscheidungsprozesse der betreffenden Führungsinstanzen verbunden. Diesbezüglich bestimmen die Erwartungen und Anforderungen von Führungsinstanzen den Mitwirkungsgrad des Controllings bei Entscheidungen.[146] Diese Nähe zur Führung birgt allerdings die Gefahr des Verlustes an kritischer Distanz zwischen Controlling und Führungsinstanzen.[147] Die Nähe von Controllern zu den Führungsinstanzen und die damit verbundenen sozialen Austauschbeziehungen zwischen den Akteuren hat Einfluss auf das Controlling als Risiko-Träger. Weber/Schäffer weisen gar auf die Möglichkeit kollusiver Handlungen der Akteure hin.[148] Für die Entscheidungs- bzw. Verhaltenssteuerungsfunktion des Controllings erhält dieses Problemfeld entsprechende Bedeutung. Wo Controller in Entscheidungsprozesse intensiv eingebunden sind[149], ist ein systemischer Interessenskonflikt kaum abwendbar. Hieraus resultierende Risiken sind den betroffenen Akteuren nicht bekannt bzw. nicht bewusst, da ihnen die Perspektive der unabhängigen Beobachtung fehlt. Damit steht auch die Wirkung des institutionalisierten Controllings zur internen Überwachung und Steuerung des zielorientierten Verhaltens von Führungsinstanzen grundsätzlich in Frage.[150]

## 2.3 Rollenbilder des Controllings

Das Rollenbild des Controllings beschreibt das Bündel von Erwartungen anderer Akteure an das Verhalten der Controller innerhalb des sozialen Systems »Unternehmen«. Rollen und Rollenerwartungen reflektieren die Beziehungen von Akteuren in sozialen Systemen sowie die Erwartungen an das Verhalten der Rollenträger.[151] Für die Rollenträger besteht somit ein Orientierungsrahmen,

---

des Controllings); Sieber, Carsten (2008): Kooperation von Zentralcontrolling und Bereichscontrolling. Messung – Auswirkungen – Determinanten, Wiesbaden: Gabler Verlag, S. 20ff. (Bereichs- und Zentralcontrolling).

146 Vgl. Horváth 2009, S. 752.

147 Vgl. Weber 2011, S. 37; Hartmann/Maas 2010, S. 29; Paefgen 2008b, S. 81.

148 Vgl. Weber/Schäffer 2008, S. 432.

149 Vgl. Weber 2007, S. 58 (Ausrichtung des Entscheidungsverhaltens von Führungsinstanzen durch das Controlling); Lingnau 2006, S. 18 (Mitwirkung des Controllings bei allen Entscheidungsproblemen).

150 Vgl. Maas/Matějka 2009, S. 1233.

151 Vgl. Dahrendorf, Ralf (2006): Homo sociologicus. Ein Versuch zur Geschichte, Bedeutung und Kritik der Kategorie der sozialen Rolle, 16. Auflage, Wiesbaden: VS Verlag für Sozialwissenschaften, S. 37.

innerhalb dessen Grenzen sie ihre Rolle ausfüllen können[152] und der ihr Verhalten beeinflusst[153]. Da Akteure mehrere Rollen gleichzeitig wahrnehmen, können sie Rollenkonflikten ausgesetzt sein. Rollenkonflikte basieren dabei auf sich widersprechenden Rollenerwartungen anderer Akteure, die vom betreffenden Rollenträger nicht gleichzeitig bewältigt werden können.[154] Rollenkonflikte entstehen, wenn Akteure unterschiedliche Rollenerwartungen als nicht miteinander vereinbar ansehen.[155]

Rollenmodelle schaffen motivationale Anreize für die betreffenden Akteure.[156] Mit der Übernahme einer Rolle signalisieren Rollenträger, dass sie ihr Verhalten an den Rollenerwartungen ausrichten, die ihre Position innerhalb eines sozialen Systems determinieren.[157] Über die Rollenzugehörigkeit nehmen Rollenträger wahr, inwieweit sie die betreffende Rolle im konkreten Fall ausfüllen und damit auf ähnliche Situationen vorbereitet sind.[158] Die Zugehörigkeit von Akteuren zu einer Rolle bestimmt somit nicht nur deren Verhalten, sondern signalisiert auch ihre Position innerhalb ihres sozialen Handelns.[159] Daraus lässt sich die

---

152 Vgl. Mantere, Saku (2007): Role Expectations and Middle Manager Strategic Agency, Journal of Management Studies, Jg. 45, Nr. 2/März 2008, S. 294–316, S. 295.

153 Vgl. Mantere 2007, S. 296.

154 Vgl. Marginson, David/Bui, Binh (2009): Examining the Human Cost of Multiple Role Expectations, Behavioral Research In Accounting, Jg. 21, Nr. 1, S. 59–81, S. 61.

155 Vgl. Bierhoff, Hans-Werner (2006): Sozialpsychologie zwischenmenschlichen Verhaltens, in: Pawlik, Kurt (Hrsg.): Handbuch Psychologie. Wissenschaft - Anwendung - Berufsfelder, Heidelberg: Springer-Verlag, S. 397–413, S. 411.

156 Vgl. Radu, Miruna/Loué, Christophe (2008): Motivational Impact of Role Models as Moderated by "Ideal" vs. "Ought Self-Guides" Identifications, Journal of Enterprising Culture, Jg. 16, Nr. 4 (Dezember 2008), S. 441–465, S. 443.

157 Vgl. Miebach, Bernhard (2010): Soziologische Handlungstheorie. Eine Einführung, 3., aktualisierte Auflage, Wiesbaden: VS Verlag für Sozialwissenschaften, S. 40 (hier im Kontext des Rollenträgers innerhalb der Gesellschaft).

158 Vgl. Radu/Loué 2008, S. 442f. (zur Wirkung der Rollenzugehörigkeit auf das Selbstvertrauen von Rollenträgern).

159 Vgl. Mayerl, Jochen (2009): Kognitive Grundlagen sozialen Verhaltens. Framing, Einstellungen und Rationalität, Wiesbaden: VS Verlag für Sozialwissenschaften, S. 67 (zur Bedeutung der Rollenidentität auf die Definition von Situationen in sozialen Austauschbeziehungen); Hasenzagl, Rupert (2007): Die Wirkung von Beratern, Gruppendynamik und Organisationsberatung, Jg. 28, Heft 4/Dezember 2007, S. 351–370, S. 364ff. (zur Bedeutung des Rollenverständnisses auf die soziale Rollenposition von Beratern); Hasenzagl, Rupert/Falkner, Gina/Hatvan, Brigitte (2006): Rollen-Interventions-Modell – Eine empirische Untersuchung zur Wirkung von Beratung, zfbf – Zeitschrift für betriebswirtschaftliche Forschung, Jg. 58, Heft 8/2006, S. 1033–1050,

motivationale Wirkung der Rollenzugehörigkeit von Akteuren ableiten: Die Zugehörigkeit zu einer Rolle verschafft dem betreffenden Akteur einen Sicherheitsrahmen seiner Handlungen. Das Rollenbild, in dem er sich bewegt, signalisiert nicht nur den Sinnzusammenhang seiner Handlungen. Vielmehr schafft es für den Akteur das Selbstvertrauen, in diesem Rollenbild agieren und bestehen zu können.[160]

Rollenkonflikte können die Leistungsfähigkeit von Akteuren beeinflussen.[161] Dabei kommt es nicht darauf an, ob ein solcher Rollenkonflikt sachlich gesehen vorliegt. Vielmehr ist die subjektive Wahrnehmung des betreffenden Akteurs von Bedeutung, die aus seiner Sicht die Unvereinbarkeit unterschiedlicher Rollenerwartungen ausmacht.[162] Marginson/Bui zeigen auf, wie sich divergierende Rollenerwartungen an Führungskräfte im Rahmen der Budgetierung und Budgetverfolgung auf deren Handlungen auswirken können.[163] Im schlimmsten Fall können Rollenkonflikte zu dysfunktionalem bzw. unethischem Verhalten von Akteuren führen.[164] Guidice/Mero weisen auf Rollenkonflikte der Führungsinstanzen von Joint Venture Unternehmen hin, die aus unterschiedlichen Grundannahmen über ihr Verhalten auf Seiten der Muttergesellschaften resultieren und letztlich die gemeinsame Interaktionsbasis unterminieren.[165] Sowohl Rollenerwartungen als auch Rollenverständnis können zu Verzerrungen in der Wahrnehmung von Informationen in Entscheidungsprozessen auf Seiten

---

S. 1035f. (zur Erwartung an die Interventionshandlungen von Beratern); Schramm, Holger/Hartmann, Tilo (2007): Identität durch Mediennutzung? Die Rolle von parasozialen Interaktionen und Beziehungen mit Medienfiguren, in: Hoffmann, Dagmar/Mikos, Lothar (Hrsg.): Mediensozialisationstheorien. Neue Modelle und Ansätze in der Diskussion, Wiesbaden: VS Verlag für Sozialwissenschaften, S. 201–219, S. 206 (zur Wirkung von Rollenerwartungen und des Rollenverhaltens auf die Identität von Akteuren).

160 Vgl. Radu/Loué 2008, S. 443.

161 Vgl. Marginson/Bui 2009, S. 61 (hier: Rollenkonflikte von Führungskräften).

162 Vgl. Bierhoff 2006, S. 411.

163 Vgl. Marginson/Bui 2009, S. 62.

164 Vgl. Marginson/Bui 2009, S. 61; Treviño, Linda K./Weaver, Gary R./Reynolds, Scott J. (2006): Behavioral Ethics in Organizations: A Review, Journal of Management, Jg. 32, Nr. 6, Dezember 2006, S. 951–990, S. 966.

165 Vgl. Guidice, Rebecca M./Mero, Neal P. (2007): Governing joint ventures: tension among principals' dominant logic on human motivation and behavior, Journal of Management & Governance, Jg. 11, Nr. 3, S. 261–283, S. 273.

der betreffenden Akteure führen.[166] Im Controlling sind Rollenkonflikte zu wesentlichen Teilen aus vielfältigen Erwartungen der Führungsinstanzen an die Controller bedingt.[167]

Das Controlling als Rollenträger steht offenkundig einer Bandbreite von Rollenerwartungen gegenüber. Es soll Kontrolleur, Kommunikator, Steuermann und Spürhund im betrieblichen Geschehen sein.[168] Das Controlling ist Lotse, betriebswirtschaftlicher Begleiter und Ratgeber im Führungsgeschehen.[169] Controller sind Moderatoren in Konfliktsituationen, die im Prozess der Konfliktbewältigung vermitteln und mäßigen sollen.[170] Allerdings darf die Rolle des Controllings als Auslöser von Konflikten nicht übersehen werden. Insbesondere im Rahmen der Planung, Budgetüberwachung und Analyse von Planabweichungen wird in der Literatur auf die konfliktbewährte Rolle des Controllings hingewiesen.[171]

Darüber hinaus ist das Controlling als »Change Agent« und »Business Partner« im Führungsgeschehen tätig.[172] Zudem ist das Controlling Lieferant von Informationen im Führungsgeschehen.[173] Controller sind »verlässliche Berichterstatter« der Führungsinstanzen.[174] Gleichsam wird das betriebliche Controlling auch als »Erbsenzähler« und »Unternehmenspolizei« gesehen.[175] Deutlich pointierter wird die Rolle des Controllings als »notorischer Meckerer«[176] und

166 Vgl. Pinsker, Robert/Pennington, Robin/Schafer, Jennifer Kahle (2009): The Influence of Roles, Advocacy, and Adaptation to the Accounting Decision Environment, Behavioral Research In Accounting, Jg. 21, Nr. 2, S. 91–111, S. 94 (hier am Beispiel von Fachleuten des Rechungs- und Prüfungswesens).

167 Vgl. Maas/Matějka 2009, S. 1235; Hoffjan/Kolberg et al. 2010, S. 96 (zum Effizienzanspruch an das Controlling).

168 Vgl. Weber 2010b, S. 93.

169 Vgl. Deyhle/Kottbauer et al. 2010, S. 31.

170 Vgl. Deyhle/Kottbauer et al. 2010, S. 38.

171 Vgl. Kirsch/Seidl et al. 2009, S. 72 (Planung macht organisatorische Konflikte sichtbar); Hartmann/Maas 2010, S. 27 (zur konfliktbeladenen Rolle des Bereichscontrollings); Horváth 2009, S. 791f. (zum Konfliktpotenzial zwischen Controlling und F&E-Bereich); Weber/Schäffer 2008, S. 409 (zum Konfliktpotenzial zwischen dezentralem und zentralem Controlling).

172 Vgl. Rissbacher/Rissbacher et al. 2008, S. 116.

173 Vgl. Reichmann 2006, S. 7f.

174 Vgl. Weber 2011, S. 31.

175 Vgl. Schäffer, Utz/Schürmann, Christian (2010): Die Rolle des Controllers: Erbsenzähler oder interner Berater?, ZfCM – Zeitschrift für Controlling und Management, Jg. 54, Heft 3, Juni 2010, S. 189–190, S. 189.

176 Vgl. Weber 2011, S. 43.

»Verzögerer«[177] im Betriebsgeschehen beschrieben. Eine weitere Rollenerwartung drückt sich im Controlling als »ökonomisches Gewissen«[178] bzw. »Hüter der ökonomischen Moral«[179] im Unternehmen aus. Controller nehmen in diesem Sinne die Rolle der Hüter des ergebnisorientierten Handelns anderer Akteure ein.[180] Dabei agieren sie als »Planungs-Techniker« bzw. »Planungs-Architekt«[181].

Fasst man diese Vielfalt an Rollenbildern des Controllings zusammen, lassen sich folgende Rollen darstellen:

- Controlling als Lieferant von Informationen bzw. Spezial- und Sekundärwissen im Führungsgeschehen.[182]
- Controlling als kritischer Diskurspartner der Führungsinstanzen und Wächter über die ökonomische Disziplin im Unternehmen.[183]
- Controlling als mitwirkende Instanz in Führungsentscheidungen sowie als Treiber von Unternehmenswachstum und Co-Führungsinstanz.[184]
- Controlling als interner Berater und Coach von Führungsinstanzen.[185]

177 Vgl. Goretzki, Lukas/Weber, Jürgen/Zubler, Susanne (2010): Die Rollen der Controller, Controller Magazin – Arbeitsergebnisse aus der Controller-Praxis, Ausgabe 2, März/April 2010, S. 56–62, S. 56.

178 Vgl. Weber 2010b, S. 93.

179 Vgl. Weber/Schäffer 2008, S. 15.

180 Vgl. Goretzki/Weber et al. 2010, S. 56.

181 Vgl. Weber 2011, S. 38.

182 Vgl. Weber 2011, S. 32/33 (Controlling als Informationslieferant); Wall/Greiling 2011, S. 94/95 (Informationen aus Controllingsystemen); Hartmann/Maas 2010, S. 29 (Spezialwissen der Controller); Sieber 2008, S. 193/195 (Spezialwissen des Controllings); Lingnau 2006, S. 16ff. (Sekundärwissen im Controlling)

183 Vgl. Weber/Schäffer 2008, S. 34 (Controlling als Counterpart der Führungsinstanzen); Weber/Schäffer 1999, S. 733 (Controlling als Counterpart im Rahmen der Zielformulierung); Deyhle/Kottbauer et al. 2010, S. 31 (Controlling als ökonomisches Gewissen im Unternehmen); Goretzki/Weber et al. 2010, S. 56 (Controlling als Hüter des ergebnisorientierten Handelns im Unternehmen).

184 Vgl. Weißenberger/Wolf 2010, S. 6 (Einbindung des Controllings in Führungsentscheidungen); Weber 2011, S. 39 (Controller als Co-Führungskräfte), S. 41 (Treiber von Unternehmenswachstum), S. 35 (Controller als »Business All-rounder«); Wall, Friederike (2008b): Funktionen des Controllings im Rahmen der Corporate Governance, ZfCM – Zeitschrift für Controlling und Management, Jg. 52, Heft 4, August 2008, S. 228–233, S. 229f. (Controlling als integraler Bestandteil der guten Corporate Governance).

185 Vgl. Weber 2011, S. 38 (Controller als interner Berater), S. 34 (Controller als Coach der Führungskräfte); Weber/Schäffer 2008, S. 15 (Controller als interner Berater).

- Controlling als Repräsentant der ökonomischen Realität und Legitimation von bzw. Sinnzuweisung in der Führung in Unternehmen.[186]

Es zeigt sich, dass mit dem institutionalisierten Controlling eine Vielzahl von Rollenbildern verbunden ist. Damit sieht sich das Controlling mit einer Reihe von Erwartungen an sein Handeln im Unternehmensgeschehen konfrontiert. Neben den oben bezeichneten idealtypischen Rollen des Controllings stehen dessen realtypischen Erscheinungsformen in der Controllingpraxis. Das betriebliche Controlling als Praxisphänomen lässt sich unter dieser Perspektive als Ergebnis sozialer Praktiken und Absprachen bezeichnen.[187] Die hiermit verbundene Vielfalt an Erwartungen an das sowie Verhaltensweisen im Controlling birgt allerdings auch potenzielle Konfliktfelder. Diese zu beleuchten, ist Aufgabe des nachfolgenden Kapitels.

## 2.4 Konfliktfelder des Controllings

Im betrieblichen Geschehen sind Konfliktfelder keine ungewöhnliche Erscheinung.[188] Heine et al. weisen in diesem Zusammenhang auf die Interessenskonflikte und begrenzte Rationalität von Akteuren als Gründe für betriebliche Problemstellungen

---

186 Vgl. Hartmann/Maas 2010, S. 29 (Repräsentation ökonomischer Realität in den vom Controlling betreuten Bereichen); Vosselman, Ed/van der Meer-Kooistra, Jeltje (2009): Accounting for control and trust building in interfirm transactions relations, Accounting, Organizations and Society, Jg. 34, Nr. 2, Februar 2009, S. 267–283, S. 270 (Signalling-Effekte von Controlling- bzw. Rechnungswesensystemen in materiellen Austauschbeziehungen); Lang 2004, S. 65 (Controlling als Ordnung zur Wirklichkeitskonstruktion in Unternehmen); Scherm/Pietsch 2003, S. 44 (Sprache des Controllings und Sinnzuweisung), S. 51 (Legitimationsfunktion des Controllings).

187 Vgl. Ahrens/Chapman 2007, S. 9.

188 Vgl. stellvertretend Bassen, Alexander/Basse Mama, Houdou/Ramaj, Hidajet (2010): Investor relations: a comprehensive overview, Journal für Betriebswirtschaft, Jg. 60, Nr. 1, März 2010, S. 49–79, S. 51ff. (Agency-Konflikte zwischen Eigentümern, Führungskräften, Analysten und Investoren); Fülbier, Rolf/Gassen, Joachim/Sellhorn, Thorsten (2008): Vorsichtige Rechnungslegung - Theoretische Erklärung und empirische Relevanz, Zeitschrift für Betriebswirtschaft, Jg. 78, Heft 12, Dezember 2008, S. 1317–1342, S. 1320 (vorsichtige Rechnungslegung zur Bewältigung von Interessenskonflikten zwischen Eigentümern und Führungskräften); Thielemann, Ulrich/Weibler, Jürgen (2007): Betriebswirtschaftslehre ohne Unternehmensethik? Vom Scheitern einer Ethik ohne Moral, Zeitschrift für Betriebswirtschaft, Jg. 77, Heft 2, Februar 2007, S. 179–194, S. 185 (Interessenkonflikt zwischen Unternehmens- und Individualinteressen); Schreyögg, Astrid (2001): Konfliktcoaching für neu ernannte Führungskräfte, Organisationsberatung - Supervision - Coaching, Jg. 8, Heft 4/2001,

hin.[189] Dabei werden als Konfliktursachen Willens- und Könnens-Barrieren gesehen.[190] Desgleichen lassen sich Konflikte auf Unterschiede zwischen Unternehmens- und Individualinteressen zurückführen.[191] Darüber hinaus können Konflikte aus unterschiedlichen Interessen einzelner Funktionsbereiche resultieren.[192] Letztlich lassen sich Konflikte auch zwischen den Hierarchieebenen des Unternehmens aufzeigen. Hierbei sind einzelne Hierarchie-Instanzen in die Bewältigung von Konflikten auf der Basis von Entscheidungskompetenzen bzw. über Abstimmungsprozesse eingebunden.[193] Im Zusammenhang mit dem Controlling werden Konfliktfelder aus zwei Perspektiven heraus erkennbar.

Zum einen wird das Controlling als Moderator in Konfliktprozessen gesehen.[194] Diese Moderatorenrolle stützt sich auf das dem Controlling zugeschriebenen Fakten- und Methodenwissen sowie seiner postulierten Unabhängigkeit gegenüber anderen Instanzen.[195] Die Frage nach der Unabhängigkeit des Controllings wird allerdings in der Literatur kritisch gesehen. So beschreibt Paefgen das Problem der intensiven Einbindung des Controllings in das Führungsgeschehen und hieraus mögliche negative Konsequenzen für dessen Funktion als

---

S. 315–331, S. 319ff. (Konfliktpotenziale im Rahmen der Rekrutierung neuer Führungskräfte).

189 Vgl. Heine, Bernd-Oliver/Hirsch, Bernhard/Hufschlag, Klaus/Lesch, Marc/Meyer, Matthias/Müller, Roman/Paefgen, Anne/Pieroth, Guido (2006): Zur Modellierung ökonomischer Akteure mit begrenzten kognitiven Fähigkeiten – Anleitung zu einer problemspezifischen Ausdifferenzierung des Homo oeconomicus, Vallendar/Rhein, WHU - Otto Beisheim School of Management, Nr. 110, verfügbar auf: www.whu.edu/control, Stand: 28.10.2008, S. 61.

190 Vgl. Kirsch/Seidl et al. 2009, S. 111.

191 Vgl. Thielemann/Weibler 2007, S. 185.

192 Vgl. Berger, Ulrike/Bernhard-Mehlich, Isolde (2006): Die Verhaltenswissenschaftliche Entscheidungstheorie, in: Kieser, Alfred/Ebers, Mark (Hrsg.): Organisationstheorien, 6., erweiterte Auflage, Stuttgart: Kohlhammer, S. 169–214, S. 181 (Konflikte zwischen Abteilungen); Kieser/Walgenbach 2007, S. 456 (Machtspiele in Konflikten zwischen Abteilungen).

193 Vgl. Schreyögg/Koch 2007, S. 304.

194 Vgl. Weber 2011, S. 38.

195 Vgl. Küpper 2008, S. 568ff. (Fakten- und Methodenwissen als Elemente des Anforderungsprofils des Controllings); Winter 2007, S. 54 (Fakten- und Methodenwissen als Sekundärwissen im Controlling); Schreiber 2010, S. 59 (Methodenwissen des Controllings); Weber 2011, S. 37 (Controlling als unabhängige Ratgeberfunktion im Führungsprozess); Weber 2007, S. 13 (Unabhängigkeit des Controllings im Führungsgeschehen).

kritische Reflexionsinstanz gegenüber Führungskräften.[196] Frey/Osterloh weisen darauf hin, dass kollegiale Beziehungen im Führungsgeschehen eine wirksame Überwachung einzelner Akteurshandlungen eher unwahrscheinlich machen.[197] Zudem ist fraglich, ob die Entscheidungs- und Verhaltenssteuerungsfunktion des Controllings[198] eine unabhängige Position dieser Instanz tatsächlich erlaubt. Mit der Funktion des Controllings, das Entscheidungsverhalten von Führungsinstanzen auf eine bestimmte Richtung hin auszurichten[199], ist dessen Einwirkung auf Führungshandlungen belegbar. Damit erscheint auch die Funktion des Controllings als unabhängiger Sachwalter über ökonomische Grundsätze im Führungsgeschehen zweifelhaft.[200]

Zum anderen ist das Controlling auch Bestandteil betrieblicher Konfliktszenarien. So zeigen Hartmann/Maas ein Konfliktpotenzial des Bereichscontrollings im Rahmen der Budgetierung auf.[201] Einerseits soll das Bereichscontrolling die Effizienz des von ihm betreuten Bereiches sicherstellen und damit Budgets in engen Grenzen halten, andererseits können Budgetpuffer auch zur Verfolgung bereichsbezogener Interessen gegenüber anderen Bereichen genutzt werden. Entweder geht das Bereichscontrolling einen Konflikt mit der Bereichsführung ein, weil es dem übergeordneten Unternehmensinteresse folgt. Oder es begibt sich in Konflikt zu anderen Bereichen bzw. zum Unternehmenscontrolling, weil es sein Verhältnis zur Bereichsführung nicht beschädigen möchte. Mundy beschreibt Konfliktsituationen des Controllings aus dessen Überwachungshandlungen bzw. Restriktionsfunktion gegenüber anderen Akteuren. Führungsinstanzen, die das Controlling vorwiegend zur Überwachung und Einschränkung von Handlungsspielräumen anderer Akteure nutzen, schränken deren Leistungsbereitschaft ein und bewirken damit nicht beabsichtigte Handlungen.[202] Horváth weist auf das Konfliktpotenzial zwischen dem Controlling und den Akteuren im Forschungs- und Entwicklungsbereich hin. Hier sind es die unterschiedlichen Sichtweisen auf ökonomische und technologische Sachverhalte der Beteiligten, die zu Gegensätzen führen.[203] Und schließlich zeigt sich bei Weber/Schäffer das Konfliktfeld des Controllings mit dessen Funktion des »kritischen Counterpart« im

196 Vgl. Paefgen 2008b, S. 81.
197 Vgl. Frey/Osterloh 2005, S. 101.
198 Vgl. Wall 2008a, S. 466ff. (mit weiteren Verweisen).
199 Vgl. Weber 2007, S. 58.
200 Vgl. Maas/Matějka 2009, S. 1233.
201 Vgl. Hartmann/Maas 2010, S. 27/28.
202 Vgl. Mundy 2010, S. 500.
203 Vgl. Horváth 2009, S. 791f.

Führungsgeschehen. Mit dem Recht des Controllings auf Widerspruch gegenüber Führungsinstanzen ist gleichsam auch die Möglichkeit von Sanktionen gegen das Controlling verbunden; das Finden einer Balance zwischen vertrauensvoller Nähe und kritischer Distanz zu den Führungsinstanzen umfasst dabei nicht nur den Konflikt zwischen Controlling und Führung, sondern gleichsam auch einen Konfliktbereich im Controlling.[204]

Darüber hinaus lassen sich weitere Konfliktsituationen innerhalb des Controllings aufzeigen. Insbesondere die Frage nach der disziplinarischen Weisungsbefugnis von zentralen gegenüber dezentralen Controlling-Instanzen erfährt hierbei in der Literatur Beachtung.[205] Weiterhin wird ein Konfliktpotenzial auch in der vielfältigen Präsenz des betrieblichen Controllings gesehen.[206] Die anderen betrieblichen Akteure nehmen das Controlling als omnipräsente Instanz wahr; denn die Akteure im Controlling „[...] müssen gleichzeitig auf vielen Hochzeiten tanzen [...]“[207].

Aus den dargelegten Sachverhalten lassen sich Konfliktfelder des Controllings folgendermaßen zusammenfassen:

- Hierarchiebezogene Konfliktfelder
- Aufgabenbezogene Konfliktfelder
- Interessenbezogene Konfliktfelder

In der Folge werden diese Konfliktfelder in ihren Kernausprägungen dargelegt und anhand eines Beispiels verdeutlicht.

**Hierarchiebezogene Konfliktfelder** des Controllings beziehen sich auf dessen Einbindung in die Unternehmensorganisation und damit verbundene Weisungsbefugnisse. Sowohl Weisungsbefugnisse des Controllings gegenüber anderen Funktionsbereichen, als auch Befugnisse innerhalb des Controllings und Weisungsbefugnisse anderer Instanzen gegenüber dem Controlling sind hiervon umfasst.[208]

---

204 Vgl. Weber/Schäffer 2008, S. 427.

205 Vgl. Sieber 2008, S. 20; Weber/Schäffer 2008, S. 409; Küpper 2008, S. 562ff.

206 Vgl. Weber 2008, S. 6 (Reichweite und Güte der Controllingaufgaben aus Sicht der Führungsinstanzen).

207 Weber 2010b, S. 95.

208 Vgl. Hartmann/Maas 2010, S. 27 (konfliktbeladene Rolle von Bereichscontrollern); Horváth 2009, S. 752 (Erwartungen und Anforderungen von Führungsinstanzen an das Controlling); Küpper 2008, S. 562ff. (Hierarchiebeziehungen zwischen zentralem und dezentralem Controlling); Minelli/Rebora et al. 2009, S. 943 (Controlling-

- Das Controlling als Stabsinstanz der Unternehmensleitung ist in seinem Handeln zu wesentlichen Teilen auf die Wirkung seiner Argumente und Empfehlungen angewiesen.[209] Es verfügt über keine bzw. nur eingeschränkte formale Weisungskompetenzen.[210] Im Konfliktfall mit anderen Instanzen braucht es die Unterstützung der Führungsinstanz, der es zugeordnet ist.[211] Wo das Controlling auf informellen Wegen Konzepte bzw. Maßnahmen innerhalb des Führungsgeschehens umsetzen will, läuft es Gefahr, als »graue Eminenz«[212] wahrgenommen zu werden. Konflikte können in diesem Zusammenhang zu mikropolitisch[213] motivierten Ausweichhandlungen anderer Akteure führen.

  Beispiel: Im Controllingstab wurde ein Konzept zur Kostensenkung im Unternehmen erarbeitet. Das Controlling trägt dieses den Funktionsinstanzen vor. Diese lehnen die Umsetzung ab. Gelingt es dem Controlling nicht, die Ablehnung der Funktionsinstanzen auf dem Überzeugungsweg aufzulösen, bleibt ihm zwar die Hilfe der Unternehmensleitung. Dieser Weg ist allerdings nur vordergründig sinnvoll, auch wenn er zum gewünschten Erfolg führen sollte. Auf mittlerer Sicht verliert das Controlling die Vertrauensbasis sowohl bei den Funktionsinstanzen, als auch bei der Unternehmensleitung. Ohne eine vernünftige Einigung zwischen dem Controlling und den Funktionsinstanzen steht früher oder später dessen Offenbarungseid.
- Als Linieninstanz in der ersten Führungsebene kann das Controlling seine Position nutzen, um Planungsgrößen bzw. Entscheidungen anderer Funktionsbereiche auf das Gesamtunternehmensinteresse hin abzustimmen.[214] Hierbei

---

Systeme als Bestandteil des organisationalen Machtgefüges); Mundy 2010, S. 505 (Nutzung von Controlling-Systemen durch übergeordnete Hierarchieebenen).

209 Vgl. Winter 2008, S. 29 (führungsunterstützende Aufgaben des Controllings); Laux/Liermann 2005, S. 178f. (Stabsinstanzen mit Entlastungs- und Unterstützungsaufgaben gegenüber den Führungsinstanzen).

210 Vgl. Ziegenbein 2007, S. 194 (hier Weisungskompetenzen des Controllings nur in System- bzw. Verfahrensfragen).

211 Vgl. Barth/Barth 2008, S. 51.

212 Vgl. Spillecke 2006, S. VII.

213 Vgl. Maruschke, Christiane (2007): Reorganisation und Mikropolitik. Eine Analyse am Beispiel eines Baukonzerns. Dissertation, Philips-Universität Marburg, Philips-Universität, verfügbar auf: http://d-nb.info/984095357/34, Stand: 25.07.2009, S. 24.

214 Vgl. Küpper 2008, S. 548.

kann die Nähe zur Unternehmensleitung[215] hilfreich sein, um beispielsweise Größen der operativen Planung an den strategischen Budgets auszurichten oder einzelne Teilpläne zu einem konsistenten Gesamtplan abzustimmen. Im Konfliktfall kann das Controlling sich auf das Interesse des Gesamtunternehmens berufen, an dem sich die betreffenden Funktionsbereiche orientieren sollen. Da aber die Funktionsbereiche letztlich für die Erreichung ihrer Ziele verantwortlich sind, tragen sie auch die Entscheidungsverantwortung. Lassen sich Konflikte zwischen Controlling und Funktionsbereichen nicht einvernehmlich lösen, kann ein hierfür einberufenes Gremium einen Lösungsweg suchen. Dies wäre beispielsweise ein Steuerungskreis, der aus Vertretern der Funktionsbereiche, der Unternehmensleitung und dem Controlling besteht[216].

Beispiel: Das Controlling geht mit den Planungsgrößen, die von den anderen Linieninstanzen erarbeitet wurden, nicht konform. Im Rahmen einer Planungsbesprechung zeigt das Controlling das betreffende Problem auf. Hierbei macht das Controlling den betreffenden Bereichen Vorschläge, wie eine Überarbeitung der betreffenden Größen zu einer konsistenten und zieladäquaten Unternehmensplanung führen kann. Die betroffenen Funktionsstellen verweigern die Anpassung der Planungsgrößen, weil sie dabei die Erreichung ihre individuellen Zielgrößen gefährdet sehen. Die Lösung dieser Konfliktsituation sollte im Rahmen einer gemeinsamen Abstimmung zwischen den Funktionsbereichsleitungen, der Unternehmensleitung und dem Controlling erfolgen. Kommt es hier zu einer Einigung, in der das Controlling überstimmt wird, bleibt dem Controlling nur, sich dieser Entscheidung zu fügen. In dieser Situation sind entweder die Sachargumente des Controllings durch die anderen Akteure nicht gewürdigt worden. Oder das Controlling konnte seine Argumente nicht nachvollziehbar darlegen. Möglich wäre auch, dass die Argumente des Controllings zur Kenntnis genommen wurden, aber eine politische Entscheidung getroffen wurde. In jedem Fall hat das Controlling aber seine Position nicht umsetzen können, was zu möglichen Folgekonflikten im Austausch mit den betreffenden Funktionsinstanzen führen kann (»Man sieht sich immer zweimal im Leben«). Wenn das Controlling in

215 Vgl. Hoffjan, Andreas/Trapp, Rouven/Boucoiran, Thomas (2011): Die Rolle des Controllers in internationalen Unternehmen – Empirische Analyse am Beispiel deutsch-französischer Unternehmen, ZfCM – Zeitschrift für Controlling und Management, Jg. 55, Heft 3, Juni 2011, S. 184–188, S. 188 (Controller als Partner der Führungskräfte).

216 Vgl. Peemöller 2005, S. 91 (Ausschuss zur Entscheidung über Budgetfragen).

dem Entscheidungsgremium auch über ein Stimmrecht verfügt, könnte seine Stimme ausschlaggebend für die Umsetzung seiner Position sein. In diesem Fall sind ebenfalls Folgekonflikte im Austausch mit den betroffenen Funktionsinstanzen möglich (»Wir werden sehen, wer letztlich der Stärkere ist«).

- Mit der Zuordnung des Controllings zur Funktionsinstanz »Finanzen« auf der zweiten Führungsebene besteht eine Nähe des Controllings zu den anderen Funktionsstellen dieses Bereiches (Buchhaltung, Kostenrechnung, Treasury, Bilanzierung).[217] Hier können sich Konflikte aus verschiedenen Perspektiven heraus konkretisieren:
  - Als Stabsinstanz entlastet es die Leitung des Finanzbereiches und erarbeitet Konzepte und Verfahren der Planung, des Berichtswesens bzw. der Investitionsrechnung. Seine Vorschläge bzw. Empfehlungen kann es ausschließlich im Zuge der Überzeugungsarbeit mit anderen Funktionsstellen und Funktionsinstanzen umsetzen. Allerdings verfügt das Controlling mit seiner Zuordnung auch über eine »Hausmacht«, die sich aus der Einbettung in den Finanzbereich ergibt.[218] Hier fließen alle wesentlichen ökonomischen Informationen und Wertströme des Unternehmens zusammen. Konflikte können dort entstehen, wo das Controlling seine Vorschläge zu Verfahren und Bewertungsmethoden im eigenen Bereich nicht umsetzen kann. Wird das Controlling diesbezüglich von den anderen Fachstellen seines Bereiches überstimmt, kann es gegenüber den anderen betrieblichen Funktionsinstanzen unter Umständen nur eingeschränkt agieren (»Laufen mit angezogener Bremse«).
  - Als Linieninstanz innerhalb des Finanzbereiches kann das Controlling seine Position auf gleicher Augenhöhe mit den anderen Funktionsstellen des Bereiches diskutieren. Hierbei hätte es beispielsweise die Methodenhoheit bzgl. der Konzeption von Planungsverfahren, Planungsrechnungen und Bewertungsverfahren.[219] Konflikte, die sich

---

217 Vgl. Horváth 2009, S. 780; Küpper 2008, S. 551.

218 Vgl. Barth/Barth 2008, S. 48f. (Informationsmonopol des Controllings); Ziegenbein 2007, S. 193 (Controlling als »Zahlen-Center«); Prenzler, Carsten (2011): Entwicklung von Controlleraufgaben. Eine Längsschnittuntersuchung in deutschen Unternehmen, Wiesbaden: Gabler Verlag, S. 86 (Schaffung faktischer Distanz zu anderen Funktionsbereichen).

219 Vgl. Weber/Schäffer 2008, S. 258ff. (Planentstehung und Planungsmanagement); Küpper 2008, S. 548 (Konsolidierung von Teilplänen durch das Controlling);

hieraus mit den anderen Funktionsstellen des Finanzbereiches ergeben, wären auf der Basis von Sachargumenten und Mehrheitsverhältnissen zu lösen. Greifen diese nicht, verbleibt latent ein interner Konflikt bestehen und die Wirkung des Controllings gegenüber anderen betrieblichen Funktionsinstanzen kann hieraus Schaden nehmen (»Controlling als Lame Duck«).

- Gegenüber den anderen betrieblichen Funktionsinstanzen tritt das Controlling als Akteur des Finanzbereiches tendenziell mit einer Vorbelastung auf. Im Finanzbereich erfolgt sowohl die buchhalterische Erfassung der Unternehmensaktivitäten, als auch deren Abbildung in Kosten-Leistungs-Größen und Liquiditätsströmen. Damit hat das Controlling nicht nur einen unmittelbaren Zugriff auf diese Informationen, sondern gleichsam auch auf jene Funktionsstellen, die mit deren Bearbeitung befasst sind. Gegenüber anderen betrieblichen Funktionsinstanzen ist das Controlling damit in einer Quasi-Machtposition. Konflikte können daraus entstehen, dass andere Funktionsinstanzen das Controlling nicht mehr als neutralen Diskurspartner sehen (»Controlling als Spitze des Eisberges«).

Beispiel: Das Controlling möchte ein neues Verfahren zur Bewertung von Großinvestitionsvorhaben im Unternehmen umsetzen. Es hat sich hierzu im Vorweg mit den anderen Funktionsstellen des Finanzbereiches abgestimmt, die die Umsetzung befürworten. Die betrieblichen Funktionsinstanzen sehen in diesem Verfahren allerdings einen erheblichen bürokratischen Aufwand auf sich zukommen. Aus diesem Grund möchten sie das Verfahren auf ihre Bedürfnisse angepasst haben. Das Controlling verweist auf die bereits erfolgte Abstimmung im Finanzbereich. Der Konflikt zwischen den Funktionsinstanzen und dem Controlling wird nicht ausgehandelt, die Funktionsinstanzen ziehen ihre Einwände zurück. Allerdings versuchen sie, bei zukünftigen Großinvestitionen das betreffende Bewertungsverfahren nur im absolut notwendigen Ausmaß anzuwenden. Im Grenzfall versucht man, große Investitionen in kleinere Teilelemente zu zerlegen und so die Anwendung des ungeliebten Bewertungsverfahrens zu vermeiden.

- Das Controlling ist einer Funktionsinstanz der zweiten Führungsebene zugeordnet. Als Stabsinstanz soll es die Einhaltung ökonomischer Grundsätze

---

Weißenberger/Löhr 2008b, S. 4 (Verfügbarmachen von Messgrößen und Bewertungsmethoden durch das Controlling).

in den operativen Aktivitäten des Bereiches überwachen. Wenn es diese Grundsätze als verletzt ansieht, soll es zusammen mit der betreffenden Führungsinstanz einen Lösungsansatz suchen. Fachlich ist das Controlling unabhängig von der Führungsinstanz des betreuten Funktionsbereiches. Disziplinarisch ist es aber dieser Instanz zugeordnet. Konflikte, die sich aus unterschiedlichen Auffassungen zur Einhaltung ökonomischer Grundsätze ergeben, können aufgrund der disziplinarischen Zuordnung zur Führungsinstanz des Funktionsbereiches im Grenzfall nicht mehr auf gleicher Augenhöhe ausgehandelt werden.

Beispiel: Das Personal-Controlling identifiziert Optimierungspotenzial bzgl. der Höhe von Gemeinkosten innerhalb des Personalbereiches. Die Vorschläge zur Verbesserung der Kostensituation werden von einzelnen Instanzen im Personalbereich allerdings nicht akzeptiert. Die Personalleitung folgt den Vorschlägen des Controllings aus mikropolitischen Erwägungen nicht. Das Personal-Controlling scheut sich, diesen Konflikt im Unternehmen sichtbar zu machen, weil es Nachteile in seiner disziplinarischen Zuordnung zur Personalleitung befürchtet.

- Im Rahmen der Spezialisierung existieren zentralisierte und dezentrale Controlling-Instanzen. Das betreffende Unternehmen ist divisional nach Geschäftsbereichen organisiert. Jedem Geschäftsbereich ist ein Geschäftsbereichs-Controlling zugeordnet. Dieses ist für die Planung, das Berichtswesen und die betriebswirtschaftliche Betreuung des Geschäftsbereiches zuständig. Es vertritt in betriebswirtschaftlichen Fragen die Belange des Geschäftsbereiches gegenüber dem zentralen Controlling. Die Geschäftsbereiche sind als Profit-Center ergebnisverantwortlich. Konflikte können entstehen, wenn die Geschäftsbereichsleitungen ihre eigene Ergebnisverantwortung über das Gesamtunternehmensinteresse stellen. Das dezentrale Geschäftsbereichs-Controlling sieht sich dann in einem Konflikt sowohl gegenüber seiner Geschäftsbereichsleitung, als auch dem zentralen Controlling ausgesetzt (»Don't crack under pressure«).

Beispiel: In einem Unternehmen mit vier Geschäftsbereichen besteht in einem der Geschäftsbereiche aufgrund eines unerwarteten, konjunkturbedingten Nachfragerückgangs eine Unterauslastungssituation. Ein anderer Geschäftsbereich hat unerwartet einen Großauftrag gewonnen, den es mit seiner aktuell vorhandenen Kapazität nicht abarbeiten kann. Dieser Geschäftsbereich sucht am Markt entsprechende Kapazität. Das zentrale Controlling und das Controlling des Geschäftsbereiches, dessen Kapazität nicht voll ausgelastet ist, schlagen einen innerbetrieblichen

Kapazitätsausgleich vor. Dieser Vorschlag wird vom angesprochenen Geschäftsbereich abgelehnt. Als Begründung werden die höheren Kostensätze des nicht ausgelasteten Bereiches angegeben. Am Markt könnte man sich zu deutlich geringen Kosten eindecken. Aus betriebswirtschaftlicher und unternehmensbezogener Sicht ist ein solches Vorgehen aber wenig sinnvoll. In dieser Konfliktsituation wird es erforderlich sein, dass die betroffenen Controlling-Instanzen auf die Geschäftsbereichsleitungen einwirken. Ob und in wieweit eine gemeinsam getragene Lösung gefunden wird, hängt nicht zuletzt auch von der gegenseitigen Vertrauensstellung der beteiligten Akteure ab. Eine Übersteuerung einer der beteiligten Instanzen wird in jedem Fall aber zu einer Beeinträchtigung der weiteren Zusammenarbeit führen.

**Aufgabenbezogene Konfliktfelder** umfassen die Entlastungs-, Ergänzungs- und Begrenzungsaufgaben des Controllings[220] innerhalb des Führungsgeschehens. Entlastungsaufgaben umfassen solche, die aus Sicht der Führungsinstanzen an das Controlling delegiert werden, weil das Controlling diese effizienter ausführen kann. Hier arbeitet das Controlling den Führungsinstanzen unterstützend zu, beispielsweise im Rahmen des Berichtswesens und der Soll-Ist-Analysen.[221] Konflikte in diesem Zusammenhang lassen sich aus der Art und dem Umfang der an das Controlling übertragenen Aufgaben ableiten. So könnte aus der Sicht des Controllings eine Anforderung der Führungsinstanzen an den Detaillierungsgrad des Berichtswesens zu kapazitiven Engpässen führen und damit zu geringe Ressourcen für andere Tätigkeiten im Controlling belassen. Ergänzungsaufgaben werden an das Controlling herangetragen, weil Führungsinstanzen über bestimmte Kenntnisse nicht verfügen oder zur Absicherung ihrer Einschätzungen eine zweite Meinung benötigen.[222] Dies ist beispielsweise bei der Ausgestaltung von Planungsverfahren oder Bewertungsmethoden der Fall. Darüber hinaus nimmt das Controlling dort Ergänzungsaufgaben wahr, wo übergeordnete Leitungsinstanzen die Überwachung von Führungsinstanzen durch das Controlling wünschen.[223] Konflikte können dann entstehen, wenn die Ergänzungsaufgaben des Controllings für die betreffenden Führungsinstanzen nicht transparent sind oder die Überwachungshandlungen von der betroffenen Führungsinstanz als

220 Vgl. Weber/Schäffer 2008, S. 39ff. (Entlastungs-, Ergänzungs- und Begrenzungsaufgaben des Controllings).

221 Vgl. Weber/Schäffer 2008, S. 39.

222 Vgl. Weber/Schäffer 2008, S. 39f.

223 Vgl. Weber/Schäffer 2008, S. 40.

Ausdruck des Misstrauens[224] ihnen gegenüber gedeutet werden. Begrenzungsaufgaben fallen dem Controlling dann zu, wenn Wollens-Probleme auf Seiten der Führungsinstanzen auftreten.[225] In diesem Fall soll das Controlling als Korrektiv wirken und die Einhaltung der „ökonomischen Moral"[226] sicherstellen. Konflikte im Zuge der Begrenzungsaufgaben des Controllings lassen sich aus der Tatsache ableiten, dass diese Begrenzung in die Entscheidungs- bzw. Handlungsautonomie der Führungsinstanzen eingreift.[227]

- Im Rahmen seiner Entlastungsaufgaben führt das Controlling für bestimmte Budgets monatliche Abweichungsanalysen durch. Diese Analysen wurden bislang in Form von tabellarischen Berichten aufbereitet. Nunmehr erwarten die Führungsinstanzen, dass diese Analysen auch in Form von Präsentationen vorliegen. Die Erstellung dieser bewirkt, dass die vorhandene Kapazität im Controlling nicht mehr zur Abbildung aller bislang erbrachten Tätigkeiten ausreicht. Eine Erhöhung der Kapazität im Controlling wird von der Unternehmensleitung abgewiesen. In dieser Konfliktsituation wird im Controlling abzuwägen sein, welche Aktivität zugunsten der Präsentationserstellung zurückgefahren werden soll. Sollte es hierbei zu Einschränkungen in der Leistungserbringung anderen betrieblichen Instanzen gegenüber kommen, wären Folgekonflikte zu bewältigen.
- Im Zuge seiner Ergänzungsaufgaben überprüft das Controlling einzelne Größen der operativen Planung. Dabei wird ersichtlich, dass durch eine nicht erfolgte Abstimmung von Planungsgrößen des Marketings und des Vertriebes

224 Vgl. hierzu Falk, Armin/Kosfeld, Michael (2006): The Hidden Costs of Control, The American Economic Review, Jg. 96, Nr. 5, Dezember 2006, S. 1611–1630, S. 1612 (Kontrollhandlungen aus der Sicht des Agenten als Ausdruck von Misstrauen und geringen Leistungserwartungen auf Seiten des Prinzipals); Grundei, Jens (2008): Are managers agents or stewards of their principals? Logic, critique, and reconciliation of two conflicting theories of corporate governance, Journal für Betriebswirtschaft, Jg. 58, Nr. 3, September 2008, S. 141–166, S. 143 (Delegation von Führungshandlungen unter der den Aspekten des Misstrauens und der Kontrollhandlungen).

225 Vgl. Weber/Schäffer 2008, S. 40.

226 Weber/Schäffer 2008, S. 40.

227 Vgl. Weißenberger/Wolf 2010, S. 6 (Konflikte aus der Ausweitung von Aufgaben des Controllings); Weber 2007, S. 16 (Aufgabenfelder des Controllings); Rissbacher/Rissbacher et al. 2008, S. 116 (Anforderungen an die Aufgaben des Controllings); Wall/Greiling 2011, S. 94 (Entscheidungsbeeinflussung von Controlling); Gargiulo/Ertug et al. 2009, S. 308 (Bedeutung von Hierarchie in Kooperationsbeziehungen von Akteuren).

die Marketing- und Vertriebsplanung nicht zueinander stimmig sind. Der objektiv darstellbare Sachverhalt ist nun zwischen den beiden Instanzen zu klären und eine Einigung über die Planungsanpassung zu treffen. Beide Funktionsinstanzen machen für sich aber geltend, dass eine Anpassung der Planungsgrößen im eigenen Bereich nicht erforderlich ist. Das Controlling versucht, in diesem Konflikt mittels Handlungsempfehlungen zu vermitteln. Sofern die beiden Funktionsinstanzen nicht mehr direkt miteinander sprechen, sondern das Controlling als Sprachmittler nutzen, läuft das Controlling Gefahr, zu einem unmittelbaren Konfliktbeteiligten zu werden und damit seine neutrale Position zu verlieren. Kommt es zu keiner Einigung der beiden Funktionsinstanzen und es verbleibt bei den unstimmigen Planungsgrößen, besteht das Risiko einer vermeidbaren Soll-Ist-Abweichung.

- Bei der Abstimmung einzelner Teilpläne zum Unternehmensgesamtplan identifiziert das Controlling objektiv begründbare Inkongruenzen einzelner Planungsgrößen. Diese betreffen die Investitions- und die Finanzplanung. Eine Reduzierung der Investitionsplanung wird erforderlich. Um vordergründig Konflikten aus dem Weg zu gehen, schlägt das Controlling eine pauschale Kürzung aller Investitionsplanungsgrößen um einen einheitlichen Prozentsatz vor. Dieses Vorgehen wird von Entscheidungsinstanzen der nächsten Hierarchiestufe ausdrücklich begrüßt. Aus der Vermeidung eines unmittelbaren Konfliktes können mittelfristig unerwünschte Verhaltensweisen der Funktionsinstanzen resultieren. In der Antizipation ähnlicher Pauschalkürzungen planen die Bereiche grundsätzlich zu hohe Budgets, um nach der Pauschalkürzung dann ihren tatsächlichen Bedarf abgebildet zu bekommen.
- Bei der monatlichen Berichterstattung zur Ergebnislage des Unternehmens zeigt das Controlling für einen Produktbereich des Unternehmens eine hohe Kostenabweichung auf. Diese lässt sich weder durch Sondereffekte (z.B. unerwartete Preiserhöhungen von Rohstoffen), noch durch genehmigte Maßnahmen begründen. Mit der Kostenabweichung ist das prognostizierte Ergebnis des Produktbereiches gefährdet. Das Prognoseergebnis lässt sich nur halten, wenn in anderen Produktbereichen deutliche Budgetkürzungen vorgenommen werden. Das Controlling hat die hierzu erforderlichen Zahlen erarbeitet. Sowohl die verantwortliche Leitungsinstanz des betreffenden Produktbereiches, als auch die Unternehmensleitung sprechen sich für diese Kürzungsmaßnahmen aus. Die Leitungsinstanzen der anderen Produktbereiche folgen der Maßnahme nur widerwillig. Ihnen fehlen Budgets zu Realisierung geplanter Ziele. Diese Konfliktsituation bedingt, dass das Controlling seine Position als objektive Überwachungs- und Begrenzungsinstanz

deutlich macht. Gelingt dies nicht, sind Folgekonflikte in der Zusammenarbeit mit den betroffenen Produktbereichen vorprogrammiert.

**Interessenbezogene Konfliktfelder** beziehen sich auf die Verfolgung von unterschiedlichen Interessen durch einzelne Akteure im Führungsgeschehen. Solche Konflikte können innerhalb der Controlling-Organisation auftreten, wenn beispielsweise Interessen des Zentralcontrollings mit denen dezentraler Controlling-Instanzen kollidieren. Ein weiterer Konfliktbereich kann sich ergeben, wenn Interessen einzelner Geschäfts- bzw. Produktbereiche im Gegensatz zu den Interessen des Gesamtunternehmens stehen und das Controlling in diese Konflikte einbezogen wird.[228]

- Im Rahmen des Berichtswesens beabsichtigt das Zentralcontrolling, hohe manuelle Tätigkeiten der Berichtserstellung durch den Einsatz eines neuen Tools zu reduzieren. Dieses Tool würde nicht nur Tätigkeiten der zentralen, sondern auch der dezentralen Controlling-Instanzen betreffen. Durch das Tool entfallende manuelle Tätigkeiten der Akquisition und Aufbereitung von Daten haben auch zur Folge, dass die dezentralen Controlling-Instanzen einzelne Daten nicht mehr im Zuge der Berichterstellung beeinflussen können. Solche kleineren Eingriffe sind bislang deshalb erforderlich, weil die dezentralen Funktionsinstanzen unterjährig ihre Plan-Ist-Abweichungen geglättet haben. Die Implementierung eines Tools, das unmittelbar auf den Buchhaltungsstoff zurückgreift und keine manuellen Datenaufbereitungen mehr zulässt, trifft damit auf unterschiedliche Interessen im zentralen und dezentralen Controlling. Die dezentralen Controlling-Instanzen befürchten, durch den Einsatz des Tools in einen Konflikt zwischen den Interessen des Zentralcontrollings und den von ihnen betreuten dezentralen Funktionsbereichen zu geraten. In dieser Situation stellt sich das dezentrale Controlling auf die Seite der Funktionsinstanzen. Der Konflikt hat damit eine politische Dimension bekommen, in der entweder das zentrale oder das dezentrale Controlling sein Gesicht verlieren könnte.

---

228 Vgl. Hartmann/Maas 2010, S. 42 (Konsequenzen aus der Einbindung des Controlling in das Führungsgeschehen); Horváth 2009, S. 791f. (Konflikte zwischen Controlling und F&E-Bereich); Kirsch/Seidl et al. 2009, S. 72 (Planung als Sichtbarmachen von organisationalen Konfliktbereichen); Reimer/Orth 2008, S. 200 (Controlling im Spannungsfeld aus Vertrauen, Misstrauen, Kontrolle und Steuerung); Weber 2011, S. 28 (Begrenzung von Aktivitäten des Controllings durch andere Akteure); Deyhle/Kottbauer et al. 2010, S. 29 (Entscheidungshoheit von Linieninstanzen).

- Durch die Nähe der dezentralen Controlling-Instanzen zu den von ihnen betreuten Funktionsbereichen fühlen sich die Akteure des dezentralen Controllings den Funktionsbereichsinstanzen entsprechend verpflichtet. Gegenüber dem zentralen Controlling baut sich zunehmend eine Form des Wir-Gefühls auf. Zwar besitzt das Zentralcontrolling fachliche Weisungskompetenzen gegenüber den dezentralen Controlling-Instanzen, aber die disziplinarische Zuordnung liegt bei den Führungskräften der Funktionsbereiche. In dieser Konstellation nutzen einzelne Funktionsbereiche ihren Einfluss auf das dezentrale Controlling, um ihre Interessen gegenüber anderen Bereichen durchzusetzen. Das Zentralcontrolling gerät zunehmend in einen Konflikt zum dezentralen Controlling bzw. zur Unternehmensleitung, die auf der Wahrung der Unternehmensinteressen durch das zentrale Controlling besteht. Lässt sich diese Konfliktsituation nicht auflösen, besteht für das Zentralcontrolling das Risiko der zunehmenden Isolation bzw. schwindenden Akzeptanz. Sofern die Unternehmensleitung diese Konstellation nutzt, um ihre Ansprüche direkt gegenüber den dezentralen Controlling-Instanzen durchzusetzen, wird mittelfristig das Zentralcontrolling bedeutungslos. Damit stellt sich die Frage nach dessen Existenzberechtigung. Sofern die Unternehmensleitung den Konflikt zwischen den zentralen und dezentralen Controlling-Instanzen zur Durchsetzung eigener Interessen nutzt, stellt sich die Frage nach der Wirkungsweise des Controllings als solchem.

## 2.5 Zwischenfazit

Das Phänomen »Controlling« und dessen Ausprägungsformen in der betrieblichen Praxis werden in der betriebswirtschaftlichen Literatur intensiv und bisweilen kontrovers diskutiert. Wie sich gezeigt hat, beinhaltet das betriebliche Controlling eine große Bandbreite an Aufgaben und Funktionen. Damit sind sowohl Erwartungen anderer Akteure an das Controlling, als auch eigene Erwartungen im Controlling verbunden.

In seiner Rolle als kritische Begleitung der Führungsinstanzen benötigt das Controlling gleichermaßen Nähe und Distanz zu den betreffenden Akteuren. Nähe, um im Rahmen einer vertrauensvollen Zusammenarbeit mit den Führungsinstanzen agieren zu können. Das Controlling braucht gleichsam auch einen Bezug zu den von ihm betreuten Funktionsbereichen. Es sollte deren Prozesse und charakteristischen Eigenschaften kennen und aus eigener Ansicht heraus beurteilen können. Demgegenüber braucht es Distanz, um seine Rolle als kritischer Diskurspartner der Funktionsbereichsinstanzen wahrnehmen zu können. Die kritische Reflexionsfunktion des Controllings gegenüber den

Funktionsinstanzen beinhaltet nicht nur das „Recht auf Widerspruch“[229]. Mit dem Hinterfragen von Wahrnehmungs- und Handlungsmustern der Führungsinstanzen geht die hierzu erforderliche Distanz des Controllings fast zwangsläufig einher.[230] Dabei richten Akteure ihre Handlungen nicht nur an ihren subjektiven Wahrnehmungen einer Situation aus, sondern setzen ihr Tun auch in den Kontext der sozialen Definition einer Situation.[231] Dieser Tatbestand ist insbesondere mit der entscheidungsbeeinflussenden Rolle des Controllings im Führungsgeschehen von Bedeutung. Nicht nur, dass dem Controlling ein Entscheidungsvorsprung gegenüber den Führungsinstanzen zugemessen wird.[232] Vielmehr schafft das Controlling auch einen unternehmensweiten Werte- und Normenkontext, indem es die soziale Wirklichkeit des Wirksystems »Unternehmen« einer ökonomischen Betrachtung unterzieht.[233] So gesehen, repräsentiert das Controlling die ökonomische Realität der von ihm betreuten Funktionsbereiche.[234]

Letztlich scheint das Controlling nicht nur als moderierende Instanz im Führungsgeschehen zu wirken, sondern auch Bestandteil des konfliktbeladenen Diskurses[235] zwischen den beteiligten Akteuren zu sein. In diesem Zusammenhang scheint zumindest fraglich, ob dem Controlling eine abstrakte und unabhängige Wirkung bei der Rationalitätssicherung zuzuschreiben ist. Vielmehr ist mit der Beteiligung in organisationalen Konflikten bzw. mikropolitischen Handlungen eben auch das Controlling als ein Element der betrieblichen Risiken anzusehen. Diesen Aspekt greift das nachfolgende Kapitel auf, in dem es das Controlling im Kontext der Unternehmensführung betrachtet.

---

229 Weber/Schäffer 2008, S. 427.

230 Vgl. Pietsch, Gotthard/Scherm, Ewald (2004): Reflexionsorientiertes Controlling, in: Scherm, Ewald/Pietsch, Gotthard (Hrsg.): Controlling. Theorien und Konzeptionen, München: Verlag Franz Vahlen, S. 529–553, S. 545.

231 Vgl. Mayerl 2009, S. 67.

232 Vgl. Pietsch/Scherm 2004, S. 544.

233 Vgl. Lang 2004, S. 66; Chiapello 2009, S. 125 (zur sozialen Konstruktion ökonomischer Realität).

234 Vgl. Hartmann/Maas 2010, S. 29.

235 Zum Diskursbegriff und die Bedeutung von Diskursen im Kontext des Führungsgeschehens bzw. Controllings siehe S. 139.

# 3. Risiko und Controlling im Unternehmen

## 3.1 Begriffsbestimmung Risiko

Der Risikobegriff erfährt in der betriebswirtschaftlichen Literatur eine vielfältige Betrachtung.[236] Dabei wird das Phänomen »Risiko« sowohl aus ökonomischer, als auch aus erkenntnistheoretischer Sicht beleuchtet.[237] Neben der Bestimmung des Risikobegriffs erfolgt regelmäßig auch die begriffliche Abgrenzung des Risikos zur Unsicherheit und Ungewissheit.[238] Risiken sind Bestandteil des menschlichen

---

236 Vgl. Diederichs, Marc (2010): Risikomanagement und Risikocontrolling. Risikocontrolling - ein integrierter Bestandteil einer modernen Risikomanagement-Konzeption, 2., korrigierte Auflage, München: Verlag Franz Vahlen, S. 8f. (fehlende Eindeutigkeit in der Definition des Risikobegriffs); Wolf, Klaus/Runzheimer, Bodo (2009): Risikomanagement und KonTraG. Konzeption und Implementierung, 5., vollständig überarbeitete Auflage, Wiesbaden: Gabler Verlag, S. 28f. (Vielschichtigkeit des Risikobegriffs); Miller, Kent D. (2009): Organizational Risk after Modernism, Organization Studies, Jg. 30, Nr. 2–3, S. 157–180, S. 160 (Risikoverständnis der Organisationstheorie); Andersen, Torben Juul (2006): Global derivatives. A strategic risk management perspective, Harlow: Financial Times/Prentice Hall, S. 364 ff. (Risiko und Risikofaktoren); Liekweg, Arnim (2003): Risikomanagement und Rationalität. Präskriptive Theorie und praktische Ausgestaltung von Risikomanagement, Wiesbaden: Deutscher Universitäts-Verlag, S. 59ff. (kein gemeinsam getragenes Verständnis zum Risikobegriff); Mikus, Barbara (2001): Risiken und Risikomanagement - ein Überblick, in: Götze, Uwe/Henselmann, Klaus/Mikus, Barbara (Hrsg.): Risikomanagement, Heidelberg: Physica-Verlag, S. 3–28, S. 5 (Vielzahl an Definitionen des Risikos).

237 Vgl. Miller 2009, S. 159ff. (mit weiteren Verweisen) und Jonen, Andreas (2007): Semantische Analyse des Risikobegriffs. Strukturierung der betriebswirtschaftlichen Risikodefinitionen und literaturempirische Auswertung, Technische Universität Kaiserslautern, Lehrstuhl für Unternehmensrechnung und Controlling, Nr. 11, August 2007, verfügbar auf: www.Controlling-Forschung.de, Stand: 17.11.2008, S. 11 (zur soziologischen Differenzierung zwischen Risiko und Gefahr); Luhmann, Niklas (2003b): Soziologie des Risikos, Berlin: de Gruyter, S. 14 (zur Problematik einer wissenschaftlichen Ansprüchen genügenden Begriffsbestimmung »Risiko«).

238 Vgl. Bamberg, Günter/Coenenberg, Adolf Gerhard/Krapp, Michael (2008): Betriebswirtschaftliche Entscheidungslehre, 14., überarbeitete Auflage, München: Verlag Franz Vahlen, S. 29; Gleißner 2008, S. 8; Fernández-Huerga, Eduardo (2008): The Economic Behavior of Human Beings: The Institutional/Post-Keynesian Model, Journal of Economic Issues, Jg. 42, Nr. 3, September 2008, S. 709–726, S. 717f.; Grou, Beno/Tabak, Benjamin M. (2008): Ambiguity Averson and Illusion of Control. Experimental Evidence in an Emerging Market, The Journal of Behavioral Finance, Jg. 9, Nr. 1, S. 22–29, S. 23; Andersen 2006, S. 398.

Daseins und jeder menschlichen Betätigung.[239] Damit ist auch die Unternehmenstätigkeit untrennbar mit Risiken verbunden.[240] Betriebliche Entscheidungen erfolgen in der Regel auf der Basis von schlecht-strukturierten[241] Problemstellungen. Diese Entscheidungsprobleme sind durch Ungewissheit bzw. Risiko gekennzeichnet.[242] Demgegenüber stehen Entscheidungen unter Sicherheit. Sie sind daraus gekennzeichnet, dass der Entscheidungsträger über den Realisierungsgrad der präferierten Zielzustände vollständig informiert ist.[243] Durch Unsicherheit gekennzeichneten Entscheidungssituationen fehlen diese Informationen. Von einer Ungewissheitssituation spricht man, wenn keinerlei Informationen zur Eintrittswahrscheinlichkeit zukünftiger Umweltzustände vorliegen; Entscheidungen unter Risiko beinhalten demgegenüber Eintrittswahrscheinlichkeiten über zukünftige Umweltzustände.[244] Unsicherheit ist damit durch die Möglichkeit unvorhersehbarer Ereignisse gekennzeichnet.[245] Die Bewältigung von Unsicherheit wird als eine der charakteristischen Aufgaben von Führungsinstanzen beschrieben.[246]

---

239 Damodaran, Aswath (2008): Strategic risk taking. A framework for risk management, Upper Saddle River, NJ: Wharton School Publishing, S. 9.

240 Diederichs 2010, S. 8; Weißenberger/Löhr 2008b, S. 3.

241 Vgl. Reichmann 2006, S. 9; Nissen, Volker (2007): Consulting Research - Eine Einführung, in: Nissen, Volker (Hrsg.): Consulting Research. Unternehmensberatung aus wissenschaftlicher Perspektive, Wiesbaden: Deutscher Universitäts-Verlag, S. 3–38, S. 4 (hier im Kontext strategischer Planung und Unternehmensführung); Bamberg/Coenenberg et al. 2008, S. 24f. (unvollständige Informationen als Regelfall bei betriebswirtschaftlichen Entscheidungsproblemen); Wrona, Thomas (2008): Konzeptionen der strategischen Unternehmensberatung, in: Bamberger, Ingolf (Hrsg.): Strategische Unternehmensberatung. Konzeptionen – Prozesse – Methoden, 5., aktualisierte und erweiterte Auflage, Wiesbaden: Gabler Verlag, S. 1–47, S. 5 (strategische Entscheidungsprobleme als schlecht-strukturierte Probleme).

242 Vgl. Bamberg/Coenenberg et al. 2008, S. 25.

243 Vgl. Bamberg/Coenenberg et al. 2008, S. 41.

244 Vgl. Gleißner 2008, S. 8.

245 Vgl. Andersen 2006, S. 398.

246 Vgl. Berger/Bernhard-Mehlich 2006, S. 179ff. (Entscheidungsträger im Spannungsfeld aus Unsicherheit, Komplexität und eigenen kognitiven Beschränkungen); Link 2009, S. 8 (Bewältigung von Variabilität und Dynamik als Führungsaufgabe); Müller 2010, S. 6 (Komplexität und Dynamik als Rahmenparameter der Führungshandlungen); Schreyögg/Koch 2007, S. 10 (Planung als primäre Führungsaufgabe); Kirsch/Seidl et al. 2009, S. 74 (Planung und Kontrolle als Maßnahmen zur Ungewissheitsabsorption).

Führungskräfte sollen dabei in der Lage sein, in komplexen, nicht-linearen Zusammenhängen zu denken.[247]

Mit Bezug auf die obigen Sachverhalte lässt sich Unternehmensführung als Prozess des bewussten und kontrollierten Eingehens von Risiken beschreiben.[248] Dabei sollen Führungsinstanzen strategische und operative Risiken identifizieren und das Wirksystem »Unternehmen« entsprechend steuern.[249] Nicht zuletzt im Rahmen gesetzlicher Anforderungen erhält der Risikobegriff eine zentrale Bedeutung im Kontext der Unternehmensführung.[250] Hier sind insbesondere das deutsche Aktiengesetz (§ 91 Absatz 2 AktG[251]), die Regelungen im Handelsgesetzbuch (§ 289 Absatz 1 und 2 HGB[252]) und darüber hinaus die Anforderungen des Deutschen Corporate Governance Kodex (DCGK)[253] zu nennen.[254] Kernbezugspunkt dieser Regelungen ist die risikoorientierte Unternehmensführung sowie die zeitnahe und umfassende Berichterstattung der Unternehmensleitung an die Eigentümer bzw. Aufsichtsorgane und den Kapitalmarkt.[255]

---

247 Vgl. Groves, Kevin S./Vance, Charles M. (2009): Examining Managerial Thinking Style, EQ, and Organizatinal Commitment, Journal of Managerial Issues, Jg. 21, Nr. 3/ Herbst 2009, S. 344–366, S. 344.

248 Vgl. Diederichs 2010, S. 13.

249 Vgl. Boddy 2002, S. 255ff.; Kreitner 2007, S. 190Kirsch/Seidl et al. 2009, S. 246f.

250 Zum rechtlichen Rahmen bzgl. des Umgangs mit Risiken in der Unternehmensführung siehe Abschnitt 3.3, S. 84.

251 (AktG 2011): Aktiengesetz (AktG), Fassung vom 22.12.2011.

252 (HGB 2011): Handelsgesetzbuch (HGB), Fassung vom 01.03.2011.

253 Regierungskommission Deutscher Corporate Governance Kodex (2010): Deutscher Corporate Governance Kodex. (in der Fassung vom 26. Mai 2010), verfügbar auf: http://www.corporate-governance-code.de/ger/download/kodex_2010/D_CorGov_Endfassung_Mai_2010.pdf, Stand: 27.08.2011.

254 Vgl. Kapitel 3.3, S. 84ff.

255 Vgl. Velte, Patrick/Stiglbauer, Markus/Sepetauz, Karsten (2011): Entwicklung der Risiko- und Prognoseberichterstattung am deutschen Kapitalmarkt, Journal für Betriebswirtschaft, Jg. 61, Nr. 2–3, November 2011, S. 123–177, S. 132ff. (Risiko- und Prognoseberichterstattung); Holder-Webb/Sharma 2010, S. 2 (Bedeutung von Governance-Regeln); Ruhnke, Klaus (2008): Rechnungslegung nach IFRS und HGB. Lehrbuch zur Theorie und Praxis der Unternehmenspublizität mit Beispielen und Übungen, 2., überarbeitete und erweiterte Auflage, Stuttgart: Schäffer-Poeschel Verlag, S. 686f. (Risikobericht im Jahresabschluss); Gleißner 2008, S. 17 (Stakeholderansprüche im Rahmen risikoorientierter Unternehmensentwicklung); Zülch, Henning/Gebhardt, Ronny/Hoffmann, Sebastian (2009): Politische Ökonomie der Rechnungslegung – Bisherige Forschungsergebnisse und künftige Forschungsperspektiven unter besonderer Berücksichtigung des Lobbyingkonzepts, Journal für

Im betriebswirtschaftlichen Kontext werden Risiken als Ereignisse angesehen, die eine negative Auswirkung beinhalten und die Wertschaffung von Unternehmen beeinträchtigen können.[256] In diesem Zusammenhang werden »Risiko« bzw. die Auswirkungen des Risikos als möglicher Schaden bzw. Vermögensverlust verstanden.[257] Dabei ist das Risiko in der möglichen Abweichung von erwarteten Ergebnissen über den Zeithorizont zu sehen.[258] Dem Risiko als unsicheres Ereignis mit letztlich negativen monetären Konsequenzen für Unternehmen stehen Chancen als mögliche positive Ereignisse gegenüber.[259] Unter ökonomischer Betrachtung sollten auch Chancen in die Risikobetrachtung einbezogen werden. Eine ausschließliche Fokussierung auf Risiken beinhaltet die Gefahr, positive Ereignisse letztlich auszublenden. Eine vollständige Eliminierung von Risiken ist aus ökonomischer Sicht weder realistisch, noch sinnvoll, denn um unternehmerische Chancen nutzen zu können, bedarf es des kontrollierten Eingehens von Risiken.[260]

Für diese Forschungsarbeit zum Controlling als Risiko-Träger wird dem Begriffsverständnis von Gleißner gefolgt. Hiernach wird unter »Risiko« eine durch nicht vorhersehbare Störungen verursachte Zielabweichung verstanden.[261]

---

Betriebswirtschaft, Jg. 59, Nr. 1, Juni 2009, S. 1–29, S. 2 (Rechnungslegung zur Bewältigung von Informationsasymmetrien auf Kapitalmärkten); Haw, In-Mu/Ho, Simon S.M/Li, Annie Yuansha (2011): Corporate Governance and Earnings Management by Classification Shifting, Contemporary Accounting Research, Jg. 28, Nr. 2/Sommer 2011, S. 517–553, S. 517 (Bilanzpolitik und ihre Auswirkungen auf Kapitalmärkte); Berrada, Tony (2009): Bounded Rationality and Asset Pricing with Intermediate Consumption, Review of Finance, Jg. 13, Nr. 4, S. 693–725, S. 714 (risikoscheue Akteure auf Kapitalmärkten).

256 Vgl. COSO (2004): Enterprise Risk Management – Integrated Framework. Executive Summary. September 2004, Committee of Sponsoring Organizations of the Treadway Commission, verfügbar auf: http://www.coso.org/documents/COSO_ERM_ExecutiveSummary.pdf, Stand: 18.08.2008, S. 2.

257 Vgl. Wolke, Thomas (2008): Risikomanagement, 2., vollständig überarbeitete und erweiterte Auflage, München: Oldenbourg, S. 1.

258 Weitzner, David/Darroch, James (2010): The Limits of Strategic Rationality: Ethics, Enterprise Risk Management, and Governance, Journal of Business Ethics, Band 92, Heft 3, März 2010, S. 361–372, S. 363.

259 Vgl. AKEIÜ (2010): Aktuelle Herausforderungen im Risikomanagement – Innovationen und Leitlinien. Arbeitskreis Externe und Interne Überwachung der Unternehmung (AKEIÜ) der Schmalenbach-Gesellschaft für Betriebswirtschaft e.V., Köln, Der Betrieb, Jg. 63, Heft 23 vom 11.06.2010, S. 1245–1252, S. 1245.

260 Vgl. Diederichs 2010, S. 13.

261 Vgl. Gleißner 2008, S. 9.

Diese Perspektive auf Risiken begründet sich folgendermaßen: Unternehmen können als Systeme bezeichnet werden, die durch eine Vielzahl an Zielen charakterisiert sind.[262] Die in ihnen handelnden Akteure verfolgen dabei sowohl Ziele für die Organisation, als auch solche, die sie durch die Organisation erreichen wollen.[263] Mit dem Bezug auf die Beschreibung von Unternehmen als soziale Systeme[264] ist neben deren Zielbezug auch die Ausprägung formaler Strukturen[265] verbunden. Innerhalb eines sozialen Systems prägen Akteure ihre Interaktionsbeziehungen im Rahmen von Regeln und Sinnzuweisungen aus.[266] Damit formen die Akteure den formalen Rahmen ihres Interaktionssystems. Dies erfolgt auf Basis von Kommunikation. Soziale Systeme können damit aus Kommunikationen und ihrer Zurechnungen als Handlung beschrieben werden.[267] Kommunikationen basieren auf Beobachtungen, mit deren Hilfe soziale Systeme Unterscheidungen bezüglich der Wirklichkeit treffen und Verbindungen zu anderen Wirklichkeiten schaffen.[268] Indem Akteure kommunizieren, konstruieren sie eine kontingente soziale Realität, die für sie über ihre Kommunikations- und Interaktionsbeziehungen zur objektiven Wirklichkeit wird.[269] Mit Bezug auf das soziale System »Unternehmen« lassen sich Risiken aus Fehleinschätzungen von Führungsinstanzen, dem Versagen von Aufsichtsorganen sowie intransparenten Unternehmens- und Geschäftsstrukturen begründen.[270] Gaenslen spricht hier

262 Vgl. Kieser/Walgenbach 2007, S. 9; Ziegenbein 2007, S. 88.

263 Vgl. Kieser/Walgenbach 2007, S. 7f.

264 Vgl. Luhmann 2006, S. 59.

265 Vgl. Kieser/Walgenbach 2007, S. 6.

266 Vgl. Luhmann, Niklas (1987): Soziale Systeme. Grundriss einer allgemeinen Theorie, Frankfurt am Main: Suhrkamp Verlag, S. 217f.

267 Vgl. Luhmann 1987, S. 240; und mit Bezug auf »Risiko« als soziales Phänomen vgl. Luhmann 2003b, S. 11f.

268 Vgl. Iding, Hermann (2010): Organisation – Beratung – Intervention. Zu einer mikropolitischen Theorie der Organisationsberatung, in: Kühl, Stefan/Moldaschl, Manfred (Hrsg.): Organisation und Intervention. Ansätze für eine sozialwissenschaftliche Fundierung von Organisationsberatung, München und Mering: Rainer Hampp Verlag, S. 187–214, S. 190.

269 Vgl. Kieser/Walgenbach 2007, S. 60.

270 Vgl. Erben, Roland Franz (2007): Lessons Learned: Beispiele für den Eintritt von Strategierisiken, operationellen Risiken und Reputationsrisiken, in: Kaiser, Thomas/Auer, Michael (Hrsg.): Wettbewerbsvorteil Risikomanagement. Erfolgreiche Steuerung der Strategie-, Reputations- und operationellen Risiken, Berlin: Erich Schmidt Verlag, S. 39–61, S. 40f.

von Risiken in der Unternehmensleitung, die durch Störprozesse bedingt sind, und benennt hierzu Potenzial-, Handlungs- und Ergebnisrisiken.[271]

Unter dem Postulat des Controllings als rationalitätssichernde Instanz im Führungsprozess[272] wird auf dessen Rolle als Wächter über die ökonomische Moral[273] rekurriert.[274] Damit wird der Institution »Controlling« faktisch eine herausgehobene Stellung in der Verfolgung rationaler Handlungen zugemessen. Hierzu gibt es allerdings keinen begründeten Anlass. Denn weder stellen die Akteure im Controlling eine besondere Spezies dar. Noch ist nachvollziehbar, warum im Controlling nicht Rationalitätsdefizite jenseits seiner Handlungsfelder der Informationsversorgung, Planung und Kontrolle[275] existieren sollten. Insbesondere mit Bezug auf das Controlling als Prozess zur sozialen Konstruktion von Realität in Organisationen[276] erscheint diese Frage gerechtfertigt. Beinhaltet doch die Konstruktion sozialer Realität neben der Sinnzuweisung auch die Reproduktion des betreffenden sozialen Systems.[277]

Mit seiner Einbindung in das Führungsgeschehen[278] übernimmt das Controlling nicht nur Aufgaben bzw. Funktionen, die Führungsinstanzen durch die Bereitstellung von Informationen und Methoden bei der Wahrnehmung ihrer Führungsaufgaben unterstützen.[279] Vielmehr nimmt das institutionalisierte

---

271 Vgl. Gaenslen, Philip (2006): Risiken der Unternehmensleitung. Erfassung, Steuerung und Überwachung der von der Unternehmensleitung ausgehenden Risiken, Sternenfels: Verlag Wissenschaft & Praxis, S. 24f.

272 Vgl. Weber/Schäffer 2008, S. 33ff. (im Kontext des Führungszyklus); Nevries, Pascal/ Strauß, Erik (2008): Aufgaben des Controllings im Rahmen des Risikomanagementprozesses. Eine empirische Untersuchung in deutschen Großkonzernen, ZfCM – Zeitschrift für Controlling und Management, Jg. 52, Heft 2, April 2008, S. 106–111, S. 106 (im Kontext des Risikomanagements).

273 Vgl. Deyhle/Kottbauer et al. 2010, S. 31; Goretzki/Weber et al. 2010, S. 56; Weber 2010b, S. 93; Weber/Schäffer 2008, S. 15; Ernst/Vater et al. 2008, S. 732.

274 Zu den Rollenbildern des Controllings s. Kapitel 2.3, S. 44.

275 Vgl. Paefgen 2008a, S. 79ff.

276 Vgl. Winter 2008, S. 4; Winter 2007, S. 52; Lang 2004, S. 66.

277 Vgl. Giddens, Anthony (1997): Die Konstitution der Gesellschaft. Grundzüge einer Theorie der Strukturierung, 3. Auflage, Frankfurt a.M. [u.a.]: Campus Verlag, S. 81.

278 Vgl. Deyhle/Kottbauer et al. 2010, S. 27; Hartmann/Maas 2010, S. 29; Horváth 2009, S. 100; Kirsch/Seidl et al. 2009, S. 97; Küpper 2008, S. 92; Biel, Alfred (2007): Controller-Leitbild, Gauting, verfügbar auf: http://www.controllerverein.com/Controller_Statements.187.html?, Stand: 22.08.2009, S. 9; Winter 2007, S. 65; Reichmann 2006, S. 13; Scherm/Pietsch 2003, S. 35; Weber/Schäffer 1999, S. 733.

279 Vgl. Weißenberger/Wolf 2010, S. 4; Weber/Schäffer 2008, S. 41.

Controlling auch Einfluss auf Führungshandlungen.[280] Unterliegt das Controlling in diesem Zusammenhang beispielsweise fehlerhaften Einschätzungen über zukünftige Zielzustände und bewirkt dabei nicht-adäquate Entscheidungen von Führungsinstanzen, kann seine zumindest teilweise Mitverantwortung nicht geleugnet werden.[281] Weber zeigt die problematische Einbeziehung des Controllings in das Führungsgeschehen mit dem Bild der Controller als Co-Führungskräfte auf, die dabei in einen Konflikt mit ihrer Überwachungsaufgabe kommen.[282] Im Rahmen seiner Informationsversorgungsfunktion kann das Controlling allerdings durch die Manipulation von Informationen[283] diese Mitverantwortung kaschieren. Mangelnde Transparenz und Überwachung führen zu Risiken im System.[284] Die Schaffung von Transparenz im Führungsgeschehen sowie die Überwachung von Führungsinstanzen werden als Kernbezugspunkte des Controllings angesehen.[285] Unter dem Gesichtspunkt des Controllings als mitwirkende und zugleich überwachende Instanz innerhalb des Führungsgeschehens kann somit für das institutionalisierte Controlling ein Vorliegen systemischer Risiken nicht ausgeschlossen werden.

## 3.2 Erscheinungsformen des Risikos

### 3.2.1 Exogenes und endogenes Risiko

Mit Bezug auf das Risikoverständnis dieser Forschungsarbeit – »Risiko als durch nicht vorhersehbare Störungen verursachte Zielabweichung«[286] – ist die auch Frage verbunden, ob die Störungen von außen an das System »Unternehmen« herangetragen werden oder durch die Akteure innerhalb ihres sozialen Systems induziert sind. Diese Differenzierung ist insofern erforderlich, als dass mit dem Controlling als Risiko-Träger tatsächlich die interne Sicht auf diesen Akteur und

280 Vgl. Wall/Greiling 2011, S. 94f.; Wall 2008a, S. 466ff.; Rissbacher/Rissbacher et al. 2008, S. 119.

281 Vgl. Rausch 2011, S. 157.

282 Vgl. Weber 2011, S. 39.

283 Vgl. Paefgen 2008a, S. 178.

284 Vgl. Erben 2007, S. 40f.

285 Vgl. Deyhle/Kottbauer et al. 2010, S. 34f. (Controller sorgen für Transparenz bzgl. der Zielerreichung); Weißenberger/Wolf 2010, S. 4 (Bewältigung von Kontrollproblemen); Hirsch, Bernhard/Sorg, Mascha (2006): Corporate Governance – Welchen Beitrag können Controller leisten?, Zeitschrift für Planung & Unternehmenssteuerung, Jg. 17, Heft 2, Juni 2006, S. 201–221, S. 218 (Controller als Wächter und Warner).

286 Vgl. Gleißner 2008, S. 9.

dessen soziale Austauschbeziehung mit anderen betrieblichen Akteuren verbunden ist.

In der Folge soll unter »exogenem Risiko« eine von außen auf das Unternehmen bewirkte Zielabweichung des Unternehmens verstanden werden.[287] Als endogene Risiken werden demgegenüber solche betrachtet, die aus betriebsinternen Bedingungen bzw. Aktivitäten resultieren.[288] Hierzu zählen personalwirtschaftliche Risiken[289] ebenso wie Risiken im Rahmen der Erstellung und Verwertung der betrieblichen Leistung[290].

Da Unternehmensführung untrennbar mit dem kontrollierten Eingehen von Risiken verbunden ist[291], bedingt das Treffen von Entscheidungen auch die Übernahmen von Verantwortung.[292] Und eben diese Entscheidungsverantwortung ist nicht teilbar, da sie von dem betreffenden Entscheider zu tragen ist.[293] Die Aufteilung von Verantwortung innerhalb von Organisationen ermöglicht Akteuren erst machttaktisches Handeln.[294]

Mit der Zuordnung der Verantwortlichkeit für Handlungen bzw. Ereignisse, die im Rahmen ihres Aktionsraumes beeinflussbar sind, wird letztlich auch die Disziplinierung der beteiligten Akteure angestrebt.[295] Insofern erscheint eine

---

287 Zu exogenen Einflussfaktoren im Kontext von Unternehmensrisiken vgl. Andersen 2006, S. 370ff.

288 Zum endogenen Risiko vgl. Neus, Werner (2009): Einführung in die Betriebswirtschaftslehre aus institutionenökonomischer Sicht, 6., überarbeitete und erweiterte Auflage, Tübingen: Mohr Siebeck, S. 328 (hier im Kontext der Vertragsgestaltung).

289 Vgl. Scholz 2010, S. 232.

290 Vgl. Beyer, Bettina/Hachmeister, Dirk/Lampenius, Niklas (2010): Die Bedeutung des Risikomanagements in Unternehmen – Eine empirische Untersuchung, ZfCM – Zeitschrift für Controlling und Management, Jg. 54, Heft 2, April 2010, S. 114–121, S. 117 (unternehmensbezogene Risiken); Wolke 2008, S. 7 (leistungswirtschaftliche Risiken); Gaenslen 2006, S. 41 (Risiken im Führungskreislauf); Gleißner 2008, S. 92 (Risiken im Kontext der Unternehmensführung).

291 Vgl. Diederichs 2010, S. 8; Boddy 2002, S. 255ff.

292 Vgl. Luhmann 2006, S. 146 (Verantwortung aus Entscheidungen über die unbestimmte Zukunft).

293 Vgl. Luhmann 2006, S. 197; Thiele, Herny (2008): Die Interdependenz formaler und informaler Strukturen im Lichte der Systemtheorie Niklas Luhmanns. Dissertation, Universität Potsdam, verfügbar auf: http://d-nb.info/996936513/34, Stand: 16.01.2010, S. 40.

294 Vgl. Luhmann 1994, S. 311.

295 Vgl. Burkert, Michael/Fischer, Franz Michael/Schäffer, Utz (2011): Application of the controllability principle and managerial performance: The role of role perceptions, Management Accounting Research, Jg. 22, Nr. 3, September 2011, S. 143–159, S. 144.

Mitverantwortung des Controllings für die Erreichung von Zielgrößen[296] unter Risikogesichtspunkten höchst problematisch. Eine solche, wenn auch partielle, Verantwortung auf Seiten der Controller begünstigt abträgliche, den Unternehmensinteressen zuwiderlaufende Handlungen.[297] Für das institutionaliserte Controlling als Akteur im Führungsgeschehen lässt sich auf dieser Basis eine erste Konsequenz ziehen: Es sollte im Zuge seiner Unterstützungsfunktion[298] keine (Mit-)Verantwortung für Entscheidungen von Führungsinstanzen übernehmen[299].

Exogene Risiken resultieren aus Bedingungen, die von den betrieblichen Akteuren nicht oder nur unvollständig beschrieben bzw. beeinflusst werden können.[300] Hier sind nicht die Handlungen der Akteure für das Auftreten von Risiken prägend, sondern vielmehr Ereignisse im volkswirtschaftlichen, rechtlichen, gesellschaftlichen und ökologischen Umfeld des Unternehmens.[301]

Sowohl exogene als auch endogene Risiken können stochastisch determiniert sein. Stochastische Risiken vermögen einer Wahrscheinlichkeitseinschätzung durch die betreffenden Akteure unterzogen zu werden.[302] In diesem Fall unterliegt die Einschätzung von Wahrscheinlichkeiten der Güte vorhandener Informationen bzw. des Willens und der Fähigkeit der Akteure, sich mit dem betreffenden Risiko zu befassen. Allerdings kann es Situationen geben, in denen die Akteure keine Wahrscheinlichkeitseinschätzung vornehmen können, weil das Risikoobjekt nicht beschreibbar ist. In diesem Fall spricht man von einer Ungewissheitssituation.[303] Am Beispiel der Produkthaftung sollen beide Sachverhalte verdeutlicht werden:

---

296 Vgl. Biel 2007, S. 9.

297 Vgl. Maas/Matějka 2009, S. 1234; Hartmann/Maas 2010, S. 42.

298 Vgl. Horváth 2009, S. 125; Reichmann 2006, S. 13.

299 Vgl. Temmel 2011, S. 22.

300 Vgl. Andersen 2006, S. 398 (Risiko aus der Unvorhersehbarkeit zukünftiger Ereignisse); Merna/Al-Thani 2008, S. 14 (aleatorsiche Risiken); Gleißner 2008, S. 9 (Risiko aus der Unvorhersehbarkeit zukünftiger Störungen).

301 Vgl. Diederichs 2010, S. 94ff. (interne und externe Risiken); Gleißner 2008, S. 60ff. (Marktrisiken, rechtliche, politische, gesellschaftliche Risiken); Neuhaus, Dirk (2008): Öko-Controlling – Umweltorientierte Unternehmensführung und ökologische Risikovorsorge, ZfCM – Zeitschrift für Controlling und Management, Jg. 52, Heft 4, August 2008, S. 246–250, S. 247/250 (Öko-Controlling und Risiken aus betrieblicher Tätigkeit).

302 Vgl. Bamberg/Coenenberg et al. 2008, S. 67.

303 Vgl. Bamberg/Coenenberg et al. 2008, S. 111.Fernández-Huerga 2008, S. 717f.; Gleißner 2008, S. 8.

Im Rahmen der Produkthaftpflicht besteht für Unternehmen eine umfängliche Haftung für Fehler, die im Zuge der Konstruktion, Herstellung, und Dokumentation ihrer Produkte entstehen können.[304] Während der Hersteller für diese Fehler haftbar ist, besteht für Konstruktionsfehler bei der Entwicklung neuer Produkte keine Produkthaftung.[305] Da die Entwicklung eines Produktes lediglich den aktuellen Stand der Technologie widerspiegeln kann, kann ein Hersteller auch nur solche Fehler bzw. Risiken vermeiden, die bei Anwendung dieses technologischen Erkenntnisstandes erkennbar sind.[306] Der zukünftige technologische Fortschritt kann in diesem Fall nicht in die Fehlervermeidung einbezogen werden, denn er existiert noch nicht. Allerdings kann der Hersteller nach der Markteinführung des Produktes aus Reklamationen auf Fehler in der Entwicklung zurückschließen. Hier besteht für ihn ein Haftungsrisiko aus der Beobachtungshaftpflicht.[307] Fehler in der Herstellung sind demgegenüber durch statistische Verfahren belegbar. Ein Risiko aus fehlerhafter Herstellung kann somit mittels Wahrscheinlichkeitsgrößen eingeschätzt werden.

Mit Blick auf die Einschätzung von Akteuren, ob und in welchem Ausmaß ein Risiko vorliegt, besteht ein Bezug auf verhaltensbezogene Risiken. Strohmeier weist in diesem Zusammenhang darauf hin, dass sowohl Risikoakzeptanz als

---

304 Vgl.Funk, Harry/Müller, Stefan (2010): Produzenten- und Produkthaftungsrückstellungen nach HGB und IFRS, Betriebs Berater, Jg. 65, Heft 36, S. 2163–2167, S. 2163 (Haftungsgrundlagen); Kloepfer, Michael/Grunwald, Anne (2007): Zur rechtlichen Bedeutung von Herstellerinstruktionen, Der Betrieb, Jg. 60, Heft 24 vom 15.06.2007, S. 1342–1347, S. 1343ff. (Gebrauchsanleitungen); Schubert, Andreas/Robyn, Daniel (2002): Internationale Produkthaftung, in: Häberle, Siegfried Georg/Lissner, Sabine (Hrsg.): Handbuch für Kaufrecht, Rechtsdurchsetzung und Zahlungssicherung im Aussenhandel. Internationale Kaufverträge, internationale Produkthaftung, Eigentumsvorbehalt, Schiedsgerichtsbarkeit, gerichtliche Durchsetzung und Vollstreckung, internationale Zahlungs- und Sicherungsinstrumente, Incoterms, München: Oldenbourg, S. 173–291, S. 183ff. (Produkthaftung); Scholl, Claus (2001): Management rechtlich bedingter Risiken, insbesondere der Produkthaftung, in: Götze, Uwe/Henselmann, Klaus/Mikus, Barbara (Hrsg.): Risikomanagement, Heidelberg: Physica-Verlag, S. 241–256, S. 247 (Fehlerkategorien).

305 Vgl. Looschelders, Dirk (2003): Neuere Entwicklungen des Produkthaftungsrechts, Juristische Rundschau, Jg. 2003, Heft 8, S. 309–315, S. 310; Scholl 2001, S. 247.

306 Vgl. (ProdHaftG 2002): Gesetz über die Haftung für fehlerhafte Produkte (ProdHaftG), Fassung vom 19.07.2002, § 1 Absatz 2, Nr. 5 (Ausschluss der Haftung des Herstellers, wenn „[…] der Fehler nach dem Stand der Wissenschaft und Technik in dem Zeitpunkt, in dem der Hersteller das Produkt in den Verkehr brachte, nicht erkannt werden konnte".).

307 Vgl. Looschelders 2003, S. 310.

auch Risikoaversion das Ergebnis von individuellen Wahrnehmungen und Werturteilen von Akteuren sind.[308] Ein Tatbestand, der von Gleißner in den Kontext psychologischer Aspekte des Risikomanagements gesetzt wird: Risiken werden von Akteuren bewusst oder unbewusst ignoriert, weil persönliche Interessen einer eingehenden Risikoanalyse entgegenstehen.[309]

Diese Forschungsarbeit zum Controlling als Risiko-Träger nimmt Bezug auf endogene Risiken, denn es ist eben gerade das Controlling als Akteur im Führungsgeschehen, das durch seine Handlungen – und ebenso seine Unterlassungen – zu Risikoausprägungen beiträgt, die den beteiligten Akteuren nicht bekannt oder bewusst sind. Diese Perspektive auf Risiken im organisationalen – systemischen – Kontext nimmt das nachfolgende Kapitel ein.

### 3.2.2 Systemisches Risiko

Mit der »systemischen Sicht« wird in der Organisationstheorie der mechanistische Ansatz zugunsten einer mehrdimensionalen und auf nichtlinearen Beziehungen von Organisationen mit ihrer Umwelt basierenden Perspektive verlassen, um Handlungen des Systems »Organisation« erklären zu können.[310] Im Kontext der Personalführung wird systemisches Personalmanagement als Ansatz der partizipativen Führung und Begleitung von Beschäftigten entlang ihres individuellen Entwicklungspfades verstanden.[311] Innerhalb der Organisationsberatung nimmt der systemische Ansatz Bezug auf das Zusammenwirken von unterschiedlichen Prozessen in Organisationen, wobei das wechselseitige Beziehungsgeflecht der

---

308 Vgl. Strohmeier, Georg (2007): Ganzheitliches Risikomanagement in Industriebetrieben. Grundlagen, Gestaltungsmodell und praktische Anwendung, Wiesbaden: Deutscher Universitäts-Verlag, S. 32.

309 Vgl. Gleißner 2008, S. 4/5 (hier bezogen auf Führungsinstanzen).

310 Zur systemischen Sicht auf die Organisation als soziales System vgl. Königswieser/Hillebrand 2004, S. 31; zum holistischen Ansatz vgl. Krcal, Hans-Christian (2003): Systemtheoretischer Metaansatz für den Umgang mit Komplexität und Nachhaltigkeit, in: Leisten, Rainer/Krcal, Hans-Christian (Hrsg.): Nachhaltige Unternehmensführung. Systemperspektiven, Wiesbaden: Gabler Verlag, S. 3–30, S. 4f.; zur systemischen Beratung im Kontext der Organisationsentwicklung vgl. Seidel, Sabine (2008): Befragung als systemische Intervention in der Organisationsentwicklung. Organisationslernen vor dem Hintergrund von Daten. Dissertation, Technische Universität Dortmund, Dortmund, verfügbar auf: http://d-nb.info/997505362/34, Stand: 26.08.2013, S. 65f.

311 Vgl. Cyrus, Achouri (2010): A Systemic Approach to Human Ressources Management, Advances in Management, Jg. 3, Nr. 3, Mai 2010, S. 16–19, S. 17.

Akteure innerhalb ihres sozialen Systems den Kernpunkt darstellt.[312] Hinsichtlich der Vertrauensbeziehung zwischen den Beschäftigten zu ihrem Unternehmen wird mit der systemischen Perspektive auf die mehrschichtigen Bestimmungsfaktoren, die für den Aufbau und Erhalt von Vertrauen bestimmend sind, rekurriert.[313] Blume et al. weisen auf systemisch bedingte Prozessfehler innerhalb einer Organisation hin, die aus nicht aufeinander abgestimmten Handlungen einzelner Abteilungen resultieren.[314] Vordergründig zeigen sich die negativen Effekte systemischer Fehler zwar in Handlungen, die nur einem oder wenigen Akteuren zugeschrieben werden, tatsächlich aber liegt das Versagen im System selber begründet.[315] Damit zeigt sich, dass die Beurteilung systemischer Probleme bzw. Risiken durch die Interdisziplinarität von Wirkungsursachen und Lösungsansätzen gekennzeichnet sein sollte.[316] Wie später aufzuzeigen sein wird[317], nimmt eine dialogisch orientierte Perspektive auf Bedingungen organisationaler Wirklichkeit diesen systemischen Bezug auf und erweitert das Sichtfeld auf die sozialen Austauschbeziehungen der am Führungsgeschehen beteiligten Akteure um wertrationale Aspekte des Miteinanders.[318] Damit ist gleichsam die Möglichkeit verbunden, das institutionalisierte Controlling aus seiner weitgehend auf linearkausalen Erklärungszusammenhängen Perspektive auf sich und das sozialen System »Führung« zu lösen und zu anderen Lösungsansätzen bei der Bewältigung seines risikobehafteten Wirkens zu gelangen.

Im ökonomischen Kontext werden systemische Risiken aus verschiedenen Perspektiven betrachtet. In Bezug auf Finanzmärkte reflektieren systemische

---

312 Vgl. Ellebracht/Lenz et al. 2009, S. 14.

313 Vgl. Gillespie/Dietz 2009, S. 130ff.

314 Vgl. Blume, Andreas/Duffy, John/Franco, April M. (2009): Decentralized Organizational Learning: An Experimental Investigation, American Economic Review, Jg. 99, Nr. 4, September 2009, S. 1178–1205, S. 1179.

315 Vgl. Gillespie/Dietz 2009, S. 132 (hier am Beispiel des Zusammenbruchs der Barings Bank als Ergebnis von hochspekulativen Transaktionen eines ihrer Beschäftigten).

316 Vgl. Cyrus 2010, S. 16 (systemisches Denken).

317 Siehe Kapitel 6, Dialogische Führung als Lösungsansatz zur Bewältigung des Controllings als Risiko-Träger, S. 315ff.

318 Zum Begriff »Wertrationalität« vgl. Geißler, Harald (2000): Organisationspädagogik. Umrisse einer neuen Herausforderung, München: Verlag Franz Vahlen, S. 26; zum Dialog als Ermöglicher von sowohl zweck- als auch wertrationale Gesichtsfelder vgl. Lehnhoff, Andre/Petersen, Jendrik (2002): Dialogisches Management als erwachsenpädagogische Herausforderung, in: Dewe, Bernd (Hrsg.): Betriebspädagogik und berufliche Weiterbildung, 2. Auflage, Bad Heilbrunn/Obb.: Verlag Julius Klinkhardt, S. 273–299, S. 295.

Risiken gesamtwirtschaftlich unerwünschte Probleme, die sich aus dem Scheitern eines bzw. weniger Finanzmarktakteure auf den gesamten Finanzmarkt und letztlich die Volkswirtschaft ergeben können.[319] Die im Eintrittsfall des systemischen Risikos ausgelösten Schockwellen auf die gesamtwirtschaftliche Stabilität können durchaus langanhaltend sein.[320] Als Ursache systemischer Risiken auf Finanzmärkten werden mangelnde Markttransparenz und nicht auf nachhaltige Stabilität ausgerichtete Finanzinstrumente angesehen.[321] Systemische Risiken bewirken die Ansteckung einzelner Finanzinstitute im Zuge der Insolvenz bzw. bei unerwartet hoch anfallendem Abzug von Einlagen im Finanzsektor.[322] Solcherlei Ansteckungseffekte können auch in Kreditrisiken begründet liegen, die im Fall der drohenden oder bestehenden Zahlungsunfähigkeit eines Institutes zu Panikreaktionen der Akteure führen.[323] Mag für einen einzelnen Akteur der Abzug seiner Einlagen aus einem Finanzinstitut rational begründet sein, führt ein gleichzeitiges Vorgehen vieler Akteure zu unerwünschten Konsequenzen auf den Finanz- und letztlich auch Realgütermärkten. Individuelle Rationalität kehrt sich in einem solchen Fall in irrationales Verhalten vieler Marktteilnehmer um.[324] Dabei sind sowohl die rationalen wie auch irrationalen Handlungen der Akteure durch asymmetrische Informationen zwischen ihnen und den betroffenen Finanzinstituten begründet.[325]

Es zeigt sich, dass systemische Risiken aus vielschichtigen Zusammenhängen begründet sind. Zum einen aus ökonomischer Disziplin der Akteure.[326] Zum anderen aus der gegenseitigen Abhängigkeit von am Markt teilnehmenden Institutionen.[327] Darüber hinaus sind systemische Risiken durch eine Vielzahl von

---

319 Vgl. Krahnen 2011, S. 1248f.; Kane 2010, S. 253.

320 Vgl. Sharfman, Bernard S. (2011): Using the Law to Reduce Systemic Risk, Journal of Corporation Law, Jg. 36, Nr. 3, Frühjahr 2011, S. 607–634, S. 612.

321 Vgl. Sharfman 2011, S. 610; Kane 2010, S. 252.

322 Vgl. Herwartz, Helmut/Siegel, Martin (2009): Development and determinants of systemic risk in European banking – an empirical note, Applied Economics Letters, Jg. 16, Nr. 4, S. 431–438, S. 431.

323 Vgl. Weiß, Gregor (2009): Bank Contagion, DBW – Die Betriebswirtschaft, Jg. 69, Heft 4/2009, S. 521–524, S. 522.

324 Vgl. Weiß 2009, S. 522; Bofinger, Peter (2003): Grundzüge der Volkswirtschaftslehre. Eine Einführung in die Wissenschaft von Märkten, München: Pearson Studium, S. 27 (Rationalitätenfalle).

325 Vgl. Weiß 2009, S. 522.

326 Vgl. Sharfman 2011, S. 610 (nicht nachhaltige Geschäftsmodelle und Finanzinstrumente).

327 Vgl. Krahnen 2011, S. 1249.

Ausstrahlungswirkungen und Kettenreaktionen charakterisiert.[328] Systemische Risiken liegen nicht zuletzt auch in kognitiven Beschränkungen der handelnden Akteure begründet.[329] Dabei ist festzuhalten, dass sowohl rationale, als auch irrationale Handlungen zu systemischen Risiken führen können.

Für diese Forschungsarbeit ist das systemische Risiko nicht nur auf abgegrenzte Teile eines Systems – des sozialen Systems »Unternehmen« – bezogen, sondern zieht das Gesamtsystem in Mitleidenschaft. Das systemische Risiko im Controlling liegt in dessen Grundkonzeption begründet, nicht in der unternehmensindividuellen Ausprägung des instanziellen Controllings. Da die Akteure »Controlling« und »Führungsinstanzen« in engen Austauschbeziehungen zueinander stehen, prägen ihre Handlungen das soziale (Führungs-)System, in das sie eingebettet sind und das sie im Zuge gegenseitiger Überwachungshandlungen reproduzieren. Ahrens/Chapman sprechen in diesem Zusammenhang vom Controlling als sozialer Praxis, die sich auf die Konstruktion und Wirkungsweise von Vorstellungswelten auf Seiten der Führungsinstanzen auswirkt.[330] Damit liegt das systemische Risiko darin begründet, dass das Controlling als Risiko-Träger von den am Führungsgeschehen Beteiligten nicht erkannt wird. Beiden Akteuren ist nicht ersichtlich, was das System »Controlling« nicht berücksichtigt hat. Sie beschreiben das (Sub-)System[331] »Controlling« jeweils aus ihrer individuellen Perspektive und schaffen damit Konstrukte kontingenter Realität.[332]

Damit sind systemische Risiken durch die Grundhaltungen, Erwartungen und sozialen Praktiken der Akteure ableitbar. Über diese sozialen Praktiken werden Handlungsmuster und Handlungsschemata ausgeprägt, an denen sich die

328 Vgl. Sharfman 2011, S. 612; Kane 2010, S. 253.

329 Vgl. Berger/Bernhard-Mehlich 2006, S. 179ff. (kognitive Beschränkungen von Entscheidungsträgern); Meyer, Matthias/Grisar, Cathérine/Kuhnert, Felix (2011): The impact of biases on simulation-based risk aggregation: modeling cognitive influences on risk assessment, Journal of Management Control, Jg. 22, Nr. 1, September 2011, S. 79–105, S. 99 (Auswirkungen kognitiver Beschränkungen auf die Risikoeinschätzung von Akteuren); Weiß 2009, S. 522 (systemische Risiken aus irrational motivierten Handlungen von Akteuren).

330 Vgl. Ahrens/Chapman 2007, S. 8.

331 Vgl. Horváth 2009, S. 125 (Controlling als Sub-System der Unternehmensführung); Kirsch/Seidl et al. 2009, S. 97 (Controlling im Kontext von Führungssystemen); Deyhle/Kottbauer et al. 2010, S. 27 (Controlling als Abbild des Führungszyklus).

332 Vgl. Ellebracht/Lenz et al. 2009, S. 15 (zur systemischen Perspektive auf soziale Systeme).

beteiligten Akteure orientieren und ihre gegenseitigen Erwartungen bilden.[333] Da Handlungen wiederum die sozialen Praktiken innerhalb des sozialen Systems formen, erhalten sie für die Akteure normativen Charakter.[334] Wenn also soziale Praktiken im Führungsgeschehen die Handlungsschemata der beteiligten Akteure bestimmen und ihre Handlungen gleichsam den Kanon aus Normen und Erwartungen formen, lassen sich systemische Risiken aus diesem Sachverhalt heraus begründen.

Diese systemischen Risiken erkennbar zu machen, erfordert die Perspektive der Beobachtung zweiter Ordnung.[335] Mit dem Ansatz des Beobachters zweiter Ordnung ist die Bewältigung von blinden Flecken der eigenen Beobachtung eines Akteurs verbunden.[336] Innerhalb ihres sozialen Systems nehmen die beteiligten Akteure unterschiedliche Beobachterperspektiven ein, aus denen sie unterschiedliche Auffassungen zu einzelnen Sachverhalten ableiten.[337] Beobachtung kann als Konstruktion von Unterscheidungen durch den Beobachter bezeichnet werden, dabei kann der Beobachter grundsätzlich zwei Unterscheidungen treffen: 1. Unterscheidung (Phänomene unterscheiden); 2. Unterscheidung (Phänomene bezeichnen).[338] Da Beobachter innerhalb eines sozialen Systems gleichzeitig auch Beteiligte am Geschehen in diesem System sind, sind sie in ihrer Beobachtungsperspektive eingeschränkt. Im Zuge ihrer Beobachtung können der Beobachter bzw. das beobachtete System „nicht sehen [...], was sie nicht sehen“[339].

---

333 Vgl. Becker, Albrecht/Jordan, Silvia/Messner, Martin (2003): Controlling als organisationale Praxis: Implikationen für die Forschung, in: Weber, Jürgen/Hirsch, Bernhard (Hrsg.): Zur Zukunft der Controllingforschung. Empirie, Schnittstellen und Umsetzung in der Lehre, Wiesbaden: Deutscher Universitäts-Verlag, S. 144–160, S. 147.

334 Vgl. Ahrens/Chapman 2007, S. 8.

335 Zur Beobachtung zweiter Ordnung als auf die Organisation gerichtete Perspektive eines außenstehenden Beobachters vgl. Simon, Fritz B. (2011): Einführung in die systemische Organisationstheorie, 3. Auflage, Heidelberg: Carl-Auer Verlag, S. 52; zur Rolle des Beobachters im Kontext der systemischen Sicht auf soziale Systeme vgl. Ellebracht/Lenz et al. 2009, S. 15; zur Bedingtheit der Beobachtung zweiter Ordnung vgl. Rautenberg, Michael (2010): Der Dialog in Management und Organisation – Illusion oder Perspektive? Eine systemtheoretische Zuspitzung, Heidelberg: Carl-Auer Verlag, S. 55ff.

336 Vgl. Luhmann 2006, S. 130.

337 Vgl. Simon, Fritz B. (2009): Einführung in die systemische Wirtschaftstheorie, Heidelberg: Carl-Auer Verlag, S. 11 (hier in Bezug auf das System »Wirtschaft«).

338 Vgl. Simon 2011, S. 54.

339 Luhmann 1994, S. 180.

Soziale Systeme agieren innerhalb ihrer eigenen Logik, damit hängen ihre Beobachtungen von Sinnzuweisungen ab, die von ihnen selber geschaffen werden.[340] Ballinger/Rockmann weisen auf die Bedeutung sozialer Austauschbeziehungen auf das Verhalten der Akteure und für die Legitimation organisationaler Praktiken hin.[341] Auch die im Führungsgeschehen betrachteten Akteure »Controlling« und »Führungsinstanzen« bewegen sich innerhalb eines gemeinsamen – auf zweckrationalen Kriterien ausgerichteten – Bezugssystems »traditioneller« Führung. Damit fehlt ihnen zunächst die unabhängige Beobachtungsperspektive des Beobachters zweiter Ordnung auf systemische Risiken innerhalb ihres gemeinsamen Handlungsraumes. Dieses Bezugssystem aufzubrechen, erfordert das kontrollierte Verlassen von als scheinbar festgefügten Sichtweisen auf das soziale System »Führung«. Mit dem Dialog als Element praktischer Diskursbeziehungen von Akteuren[342] wird den Betroffenen eine Beobachtungsperspektive auf ihre gemeinsamen Beobachtungsmuster ermöglicht.[343]

### 3.2.3 Verhaltensbezogenes Risiko

Verhaltensbezogene Risiken sind durch nicht adäquate Handlungen von Akteuren bedingt.[344] Solche Risiken sind in der unzureichenden Qualifikation und Erfahrung einzelner Personen sowie aus Fehlverhalten bzw. Delikthandlungen, wie Betrug, Diebstahl, begründet.[345]

Die Normierung von Verhaltenserwartungen forciert die Erwartungen an das Verhalten anderer Akteure.[346] Neben diesen Fremderwartungen sind allerdings auch Kriterien der Selbstentfaltung und Selbstbilder für das Verhalten von

---

340 Vgl. Hasenzagl 2007, S. 355.

341 Vgl. Ballinger/Rockmann 2010, S. 374.

342 Siehe Kapitel 6.2, Der Dialog als Bestandteil praktischer Diskursbeziehungen organisationaler Akteure, S. 330ff.

343 Vgl. Rautenberg 2010, S. 141.

344 Zur problembehafteten Risikobetrachtung bzw. Risikokalkulation organisationaler Akteure vgl. Luhmann 2003b, S. 10.

345 Vgl. Wolke 2008, S. 202; Köcher, Anette (2007): Management von operationellen Risiken im Groß- und Einzelhandel der Konsumgüterbranche, in: Kaiser, Thomas/Auer, Michael (Hrsg.): Wettbewerbsvorteil Risikomanagement. Erfolgreiche Steuerung der Strategie-, Reputations- und operationellen Risiken, Berlin: Erich Schmidt Verlag, S. 145–159, S. 157; Merna/Al-Thani 2008, S. 208.

346 Vgl. Luhmann 1994, S. 295.

Menschen bestimmend.[347] Sowohl fremde als auch eigene Erwartungen prägen Rollenerwartungen aus, die den betreffenden Akteuren Handlungsbeschränkungen auferlegen.[348] Innerhalb sozialer Systeme erfolgt die Mitteilung von Erwartungen über Kommunikation der beteiligten Akteure. Kommunikation ermöglicht in diesem Zusammenhang die Beobachtung und Interpretation von Verhalten durch die beteiligten Akteure.[349] Diese Beobachtung kann in Form von Überwachungshandlungen ausgeprägt sein.[350] Mit der Überwachung von Akteurshandlungen sind sowohl positive als auch negative Effekte auf die gemeinsame Vertrauensbasis verbunden.[351] Überwachungshandlungen bewirken im schlimmsten Fall, dass die hiervon betroffenen Akteure mit Reaktanz[352] antworten.[353]

---

347 Vgl. Steyrer, Johannes/Schiffinger, Michael/Lang, Rainhart (2007): Ideal- und Realbild von Führung. Zum Zusammenhang zwischen Führungswahrnehmung, organisationalem Commitment und Unternehmenserfolg, Zeitschrift für Management, Jg. 2, Heft 4, Oktober 2007, S. 402–434, S. 407.

348 Vgl. Mantere 2007, S. 296.

349 Vgl. Simon 2011, S. 21.

350 Zu Überwachungshandlungen vgl. Gargiulo/Ertug et al. 2009, S. 303 (formales Berichtswesen und Anreizsysteme zur Überwachung und Steuerung von Kooperation innerhalb der Organisation); Hirsch 2007a, S. 98 (Berichtswesen zur Überwachung von Anreizsystemen und Managerverhalten); Mundy 2010, S. 505 (Controlling-Systeme zur Steuerung und Überwachung von Führungsinstanzen).

351 Vgl. Vosselman/van der Meer-Kooistra 2009, S. 268.

352 Zum Reaktanzbegriff bzw. Reaktanztheorie vgl. Miron, Anca M./Brehm, Jack W. (2006): Reactance Theory – 40 Years Later, Zeitschrift für Sozialpsychologie, Jg. 37, Nr. 1, S. 9–18, S. 10ff.; im Kontext der Bewertung von reaktantem Verhalten vgl. Crawford, Matthew T./McConnell, Allen R./Lewis, Amy C./Sherman, Steven J. (2002): Reactance, Compliance, and Anticipated Regret, Journal of Experimental Social Psychology, Jg. 38, Heft 1, Januar 2002, S. 56–63, S. 57ff.; zur Reaktanz im Kontext hierarchischer Machtausübung vgl. Ameln, Falko von/Kramer, Josef (2012): Macht und Führung. Gedanken zur Führung in einer komplexer werdenden Organisationslandschaft, Gruppendynamik und Organisationsberatung, Jg. 43, Heft 2, S. 189–204, S. 193.

353 Vgl. Praxmarer, Sandra (2009): Warum kann die Wirkung von Maßnahmen eines Unternehmens auf das Vertrauen des Partners kulturabhängig sein?, Zeitschrift für Betriebswirtschaft, Jg. 79, Nr. 5, Mai 2009, S. 609–632, S. 614; Grundei 2008, S. 146; Koch, Thomas/Zerback, Thomas (2013): Das Wiederholungsparadoxon. Warum die Wiederholung einer Aussage ihre Glaubwürdigkeit zugleich erhöht und senkt, Publizistik, Jg. 58, Heft 1, S. 5–21 (hier im Kontext von wahrgenommenen Persuationsversuchen).

Soziale Austauschbeziehungen beinhalten das Risiko nicht vorhersehbarer Verhaltensweisen der betreffenden Akteure.[354] Zwar sind die betreffenden Handlungen der Akteure in das Netz aus Erwartungen, Normen und Regeln ihres Austausches eingebettet. Dennoch unterliegt das konkrete Verhalten jedes der Beteiligten einer verbleibenden Restunsicherheit. Im Kontext der Agenturtheorie wird hier auf die verborgenen Eigenschaften, Informationen und Handlungen der Akteure zueinander rekurriert.[355]

Mit Bezug auf betriebliche Risiken nennt Andersen gerade auch das Verhalten von Führungskräften als eine mögliche Risikokomponente von Unternehmen.[356] Auch Gaenslen verweist auf ein nicht unerhebliches Gefährdungspotenzial, das sich aus Risiken innerhalb der betrieblichen Führungsinstanzen ergibt.[357] Und Gleißner weist darauf hin, dass Risiken auch aus Fehlentscheidungen aufgrund mangelnder Datenqualität sowie unzureichender Controlling-Systeme resultieren können.[358] In diesem Zusammenhang wird von Keil et al. das Festhalten an vormals getroffenen, zwischenzeitlich aber nicht mehr sinnvollen Entscheidungen als typisches Problem im Führungsgeschehen herausgestellt.[359] Unter Bezug auf das Controlling als rationalitätssichernde Instanz im Führungsgeschehen[360] müssten solche Handlungen eigentlich durch das Controlling aufgedeckt und bewältigt werden. Habermas spricht von irrationalem Verhalten, wenn Akteure an Meinungen festhalten, obwohl sie diese „nicht mehr begründen können“[361]. Allerdings ist auch das Controlling nicht frei von Begrenzungen in seiner Rationalität. Paefgen weist diesbezüglich auf die Kontrolle des Controllings mittels

---

354 Vgl. Holtz/Harold 2008, S. 779.

355 Vgl. Göbel, Elisabeth (2001): Neue Institutionenökonomik. Konzeptionen und betriebswirtschaftliche Anwendungen, Stuttgart: Lucius & Lucius, Schriftenreihe UTB, S. 100ff.; Richter/Furubotn 2003, S. 216; Hochhold, Stefanie/Rudolph, Bernd (2009): Principal-Agenten-Theorie, in: Schwaiger, Manfred/Meyer, Anton (Hrsg.): Theorien und Methoden der Betriebswirtschaft, München: Verlag Franz Vahlen, S. 131–145, S. 135f.; Horváth 2009, S. 117f.

356 Vgl. Andersen 2006, S. 364.

357 Vgl. Gaenslen 2006, S. 3.

358 Vgl. Gleißner 2008, S. 95.

359 Vgl. Keil, Mark/Depledge, Gordon/Rail, Arun (2007): Escalation: The Role of Problem Recognition and Cognitive Bias, Decision Sciences, Jg. 38, Nr. 3, August 2007, S. 391–421, S. 392.

360 Vgl. Weber/Schäffer 2008, S. 50; Nevries/Strauß 2008, S. 106.

361 Habermas, Jürgen (2009b): Rationalitäts- und Sprachtheorie. Philosophische Texte, Band 2, Frankfurt am Main: Suhrkamp Verlag, S. 111.

der Identifizierung von aufgetretenen Rationalitätsdefiziten und deren Bewältigung hin.[362]

Mit Bezug auf das Controlling als Akteur, der auf das Verhalten von Führungsinstanzen einwirken soll[363], ist dessen Beitrag zur Bewältigung verhaltensbezogener Risiken im Führungsgeschehen[364] zunächst einmal nicht von der Hand zu weisen. Im Zuge der Entscheidungsbeeinflussung sollen Controlling-Systeme die Unsicherheit nach der Entscheidungsfindung reduzieren helfen.[365] Allerdings ist in diesem Zusammenhang auch die Frage nach verhaltensbezogenen Risiken auf Seiten des Controllings zu stellen. Insbesondere deswegen, weil auch die Literatur auf die Teilhabe des Controllings innerhalb des Führungsgeschehens hinweist.[366] Diese Teilhabe wird allerdings auch kritisch gesehen. So weisen Hartmann/Maas in diesem Zusammenhang auf die Nähe des Controllings zu Führungsinstanzen und einen damit verbundenen Verlust an Objektivität und Integrität hin.[367] Paefgen sieht opportunistische Handlungen im Controlling unter anderem in dessen Absicht begründet, seine eigenen Anreizstrukturen zu verbessern.[368] Maas/Matějka zweifeln die Wirksamkeit des Controllings bezüglich der Steuerung und Überwachung im Führungsgeschehen sogar grundsätzlich an.[369]

---

362 Vgl. Paefgen 2008b, S. 84.

363 Vgl. Weber 2007, S. 58; Wall 2008a, S. 466ff.; Schreiber 2010, S. 73; Weber 2011, S. 34; Wall/Greiling 2011, S. 94/95.

364 Vgl. Weber/Schäffer 1999, S. 733 (Beschränkung von Opportunismus im Führungsgeschehen); Winter 2007, S. 54 (Erhöhung der Problemlösungskompetenz von Führungsinstanzen); Weber/Schäffer 2008, S. 40 (Bewältigung kognitiver Beschränkungen im Führungsprozess), S. 41 (Erhöhung der Führungsqualität); Ernst/Vater et al. 2008, S. 732 (Wächterfunktion des Controllings); Weißenberger/Wolf 2010, S. 4 (Bewältigung von Kontrollproblemen).

365 Vgl. Rausch 2011, S. 158.

366 Vgl. Hoffjan/Trapp et al. 2011, S. 185 (Entscheidungsvorbereitung durch das Controling); Deyhle/Kottbauer et al. 2010, S. 27 (Controlling als Abbild des Führungszyklus); Horváth 2009, S. 125 (Controlling als Subsystem der Unternehmensführung); Küpper 2008, S. 47 (Koordination der Führung durch das Controlling); Ahrens/Chapman 2007, S. 3 (im Kontext der strategischen Unternehmensführung); Daum/Steinle 2007, S. 33 (zur Problematik des Controllings als dominierende Instanz im Führungsgeschehen).

367 Vgl. Hartmann/Maas 2010, S. 29.

368 Vgl. Paefgen 2008a, S. 172.

369 Vgl. Maas/Matějka 2009, S. 1233.

## 3.3 Grundsätzlicher Umgang mit Risiken innerhalb der Unternehmenstätigkeit

### 3.3.1 Rechtlicher Rahmen

Der deutsche Gesetzgeber hat mit den Regelungen im Aktiengesetz und Handelsgesetzbuch dem Vorstand einer Kapitalgesellschaft die Einrichtung eines Überwachungssystems und die regelmäßige Berichterstattung zu Chancen und Risiken vorgeschrieben.[370] Gemäß § 91 Absatz 2 AktG soll das Überwachungssystem geeignet sein, Entwicklungen, die den Fortbestand der Gesellschaft gefährden können, frühzeitig erkennbar zu machen. Mit den im § 289 Absatz 1 und 2 HGB formulierten Anforderungen an die Risikoberichterstattung im Lagebericht soll der Vorstand einer Kapitalgesellschaft nicht nur über die voraussichtliche Geschäftsentwicklung unter Einbezug wesentlicher Chancen und Risiken berichten. Vielmehr soll der Lagebericht auch auf die Ziele und Methoden des betrieblichen Risikomanagementsystems eingehen. Diese Regelungen gelten auch für Konzernmutterunternehmen, die ihre Tochtergesellschaften in die Risikoberichterstattung einzubeziehen haben.[371] Zwar hat der Gesetzgeber diese Vorschriften nur in den Regelungen für Kapitalgesellschaften formuliert, jedoch wird von einer „Ausstrahlungswirkung auf andere Unternehmensformen“[372] ausgegangen.

Aus den Regelungen des Handelsgesetzbuches lässt sich der Anspruch an eine vorsichtige, auf die Erkennung und Berücksichtigung von Risiken orientierte Unternehmensführung erkennen. Dies gilt auch für die Rechenschaftslegung, da gemäß § 252 Absatz 1 Nr. 4 HGB im Zuge der Vorsicht alle vorhersehbaren Risiken und Verluste zum Abschlussstichtag zu berücksichtigen sind.[373] Unter Bezug

370 Eine Übersicht zu nationalen bzw. internationalen Regelungen zum betrieblichen Risikomanagement und dessen Überwachung durch interne bzw. externe Kontrollorgane verschafft Stiefl, Jürgen (2010): Risikomanagement und Existenzsicherung. Mit Konzepten und Fallstudien zu KMU, München: Oldenbourg, S. 15ff.

371 Vgl. Diederichs 2010, S. 33.

372 Gleißner 2008, S. 25.

373 Zum Vorsichtsprinzip als Charakteristikum der HGB-Rechnungslegung vgl. Coenenberg, Adolf Gerhard (2009): Jahresabschluss und Jahresabschlussanalyse, 21., überarbeitete Auflage, Stuttgart: Schäffer-Poeschel Verlag, S. 40; Ruhnke 2008, S. 208f.; zur Kritik an der Abschwächung des Vorsichtsprinzips im Zuge der Modernisierung des deutschen Bilanzrechts vgl. Wehrheim, Michael/Fross, Ingo (2010): Erosion handelsrechtlicher GoB durch das Bilanzrechtsmodernisierungsgesetz, Zeitschrift für Betriebswirtschaft, Jg. 80, Heft 1, Januar 2010, S. 71–109, S. 82 u. 92.

auf diese Anforderungen soll die Unternehmensleitung solche Entscheidungen treffen, deren Risiken und Erfolgsaussichten für den Unternehmensbestand vertretbar erscheinen.[374] In Unternehmen, die nicht eigentümergeführt sind, prägt sich somit das Bild von Führungsinstanzen aus, die als Treuhänder[375] der Eigentümer agieren. Ihnen obliegt die sorgfältige und gewissenhafte Führung des Unternehmens.[376] Im Rollenbild des Treuhänders folgen Führungsinstanzen als Agenten der Unternehmenseigner weitgehend intrinsisch motivierten Handlungsmustern, die eine Anreizsteuerung und Überwachung entbehrlich machen.[377] Dass jedoch die Unternehmensrealität offenkundig eine andere ist, lässt sich aus der Einrichtung von internen und externen Überwachungsorganen[378] der Unternehmensleitung und Führungsinstanzen ableiten. Überwachung wird damit zu einem weitreichenden Begriff im Kontext der Führungspraxis.[379]

Bei Kapitalgesellschaften obliegt dem Aufsichtsrat die Überwachung der Unternehmensleitung.[380] Unterstützt wird er hierbei vom Abschlussprüfer, dessen Prüfungstätigkeit und Prüfungsbericht den Aufsichtsrat bei der Beschaffung von

374 Vgl. Buchholz, Rainer (2010): Grundzüge des Jahresabschlusses nach HGB und IFRS. Mit Aufgaben und Lösungen, 6., komplett überarbeitete Auflage, München: Verlag Franz Vahlen, S. 27.

375 Vgl. Rausch 2011, S. 139.

376 Vgl. hierzu § 93 Absatz 1 AktG (Sorgfaltspflicht der Vorstandsmitglieder).

377 Vgl. Velte, Patrick (2010): Stewardship-Theorie, Zeitschrift für Planung & Unternehmenssteuerung, Jg. 20, Heft 3, April 2010, S. 285–293, S. 286.

378 Vgl. Hirsch/Sorg 2006, S. 216 (Controlling mit Wächterfunktion); Birl, Holger/Hirsch, Bernhard/Weber, Jürgen (2008): Lohnt eine Kooperation von Controllerbereich und Innenrevision? Neue empirische Erkenntnisse aus dem Controlling-Blickwinkel, ZfCM – Zeitschrift für Controlling und Management, Jg. 52, Heft 4, August 2008, S. 254–268, S. 254 (Überwachungsaufgaben von Controlling und interner Revision); Deffains, Bruno/Demougin, Dominique (2006): Governance: Who Controls Matters, Berlin, Humboldt-Universität, SFB 649 Discussion Paper 2006–053, verfügbar auf: http://sfb649.wiwi.hu-berlin.de, Stand: 27.02.2010, S. 21 (Eigentümer als Überwachungsorgane); AKEU/AKEIÜ (2009): Anforderungen an die Überwachungsaufgaben von Aufsichtsrat und Prüfungsausschuss nach § 107 Abs. 3 Satz 2 AktG i.d.F. des Bilanzrechtsmodernisierungsgesetzes. Arbeitskreis Externe Unternehmensrechnung (AKEU) / Arbeitskreis Externe und Interne Überwachung der Unternehmung (AKEIÜ) der Schmalenbach-Gesellschaft für Betriebswirtschaft e.V., Köln, Der Betrieb, Jg. 62, Heft 24 vom 12.06.2009, S. 1279–1282, S. 1279 (Überwachungsaufgaben des Aufsichtsrates); Quick/Warming-Rasmussen 2007, S. 1008 (Bedeutung des Abschlussprüfers); Quick/Wiemann 2011, S. 918 (Abschlussprüfer als Korrektiv);

379 Vgl. Minelli/Rebora et al. 2009, S. 933.

380 AktG 2011, § 111 Absatz 1.

Informationen ergänzt.[381] Allerdings wird auch dem Controlling eine unterstützende Rolle bei der Informationsversorgung des Aufsichtsrates zugeschrieben.[382]

Für Kapitalgesellschaften, die gemäß § 264d HGB kapitalmarktorientiert sind, ist die Einrichtung eines Prüfungsausschusses nach § 324 HGB zwingend vorgeschrieben, sofern deren Aufsichtsrat nicht über mindestens ein unabhängiges Mitglied verfügt, das über den im § 100 Absatz 5 AktG bezeichneten Sachverstand bezüglich Rechnungslegung oder Abschlussprüfung verfügt. Mit dem § 107 Absatz 3 AktG wird dem Aufsichtsrat einer Aktiengesellschaft die Bestellung eines Prüfungsausschusses eingeräumt. Richtet der Aufsichtsrate einer Kapitalgesellschaft nach § 107 Absatz 4 AktG einen Prüfungsausschuss ein, muss in diesem gemäß § 100 Absatz 5 AktG mindestens ein unabhängiges Mitglied des Aufsichtsrates über Sachverstand auf den Gebieten Rechnungslegung oder Abschlussprüfung verfügen.[383]

Der Prüfungsausschuss soll sich u. a. mit der Überwachung der Wirksamkeit des internen Kontrollsystems bzw. des Risikomanagementsystems befassen. Aus dieser Tatsache wird ersichtlich, dass diese Überwachungsaufgabe originär in seinen Pflichtbereich fällt.[384] Der Aufsichtsrat soll in diesem Zusammenhang allerdings nicht nur eine überwachende, sondern auch eine beratende Funktion gegenüber dem Vorstand wahrnehmen.[385] Dabei hat allerdings die Überwachungsfunktion Vorrang vor der Beratungsfunktion und eine unmittelbare Einflussnahme des Aufsichtsrates auf die Unternehmensführung ist nicht zulässig.[386] Dessen ungeachtet wird aber die bisweilen enge Verflechtung von Mitgliedern des Aufsichtsrates mit denen der Unternehmensleitung kritisiert und auf die hieraus möglichen Probleme hingewiesen.[387] Da allerdings auch Aufsichtsratsmitglieder eigene

---

381 Vgl. Velte, Patrick/Weber, Stefan C. (2010): Koalitionsbildungen im Rahmen der Corporate Governance als Anlass für weitere Reformen des unternehmerischen Überwachungssystems, Zeitschrift für Planung & Unternehmenssteuerung, Jg. 20, Heft 4, März 2010, S. 393–417, S. 394.

382 Vgl. Hirsch/Sorg 2006, S. 206.

383 Vgl. hierzu auch Graumann, Mathias (2012): Wirtschaftliches Prüfungswesen. Sämtliche Prozessschritte der Abschlussprüfung; integrierende Darstellung von Berufsrecht und Berufspraxis; Kommentierungen der handelsrechtlichen Jahresabschlussvorschriften, 3., vollständig überarbeitete Auflage, Herne: Verlag Neue Wirtschafts-Briefe, S. 147.

384 Vgl. AKEU/AKEIÜ 2009, S. 1279.

385 Vgl. Velte 2010, S. 287.

386 Vgl. Velte/Weber 2010, S. 403.

387 Balsmeier, Benjamin/Peters, Heiko (2009): Personelle Unternehmensverflechtung und Vorstandsgehälter, Zeitschrift für Betriebswirtschaft, Jg. 79, Heft 9, September

Interessen verfolgen, bestimmen wiederum Anreizstrukturen Art und Ausmaß ihrer Überwachungshandlungen gegenüber der Unternehmensleitung.[388] Im Zusammenhang mit immer wieder publik werdenden Unternehmensskandalen und Unternehmenszusammenbrüchen stellt sich jedoch grundsätzlich die Frage nach der Intensität und Qualität von Kontrollsystemen.[389] Auf die Bewältigung dieser Problematik zielen die Regelungen des Deutschen Rechnungslegungs Standards Committee (DRSC) und des Deutschen Corporate Governance Kodes (DCGK).

In Ergänzung zu den Vorschriften des Aktiengesetzes bzw. Handelsgesetzbuches sind in den Standards des DRSC weitere Anforderungen an die Risiko- und Lageberichterstattung von Kapitalgesellschaften formuliert worden.[390]

Einen weiteren Bezugsrahmen stellen die Anforderungen des DCGK dar. Hiernach ist der Vorstand für die Einrichtung eines angemessenen Risikomanagements und Risikocontrollings verantwortlich.[391] Diese Mussbestimmung hat den Charakter einer gesetzlichen Verpflichtung.[392] Der Aufsichtsratsvorsitzende soll mit dem Vorstand regelmäßig Kontakt halten und mit ihm das Risikomanagementsystem beraten.[393] Mit der Formulierung von Governance Regeln ist insbesondere der Anspruch an die wahrheitsgemäße Berichterstattung und Risikovermeidung von Vorständen bzw. die Bewältigung opportunistischer Handlungen dieses Personenkreises verbunden.[394] Dabei können solche eigennützlichen Handlungen schlimmstenfalls in kriminellen Machenschaften der betreffenden Akteure bestehen.[395] In jedem Fall ist mit den Corporate Governance Anforderungen der Anspruch verbunden, bestandsgefährdende Risiken transparent zu machen und eben auch verhaltensbezogene Risiken der Unternehmensführung zu bewältigen.[396]

---

2009, S. 967–984, S. 978; Holder-Webb/Sharma 2010, S. 3 (zur Bedeutung der Unabhängigkeit des Aufsichtsrates).

388 Vgl. Balsmeier/Peters 2009, S. 969.

389 Vgl. Link 2009, S. 135.

390 Vgl. Velte/Stiglbauer et al. 2011, S. 132ff. (DRS 5 Risikoberichterstattung, DRS 15 Lageberichterstattung).

391 Regierungskommission Deutscher Corporate Governance Kodex 2010, S. 6, Ziffer 4.1.4.

392 Vgl. Gleißner 2008, S. 28.

393 Vgl. Regierungskommission Deutscher Corporate Governance Kodex 2010, S. 9, Ziffer 5.2.

394 Vgl. Holder-Webb/Sharma 2010, S. 2.

395 Vgl. Gaenslen 2006, S. 2f.

396 Vgl. Basel Committee on Banking Supervision (2010): Principles for enhancing corporate governance, Basel, Bank for International Settlements, Oktober 2010,

Neben den dargelegten gesetzlichen Vorschriften und Standards stellen die Anforderungen aus Basel II bzw. Basel III einen weiteren Bezugsrahmen für die Steuerung und Überwachung von Unternehmensrisiken dar. Während Basel II sich auf die Eigenkapitalausstattung und Risikomessverfahren von Banken bezieht[397], hat Basel III die Liquiditätsausstattung und die Überwachung von Liquiditätsrisiken von Banken im Fokus[398]. Die Bonität von kreditnehmenden Unternehmen ist im Kontext der Basel II und III Anforderungen von großer Bedeutung, denn sie determiniert das Maß an Eigenkapital, mit dem herausgelegte Kredite durch die Bank hinterlegt werden müssen.[399] Im Zuge der Bonitätsprüfung wird u.a. die Genauigkeit von Planungsrechnungen und Prognosen, der Finanzplanung sowie die Wirksamkeit des betrieblichen Controllings durch die Bank bzw. Ratingagentur hinterfragt.[400] Letztlich steht bei einem Ratingverfahren das betriebliche Risikomanagement auf dem Prüfstand.[401]

Im Zusammenhang mit der Beurteilung der Qualität von Planungs- bzw. Prognoserechnungen ist hervorzuheben, dass im Zuge des Unternehmensratings auf das Controlling als Instanz im Risikomanagement Bezug genommen wird. Die

---

verfügbar auf: www.bis.org, Stand: 03.01.2012, S. 3 (Transparenz als Element der Corporate Governance); Heyd, Reinhard/Beyer, Michael (2010): Bedeutung des Corporate Governance-Reportings nach § 289a HGB als Publizitätsinstrument, Zeitschrift für Planung & Unternehmenssteuerung, Jg. 20, Heft 4, März 2010, S. 373–392, S. 384; Gleißner 2008, S. 92; Holder-Webb/Sharma 2010, S. 2 (Governance-Regeln zur Vermeidung opportunistischer Handlungen).

397 Vgl. Baseler Ausschuss für Bankenaufsicht (2006): Internationale Konvergenz der Eigenkapitalmessung und Eigenkapitalanforderungen. Überarbeitete Rahmenvereinbarung zu Basel II. Umfassende Version, Basel, Juni 2006, verfügbar auf: http://www.bis.org/publ/bcbs128ger.pdf, Stand: 03.01.2012, S. 2.

398 Vgl. Baseler Ausschuss für Bankenaufsicht (2010): Basel III: Internationale Rahmenvereinbarung über Mesung, Standards und Überwachung in Bezug auf das Liquiditätsrisiko, Basel, Dezember 2010, verfügbar auf: http://www.bis.org/publ/bcbs188_de.pdf, Stand: 03.01.2012, S. 2.

399 Vgl. Funk, Wilfried/Rossmanith, Jonas (2008): Internationalisierung der Rechnungslegung und des Controllings. Einflussfaktoren und Auswirkungen, in: Funk, Wilfried/Rossmanith, Jonas (Hrsg.): Internationale Rechnungslegung und internationales Controlling. Herausforderungen, Handlungsfelder, Erfolgspotenziale, Wiesbaden: Gabler Verlag, S. 3–76, S. 18.

400 Vgl. Paetzmann, Karsten (2008): Corporate Governance. Strategische Marktrisiken, Controlling, Überwachung, Berlin [u.a.]: Springer-Verlag, S. 192ff.

401 Vgl. Gleißner 2008, S. 259; Strohmeier 2007, S. 78; Fiege, Stefanie (2006): Risikomanagement- und Überwachungssystem nach KonTraG. Prozess, Instrumente, Träger, Wiesbaden: Deutscher Universitäts-Verlag, S. 71.

Frage, ob das Controlling selber Risiko-Träger sein kann, bleibt weitestgehend unbeachtet. Diese Feststellung gilt auch für die Betrachtung des Controllings als Element der Corporate Governance. Wenn Controlling integraler Bestandteil einer guten Corporate Governance[402] ist und zudem an der Gestaltung von Anreizsystemen[403] bzw. Systemen zur Leistungsmessung[404] mitwirkt, die opportunistisches Verhalten von Führungsinstanzen vermindern[405] sollen, stellt sich einmal mehr die Frage, wer das Controlling selber überwacht.

### 3.3.2 Grundsätzliche Möglichkeiten der Risikobewältigung

Neben der Identifikation und Bewertung von Risiken ist Risikomanagement mit der Risikobewältigung und Risikoüberwachung befasst.[406] Dabei lassen sich bezüglich der Bewältigung von Risiken verschiedene Strategieansätze unterscheiden. Gleisner differenziert hier in

- Risikovermeidung (d.h. Verzicht auf bestimmte Aktivitäten),
- Risikobegrenzung (d.h. Begrenzung der Schadenshöhe),
- Risikoverminderung (d.h. Verminderung der Eintrittswahrscheinlichkeit),
- Risikotransfer (d.h. Übertragung auf Dritte).[407]

Meyer et al. sehen als Formen der Risikobewältigung die Reduzierung, Vermeidung, Verteilung bzw. Akzeptanz von Risiken.[408] Wolke spricht in diesem Zusammenhang von Risikosteuerung und ordnet ihr Maßnahmen der Risikovorsorge, Risikovermeidung, Risikobegrenzung, Risikoverteilung, Risikoverlagerung, Risikoüberwälzung und Risikokompensation zu.[409]

Diederichs unterteilt die Maßnahmen zur Risikosteuerung in die Risikovermeidung, Risikoverminderung, Risikobegrenzung, Risikoüberwälzung und Risikoakzeptanz und betont, dass die Zielsetzung der Risikosteuerung in der systematischen und zielorientierten Beeinflussung von identifizierten Risiken liegt.[410]

402 Vgl. Wall 2008b, S. 229f.
403 Vgl. Weber 2011, S. 40f.
404 Vgl. Wall/Greiling 2011, S. 101.
405 Vgl. Falk/Kosfeld 2006, S. 1611; Jenkins, Gregory J./Deis, Donald D./Bedard, Jean C./Curtis, Mary B. (2008): Accounting Firm Culture and Governance: A Research Synthesis, Behavioral Research In Accounting, Jg. 20, Nr. 1, S. 45–74, S. 59.
406 Vgl. Meyer/Grisar et al. 2011, S. 81.
407 Gleißner 2008, S. 159.
408 Vgl. Meyer/Grisar et al. 2011, S. 81.
409 Vgl. Wolke 2008, S. 79.
410 Vgl. Diederichs 2010, S. 188ff.

Aus den obigen Literaturquellen zeigt sich eine vielfältige und nicht durchgehend kongruente Festlegung zu Maßnahmen zur Bewältigung von Risiken. Unabhängig von der Detaillierung von Maßnahmen zur Risikobewältigung wird aber die Kommunikation von Risiken als prägend für die Interpretation der Risikosituation sowie für die Formulierung von Bewältigungsmöglichkeiten gesehen.[411]

Fasst man die Möglichkeiten zur Risikobewältigung zusammen, so stehen neben der Akzeptanz von Risiken grundsätzlich Optionen der Risikobegrenzung und Risikoverteilung.[412] Mit dem Ansatz der Begrenzung von Risiken ist verbunden, dass Risiken bis zu einer definierten Schadenshöhe eingegangen werden bzw. im Rahmen der Streuung sich einzelne Risiken neutralisieren.[413] Mit der Definition von Risikoobergrenzen ist die Zielsetzung verbunden, nur solche Risiken einzugehen, die auch für das betreffende Unternehmen tragbar sind.[414] Mit der Risikostreuung ist verbunden, dass unterschiedliche Risiken und Chancen sowohl in ihrer Höhe als auch in ihrer Eintrittswahrscheinlichkeit einander in der Waage halten.[415] Im Rahmen eines Risikoportfolios[416] können die betreffenden Risiken in ihrer Eintrittswahrscheinlichkeit und Schadenshöhe dargestellt werden.[417]

Die Risikoverteilung umfasst die Überwälzung bestimmter Risiken auf verschiedene Vertragspartner.[418] Eine Risikoüberwälzung kann entweder durch den Abschluss einer Versicherung oder durch die vertragsmäßige Aufteilung eines Gesamtrisikos auf mehrere Vertragsparteien erfolgen.[419] Dabei ist zu beachten, dass die betreffenden Risiken entweder versicherbar sind oder das überwälzende

411 Vgl. Strydom, Piet (2008): Risk Communication: World Creation Through Collective Learning Under Complex Contingent Conditions, Journal of Risk Research, Jg. 11, Nr. 1–2, Januar-März 2008, S. 5–22, S. 6; Gleißner 2008, S. 201.

412 Vgl. AKEIÜ 2010, S. 1250; Wolke 2008, S. 83; Fiege 2006, S. 189/190.

413 Vgl. Diederichs 2010, S. 191.

414 Vgl. Filipiuk, Bogna (2009): Transparenz der Risikoberichterstattung. Anforderungen und Umsetzung in der Unternehmenspraxis, Wiesbaden: Gabler Verlag, S. 54 (Limitsystem im Kontext der Risikotragfähigkeit).

415 Vgl. Diederichs 2010, S. 191; Gleißner 2008, S. 160.

416 Zum Portfoliobegriff vgl. Wolke 2008, S. 35; Ogden, Joseph P./Jen, Frank C./O'Connor, Philip F. (2003): Advanced corporate finance. Policies and strategies, Upper Saddle River, N.J: Prentice Hall, S. 36ff.

417 Vgl. Diederichs 2010, S. 195; Horváth 2009, S. 719; Fiege 2006, S. 179f.

418 Vgl. Diederichs 2010, S. 192f.; AKEIÜ 2010, S. 1250.

419 Vgl. Wolke 2008, S. 85; Gleißner 2008, S. 160.

Unternehmen eine entsprechende Verhandlungsmacht gegenüber seinen Vertragspartnern besitzt.[420]

Diese Forschungsarbeit greift die oben bezeichneten grundsätzlichen Optionen zur Risikobewältigung »Vermeidung, Akzeptanz und Begrenzung« auf. Da das betriebliche Controlling allerdings ein unternehmensinterner Akteur ist, wird konsequenterweise auch auf die Beziehungen der beteiligten Akteure innerhalb des Unternehmens rekurriert. Gleichsam als Metaebene zur Bewältigung von Risiken konzentriert sich die Betrachtung auf die Prävention zum bzw. Reaktion auf das Controlling als Risiko-Träger. Diese Sichtweise erscheint insofern gerechtfertigt, da die Forschungsarbeit den Akteuren der Unternehmensführung und im Controlling einen systemischen Blick auf das Controlling als Risiko-Träger eröffnen will. Dabei wird zunächst der Beitrag des Controllings zur Bewältigung von Risiken beschrieben. Anschließend wird ein Ausblick auf eben dieses Controlling als Risiko-Träger verschafft.

## 3.4 Beitrag des Controllings zur Risikobewältigung in Unternehmen

Die Identifizierung und Bewältigung von Risiken kann als wesentlicher Bestandteil der Unternehmensführung betrachtet werden.[421] Nicht zuletzt aufgrund spektakulärer Schieflagen, Skandale und Zusammenbrüche von Unternehmen[422]

420 Zur Bedeutung der Verhandlungsmacht in Akteursbeziehungen vgl. Esteban, Joan/Sákovics, József (2008): A Theory of Agreements in the Shadow of Conflict: The Genesis of Bargaining Power, Theory and Decision, Jg. 65, Nr. 3, S. 227–252, S. 229ff.; Gammelgaard, Jens (2009): Issue Selling and Bargaining Power in Intrafirm Competition: The Differentiating Impact of the Subsidiary Management Composition, Competition & Change, Jg. 13, Nr. 3, September 2009, S. 214–228, S. 216 (Verhandlungsmacht von Tochtergesellschaften); Quiggin, John/Chambers, Robert G. (2009): Bargaining Power and Efficiency in Insurance Contracts, The Geneva Risk and Insurance Review, Jg. 34, Nr. 1, S. 47–73, S. 48 (Verhandlungsmacht in Prinzipal-Agenten-Beziehungen).

421 Vgl. AKEIÜ 2010, S. 1246 (Risikostrategie als integraler Bestandteil der Unternehmensstrategie); Diederichs 2010, S. 8; Schreyögg/Koch 2007, S. 74f. (Analysen von Chancen und Risken im Kontext der strategischen Unternehmensführung).

422 Vgl. Müller, Stefan/Brackschulze, Kai (2011): Prozyklische Effekte von Risikomanagementsystemen nach KonTraG in Finanz- und Vertrauenskrisen, Der Betrieb, Jg. 64, Heft 43 vom 28.10.2011, S. 2389–2396, S. 2391 (Lehman); Schmalhardt, Herbert (2010): Korruption als unternehmerisches Risiko, in: Keuper, Frank/Neumann, Fritz (Hrsg.): Corporate Governance, Risk Management und Compliance. Innovative Konzepte und Strategien, Wiesbaden: Gabler Verlag, S. 141–162, S. 143 (Siemens, VW);

haben Gesetzgeber und private Standardsetter die Implementierung von geeigneten Überwachungsmechanismen eingefordert. Im Rahmen der Corporate Governance beinhalten diese Mechanismen gerade auch die Informationspflicht der Unternehmensführung zur Risikolage und zum Risikomanagement gegenüber dem Aufsichtsrat.[423] Dabei wird sowohl auf das betriebliche Risikomanagement[424], als auch auf das Risikocontrolling[425] verwiesen. Neben der Einordnung dieser beiden Begriffe stellt sich auch die Frage nach der Rolle des Controllings im Risikomanagement.

In der Literatur erfährt die begriffliche Bestimmung des Risikomanagements eine durchaus vielfältige Ausprägung, wobei die Abgrenzung zum Risikocontrolling nicht immer eindeutig ist.[426] So versteht Wolke unter Risikomanagement die unternehmensweite Messung und Steuerung von Risiken.[427] Weißenberger/Löhr sehen das Risikomanagement als integrativen Bestandteil der Führungsaufgabe, die den gezielten Umgang mit Risiken sowie die Umsetzung aller hierzu erforderlichen organisatorischen Maßnahmen umfasst.[428] Diederichs bezeichnet Risikomanagement als Führungsaufgabe zur Risikosteuerung in Organisationen.[429] Merna/Al-Thani sehen im Risikomanagement vor allem die Sicherstellung der nachhaltigen Unternehmensexistenz innerhalb seines Umfeldes.[430] Das Committee of Sponsoring Organizations of the Treadway Commission (COSO) verweist auf das Risikomanagement als Wegbereiter zum Umgang mit Unsicherheit sowie Risiken und Chancen und der damit verbundenen Wertschaffung im Unternehmen.[431] Und Gleißner definiert Risikomanagement als „das systematische

---

Weiß 2009, S. 521 (Northern Rock, Fannie Mae, Freddy Mac); Erben 2007, S. 42ff. (Siwssair, KirchGruppe, Enron, Metallgesellschaft, Barings Bank).

423 Vgl. Heyd/Beyer 2010, S. 376.

424 Vgl. § 289 HGB Darstellung zu Risikomanagementzielen und Risikomanagementmethoden); § 315 HGB (Darstellung zu Risikomanagementzielen und Risikomanagementmethoden im Konzernlagebericht); § 107 Absatz 3 AktG (Überwachung der Wirksamkeit von internem Kontrollsystem und Risikomanagementsystem durch den Aufsichtsrat).

425 Vgl. Regierungskommission Deutscher Corporate Governance Kodex 2010, S. 6, Ziffer 4.1.4 (Risikomanagement und Risikocontrolling).

426 Vgl. Diederichs 2010, S. 10.

427 Vgl. Wolke 2008, S. 2.

428 Vgl. Weißenberger/Löhr 2008b, S. 3.

429 Vgl. Diederichs 2010, S. 11.

430 Vgl. Merna/Al-Thani 2008, S. 59.

431 Vgl. COSO 2004, S. 1/2.

Denken und Handeln mit Risiken“[432]. Allen Begriffsbestimmungen gemeinsam ist die Perspektive auf den systematischen, zielorientierten Umgang mit Risiken als Teilaspekt der Führungsaufgabe.

Risikocontrolling kann als eine spezialisierte Dienstleistung innerhalb des Risikomanagements bezeichnet werden.[433] Es ist Teilbereich des betrieblichen Controllings und leistet einen Beitrag zur Sicherung der Existenz und Ergebnisfähigkeit von Unternehmen.[434] Allerdings weist Jonen darauf hin, dass sowohl in der Literatur als auch in der Unternehmenspraxis keine einheitliche Abgrenzung zwischen den Begriffen »Risikocontrolling« und »Risikomanagement« existiert.[435]

Während Risikomanagement als Führungsaufgabe zu sehen ist, umfasst Risikocontrolling die methodische Unterstützung des Risikomanagements.[436] Dabei scheint das Controlling aufgrund seiner Rolle als Informationslieferant im Führungsgeschehen - und der damit verbunden impliziten Informationen über Risiken - für die Übernahme von wesentlichen Aufgaben im Risikomanagement prädestiniert.[437] Reichmann betrachtet das Risikocontrolling als integrales Funktionselement innerhalb des Risikomanagements, das die Adaptionsfähigkeit von Unternehmen an veränderte Risikosituationen gewährleisten soll.[438] Nevries/Strauß bezeichnen das Risikomanagement als Rationalitätssicherungsfunktion innerhalb der Unternehmensführung, die originär dem Controlling zuzuordnen ist.[439] Demgegenüber sehen Knupperts/Ahlrichs die zentrale Aufgabe des Controllings in der Integration des Risikomanagementsystems in die Führungsprozesse.[440] Weißenberger/Löhr hingegen betrachten das Risikocontrolling als unterstützende Instanz, auf die das Risikomanagement bei seiner Entscheidungsfindung zurückgreift.[441] Nach der Auffassung von Wall liegt der Schwerpunkt des Risikocontrollings in der Unterstützung der Führungsinstanzen bei der

---

432 Gleißner 2008, S. 10.

433 Vgl. Weißenberger/Löhr 2008b, S. 4.

434 Vgl. Winter 2007, S. 254f.

435 Vgl. Jonen 2008, S. 128ff. (mit weiteren Verweisen).

436 Vgl. Fiege 2006, S. 81.

437 Vgl. Gleißner 2008, S. 212.

438 Vgl. Reichmann 2006, S. 625.

439 Vgl. Nevries/Strauß 2008, S. 106.

440 Vgl. Knupperts, Thilo/Ahlrichs, Frank (2007): Prozessorientiertes Risikomanagement, Controlling, Zeitschrift für erfolgsorientierte Unternehmensführung, Jg. 19, Heft 8/9, August/September 2007, S. 491–499, S. 491.

441 Vgl. Weißenberger/Löhr 2008b, S. 5.

Risikosteuerung.[442] Reißig-Thust schließlich erweitert diesen Aufgabenbereich, indem sie das Controlling als Informationslieferant im Rahmen des Risk und Fraud Managements verortet und eine Zusammenarbeit mit dem betrieblichen Compliance Management bzw. der internen Revision als unerlässlich bezeichnet.[443] Diese Sichtweisen erscheinen insofern bemerkenswert, als dass Weißenberger/Löhr in einem anderen Beitrag die Frage aufwerfen, wie „die Spezialfunktion des industriellen Risikocontrollings mit der klassischen, nicht speziell auf Risikogesichtspunkte fokussierten Controllingfunktion verzahnt werden kann“[444].

Aus den obigen Darlegungen wird ersichtlich, dass der Rolle des Controllings innerhalb des Risikomanagements – und damit innerhalb des Führungsgeschehens – in der Literatur eine vielschichtige Bedeutung zugemessen wird. Im Zuge seiner Informationsversorgungsfunktion trägt das Risikocontrolling zur Unterstützung der Führungsinstanzen hinsichtlich der Identifikation von Risiken sowie zum Stand der Umsetzung von Maßnahmen zur Risikobewältigung bei. Mit dieser Unterstützung von Führungsinstanzen lässt sich der Bezug zur Entlastungsaufgabe des Controllings im Führungsgeschehen herstellen. Im Rahmen seiner Ergänzungsaufgabe im Verhältnis zu den Führungsinstanzen kann das Risikocontrolling beispielsweise die Quantifizierung von Risiken oder die Ausgestaltung des Risikoberichtswesens übernehmen. Mit der Übernahme von Begrenzungsaufgaben gegenüber Führungsinstanzen innerhalb des Risikomanagements kann das Controlling zur Bewältigung von opportunistischen Handlungen der Führungsinstanzen beitragen. Dies wäre der Fall, wenn Führungskräfte aus eigennützlichen Interessen drohende Risiken nicht wahrnehmen wollen – etwa, weil sie im Rahmen der Risikovorsorge um die kurzfristige Erreichung monetärer Ergebnisziele fürchten.[445] Allerdings ist das Risikocontrolling in diesem Fall nicht automatisch ein Garant für die Ausübung von Begrenzungsaufgaben im Risikomanagement. Mit der Nähe des Controllings zu Führungsinstanzen ist gleichsam auch das Problem des sozialen Erwartungsdrucks auf die Handlungen der Controller verbunden.[446] Zudem können die Akteure im Controlling und in den Führungsinstanzen einem Konsenstrugschluss

442 Vgl. Wall 2008b, S. 230.

443 Vgl. Reißig-Thust, Solveig (2010): Rolle und Einsatzmöglichkeiten des Controllings im Risk and Fraud-Management, ZfCM – Zeitschrift für Controlling und Management, Jg. 54, Heft 2, April 2010, S. 122–126, S. 124f.

444 Weißenberger/Löhr 2010, S. 336.

445 Vgl. Velte/Stiglbauer et al. 2011, S. 128; Gleißner 2008, S. 5; Strohmeier 2007, S. 32.

446 Vgl. Hartmann/Maas 2010, S. 28 (sozialer Druck auf Controller in Abhängigkeit von deren Einbindung in das Führungsgeschehen) und S. 30 (Ausprägungen sozialen

hinsichtlich der Bewertung von Risiken unterliegen und damit unrichtige Entscheidungen zur Risikobewältigung treffen, wenn sie den jeweils anderen Akteur und dessen Handlungen ausschließlich aus ihrer eigenen Perspektive heraus wahrnehmen.[447] Dieser Tatbestand ist insofern von Bedeutung, als dass mit einer intensiven Einbindung des Controllings in das Führungsgeschehen – bis hin zur Übernahme von Führungsverantwortung[448] – ein solcher Konsenstrugschluss zu einem systemischen Risiko in der Identifizierung und Bewältigung von betrieblichen Risiken führen kann. Damit ist gleichsam eine weitreichende Konsequenz verbunden. Das institutionalisierte Controlling als Bestandteil der Führung von Unternehmen prägt auf disaggregierter Ebene Strukturen aus, die durch sein Handeln reproduziert[449] und dadurch Bestandteil eines Normengefüges im ökonomischen Kontext[450] werden. Dabei können diese emergenten Systemelemente zur sozialen Realität innerhalb des aggregierten Sozialsystems »Gesamtwirtschaft« werden.[451] Systemische Risiken des Controllings als Risiko-Träger können somit auch eine systemrelevante Bedeutung auf gesamtwirtschaftlicher Ebene bekommen.

Zusammenfassend bleibt für den Beitrag des Controllings zur Risikobewältigung in Unternehmen festzuhalten:

---

Drucks auf Controller); Wall/Greiling 2011, S. 94/95 (Einflussnahme von Führungsinstanzen auf Controllingsysteme).

447 Vgl. Wilson, Robyn S./Arvai, Joseph L./Arkes, Hal R. (2008): My Loss Is Your Loss ... Sometimes: Loss Aversion and the Effect of Motivational Biases, Risk Analysis, Jg. 28, Nr. 4, S. 929–938, S. 937.

448 Vgl. Temmel 2011, S. 22 (mit weiteren Verweisen).

449 Vgl. Becker/Jordan et al. 2003, S. 149; Scherm/Pietsch 2003, S. 43; Pietsch/Scherm 2004, S. 538.

450 Vgl. Ellebracht/Lenz et al. 2009, S. 15 (Konstruktion sozialer Realität aus der Beschreibung des sozialen Systems); Toyoki, Sammy/Spicer, André/Elliott, Richard (2006): Beyond old horizons: Theorising the rhythms of social reproduction, TAMARA: Journal of Critical Organization Science, Jg. 5, Nr. 1/2, S. 96–115, S. 97 (soziale Praktiken determinieren soziale Systeme); Reimer/Orth 2008, S. 193 (zum Menschenbild des rationalen Akteurs im Management und Controlling).

451 Vgl. Fuchs, Christian (2002): Some Implications of Anthony Giddens' Works for a Theory of Social Self-Organization, Emergence, Jg. 4, Nr. 3, S. 7–35, S. 17; Ahrens/Chapman 2007, S. 8 (Controlling als soziale Praxis mit Wirkung auf die Vorstellungswelten von Führungsinstanzen); zur sozialen Konstruktion ökonomischer Realität vgl. Chiapello 2009, S. 125; zur kritischen Reflexion des Rationalitätsbegriffs im ökonomischen Kontext vgl. Simon 2009, S. 23.

- Ein einheitliches Bild zur Rolle des Controllings im Risikomanagement lässt sich nicht feststellen.
- Mit der Einbindung des Controllings in das Führungsgeschehen bzw. in das Risikomanagement als Führungsaufgabe entsteht die Frage nach der Abgrenzung von Zuständigkeit und Verantwortung. Ist Risikomanagement ein Teil der Controllingaufgaben oder ist das Risikocontrolling ein Element des Risikomanagements?
- Mit der Übernahme von Aufgaben in der Gestaltung und Steuerung von Risikomanagementsystemen durch das Controlling ist nicht nur ein entsprechender Einfluss dieser Instanz im Unternehmen verbunden. Vielmehr stellt sich auch die Frage, wer das Controlling in diesem Handlungszusammenhang beaufsichtigen sollte.
- Die Nähe des Controllings zu Führungsinstanzen bzw. dessen Einbindung in das Führungsgeschehen wirft im Kontext des Konsenstrugschlusses der Akteure im Controlling und in den Führungsinstanzen die Frage nach dem Controlling als Risiko-Träger auf.

## 3.5 Ausblick auf das Controlling als Risiko-Träger

Mit seiner Einbindung in die Organisation und die Führungsprozesse nimmt das Controlling eine institutionelle Ausprägung innerhalb des Unternehmensgeschehens an. Für die konzeptionelle Gestaltung des Controllings sind hierbei sowohl betriebsindividuelle, als auch erkenntnistheoretische Parameter prägend.[452] Die Controlling-Konzeption bildet den Bezugsrahmen für die Ausgestaltung eines Controlling-Systems.[453] Formale Controlling-Systeme prägen und repräsentieren soziale Strukturen, darüber hinaus beinhalten sie Elemente der Sinnzuweisung innerhalb des Führungssystems.[454] Dies erfolgt auf Basis von Systemelementen der Planung, Informationsversorgung, Budgetüberwachung und Steuerung.[455]

---

452 Vgl. Rautenstrauch, Thomas/Müller, Christof (2005): Verständnis und Organisation des Controlling in kleinen und mitleren Unternehmen, Zeitschrift für Planung & Unternehmenssteuerung, Jg. 16, Heft 2, Juni 2005, S. 189–209, S. 191ff.; Küpper 2008, S. 45ff; Ossadnik 2009, S. 66.

453 Vgl. Reichmann 2006, S. 6.

454 Vgl. Sandelin, Mikko (2008): Operation of management control practices as a package – A case study on control system variety in a growth firm context, Management Accounting Research, Jg. 19, Nr. 4, Dezember 2008, S. 324–343, S. 325.

455 Vgl. Mundy 2010, S. 506: Horváth 2009, S. 166; Weber/Schäffer 2008, S. 43.

Um ein Controlling-System innerhalb des Unternehmens implementieren zu können, braucht es eine organisationale Machtbasis.[456] Diese Basis kann durch Führungsinstanzen, die Eigentümer und auch durch das Controlling selber geprägt sein. Führungsinstanzen schaffen die Machtbasis des Controllings, weil sie damit die Überwachung und Steuerung anderer Akteure im Unternehmen erreichen wollen.[457] Eigentümer sehen das Controlling als Sachwalter ihrer Interessen gegenüber der Machtentfaltung von Führungsinstanzen.[458] Aus ihrer Sicht dürften insbesondere die Ergänzungs- und Begrenzungsaufgaben des Controllings gegenüber Führungsinstanzen zur Sicherstellung ihrer Interessen beitragen. Auch das Controlling selber wird innerhalb der Organisation seine Machtbasis ausgestalten. Dies ist alleine schon aus dessen Rolle als kritischer Counterpart[459] zu den Führungsinstanzen begründbar. Das Recht zum konstruktiven Widerspruch[460] erfordert eben auch dessen wirkungsvolle Formulierung und Durchhaltung. Daneben bedeutet die Machtbasis des Controllings aber auch, dass es seine Ziele und Interessen gegenüber anderen Akteuren wirkungsvoll durchsetzen kann.[461] In jedem Fall sind Controlling-Systeme als Bestandteil des organisationalen Machtgefüges anzusehen.[462]

Somit lässt sich der Ausblick auf das Controlling als Risiko-Träger folgendermaßen darlegen:

- In der Vielschichtigkeit der Aufgaben und Funktionen des Controllings ist dessen bisweilen unscharfe Abgrenzung zu den Führungsinstanzen bedingt. Daraus entsteht nicht nur Unsicherheit auf Seiten derer, die das Controlling

---

456 Vgl. Vosselman/van der Meer-Kooistra 2009, S. 270.

457 Vgl. Mundy 2010, S. 500.

458 Vgl. Velte/Stiglbauer et al. 2011, S. 128f.; Wall/Greiling 2011, S. 101; Reißig-Thust 2010, S. 123; Hirsch, Bernhard/Schneider, Yvonne (2010): Erklärungs- und Gestaltungsbeiträge verhaltenswissenschaftlicher Theorien für eine integrierte Rechnungslegung, Zeitschrift für Planung & Unternehmenssteuerung, Jg. 21, Heft 1, Juni 2010, S. 7–35, S. 12 (hier im Kontext des Rechnungswesens); Kunz 2010, S. 391 (hier: Eingrenzung selbstbestimmter Handlungen von Akteuren); Scherm/Pietsch 2003, S. 51.

459 Vgl. Weber 2011, S. 25; Weber/Schäffer 2008, S. 34; Pietsch/Scherm 2004, S. 545.

460 Vgl. Weber/Schäffer 2008, S. 427.

461 Vgl. Schreiber 2010, S. 73 (im Kontext der Informationsversorgung durch das Controlling); Birl, Holger (2007): Kooperation von Controllerbereich und Innenrevision. Messung, Auswirkungen, Determinanten, Wiesbaden: Deutscher Universitäts-Verlag, S. 138 (im Kontext der Leistungserbringung des Controllings).

462 Vgl. Minelli/Rebora et al. 2009, S. 943.

in ihren Führungsfunktionen unterstützen soll. Vielmehr führt dies zu wechselseitigen Erwartungen der Akteure an ihr Handeln und begründet gleichsam Rollenkonflikte im Controlling. Diese Konflikte bergen die Gefahr von abträglichen Handlungen derjenigen Akteure, die das ökonomische Gewissen des Unternehmens sein sollen.[463]

- Das Controlling als Bestandteil organisatorischer Diskurse und Konflikte innerhalb des betrieblichen Machtgefüges kann als solches nicht unabhängiger Begleiter von Führungsinstanzen sein. Es ist eben gerade ein Element des sozialen Systems und in seinen Austauschbeziehungen zu den anderen Akteuren gleichsam beobachtende und intervenierende Instanz. Mit seiner Intervention ist faktisch auch seine Rolle im Diskurs definiert und gleichzeitig wiederum diskutabel. Denn seine Positionierung umfasst gleichsam die Stellungnahme und die Einnahme einer Sichtweise. Diese kann sowohl rational, als auch begrenzt-rational bzw. irrational fundiert sein. Rationalität ist eben in sozialen Systemen auch das Ergebnis eines sozialen Konstrukts.[464] Unter diesem Licht erscheint das institutionelle Controlling als Begründer und Opfer seines eigenen Rationalitätsanspruchs.
- Der Hüter der ökonomischen Moral ist nicht frei von kognitiven Beschränkungen und opportunistischen Handlungen. Mit seinen Handlungen ist das institutionelle Controlling sowohl Teil des betrieblichen Machtgefüges, als auch Akteur in eigener Sache. Im Zuge seiner Informationsversorgungsfunktion lassen sich Informationsasymmetrien zwischen Controlling und Führungsinstanzen nicht ausschließen. In seiner Ergänzungs- bzw. Begrenzungsaufgabe gegenüber Führungsinstanzen trägt es neben seinem Fakten- und Methodenwissen auch die Verfolgung von eigenen Zielen; seien es Sachziele, wie beispielsweise die Einhaltung von Planungsterminen, oder individuelle Ziele, wie die Erreichung eines geplanten Geschäftserfolges, weil auch beispielsweise ein Teil der variablen Vergütung im Controlling hiervon abhängig ist.
- Das Controlling als Risiko-Träger beschreibt ein systemisches Problem. Zum einen, weil das Controlling als Element des Führungsgeschehens im Rahmen der Planung, Überwachung, Kontrolle und Steuerung eben auch Bestandteil der Führungsfunktion ist.[465] Zum anderen, weil das Controlling in seiner Wirkung innerhalb des sozialen Systems auch nur eine begrenzte Beobachterperspektive einnehmen kann. Es ist Beobachter und mitwirkende Instanz

463 Vgl. Reimer/Orth 2008, S. 198.

464 Vgl. Weber/Schäffer 1999, S. 734.

465 Vgl. Jaroschinsky/Sekol 2014, S. 65 (hier im Zusammenhang mit der Frage, wer die Controller kontrolliert).

zugleich. Es ist in seiner eigenen Beobachtung durch seine Beobachterperspektive systemisch eingeschränkt.[466] Aber seine Handlungen greifen faktisch in das System ein und haben somit Einfluss auf die Ausprägung von Risiken. So wie das soziale System beständig neue, emergente, Systembedingungen schafft[467], ist auch das Controlling Teil dieses Geschehens. Und es ist gerade nicht in der Rolle des objektiven Beobachters, weil sein Einwirken auf das System gleichsam konstitutiv und kreativ ist. Konstitutiv, weil es Systembedingungen mit Sinnzuweisungen stützt bzw. Handlungen innerhalb des Systems legitimiert. Kreativ, weil es mit seiner Beteiligung wiederum neue Systembedingungen schafft. In eben diesem Kontext wird das Controlling zum Risiko-Träger in eigener Sache, weil die Auswirkungen seiner Handlungen beiden Akteuren, Führungsinstanzen und Controlling, nicht erkennbar sein können.

466 Zum Beobachter und System im Kontext der eingeschränkten Beobachtungsperspektive vgl. Luhmann 1994, S. 180; Luhmann 2006, S. 130.

467 Vgl. Kieser/Walgenbach 2007, S. 22 (Phänomen emergenter Regeln in Organisationen); Grundei 2008, S. 145 (Macht und emergente Regeländerungen im organisationalen Handeln).

# 4. Theoretischer Rahmen der Forschungsarbeit

## 4.1 Soziale Austauschtheorie

Führungsinstanzen und Controlling stehen innerhalb des betrieblichen Führungsgeschehens zueinander in sozialen Austauschbeziehungen.[468] Hierin soll das institutionalisierte Controlling die Transparenz über die Zielerreichung von Führungsinstanzen schaffen.[469] Mithilfe von Informationen des Controllings sollen betriebliche Akteure in ihren Entscheidungen beeinflusst werden.[470] Die Einbindung des Controllings in das Führungsgeschehen soll die Entscheidungsqualität in Führungsinstanzen verbessern.[471] Dies wird daraus begründet, dass die Akteure im Führungsgeschehen kognitiven Begrenzungen unterliegen.[472] Solcherlei Begrenzungen bzw. Defizite in der Rationalität sind in Unzulänglichkeiten menschlicher Handlungen bzw. Motive begründet und umfassen

468 Vgl. Hartmann/Maas 2010, S. 29 (Nähe des Controllings zu Führungsinstanzen); Kirsch/Seidl et al. 2009, S. 97 (Controlling als Bestandteil von Führungssystemen); Ahrens/Chapman 2007, S. 8 (Ausprägung von Vorstellungswelten in den Führungsinstanzen durch das Controlling); Weber/Schäffer 2008, S. 34 (Controlling als Counterpart zu Führungsinstanzen); Weber/Schäffer 1999, S. 733 (Aufgabenteilung zwischen Controlling und Führungsinstanzen).

469 Vgl. Deyhle/Kottbauer et al. 2010, S. 34f.; Horváth 2009, S. 17f.Hirsch/Sorg 2006, S. 206.

470 Vgl. Heine, Bernd-Oliver (2011): Modellbasierte Erfassung konzeptioneller Informationsnutzung, in: Meyer, Matthias/Weber, Jürgen (Hrsg.): Controlling und begrenzte kognitive Fähigkeiten. Grundlagen und Anwendungen eines verhaltensorientierten Ansatzes, Wiesbaden: Gabler Verlag, S. 261–311, S. 263; Wall 2008a, S. 470.

471 Zur Rolle des Controllings im Kontext der Entscheidungsfindung von Führungsinstanzen: Reichmann 2006, S. 7f. (Aufbereitung entscheidungsnützlicher Informationen); Weber 2007, S. 58 (Ausrichtung des Entscheidungsverhaltens von Führungsinstanzen); Weißenberger/Löhr 2008b, S. 4 (Hilfe bei der Entscheidungsfindung); Küpper 2008, S. 113f. (Koordination von Entscheidungszielen); Weißenberger/Wolf 2010, S. 4 (Entscheidungsunterstützung); Weber 2010b, S. 91 (Erhöhung der Entscheidungsgüte im Führungsgeschehen); Hoffjan/Trapp et al. 2011, S. 185 (Vorbereitung von Entscheidungen).

472 Vgl. Jonen 2008, S. 93f.; Keil/Depledge et al. 2007, S. 395; Bamberg/Coenenberg et al. 2008, S. 6; Berger/Bernhard-Mehlich 2006, S. 179ff.; Weber/Schäffer 2008, S. 40; Winter 2007, S. 65.

- Opportunismus (z.B. Vermeidung von Arbeitsleid, Verfolgung persönlicher Ziele)[473];
- Fehleinschätzungen und Fehlverhalten[474];
- kognitive Begrenzungen im Zuge der Identifizierung und Beschreibung von Problemstellungen, der Suche und Bewertung von Lösungsalternativen[475];
- kognitive Verzerrungen (z.B. Festhalten an getroffenen Entscheidungen wider besseren Erkennens, unreflektiertes Selbstvertrauen)[476];
- Schwächen in der Beschaffung bzw. Nutzung von Informationen[477];
- fehlendes Wissen der Akteure[478].

Die soziale Austauschtheorie nimmt im Zuge der Erklärung von Handlungen und Verhaltensweisen organisationaler Akteure eine vielbeachtete Rolle ein.[479] Sie „erklärt, warum Menschen [...] soziale Beziehungen eingehen“[480]. Dabei wird insbesondere auf die Bedeutung des sozialen Rahmens aus Kultur, Normen und Erwartungen auf die Interaktionsbeziehungen von betrieblichen Akteuren hingewiesen.[481] Innerhalb ihres sozialen Austausches definieren die beteiligten Personen Regeln, auf derer Basis sich ihr Handeln stützt.[482]

Allerdings beinhalten Austauschbeziehungen innerhalb sozialer Systeme immer auch Unsicherheit bezüglich der Verhaltensweisen ihrer beteiligten Akteure,

---

473 Vgl. Prenzler 2011, S. 87; Hartmann/Maas 2010, S. 32; Gilbert, Dirk Ulrich (2007): Vertrauen als Gegenstand der ökonomischen Theorie. Ausgewählte theoretische Perspektiven, empirische Einsichten und neue Erkenntnisse, Zeitschrift für Management, Jg. 2, Heft 1, Januar 2007, S. 60–107, S. 68.

474 Vgl. Merna/Al-Thani 2008, S. 208; Wong, Kin Fai Ellick/Kwong, Jessica Yuk Yee/Ng, Carmen K. (2008): When Thinking Rationally Increases Biases: The Role of Rational Thinking Style in Escalation of Commitment, Applied Psychology, Jg. 57, Nr. 2, April 2008, S. 246–271, S. 263.

475 Vgl. Jonen 2008, S. 95f.

476 Vgl. Paefgen 2008b, S. 81; Meckl/Horzella 2010, S. 426; Keil/Depledge et al. 2007, S. 395; Meyer/Grisar et al. 2011, S. 83f.

477 Vgl. Jonen 2008, S 125; Kirsch/Seidl et al. 2007, S. 215; Weber/Schäffer 1999, S. 737.

478 Vgl. Gerling, Patrick George (2007): Controlling und Kognition. Implikationen begrenzt kognitiver Kapazitäten für das Controlling. Dissertation, Technische Universität Kaiserslautern, Lohmar-Köln: Josef Eul Verlag, S. 12f.

479 Vgl. Holtz/Harold 2008, S. 778f. (mit weiteren Verweisen).

480 Ahrens 2009, S. 308.

481 Vgl. Jenkins/Deis et al. 2008, S. 52.

482 Vgl. Kieser/Walgenbach 2007, S. 58.

die die Beteiligten zu bewältigen suchen.[483] Dabei beeinflussen die von Akteuren innerhalb ihres sozialen Austauschverhältnisses gemachten Erfahrungen ihre Erwartungen zu bzw. Sichtweisen auf die weiteren Austauschbeziehungen.[484]

Soziale Austauschbeziehungen beinhalten ebenfalls Unsicherheitszonen bzgl. der gegenseitigen Erwiderung von Leistungen der jeweiligen Akteure.[485] Dies führt dazu, dass die Akteure innerhalb ihrer sozialen Austauschbeziehungen versuchen, ein Gleichgewicht zwischen ihrem eigenen Beitrag und ihrem Nutzen hieraus zu erreichen.[486] Soziale Austauschbeziehungen sind das Ergebnis von Kalkülen der beteiligten Akteure[487]:

- Jeder Akteur trägt etwas zum gemeinsamen Austauschverhältnis bei, das für die anderen Beteiligten einen Wert hat.[488]
- Die Handlungen der Akteure stehen in Bezug zueinander und formen durch Aktion und Reaktion reziproke Austauschbeziehungen.[489]
- Die Interaktionen innerhalb des sozialen Austausches reflektieren die gegenseitigen Verhaltensbeeinflussungen der Akteure.[490]
- Innerhalb ihres sozialen Austauschverhältnisses stützen sich Einschätzungen zur Vertrauenswürdigkeit einzelner Akteure auf gegenseitige Erfahrungen, Beobachtungen sowie Aussagen Dritter.[491]

---

483 Vgl. Binzel, Christine/Fehr, Dietmar (2010): Social Relationships and Trust. Discussion Papers, Berlin, Deutsches Institut für Wirtschaftsforschung, Nr. 1007, Mai 2010, verfügbar auf: http://www.diw.de/documents/publikationen/73/diw_01.c.357052.de/dp1007.pdf, Stand: 17.06.2011, S. 20ff.; Rao, Alaka N./Pearce, Jone L./Xin, Katherine (2005): Governments, Reciprocal Exchange and Trust among Business Associates, Journal of International Business Studies, Jg. 36, Nr. 1 (Januar 2005), S. 104–118, S. 107f.

484 Vgl. Ballinger/Rockmann 2010, S. 374.

485 Vgl. Holtz/Harold 2008, S. 783.

486 Vgl. Ballinger/Rockmann 2010, S. 373; Spatz, Almuth C. (2009): Controllership. Messung, Wirkung und Determinanten, Wiesbaden: Gabler Verlag, S. 64.

487 Vgl. Tekleab/Chiaburu 2011, S. 461.

488 Vgl. Goss, David (2008): Enterprise Ritual: A Theory of Entrepreneurial Emotion and Exchange, British Journal of Management, Jg. 19, Nr. 2, S. 120–137, S. 123.

489 Vgl. Ballinger/Rockmann 2010, S. 373; Six, Frédérique E. (2007): Building interpersonal trust within organizations: a relational signalling perspective, Journal of Management & Governance, Jg. 11, Nr. 3, S. 285–309, S. 290.

490 Vgl. Ballinger/Rockmann 2010, S. 374,

491 Vgl. Wong, Sze-Sze/Boh, Wai Fong (2010): Leveraging the Ties of Others to Build a Reputation for Trustworthiness Among Peers, Academy of Management Journal, Jg. 53, Nr. 1, Februar 2010, S. 129–148, S. 129.

- Im Rahmen ihrer sozialen Austauschbeziehung interpretieren die Akteure Situationen und schaffen so kontingente Realitätskonstrukte ihres Austauschverhältnisses.[492]

Bezogen auf das soziale Austauschverhältnis zwischen Controlling und Führungsinstanzen lassen sich folgende Schlüsse aus den obigen Feststellungen treffen.

Der Beitrag des Controllings zum Austauschverhältnis kann in der Übernahme von Aufgaben liegen, die von den Führungsinstanzen entweder zeitlich oder sachlich gesehen nicht geleistet werden können.[493] Hier stehen insbesondere die Übernahme von Entlastungs- und Ergänzungsaufgaben gegenüber den Führungsinstanzen im Vordergrund.[494] Diese stellen eine Unterstützung der Führungsinstanzen im betrieblichen Geschehen dar.[495] Darüber hinaus beinhalten auch die Begrenzungsaufgaben des Controllings gegenüber den Führungsinstanzen grundsätzlich einen Wert für diese Akteure. Das Controlling als kritische Reflexionsinstanz soll die Güte von Entscheidungen der Führungsinstanzen erhöhen.[496] Hieraus lässt sich eine Absicherung der Führungsentscheidungen durch das Controlling ableiten. Dies beinhaltet zweifelsohne einen Wert aus Sicht der betreffenden Führungsinstanzen.

Neben der Begrenzung von Wollens- und Könnens-Problemen auf Seiten der Führungskräfte durch das Controlling[497] ist allerdings auch eine nicht unerhebliche Wirkung auf die Legitimation der Existenz von betrieblichen Führungsinstanzen

492 Vgl. Tekleab/Chiaburu 2011, S. 462.

493 Vgl. Weber/Schäffer 2008, S. 39 (Entlastungsaufgaben des Controllings folgen ökonomischem Kalkül der Führungsinstanzen); Prenzler 2011, S. 95 (Interaktion des Controllings mit den Führungsinstanzen); Biel 2007, S. 9 (Controlling als Dienstleistungspartner im Führungsgeschehen).

494 Vgl. Weber/Schäffer 2008, S. 39ff.;

495 Vgl. Winter 2008, S. 29.

496 Vgl. Weber 2010b, S. 91; Wall/Greiling 2011, S. 93 (hier im Kontext der Informationsversorgung durch das Controlling).

497 Vgl. Weber/Schäffer 2008, S. 38ff. (Könnens- und Wollens-Probleme von Führungsinstanzen); Winter 2007, S. 65 (kognitive Begrenzungen von Führungsinstanzen); Meyer, Matthias/Heine, Bernd-Oliver: Motivation und Einordnung des „Akteursmodells" – Überlegungen zur Integration von Anreizen und Kognition in der betriebswirtschaftlichen Forschung. WHU-Forschungspapier Nr. 105 (Mai 2005), Vallendar/Rhein, WHU – Otto Beisheim Graduate School of Management, verfügbar auf: www.whu.edu/control, Stand: 17.04.2010, S. 15 (Könnens- und Wollens-Probleme organisationaler Akteure).

verbunden.[498] Diese Legitimationswirkung liegt in der Rolle des Controllings als Wächter über die ökonomische Vernunft[499] im Unternehmen begründet[500]. Führungsinstanzen in Unternehmen können sich gegenüber Eigentümern bzw. Überwachungsorganen mit dem Verweis auf die Kontrollhandlungen des Controllings für ihre Entscheidungen rechtfertigen.[501] Die Wahrnehmung dieser Aufgaben durch das Controlling beinhaltet allerdings Unsicherheit auf Seiten der Führungsinstanzen. Diese Unwägbarkeit betrifft sowohl den Umfang der Controllingaufgaben, als auch die verfolgten Ziele des Controllings.[502] Mit Bezug auf die Funktionen des Controllings im Rahmen der Entscheidungsunterstützung und Verhaltenssteuerung[503] lassen sich weitere Unsicherheitszonen innerhalb der sozialen Austauschbeziehungen[504] mit den Führungsinstanzen verorten.

Mit Bezug auf die Formulierung von Erwartungen an die Handlungen anderer Akteure kann die (Fach-)Sprache des Controllings und seine Deutungshoheit über bestimmte Fachbegriffe die einseitige Konstruktion einer ökonomischen und sozialen Wirklichkeit innerhalb von Unternehmen bewirken.[505] Statt Transparenz über Sachverhalte im Führungsgeschehen[506] zu schaffen, könnte das

498 Vgl. Winter 2007, S. 52; Scherm/Pietsch 2003, S. 51; Weber/Schäffer 1999, S. 738.

499 Vgl. Weber/Schäffer 2008, S. 15; Hoffjan/Trapp et al. 2011, S. 186.

500 Vgl. Goretzki, Lukas (2013): Management accounting and the construction of the legitimate manager, Journal of Management Control, Jg. 23, Nr. 4, Februar 2013, S. 319–344, S. 320, S. 327, S. 333 (Führungsinstanzen unterwerfen sich freiwillig dem Anspruch des Controllings auf seine rationalitätssichernde Funktion im Führungsgeschehen, um dadurch ihre Handlungen gegenüber anderen legitimieren zu können).

501 Vgl. Scherm/Pietsch 2003, S. 51.

502 Vgl. Reimer/Orth 2008, S. 200 (Spannungsfeld des Controllings bzgl. Vertrauen und Misstrauen); Weber 2008, S. 6 (Probleme aus Ergänzungs- bzw. Begrenzungsaufgaben des Controllings); Daum/Steinle 2007, S. 33 (Problem des Controlling als dominierende Instanz im Führungsgeschehen).

503 Vgl. Wall 2008a, S. 466ff.; Weißenberger/Löhr 2008b, S. 4; Wall/Greiling 2011, S. 93.

504 Vgl. Holtz/Harold 2008, S 783 (Unsicherheitszonen in sozialen Austauschbeziehungen); Kieser/Walgenbach 2007, S. 57ff. (Unsicherheitszonen aus Handlungsspielräumen von Akteuren).

505 Vgl. Lang 2004, S. 66 (Controlling als Instanz zur Wirklichkeitskonstruktion); Seal 2010, S. 98 (Daten des Rechnungswesens als soziale Konstrukte); Miebach 2010, S. 364 (symbolische Repräsentation von Wirklichkeit mittels Fachbegriffen).

506 Vgl. Deyhle/Kottbauer et al. 2010, S. 34f. (Verantwortung des Controllings bezüglich der Transparenz über die Zielerreichung von Führungsinstanzen).

Controlling dann einen Schleier seiner Fachsprache[507] über das von ihm mitgestaltete soziale System legen. Somit bestünde nicht nur auf Seiten der Führungsinstanzen Unklarheit darüber, was der Begriff bzw. die Institution »Controlling« eigentlich beinhaltet.[508] Vielmehr kann das Controlling selber Opfer seiner kontingenten Formulierungen von sozialer und ökonomischer Realität werden und dadurch seine Position im Unternehmen beeinträchtigen. Controlling wäre in dieser Konsequenz der Beliebigkeit eines »Universaltalentes« unterworfen, das im Grenzfall die Rolle des „Hofnarren"[509] im Führungsgeschehen einnimmt.

Zusammenfassend ist festzuhalten, dass die sozialen Austauschbeziehungen der bezeichneten Akteure und ihr Verhalten die Ausprägung von Controllingaufgaben beeinflussen.[510] Das kann bedeuten, dass das Controlling seine Aufgaben vornehmlich an den Erwartungen der Führungsinstanzen an sein Verhalten orientiert. Oder dass mit der begrifflichen Bezeichnung einzelner Sachverhalte das Controlling die Handlungen von Führungsinstanzen beeinflusst. In beiden Fällen sind die Bedingungen ihres sozialen Austausches durch explizite bzw. implizite Erwartungen der Akteure beeinflusst, die jedoch mit Unsicherheit besetzt sein können. Hier sei auf Binzel/Fehr verwiesen, die die Bedeutung von Unsicherheit auf die Handlungen von Akteuren innerhalb ihrer sozialen Austauschbeziehungen hervorheben.[511]

Pointiert formuliert wäre Controlling also eine soziale Praxis, die aus den Erwartungen und Handlungen ihrer Akteure resultiert.[512] Somit wären Controllingkonzepte der organisationalen Praxis das Ergebnis von sozialen Austauschbeziehungen, die Unsicherheit bewältigen sollen, aber faktisch neue Unsicherheit schaffen. In der Konsequenz determinieren Art und Umfang der vom Controlling besetzten Unsicherheitszonen die Ausprägung des Controllings als Risiko-Träger.

---

507 Vgl. Scherm/Pietsch 2003, S. 45 (Verwendung von Fachbegriffen als »Expertensprache« im Controlling); Luhmann 2006, S. 191 (Sprache/Fachsprache als Mittel der Kontrolle über Situationen in Organisationen).

508 Vgl. Küpper 2007, S. 738; Preißler 2007, S. 14; Schreiber 2010, S. 28.

509 Weber 2010b, S. 93/94.

510 Vgl. Prenzler 2011, S. 38, spricht hier von einer emergenten Entwicklung von Controlleraufgaben.

511 Vgl. Binzel/Fehr 2010, S. 20ff.

512 Zur Rolle als Reflexion innerhalb von Akteursbeziehungen vgl. Dahrendorf 2006, S. 37.

Soziale Austauschbeziehungen beinhalten Unsicherheitszonen für die beteiligten Akteure.[513] Diese Unsicherheitszonen ermöglichen einzelnen Beteiligten, Macht über andere auszuüben.[514] Dabei sind insbesondere Kenntnisse über organisationale Regeln, das Wissen um Methoden sowie der Zugriff auf Informationsquellen von Bedeutung.[515] Das Controlling verfügt zweifellos über die Möglichkeit, solche Unsicherheitszonen gegenüber den Führungsinstanzen zu besetzen. Mit seinem Fakten- und Methodenwissen[516] besitzt das Controlling ein breites Spektrum an Möglichkeiten zur Einflussnahme innerhalb des Führungsgeschehens. Darüber hinaus beinhalten unterschiedliche Rollenbilder des Controllings ebenfalls ein Maß an Unsicherheit für andere betriebliche Akteure. Das Controlling als »Bremser«[517] wird in diesem Zusammenhang andere Unsicherheitszonen besetzen, als in der Rolle des »Planungs-Technikers«[518] oder des »Change Agent«[519]. Da Unsicherheit sowohl Ungewissheit als auch Risiko beinhaltet[520], lässt sich das Controlling in mehreren Bezugspunkten als Risiko-Träger identifizieren:

- Machtdominanz
  - Macht und Einfluss
  - Hierarchie und Vernetzung
- Ermessensspielraum
  - Aufgabenspektrum
  - Verantwortungsverständnis
- Persönliche Eigenschaften
  - Rollenbild und Rollenverständnis
  - Verhalten und Motivation

Diese Bezugspunkte werden an späterer Stelle (s. Kapitel 5) wieder aufgegriffen und ihr Einfluss auf das Controlling als Risiko-Träger beschrieben.

---

513 Vgl. Holtz/Harold 2008, S. 783.

514 Vgl. Kieser/Walgenbach 2007, S. 57ff.

515 Vgl. Scherm/Pietsch 2007, S. 85.

516 Vgl. Küpper 2008, S. 568ff.; Paefgen 2008a, S. 30.

517 Vgl. Goretzki/Weber et al. 2010, S. 56; Weber, Jürgen/Zubler, Susanne/Krügerke, Christian (2008): Aktuelle Controllingpraxis in den D-A-CH-Ländern. Ergebnisse des WHU-Controllerpanels 2008, Vallendar/Rhein, WHU – Otto Beisheim School of Management, verfügbar auf: http://www.whu.edu/uploads/media/Ergebnisbericht_WHU-Controllerpanel_2008.pdf, Stand: 02.10.2011, S. 35.

518 Vgl. Weber 2011, S. 38.

519 Vgl. Rissbacher/Rissbacher et al. 2008, S. 116.

520 Vgl. Bamberg/Coenenberg et al. 2008, S. 111.

## 4.2 Prinzipal-Agenten-Theorie

Im Zuge ihrer Aufgabenübertragung räumen Führungsinstanzen dem Controlling Entscheidungs- bzw. Handlungsspielräume ein. Diese Ermessensspielräume können sich auf die Bereiche der Willensbildung bzw. der Willensdurchsetzung[521] beziehen. Im Rahmen der Willensbildung wirkt das Controlling an der Erstellung von Planungs- und Prognoserechnungen mit.[522] Im Kontext der Willensdurchsetzung liefert es Berichte und Analysen zur Zielerreichung bzw. Zielabweichung und empfiehlt Führungsinstanzen entsprechende Gegensteuerungsmaßnahmen.[523]

Entscheidungsspielräume besitzt das Controlling überall dort, wo Führungsinstanzen ihre Anforderungen an die Tätigkeiten im Controlling nicht umfänglich formuliert haben[524] oder wo das Controlling in die Entscheidungsfindung aktiv eingebunden ist[525]. Entscheidungsspielräume können aus unvollständigen

---

521 Vgl. Weber/Schäffer 2008, S. 50 (Rationalitätssicherungsfunktion des Controllings in der Willensbildung und Willensdurchsetzung); Weber/Schäffer 1999, S. 736 (Controlling als reflexives Gegengewicht zu intuitiven Handlungen von Führungsinstanzen im Rahmen der Willensbildung und Willensdurchsetzung).

522 Vgl. Weber 2011, S. 38 (Controller als »Planungs-Techniker« bzw. »Planungs-Architekt«); Hoffjan/Trapp et al. 2011, S. 185 (Koordinations- und Plausibilisierungsaufgaben des Controlling innerhalb der Planung); Meckl/Horzella 2010, S. 437f. (Prognoserechnungen des Controllings im Rahmen von M&A-Transaktionen); Küpper 2008, S. 548 (Konsolidierung von Teilplänen zu einem Gesamtplan durch das Controlling); Hirsch/Sorg 2006, S. 207 (Informationen des Controllings bzgl. Prognosen zur Unternehmenszukunft im Rahmen der Corporate Governance).

523 Vgl. Lingnau 2006, S. 18 (standardisierte versus bedarfsorientierte Berichte und Abweichungsanalysen im Controlling); Jonen/Lingnau 2007, S. 16 (Berichtswesen als »exklusives« Controllinginstrument); Weber 2007, S. 58 (Ausrichtung des Entscheidungsverhaltens von Führungsinstanzen durch das Controlling); Paefgen 2008a, S. 30 (zielorientierte Steuerung auf Basis des Faktenwissens im Controlling); Sandelin 2008, S. 325 (Steuerung und Gegensteuerung als Elemente von Controllingsystemen); Gargiulo/Ertug et al. 2009, S. 303 (Bedeutung des Berichtswesens bzgl. der Bewältigung von asymmetrischen Austauschbeziehungen von Akteuren).

524 Vgl. Kirsch/Seidl et al. 2007, S. 215 (unzureichende Informationsnachfrage der Führungsinstanzen); Weber 2011, S. 32 (ungenaue Bezeichnung des Informationsbedarfs durch Führungsinstanzen).

525 Vgl. Peemöller 2005, S. 91 (Mitentscheidungsverantwortung des Controllings); Lingnau 2006, S. 18 (Mitwirkungsfunktion des Controllings bei Entscheidungsproblemen); Weber 2007, S. 58 (Ausrichtung des Entscheidungsverhaltens von Führungsinstanzen durch das Controlling); Daum/Steinle 2007, S. 33 (problematische Rolle des Controllings im Kontext der Entscheidungsfindung); Horváth 2009, S. 752 (Grad der Entscheidungsmitwirkung des Controllings); Maas/Matějka 2009,

Verträgen[526] ebenso entstehen, wie im Rahmen impliziter Spielregeln[527] zwischen den Akteuren.

Handlungsspielräume im Controlling können einerseits aus der bewussten Delegation von Aufgaben durch die Führungsinstanzen an das Controlling entstehen.[528] Andererseits können die Akteure im Controlling sich Handlungsspielräume auch im Zuge der Verfolgung eigennützlicher Ziele selber zumessen, ohne dass dies den Führungsinstanzen ersichtlich wird.[529]

Innerhalb arbeitsteiliger Wirtschaftssysteme ist die Bewältigung von Anreizproblemen eines der charakteristischen Merkmale.[530] Entgegen der klassischen Ökonomik, die dem Menschenbild des vollständig rationalen Wirtschaftssubjektes folgt, vertritt die Neue Institutionenökonomik die Perspektive des begrenzt-rationalen Akteurs.[531] Ökonomische Akteure unterliegen Störungen in ihren rationalen

---

S. 1234 (funktionale Verantwortung des Controllings); Wall/Greiling 2011, S. 94 (entscheidungsbeeinflussende Informationen des Controllings).

526 Vgl. Zattoni, Alessandro (2011): Who Should Control a Corporation? Toward a Contingency Stakeholder Model for Allocating Ownership Rights, Journal of Business Ethics, Band 103, Heft 2, Oktober 2011, S. 255–274, S. 258 (unvollständige Verträge aus mangelnder Fähigkeit bzw. Kenntnis der Akteure); Grundei 2008, S. 143 (Spielraum aus unvollständigen Verträgen zwischen Prinzipal und Agent); Hannan, R. Lynn/Rankin, Frederick W./Towry, Kristy L. (2006): The Effect of Information Systems on Honesty in Managerial Reporting: A Behavioral Perspective, Contemporary Accounting Research, Jg. 23, Nr. 4/Winter 2006, S. 885–918, S. 889 (unvollständige Verträge mit Wirkungen auf die Berichterstattung von Führungskräften).

527 Vgl. Kieser/Walgenbach 2007, S. 16 (explizite Verträge und implizite Bedingungen als Rahmen der Akteursbeziehung).

528 Vgl. Prenzler 2011, S. 95 (Interaktion des Controllings mit den Führungsinstanzen im Kontext von dessen Entlastungs-, Ergänzungs- bzw. Begrenzungsaufgaben); Hoffjan/Trapp et al. 2011, S. 185 (Controller als Entscheidungsvorbereiter der Führungskräfte); Wall 2008b, S. 230 (Beteiligung des Controlling bei der Gestaltung von Anreizsystemen); Weber/Zubler et al. 2008, S. 49 (zur Motivationswirkung von Handlungsspielräumen des Controllings innerhalb betrieblicher Entscheidungsprozesse).

529 Vgl. Paefgen 2008b, S. 83 (eigennützliches Handeln von Controllern); Hartmann/Maas 2010, S. 32 (politisch agierende Controller).

530 Vgl. Bofinger 2003, S. 71.

531 Vgl. hierzu stellvertretend Göbel 2001, S. 25 (zur Gefahr der tautologischen Argumentation im Zuge des Homo oeconomicus Ansatzes); Erlei, Mathias/Sauerland, Dirk/Leschke, Martin (2007): Neue Institutionenökonomik, 2., überarbeitete und erweiterte Auflage, Stuttgart: Schäffer-Poeschel Verlag, S. 74 und 103; Kirchgässner, Gebhard (2008): Homo oeconomicus. Das ökonomische Modell individuellen Verhaltens und seine Anwendung in den Wirtschafts- und Sozialwissenschaften, 3., ergänzte und erweiterte Auflage, Tübingen: Mohr Siebeck, S. 17 (zur Kritik am

Handlungen.[532] Diese Beschränkungen in der Rationalität haben Einfluss auf die vertraglichen Tauschbeziehungen der Akteure. Die Prinzipal-Agenten-Theorie greift diesen Tatbestand auf und rekurriert dabei auf die Steuerung von Akteurshandlungen durch Anreize.[533]

Der Bezugspunkt der Prinzipal-Agenten-Theorie ist die „Rechtsfigur der Vertretung"[534]. Der Prinzipal beauftragt einen Agenten mit der Geschäftsbesorgung in seinen Angelegenheiten. Hierbei delegiert der Prinzipal die Wahrnehmung seiner Interessen an den Agenten, der diese in eigener Verantwortung verfolgen soll.[535] Eine Agentur-Beziehung liegt nach Hirsch vor, wenn der Prinzipal dem Agenten im Rahmen seines Auftrages Freiräume einräumt und somit der Agent aus einer Anzahl von Handlungsoptionen auswählen kann.[536] Mit der Delegation von Entscheidungsbefugnissen auf den Agenten verbleiben Risiken aus dessen Fehlentscheidungen allerdings in der Regel beim Prinzipal.[537]

Im Rahmen der Aufgabendelegation schließen Prinzipal und Agent einen Vertrag, der Einzelheiten zur Interessenswahrnehmung durch den Agenten beinhaltet. Da jedoch beide Vertragsparteien nicht alle Eventualitäten ihres Vertrags- bzw. Vertretungsverhältnisses im Vorweg überblicken können, schließen sie regelmäßig unvollständige, kontingente, Verträge.[538] Kontingente Verträge erlauben allerdings

---

Menschenbild des Homo oeconomicus), S. 27 (unvollständige Informationen und ihre begrenzt-systematische Bewertung durch ökonomische Akteure), S. 68 (Bedeutung sozialer Institutionen für Handlungen ökonomischer Akteure).

532 Vgl. Erlei/Sauerland et al. 2007, S. 74; Voigt, Stefan (2009b): Institutionenökonomik, 2., durchgesehene Auflage, Paderborn: Wilhelm Fink Verlag, Schriftenreihe UTB, S. 22.

533 Vgl. Ploner, Matteo/Ziegelmeyer, Anthony (2007): The Hidden Costs of Control: An Unsuccessful Replication Study. Research Paper, Jena, Friedrich-Schiller-Universität, 2007–074, verfügbar auf: www.jenecon.de, Stand: 27.02.2010, S. 2.

534 Richter/Furubotn 2003, S. 30.

535 Vgl. Hungenberg/Wulf 2011, S. 81f.; Vilanova, Laurent (2007): Neither Shareholder nor Stakeholder Management. What Happens When Firms are Run for their Short-term Salient Stakeholder?, European Management Journal, Jg. 25, Nr. 2, S. 146–162, S. 149 (zur Unterscheidung zwischen formaler und realer Autorität in der Beziehung zwischen Unternehmenseigentümern und Managern).

536 Vgl. Hirsch 2007a, S. 88.

537 Vgl. Macharzina/Wolf 2008, S. 61; Wolf 2011, S. 358.

538 Vgl. Wolf 2011, S. 346 (hier im Kontext der Transaktionskosten des Vertragsschlusses); Zattoni 2011, S. 258 (hier im Kontext von fehlenden Kenntnissen und Fähigkeiten der Akteure).

dem Agenten einen unter Umständen beträchtlichen Handlungsspielraum mit ökonomischen Konsequenzen für den Prinzipal.[539]

Innerhalb der Leistungsbeziehung können unterschiedliche Interessen des Prinzipals und des Agenten vorliegen, die der Agent aufgrund seines Informationsvorsprunges gegenüber dem Prinzipal verbergen kann.[540] Diese Informationsasymmetrie zwischen den beiden Akteuren besteht sowohl vor als auch nach Vertragsschluss und führt zu Ausprägungen adverser Selektion (Opportunismus vor Vertragsschluss) bzw. moralischem Risiko (Opportunismus nach Vertragsschluss).[541]

Mit Bezug auf die Führung von Unternehmen lassen sich verschiedene Prinzipal-Agenten-Beziehungen darlegen: Zum einen im Rahmen der Delegation von Führungsaufgaben der Eigentümer eines Unternehmens an Organe der Unternehmensleitung. In diesem Kontext agiert der Vorstand bzw. die Geschäftsführung als Agent des Prinzipals »Eigentümer«.[542] Zum anderen im Zusammenhang mit unternehmensinternen Hierarchiestrukturen, in denen Führungsinstanzen als Prinzipale und nachgelagerte Instanzen als Agenten in Austauschbeziehungen stehen.[543] Ein Agenturverhältnis wird ebenso zwischen den Eigentümern als Prinzipale und externen Prüforganen, beispielsweise Wirtschaftsprüfer, als Agenten gesehen.[544]

Neben unternehmensexternen bestehen also auch interne Agenturbeziehungen zwischen Führungsinstanzen und vor- bzw. nachgeordneten Hierarchieebenen. Damit liegt zwischen Führungsinstanzen und Controlling ebenfalls eine Prinzipal-Agenten-Beziehung vor. Und zwar zum einen im Verhältnis des Controllings als Agent gegenüber der Unternehmensleitung. Zum anderen in Form seiner faktischen, weil im Zuge der Vertretung von Interessen der Eigentümer oder der Unternehmensleitung definierten, Stellung als Prinzipal gegenüber anderen betrieblichen Instanzen. Darüber hinaus kann eine Agenturbeziehung auch zwischen verschiedenen Controllinginstanzen bestehen, etwa im Fall des Zentralcontrollings als Prinzipal gegenüber dem dezentralen Controlling als Agent.

---

539 Vgl. Grundei 2008, S. 143.

540 Vgl. Hungenberg/Wulf 2011, S. 82.

541 Vgl. Göbel 2001, S. 100ff.; Richter/Furubotn 2003, S. 216; Küpper 2008, S. 83; Horváth 2009, S. 117f.; Hochhold/Rudolph 2009, S. 135f.

542 Vgl. Hirsch 2007a, S. 89; Coenenberg 2009, S. 1223 (hier im Kontext der Bilanztheorien und Rechenschaftslegung).

543 Vgl. Macharzina/Wolf 2008, S. 61.

544 Vgl. Ruhnke 2008, S. 32.

In seiner Rolle als Agent wird das Controlling von anderen Unternehmensinstanzen mit der Erfüllung von Controllingaufgaben beauftragt. Dabei kommen sowohl Entlastungs-, Ergänzungs- als auch Begrenzungsaufgaben[545] gegenüber diesen Instanzen in Betracht. Diese Aufgaben stehen im Zusammenhang mit der Informations-, Entscheidungs- und Verhaltenssteuerungsfunktion[546] bzw. Führungsunterstützungsfunktion[547] des Controllings. Schließlich steht das Controlling auch im Rahmen der Koordination von Führungsaufgaben[548] in einem Agenturverhältnis zu den betreffenden Führungsinstanzen.

Opportunistisches Verhalten im Controlling lässt sich grundsätzlich nicht ausschließen.

Zum einen, weil menschliche Akteure individuellen kognitiven Begrenzungen unterliegen und opportunistisch handeln.[549] Damit können diese Eigenschaften eben auch für die Akteure im Controlling nicht ausgeschlossen werden. Reimer/Orth weisen allerdings darauf hin, dass die Literatur den Könnens- bzw. Wollens-Problemen im Controlling kaum Beachtung schenkt.[550] Und Paefgen ordnet opportunistische Handlungen im Controlling dessen Absicht zur Beeinflussung von Anreizstrukturen zu.[551]

Zum anderen, weil opportunistisches Verhalten sich auch aus rationalen Erwägungen heraus erklären lässt. Hartmann/Maas belegen dies am Beispiel von Controllern, die eine sehr enge Bindung zu den von ihnen betreuten Funktionsbereichen haben und die Ausprägung von Budgetpuffern als ein mit ihren Interessen konformes Phänomen betrachten.[552] Prenzler sieht gerade im Fakten- und Methodenwissen des Controllings Machtquellen, die zu opportunistischen Verhaltensweisen von Controllern führen können.[553]

Vor diesem Hintergrund lassen sich opportunistische Handlungen im Controlling auf Basis seiner Austauschbeziehungen mit Führungsinstanzen beschreiben.

---

545 Vgl. Weber/Schäffer 2008, S. 39ff.

546 Vgl. Wall 2008a, S. 466ff.

547 Vgl. Winter 2007, S. 65.; Horváth 2009, S. 125.

548 Vgl. Küpper 2008, S. 309.

549 Vgl. Meyer, Matthias (2011): Controlling und begrenzte kognitive Fähigkeiten: Ausgangspunkte und Grundfragen, in: Meyer, Matthias/Weber, Jürgen (Hrsg.): Controlling und begrenzte kognitive Fähigkeiten. Grundlagen und Anwendungen eines verhaltensorientierten Ansatzes, Wiesbaden: Gabler Verlag, S. 3 (hier im Kontext der verhaltenswissenschaftlichen Perspektive auf ökonomische Akteure).

550 Vgl. Reimer/Orth 2008, S. 195.

551 Vgl. Paefgen 2008a, S. 172.

552 Vgl. Hartmann/Maas 2010, S. 30.

553 Vgl. Prenzler 2011, S. 97.

Dabei umfasst die Agenturbeziehung zwischen Führungsinstanzen und Controlling materielle als auch immaterielle Austauschbeziehungen[554]. Diese können sich auf unvollständige Regelungen zu den Aufgaben bzw. Funktionen des Controllings, aber auch auf Erwartungen und Normen innerhalb unterschiedlicher Rollenbilder des Controllings beziehen. So beinhaltet die Rolle des Controllings als kritischer Counterpart[555] der Führungsinstanzen unter anderem auch Überwachungs- bzw. Kontrollhandlungen. Ob und in welchem Umfang die Akteure im Controlling diese Rolle tatsächlich – und vor allem unabhängig bzw. uneigennützlich[556] – ausüben, ist auch eine Frage ihrer individuellen Ziele und daraus resultierenden Handlungen. Nach Kieser verfolgen Organisationsmitglieder sowohl Ziele für als auch durch Unternehmen[557] und handeln damit zumindest teilweise eigennützlich. Dass die Akteure im Controlling ein anderes Verhalten zeigen, erscheint wenig plausibel, zumal auch die Literatur auf mögliche Unzulänglichkeiten im Handeln von Controllern hinweist.[558] Controller, die bewusst Informationen manipulieren, weil sie sich hiervon Vorteile für ihre eigene Karriere versprechen, handeln opportunistisch.[559] Darüber hinaus kann eigennützliches Handeln des Controllings Manipulationen von Planungsprämissen, Prognosen und Datenauswertungen erklären.[560]

Sofern Akteure innerhalb ihrer Agenturbeziehung über kritische Informationen verfügen, verschärft diese Konstellation das Prinzipal-Agenten-Problem.[561] Mit seiner Informationsversorgungs- bzw. Entscheidungs- und Verhaltensbeeinflussungsfunktion verfügt das Controlling faktisch über ein Monopol auf zentrale

554 Vgl. Vosselman/van der Meer-Kooistra 2009, S. 270 (zur Signalling-Funktion des Rechnungswesens bzw. Controllings in materiellen Austauschbeziehungen mit anderen betrieblichen Akteuren).

555 Vgl. Weber 2011, S. 39f.; Weber/Schäffer 2008, S. 34; Hirsch/Sorg 2006, S. 217; Pietsch/Scherm 2004, S. 545.

556 Vgl. Paefgen 2008b, S. 81 (zum Versagen von Controllern im Rahmen ihrer Informationsversorgungsfunktion gegenüber Führungsinstanzen).

557 Vgl. Kieser/Walgenbach 2007, S. 7/8.

558 Vgl. Reimer/Orth 2008, S. 199 (strategisches Handeln von Controllern); Weber/Schäffer 2008, S. 432 (Wollens- und Könnens-Probleme im Controlling); Hartmann/Maas 2010, S. 32 (politische Handlungen von Controllern); Prenzler 2011, S. 87 (opportunistische Handlungen von Controllern).

559 Vgl. Paefgen 2008a, S. 178.

560 Vgl. Paefgen 2008b, S. 83.

561 Vgl. Wall/Greiling 2011, S. 106.

Strukturelemente des Führungsprozesses.[562] In seiner Rolle als Agent eines anderen Agenten (der Führungsinstanz) kann opportunistisches Handeln im Controlling sowohl aus seinem eigenen Interesse, als auch aus der Interessenlage der betreffenden Führungsinstanz heraus begründet sein. Sofern diese Führungsinstanz opportunistisches Verhalten im Controlling zulässt, weil damit ihr eigener Opportunismus gegenüber dem Prinzipal kaschiert wird, zeigt sich ein opportunistisches Handeln doppelter Kontingenz.

Zusammenfassend lässt sich festhalten, dass innerhalb seiner vielschichtigen Agenturbeziehungen opportunistisches Handeln im Controlling entweder durch die Erwartungen anderer Akteure an dessen Rollenhandeln oder aus eigenen Kalkülen der Controller begründet sein kann. In jedem Fall wird eigennützliches Handeln im Controlling aber Konsequenzen für das soziale System »Unternehmen« haben. Mit Bezug auf das Betätigungsfeld des Controllings lassen sich folgende Bereiche festhalten, die im Zuge opportunistischer Handlungen dieses Akteurs betroffen sein können:

- Informationsversorgungsfunktion des Controllings
  Das Controlling stellt den Führungsinstanzen solche Informationen bereit, die einfach beschaffbar sind bzw. dem »Weltbild« dieser Instanzen weitgehend entsprechen.[563] Damit vermeidet das Controlling eigenes Arbeitsleid. Das Controlling agiert hierbei vornehmlich als Erfüllungsgehilfe der Führungsinstanzen bzw. versagt bei der kritischen Reflexion der Entscheidungen und Handlungen im Führungsgeschehen.
- Gestaltung von Planungs- bzw. Prognoserechnungen
  Im Rahmen seiner systembildenden Aufgaben[564] übernimmt das Controlling die Ausgestaltung von Systemen zur Planungs- und Prognoserechnung. Hierbei können sich opportunistische Handlungen darin widerspiegeln, dass diese Systeme für andere Akteure nicht hinreichend transparent in ihrer Funktionsweise bzw. hinsichtlich der von ihnen gelieferten Ergebnisse sind.

---

562 Vgl. Deyhle/Kottbauer et al. 2010, S. 27 (zum Controlling als Abbild des Führungszyklusses); Macharzina/Wolf 2008, S. 37 (Führung als gegenseitiges Beeinflussungshandeln über informelle Prozesse); Schreyögg/Koch 2007, S. 256 (Führung als Beeinflussungsprozess innerhalb sozialer Beziehungen); Paetow 2005, S. 79 (Entscheidungsbefugnisse als Element der Führungsfunktion).

563 Zum Problem des objektiven bzw. subjektiven Informationsbedarfs von Führungsinstanzen und opportunistischem Verhalten des Controllings vgl. Paefgen 2008b, S. 81.

564 Vgl. Horváth 2009, S. 166.

Aus Sicht des Controllings ist dies von Vorteil, wenn dadurch Manipulationen von Ergebnisgrößen durch Controllinginstanzen den anderen Akteuren nicht sichtbar werden, die jedoch auf diese Ergebnisse angewiesen sind.

- Gestaltung von Ziel- bzw. Planungsgrößen
  Bei der Formulierung von Ziel- bzw. Planungsgrößen übernimmt das Controlling die Rolle des kritischen Counterparts der Führungsinstanzen. Durch seine Beteiligung bei der Planaufstellung soll das mögliche Maß an ökonomischer Vernunft – beispielsweise in Form von geringen Kosten, bestmöglicher Kapazitätsauslastung, hoher Rendite – in den Planungsgrößen sichergestellt werden.[565] Handelt das Controlling in diesem Zusammenhang opportunistisch, kann sich dies in Form von geringen Anspannungsgraden[566] von Planungsgrößen bzw. in Budgetpuffern ausprägen.[567]

- Gestaltung von Bewertungsverfahren
  Bewertungsverfahren beinhalten Methoden zur Bewertung von Objekten bzw. Entscheidungsalternativen.[568] Solche Verfahren dienen der Vorbereitung

565 Vgl. Hoffjan/Trapp et al. 2011, S. 185 (Aufgaben des Controllings im Planungsprozess); Weber 2011, S. 38 (Controller als »Planungs-Architekten«); Goretzki/Weber et al. 2010, S. 56 (Controller als Hüter über das ergebnisorientierte Handeln von Akteuren); Deyhle/Kottbauer et al. 2010, S. 31 (Controller als Lotsen und ökonomisches Gewissen); Hartmann/Maas 2010, S. 29 (Controlling repräsentiert die ökonomische Realität in Unternehmen); Kirsch/Seidl et al. 2009, S. 98 (Controlling entwickelt und betreibt Managementsysteme); Weißenberger/Löhr 2008b, S. 4 (Controlling als Lieferant von Messgrößen zur Entscheidungsfundierung).

566 Zum Problem des angemessenen Anspannungsgrades in Planungsgrößen vgl. Weber/Zubler et al. 2008, S. 28; zum Anspannungsgrad in Zielgrößen vgl. Weber, Jürgen (2005): Das Advanced-Controlling-Handbuch. Alle entscheidenden Konzepte, Steuerungssysteme und Instrumente, Weinheim: Wiley-VCH, S. 78.

567 Vgl. Hartmann/Maas 2010, S. 30; Paefgen 2008a, S. 143.

568 Zu den unterschiedlichen Bewertungsverfahren innerhalb der Betriebswirtschaft vgl. stellvertretend Homburg, Carsten/Lorenz, Michael/Sievers, Sönke (2011): Unternehmensbewertung in Deutschland: Verfahren, Finanzplanung und Kapitalkostenermittlung, ZfCM – Zeitschrift für Controlling und Management, Jg. 55, Heft 2, April 2011, S. 119–130, S. 121; Neus 2009, S. 389 (Entscheidungs- und Kontrollrechnungen); Ballwieser, Wolfgang (2007): Unternehmensbewertung. Prozess, Methoden und Probleme, 2., überarbeitete Auflage, Stuttgart: Schäffer-Poeschel Verlag, S. 8 (Verfahren der Unternehmensbewertung); Bamberg/Coenenberg et al. 2008, S. 38ff. (Klassifikation von Entscheidungsmodellen); Henselmann, Klaus/Kniest, Wolfgang (2002): Unternehmensbewertung: Praxisfälle mit Lösungen, 3., überarbeitete und

und Unterstützung von Entscheidungen.[569] Opportunistische Handlungen im Controlling können zu Verzerrungen der betreffenden Bewertungsergebnissen führen, weil Controller den Entscheidungsträgern genehme Bewertungsergebnisse liefern. Dieses Vorgehen kann sowohl aus Gründen der Konfliktvermeidung, als auch der bewussten Manipulation von Entscheidungen der verantwortlichen Instanzen seitens des Controlling abgeleitet sein.[570] Darüber hinaus können Controller die Anwendung neuer, nicht geübter Verfahren zugunsten vertrauter zurückstellen, um sich so von eigenem Arbeitsleid zu befreien. Da jedoch die Methodenhoheit und auch die Deutungshoheit hinsichtlich der eingesetzten Bewertungsverfahren im Controlling liegen[571], dürften opportunistische Handlungen in diesem Bereich den anderen Akteuren systemisch kaum erkennbar sein[572].

## 4.3 Theorie der Verfügungsrechte

Innerhalb seines betrieblichen Wirkungsrahmens nimmt das Controlling überwachende, ergänzende bzw. begrenzende Aufgaben gegenüber den Führungsinstanzen wahr.[573] Mit diesen Aufgaben erfolgt gleichsam die Übertragung

---

erweiterte Auflage, Herne, Berlin: Verlag Neue Wirtschafts-Briefe, S. 23f. (Ansatzpunkte der Unternehmensbewertung).

569 Vgl. Kramer, Dominik (2009): Koordination durch heuristische Budgetierungsverfahren, Zeitschrift für Betriebswirtschaft, Jg. 79, Heft 7, Juli 2009, S. 897–927, S. 899ff. (Budgets zur Bewältigung von Koordinationsproblemen); Gleißner 2008, S. 206 (hier im Kontext der Risikoquantifizierung); Ernst/Vater et al. 2008, S. 729f. (neue Steuerungsinstrumente im Controlling); Reichmann 2006, S. 337 (Bewertungsverfahren im Investitions-Controlling).

570 Vgl. Hartmann/Maas 2010, S. 27 (Konflikte im Bereichscontrolling); Paefgen 2008a, S. 140 (Konfliktvermeidung im Controlling aus rationalem Kalkül); Minelli/Rebora et al. 2009, S. 935 (Interessenskonflikte und Kontrollversagen); Frey/Osterloh 2005, S. 101 (Konfliktvermeidung im Rahmen kollegialer Beziehungen); Weber 2007, S. 58 (Beeinflussung des Entscheidungsverhaltens von Führungsinstanzen durch das Controlling); Weber/Schäffer 2008, S. 258ff. (Manipulation von Planungsgrößen durch das Controlling).

571 Vgl. Weber/Schäffer 2008, S. 41 (Fakten- und Methodenwissen im Controlling); Reißig-Thust 2010, S. 124 (Beitrag des Methodenwissens des Controllings im Compliance-Management).

572 Vgl. Prenzler 2011, S. 97 (opportunistisches Verhalten von Controllern auf Basis ihres Fakten- und Methodenwissens).

573 Vgl. Weber/Schäffer 2008, S. 39ff.(Entlastungs-, Ergänzungs- und Begrenzungsaufgaben); Reichmann 2006, S. 4 (Informations-, Analyse- und Kontrollaufgaben);

von Verfügungsrechten an das Controlling. Seine Handlungen im Bereich der Koordination, Steuerung und Kontrolle erstrecken sich auf das betriebliche Führungsgeschehen.[574] Das institutionalisierte Controlling wirkt somit auf das selbstbestimmte Handeln von Führungsinstanzen[575] ein. Gleichzeitig wird dem Controlling eine Mitverantwortung für die Erreichung von Unternehmenszielen zugesprochen, da es bei der Zielfindung und Zielsteuerung mitwirkt.[576]

Die Theorie der Verfügungsrechte (Property Rights-Theorie) unterscheidet in absolute und relative Verfügungsrechte.[577] Verfügungsrechte sind an Eigentums- bzw. Überwachungsrechte gebunden.[578] Absolute Verfügungsrechte umfassen das Sacheigentum und andere absolute Rechte (u.a. Nutzungs- und Verwertungsrechte, sowie die Menschenrechte), relative Verfügungsrechte entstehen auf der Basis von vertraglichen Beziehungen oder qua Rechtsprechung.[579] Im Rahmen des Leistungsaustausches zwischen ökonomischen Akteuren wird mit Bezug auf die Property Rights Theorie nicht der Nutzen der Güter selbst betrachtet, sondern der Nutzen, der aus ihren Verfügungsrechten resultiert.[580]

Mit Bezug auf die Führung von Unternehmen kann die Delegation von Entscheidungs- und Handlungskompetenzen an Führungsinstanzen als die Übertragung von relativen Verfügungsrechten angesehen werden.[581] Die Übertragung der Verfügungsrechte kann einerseits durch die Eigentümer des Unternehmens an die Unternehmensleitung, andererseits innerhalb des Unternehmens von einzelnen Führungsinstanzen zu anderen Instanzen erfolgen.[582] Mit der Übertragung von Entscheidungs- bzw. Handlungsspielräumen an einzelne Instanzen und deren Akteure sind gleichsam Probleme aus Agenturbeziehungen verbunden.[583]

---

Horváth 2009, S. 141ff. (Informations- und Koordinationsaufgaben im Bereich von Planung und Kontrolle).

574 Vgl. Küpper 2008, S. 92.

575 Vgl. Kunz 2010, S. 391; Goretzki 2013, S. 322.

576 Vgl. Biel 2007, S. 9 (Controller-Leitbild).

577 Vgl. Richter/Furubotn 2003, S. 96ff.

578 Vgl. Deffains/Demougin 2006, S. 5f.

579 Vgl. Richter/Furubotn 2003, S. 96ff.

580 Vgl. Ortelbach/Hagenhoff 2004, S. 18; Geißler 2000, S. 37.

581 Vgl. Grandori, Anna (2005): Neither Stakeholder Nor Shareholder 'Theories': How Property Right and Contract Theory can Help in Getting Out of the Dilemma, Journal of Management & Governance, Jg. 9, Nr. 1, S. 41–46, S. 41.

582 Vgl. Fischer 2009, S. 51 (Übertragung von Entscheidungsbefugnis im Rahmen der Autonomisierung); Küpper 2008, S. 562ff. (Entscheidungs- und Weisungskompetenzen innerhalb des Controllings).

583 Vgl. Göbel 2001, S. 100ff.; Küpper 2008, S. 83; Horváth 2009, S. 117f.

Die Entscheidungs- und Handlungsspielräume können auf Seiten des Agenten zu opportunistischem Verhalten führen.[584] Aufgrund asymmetrisch verteilter Informationen können dem Prinzipal eigennützliche Handlungen seines Agenten verborgen bleiben.[585] Obwohl der Prinzipal (hier: Eigentümer bzw. Führungskraft) innerhalb eines arbeitsvertraglichen Dienstverhältnisses über Weisungs- und Kontrollrechte gegenüber dem Agenten verfügt, kann sich der Agent dennoch opportunistisch verhalten und dieses durch Ausnutzung von Informations- bzw. Kompetenzasymmetrien[586] dem Prinzipal gegenüber verbergen.[587]

Für das Controlling lässt sich aus den obigen Darlegungen folgende Konsequenz ableiten: Die Übertragung von Verfügungsrechten an das Controlling erfolgt unter einem Nutzenkalkül des Prinzipals. Dieser Nutzen umfasst nach Weber/Schäffer zunächst ökonomische Aspekte, weil das Controlling Entlastungsaufgaben gegenüber den Führungsinstanzen wahrnimmt, die es kostengünstiger erbringen kann.[588] Darüber hinaus folgen Ergänzungs- bzw. Begrenzungsaufgaben des Controllings dem Nutzenkalkül der Prinzipale »übergeordneter Führungsinstanzen« bzw. »Eigentümer«, da mit diesen Aufgaben die Perspektive des kritischen Counterparts und damit die Bewältigung von Opportunismus auf Seiten anderer Führungsinstanzen verbunden ist.[589] Weiterhin lässt sich aber auch ein Nutzenkalkül aus der Übertragung von Verfügungsrechten als solche an das Controlling darlegen. Indem das Controlling innerhalb seiner Aufgaben und Funktionen die Transparenz bezüglich der Zielerreichung von

584 Vgl. Voigt 2009b, S. 84; Lafond, Ryan/Roychowdhury, Sugata (2008): Managerial Ownership and Accounting Conservatism, Journal of Accounting Research, Jg. 46, Nr. 1, März 2008, S. 101–135, S. 102 (hier: opportunistische Handlungen von Führungsinstanzen).

585 Vgl. Hungenberg/Wulf 2011, S. 82; Hochhold/Rudolph 2009, S. 135.

586 Vgl. Paefgen 2008a, S. 59.

587 Vgl. Richter/Furubotn 2003, S. 160 (Arbeitsleistung des Agenten nur unvollständig überwachbar); Alewell, Dorothea/Martin, Simone (2006): Transaktionskostenansatz und Personalwirtschaftslehre. Analyse zentraler Problemfelder und Präsentation von Lösungsansätzen, Zeitschrift für Management, Jg. 1, Heft 3, Juli 2006, S. 282–302, S. 285 (Ausnutzung vn Abhängigkeitspositionen); Hofmann, Yvette E. (2007): Transparenz in Unternehmen. Leistungsanreiz oder Leistungsbremse für ihre Mitglieder?, Zeitschrift für Management, Jg. 2, Heft 1, Januar 2007, S. 6–27, S. 20 (Transparenz bzgl. Leistungserstellung).

588 Vgl. Weber/Schäffer 2008, S. 39.

589 Vgl. Weber/Schäffer 2008, S. 39ff. (Ergänzungs- und Begrenzungsaufgaben), S. 260 (verhaltensbezogenes Wissen im Controlling).

Führungsinstanzen[590] schaffen soll, übernimmt es neben einer Überwachungsfunktion gleichsam auch eine Legitimationsfunktion[591]. Mit Bezug auf die von Richter/Furubotn bezeichneten Trennung von „Entscheidungsmanagement und Entscheidungskontrolle"[592] in Organisationen zeigt sich die Bedeutung des Controllings hinsichtlich der Legitimation von Führungsinstanzen. Die Überwachung und Begrenzung von Entscheidungen bzw. Handlungen der Führungsinstanzen legitimiert deren – und zugleich des Controllings – Existenz.[593]

Im Rahmen seiner Diskursbeziehung zu den Führungsinstanzen erhält das Controlling einerseits seine konzeptionellen Rahmenbedingungen.[594] Andererseits prägt das institutionalisierte Controlling aber auch Konstrukte sozialer Realität innerhalb der Organisation aus.[595] Eben diese Konstrukte schaffen die Sinnzuweisung innerhalb der sozialen Austauschbeziehungen zwischen Controlling und Führungsinstanzen.[596] Welchem Akteur in einer konkreten Situation die Rolle des Prinzipals bzw. Agenten zufällt, kann dabei Ergebnis eines gemeinsamen Diskursprozesses sein. Da zwischen Diskurs und Handlung eine rekursive Beziehung besteht[597], determiniert die Diskursbeziehung der beiden Akteure gleichsam die Art und Weise ihres sozialen Austausches. Mit der Übertragung von Verfügungsrechten an das institutionalisierte Controlling entsteht aus Sicht des Prinzipals somit ein systemisches Dilemma: In der Einräumung von Entscheidungs- und Handlungsspielräumen im Controlling kann diese Instanz eben ihre eigene Rechtfertigung bewirken. Mit der Deutungshoheit über das, was unter ökonomischer Moral bzw. Rationalität im Führungsgeschehen zu verstehen ist, erlangt das Controlling faktisch seine eigene rekursive Legitimation.[598]

---

590 Vgl. Deyhle/Kottbauer et al. 2010, S. 34f.; Horváth 2009, S. 100 (ergebniszielbezogene Koordination innerhalb des Führungssystems).

591 Vgl. Winter 2007, S. 52 (Controlling zur Legitimation von Macht und Normen in Organisationen); Becker/Jordan et al. 2003, S. 149 (Controllingpraxis als Ergebnis von reproduzierten Strukturen der Sinnzuweisung und Legitimation).

592 Richter/Furubotn 2003, S. 179.

593 Vgl. Scherm/Pietsch 2003, S. 51; Sandelin 2008, S. 325 (formale Controlling-Systeme beinhalten Elemente der Sinnzuweisung).

594 Vgl. Seal 2010, S. 95; Goretzki 2013, S. 322.

595 Vgl. Seal 2010, S. 101; Chiapello 2009, S. 129f.

596 Vgl. Goss 2008, S. 125f. (zur Bedeutung von Diskursen und Symbolen für das Verhältnis von Akteuren in sozialen Austauschbeziehungen).

597 Vgl. Seal 2010, S. 98.

598 Vgl. Goretzki 2013, S. 339 (Controlling schafft sich über die Rechtfertigung der Handlungen von Führungsinstanzen seine eigene Unabdingbarkeit im betrieblichen Geschehen).

## 4.4 Strukturationstheorie

Das Controlling als Praxisphänomen ist Element einer sozialen Ordnung innerhalb von Unternehmen.[599] Seine Ausgestaltung erfolgt auf der Basis unternehmensindividueller Parameter, wie beispielsweise Größe, Ressourcenverfügbarkeit, Organisation.[600] Damit kann die Controllingpraxis als Ergebnis von Strukturierungsprozessen der beteiligten Akteure angesehen werden.[601] Diese Prozesse formen einerseits das institutionalisierte Controlling, andererseits prägen Controlling-Systeme wiederum soziale Strukturen[602] in Unternehmen aus. Mit der Existenz von Controlling-Instrumenten[603] werden Handlungen betrieblicher Akteure legitimiert, über Regeln der Sinnzuweisung reproduziert sich daraus das institutionalisierte Controlling[604]. Die Bezeichnung ökonomischer Sachverhalte bzw. ihre Messung schafft und reproduziert den Sinnkontext für die an ihnen beteiligten Akteure.[605]

Mit Bezug auf Giddens können Organisationen als Entscheidungseinheiten bezeichnet werden, die mittels diskursiver Informationsprozesse über die Verwendung von Ressourcen befinden.[606] Dabei unterscheidet Giddens in allokative und autoritative Ressourcen.[607] Während allokative Ressourcen materielle Güter umfassen, beziehen sich autoritative Ressourcen auf die Verfügung über organisationale Strukturen und Beziehungen zwischen Akteuren eines sozialen Systems.[608] Mit Bezug auf die Property Rights Theorie ließe sich sagen, dass mit autoritativen Ressourcen der Zugriff auf Verfügungsrechte verbunden ist. Ressourcen und Regeln sind dabei für die Strukturierung von Organisationen und die Handlungen ihrer Akteure prägend, da mit ihnen die Handlungsregeln und

---

599 Ahrens/Chapman 2007, S. 8f.

600 Vgl. Rautenstrauch/Müller 2005, S. 191ff.

601 Vgl. Becker/Jordan et al. 2003, S. 149.

602 Vgl. Sandelin 2008, S. 325.

603 Vgl. Jonen/Lingnau 2007, S. 16 (Berichtswesen und Kostenrechnung als Kernelemente der Controlling-Instrumente).

604 Vgl. Becker/Jordan et al. 2003, S. 149.

605 Vgl. Iding 2010, S. 199 (Sinnzuweisungen als Orientierungspunkte für Handlungen der Akteure); Kirsch/Seidl et al. 2009, S. 69 (Sinnzuweisung über Symbole durch das Controlling); Ahrens/Chapman 2007, S. 2 (Rechnungswesen als sinnzuweisende Institution in Unternehmen).

606 Vgl. Giddens 1997, S. 259.

607 Vgl. Giddens 1997, S. 316.

608 Vgl. Giddens 1997, S. 316.

deren Reproduktion verbunden sind.[609] Kieser/Walgenbach sehen die Strukturationstheorie als einen anderen Blick auf formale Regeln von Organisationen und betonen, dass eben diese Regeln Strukturen ermöglichen, die von den Akteuren zur Verfolgung eigener Ziele genutzt werden können.[610]

Für das Controlling als organisationaler Akteur hat die strukturationstheoretische Sicht auf das soziale System »Unternehmen« in zweierlei Hinsicht Bedeutung: Zum einen, weil die Akteure innerhalb ihres sozialen Systems durch ihre Handlungen die Bedingungen ihres Handelns reproduzieren.[611] Diese Reproduktion findet durch die Mittel statt, derer sich die Akteure zu ihren Handlungen bedienen.[612] Mit Bezug auf die Fakten- und Methodenkompetenz des Controllings[613] lässt sich diesbezüglich feststellen, dass die Bereitstellung von Wissen zu bestimmten Sachverhalten bzw. Wissen um die Nutzung von Sachverhalten zur Reproduktion des sozialen Systems »Unternehmen« beiträgt.[614] Andererseits kann eben auch das institutionalisierte Subsystem »Controlling« sich selber über die Nutzung seiner Ressourcen reproduzieren, etwa im Zusammenhang mit seiner Rolle als Hüter ökonomischer Grundsätze[615] im Unternehmen. In diesem Kontext schafft das Controlling über seine Informationsversorgungsfunktion den Erklärungsrahmen seines Handelns und reproduziert gleichsam seine Daseinsberechtigung in der Organisation, da es neben den Informationsquellen auch die Methodenhoheit hinsichtlich der Aufbereitung und Deutung von Informationen innehat.[616]

---

609 Vgl. Iding 2010, S. 198f.

610 Vgl. Kieser/Walgenbach 2007, S. 63ff.

611 Vgl. Giddens 1997, S. 52f

612 Vgl. Giddens 1997, S. 52.

613 Vgl. Schreiber 2010, S. 59; Reißig-Thust 2010, S. 124; Weber/Schäffer 2008, S. 41; Paefgen 2008a, S. 30.

614 Vgl. Chiapello 2009, S. 125 (zur sozialen Konstruktion ökonomischer Realität); Seal 2010, S. 98 (Rechnungsweseninformationen und Konstruktion sozialer Realität); Vosselman/van der Meer-Kooistra 2009, S. 268 (Rechnungswesen als Strukturierungselement); Lang 2004, S. 66 (Konstruktion sozialer Wirklichkeit durch das Controlling).

615 Vgl. Goretzki/Weber et al. 2010, S. 56; Ernst/Vater et al. 2008, S. 732; Knollmann, Ramon/Hirsch, Bernhard/Weber, Jürgen (2008): Role Making für Controllerbereiche? – Eine empirische Analyse zu den Auswirkungen von Gestaltungsfreiräumen für Controllerbereiche, Zeitschrift für Planung & Unternehmenssteuerung, Jg. 18, Heft 4, Februar 2008, S. 365–386, S. 366.

616 Vgl. Meckl/Horzella 2010, S. 437f. (Prognoserechnungen und Synergiepotenziale); Weißenberger/Löhr 2008b, S. 8 (Bereitstellung von Methoden, Informationen und

Aus strukturationstheoretischer Perspektive lässt sich also das Controlling als Instanz definieren, die neben einer sinnzuweisenden Funktion auch eine Legitimationsfunktion beinhaltet.[617] Dabei ist die Controllingpraxis wiederum das Ergebnis von reproduzierten Strukturen der Sinnzuweisung und Legitimation der beteiligten Akteure im Controlling.[618] Dies wird beispielsweise mit Bezug auf das Controlling als Bestandteil des Führungszyklusses erkennbar.[619] Die Beteiligung des Controllings bei der Planung[620], seine Informationsversorgungsfunktion[621] und nicht zuletzt sein Einwirken[622] im Rahmen der Unternehmenssteuerung machen es zum kritischen Diskurspartner[623] und gleichzeitig zum Gestalter eben dieser Systemstrukturen[624].

## 4.5 Zwischenfazit

Mit Bezug auf Unternehmen als „zielpluralistische Gebilde“[625] erscheint es gerechtfertigt, bei der Ausgestaltung des theoretischen Rahmens zum Controlling als Risiko-Träger auch auf ein pluralistisches Erkenntnismodell[626] zurückzugreifen.[627]

---

Bewertungsmodellen); Gleißner 2008, S. 206 (Koordination und Entwicklung von Methoden im Risikomanagement); Reichmann 2006, S. 337 (Suche und Bewertung von Entscheidungsalternativen).

617 Vgl. Scherm/Pietsch 2003, S. 51 (Legitimationsfunktion aus Kontrollhandlungen des Controllings); Lang 2004, S. 59 (Controlling als Abbild des organisationalen Werte- und Normenkanons).

618 Vgl. Becker/Jordan et al. 2003, S. 149.

619 Vgl. Deyhle/Kottbauer et al. 2010, S. 27; Horváth 2009, S. 125; Weber/Schäffer 2008, S. 43.

620 Vgl. Weber 2011, S. 38; Horváth 2009, S. 141ff.; Hirsch/Sorg 2006, S. 207

621 Vgl. Weber 2011, S. 30; Winter 2008, S. 23; Weißenberger/Löhr 2008b, S. 11; Reichmann 2006, S. 4.

622 Vgl. Wall 2008b, S. 230; Wall 2008a, S. 466ff.; Rissbacher/Rissbacher et al. 2008, S. 119; Sandelin 2008, S. 325; Biel 2007, S. 9.

623 Vgl. Weber/Schäffer 2008, S. 34 (Counterpart-Rolle des Controllings); Pietsch/Scherm 2004, S. 545 (Counterpart-Rolle im Spannungsfeld von kritischer Distanz und Mitentscheidung); Weber/Schäffer 1999, S. 734 (Rationalität als Ergebnis diskursiver Prozesse).

624 Vgl. Weber 2011, S. 39f.; Hartmann/Maas 2010, S. 29; Ahrens/Chapman 2007, S. 8; Winter 2007, S. 52.

625 Ziegenbein 2007, S. 88.

626 Vgl. Kirsch/Seidl et al. 2007, S. 17.

627 Vgl. Olesch, Jens-Rüdiger (2009): Controlling als Risikofaktor. Ein beratungsorientierter Ansatz zur Risikobewältigung, in: Fröhlich, Werner/Laumann, Maja

Dies umso mehr, als dass Unternehmen als Interaktionssysteme bezeichnet werden, die durch die Handlungen ihrer Akteure bestimmt werden.[628] Damit eröffnen sich gleichsam das Spektrum der verhaltenswissenschaftlichen Auffassung von Führung[629] sowie auch institutionenökonomische und strukturationstheoretische Bezüge[630].

Führung bzw. Unternehmensführung umfasst regelmäßig mehrschichtige Problemstellungen und entzieht sich damit monokausaler Lösungsansätze.[631] Deshalb

---

(Hrsg.): Wertschöpfung durch Management Consulting. Research in Progress, München, Mering: Rainer Hampp Verlag, S. 59–90, S. 81; Weibel, Antoinette (2009): Kooperation und Engagement in der Arbeit – Eine vergleichende Betrachtung psychologischer Ökonomik und Verhaltenswissenschaft, in: Schreyögg, Georg/Sydow, Jörg (Hrsg.): Verhalten in Organisationen, Wiesbaden: Gabler Verlag, S. 31–66, S. 36 (Methode der Triangulation als pluralistischer Erkenntnisansatz).

628 Vgl. Reimer 2005, S. 131.

629 Vgl. Petersen, Jendrik/Olesch, Jens-Rüdiger (2011): Innovative Organisationsgestaltung durch Dialogisches Management, in: Petersen, Jendrik (Hrsg.): Dialogisches Management und Organisationslernen. Research in Progress, München, Mering: Rainer Hampp Verlag, S. 3–20, S. 15.

630 Vgl. Haase, Michaela (2005): Metatheoretische Überlegungen zur Zusammenarbeit von Institutionenökonomik und Managementlehre, in: Schauenberg, Bernd/Schreyögg, Georg/Sydow, Jörg (Hrsg.): Institutionenökonomik als Managementlehre?, Wiesbaden: Gabler Verlag, S. 153–180, S. 155 (Beitrag der Institutionenökonomik zur Managementlehre) und S. 168 (Probleme in der Koordination von Handlungsabsichten und Handlungen organisationaler Akteure; Scherm/Pietsch 2003, S. 38f. (Strukturationstheorie und Theorie sozialer Systems als Ansätze der soziologisch orientierten Organisationstheorie); Müller, Nils (2009): Warum prägen Institutionen das Handeln in Organisationen? Die unbeantwortete Frage des Neo-Institutionalismus, in: Schreyögg, Georg/Sydow, Jörg (Hrsg.): Verhalten in Organisationen, Wiesbaden: Gabler Verlag, S. 221–238, S. 229 (Akteurshandlungen aus strukturationstheoretischer Perspektive).

631 Vgl. Macharzina/Wolf 2008, S. 105/106 (Mehrdeutigkeit als Regelfall in Führungsentscheidungen); Reichmann 2006, S. 9 (schlecht-strukturierte Entscheidungsprobleme); Kieser/Walgenbach 2007, S. 9 (Organisationen verfolgen Zielbündel); Kieser/Walgenbach 2007, S. 31 (Unternehmen werden aus Koalitionen verschiedener Akteure determiniert); Kühl 2010, S. 221 (soziale Systeme mit Inkonsistenzen aufgrund unterschiedlicher Anforderungen ihrer Umwelt); Herrmann-Pillath 2009, S. 190 (Entwicklung der Behavioral Economics); Helfen, Markus (2009): Soziale Netzwerke und Organisation. Die soziale Einbettung des Verhaltens von und in Unternehmen, in: Schreyögg, Georg/Sydow, Jörg (Hrsg.): Verhalten in Organisationen, Wiesbaden: Gabler Verlag, S. 179–220, S. 181 (verhaltenswissenschaftliche Ansätze als Perspektiverweiterung in der Ökonomik); zur Problematik

nimmt der theoretische Rahmen dieser Forschungsarbeit Bezug auf mehrere Theorien bzw. Konzeptionsansätze. Aus dem Zusammenwirken von institutions-, funktions- und personengebundenen Ansätzen ergibt sich ein differenziertes Bild zur Erklärung und Bewältigung der identifizierten Problemstellung. Dabei ist zu berücksichtigen, dass im Zuge der erkenntnisleitenden Betrachtung das Untersuchungsobjekt »Controlling als Risiko-Träger« bereits mit seiner Betrachtung einem Erkenntnisgewinn bzw. einer Beeinflussung unterliegt.[632]

Das institutionalisierte Controlling als soziale Praxis in Unternehmen umfasst eine Vielzahl von begrifflichen Facetten und hat innerhalb seiner praktischen Anwendung einen ebensolch großen Betätigungskreis.[633] Dabei ist festzustellen, dass die zunehmende Ausweitung seiner Handlungsbasis bei anderen organisationalen Akteuren eher Unsicherheit erzeugt als bewältigt.[634] Hiervon zeigt sich aber die einschlägige Literaturlandschaft weitgehend unbeeindruckt. Veröffentlichungen zu Controllingthemen sind zumeist auf das Controlling als scheinbar unverzichtbare Gegeninstanz zu den betrieblichen Führungsinstanzen abgestellt.[635]

Eine kritisch-reflexive Auseinandersetzung mit dem Controlling als machtvoller Akteur in Interaktionsbeziehungen mit anderen betrieblichen Instanzen findet kaum statt. Controlling als Teilelement der Führung wird als sachorientierte, der ökonomischen Rationalität verpflichtete Instanz betrachtet.[636] Man

monokausaler Denk- bzw. Lösungsansätze innerhalb der betrieblichen Führung vgl. Feld, Timm C. (2010): Entwicklung von Organisationen als organisationspädagogische Gestaltungsaufgabe. Anforderungsprofil an lernende Weiterbildungsorganisationen, Zeitschrift für Erziehungswissenschaft, Jg. 13, Heft 1/2010, S. 83–98, S. 87; Petersen, Jendrik (1997): Die gebildete Unternehmung, Frankfurt am Main [u.a.]: Lang, S. 108f.; zu Möglichkeiten und Grenzen monologischer Führung vgl. Lehnhoff/Petersen 2002, S. 278ff.; zur Veränderung der Determinanten betrieblichen Handelns vgl. Pflüger, Niels (2008): Einführung in die Betriebspädagogik. Grundbegriffe, Geschichte, Tätigkeitsfelder Ziele und Tätigkeitsfelder, 2., überarbeitete Auflage, Norderstedt: Books on demand, S. 8f.

632 Vgl. Schäffer/Binder et al. 2006, S. 396.

633 Vgl. Weber/Schäffer 1999, S. 732; Fiege 2006, S. 80; Küpper 2007, S. 738; Hirsch 2007a, S. 4f.; Weber 2007, S. 16; Gleißner 2008, S. 212; Reimer/Orth 2008, S. 190; Weber/Schäffer 2008, S. 39ff.; Winter 2008, S. 29; Horváth 2009, S. 141ff.; Weber 2010b, S. 93; Weißenberger/Wolf 2010, S. 6; Prenzler 2011, S. 38.

634 Vgl. Weber 2008, S. 4; Knollmann/Hirsch et al. 2008, S. 371.

635 Vgl. Rausch 2011, S. 158; Hartmann/Maas 2010, S. 29; Sieber 2008, S. 193/195; Weber/Schäffer 2008, S. 50; Winter 2007, S. 54; Lingnau 2006, S. 16ff.

636 Vgl. Deyhle/Kottbauer et al. 2010, S. 31; Weber 2011, S. 31; Rissbacher/Rissbacher et al. 2008, S. 116; Hoffjan/Trapp et al. 2011, S. 186; Hirsch/Sorg 2006, S. 218.

könnte in diesem Zusammenhang von einer »mechanistisch-administrativen« Sicht auf das institutionalisierte Controlling sprechen. Könnens- bzw. Wollens-Defizite finden sich zuerst einmal bei den Akteuren in Führungsinstanzen.[637] Diese gilt es, durch koordinierende und rationalitätssichernde Aktivitäten des Controllings zu bewältigen und zielorientiert auszurichten.[638] Agenturbeziehungen zwischen Controlling und Führungsinstanzen scheinen vornehmlich mithilfe von geeigneten Anreiz- und Vergütungssystemen gestaltbar.[639] Die Einbindung des Controllings in die Gestaltung dieser Systeme wird dabei als eine Möglichkeit angesehen, die Wirksamkeit und Effizienz von Führungssystemen sicherzustellen.[640] Dass mit der Beteiligung des Controllings an der Ausprägung von Anreizsystemen gleichzeitig auch derjenige Akteur mitwirkt, der sowohl die Messinstrumente als auch die Messdaten zu diesen Systemen liefert[641], erscheint bemerkenswert. Mahlendorf et al. weisen diesbezüglich darauf hin, dass mit der anreizbezogenen Vergütung des Controllings auch gleichzeitig Erwartungshaltungen an diesen Akteur signalisiert werden.[642]

Der theoretische Bezugsrahmen dieser Forschungsarbeit erlaubt eine kritische Reflexion auf das institutionalisierte Controlling. Die sozialen Austauschbeziehungen zwischen Controlling und Führungsinstanzen bedingen Konstrukte sozialer Realität.[643] Gegenseitige Erwartungen an das Verhalten des jeweils anderen beeinflussen die Handlungen der Akteure. Ihre Aktionen und Reaktionen formen reziproke Austauschbeziehungen.[644] Mit seinem Wissens- bzw.

---

637 Vgl. Weber/Schäffer 2008, S. 38ff.; Weber 2011, S. 34.

638 Vgl. Küpper 2008, S. 47; Horváth 2009, S. 125; Gleißner 2008, S. 206; Nevries/Strauß 2008, S. 106.

639 Vgl. Jenkins/Deis et al. 2008, S. 59; Gargiulo/Ertug et al. 2009, S. 303; Falk/Kosfeld 2006, S. 1611; Hunton, James E./Mauldin, Elaine G./Wheeler, Patrick R. (2008): Potential Functional and Dysfunctional Effects of Continuous Monitoring, The Accounting Review, Jg. 83, Nr. 6, November 2008, S. 1551–1569, S. 1552.

640 Vgl. Wall 2008b, S. 230; Weber 2011, S. 40f.

641 Vgl. Weber 2011, S. 40f.; Wall 2008b, S. 230; Paefgen 2008a, S. 178 (zur Manipulation von Informationen aus eigennützlichen Interessen der Controller); Frey/Osterloh 2005, S. 99 (hier im Kontext der Aufsichtsgremien).

642 Vgl. Mahlendorf, Matthias D./Rehring, Jochen/Voußem, Ludwig/Weber, Jürgen (2011): Vergütung und Zielvereinbarungen von Controllern, ZfCM – Zeitschrift für Controlling und Management, Jg. 55, Sonderheft 3, November 2011, S. 59–64, S. 64.

643 Vgl. Kieser/Walgenbach 2007, S. 60; Mayerl 2009, S. 67; Winter 2008, S. 4; Ahrens/Chapman 2007, S. 8; Becker/Jordan et al. 2003, S. 154.

644 Vgl. Ballinger/Rockmann 2010, S. 373; Hartmann/Maas 2010, S. 29; Jenkins/Deis et al. 2008, S. 52.

Kompetenzvorsprung[645] gegenüber den Führungsinstanzen kann das Controlling Unsicherheitszonen[646] besetzen und zur Verfolgung opportunistischer Ziele nutzen. Risiken aus dieser Konstellation sind systemisch weder den Führungsinstanzen noch dem Controlling ersichtlich, denn sie sind beide Beobachter ihres gemeinsam gestalteten sozialen Systems.

Mit der Übertragung von Verfügungsrechten an das Controlling erfolgt gleichzeitig die Einräumung von Entscheidungs- und Handlungsspielräumen an diesen Akteur.[647] Unter der Perspektive asymmetrischer Informationsverteilung zwischen Controlling und den Führungsinstanzen erscheinen solche Ermessensspielräume problematisch.[648] Die Akteure im Controlling können diese Spielräume nutzen, ohne dass den Führungsinstanzen diese sichtbar und in ihren Auswirkungen erkennbar werden. Im Grenzfall hilft dem Controlling sein Fakten- und Methodenwissen, nachteilige Konsequenzen seines Ermessensspielraumes wirksam zu kaschieren.

Innerhalb seiner Agenturbeziehung zu den Führungsinstanzen übernimmt das Controlling darüber hinaus auch eine sinnzuweisende bzw. legitimierende Funktion.[649] Sein Fakten- und Methodenwissen drückt es innerhalb des sozialen Systems »Unternehmen« bzw. im Führungsgeschehen mithilfe seiner Fachsprache aus. Dabei schaffen einzelne (Fach-)Begriffe eine Sinnzuweisung im ökonomischen Kontext.[650] Mit der Bezeichnung eines Sachverhaltes ist gleichsam die Konstruktion einer sozialen Realität[651] verbunden. Das Controlling als »Hüter der ökonomischen Vernunft« schafft dabei sowohl den sanktionsbewehrten

645 Vgl. Paefgen 2008a, S. 59.

646 Vgl. Holtz/Harold 2008, S. 783; Binzel/Fehr 2010, S. 20ff.; Kieser/Walgenbach 2007, S. 57ff.

647 Vgl. Deffains/Demougin 2006, S. 5f.; Voigt 2009b, S. 84; Weber/Zubler et al. 2008, S. 49; Hartmann/Maas 2010, S. 29.

648 Vgl. Reimer/Orth 2008, S. 198; Paefgen 2008b, S. 83; Paefgen 2008a, S. 87; Nikias, Anthony D./Schwartz, Steven T./Spires, Eric E./Wollscheid, Jim R./Young, Richard A. (2010): The Effects of Aggregation and Timing on Budgeting: An Experiment, Behavioral Research In Accounting, Jg. 22, Nr. 1, S. 67–83, S. 68.

649 Vgl. Scherm/Pietsch 2003, S. 51; Sandelin 2008, S. 325; Rausch 2011, S. 159f.

650 Vgl. Iding 2010, S. 198.

651 Vgl. Chiapello 2009, S. 125; Kieser/Walgenbach 2007, S. 60; Lang 2004, S. 66; Wetzel, Ralf (2001): Kognition und Sensemaking, in: Weik, Elke/Lang, Rainhart (Hrsg.): Moderne Organisationstheorien. Eine sozialwissenschaftliche Einführung, Wiesbaden: Gabler Verlag, S. 153–200, S. 178f.

Sinnzusammenhang innerhalb des Führungsgeschehens, als auch die Rechtfertigung zu seiner eigenen und der Existenz von Führungsinstanzen.[652]

Geht man davon aus, dass Führung grundsätzlich auch die Überwachung des Führungsgeschehens beinhaltet[653], stellt sich letztlich die Frage nach der Begründung für ein institutionalisiertes Controlling. Berücksichtigt man, dass ökonomische Akteure durch kognitive Begrenzungen[654] und opportunistisches Handeln[655] charakterisierbar sind, lässt sich die Überwachung von Entscheidungen und Handlungen im Führungsgeschehen rechtfertigen. Ob es hierzu das institutionalisierte Controlling braucht, ist an dieser Stelle nicht zu entscheiden. Vielmehr stellt sich die Frage, wie sich das Controlling als Risiko-Träger identifizieren lässt und welche Optionen zur Bewältigung von hiermit verbundenen Risiken bestehen.

---

652 Vgl. Becker/Jordan et al. 2003, S. 149.

653 Vgl. Deyhle/Kottbauer et al. 2010, S. 23.

654 Vgl. Jonen 2008, S. 93f.; Weber/Schäffer 2008, S. 40; Paefgen 2008b, S. 88 (hier bezogen auf Akteure im Controlling); Gerling 2007, S. 12f.; Berger/Bernhard-Mehlich 2006, S. 179ff.

655 Vgl. Prenzler 2011, S. 87; Reißig-Thust 2010, S. 123; Rankin, Frederick W./Schwartz, Steven T./Young, Richard A. (2008): The Effect of Honesty and Superior Authority on Budget Proposals, The Accounting Review, Jg. 83, Nr. 4, Juli 2008, S. 1083–1099, S. 1084; Sieber 2008, S. 20; Gilbert 2007, S. 68; Richter/Furubotn 2003, S. 160; Göbel 2001, S. 85.

# 5. Controlling als Risiko-Träger

## 5.1 Begriffliche Einordnung und Vorgehen

Durch seine Einbindung in organisationale Strukturen und Abläufe wird das betriebliche Controlling zu einem Akteur innerhalb des sozialen Systems »Unternehmen«. Mit Bezug auf das institutionelle Führungsverständnis[656] und den Ansatz des Controllings als Element des betrieblichen Führungssystems[657] gehören die Akteure im Controlling zu derjenigen Gruppe von Personen, denen die Führung und Steuerung von Unternehmen anvertraut ist. Dabei stellt sich - nicht nur - aus der Sicht des Controllings die Frage nach Art und Maß der »Arbeitsteilung« zwischen ihm und den Führungsinstanzen.[658] Vielmehr ist damit auch die Frage nach dem angemessenen Maß an Nähe bzw. Distanz zu den Führungsinstanzen verbunden.[659] Mit der Übernahme von Aufgaben im Rahmen der Willensbildung und Willensdurchsetzung[660] greift das Controlling zwangsläufig in das Führungsgeschehen ein.[661]

Wie im Kapitel 3.5 dargelegt, lassen sich hinsichtlich des Controllings als Risiko-Träger vier Bezugsfelder beschreiben:

- Vielschichtigkeit der Aufgaben und Funktionen des Controllings mit der Gefahr von Rollenkonflikten und unerwünschten Handlungen im Controlling.
- Grundsätzlich fehlende Unabhängigkeit des Controllings von Führungsinstanzen innerhalb des organisationalen Diskurs- bzw. Konfliktgeschehens.
- Kognitive Begrenzungen und opportunistische Handlungen charakterisieren auch die Akteure im Controlling. Damit ist die Positionierung des Controllings als »Hüter über die ökonomische Vernunft« zumindest partiell in Frage zu stellen.

656 Vgl. Wolf 2011, S. 47.

657 Vgl. Horváth 2009, S. 125; Kirsch/Seidl et al. 2009, S. 97; Deyhle/Kottbauer et al. 2010, S. 27.

658 Vgl. Weber/Schäffer 1999, S. 733 (Aufgabenteilung innerhalb der Führungsarbeit).

659 Vgl. Weber/Schäffer 2008, S. 34f. (Problem der Balancefindung suf Seiten des Controllings).

660 Vgl. Birl/Hirsch et al. 2008, S. 255; Weber/Schäffer 2008, S. 50.

661 Vgl. Sieber 2008, S. 8f. (Hinterfragung von Zweck-Mittel-Relationen durch das Controlling); Küpper 2008, S. 47 (Koordination der Führung durch das Controlling); Pietsch/Scherm 2004, S. 545 (Controlling als kritischer Counterpart); Hirsch/Sorg 2006, S. 217 (Counterpartfunktion innerhalb der Corporate Governance); Weber/Schäffer 2008, S. 427 (Recht des Controllings auf ungefragten Widerspruch).

- Fehlen der uneingeschränkten Beobachtungsperspektive auf das eigene Handeln im Controlling. Im Zuge seiner Einbindung in das Führungsgeschehen prägt und reproduziert das institutionalisierte Controlling jene Bedingungen des sozialen Systems, in dessen Austauschbeziehungen es jedoch objektiver und unabhängiger »Sparringspartner« der Führungsinstanzen sein sollte. Damit stellt sich das Controlling als Risiko-Träger als systemisches Problem dar.

Mit dem Begriff des Controllings als systemisch bedingter Risiko-Träger ist sowohl dessen institutionalisierte als auch diskursive Erscheinungsform gemeint. Controlling als Institution stellt sich als »sozialer Fakt«[662] innerhalb des Führungsgeschehens dar, es schafft und reproduziert allerdings auch soziale Fakten in Form von organisationaler Wirklichkeit[663]. Risiko-Träger wird das Controlling, indem es Risiken aus eigenen Handlungen systemisch nicht erkennt und damit anderen betrieblichen Akteuren eine Scheinsicherheit innerhalb der Bewältigung organisationaler Unsicherheit vermittelt.[664] Im Zuge der Kommunikation von Budgets können Controlling-Systeme einen »Signalling-Effekt«[665] innerhalb des Unternehmens bewirken. Mit seiner Beteiligung an der Aufstellung, Verabschiedung und Verfolgung von Budgets transportiert das Controlling nicht nur Informationen zu Budgets an andere Instanzen, vielmehr werden Budgets als Element der (Fach-)Sprache im Controlling auch Bestandteil des betrieblichen Diskursgeschehens. Wo einzelne Budgets allerdings unrealistische Zielgrößen beinhalten, die dem Controlling unentdeckt geblieben sind, zeigt sich das Controlling als Risiko-Träger. Andere betriebliche Instanzen verlassen sich auf diese – vom Controlling scheinbar gründlich überprüften – Budgets und können dabei einem Trugschluss unterliegen, der beiden Akteuren nicht erkennbar ist.

Zusammenfassend ist festzustellen, dass mit dem Controlling als Risiko-Träger weniger die Frage verbunden ist, ob Risiken im Controlling selber oder durch die Tätigkeit des Controllings im Organisationsgeschehen bestehen.[666] Vielmehr soll das Controlling als Risiko-Träger dahingehend verstanden werden, als dass

---

662 Vgl. Nau, Heino Heinrich/Steiner, Philippe (2002): Schmoller, Durkheim, and Old European Institutionalst Economics, Journal of Economic Issues, Jg. 36, Nr. 4, Dezember 2002, S. 1005–1024, S. 1011.

663 Vgl. Chiapello 2009, S. 125 (Prägung ökonomischer Realität durch betriebliche Institutionen); Lang 2004, S. 69 (Controlling als institutionalisiertes Symbol).

664 Vgl. Jaroschinsky/Sekol 2014, S. 67f.

665 Vgl. Mundy 2010, S. 501.

666 Zum konzeptionellen Ansatz einer Bewertung der Qualität des betrieblichen Controllings und einer hiermit verbundenen Risikoquantifizierung im Controlling vgl. Jaroschinsky/Sekol 2014, S. 65.

über die Ausprägung sozialer Strukturen durch bzw. mithilfe des institutionalisierten Controllings[667] den beteiligten Akteuren Risiken aus ihren gemeinsamen Handlungen systemisch nicht erkennbar sind.

In der Folge wird zunächst das Modell zur Risikoidentifizierung (Kapitel 5.2) dargelegt. Anschließend werden Einflussfaktoren auf das Controlling als Risiko-Träger (Kapitel 5.3) beschrieben. Hierbei wird auf die im Kapitel 4.1 aufgezeigten Bezugspunkte »Machtdominanz«, »Ermessensspielräume« sowie »persönliche Eigenschaften« Bezug genommen. Diese Einflussgrößen werden in ihrer risikobezogenen Wirkung im Kontext des Controllings beschrieben (Kapitel 5.4). Im Zuge des Kapitels 6, das der dialogischen Führung als möglichem Lösungsansatz zur Bewältigung des Controllings als Risiko-Träger gewidmet ist, werden dann Optionen bezüglich des Umgangs mit dem Controlling als Risiko-Träger aufgezeigt (Kapitel 6.7, Seite 353ff., und Kapitel 6.8, Seite 375ff.).

## 5.2 Modell zur Risikoidentifizierung

Modelle reflektieren Aussagen zu einem „spezifischen Ausschnitt der Realität“[668]. Mit ihrer Hilfe können reale Sachverhalte beschrieben werden, um Aussagen über existierende Zusammenhänge abzuleiten.[669] Somit spiegeln Modelle die charakteristischen Eigenschaften einer Wirklichkeit wider.[670] Dabei stehen kausale Ursachen-Wirkungszusammenhänge im Vordergrund.[671]

Das Modell zur Ableitung des Controllings als Risiko-Träger dieser Forschungsarbeit geht von folgenden Grundannahmen aus:

- Zwischen den Akteuren in den Führungsinstanzen und im Controlling besteht grundsätzlich eine gemeinsame Vertrauensbasis.
- Führungsinstanzen und Controlling wollen für das Unternehmen das Bestmögliche erreichen.

Vertrauen stellt eine zentrale Komponente für die Austauschbeziehungen organisationaler Akteure dar, die unmittelbaren Einfluss auf Kooperationsbeziehungen,

667 Vgl. Sandelin 2008, S. 325.

668 Kornmeier, Martin (2007): Wissenschaftstheorie und wissenschaftliches Arbeiten. Eine Einführung für Wirtschaftswissenschaftler, Heidelberg: Physica-Verlag, S. 84.

669 Vgl. Kornmeier 2007, S. 84.

670 Vgl. Wolf 2011, S. 4f.

671 Vgl. Backhaus, Klaus/Erichson, Bernd/Plinke, Wulff/Weiber, Rolf (2008): Multivariate Analysemethoden. Eine anwendungsorientierte Einführung, 12., vollständig überarbeitete Auflage, Berlin [u.a.]: Springer-Verlag, S. 56f.

Leistung und die Qualität von Problemlösungen hat.[672] Akteure lassen sich auf für sie bisweilen unbestimmte Situationen ein, die sie mithilfe ihres gemeinsam entgegengebrachten Vertrauens bestehen können.[673] Damit ermöglicht Vertrauen soziale Austauschbeziehungen und gleichzeitig fundiert dieser soziale Austausch die Vertrauensbasis der Akteure.[674] Innerhalb des Führungsgeschehens sind regelmäßig Entscheidungen unter Unsicherheit zu treffen.[675] Das Controlling soll in diesem Zusammenhang die Führungsinstanzen durch Bereitstellung von Methoden und Informationen in ihrer Entscheidungsfindung unterstützen.[676] Daraus folgt, dass die betreffenden Führungsinstanzen innerhalb ihrer sozialen Austauschbeziehung sich grundsätzlich auf die Unterstützung des Controllings verlassen.[677] Hierbei spielt das dem Controlling entgegengebrachte Vertrauen zwangsläufig eine zentrale Rolle.

Ob diese Vertrauensbasis zwischen Führungsinstanz und Controlling tatsächlich das Ergebnis ihrer gemeinsamen Austauschbeziehung innerhalb des Führungsgeschehens ist, hängt nicht zuletzt von dem Verhalten beider Akteure in Konfliktsituationen bzw. ihren individuellen Nutzenzumessungen bezüglich ihres Beitrages zum sozialen Austausch ab. Mit Bezug auf die von Weber/Schäffer postulierten Entlastungs-, Ergänzungs- bzw. Begrenzungsaufgaben des Controllings gegenüber Führungsinstanzen[678] lässt sich die gemeinsame Vertrauensbasis beider Akteure kritisch beleuchten. Während Führungsinstanzen sie entlastende Aufgaben aus freien Stücken an das Controlling übertragen, werden Ergänzungs- und Begrenzungsaufgaben regelmäßig von anderen Instanzen

---

672 Vgl. Thomas/Zolin et al. 2009, S. 288 (mit weiteren Verweisen).

673 Vgl. Luhmann 1987, S. 179; Vosselman/van der Meer-Kooistra 2009, S. 269.

674 Vgl. Six 2007, S. 290.

675 Vgl. Luhmann 2006, S. 146; Berger/Bernhard-Mehlich 2006, S. 179ff.; Wrona 2008, S. 5.

676 Vgl. Winter 2007, S. 65; Weber 2007, S. 58; Weber/Schäffer 2008, S. 41; Wall 2008a, S. 470; Rausch 2011, S. 158.

677 Vgl. Weber 2011, S. 38 (Beratungsfunktion des Controllings); Hartmann/Maas 2010, S. 29 (Einbindung des Bereichscontrollings in das Führungsgeschehen); Horváth 2009, S. 752 (Erwartungen der Führungsinstanzen an die Entscheidungsbeteiligung des Controllings); Sieber 2008, S. 8f. (Reflexionsfunktion des Controllings; Wall 2008a, S. 470 (Entscheidungsunterstützungsfunktion des Controllings im Führungsgeschehen); Ziegenbein 2007, S. 193 (Controlling als »Zahlen-Center« im Führungsgeschehen); Weber/Schäffer 1999, S. 733 (Aufgabenteilung zwischen Führungsinstanz und Controlling).

678 Vgl. Weber/Schäffer 2008, S. 39ff.; zu den unterschiedlichen Verortungen von Aufgaben und Funktionen des Controllings in der Literatur siehe Kapitel 2.2, Seite 35ff.

bzw. Akteuren an das Controlling adressiert.[679] Hieraus lässt sich ableiten, dass eine Vertrauensbeziehung zwischen Controlling und Führungsinstanz nicht nur das Sich-Einlassen auf eine „riskante Vorleistung“[680] beider Akteure beinhaltet, sondern paradoxerweise auch Ausdruck einer grundsätzlichen Misstrauenshaltung Dritter den Führungsinstanzen gegenüber[681] beinhaltet. Ein aus dieser Konstellation resultierende Spannungsfeld des institutionalisierten Controllings bezüglich Vertrauen, Misstrauen, Kontrolle und Steuerung[682] erscheint somit nicht nur als organisatorisches Problem von Bedeutung.[683] Vielmehr vermag mit dem Controlling als Kontrollinstanz innerhalb des Führungsgeschehens gerade jene selbstbezügliche Institution entstanden sein, die vordergründig als objektiver Partner der Führungsinstanzen agiert, jedoch eigene Konfliktfelder bezüglich Einflussnahme auf bzw. Kontrolle von Führungsentscheidungen systemisch für sich selbst nicht aufzulösen vermag.

Auch die zweite Grundannahme – Führungsinstanz und Controlling handeln gemeinsam im Interesse des Unternehmens – bedarf einer kritischen Beleuchtung. In der Literatur werden sowohl Führungsinstanzen als auch das Controlling als Sachwalter der Eigentümerinteressen angesehen.[684] Hieraus lässt sich ableiten, dass beide Akteure ihre Handlungen grundsätzlich an den Unternehmenszielen ausrichten sollten.[685] Eine solche Idealkonstellation erscheint jedoch insofern fraglich, als dass Unternehmen zum einen aus einer Vielzahl an Zielen bestimmt sind[686], zum anderen einzelne Akteure innerhalb des betrieblichen Geschehens

---

679 Vgl. Weber/Schäffer 2008, S. 39/40.

680 Luhmann, Niklas (2000): Vertrauen. Ein Mechanismus der Reduktion sozialer Komplexität, 4. Auflage, Stuttgart: Lucius & Lucius, Schriftenreihe UTB, S. 27 (mit weiteren Verweisen), und Thomas/Zolin et al. 2009, S. 290.

681 Hierauf ist bereits im Zusammenhang der Konfliktfelder des Controllings hingewiesen worden, siehe Seite 59 »Überwachungshandlungen als Ausdruck des Misstrauens«.

682 Vgl. Reimer/Orth 2008, S. 200.

683 Auf das Controlling im Spannungsfeld organisatorischer Zuordnung und eigener Handlungsfelder wurde bereits eingegangen, siehe Seite 42ff. »Spannungsfeld aus Hierarchie und Autonomie«.

684 Vgl. Rausch 2011, S. 139; Velte 2010, S. 286; Hirsch/Sorg 2006, S. 218; Scherm/Pietsch 2003, S. 51.

685 Vgl. Franken 2007, S. 253; Macharzina/Wolf 2008, S. 35; Ahrens/Chapman 2007, S. 9; Paetow 2005, S. 79.

686 Vgl. Alvesson, Mats/Kärreman, Dan/Sturdy, Andrew/Handley, Karen (2009): Unpacking the client(s): Constructions, positions and client-consultant dynamics,

eigennützlich handeln[687]. Individuelle opportunistische Handlungen lassen sich sowohl aus kognitiven Begrenzungen[688] als auch begrenzter Rationalität[689] der Akteure erklären. Betriebliche Akteure verfolgen Ziele sowohl durch als auch für das Unternehmen.[690] Dabei lassen sich eigennützliche Handlungen durchaus rational begründen, beispielsweise im Zusammenhang mit der gezielten Konfliktvermeidung aus karrieretaktischen Erwägungen oder der Ausnutzung eigener Entscheidungsfreiräume bei der Inanspruchnahme von Unternehmensressourcen.[691] Dass derlei Handlungen auch im Controlling vorkommen, wurde bereits an anderer Stelle dargelegt.[692] Insofern unterstellt die Annahme einer gemeinsam getragenen Verfolgung von Zielen für das Unternehmen auf Seiten der Akteure im Controlling und in den Führungsinstanzen, dass diese in den überwiegenden Fällen tatsächlich so handeln und ihre eigenen Ziele zurückstellen. Diese Annahme lässt sich dahingehend begründen, dass beide Akteure im Rahmen ihres arbeitsvertraglichen Verhältnisses zur Wahrnehmung von Unternehmensinteressen verpflichtet sind.[693] Da die betreffenden Parteien jedoch in der Regel

---

Scandinavian Journal of Management, Jg. 25, Nr. 3, September 2009, S. 253–263, S. 253; Kieser/Walgenbach 2007, S. 9; Ziegenbein 2007, S. 88.

687 Dieses Problem wurde bereits zuvor diskutiert, siehe Kapitel 4.2 Prinzipal-Agenten-Theorie, Seite 108ff.

688 Vgl. Jonen 2008, S. 125; Weber/Schäffer 2008, S. 40; Paefgen 2008b, S. 88; Berger/Bernhard-Mehlich 2006, S. 179ff.; Prenzler 2011, S. 87.

689 Vgl. Fülbier/Gassen et al. 2008, S. 1323; Paefgen 2008b, S. 81; Gilbert 2007, S. 68; Reißig-Thust 2010, S. 123.

690 Vgl. Kieser/Walgenbach 2007, S. 7f.

691 Vgl. Leeson, Peter T. (2011): Opportunism and Organization under the Black Flag, Organizational Dynamics, Jg. 40, Nr. 1, S. 34–42, S. 35 (Umwidmung betrieblicher Ressourcen durch Führungsinstanzen); Pazzaglia, Federica (2010): Are Alternative Organizational Forms the Solution to Limit Excessive Managerial Discretion?, Journal of Business Ethics, Band 93, Heft 4, Juni 2010, S. 623–639, S. 623 (Nutzung von unangemessen hohen Vergünstigungen durch Führungsinstanzen); Gleißner 2008, S. 5 (persönliche Interessen der Führungsinstanzen); Hannan/Rankin et al. 2006, S. 889 (Berichterstattung von Führungsinstanzen gegenüber Eigentümern); Frey/Osterloh 2005, S. 101 (Konfliktvermeidung innerhalb kollegialer Austauschbeziehungen von Führungsinstanzen).

692 Opportunistisches Verhalten im Controlling, Seite 112.

693 Zur Leistungsverpflichtung bzw. dem Direktionsrecht des Arbeitgebers aus Arbeitsverträgen vgl. Gerum, Elmar (2004): Unternehmensordnung, in: Bea, Franz Xaver/Friedl, Birgit/Schweitzer, Marcell (Hrsg.): Allgemeine Betriebswirtschaftslehre. Bd. 1: Grundfragen, 9., überarbeitete Auflage, Stuttgart: Lucius & Lucius, Schriftenreihe UTB, S. 224–309, S. 245; Richter/Furubotn 2003, S. 269; zur kritischen Reflexion auf

unvollständige Verträge[694] miteinander schließen, verfügen die Akteure in den Führungsinstanzen und im Controlling über Handlungs- bzw. Entscheidungsspielräume innerhalb ihrer Vertragserfüllung[695]. Dies hat Konsequenzen für die Entscheidungsfindung bzw. Unterstützung im Rahmen des Entscheidungsprozesses.

Im Zuge der Entscheidungsfindung soll Kommunikation über Entscheidungsalternativen verhindern, dass die betreffenden Alternativen von den Beteiligten dekonstruiert werden.[696] Dies kann über die Autorität (Macht) des Entscheiders bzw. Information über die Kontingenz der Entscheidung (man hätte auch anders entscheiden können) erfolgen.[697] Die Akteure können sich bezüglich einer Entscheidung einig sein oder in ihren Meinungen divergieren. Im Fall der Nicht-Übereinstimmung der Akteure bestehen unterschiedliche Möglichkeiten im Umgang mit dieser Situation.

Bei gegebenem Entscheidungsbedarf bzw. Handlungsdruck wird einer der Akteure sich wahrscheinlich machtvoll durchsetzen.[698] Alternativ hierzu können die Beteiligten im Zuge von Aushandlungsprozessen gemeinsam nach der besten Sachlösung suchen.[699] Dies erfordert jedoch zumindest, dass ihnen die hierfür

---

den sozialen Druck gegenüber betrieblichen Akteuren bezüglich der Wahrnehmung von Unternehmensinteressen vgl. Dietz, Karl-Martin (2011): Führung: Was kommt danach? Perspektiven einer Neubewertung von Arbeit und Bildung. Studienhefte des Interfakultativen Instituts für Entrepreneurship (IEP) des Karlsruher Instituts für Technologie, Karlsruhe: KIT Scientific Publishing, S. 13.

694 Vgl. Ehrmann, Thomas/Scheinker, Eugen (2009): Ex-Post-Adaptionen von Vertragsregelungen – eine simulationsbasierte Analyse auf Grundlage der *NK*-Modelle, Zeitschrift für Betriebswirtschaft, Jg. 79, Heft 1, Januar 2009, S. 93–123, S. 96; im Zusammenhang mit hierarchisch geprägten Austauschbeziehungen vgl. Kieser/Walgenbach 2007, S. 14.

695 Siehe hierzu Seite 110 »Kontingente Verträge und Handlungsspielraum der Vertragsparteien«.

696 Vgl. Luhmann 2006, S. 142.

697 Vgl. Luhmann 2006, S. 142.

698 Vgl. Iding 2010, S. 197 (Macht aus Nutzung von Regeln und Ressourcen); Werder 2008, S. 2 (Verfügungsmacht im Führungsgeschehen).

699 Vgl. Schiller-Merkens, Simone (2008): Institutioneller Wandel und Organisationen. Grundzüge einer strukturationstheoretischen Konzeption, Wiesbaden: VS Verlag für Sozialwissenschaften, S. 60 (Intersubjektivität von Akteuren in Aushandlungsprozessen); Hungenberg/Wulf 2011, S. 300 (Entscheidungsstile und Einbeziehung von Akteuren); Schneeweiß, Christoph (1994): Elemente einer Theorie hierarchischer Planung, OR Spektrum, Jg. 16, Nr. 2, 1994, S. 161–168, S. 163 (Aushandlungsprozesse innerhalb der Planung); Schäffer, Utz/Kramer, Stephan (2009): Experimentelle

erforderliche Zeit zur Verfügung steht, es sich also um eine nicht-zeitkritische Entscheidungslage handelt. Eine weitere Option im Umgang mit divergierenden Meinungen liegt in der Suche nach einem für beide Parteien tragbaren Kompromiss.[700] Im Grenzfall können beide Akteure ihre unterschiedlichen Sichtweisen zunächst im Raum stehen lassen und die Entscheidung zeitlich verschieben. Über die Zeitschiene haben dann beide Parteien die Möglichkeit, ihre Position zu überdenken und zu einem späteren Zeitpunkt zur Entscheidungsfindung zu kommen.

In jedem Fall werden die Handlungen der beteiligten Akteure innerhalb der Entscheidungssituation durch ihre soziale Austauschbeziehung bestimmt.[701] Diese Situation beinhaltet den Entscheidungsbedarf, über den zu befinden und der in seinen Konsequenzen zu verantworten ist. Ob dieser Entscheidungsbedarf durch die hierarchische Position, die Ausnutzung von Informationsasymmetrie[702]

---

Erkenntnisse zu menschlichem Verhalten in Budgetverhandungen, ZfCM – Zeitschrift für Controlling und Management, Jg. 53, Heft 4, August 2009, S. 254–256, S. 254 (Aushandlungsprozesse innerhalb von Budgetverhandlungen).

700 Zum Kompromiss im Kontext von Entscheidung und Handlung vgl. Gierl, Heribert/Stiegelmayr, Karin (2010): Preis und Qualität als Dimensionen von Kompromissoptionen, Zeitschrift für Betriebswirtschaft, Jg. 80, Nr. 5, Mai 2010, S. 495–531, S. 505; Kirchgässner 2008, S. 247f. (mit weiteren Verweisen); zum Kompromiss im Kontext von Aushandlungsprozessen organisationaler Akteure vgl. Lazaric, Nathalie/Raybaut, Alain (2005): Knowledge, hierarchy and the selection of routines: an interpretative model with group interactions, Journal of Evolutionary Economics, Jg. 15, Nr. 4/Oktober 2005, S. 393–421, S. 396.

701 Vgl. Dur, Robert/Roelfsema, Hein (2010): Social exchange and common agency in organizations, Journal of Socio-Economics, Jg. 39, Nr. 1, Januar 2010, S. 55–63, S. 60 (positive Wirkung von sozialen Austauschbeziehungen auf die Reziprozität von Akteuren); Wong/Boh 2010, S. 129 (Vertrauenswürdigkeit in sozialen Austauschbeziehungen); Ballinger/Rockmann 2010, S. 381 (Bedeutung des sozialen Lernen innerhalb sozialer Austauschbeziehungen); Parvis-Trevisany 2006, S. 22 (interne Modelle als Sinn- und Handlungskontext innerhalb sozialer Austauschbeziehungen).

702 Zum Einfluss von Informationen auf Entscheidungsprozesse vgl. Wall/Greiling 2011, S. 93; Kelly, Khim (2010): The Effects of Incentives on Information Exchange and Decision Quality in Groups, Behavioral Research In Accounting, Jg. 22, Nr. 1, S. 43–65, S. 44f.; Weber/Schäffer 2008, S. 76 (führungsrelevante Informationen); Hirsch, Bernhard (2007b): Wertorientiertes Berichtswesen – Theoretisches Konzept versus praktische Umsetzung, Zeitschrift für Planung & Unternehmenssteuerung, Jg. 18, Heft 2, August 2007, S. 161–185, S. 162f.; Laux/Liermann 2005, S. 457; Keil/Depledge et al. 2007, S. 394, und im Kontext sozialer Austauschbeziehungen Fuchs 2002, S. 27.

oder aus der Vertrauensstellung[703] des betreffenden Akteurs bzw. aus der Macht des besseren Argumentes bewältigt wird, ist für den Entscheidungstatbestand als solchen nicht von Bedeutung. Festzuhalten ist allerdings, dass innerhalb sozialer Systeme die Zurechnung von Entscheidungsverantwortung an die Person des Entscheidungsträgers gekoppelt ist.[704] Luhmann weist in diesem Zusammenhang darauf hin, dass die Zurechnung von Verantwortung die Konstruktion einer Beobachtung beinhaltet und damit die Möglichkeit von Fehlzuordnungen bedingt.[705] Für das Austauschverhältnis zwischen Führungsinstanzen und Controlling kann dies bedeuten, dass einerseits beide Akteure sich gegenseitig Entscheidungsverantwortung zurechnen. Andererseits können Dritte diese Zurechnung aus einer gänzlich anderen Perspektive sehen und beispielsweise den Akteuren im Controlling ein größeres Maß an (Mit-)Verantwortung für (Führungs-)Entscheidungen zumessen, als diese tatsächlich haben bzw. übernehmen wollen.

Für die soziale Austauschbeziehung zwischen Führungsinstanz und Controlling haben die obigen Darlegungen eine nicht unerhebliche Bedeutung. Grundsätzlich sind Entscheidungen von den verantwortlichen Führungsinstanzen zu treffen.[706] Das Controlling soll einen Beitrag zur Entscheidungsvorbereitung leisten, indem es relevante Informationen zusammenträgt, aufbereitet und die Konsequenzen der Entscheidung aufzeigt.[707] Diese Sichtweise auf das Controlling trennt die Verantwortung für die Entscheidungsunterstützung von der Entscheidungsverantwortung.[708] Im besten Fall sind Controlling und Führungsinstanz sich bezüglich der Entscheidung einig, weil die Führungsinstanz die Unterstützungsleistungen des Controllings anerkennt, bei ihrer Entscheidungsfindung berücksichtigt und das Controlling dieses Vorgehen der Führungsinstanz nachvollziehen kann. In

703 Vgl. Laux/Liermann 2005, S. 73; Süß, Stefan (2009a): Die Institutionalisierung von Managementkonzepten. Eine strukturationstheoretisch-mikropolitische Perspektive, Zeitschrift für Betriebswirtschaft, Jg. 79, Heft 2, Februar 2009, S. 187–212, S. 194; Schreiber 2010, S. 73.

704 Vgl. Thiele 2008, S. 40.

705 Vgl. Luhmann 2006, S. 137f.

706 Vgl. Fischer 2009, S. 51 (Entscheidungskompetenz und Weisungsbefugnis); Buß 2009, S. 8 (Reichweite von Entscheidungen); Kirsch/Seidl et al. 2009, S. 38 (Entscheidungen und Hierarchie).

707 Vgl. Weißenberger/Löhr 2008b, S. 4; Wall/Greiling 2011, S. 93; Hoffjan/Trapp et al. 2011, S. 185.

708 Vgl. Deyhle/Kottbauer et al. 2010, S. 29.

dieser Konstellation unterstützt das Controlling die Führungsinstanz, nimmt aber auf ihre Entscheidung keinen Einfluss.

Allerdings übernimmt das Controlling im Zuge der Entscheidungsunterstützungsfunktion nicht nur die Aufbereitung und Bereitstellung geeigneter Informationen. Vielmehr ist mit der Unterstützung von Entscheidungssituationen[709] auch eine mittelbare bzw. unmittelbare Einflussnahme des Controllings auf die Entscheidungen der Führungsinstanzen verbunden.[710] Dabei muss diese Einflussnahme den betreffenden Entscheidungsträgern nicht unbedingt bewusst sein. Daum/Steinle weisen in diesem Zusammenhang auf die Problematik des Controllings als dominierende Instanz innerhalb der Entscheidungsfindung und Entscheidungsüberwachung im Führungsgeschehen hin.[711] Wo das Controlling in seiner Rolle als Hüter ökonomischer Grundsätze agiert, erscheint seine Entscheidungsbeeinflussungsfunktion innerhalb des Führungsgeschehens gerechtfertigt. Diese Sicht auf das Controlling lässt sich allerdings dort nicht mehr vertreten, wo es Entscheidungen der Führungsinstanzen aus eigennützlichen Erwägungen beeinflusst oder eigenmächtig Entscheidungen in fremden Angelegenheiten trifft. Temmel weist diesbezüglich auf die Problematik einer intensiven Einbindung des Controllings in das Führungsgeschehen und die Möglichkeit einer zumindest teilweisen Übernahme von Führungsverantwortung durch das Controlling hin.[712] Ein solcher Eingriff in die Verantwortung von Führungsinstanzen erscheint allerdings nicht nur deshalb kritisch, weil hiermit das Risiko verbunden ist, dass geteilte Führungsverantwortung letztlich keine Verantwortung der Beteiligten bedeutet. Zudem verlässt das Controlling mit der Übernahme von Verantwortung für Führungsentscheidungen seinen eigenen Pfad der (ökonomischen) Tugend und macht sich aufgrund seiner hiermit zwangsläufig verbundenen Parteinahme innerhalb des Unternehmens angreifbar. Hierfür spricht allein schon die Tatsache, dass diejenige Institution, die mit der kritischen Reflexion zu Entscheidungen und Handlungen der Führungsinstanzen betraut ist, nicht gleichzeitig Teil dieser Entscheidungsprozesse und Handlungsschemata sein kann. Der »Wächter und Warner«[713] im Führungsgeschehen kann sich nicht selbst überwachen.

---

709 Vgl. Weißenberger/Wolf 2010, S. 4 (Hauptfunktion von Controllingsystemen liegt in der Entscheidungsunterstützung von Führungsinstanzen).

710 Vgl. Lingnau 2006, S. 18 (zur Mitwirkung des Controllings bei Entscheidungen der Führungsinstanzen); Weber 2007, S. 58 ( zur Ausrichtung des Entscheidungsverhaltens von Führungsinstanzen durch das Controlling).

711 Vgl. Daum/Steinle 2007, S. 33.

712 Vgl. Temmel 2011, S. 22.

713 Vgl. Hirsch/Sorg 2006, S. 218.

Neben der Entscheidungsunterstützungsfunktion wird dem Controlling in der Literatur auch eine Verhaltenssteuerungsfunktion[714] zugewiesen – Rausch verweist diesbezüglich auf die Bereitstellung von entscheidungsnützlichen Informationen durch das Controlling[715]. In diesem Zusammenhang sei auf die Bedeutung der Fachsprache[716] bzw. Systemelemente[717] sowie Sinnzuweisung[718] im Controlling verwiesen. Sinnzuweisung in sozialen Systemen erfolgt über Diskursformen.[719] Diskurse können als Aussagesysteme bzw. Aussageereignisse beschrieben werden, die sich im Zuge der Sinnzuweisung bestimmter Elemente aus Sprache und Zeichen bedienen.[720] Der Eintritt in einen Diskurs erfordert von dem betreffenden Akteur, dass dieser zumindest teilweise mit der (Fach-) Sprache innerhalb des Diskurses vertraut ist.[721] Damit sind Diskurse und Symbolisierungen für das gegenseitige Interaktionsverhältnis von Akteuren prägend.[722] Sprache im Sinne eines Organisationsvokabulars kann dabei als eine Sammlung von Deutungsmustern der Akteure verstanden werden, wobei Sprache bzw. Sprechen die kognitive Ordnung des sozialen Systems reproduziert.[723] Damit sind nicht nur Controlling-Konzepte das Ergebnis eines diskursiven Prozesses.[724]

714 Zum Controlling und seiner verhaltensbeeinflussenden Funktion im Führungsgeschehen vgl. Paefgen 2008a, S. 172 sowie Wall 2008a, S. 466ff; zu Planungsgrößen als Ausdruck von Verhaltenserwartungen an betriebliche Akteure vgl. Kirsch/Seidl et al. 2009, S. 81; zu Budgets als Mittel zur Verhaltenssteuerung in Unternehmen vgl. Kramer 2009, S. 899f.

715 Vgl. Rausch 2011, S. 138.

716 Vgl. Hirsch/Schneider 2010, S. 10 (Bedeutung der Sprache des Rechnungswesens für die Leistungen des Controllings).

717 Vgl. Horváth 2009, S. 166 (systembildende und systemkoppelnde Elemente des Controllings); Sandelin 2008, S. 325.

718 Vgl. Busco, Cristiano (2009): Giddens' structuration theory and its implications for management accounting research, Journal of Management & Governance, Jg. 13, Nr. 3, S. 249–260, S. 257; Sandelin 2008, S. 325; Becker/Jordan et al. 2003, S. 149.

719 Vgl. Giddens 1997, S. 84; Bragd, Annica/Christensen, Dorit/Czarniawska, Barbara/Tullberg, Maria (2008): Discourse as the means of community creation, Scandinavian Journal of Management, Jg. 24, Nr. 3, September 2008, S. 199–208, S. 199.

720 Vgl. Keller, Reiner (2007): Diskursforschung. Eine Einführung für SozialwissenschaftlerInnen, 3., aktualisierte Auflage, Wiesbaden: VS Verlag für Sozialwissenschaften, S. 64.

721 Vgl. Foucault, Michel (2010): Die Ordnung des Diskurses, 11. Auflage der Originalausgabe von 1974, Frankfurt am Main: Fischer Taschenbuch Verlag, S. 26.

722 Vgl. Goss 2008, S. 125f.

723 Vgl. Iding 2010, S. 198.

724 Vgl. Seal 2010, S. 95.

Vielmehr schafft die Sprache des Controllings gleichsam Konstitutionen der organisationalen Praxis und nimmt dabei Einfluss auf die Wahrnehmung der sozialen Realität der beteiligten Akteure. Chiapello weist in diesem Zusammenhang auf die diskursive Bestimmung von organisationalen Konzepten durch das Rechnungswesen hin.[725] Nimmt man das Rechnungswesen als einen der Hauptbezugspunkte des Controllings, wird die Bedeutung dieses Akteurs hinsichtlich der Schaffung kontingenter Realität in Organisationen sichtbar: Neben der diskursiven Bestimmung von Kriterien der ökonomischen Vernunft[726] prägt das institutionalisierte Controlling auch das Argumentationsgerüst seines eigenen Handelns[727] aus.

Die Legitimationsfunktion des Controllings innerhalb seiner sozialen Austauschbeziehung mit Führungsinstanzen[728] bewirkt faktisch die Fundierung seiner Diskursposition im Führungsgeschehen. Mit der Deutungshoheit über einzelne Begriffe seiner Fachsprache verschafft das Controlling sich gleichzeitig seine eigene Sinnzuweisung.[729] Über diese Ausprägung doppelter Kontingenz zu den Strukturationselementen »Sinnkonstitution« und »Legitimation« erlangt das institutionalisierte Controlling zudem die Möglichkeit, die von ihm geschaffenen Sinnzuweisungen innerhalb des sozialen Systems »Führung« zu sanktionieren.[730]

---

725 Vgl. Chiapello 2009, S. 129f.

726 Zum Rationalitätspostulat innerhalb der Ökonomik vgl. Kirchgässner 2008, S. 17; Luhmann 1994, S. 287, sowie Scherer, Andreas Georg (2006): Kritik der Organisation oder Organisation der Kritik? – Wissenschaftstheoretische Bemerkungen zum kritischen Umgang mit Organisationstheorien, in: Kieser, Alfred/Ebers, Mark (Hrsg.): Organisationstheorien, 6., erweiterte Auflage, Stuttgart: Kohlhammer, S. 19–61, S. 40, hier zum Fehlen eines einheitlichen Begriffsverständnisses zu Rationalität im Wirtschaftsgeschehen.

727 Vgl. Weber/Schäffer 2008, S. 33ff. (Rationalitätssicherungsfunktion des Controllings); Nevries/Strauß 2008, S. 106 (Risikomanagement und Rationalitätssicherung durch das Controlling).

728 Vgl. Scherm/Pietsch 2003, S. 51; Winter 2007, S. 52 (hier im Kontext der Legitimation von Macht und Normen innerhalb der Organisation).

729 Zur Bedeutung von Sprache und Sprachspielen in sozialen Austauschbeziehungen vgl. Miebach 2010, S. 364 (symbolische Repräsentation von Wirklichkeit durch Fachbegriffe); Kirsch/Seidl et al. 2007, S. 168; Scherm/Pietsch 2003, S. 44f.; Giddens 1997, S. 81.

730 Vgl. Giddens 1997, S. 81 (hier im Kontext der Sprachspiele als Ausprägungsform von Machtpositionen der Akteure in sozialen Systemen).

Unsicherheitszonen aus der Sprache des Controllings können auf Seiten der Führungsinstanzen dort entstehen, wo die Verwendung von Fachbegriffen keine eindeutige Zuordnung von Inhalten oder Erwartungen bei den Führungsinstanzen bewirkt. Beispielsweise ist mit dem Begriff der Wertorientierung eine große Bandbreite von Vorstellungen verbunden, die sich aus Sicht der beteiligten Akteure deutlich voneinander unterscheiden können.[731] Was unter »Wertorientierung« bzw. »wertorientierter Unternehmensführung« zu verstehen ist, unterliegt im Grenzfall der diskursiven Auseinandersetzung zwischen den Akteuren im Controlling und in den Führungsinstanzen. Damit kann das Controlling organisationale Deutungsmuster besetzen und so eine kontingente kognitive Ordnung innerhalb seiner sozialen Austauschbeziehung mit den Führungsinstanzen schaffen.[732] Das gemeinsame Verständnis von Führungsinstanzen und Controlling zu ihrem sozialen Austauschverhältnis lässt sich somit – unter anderem – als Suche nach einer gemeinsamen Sprache[733] beschreiben. Und innerhalb dieses Sprachspiels können Unsicherheitszonen das Verhalten bzw. Fehlverhalten beider Akteure determinieren.[734]

Innerhalb des Agenturverhältnisses erhält der Agent vom Prinzipal nicht nur Aufgaben, sondern auch Entscheidungs- bzw. Handlungsspielräume im Rahmen seiner Aufgabenerfüllung zugemessen.[735] Damit bestehen diese Spielräume auch hinsichtlich der Aufgaben und Funktionen des Controllings. Die Tatsache, dass zwischen Prinzipal und Agent regelmäßig unvollständige Verträge vorliegen[736], kann zu Handlungen des Controllings mit unerwünschten Konsequenzen für das Austauschverhältnis mit den Führungsinstanzen bzw. für das Unternehmen führen. So sind beispielsweise asymmetrisch verteilte Informationen zwischen Controlling und Führungsinstanzen dann ein Problem, wenn diese aus Ermessensspielräumen des Controllings im Zusammentreffen mit eigennützlichen

731 Vgl. Scherm/Pietsch 2003, S. 44f.

732 Vgl. Iding 2010, S. 198 (Sprache bzw. Sprechen als Schaffung und Reproduktion kognitiver Ordnung in sozialen Systemen).

733 Vgl. Grondin, Jean (2009): Hermeneutik. Aus dem Französischen übersetzt von Ulrike Blech, Göttingen: Vandenhoeck & Ruprecht, S. 69.

734 Vgl. Ballinger/Rockmann 2010, S. 374 (Bedeutung von sozialen Austauschbeziehungen für das Verhalten/Fehlverhalten von Akteuren innerhalb der Organisation).

735 Vgl. Hungenberg/Wulf 2011, S. 81ff.

736 Vgl. Voigt 2009b, S. 84f. (Vertragsgestaltung unter asymmetrisch verteilten Informationen) und S. 92 (neoklassische Verträge mit Akzeptanz der Unvollständigkeit); Richter/Furubotn 2003, S. 269 (hier im Kontext von Arbeitsverträgen zwischen Prinzipal und Agent); Göbel 2001, S. 62 (lediglich tendenziell vollständige Verträge).

Ziele resultieren und den Führungsinstanzen systematisch nicht erkennbar sind. Paefgen weist auf diesen blinden Fleck in der Literatur hin und zeigt zugleich auf, dass im Controlling aus opportunistischen Beweggründen bewusst Informationen manipuliert werden.[737]

Folgt man dem Argument, dass Führungsinstanzen ihren Informationsvorsprung gegenüber den Unternehmenseignern nutzen und zudem konfligierende Anreizstrukturen schaffen[738], lässt sich ein ebensolches Verhalten in der Agenturbeziehung des Controllings zu den betrieblichen Führungsinstanzen nicht ausschließen. Die Grundannahme der Agenturtheorie, dass Akteure auf Anreize reagieren[739] und ihre Steuerung damit mittels extrinsischer Motivatoren bewirkt

737 Vgl. Paefgen 2008a, S. 79 (Rationalitätsdefizite im Controlling als blinder Fleck der Literatur) und S. 178 (Manipulation von Informationen aus eigennützlichen Erwägungen).

738 Zum Problemfeld anreizbezogener Vergütung im Top Management als Ergebnis von Machtstrukturen und asysmmetrischen Informationen vgl. Friedrichs, David O. (2009): Exorbitant CEO compensation: just reward or grand theft?, Crime, Law and Social Change, Jg. 51, Heft 1, S. 45–72, S. 53; Mizik, Natalie (2010): The Theory and Practice of Myopic Management, Journal of Marketing Research, Jg. 47, Nr. 4, August 2010, S. 594–611, S. 594; Laux, Helmut (2010): On the benefits of allowing CEOs to time their stock option exercises, RAND Journal of Economics, Jg. 41, Nr. 1/ Frühjahr 2012, S. 118–138, S. 118; Armstrong, Christopher S./Ittner, Christopher D./Larcker, David F. (2012): Corporate governance, compensation consultants, and CEO pay levels, Review of Accounting Studies, Jg. 17, Heft 2, S. 322–351, S. 323f.; Rijsenbilt, Antoinette/Commandeur, Harry (2013): Narcissus Enters the Courtroom: CEO Narcissism and Fraud, Journal of Business Ethics, Band 117, Heft 2, Oktober 2013, S. 413–429, S. 415 u. 417; zu Anreizsystemen und hieraus resultierendem Fehlverhalten betrieblicher Akteure vgl. Hoefle, Manfred/Marquart, Hans/Schnopp, Reinhardt (2008): ZP-Praxis: Fehlentwicklungen und Therapien bei Planung und Budgetierung, Zeitschrift für Planung & Unternehmenssteuerung, Jg. 19, Heft 2, August 2008, S. 233–247, S. 237; zum Zusammenhang zwischen Governance-Regeln, Vergütungssystemen und Aktivitäten im Bereich des Earnings Management vgl. Hossain, Mahmud/Mitra, Santanu/Rezaee, Zabihollah/Sarath, Bharat (2011): Corporate Governance and Earnings Management in the Pre- and Post-Sarbanes-Oxley Act Regimes: Evidence from Implicated Option Backdating Firms, Journal of Accounting, Auditing & Finance, Jg. 26, Nr. 2/April 2011, S. 279–315, S. 284ff.; zu einer kritischen Auseinandersetzung mit gesetzlichen Regelungen bezüglich der Vergütung im Top Management vgl. Lange, Ralph/Walth, Annu (2011): Anreizsysteme für Top-Manager im Lichte der regulatorischen Rahmenbedingungen, ZfCM – Zeitschrift für Controlling und Management, Jg. 55, Sonderheft 3, November 2011, S. 31–35, S. 35.

739 Vgl. Wolf 2011, S. 367; Jenkins/Deis et al. 2008, S. 59; Ploner/Ziegelmeyer 2007, S. 2; Richter/Furubotn 2003, S. 173ff.

werden kann[740], trifft eben - mit allen hiermit verbundenen Konsequenzen - auch auf die Akteure im Controlling zu[741]. Dabei kann sich gerade innerhalb der anreizbezogenen Überwachungshandlungen des Controllings eine paradoxe Situation ergeben. Maßnahmen zur Überwachung von Handlungen im Führungsgeschehen bzw. im Kontext von Anreizsystemen sollen einerseits die Bewältigung von Problemen in Agenturbeziehungen ermöglichen.[742] Andererseits tragen eben solche Anreizsysteme auch wieder zu opportunistischem Verhalten der Akteure - sowohl in den Führungsinstanzen als auch im Controlling - bei.[743] Dies erscheint insbesondere dann problematisch, wenn das Controlling auch in die Gestaltung von Anreizsystemen aktiv eingebunden[744] ist. Der vorgeblich unabhängige und objektive Akteur »Controlling« vermag so nicht nur zur Fehlsteuerung von Führungshandlungen beizutragen, sondern vielmehr auch seine eigenen Fehler hierin mithilfe von kontingenten Anreizsstrukturen zu kaschieren und im Grenzfall unentdeckt zur eigenen Karriereplanung zu nutzen. Mit der Fokussierung von monetären Anreizsystemen im Rahmen der Agenturtheorie wird bemerkenswerterweise die Frage nach den sozialen Austauschbeziehungen zwischen Controllern (hier: Agent) und Führungskräften (hier: Prinzipal) in der Literatur kaum behandelt.[745]

Wenn das Controlling sowohl eine Legitimationsfunktion innerhalb des Führungsgeschehens, als auch hinsichtlich seines eigenen Wirkens hat, lässt sich das Phänomen der doppelten Kontingenz des Controllings nicht von der Hand weisen: Mit der Übernahme der Entscheidungskontrolle durch das Controlling im Führungsprozess werden Verfügungsrechte an das Controlling übertragen. Damit verfügt das Controlling über Ermessensspielräume[746] im Rahmen seiner Aufgabenerfüllung und daher über Gestaltungsmöglichkeiten im betrieblichen Entscheidungsprozess. Das Controlling als Hüter über die ökonomische Moral[747]

740 Vgl. Hirsch/Schneider 2010, S. 12f.

741 Vgl. Maas/Matějka 2009, S. 1236 (hier im Kontext dysfunktionalen Verhaltens des Controllings); Paefgen 2008b, S. 87 (zu dysfunktionalen Wirkungen von Leistungsanreizen im Controlling); Paefgen 2008a, S. 87 (Informationsasymmetrie zur Verbesserung von Anreizstrukturen im Controlling).

742 Vgl. Hunton/Mauldin et al. 2008, S. 1552.

743 Vgl. Paefgen 2008a, S. 178.

744 Weber 2011, S. 40.

745 Vgl. Dur/Roelfsema 2010, S. 55 (hier im Kontext der sozialen Austauschbeziehungen zwischen Mitarbeitern und Führungskräften).

746 Vgl. Hartmann/Maas 2010, S. 29; Weber/Zubler et al. 2008, S. 49; Reichmann 2006, S. 7f.

747 Weber/Schäffer 2008, S. 15; Goretzki/Weber et al. 2010, S. 56.

agiert aus diesem Selbstverständnis aktiv und bisweilen ungefragt[748] innerhalb des Führungsgeschehens und legt seinen Aktions- bzw. Verantwortungsbereich dabei unter Umständen weitgefasst aus[749]. So stellen unvollständige Verträge zwischen Führungsinstanzen und Controlling die eine Ausprägung von Kontingenz dar: Die Beschreibung der Aufgaben des Controllings im Führungsprozess erfolgt als kompromissbezogene Festlegung zwischen Transaktionskosten und Opportunismus. Die andere Kontingenz-Ausprägung zeigt sich in der Interpretation und Gestaltung von Aufgaben im Controlling selbst: In der Besetzung von organisationalen Unsicherheitszonen vermag das Controlling nicht nur als Korrektiv zu willkürlichen Handlungen der Führungsinstanzen zu agieren, sondern eben auch die machtvolle Ausgestaltung seiner eigenen Handlungsposition zu bewirken. In diesem Sinne agiert das institutionalisierte Controlling in seiner Rolle als Counterpart[750] der Führungsinstanzen faktisch als Hüter eines selbstreferenziellen Diskurses[751] innerhalb der Organisation.

Demgegenüber zeigt sich im Bild des Controllings als Instanz zur Entscheidungsbeeinflussung[752] eine andere Konstellation. In seiner Rolle als »kritischer Counterpart« soll das Controlling gerade durch seine Einflussnahme auf Führungsinstanzen die Einhaltung ökonomischer Rationalität im Unternehmen sicherstellen.[753] Dabei soll es auch ungefragt Widerspruch formulieren[754] und durch entsprechende Informationen Führungsinstanzen in ihrem Entscheidungsverhalten »herausfordern«[755]. In diesem Bezug stellt sich die Frage, ob bzw. wann die Grenze der Einflussnahme durch das Controlling unzulässig überschritten wird.

Mit der Beeinflussung von Entscheidungen auf Seiten der Führungsinstanzen durch das Controlling kann eine durchaus problematische Gradwanderung für beide Akteure verbunden sein. So mag ein Einwirken des Controllings auf Führungsinstanzen einerseits die Einhaltung ökonomischer Grundsätze im betrieblichen Geschehen sicherstellen. Jedoch stellt sich in diesem Zusammenhang die

---

748 Vgl. Weber/Schäffer 2008, S. 427 (Recht zum ungefragten Widerspruch); Knollmann/Hirsch et al. 2008, S. 366 (Role Making).

749 Hoffjan/Trapp et al. 2011, S. 186.

750 Weber/Schäffer 2008, S. 34; Pietsch/Scherm 2004, S. 545.

751 Zum Diskurs als kommunikative Praxis vgl. Bragd/Christensen et al. 2008, S. 199.

752 Vgl. Wall 2008a, S. 466ff.; Rausch 2011, S. 138.

753 Vgl. Weber/Schäffer 2008, S. 50; Birl/Hirsch et al. 2008, S. 255; Pietsch/Scherm 2004, S. 545.

754 Weber/Schäffer 2008, S. 427.

755 Weber 2011, S. 28.

Frage, ob dies nicht ohnehin im ureigenen Interesse der betreffenden Führungsinstanz liegt. Schließlich obliegt ihr die Verantwortung für die zielorientierte Führung ihres Verantwortungsbereiches. Das Controlling kann sein Fakten- bzw. Methodenwissen zur Verfügung stellen, um Entscheidungstatbestände für Führungsinstanzen in ihren Rahmenbedingungen und Konsequenzen transparent und beurteilbar zu machen. Es kann faktisch jedoch nicht Entscheidungen anstelle bzw. für die jeweilige Führungsinstanz treffen, denn hierdurch würde es die Grenze zwischen seiner Rolle als Ratgeber im Führungsgeschehen unzulässig überschreiten. Mit der Adressierung von Entscheidungskompetenz an die betreffenden Führungsinstanzen ist gleichsam deren Verantwortung für ihre Entscheidungen verbunden. Der Ratgeber trägt seinerseits Verantwortung für die situationsbezogene und lösungsorientierte Angemessenheit seines Rates. Aber er kann und darf nicht die Verantwortung für dessen Umsetzung auf Seiten des Beratenden übernehmen.[756] Dies erscheint nicht zuletzt aus der Perspektive desjenigen nachvollziehbar, der die Unterstützung des Ratgebers erfährt. Seine Freiheit, den angebotenen Rat anzunehmen bzw. in eigenem Ermessen umzusetzen, liegt in der Beschränkung des Ratgebers auf die Sorgfalt in der Formulierung von Lösungsmöglichkeiten. In diesem Sinne erscheint gerade die in der Literatur vertretene Auffassung vom Controlling als betriebswirtschaftlicher Berater[757] von Führungsinstanzen von Bedeutung. Graumann verweist dabei auf die „unterstützende, aber nicht ersetzende Funktion“[758] des Controllings gegenüber den Führungsinstanzen.

Offenkundig beinhaltet die Entscheidungsunterstützungsfunktion des Controllings die Problematik, innerhalb des Entscheidungsprozesses sich gegen eine Einbindung in die Entscheidungsfindung und die Überwälzung von Entscheidungsverantwortung gegenüber den verantwortlichen Führungsinstanzen abzugrenzen. Vielmehr scheint gerade mit der von Weber/Schäffer postulierten

756 Iding 2010, S. 189 (Berater als Mentor); Welpe, Isabell M./Michl, Theresa/Spörrle, Matthias (2010): Expertenberatung oder Coaching? So finden Sie den richtigen Beratungsansatz für Ihr Projekt, Zeitschrift Führung + Organisation, Jg. 79, Heft 4/2010, S. 257–264, S. 257f. (Einnehmen einer Metaposition durch den Berater); Hasenzagl 2007, S. 364ff. (Rollenverständnis des Beraters und dessen Intervention).

757 Vgl. Weißenberger, Barbara E./Wolf, Sebastian/Neumann Giesen, Axel/Elbers, Gunnar (2012): Controller als Business Partner: Ansatzpunkte für eine erfolgreiche Umsetzung des Rollenwandels, ZfCM – Zeitschrift für Controlling und Management, Jg. 56, Heft 5, September 2012, S. 330–335, S. 330; Weber 2011, S. 38.

758 Graumann 2012, S. 589.

Rolle des Controllings als »kritischer Counterpart« im Führungsgeschehen[759] und dem damit verbundenen Widerspruchsrecht[760] der Controller ein systematisches Konfliktfeld vorprogrammiert zu sein. Mit Bezug auf ihre soziale Austauschbeziehung im Kontext der Entscheidungsfindung lassen sich grundsätzlich zwei Konstellationen im Miteinander der Akteure im Controlling und in den Führungsinstanzen aufzeigen:

(1) Zwischen Führungsinstanz und Controlling besteht Einigkeit bezüglich einer Entscheidungssituation.
(2) Führungsinstanz und Controlling sind sich über eine Entscheidung uneinig.

Sind sich Führungsinstanz und Controlling über eine Entscheidung einig, teilen beide Akteure dieselbe Einschätzung zum Tatbestand der Entscheidung und stimmen bezüglich der betreffenden Zielformulierung überein. Diese grundsätzliche Übereinstimmung lässt jedoch zu, dass beide Akteure unterschiedliche Auffassungen darüber haben können, wie das betreffende Ziel erreicht werden soll. Da im Zuge von Zielformulierungen nicht notwendigerweise auch der zur Zielerreichung führende Weg vereinbart werden muss, bleibt demjenigen Akteur, der für die Erreichung des Zieles einsteht, ein Ermessenspielraum zur Ausgestaltung seiner Aktivitäten.[761] Dies beinhaltet, dass ein formuliertes und gemeinsam getragenes Ziel vom verantwortlichen Akteur erreicht wird, obwohl er einen Weg gegangen ist, den der andere nicht gewählt hätte. Ein Ermessensspielraum bei der Erreichung von Zielen kann jedoch auch beinhalten, dass die Umsetzung der zu erreichenden Zielgröße durch den betreffenden Akteur nicht adäquat verläuft und damit das formulierte Ziel nicht erreicht wird. Darüber hinaus kann die erstrebte Zielgröße übererfüllt werden, unabhängig davon, ob dies durch tätiges Handeln des verantwortlichen Akteurs oder durch günstige Ereignisse bewirkt ist, die außerhalb seines Einflusses liegen.

Besteht über das betreffende Ziel Uneinigkeit zwischen Führungsinstanz und Controlling, divergieren ihre Meinungen. Uneinig können sich die Akteure sowohl bezogen auf die Entscheidung hinsichtlich der Zielgröße als auch hinsichtlich des Weges zur Zielerreichung sein. Welcher der beiden Akteure bei der Festlegung von Ziel, Zielgröße bzw. des Weges zur Zielerreichung dominiert, ist dabei innerhalb ihrer sozialen Austauschbeziehung von Bedeutung. Derlei Festlegungen können sowohl die Führungsinstanz als auch das Controlling treffen.

759 Vgl. Weber/Schäffer 2008, S. 34.
760 Vgl. Weber/Schäffer 2008, S. 427.
761 Vgl. Ellebracht/Lenz et al. 2009, S. 81f.

Denkbar ist auch der Grenzfall, dass zwischen beiden Akteuren eine Pattsituation entsteht und kein Akteur seine Position gegenüber dem anderen durchzusetzen vermag.

In der Folge wird unter dem Begriff »Ziel« die Formulierung eines bestimmten Zustandes verstanden, der von den betreffenden Akteuren zukünftig erreicht werden soll.[762] Grundsätzlich können Ziele sowohl quantitativ als auch qualitativ ausgeprägt sein. Diese Forschungsarbeit betrachtet Ziele als quantifizierte Vorzugszustände[763]. Damit wird dem Ansatz gefolgt, dass unter dem Aspekt der zielbezogenen Steuerung von Unternehmen letztlich auch qualitative Ziele in messbare Größen münden.[764] Zudem umfasst insbesondere die Rechenschaftslegung von Akteuren der Unternehmensleitung, Führungsinstanzen – und auch im Controlling – die Darlegung monetärer Größen.[765]

Eine im Zusammenhang der Rechenschaftslegung von Führungsinstanzen regelmäßig fokussierte Zielgröße ist zweifelsohne der finanzielle Erfolg von Unternehmen.[766] Ein positiver Erfolg wird dabei als Gewinn bezeichnet.[767] Ein

762 Vgl. Hungenberg/Wulf 2011, S. 49.

763 Vgl. Bea, Franz Xaver (2004): Entscheidungen des Unternehmens, in: Bea, Franz Xaver/Friedl, Birgit/Schweitzer, Marcell (Hrsg.): Allgemeine Betriebswirtschaftslehre. Bd. 1: Grundfragen, 9., überarbeitete Auflage, Stuttgart: Lucius & Lucius, Schriftenreihe UTB, S. 310–420, S. 316 (Zielformulierung); Luhmann 2006, S. 230f. (Planung als Entscheidung über Entscheidungsprämissen); Schreyögg/Koch 2007, S. 10 (Bestimmung der Zielrichtung im Zuge der Planung).

764 Zu einer kritischen Auseinandersetzung bezüglich Planung als Vorwegnahme zukünftiger Vorzugszustände vgl. Malik, Fredmund (2009): Systemisches Management, Evolution, Selbstorganisation. Grundprobleme, Funktionsmechanismen und Lösungsansätze für komplexe Systeme, 5. Auflage (Neuausgabe), Bern, Stuttgart, Wien: Haupt Verlag, S. 111f.

765 Vgl. Buchholz 2010, S. 5; Zülch/Gebhardt et al. 2009, S. 2.

766 Vgl. Wöhe, Günter/Döring, Ulrich (2010): Einführung in die allgemeine Betriebswirtschaftslehre, 24., überarbeitete und aktualisierte Auflage, München: Verlag Franz Vahlen, S. 70 u. S. 525; Neus 2009, S. 174 (Unternehmensgewinn und gesamtwirtschaftliche Wohlfahrt); Hahn, Dietger (1996): PuK. Planung und Kontrolle, Planungs- und Kontrollsysteme, Planungs- und Kontrollrechnung, Controllingkonzepte, 5., überarbeitete und erweiterte Auflage, Wiesbaden: Gabler Verlag, S. 129ff. (Gewinn als monetäre Zielgröße); Gutenberg, Erich (1984): Grundlagen der Betriebswirtschaftslehre. Band II: Der Absatz, 17. Auflage, Berlin [u.a.]: Springer-Verlag, S. 4f. (Gewinnziel marktwirtschaftlich orientierter Unternehmen).

767 Zur Erfolgs- bzw. Ergebnisrechnung im Rahmen der Rechenschaftslegung vgl. Buchholz 2010, S. 127f.; Coenenberg 2009, S. 506ff.; zu einzelnen Erfolgsgrößen innerhalb der IFRS Gesamtergebnisrechnung vgl. Grünberger, David (2011): IFRS 2011. Ein

solcher Gewinn reflektiert das Ergebnis, das ein Unternehmen über eine definierte Wirtschaftsperiode erwirtschaftet hat bzw. aus seiner Planung heraus erreichen will. Nachfolgend werden die Begriffe »Planergebnis (PE)« bzw. »Istergebnis (IE)« verwendet. Sie bezeichnen die Zielgröße bzw. Istgröße, die im Zuge der betrieblichen Aktivitäten erreicht werden sollen bzw. erreicht worden sind. Damit wird der Ergebnisbegriff gleichsam eng gefasst. Grundsätzlich kann der Begriff »Ergebnis« für eine bestimmte Merkmalsausprägung eines betrieblichen Bezugsobjektes stehen.[768] Es kann sich um ein Budget, ein Vorhaben (z. B. Investition, Entwicklungsprojekt, Optimierungsvorhaben), eine Ertrags- bzw. Aufwandsgröße oder um eine Ergebnisgröße im engeren Sinne (z. B. Betriebsergebnis, Ergebnis nach Steuern) handeln. Das Planergebnis bezeichnet denjenigen Vorzugszustand, der von den handelnden Akteuren im Zuge von Zielformulierungen antizipiert wird.[769] Planergebnisse lassen sich als Resultat aus Aushandlungsspielen zwischen Führungsinstanz und Controlling darlegen. Der Begriff »Istergebnis« bezeichnet eine tatsächlich erreichte Ausprägung der betreffenden Zielformulierung. Plan- und Istergebnis können in drei unterschiedlichen Konstellationen zueinander stehen:

Konstellation A: Planergebnis und Istergebnis stimmen überein (PE = IE). Der formulierte Vorzugszustand wurde erreicht, es gibt keine Abweichung gegenüber der Planung.

Konstellation B: Das Planergebnis ist kleiner als das Istergebnis (PE < IE). Der formulierte Vorzugszustand wurde im Ist in einem höheren Maß erreicht, es liegt eine positive Ergebnisabweichung vor.

Konstellation C: Das Planergebnis ist größer als das Istergebnis (PE > IE). Der formulierte Vorzugszustand wurde im Ist nicht erreicht, es liegt eine negative Ergebnisabweichung vor.

---

systematischer Praxis-Leitfaden, 9., überarbeitet Auflage, Herne: Verlag Neue Wirtschafts-Briefe, S. 256f.; Lüdenbach, Norbert/Christian, Dieter (2010): IFRS-Essentials. Regeln, Fälle, Lösungen, Herne: Verlag Neue Wirtschafts-Briefe, S. 16.

768 Vgl. Horváth 2009, S. 147f. (Ergebnis betrieblicher Handlungen).

769 Vgl. Kirsch/Seidl et al. 2009, S. 68 (Planung); Link 2009, S. 7 (Planung und Steuerung); Schreyögg/Koch 2007, S. 10 (Planung und Unternehmensführung); Kieser/Walgenbach 2007, S. 6 (Zielbezug von Organisationen); Reichmann 2006, S. 13 (Zielbezug des Controllings); Eisele, Wolfgang (2002): Technik des betrieblichen Rechnungswesens. Buchführung und Bilanzierung, Kosten- und Leistungsrechnung, Sonderbilanzen, 7., vollständig überarbeitete und erweiterte Auflage, München: Verlag Franz Vahlen, S. 10 (Planungsrechnung).

Unter dem Weg zur Zielerreichung versteht diese Forschungsarbeit ebenfalls einen quantifizierten Ansatz. Hier wird einerseits die Markttätigkeit von Unternehmen betrachtet, deren quantifizierte Ziel- bzw. Istgröße der Umsatz einer Periode ausmacht. Andererseits findet im Rahmen der betrieblichen Leistungserstellung und Leistungsverwertung regelmäßig die Inanspruchnahme von Ressourcen statt. Dieser Ressourcenverzehr kann in Form von Kosten quantifiziert werden.[770] Unter dem Blickwinkel dieser Forschungsarbeit reflektieren die beiden Größen »Umsatz« und »Kosten« den quantifizierten Weg zur Zielerreichung, denn letztlich vermag eine beliebige Kombination einzelner Ressourcen zur Erstellung und Verwertung der betrieblichen Leistung zur Erreichung einer Ergebniszielgröße führen. Mit dem Umsatz als monetäre Zielgröße des betrieblichen Leistungserstellungs- und Leistungsverwertungsprozesses ist eine Kennzahl verbunden, die in der Literatur als eine der »typischen« Zielgrößen verortet wird.[771]

Ob ein Ergebnisziel erreicht wurde oder nicht, ist für die betreffenden Akteure zweifelsohne von vorrangiger Bedeutung – insbesondere vor dem Hintergrund anreizbezogener Vergütungssysteme. Wie aber ein Istergebnis in seinen Bestimmungskomponenten »Umsatz« und »Kosten« zustande gekommen ist, vermag für die sozialen Austauschbeziehungen zwischen Führungsinstanzen und Controlling ebenfalls von Belang sein. Ausgehend von der zwischen Führungsinstanz und

770 Zum Kostenbegriff vgl. Däumler, Klaus-Dieter (1996): Kostenrechnung 1. Grundlagen, 7., vollständig neubearbeitete Auflage, Herne, Berlin: Verlag Neue Wirtschafts-Briefe, S. 29; Eisele 2002, S. 637.

771 Vgl. stellvertretend Barth, Klaus/Hartmann, Michaela/Schröder, Hendrik (2015): Das Handelscontrolling, in: Barth, Klaus/Hartmann, Michaela/Schröder, Hendrik (Hrsg.): Betriebswirtschaftslehre des Handels, 7., überarbeitete Auflage, Wiesbaden: Gabler Verlag, S. 349–429, S. 355; Meffert, Heribert/Bruhn, Manfred/Hadwich, Karsten (2015): Controlling im Dienstleistungsmarketing, in: Meffert, Heribert/Bruhn, Manfred/Hadwich, Karsten (Hrsg.): Dienstleistungsmarketing. Grundlagen, Konzepte, Methoden, 8., vollständig überarbeitete und erweiterte Auflage, Wiesbaden: Springer Gabler, S. 471–499, S. 477 u. S. 479ff.; Fredebeul-Krein, Tobias (2012): Koordinierter Einsatz von Direktmarketing und Verkaufsaußendienst im B2B-Kontext, Wiesbaden: Gabler Verlag, S. 95; Lukas, Christian/Rapp, Matthias J. (2013): Unternehmenssteuerung mit Rentabilitätskennzahlen, Controlling & Management Review, Jg. 57, Heft 6, Dezember 2013, S. 68–74, S. 70f.; Meckl, Reinhard/Riedel, Florian (2011): Shareholder-Value-Steigerung durch Mergers & Acquisitions, Controlling & Management, Jg. 55, Heft 6, Dezember 2011, S. 377–386, S. 382f.; Priller, Christian/Rathnow, Peter (2007): Steuerung global agierender Unternehmen. Konzepte, Controllinginstrumente und deren Umsetzung, ZfCM – Zeitschrift für Controlling und Management, Jg. 51, Heft 1, Februar 2007, S. 31–36, S. 34.

Controlling gemeinsam verfolgten Zielsetzung, für das Unternehmen ein bestmögliches Ergebnis zu erreichen, lassen sich die Steuerungshandlungen beider Akteure schwerpunktmäßig bestimmen. Führungsinstanzen legen ihr Augenmerk auf die Ergebniskomponente »Umsatz«, während die Akteure im Controlling auf die Überwachung der Kosten ausgerichtet sind.[772] Die nachfolgende Abbildung 5 zeigt überblicksartig die möglichen Ergebniskonstellationen im Kontext der zwischen Führungsinstanz (FI) und Controlling (CO) erzielten Übereinkunft über das Planergebnis.

*Abbildung 5: Mögliche Konstellationen bezüglich des Plan-/Istergebnisses*

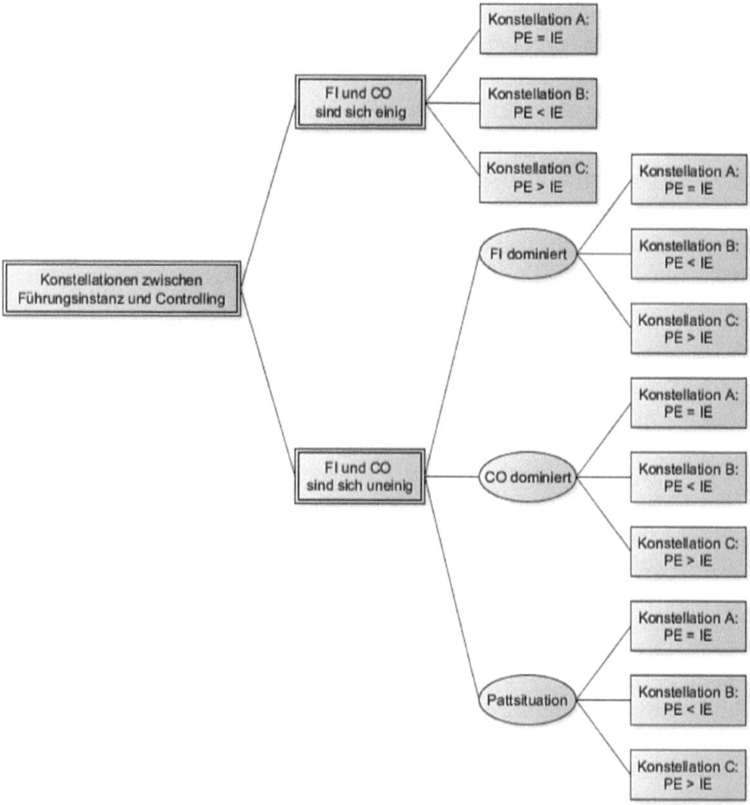


772 Vgl. hierzu Horváth 2009, S. 443 (Kostenorientierung des Controllings); Weber/Schäffer 2008, S. 37 (stärkere Kundenorientierung von Managern); zum Problem einer ausschließlichen Kostenfokussierung in Unternehmen Kotler, Philip (1999): Marketing.

Aus der ersten Inaugenscheinnahme sind die Konstellationen »A« und »B« offenkundig unproblematisch, denn im ersten Fall entspricht das Istergebnis dem Planergebnis, im zweiten liegt das Istergebnis oberhalb des Planergebnisses. Die Konstellation »PE > IE« beinhaltet damit offenbar eine Problemsituation, denn hier unterschreitet das Istergebnis das Planergebnis und damit liegt eine negative Ergebnisabweichung vor. Diese kann in drei Sachverhalten begründet sein:

1. Die negative Abweichung resultiert aus Umweltbedingungen, die von den Akteuren trotz aller Sorgfalt im Zuge der Planaufstellung nicht vorhergesehen werden konnten.
2. Die Ergebnisabweichung ist in einer unrealistischen Planung begründet. Im Zuge der Formulierung des Planergebnisses hätte erkannt werden können, dass dieses unter realistischen Annahmen nicht erreichbar ist.
3. Das Planergebnis ist realistisch dimensioniert worden, jedoch erfolgte im Ist eine unzureichende Umsetzung der betreffenden Maßnahmen.

Negative Ergebnisabweichungen reflektieren, dass die im Zuge der Planung formulierten Zielgrößen im Ist nicht erreicht wurden. Eine solche Abweichung kann in zwei Sachverhalten begründet sein:

Die Plangröße wurde nicht erreicht, weil sich wesentliche Änderungen in den Umweltbedingungen[773] ergeben haben, die bei der Planaufstellung nicht vorhersehbar und von der Führungsinstanz bzw. dem Controlling nicht beeinflussbar waren. Diese Ergebnisabweichung kann keiner der betroffenen Akteure vertreten. Zwar kann hieraus ein Risiko für das Unternehmen entstehen.[774] Allerdings

Märkte schaffen, erobern und beherrschen, München: Econ, S. 33; zum Marketing als Führungskonzeption vgl. Nieschlag, Robert/Dichtl, Erwin/Hörschgen, Hans (1997): Marketing, 18., durchgesehene Auflage, Berlin: Duncker & Humblot, S. 20ff.; Kotler, Philip (2003): Marketing Management, 11. Auflage, Upper Saddle River, New Jersey: Pearson Education International, S. 9ff.; zur geringeren Kostenorientierung von Marketing- bzw. Vertriebsmanagern vgl. Krügerke, Christian (2009): Aktuelle Praxis des Vertriebscontrollings – Ergebnisse einer empirischen Studie, ZfCM – Zeitschrift für Controlling und Management, Jg. 53, Sonderheft 2, September 2009, S. 23–29, S. 26; zur Nutzung von Controllingsystemen im Führungsgeschehen zur Bewältigung von Unsicherheit im Markt- und Wettbewerbsumfeld vgl. Hofmann, Stefan/Wald, Andreas/Gleich, Ronald (2012): Determinants and effects of the diagnostic and interactive use of control systems: an empirical analysis on the use of budgets, Journal of Management Control, Jg. 23, Nr. 3, Dezember 2012, S. 153–182, S. 158f.

773 Vgl. Peemöller 2005, S. 126ff. (Umweltbedingungen und Bezugselemente).

774 Vgl. Boddy 2002, S. 255ff. (Risiken im Kontext der Unternehmensführung); Gaenslen 2006, S. 41 (Risiken im Führungszyklus); Gleißner 2008, S. 60ff. (Risikofelder des

ist dieses nicht im Handeln der Führungsinstanz bzw. des Controllings begründet. Da diese Konstellation nicht durch die Akteure verursacht ist, soll sie in der Folge nicht weiter betrachtet werden.

Das formulierte Planergebnis basiert auf einer unrealistischen Planung. Hier haben entweder unrichtige Planungsprämissen, ungeeignete Informationen, fehlerhafte Prognosen zur Ergebnisentwicklung oder zu optimistische Annahmen über die Erreichbarkeit des Planergebnisses zur Formulierung des Planergebnisses geführt.[775] Eine unrealistische Planung ist somit von den Akteuren in den Führungsinstanzen bzw. im Controlling zu vertreten.

Planungsprämissen stellen den Rahmen dar, innerhalb dessen die Planungsträger die betreffenden Planungsgrößen formulieren.[776] Sie bilden Leitlinien und Bezugspunkte, an denen einzelne Planergebnisse ausgerichtet werden. Die Festlegung von Planungsprämissen obliegt der Unternehmensleitung bzw. den Führungsinstanzen. Das Controlling soll im Rahmen seiner Counterpartfunktion die kritische Hinterfragung dieser Prämissen sicherstellen.[777] Mit dieser Überprüfung durch das Controlling sollen Fehler in der Prämissendefinition vermieden werden.[778] Sind sich Führungsinstanz und Controlling über die betreffenden Prämissen einig, reflektieren die definierten Planungsprämissen offenkundig ihren gemeinsamen Konsens hierüber. Allerdings bedeutet diese

---

Unternehmens); Link 2009, S. 1 (Umsysteme des Unternehmens); Diederichs 2010, S. 8 (Unternehmensführung und Risiko).

775 Vgl. Gao, Lei/Schmidt, Ulrich (2005): Self is Never Neutral: Why Economic Agents Behave Irrationally, The Journal of Behavioral Finance, Jg. 6, Nr. 1, S. 27–37, S. 36 (kognitive Verzerrungen organisationaler Akteure); Weber/Schäffer 2008, S. 35 (kognitive Begrenzungen von Akteuren im Zuge der Planung bzw. Prognose); Paefgen 2008b, S. 83 (eigennütziches Handeln des Controllings im Zuge der Planaufstellung); Kirsch/Seidl et al. 2009, S. 83 (unvollständige Abstimmung von Teilplänen); Groves/Vance 2009, S. 349f. (Überbetonung intuitiver Denkmodelle).

776 Vgl. Kirsch/Seidl et al. 2009, S. 73 (Funktion von Planungsprämissen).

777 Vgl. Weißenberger/Wolf 2010, S. 4 (Entscheidungsunterstützungsfunktion); Sieber 2008, S. 8f. (Reflexion der Willensbildung); Weber/Schäffer 2008, S. 34 (Counterpart zur Führungsinstanz); Pietsch/Scherm 2004, S. 545 (kritischer Counterpart der Führungsinstanzen); Scherm/Pietsch 2003, S. 35 (Reflexionsfunktion des Controllings).

778 Vgl. Reichmann 2006, S. 4 (Analyse und Beurteilung von Daten durch das Controlling); Barth/Barth 2008, S. 56 (Prämissenkontrolle durch das Controlling); Schaefer, Sigrid (2008): Controlling und Informationsmanagement in Strategischen Unternehmensnetzwerken. Multiperspektivische Modellierung und interorganisationale Vernetzung von Informationsprozessen, Wiesbaden: Gabler Verlag, S. 159 (Identifizieren von Prämissenabweichungen).

Übereinstimmung nicht zwangsläufig, dass beide Akteure sachlich angemessene Planungsprämissen verabschiedet haben. Obwohl das Controlling in seiner Rolle als kritischer Counterpart die Qualität von Entscheidungen der Führungsinstanz sicherstellen soll, kann dieser Akteur letztlich auch nur eine bestimmte Beobachtungsperspektive einnehmen. Das Controlling ist innerhalb seiner sozialen Austauschbeziehung mit den Führungsinstanzen sowohl mit seinen eigenen als auch den Erwartungen seines Gegenübers konfrontiert.[779] Diese Erwartungen können einerseits die kritische Reflexionsfunktion des Controllings einfordern. Dann sucht die betreffende Führungsinstanz die sachliche Hilfestellung des Controllings in Form seines Sekundärwissens[780]. Andererseits kann die Erwartung der Führungsinstanz aber auch darin liegen, ihre Sichtweise auf die Planungsprämissen unbedingt bestätigt zu bekommen.[781] Dies etwa, weil die Führungsinstanz sich anderen Akteuren gegenüber bereits auf bestimmte Prämissen festgelegt hat und eine abweichende Beurteilung durch das Controlling zu einem Gesichtsverlust innerhalb der Organisation führen würde. Mit Erwartungen gegenüber dem Controlling ist gleichsam auch sozialer Druck verbunden, der die kritische Reflexionsfunktion dieses Akteurs zumindest partiell beeinträchtigen kann.[782] Andererseits besteht auch die Gefahr, dass das Controlling seine Rolle als kritischer Counterpart gegenüber Führungsinstanzen bewusst nur eingeschränkt wahrnimmt, weil es sich eigene Karrierewege nicht verbauen möchte.[783]

Innerhalb betrieblicher Entscheidungsprozesse haben Informationen unterstützende und beeinflussende Funktionen für die betreffenden Führungsinstanzen.[784] Das Controlling soll dabei den Informationsbedarf von Führungsinstanzen

779 Vgl. Maas/Matějka 2009, S. 1235 (Rollen des Controllings aus Erwartungen der Führungsinstanzen); Hartmann/Maas 2010, S. 28 (sozialer Erwartungsdruck und Controllerpersönlichkeit) und S. 30 (sozialer Druck auf Controller).

780 Vgl. Lingnau 2006, S. 16ff.; Winter 2007, S. 54; Hartmann/Maas 2010, S. 29.

781 Vgl. Hirsch 2007b, S. 168 (Einflussnahme von Führungsinstanzen auf das Controlling); Weber/Schäffer 2008, S. 263 (Ausrichten von Ergebnissen an Erwartungsgrößen); Ballinger/Rockmann 2010, S. 375 (Erwartungen und ihr Erfüllungsgrad in sozialen Austauschbeziehungen); Hoffjan/Trapp et al. 2011, S. 186 (Konfliktpotenzial aus nicht-erwartungskonformen Informationen des Controllings).

782 Vgl. Hartmann/Maas 2010, S. 32.

783 Vgl. Paefgen 2008a, S. 140 (Konfliktvermeidung des Controllings aus rationalem Kalkül); Hartmann/Maas 2010, S., S. 29 (Nähe des Controllings zu Führungsinstanzen); Prenzler 2011, S. 97 (opportunistisches Verhalten und Macht im Controlling).

784 Vgl. Wall/Greiling 2011, S. 93.

erkennen und die erforderlichen Informationen bereitstellen.[785] Im Zuge der Planaufstellung bedarf es geeigneter Informationen über die Ausgangssituation, die Zielgrößen und die erforderlichen Ressourcen zur Erreichung des Planergebnisses.[786] In der Regel liegen Informationen über die Unternehmensumwelt und die betrieblichen Bezugsobjekte zwar vor, jedoch unterliegen sie Unsicherheiten bezüglich ihrer Entwicklung über den Planungshorizont. Damit kommt der Auswahl und Bewertung von Informationen im Planungsprozess eine hohe Bedeutung zu. Das Außerachtlassen von planungsrelevanten Informationen führt dabei ebenso zu unrichtigen Planergebnissen wie die Verwendung von ungeeigneten Informationen.[787] Im Rahmen seiner Informationsversorgungsfunktion soll das Controlling den Führungsinstanzen für den Planungszweck geeignete Informationen zur Verfügung stellen und damit die Entscheidungsgüte bei der Planaufstellung erhöhen.[788] Sind sich Führungsinstanz und Controlling hinsichtlich der Auswahl und Bewertung von Informationen einig, bildet dies zunächst lediglich ihren Konsens über die Planungsrelevanz der Informationen ab. Ob diese tatsächlich geeignet sind, das betreffende Planergebnis zu fundieren, ist mit der Übereinkunft nicht gesagt. Schließlich können beide Akteure einem Konsenstrugschluss[789] unterliegen, indem sie sich gegenseitig in der Auswahl der

785 Vgl. Reichmann 2006, S. 10f.; Hirsch 2007b, S. 162f. (Bedeutung des Berichtswesens); Weber/Schäffer 2008, S. 34 (Informationen des Controllings als »Sprache« der Planung und Kontrolle); Mundy 2010, S. 506 (Informationsversorgung durch Controlling-Systeme); Weber 2011, S. 28 (Informationen als »Lieferobjekte« des Controllings).

786 Vgl. Weißenberger, Barbara E./Löhr, Benjamin (2008a): Planung und Unternehmenserfolg: Stylized Facts aus der empirischen Controllingforschung im deutschsprachigen Raum von 1990–2007, Zeitschrift für Planung & Unternehmenssteuerung, Jg. 18, Heft 4, Februar 2008, S. 335–363, S. 347 (Planung als systematischer, auf Informationen basierender Willensbildungsprozess); Küpper 2008, S. 110 (Zielgrößen und Alternativen); Kirsch/Seidl et al. 2009, S. 68 (Planung als symbolische Abbildung zukünftiger Systeme und deren Bedingungen); Kramer 2009, S. 916 (Bedeutung von Informationen auf die Schätzgenauigkeit im Planungsgeschehen); Horváth 2009, S. 161 (Planungsinhalte bezogen auf Ziele, Ressourcen und Maßnahmen).

787 Vgl. Bamberg/Coenenberg et al. 2008, S. 25 (Konsequenzen aus unvollständigen Informationen); Kramer 2009, S. 916 (Bedeutung von Informationen in der Planung); Horváth 2009, S. 299 (Informationsprobleme).

788 Vgl. Hirsch 2007b, S. 162f.; Winter 2007, S. 54; Weber 2010b, S. 91; Hungenberg/Wulf 2011, S. 453.

789 Vgl. Flynn, Francis J./Wiltermuth, Scott S. (2010): Who's with Me? False Consensus, Brokerage, and Ethical Decision Making in Organizations, Academy of Management Journal, Jg. 53, Nr. 5, Oktober 2010, S. 1074–1089, S. 1074 (Konsenstrugschluss

Informationen versichern. Dieser kann daraus resultieren, dass beide Akteure die zu einem bestimmten Planungsstadium gemachten Aussagen zu Planergebnissen und deren Bestimmungsgrößen als Referenzpunkte ansetzen, an denen sich ihre Auswahl und Bewertung weiterer bzw. späterer Informationen ausrichten.[790]

Ebenso können fehlerhafte Prognosen bezüglich der Ergebnisentwicklung zur Formulierung von unrealistischen Planergebnissen führen.[791] Dabei kann die fehlerhafte Prognose auf Istergebnissen basieren, die durch außerordentliche Ereignisse verzerrt und damit nicht zur Extrapolation geeignet sind.[792] Des Weiteren können unrichtige Prognoserechnungen bzw. nicht adäquate Parameter, beispielsweise angenommene Wachstumsraten, zu fehlerhaften Prognoseergebnissen und damit unrealistischen Planergebnissen führen.[793] Grundsätzlich soll das Controlling durch die Bereitstellung seines Methodenwissens ungeeignete Verfahren bzw. unrichtige Rechenergebnisse vermeiden helfen. Allerdings ist auch das Controlling nicht vor Irrtümern in der Auswahl von Verfahren und Parametern der Prognoserechnung gefeit.[794] Mit seinem Prüfvermerk zur Prognose bestätigt es allerdings vordergründig deren Richtigkeit gegenüber Führungsinstanzen. Die

---

innerhalb sozialer Systeme); Dohmen, Thomas/Falk, Armin/Huffman, David/Marklein, Felix/Sunde, Uwe (2009): Biased probability judgment: Evidence of incidence and relationship to economic outcomes from a representative sample, Journal of Economic Behavior & Organization, Jg. 72, Nr. 3, S. 903–915, S. 904 (Heuristiken und Trugschlüsse); Chira, Inga/Adams, Michael/Thornton, Barry (2008): Behavioral Bias Within Decision Making Process, Journal of Business & Economics Research, Jg. 6, Nr. 8/August 2008, S. 11–20, S. 12f. (Bestätigungstrugschluss im Kontext kognitiver Verzerrungen); Wilson/Arvai et al. 2008, S. 937 (Konsenstrugschluss aufgrund eigener Wahrnehmungsperspektive); Parvis-Trevisany 2006, S. 140ff. (Trugschlüsse bzgl. Informationsbasis bzw. Beteiligung von Akteuren).

790 Vgl. Weber/Schäffer 2008, S. 90 (Ankereffekt).

791 Vgl. Müller, Roman (2008): Finanzcontrolling. Eine verhaltensorientierte Analyse der Rationalitätsdefizite und Rationalitätssicherung im Finanzmanagement, Wiesbaden: Gabler Verlag, S. 272 (Prognosefehler im Finanzmanagement); Paefgen 2008a, S. 111 (Prognosefehler im Controlling); Laux/Liermann 2005, S. 457 (Prognosefehler der Entscheidungsinstanz).

792 Vgl. Coenenberg 2009, S. 1021/1087 (Prognoserechnung unter Ausschluss außerordentlicher Erfolgskomponenten); Reichmann 2006, S. 119 (Fehlentscheidungen aufgrund fehlerhafter Umsatzprognosen).

793 Zu Problemen innerhalb von Prognoserechnungen vgl. Horváth 2009, S. 351ff.; Küpper 2008, S. 227; Kreitner 2007, S. 205ff.; Schreyögg/Koch 2007, S. 144; Reichmann 2006, S. 118ff.

794 Vgl. Paefgen 2008b, S. 83; Paefgen 2008a, S. 111; Gleißner 2008, S. 95.

auf dieser Basis definierten Planergebnisse tragen damit den Stempel einer bedingten Rationalität, die beiden Akteuren systemisch nicht erkennbar ist.

Neben den bereits bezeichneten Gründen für negative Planabweichungen tragen zu optimistische Annahmen über die Erreichung der Planergebnisse ebenfalls zur Formulierung unrealistischer Planungsgrößen bei.[795] Hierbei ist das eigentliche Planergebnis zwar grundsätzlich erreichbar, die Akteure befinden sich aber hinsichtlich der Maßnahmen, die zur Erreichung des Planergebnisses erforderlich sind, im Irrtum. Gründe hierfür können in unrichtigen Analogieschlüssen aus vorigen Planungen und deren Umsetzung ebenso liegen, wie dem Außerachtlassen erfolgskritischer Ressourcen, die zur Realisierung des Planergebnisses erforderlich, aber nicht umfänglich verfügbar sind.[796] Aufgrund seines Fakten- und Methodenwissens sollte das Controlling den Führungsinstanzen solche Inkongruenzen sichtbar machen. Allerdings können positive Erfahrungen aus der Umsetzung vormaliger Planungen auf beiden Seiten dazu führen, dass sich Erwartungen an das Handeln des jeweils anderen an diesen Erfahrungen ausrichten.[797] Mit diesen – bisweilen impliziten – Erwartungen wird der Freiheitsgrad ihres Handelns allerdings eingeschränkt[798], so dass die Rolle des kritischen Counterparts durch das Controlling unter Umständen nicht mehr umfänglich zum Tragen kommt. Im Zuge der Reziprozität[799] ihrer sozialen Austauschbeziehung können beide Akteure diese Entwicklung nicht mehr überschauen. Controlling und Führungsinstanz unterliegen dann einem sich selbstbestätigenden Irrtum ihrer eigenen Annahmen.

Für die Konstellation einer negativen Ergebnisabweichung, die in einer unrealistischen Planung begründet ist, zeigt sich das Controlling als Risiko-Träger, indem es in seiner Rolle als kritischer Counterpart der Führungsinstanzen versagt. Innerhalb seiner sozialen Austauschbeziehung mit den Führungsinstanzen

795 Vgl. Meyer/Grisar et al. 2011, S. 83f.; Meckl/Horzella 2010, S. 426; Keil/Depledge et al. 2007, S. 395; Lowe, Robert A./Ziedonis, Arvids A. (2006): Overoptimism and the Performance of Entrepreneurial Firms, Management Science, Jg. 52, Nr. 2, Februar 2006, S. 173–186, S. 174.

796 Vgl. Li, Jiatao/Tang, Yi (2010): CEO Hubris and Firm Risk Taking in China: The Moderating Role of Managerial Discretion, Academy of Management Journal, Jg. 53, Nr. 1, S. 45–68, S. 47f.; Apesteguia, Jose/Ballester, Miguel A. (2009): A theory of reference-dependent behavior, Economic Theory, Jg. 40, Nr. 3, S. 427–455, S. 439f.; Chira/Adams et al. 2008, S. 12f.

797 Vgl. Ballinger/Rockmann 2010, S. 374; Reimer 2005, S. 323.

798 Vgl. Gargiulo/Ertug et al. 2009, S. 300.

799 Vgl. Ballinger/Rockmann 2010, S. 373.

folgt es entweder Erwartungen an sein Handeln, die seine kritische Reflexion auf das Führungsgeschehen bzw. die Formulierung von Planergebnissen aushebeln.[800] Oder innerhalb seiner gemeinsamen Diskursbeziehung mit den Führungsinstanzen prägen sich kontingente Rationalitätskonstrukte aus.[801] Das Risiko dieser Konstellation liegt in der gemeinsam getragenen Formulierung unrealistischer Planergebnisse. Unter Umständen decken Controller im Rahmen der Analyse von Planabweichungen dann solche Rationalitätsdefizite auf, die sie (mit)verursacht haben. Dieses Verhalten ist dann wahrscheinlich, wenn nicht entsprechende Anreizsysteme im Controlling im Vorweg das Sichtbarmachen von Rationalitätsdefiziten besonders belohnen.[802]

*Abbildung 6: Plan-Ist-Ergebniskonstellationen für PE = IE*

| | | Plan | Ist-1 | Ist-2 | Ist-3 |
|---|---|---|---|---|---|
| PE = IE | Umsatz | 100 | 100 | 105 | 95 |
| | Kosten | 90 | 90 | 95 | 85 |
| | Ergebnis | 10 | 10 | 10 | 10 |

Eine nähere Betrachtung der Plan-Ist-Konstellationen umfasst jedoch die genauere Analyse der betreffenden Ergebniskomponenten. Unter Einbeziehung der beiden quantifizierbaren Ergebniselemente »Umsatz« und »Kosten« wird

800 Vgl. Hartmann/Maas 2010, S. 32 (sozialer Druck und kritische Reflexionsfunktion des Controllings); Ballinger/Rockmann 2010, S. 374 (Erfahrungen und hieraus resultierende Erwartungen in sozialen Austauschbeziehungen); Mai, Robert (2011): Der Herkunftslandeffekt: Eine kritische Würdigung des State of the Art, Journal für Betriebswirtschaft, Jg. 61, Nr. 2–3, November 2011, S. 91–121, S. 96 (soziale Erwartungen und Handlungskonformität).

801 Vgl. Weber/Schäffer 1999, S. 734; Lang 2004, S. 66 (Konstruktion sozialer Realität durch Controlling); Weber/Schäffer 2008, S. 263 (Scheinrationalität durch Controlling); Kirsch/Seidl et al. 2009, S. 83 (kontingente Abstimmung von Teilplänen).

802 Vgl. Paefgen 2008a, S. 114.

deutlich, dass auch eine Übereinstimmung von Plan- und Istergebnis problembehaftet sein kann. So kann das Planergebnis im Ist durch eine Erhöhung des Umsatzes bei gleichzeitiger Kostenerhöhung erreicht worden sein. Oder das geplante Umsatzziel wurde unterschritten und ebenso die geplanten Kosten (vgl. Abbildung 6).

Zeigen sich mit Bezug auf die Übereinstimmung von Plan- und Istergebnis grundsätzlich drei unterschiedliche Konstellationen des Istergebnisses, existieren im Fall der positiven bzw. negativen Ergebnisabweichung zwei weitere Konstellationen. Ein Istergebnis, das über dem Planergebnis liegt, kann sowohl durch einen gleich hohen, höheren, als auch niedrigeren Umsatz gegenüber dessen Planwert erreicht worden sein. Bei einem Istumsatz, der dem Planumsatz entspricht, wird ein höheres Istergbnis durch geringere Kosten ermöglicht. Liegt der Istumsatz über dem Planumsatz, wird ein gegenüber Plan höheres Istergebnis sowohl durch Istkosten, die den Plankosten entsprechen, als auch geringere Istkosten erreicht. Für den Fall, dass der Istumsatz unterhalb des Planumsatzes liegt, ermöglicht eine entsprechende Kostensenkung im Ist ein höheres Istergebnis gegenüber dem Planwert (vgl. Abbildung 7).

*Abbildung 7: Plan-Ist-Ergebniskonstellationen für PE < IE*

| PE < IE | | Plan | Ist-1 | Ist-2 | Ist-3 | Ist-4 | Ist-5 |
|---|---|---|---|---|---|---|---|
| | Umsatz | 100 | 100 | 105 | 95 | 105 | 100 |
| | Kosten | 90 | 85 | 90 | 80 | 85 | 80 |
| | Ergebnis | 10 | 15 | 15 | 15 | 20 | 20 |

Liegt das Istergebnis unter dem Planergebnis, gelten vorige Aussagen mutatis mutandis. Entweder wurde im Ist der geplante Umsatz erreicht, dann bewirkt eine ungeplante Kostenerhöhung eine negative Ergebnisabweichung. Wurde ein höherer Istumsatz als geplant erreicht und sind dabei auch die Kosten im Ist überproportional höher als ihr Planwert, führt dies ebenso zu einer Ergebnisunterschreitung. Liegt der Istumsatz unterhalb des Planumsatzes, kommt es auf die relative Höhe der Istkosten an, in welchem Umfang die negative Ergebnisabweichung ausgeprägt ist (vgl. Abbildung 8).

*Abbildung 8: Plan-Ist-Ergebniskonstellationen für PE > IE*

| | | Plan | Ist-1 | Ist-2 | Ist-3 | Ist-4 | Ist-5 |
|---|---|---|---|---|---|---|---|
| PE > IE | Umsatz | 100 | 100 | 105 | 95 | 95 | 93 |
| | Kosten | 90 | 95 | 100 | 90 | 92 | 90 |
| | Ergebnis | 10 | 5 | 5 | 5 | 3 | 3 |

Aus der Unterscheidung, ob sich Führungsinstanz und Controlling bei der Formulierung des Planergebnisses einig waren oder nicht, werden in der Folge Risiken aus dieser Austauschbeziehung der Akteure aufgezeigt. Dabei wird im Fall der Uneinigkeit beider Akteure unterschieden, welche der beiden Parteien gegenüber der anderen dominiert. In Erweiterung der oben bezeichneten Problemsituationen wird in ein Problem erster und zweiter Ordnung[803] unterschieden. Dabei soll folgende Einordnung gelten:

> Von einem **Problem erster Ordnung** wird gesprochen, um eine grundsätzliche Klassifizierung der Ergebnissituation zu erreichen. Das Problem erster Ordnung konkretisiert sich im Fall der Konstellationen »PE < IE« bzw. »PE > IE« in Form der jeweiligen Abweichungsrichtung. Neben der Ausprägung des Verhältnisses von Plan- zu Istergebnis kann sich allerdings ein weiteres Problem zeigen, das in dieser Forschungsarbeit als Problem zweiter Ordnung bezeichnet werden soll.
>
> Ein **Problem zweiter Ordnung** lässt sich im Kontext der sozialen Austauschbeziehung zwischen Führungsinstanz und Controlling aufzeigen. Hier lassen sich Risiken über die Handlungen bzw. Sichtweisen der beiden Akteure identifizieren. Da den betreffenden Akteuren diese Risiken systemisch nicht erkennbar sind[804], kommt der Beobachtung zweiter Ordnung[805] eine entsprechende Bedeutung zu.

803 Vgl. Schmid, Michael/Maurer, Andrea (2009): Erklärende Soziologie. Grundlagen, Vertreter und Anwendungsfehler eines soziologischen Forschungsprogramms, Wiesbaden: VS Verlag für Sozialwissenschaften, S. 338f. (Festlegung und Überwachung von Regeln in Kooperationsbeziehungen als Problem zweiter Ordnung); Paefgen 2008a, S. 2f. (hier: Sicherstellung der Rationalität im Controlling als Problem zweiter Ordnung).

804 Siehe Seite 126 »Führungsinstanz und Controlling als Beobachter ihres gemeinsam geschaffenen Bezugssystems«, Seite 130 »Controlling als Risiko-Träger als systemisches Problem« sowie Seite 131 »systemische Risiken aus gemeinsamen Handlungen von Führungsinstanz und Controlling«.

805 Vgl. Luhmann 2006, S. 130, Simon 2011, S. 52.

Die vier möglichen Konstellationen bezüglich der Formulierung von Planergebnissen – (I) Führungsinstanz und Controlling sind sich einig; es besteht Uneinigkeit, bei der (II) die Führungsinstanz, (III) das Controlling bzw. (IV) keiner der beiden Akteure dominiert – werden in der Folge jeweils überblicksartig abgebildet und im zweiten Schritt inhaltlich dargelegt. Dabei wird in jedem Fall unterschieden, ob das formulierte Ziel richtig oder nicht richtig war.

Wie bereits dargelegt, sollen Führungsinstanz und Controlling ihre Handlungen am Unternehmensinteresse ausrichten.[806] Dass dieser Grundsatz jedoch nicht vollständig eingehalten wird, lässt sich zweifelsohne nicht leugnen. Auch ökonomische Akteure unterliegen Irrtümern, Fehlentscheidungen und der Versuchung eigennützlicher Handlungen. Wenn in der Folge von einem »richtigen« bzw. »nicht-richtigen« Ziel gesprochen wird, erfolgt eine grundsätzliche Unterscheidung in »richtige« Ziele, die inhaltlich zutreffend bzw. den Erwartungen an die Sorgfalt des Entscheidenden entsprechen.[807] Ein »nicht-richtiges« Ziel ist demzufolge dadurch gekennzeichnet, dass es entweder logische Fehlannahmen bzw. sachliche Unstimmigkeiten beinhaltet oder aus einem nicht angemessenen Vorgehen des betreffenden Akteurs resultiert.[808] Diese Unterscheidung von

---

806 Siehe Seite 133 »Führungsinstanz und Controlling handeln gemeinsam im Interesse des Unternehmens«.

807 Vgl. hierzu Goll, Irene/Rasheed, Abdul A. (2005): The Relationships between Top Management Demographic Characteristics, Rational Decision Making, Environmental Munificence, and Firm Performance, Organization Studies, Jg. 26, Nr. 7, S. 999–1023, S. 1006 (strategische Führungsentscheidungen auf Basis von objektiven Kriterien und systematischen Analysen ); Sinclair, Amanda (1995): The Chameleon of Accountability: Forms and Discourses, Accounting, Organizations and Society, Jg. 20, Nr. 2/3, Februar/April 1995, S. 219–237, S. 232 (Führungsverantwortung im Kontext von Selbst-Überwachung und Disziplinierung); Wecker, Gregor/Galla, Stefan (2009): Pflichten der Geschäftsleitung & Aufbau einer Compliance Organisation, in: Wecker, Gregor/van Laak, Hendrik (Hrsg.): Compliance in der Unternehmerpraxis, 2. Auflage, Wiesbaden: Gabler Verlag, S. 49–72, S. 50 (Einhaltung von Regeln und Pflichten zur Compliance); Buchholz 2010, S. 27 (Vorsichtsprinzip im Kontext von Leitungsentscheidungen); Velte 2010, S. 286 (Manager als Verwalter und Verwahrer der Eigentümerinteressen); Nordberg, Donald (2008): The ethics of corporate governance, Journal of General Management, Jg. 33, Nr. 4, Sommer 2008, S. 35–52, S. 37f. (intrinsisch motivierte Manager); Mai 2011, S. 96 (Wirkung von Erwartungen und Normen auf die Handlungskonformität von Akteuren).

808 Vgl. hierzu Bamberg/Coenenberg et al. 2008, S. 2 (Schaffung von Entscheidungsprämissen durch Akteure) und S. 6 (intendierte Rationalität von Entscheidungsträgern); Kirsch/Seidl et al. 2009, S. 125f. (Entscheidungsträger suchen nach für sie befriedigenden Lösungen); Slovic, Paul (2008): The Construction of Preference,

Zielen ist für die darzulegenden Konsequenzen bezüglich des Controllings als Risiko-Träger im betrieblichen Führungsgeschehen bedeutend. Schließlich kann beispielsweise auch ein »nicht-richtiges« Ziel und die damit verbundene Planungsgröße im Ist erreicht werden. Die hieraus resultierende Übereinstimmung von Plan- und Istergebnis vermag dann sehr wohl ein Problem aus Sicht des Unternehmens und seiner Eigentümer bzw. anderer Anspruchsgruppen darstellen.

### 5.2.1 Konstellation I: Führungsinstanz und Controlling sind sich einig

Sind sich Führungsinstanz und Controlling über das im Zuge der Planaufstellung formulierte Planergebnis einig, besteht zwischen beiden Akteuren ein gemeinsamer Konsens über die zu erreichende Zielgröße. Diese Konstellation lässt sich aus mehreren Perspektiven betrachten:

Die Führungsinstanz hat die betreffende Zielgröße auf Basis der vom Controlling hierzu bereitgestellten Informationen und Bewertungsverfahren formuliert. Dabei

---

in: Kahneman, Daniel/Tversky, Amos (Hrsg.): Choices, Values, and Frames, 8. Nachdruck der Originalauflage von 2000, New York, Cambridge, UK: Russell Sage Foundation; Cambridge University Press, S. 489–502, S. 490f. (psychologische Bestimmungsparameter des Entscheidungsverhaltens); Wall, Friederike/Kießling, Dirk (2008): Verhaltensorientiertes Controlling und Budgetinformationen – Praktische Erfahrungen und ausgewählte Forschungsergebnisse, ZfCM – Zeitschrift für Controlling und Management, Jg. 52, Sonderheft 1, Mai 2008, S. 74–81, S. 76 (kognitive Verzerrungen innerhalb der Planung); Ge, Weili/Matsumoto, Dawn/Zhang, Jenny Li (2011): Do CFOs Have Style? An Empirical Investigation of the Effect of Individual CFOs on Accounting Practices, Contemporary Accounting Research, Jg. 28, Nr. 4/ Winter 2011, S. 1141–1179, S. 1151 (bilanzpolitische Maßnahmen zur Gewinnglättung); Burkert/Fischer et al. 2011, S. 145 (unzulängliche Umsetzung des Verantwortlichkeitsprinzips im Führungsgeschehen); Maas/Matějka 2009, S. 1234 (dysfunktionale Handlungen im Controlling); Marginson/Bui 2009, S. 61 (Rollenkonflikte und dysfunktionales Verhalten); Gaenslen 2006, S. 43 (Entscheidungsrisiken in der Unternehmensleitung); Roederer, Julia Dorothee (2011): Der Einfluss der Persönlichkeit von Topmanagern und der Unternehmenskultur auf den Unternehmenserfolg. Eine empirische Analyse zentraler Mechanismen und Rahmenbedingungen, Wiesbaden: Gabler Verlag, S. 34 (Wirkung dominierender Führungsinstanzen); Leeson 2011, S. 35 (Ermessensspielräume und Handlungsmacht von Führungsinstanzen und opportunistische Handlungen); Laux/Liermann 2005, S. 457 (Fehlentscheidungen aufgrund von Prognosefehlern); Wong/Kwong et al. 2008, S. 263 (Wirkung kognitiver Dissonanzen rationaler Akteure auf die Revidierung von Fehlentscheidungen).

hat das Controlling sein Sekundärwissen[809] problemstellungsadäquat eingebracht und die Führungsinstanz auf mögliche Einschränkungen und Konsequenzen bei der Nichterreichung des Planergebnisses hingewiesen. Die Führungsinstanz hat diesen Rat aufgenommen, seine Entscheidung hierauf überprüft und gegebenenfalls angepasst. Das Controlling sieht sich in seiner Rolle als Ratgeber bzw. kritischer Reflexionspartner gewürdigt. Aus dieser Perspektive heraus können beide Akteure das festgelegte Planergebnis für sich vertreten. Sowohl über den Prozess der Formulierung als auch der Verabschiedung des Planergebnisses besteht Einigkeit zwischen den beiden Parteien. Diese idealtypische Konstellation lässt sich mit dem Begriff der Beziehung »at arm's length«[810] beschreiben, die einen Austausch der Beteiligten umfasst, in der keiner der Akteure den anderen dominiert.

In einer anderen Konstellation hat das Controlling das ursprünglich von der Führungsinstanz formulierte Planergebnis einer kritischen Analyse unterzogen und festgestellt, dass dieses unter den gegebenen Bedingungen nicht haltbar ist. Daraufhin hat ein klärendes Gespräch zwischen Führungsinstanz und Controlling

---

809 Vgl. Hartmann/Maas 2010, S. 29; Jonen/Lingnau 2007, S. 17; Winter 2007, S. 54; Lingnau 2006, S. 16ff.

810 Zum Begriff der Transaktionen »at arm's length« in der Wirtschaftswissenschaft vgl. Malsch, Bertrand/Gendron, Yves (2011): Reining in auditors: On the dynamics of power surrounding an "innovation" in the regulatory space, Accounting, Organizations and Society, Jg. 36, Nr. 7, Oktober 2011, S. 456–476, S. 459 (hier im Kontext der Regulierung); Bennedsen, Morten/Schultz, Christian (2011): Arm's length delegation of public services, Journal of Public Economics, Jg. 95, Nr. 7–8, S. 543–552, S. 544 (hier im Kontext von Outsourcing-Entscheidungen der öffentlichen Hand); Matsui, Kenji (2011): Intrafirm trade, arm's-length transfer pricing rule, and coordination failure, European Journal of Operational Research, Jg. 212, Nr. 3, August 2011, S. 570–582, S. 571 (hier im Kontext volkswirtschaftlicher Fehlsteuerungseffekte); Hartmann/Maas 2010, S. 30 (hier im Kontext der Budgetierung); Weißenberger, Barbara E. (2008): Controller und IFRS. Konsequenzen der IFRS-Finanzberichterstattung für die Controlleraufgaben, in: Funk, Wilfried/Rossmanith, Jonas (Hrsg.): Internationale Rechnungslegung und internationales Controlling. Herausforderungen, Handlungsfelder, Erfolgspotenziale, Wiesbaden: Gabler Verlag, S. 425–454, S. 441 (hier im Kontext des Fair Value Begriffs); Karhunen, Päivi/Löfgren, Joan/Kosonen, Riitta (2008): Revisiting the relationship between ownership and control in international business operations: Lessons from transition economies, Journal of International Management, Jg. 14, Nr. 1, S. 78–88, S. 82 (hier im Kontext von Vertragsbeziehungen multinationaler Unternehmen); Dequiedt, Vianney/Martimort, David (2004): Delegated monitoring versus arm's-length contracting, International Journal of Industrial Organization, Jg. 22, Nr. 7, S. 951–981, S. 953 (hier im Kontext der Reduzierung von Transaktionskosten).

stattgefunden, das der Führungsinstanz mögliche Probleme bei der Realisierung des Planergebnisses deutlich gemacht hat. Auf dieser Erkenntnisbasis hat die Führungsinstanz das Planergebnis entsprechend angepasst und neu formuliert. In diesem Fall hat das Controlling seine Rolle als »kritischer Counterpart« im besten Sinne des Unternehmens nutzen können, um eine Führungsentscheidung nicht nur zu unterstützen, sondern durch sachgerechte Informationen bzw. Argumente zu beeinflussen.[811] Jedoch hat das Controlling in diesem Fall keine Entscheidungsverantwortung übernommen oder die Führungsinstanz in ihrer Entscheidung übersteuert.

Eine weitere Situation, in der zwischen Führungsinstanz und Controlling Einigkeit über das formulierte Planergebnis besteht, lässt sich folgendermaßen beschreiben: Die Führungsinstanz bittet das Controlling, Vorschläge über das Ausmaß eines Planergebnisses zu machen. Inhalt und Zeitbezug der Planungsgröße sind dabei von der Führungsinstanz vorgegeben. Das Controlling setzt sein Wissen zur Bewertung von Zielgrößen ein, um der Führungsinstanz, z. B. im Rahmen einer Szenario-Bewertung, unterschiedliche Ausprägungen des Planergebnisses zu berechnen und in ihren Rahmenbedingungen, Mittelbedarfen und Konsequenzen darzulegen.[812] Auf dieser Basis findet eine gemeinsame Diskussion zwischen Führungsinstanz und Controlling statt, die am Ende zu einer abgestimmten Entscheidung für eines der vorgestellten Planergebnisse führt. Hier hat das Controlling sein Sekundärwissen eingebracht, um zunächst einmal mögliche Ausmaße eines Planergebnisses zu ermitteln. Die Führungsinstanz hat damit ein Spektrum verschiedener Ergebniskonstellationen aufgezeigt bekommen. Dieses hat ihre Entscheidung fundiert. Die Verantwortung für die Erreichung des Planergebnisses liegt bei der Führungsinstanz. Das Controlling trägt

---

811 Vgl. Rausch 2011, S. 138/151f.; Wall 2008a, S. 470; Weber 2007, S. 58; Lingnau 2006, S. 18.

812 Vgl. Kramer 2009, S. 912 (Szenarioplanung und Alternativenbewertung); Langenberg, Georg Johannes (2008): Controlling in jungen, innovativen Wachstumsunternehmen. Eine rationalitätsdefizitorientierte Analyse wesentlicher Probleme. Dissertation, Rheinisch-Westfälische Technische Hochschule Aachen, S. 179 (Szenario-Analysen zur Strategiebewertung); Schaefer 2008, S. 131 (Szenarioanalysen); Weber, Jürgen/ Voußem, Ludwig/Zubler, Susanne/Rehring, Jochen (2009): Controlling im Zeichen der Krise – Der Verlauf des ersten Krisenjahres. Vergleich der Befragungsergebnisse November 2008 / April 2009 / September 2009, Vallendar/Rhein, WHU – Otto Beisheim School of Management, verfügbar auf: http://www.whu.edu/uploads/ media/Ergebnisbericht_Krisenstudie_Der_Verlauf_des_ersten_Krisenjahres.pdf, Stand: 26.01.2010, S. 12 (Bedeutung der Szenarioplanung).

in diesem Fall die Verantwortung für die zu erarbeitenden Vorschläge über das Ausmaß des betreffenden Planergebnisses.[813]

Für die Konstellation I »Führungsinstanz und Controlling sind sich einig« lassen sich mit Bezug auf die Formulierung eines »richtigen« Zieles folgende Befunde aufzeigen:

*Abbildung 9: Überblick zu Konstellation I (»richtiges« Ziel)*

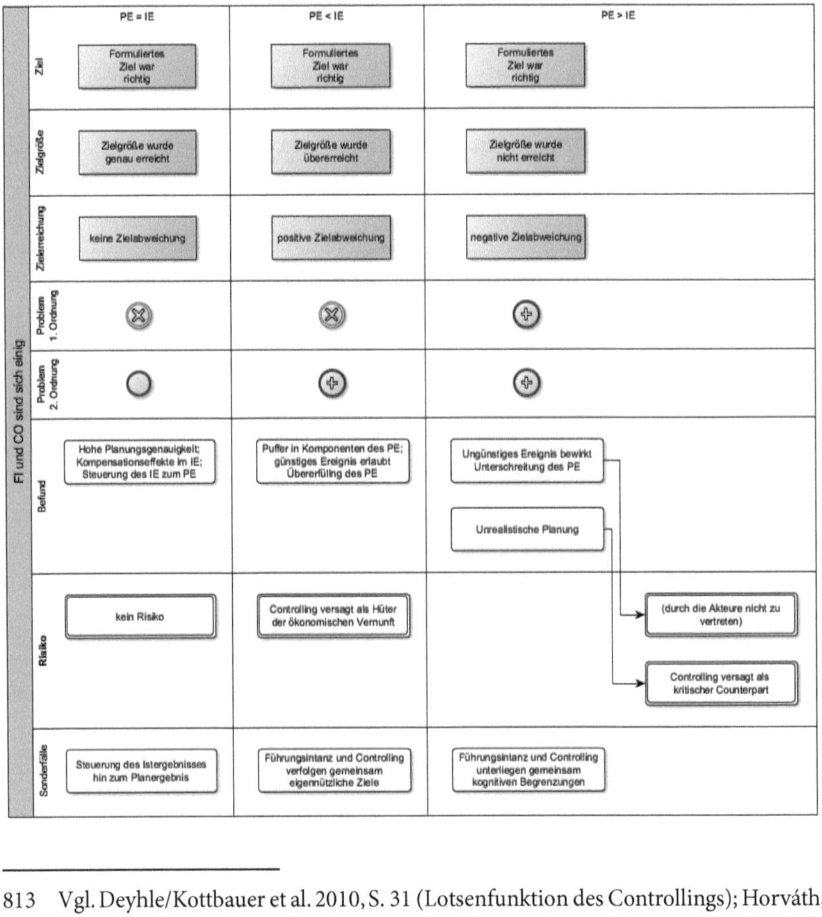


813 Vgl. Deyhle/Kottbauer et al. 2010, S. 31 (Lotsenfunktion des Controllings); Horváth, Péter (2006): Das Controllingkonzept. Der Weg zu einem wirkungsvollen Controllingsystem, 6., vollständig überarbeitete Auflage, München: Deutscher Taschenbuch Verlag, S. 129ff. (Controlling als ergebniszielorientierte Koordination im Führungsprozess); Weber/Schäffer 2008, S. 43 (Controlling im Kontext von Informationsversorgung, Planung und Kontrolle); Gerling 2007, S. 18 (prozedurale Rationalität).

**Entspricht das Istergebnis dem Planergebnis**, liegt keine Ergebnisabweichung und damit auch kein Problem erster Ordnung vor. Im Rahmen der Planung haben die Akteure die betreffende Zielgröße und die zu ihrer Realisierung erforderlichen Maßnahmen sehr genau antizipieren können. Im Ist wurden die definierten Maßnahmen entsprechend umgesetzt. Aus den Umweltvariablen[814] des Unternehmens hat sich keine Abweichung bei der Zielerreichung ergeben. Das Istergebnis wurde erreicht, ohne dass über die geplanten Maßnahmen hinausgehende Handlungen erforderlich wurden. Ob eine solche »Punktlandung« im Istergebnis als der typische Fall des Unternehmensgeschehens anzusehen ist, soll an dieser Stelle nicht weiter diskutiert werden. In denjenigen Fällen, in denen Unternehmen innerhalb einer weitestgehend statischen Umwelt[815] agieren, vermag die Festlegung von Planergebnissen tatsächlich die späteren Istgrößen vorwegzunehmen. Darüber hinaus können Kompensationseffekte einzelner Bestimmungsgrößen des Istergebnisses bewirken, dass das Planergebnis erreicht wird (vgl. Abbildung 6, Seite 157).

Im Detail lassen sich Abweichungen zwischen den Plan-/Istgrößen »Umsatz« und »Kosten« aufzeigen (»Ist-2«, »Ist-3« in Abbildung 10), die sich gegenseitig kompensieren und damit das Istergebnis in Höhe seines Planwertes ermöglichen (die Werte für »Ist-1« in Abbildung 10 seien der Vollständigkeit halber aufgeführt, obwohl hier die Abweichungen Null sind).

Die Situation »Ist-2« unterscheidet sich von »Ist-3«, als dass in Situation 2 ein höherer Umsatz bei höheren Kosten als geplant erwirtschaftet wurde. Situation 3 zeigt einen im Vergleich zum Plan geringeren Umsatz bei geringeren Istkosten. Obwohl in beiden Fällen das Planergebnis erreicht wurde, sind Situation »Ist-2« und »Ist-3« von unterschiedlichen Konfliktpotenzialen gezeichnet.

---

814 Vgl. Horváth 2006, S. 11f. (Abweichungen aus Umweltveränderungen).

815 Vgl. Peemöller 2005, S. 47 (Informationsversorgungsfunktion des Controllings bei statischen Umweltbedingungen); Kreitner 2007, S. 284 (Unsicherheitsmaße aus Veränderungen der Umweltbedingungen); Link 2009, S. 8 (Variabilität und Komplexität von Umweltbedingungen); Hungenberg/Wulf 2011, S. 169ff. (»disruptive« Innovationen).

*Abbildung 10: Detailsicht zur Konstellation »PE = IE«*

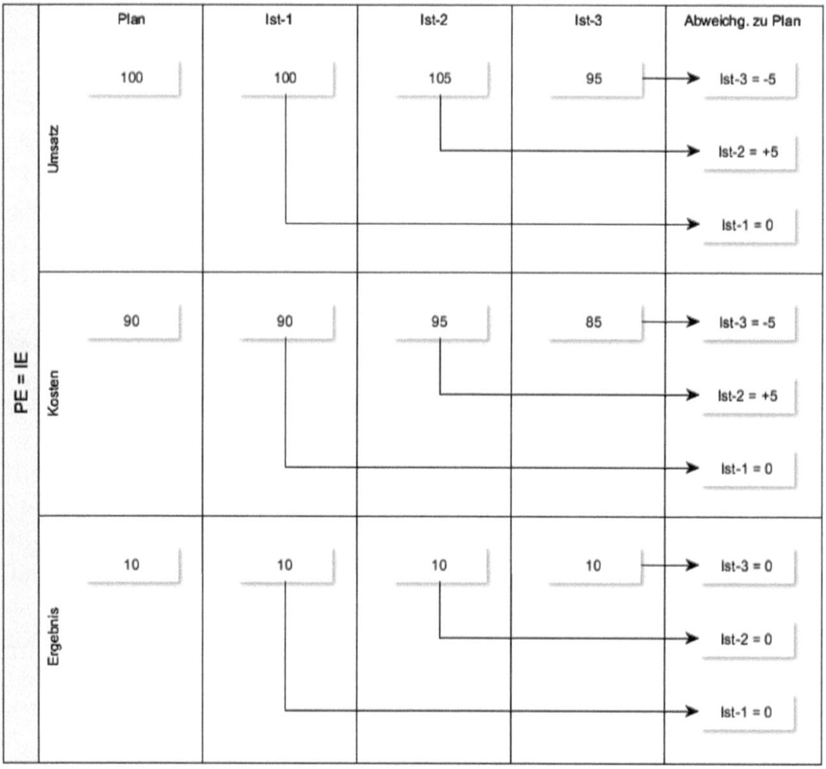


In der Situation »Ist-2« hat die betreffende Führungsinstanz einen höheren Umsatz als geplant realisieren können. Dies hat jedoch nicht zu einem höheren Istergebnis geführt, da auch die Kosten proportional gestiegen sind. Somit vermag die Führungsinstanz an das Controlling die Frage richten, warum man dort nicht den entsprechenden Kostenzuwachs »in den Griff« bekommen hat. Diese Frage erscheint grundsätzlich berechtigt, denn mit einem höheren Umsatz ist ein entsprechender Kostenanfall in der Regel nur in Form von variablen Kosten verbunden, die fixen Kosten des Unternehmens ändern sich nur dann, wenn zur Umsatzausweitung entsprechende Kapazitätserweiterungen vorgenommen wurden, die über einen definierten Zeitraum zum Anstieg des Fixkostensockels führen.[816] Aus dieser Perspektive heraus erhält die betreffende Führungsinstanz tendenziell die Oberhand gegenüber dem Controlling. Dessen Akteure werden entsprechend bemüht sein, die Frage nach der – aus Sicht der Führungsinstanz – unerwünschten Kostenerhöhung zu klären und zu argumentieren. Unabhängig davon, dass der Kostenzuwachs vom Controlling selber nicht zu vertreten sein wird[817], befindet sich das Controlling faktisch in einer Verteidigungssituation gegenüber der betreffenden Führungsinstanz.

Für die Situation »Ist-3« zeigt sich demgegenüber ein anderes Bild. Hier hat die betreffende Führungsinstanz ihr Umsatzziel nicht erreicht. Nur dadurch, dass die Kosten im proportionalen Verhältnis ebenfalls unter dem Planwert gehalten wurden, konnte das Planergebnis im Ist erreicht werden. Hier kann nunmehr das Controlling darauf verweisen, dass es seiner Aktivität zu verdanken ist, eine negative Ergebnisabweichung vermieden zu haben. Unter der Perspektive anteiliger Fixkosten an den betrieblichen Gesamtkosten vermögen die Akteure im Controlling zu belegen, dass ihre Aktivitäten zur Kostensteuerung offenkundig erfolgreich waren und die negative Zielabweichung beim Umsatz kompensiert haben. Damit gewinnt das Controlling die Oberhand gegenüber der Führungsinstanz.

Während in Situation »Ist-2« das Controlling sein scheinbares Versagen gegenüber der Führungsinstanz verteidigen wird, geht es aus der Situation »Ist-3« gestärkt hervor. In jedem Fall wirken sich beide Situationen auf die soziale Austauschbeziehung zwischen Führungsinstanz und Controlling aus.

Für die Konstellation »PE = IE« lässt sich allerdings auch ein Sonderfall beschreiben. Dieser umfasst die gezielte Steuerung des Istergebnisses auf das Planergebnis hin und damit grundsätzlich ein Problem zweiter Ordnung. In diesem Zusammenhang nehmen sowohl die betreffende Führungsinstanz als auch

816 Zur Reagibilität von Kosten vgl. Däumler, Klaus-Dieter/Grabe, Jürgen (2004): Kostenrechnung 3. Plankostenrechnung und Kostenmanagement, 7., wesentlich erweiterte Auflage, Herne, Berlin: Verlag Neue Wirtschafts-Briefe, S. 154; Kosiol, Erich (1979): Kostenrechnung der Unternehmung, 2., überarbeitete und ergänzte Auflage, Wiesbaden: Gabler Verlag, S. 41f.; zur Wirkung von Erweiterungsinvestitionen auf den betrieblichen Kostenapparat vgl. Schmidt, Andreas (2005): Kostenrechnung. Grundlagen der Vollkosten-, Deckungsbeitrags- und Planungskostenrechnung sowie des Kostenmanagements, 4., überarbeitete Auflage, Stuttgart: Verlag W. Kohlhammer, S. 25.

817 Vom Fall einer höheren, mit dem Umsatzzuwachs direkt verbundenen, Aktivität im Controlling sei hier abgesehen, da die bezeichneten Kosten grundsätzlich die Gesamtkosten des Unternehmens innerhalb einer Periode umfassen und damit auch anteilige Fixkosten – beispielsweise des Controllings – enthalten.

das Controlling einen aktiven Einfluss auf die durchgeführten Maßnahmen zur Zielumsetzung. Im besten Sinne werden hier die Ausrichtung von betrieblichen Aktivitäten an und die Erreichung von Zielgrößen für das Unternehmen angestrebt. Dieses Vorgehen lässt sich mit der zielorientierten Umsetzung von Entscheidungen und Maßnahmen beschreiben.[818] Problematisch wird dieses Handeln jedoch, wenn die Akteure Istgrößen manipulieren, damit diese rechnerisch zum Planergebnis passen. Ein solches »Hinrechnen«[819] von Ergebnisgrößen verlässt allerdings den Bereich des Akzeptablen dann, wenn hierdurch die Transparenz bezüglich der Zielerreichung[820] nicht mehr gewährleistet ist. Dass dieses Vorgehen dennoch in der Unternehmenspraxis beobachtbar ist, vermag nicht zu überraschen.[821] Insbesondere dann nicht, wenn einer der beiden oder beide Akteure von der möglichst genauen Erreichung der Plangröße profitiert. Als Beispiel sei hier auf das Konzept der Führung mit Zielen und damit verbundene Probleme in der Anreizsteuerung und der Berichterstattung betrieblicher Akteure hingewiesen.[822]

**Liegt das Planergebnis unter dem Istergebnis**, liegt zunächst kein Problem vor. Eine positive Ergebnisabweichung wird kaum zu Sanktionen führen, wenn auch diese unter dem Aspekt der Planungs- bzw. Prognosegenauigkeit kritisch betrachtet werden kann.[823] Ein besseres Istergebnis zeugt davon, dass die Umsetzung von Zielformulierungen in einem höheren Maße gelungen ist als in der Planung zu erwarten war. Sowohl Führungsinstanz als auch Controlling werden sich in dieser Konstellation den betreffenden Erfolg zurechnen, selbst wenn die positive Ergebnisabweichung durch ein günstiges Ereignis außerhalb ihres Einflusses zustande gekommen ist.

---

818 Zur zielorientierten Steuerung des Wirksystems »Unternehmen« vgl. Richter/Furubotn 2003, S. 394ff.; Reichmann 2006, S. 13; Kieser/Walgenbach 2007, S. 6; Kreitner 2007, S. 250; Franken 2007, S. 253; Macharzina/Wolf 2008, S. 35; Horváth 2009, S. 17f.

819 Vgl. Weber/Schäffer 2008, S. 263 (»Wir rechnen jede Zahl«).

820 Vgl. Deyhle/Kottbauer et al. 2010, S. 34f.; Heyd/Beyer 2010, S. 384.

821 Vgl. Paefgen 2008a, S. 166 (Manipulation von Kontrollergebnissen durch das Controlling); Chen, Qi/Mittendorf, Brian/Zhang, Yun (2010): Endogenous Accounting Bias when Decision Making and Control Interact, Contemporary Accounting Research, Jg. 27, Nr. 4/Winter 2010, S. 1063–1091, S. 1080f. (Bedeutung von anreizbezogenen Vergütungssystemen auf die Berichterstattung); Haw/Ho et al. 2011, S. 517 (Bilanzpolitik und Corporate Governance).

822 Vgl. Frey/Osterloh 2005, S. 97; Mizik 2010, S. 595.

823 Siehe »Genauigkeit von Planungsrechnungen und Prognosen«, Seite 61, sowie Wall/Kießling 2008, S. 74 (Planungsgenauigkeit als Determinante des Vertrauens in betriebliche Akteure).

*Abbildung 11: Detailansicht zur Konstellation »PE < IE«*

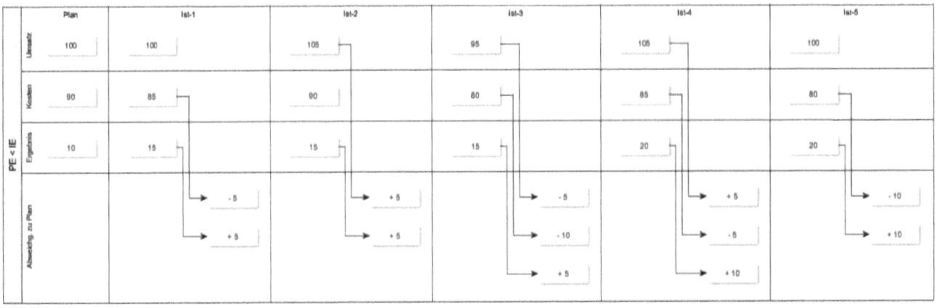


Auch hier ist die Betrachtung der einzelnen Ergebniselemente von Bedeutung. Das höhere Istergebnis kann durch das Zusammentreffen unterschiedlicher Umstände in den Größen »Umsatz« und »Kosten« erreicht worden sein. So kann der Istumsatz dem Planwert entsprechen, aber im Ist sind geringere Kosten angefallen als geplant. Sofern dies nicht durch zufällige Schwankungen in Faktorpreisen bedingt ist (das betriebliche Controlling wird kaum einen Einfluss auf die Entwicklung von Rohstoffpreisen auf den betrieblichen Beschaffungsmärkten haben), reflektiert eine solche positive Kostenabweichung eine Kosteneinsparung. Diese wird das Controlling als Ergebnis seiner Handlungen reklamieren und damit als seinen Beitrag zur Ergebnisverbesserung verkünden. Damit setzt es sich als »Wächter über ökonomische Grundsätze« in Szene und kann in zukünftigen Aushandlungsprozessen mit den Führungsinstanzen auf eine entsprechende Verhandlungsposition zurückgreifen.

Demgegenüber kann der Istumsatz über dessen Planwert liegen (»Ist-2« und »Ist-4« in Abbildung 11), weil beispielsweise die betrieblichen Leistungen zu besseren Preisen am Markt abgesetzt werden konnten. In diesem Fall führt eine Umsatzerhöhung dann nicht zu steigenden Kosten (»Ist-2«), sofern die Durchsetzung eines besseren Absatzpreises nicht mit einer Intensivierung von Vertriebsaktivitäten verbunden ist. Die betreffende Führungsinstanz, der die Preisdurchsetzung am Markt gelungen ist, wird sich ihren Erfolg entsprechend zurechnen. Sofern die Größe des Planumsatzes einer realistischen Planung entstammt, reflektiert eine positive Istabweichung unter obiger Perspektive ein entsprechendes Verhandlungsgeschick der betreffenden Führungsinstanz.

Geht mit dem höheren Istumsatz auch ein geringerer Wert auf der Kostenseite einher (»Ist-4«), zeigt sich eine entsprechende Kosteneinsparung. Diesen Erfolgsbeitrag wird das Controlling für sich reklamieren und auf seine Aktivitäten zur Erhöhung der betrieblichen Effizienz hinweisen. Sofern die Plankosten unter dem Ansatz einer realistischen Planung formuliert wurden, können geringere

Istkosten auf den Erfolg von Handlungen im Controlling hinweisen. Dies allerdings nur dann, wenn die geringeren Istkosten nicht aus zufälligen Schwankungen in Faktorpreisen resultieren. Wurden die geringeren Istkosten jedoch daraus bewirkt, dass die betreffende Leistung mit weniger Faktoreinsatz erbracht werden konnte, spricht dies für ein erfolgreiches Einwirken des Controllings auf den Prozess der Leistungserstellung bzw. Leistungsverwertung. Hier wird das Controlling seinen Beitrag zum höheren Istergebnis für sich reklamieren und damit seine Position innerhalb des betrieblichen Geschehens markieren.

Ein anderes Bild zeigt sich bei einer negativen Abweichung zwischen dem Plan- und Istumsatz (»Ist-3« in Abbildung 11). Wurde der Planumsatz im Ist unterschritten, bedarf es zur Verbesserung des Istergebnisses gegenüber dessen Planwert einer entsprechenden Kostensenkung. Unter Berücksichtigung von Fixkosten als ein Teil der betrieblichen Gesamtkosten bewirkt ein Umsatzrückgang, der nicht aus einer Verschlechterung in den Absatzpreisen resultiert, einen Rückgang nur in den variablen Kosten. Eine Verbesserung des Istergebnisses gegenüber der Planung kann somit nur durch deutliche Kostensenkungsmaßnahmen erreicht werden. Hieran wird das Controlling entsprechend arbeiten und eine erfolgreiche Kostensenkung als seinen Erfolg werten. Im Vergleich zur Situation »Ist-3« zeigt das »Ist-5« in Abbildung 11 eine gegenüber Plan realisierte Verbesserung im Istergebnis, die aus einer Kostensenkung bei Erreichen des Planumsatzes resultiert. In diesem Fall wird die betreffende Führungsinstanz, anders als in Situation »Ist-3«, nicht für eine negative Abweichung im Umsatz verantwortlich gemacht werden. Allerdings kann das Controlling auch hier auf sein Einwirken auf die betrieblichen Kosten verweisen und damit wiederum seine Position innerhalb der sozialen Austauschbeziehung mit der betreffenden Führungsinstanz festigen. Zwar stellt auch die Situation »Ist-1« in Abbildung 11 bereits einen zu »Ist-5« vergleichbaren Tatbestand dar. Allerdings ist in Situation »Ist-5« der Beitrag des Controllings zur Ergebnisverbesserung höher. Dies stellt aus dessen Perspektive zweifelsohne eine Legitimierung seiner Rolle als »kaufmännisches Gewissen«[824] bzw. »betriebswirtschaftlicher Lotse«[825] dar.

Obwohl sich mit einer positiven Ergebnisabweichung zunächst kein Problem erster Ordnung zeigt, kann ein Problem zweiter Ordnung vorliegen. Sofern das Planergebnis durch Puffergrößen auf ein niedrigeres Niveau gerechnet wurde, hat die Planung nicht das tatsächliche Potenzial des betrieblichen Leistungsspektrums widergegeben. Puffergrößen werden von Akteuren bei der Planaufstellung

---

824 Vgl. Hoffjan/Trapp et al. 2011, S. 186.
825 Vgl. Spatz 2009, S. 18.

eingebaut, um sich in Form einer Risikoreserve gegen die Ungewissheit zukünftiger Ereignisse abzusichern.[826] Der Grat zwischen einer »vorsichtigen« und einer »ängstlichen« Planung ist dabei unter Umständen schmal. Darüber hinaus können Akteure gezielte Puffer in Planungsgrößen einbauen, um damit opportunistische Ziele zu verfolgen.[827] Planungspuffer verhindern allerdings grundsätzlich Transparenz bezüglich betrieblicher Effizienz, da diese Größen zumeist nur wenigen Akteuren bekannt sind.[828] Zudem besteht bei der Kumulation von ergebnismindernden Effekten auch die Gefahr, dass andere Akteure aufgrund von durch Puffergrößen verzerrten Informationen nicht mehr adäquate Entscheidungen in ihrem Verantwortungsbereich fällen können.[829] Darüber hinaus schaffen Planungspuffer denjenigen im Führungsprozess einen Vorteil, die durch das stille Auflösen von Puffern ihre Ziele scheinbar mühelos erreichen bzw. übererfüllen.[830] Über ein solches Vorgehen lassen sich innerhalb der anreizbasierten Vergütung durchaus erhebliche Zuwächse des individuellen Einkommens erzielen.

---

826 Vgl. Brown, Jason L./Evans III, John H./Moser, Donald V. (2009): Agency Theory and Participative Budgeting Experiments, Journal of Management Accounting Research, Jg. 21, S. 317–345, S. 340; Rankin/Schwartz et al. 2008, S. 1096; Paefgen 2008a, S. 143f.

827 Vgl. Hannan/Rankin et al. 2006, S. 892; Schäffer/Kramer 2009, S. 254.

828 Vgl. Künkele, Julia/Schäffer, Utz (2007): Zur erfolgreichen Gestaltung der Budgetkontrolle. Ergebnisse einer empirischen Untersuchung, DBW - Die Betriebswirtschaft, Jg. 67, Heft 1/2007, S. 75–92, S. 78.

829 Zur Bedeutung von Budgets für die Abstimmung von betrieblichen Aktivitäten und Plänen vgl. Artz, Martin (2011): Slack in Marketing- und Vertriebsbudgets – Ressourcenverschwendung oder notwendige Flexibilität in der Marktbearbeitung?, Controlling, Zeitschrift für erfolgsorientierte Unternehmensführung, Jg. 23, Heft 1, Januar 2011, S. 47–54, S. 47f.; Fauré, Bertrand/Rouleau, Linda (2011): The strategic competence of accountants and middle managers in budget making, Accounting, Organizations and Society, Jg. 36, Nr. 3, April 2011, S. 167–182, S. 168; Brüggen, Alexander/Luft, Joan (2011): Capital rationing, competition, and misrepresentation in budget forecasts, Accounting, Organizations and Society, Jg. 36, Nr. 7, Oktober 2011, S. 399–411, S. 401; Frow, Natalie/Marginson, David/Ogden, Stuart (2010): "Continuous" budgeting: Reconciling budget flexibility with budgetary control, Accounting, Organizations and Society, Jg. 35, Nr. 4, Mai 2010, S. 444–461, S. 448ff.; Horngren, Charles T./Harrison, Walter T., JR./Oliver, M. Suzanne (2009): Financial and managerial accounting, 2. Auflage, Upper Saddle River, NJ: Pearson Education International, S. 1101; Weber/Schäffer 2008, S. 279; Horngren, Charles T./Bhimani, Alnoor/Datar, Srikant M./Foster, George (2002): Management and Cost Accounting, 2. Auflage, Harlow: Financial Times/Prentice Hall, S. 469ff.

830 Vgl. Horngren/Harrison, JR. et al. 2009, S. 1101; Fülbier/Gassen et al. 2008, S. 1323; Künkele/Schäffer 2007, S. 78.

Mit Bezug auf sein idealtypisches Leitbild[831] sollte die Beteiligung des Controllings an der Bildung von Puffergrößen ausgeschlossen zu sein.[832] Die Identifizierung von Planungspuffern ist für das Controlling demgegenüber nur bedingt möglich. Schließlich ist die betreffende Führungsinstanz für die Aufstellung von Planungsgrößen verantwortlich. Darüber hinaus verfügt diese Instanz tendenziell über detailliertere Informationen in ihrem Verantwortungsbereich als das Controlling und kann diese unter Umständen auch wirksam zurückhalten.[833] Gelingt es dem Controlling nicht, diese Informationsasymmetrie aufzulösen und Planungspuffer aufzuzeigen, bleiben Puffergrößen unentdeckt. Schlimmstenfalls erhalten derlei verzerrte Planergebnisse nach erfolgter Prüfung und Bestätigung durch das Controlling den Anschein der sachlichen Objektivität.[834] Was vom Controlling für richtig befunden wurde, kann offenkundig nicht verkehrt sein. Faktisch aber wird das Controlling hier seiner Rolle als »Hüter der ökonomischen Vernunft« nicht gerecht und damit zum Risiko-Träger. Dieses Risiko ist systemisch bedingt. Schließlich unterstellt ja gerade der Ansatz der Rationalitätssicherung im Führungsgeschehen durch das Controlling, dass diese Instanz entweder unvernünftiges Handeln anderer erkennt und verhindert oder rationale Handlungen bestätigt bzw. unterstützt. Der Wächter über die ökonomische Rationalität sieht sich in diesem Bezug mit einem Dilemma konfrontiert: Planungspuffer können durchaus rational begründet sein, beispielsweise im Zusammenhang mit der Sicherstellung der Zielerreichung innerhalb anreizbasierter Vergütungssysteme.[835]

Vor dem Hintergrund der Planung als Vorwegnahme ungewisser Zukunftsgrößen erscheint die Akzeptanz von Planungspuffern auch durch das Controlling nachvollziehbar. Insbesondere dann, wenn nicht nur Führungsinstanzen, sondern auch das Controlling am Grad der Zielerreichung gemessen werden.[836] Sollte auch das Controlling Nutznießer eines anreizbasierten Vergütungssystems

831 Vgl. Biel 2007, S. 5.

832 Zur kritischen Auseinandersetzung hierzu vgl. Hartmann/Maas 2010, S. 30; Paefgen 2008a, S. 143.

833 Zur Nutzung von Informationsasymmetrien durch Führungsinstanzen vgl. Rausch 2011, S. 156; Chen/Mittendorf et al. 2010, S. 1064; Lafond/Roychowdhury 2008, S. 107; Hannan/Rankin et al. 2006, S. 890f.

834 Vgl. Mundy 2010, S. 501; Vosselman/van der Meer-Kooistra 2009, S. 270.

835 Vgl. Mizik 2010, S. 595; Chen/Mittendorf et al. 2010, S. 1066; Brown/Evans III et al. 2009, S. 340; Paefgen 2008a, S. 143f.; Frey/Osterloh 2005, S. 97.

836 Vgl. Prenzler 2011, S. 97; Hartmann/Maas 2010, S. 32; Paefgen 2008a, S. 178; Wall 2008b, S. 230.

sein, das die gleichen Zielgrößen umfasst wie die der betreffenden Führungsinstanzen, stellt sich ohnehin die Frage nach der Rationalitätssicherungsfunktion des Controllings. In diesem Zusammenhang lassen sich vom Controlling nicht sanktionierte Planungspuffer rational erklären. Damit wird das Controlling zum Risiko-Träger, vor allem wenn es bei der Schaffung von Puffergrößen gemeinsame Sache mit den Führungsinstanzen macht. Mit der willentlichen Schaffung von Intransparenz durch Akteure im Controlling besteht das Risiko nicht mehr vollständig überschaubarer Entscheidungssituationen auf Seiten anderer Instanzen. Wo Transparenz fehlt, entstehen Risiken aus fehlenden Informationen bzw. aus mangelnder ökonomischer Disziplin.[837]

Dass sich Führungsinstanz und Controlling bei der Formulierung von Planergebnissen einig sind, lässt sich noch aus einer weiteren Perspektive heraus beschreiben. Dieser Blickwinkel eröffnet die Sicht auf beide Akteure, die gemeinsam eigennützliche Ziele verfolgen und diese über ihr abgestimmtes Verhalten auch durchsetzen.

Verfolgen Führungsinstanz und Controlling gemeinsam eigennützliche Ziele, erhält die zuvor beschriebene Situation zusätzliche Brisanz. Hierbei können Planungspuffer sowohl durch die Führungsinstanz als auch durch das Controlling in die Formulierung von Zielgrößen einfließen.[838] Mit der Verabredung über dieses Vorgehen nutzen beide Akteure ihnen übertragene Verfügungsrechte zu eigenen Gunsten.[839] Damit ist zunächst nur ihr abgestimmtes Verhalten bezeichnet. Ob beide Akteure tatsächlich über die genaue Höhe der Planungspuffer des

---

837 Vgl. o.V. (2009): Finanzstabilitätsbericht 2009, Frankfurt am Main, Deutsche Bundesbank, verfügbar auf: http://www.bundesbank.de/Redaktion/DE/Downloads/Veroeffentlichungen/Finanzstabilitaetsberichte/2009_finanzstabilitaetsbericht.pdf?__blob=publicationFile, Stand: 17.07.2011, S. 85 (Marktdisziplin und Transparenz); Weber, Axel A. (2008): Die Subprime-Krise. Ursachen und Folgen für das Kreditwesen. Rede anlässlich des FTD-Bankengipfels 2008 unter dem Titel: Neue Strategien und Geschäftsfelder für den deutschen Bankenmarkt, Eltville, 25. April 2008, Frankfurt am Main, Deutsche Bundesbank, verfügbar auf: www.bundesbank.de, Stand: 07.10.2009, S. 9 (Marktdisziplin und Risiken in Kapitalmärkten); Erben 2007, S. 40f. (Intransparenz und Risiken bzw. Unternehmenskrisen); Basel Committee on Banking Supervision 2010, S. 3 (Transparenz und Corporate Governance).

838 Vgl. Hartmann/Maas 2010, S. 28; Weber/Schäffer 2008, S. 472; Paefgen 2008a, S. 143.

839 Vgl. Rausch 2011, S. 159 (Nutzung von Verfügungsrechten zur Durchsetzung eigener Interessen); Hartmann/Maas 2010, S. 30 (fehlende kritische Distanz im Controlling); Paefgen 2008b, S. 83 (eigennützliche Handlungen im Controlling bei der Planaufstellung); Weber/Schäffer 2008, S. 432 (kollusive Handlungen von Führungsinstanz und Controlling); Fuchs 2002, S. 13 (machtvolle Nutzung von Ressourcen).

anderen informiert sind, ist dabei nicht zwangsläufig sichergestellt. Ihr Vorgehen zielt darauf ab, Planungsgrößen wider besseres Wissen zu verzerren, um die zum Zeitpunkt der Planaufstellung bereits vorhersehbare positive Abweichung im Istergebnis abzusichern. Für die Führungsinstanz ist diese Handlung bzw. Vereinbarung von Vorteil, wenn sie damit ihre zielerreichungsabhängige Vergütung der Folgeperiode schon zum Planungszeitpunkt weitgehend determiniert. Oder wenn aus anhaltender Planübererfüllung sich für die Führungsinstanz Karrierevorteile ergeben. Das Controlling partizipiert an diesem Handeln, da es zum Zeitpunkt der Planaufstellung eine spätere positive Ergebnisabweichung ebenfalls fundiert. Sein Verhalten kann ebenso in Karriereabsichten begründet liegen, etwa wenn das Messkriterium für den Erfolg im Controlling in der Übererfüllung von Planergebnissen liegt und diese aus der Einflussnahme des Controllings auf das operative Geschehen im Führungsprozess begründet wird.[840] Sofern das Controlling nicht nur an der Erreichung von Planergebnissen gemessen und vergütet wird, sondern gleichzeitig auch bei der Gestaltung von Anreiz- bzw. Vergütungssystemen mitwirkt[841], lässt sich sein Handeln bei der Schaffung von Puffergrößen rational[842] erklären. Die Konstellation, nicht nur Messpunkte, sondern auch die Messkriterien und das Messsystem mitgestalten zu können, schafft eine »ideale« Basis für eigennützliches Handeln im Controlling. Dieser Vorzugslage werden auch Führungsinstanzen nicht widerstehen können, zumal sie mit dem Controlling als scheinbar unbestechlicher Überwachungsinstanz abgestimmte eigennützliche Handlungen objektiv rechtfertigen können[843]: Das Controlling in seiner Wächterfunktion hat schließlich das Planergebnis auf Plausibilität überprüft und für richtig befunden. Spätestens an dieser Stelle sind Zweifel über die Wirksamkeit des Controllings als rationalitätssichernde Überwachungsinstanz in Unternehmen angebracht.[844]

---

840 Vgl. Paefgen 2008a, S. 143; Hartmann/Maas 2010, S. 32; Prenzler 2011, S. 97.

841 Vgl. Wall 2008b, S. 230; Hirsch/Sorg 2006, S. 210.

842 Vgl. Chen/Mittendorf et al. 2010, S. 1080f. (anreizbezogene Vergütungssysteme und Berichterstattung); Paefgen 2008a, S. 143f. (Budgetpuffer aus rationalem Kalkül des Controllings); Frey/Osterloh 2005, S. 99 (Beeinflussung von Kriterien der Erfolgsmessung durch Aufsichtsorgane).

843 Vgl. Scherm/Pietsch 2003, S. 51 (Legitimationsfunktion des Controllings); Becker/Jordan et al. 2003, S. 149 (Controllingpraxis als Ergebnis aus Sinnzuweisung und Legitimation der beteiligten Akteure); Rausch 2011, S. 159f. (Controlling-Systeme legitimieren selbst opportunistische Handlungen von Führungsinstanzen).

844 Vgl. Maas/Matějka 2009, S. 1233 (Zweifel am Controlling als interne Wächter); Grundei 2008, S. 146 (Zweifel an der Wirksamkeit von Überwachungshandlungen als solche).

**Liegt das Planergebnis über dem Istergebnis**, zeigt sich mit der negativen Planabweichung ein Problem erster Ordnung. Auch hier ist zunächst zu betrachten, welche Ergebniskomponente die Ergebnisabweichung bedingt.

*Abbildung 12: Detailansicht zur Konstellation »PE > IE«*

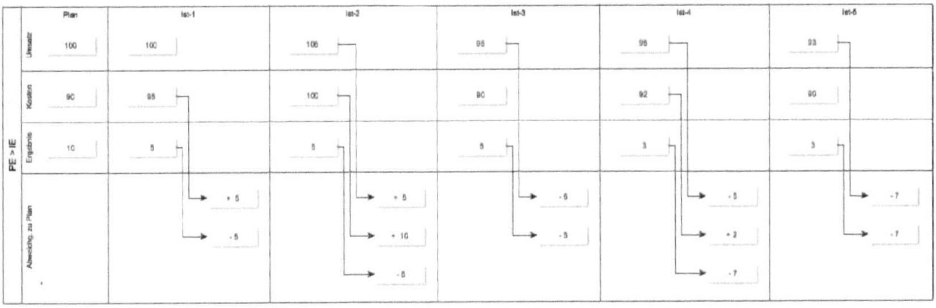


Wurde der Planumsatz im Ist erreicht, bei gleichzeitig gestiegenen Kosten (Situation »Ist-1« in Abbildung 12), ist die negative Ergebnisabweichung in der Kostenabweichung begründet. Resultiert der Kostenanstieg aus unvorhersehbaren Schwankungen in den Marktpreisen von Einsatzfaktoren, ist dies nicht von den betrieblichen Akteuren zu vertreten. Dennoch kann in dieser Situation die Frage an das Controlling gerichtet werden, ob es bei der Suche nach Kompensationsmöglichkeiten verteuerter Faktorpreise ausreichend tätig geworden ist. Schließlich soll das Controlling im Rahmen seiner Handlungsmöglichkeiten die zielorientierte Steuerung der betrieblichen Funktionsbereiche und ihrer Führungsinstanzen sicherstellen.[845] Ein anderes Bild zeigt sich, wenn der Zielwert der Kosten einer unrealistischen Planung entstammt. Hier können die Akteure im Controlling und in den Führungsinstanzen bei der Planaufstellung einen zu hohen Anspannungsgrad[846] in den budgetierten Kosten verabredet haben. Anspruchsvolle Planziele sollen zwar die betreffenden Akteure anspornen, möglichst effizient zu handeln und damit den Unternehmenserfolg zu erhöhen.[847]

845 Vgl. Horváth 2009, S. 100 (ergebniszielorientierte Koordination durch das Controlling); Wall/Kießling 2008, S. 75 (Controlling als Korrektiv zu unrealistischen Planungen von Führungsinstanzen); Biel 2007, S. 9 (Mitverantwortung des Controlling für die Zielerreichung).

846 Siehe Seite 138.

847 Zur Auseinandersetzung mit Zielgrößen als anspruchssetzende Größe im betrieblichen Geschehen vgl. Sitkin, Sim B./See, Kelly E./Miller, C. Chet/Lawless, Michael W./Carton, Andrew M. (2011): The Paradox of Stretch Goals: Organizations in Pursuit of the Seemingly Impossible, Academy of Management Review, Jg. 36, Nr. 3, Juli 2011,

Unrealistische Zielgrößen beinhalten allerdings das Risiko unerwünschter Verhaltensweisen der betroffenen Akteure bzw. substanzieller Planabweichungen im Zuge ihrer Umsetzung.

In der Situation »Ist-2« in Abbildung 12 wurde zwar ein höherer Istumsatz als geplant realisiert, allerdings wurde dieser positive Effekt durch einen überproportionalen Kostenanstieg überkompensiert, so dass das Istergebnis unter dem Planwert liegt. Hier wird die betreffende Führungsinstanz auf das Controlling zeigen und auf dessen vordergründiges Versagen bei der Kostenüberwachung hinweisen. Aus Sicht der Führungsinstanz ist ihr Einsatz zur Umsatzerhöhung letztlich vergebens gewesen. Für das Controlling entsteht somit die Notwendigkeit, sich gegen die erhobenen Vorwürfe zu verteidigen. Es gerät in eine Defensivposition innerhalb seiner sozialen Austauschbeziehung mit der Führungsinstanz. Mag es auch gelingen, den entsprechenden Kostenanstieg zu begründen – beispielsweise aus der Notwendigkeit von Mehrarbeit und hieraus bedingten Lohnzuschlägen zur Sicherstellung von gegenüber zugesagten Lieferterminen. Die gemachte Erfahrung einer ungerechtfertigten Schuldzuweisung durch die Führungsinstanzen vermag die Fortsetzung der gemeinsamen Austauschbeziehung negativ zu beeinträchtigen.[848] Zieht das Controlling sich aufgrund dessen zurück und sichert sich bei zukünftigen Planungen durch die Intensivierung von Plausibilitätsprüfungen der Planungsgrößen bzw. die nachträgliche Bildung von Risikopuffern ab, besteht im letzten Fall das Risiko einer schleichenden Inkonsistenz von Budgetgrößen. Die vom Controlling zur eigenen Absicherung vorgenommenen »Sicherheitskorrekturen« in einzelnen Planungsgrößen führen früher oder später zu Intransparenz bezüglich der betreffenden Zielgrößen und bieten darüber hinaus den Akteuren im Controlling den Raum zur willkürlichen Verwendung einzelner Puffergrößen innerhalb der Ergebnissteuerung.

Das Ergebnis »Ist-3« in Abbildung 12 ist durch einen gegenüber Plan geringeren Istumsatz bei kongruenten Ist- zu Plankosten gekennzeichnet. Hier konnten entweder die geplanten Stückerlöse am Markt nicht durchgesetzt werden oder trotz eines Rückgangs in der Absatzmenge zeigte sich ein Anstieg in den Kosten. Sowohl die negative Preis- als auch die Abweichung der Absatzmenge ist grundsätzlich von der betreffenden Führungsinstanz zu vertreten. Hiervon freimachen wird sich diese allerdings dann können, wenn der Rückgang in den Absatzpreisen bzw. -mengen durch nicht beeinflussbare exogene Ereignisse, z.B.

---

S. 544–566, S. 557ff.; Weber/Schäffer 2008, S. 68f.; zur Wirkung von unternehmensinternem Wettbewerb auf das Verhalten von Akteuren im Budgetierungsprozess vgl. Brüggen/Luft 2011, S. 401.

848 Vgl. Ballinger/Rockmann 2010, S. 374.

gesamtwirtschaftliche Rezession[849] oder politisch bedingte Handelshemmnisse[850], bedingt sind. Für das Controlling beinhaltet der Kostenanstieg – unabhängig von der Ursache des Umsatzrückgangs – das Problem, die ungünstige Kostenentwicklung nicht erkannt oder keine geeigneten Gegensteuerungsmaßnahmen hierzu vorgeschlagen bzw. bewirkt zu haben. Zwar kann es sich ebenfalls auf die Nicht-Vorhersehbarkeit ungünstiger Ereignisse berufen. Ob sich die Akteure im Controlling damit aber von dem Vorwurf der fehlenden Vorschläge zur Gegensteuerung freimachen können, erscheint fraglich. Schließlich umfasst ihre Rolle als »Wächter und Warner«[851] bzw. »Lotsen«[852] im Führungsgeschehen zweifelsohne auch den Anspruch, Führungsinstanzen bei der Suche nach Alternativen zur Zielerreichung entsprechend zu unterstützen.

Mit der Situation »Ist-4« in Abbildung 12 zeigt sich gegenüber der zuvor beschriebenen eine wiederum problematische Konstellation. Hier sind die Istkosten, bei einer negativen Abweichung des Istumsatzes zum Plan, höher als ihr Planwert. Auch hier gelten zunächst die obigen Aussagen bezüglich der Kostenentwicklung. Darüber hinaus scheint das Controlling jedoch bei der Kostensteuerung versagt zu haben. Die Istkosten sind offenkundig »aus dem Ruder gelaufen«. Entweder ist dies auf ein, von den Akteuren nicht beeinflussbares, exogenes Ereignis zurückzuführen. Dann stellt sich ebenfalls die Frage nach der Fähigkeit im Controlling, angemessene Gegensteuerungsmaßnahmen zu erarbeiten und deren Umsetzung zu bewirken. Oder die Plankosten basieren auf einer unrealistischen Planung. Im ersten Fall mag man dem Controlling den Vorwurf machen, es versage in seiner Rolle als »kaufmännisches Gewissen«[853].

849 Zu den Auswirkungen einer Rezession auf Unternehmen und Arbeitnehmer vgl. Parkin, Michael (2003): Economics, 6. Auflage, Boston, Mass.: Addison-Wesley, S. 454; Gregory, Paul R. (2002): Essentials of economics, 5. Auflage, Boston: Addison Wesley, S. 178ff.; Mankiw, Nicholas Gregory (2001): Grundzüge der Volkswirtschaftslehre, 2., überarbeitete Auflage, Stuttgart: Schäffer-Poeschel Verlag, S. 743ff.

850 Vgl. Baron, David P. (2003): Business and its environment, 4. Auflage, Upper Saddle River, N.J: Prentice Hall, S. 593 (Protektionismus) u. S. 605 (Kosten des Protektionismus); Teichmann, Ulrich (1989): Wirtschaftspolitik. Eine Einführung in die demokratische und instrumentelle Wirtschaftspolitik, 3., aktualisierte und erweiterte Auflage, München: Verlag Franz Vahlen, S. 31 (Handelshemmnisse).

851 Vgl. Hirsch/Sorg 2006, S. 218.

852 Vgl. Deyhle/Kottbauer et al. 2010, S. 31; Weißenberger/Wolf 2010, S. 5; Spatz 2009, S. 18.

853 Vgl. Hoffjan/Trapp et al. 2011, S. 186.

Im zweiten versagt es in seiner Rolle als »kritischer Counterpart«[854] der Führungsinstanz bei der Formulierung von Zielgrößen.

Die Situation »Ist-5« in Abbildung 12 beinhaltet ein gegenüber dem »Ist-3« und »Ist-4« geringeren Umsatz, allerdings konnten die Istkosten auf deren Planungsgröße gehalten werden. Hier wird das Controlling für sich zumindest in Anspruch nehmen, durch sein Wirken »Schlimmeres verhindert« zu haben. Dennoch, es kann sich auch in dieser Situation nicht des Vorwurfes erwehren, keine Maßnahmen zur kostenbezogenen Gegensteuerung erarbeitet und deren Umsetzung bewirkt zu haben. Mit der Umlenkung der Aufmerksamkeit auf die Zielverfehlung im Umsatz, die der betreffenden Führungsinstanz zugerechnet werden kann, vermögen sich die Akteure im Controlling allerdings vordergründig aus der »Schusslinie« zu manövrieren. Unter diesem Blickwinkel betrachtet, mag auf Seiten der Führungsinstanz das Bild entstehen, vom Controlling bei der Bewältigung eines Problems »im Stich gelassen« worden zu sein und darüber hinaus auch den »Schwarzen Peter« zugeschoben bekommen zu haben. Analog zur Situation »Ist-2« gelangt nunmehr die Führungsinstanz in eine Defensivposition (siehe Seite 176). Hieraus lässt sich nicht nur eine Tendenz zur Absicherung der Führungsinstanz in zukünftigen Planungsprozessen herleiten, sondern auch die Ausprägung von Reaktanz[855] auf ihrer Seite. Die negative Erfahrung aus der vorliegenden Schuldzuweisung vermag innerhalb des sozialen Austauschverhältnisses zwischen Führungsinstanz und Controlling bewirken, dass in einer anderen Situation der sachlich angemessene Ratschlag des Controllings von der betreffenden Führungsinstanz nicht angenommen wird, obwohl sie sich dadurch selber – und letztlich auch dem Unternehmen – schadet.

Wurde bislang das Controlling in seiner Rolle als kritischer Konterpart zu den Führungsinstanzen betrachtet, soll in der Folge der Sonderfall gemeinsamer kognitiven Begrenzungen der Akteure beschrieben werden. Unter diesem Blickwinkel zeigt sich die systemische Problematik des Controllings als »passendes Gegenstück« zu den Führungsinstanzen, das seine Überwachungsaufgaben, wenn auch partiell, zugunsten einer Rolle als »Co-Führungsinstanz« eintauscht[856]. Mit

854 Vgl. Kirsch/Seidl et al. 2009, S. 73 (kritische Hinterfragung von Planungsgrößen durch das Controlling); Krügerke 2009, S. 27 (zur Rolle des kritischen Counterparts im Vertriebscontrolling); Weber 2011, S. 39f. (aktives Agieren des Controllings im Zuge seiner Counterpartfunktion).

855 Auf das Problem der Reaktanz wurde bereits an anderer Stelle eingegangen, siehe Seite 81, hier im Kontext von Überwachungshandlungen.

856 Vgl. Weber 2011, S. 39.

diesem, noch weiter ausgreifenden[857] Rollenbild als das des »Business Partners«[858] begibt sich das Controlling in die Gefahr, letztlich als Korrektiv im Führungsgeschehen nicht mehr wirksam agieren zu können.

Kognitive Begrenzungen umfassen die begrenzte Fähigkeit von Individuen in der Aufnahme, Weiterverarbeitung und Bewertung von Informationen.[859] Mit kognitiven Begrenzungen lassen sich sowohl Einschränkungen in der Rationalität[860] als auch opportunistische Handlungen[861] begründen. Für das Controlling wird unterstellt, dass dessen Akteure die kognitiven Begrenzungen auf Seiten der Führungsinstanzen durch Bereitstellung von Sekundärwissen bewältigen können.[862] Allerdings werden in der Literatur zu dieser Sichtweise auf das Controlling auch Zweifel geäußert.[863] Damit stellt sich grundsätzlich die Frage nach der Berechtigung und Wirkung des institutionalisierten Controllings in Unternehmen.[864] Sofern kognitive Begrenzungen sich sowohl auf Seiten der Führungsinstanzen als auch des Controllings zeigen, beinhaltet die Übereinkunft beider Akteure zur Festlegung von Planergebnissen letztlich das systemische Risiko unrealistischer Planung.

Mit der Wahrnehmung zu Informationsbedarfen von Führungsinstanzen ist im Controlling gleichsam die Interpretation bezüglich der Menge und Güte der betreffenden Informationen verbunden.[865] Dabei treffen die Akteure im Controlling Wahlentscheidungen, die sie in die Lage versetzen sollen, den Anforderungen der Führungsinstanzen bezüglich der Bereitstellung von entscheidungsnützlichen Informationen gerecht zu werden. Haben die Führungsinstanzen ihren Informationsbedarf nur unscharf artikuliert, bedarf es des kontextbezogenen Wissens im Controlling, um entsprechend adäquate Informationen zu erheben,

857 Zum Phänomen der sowohl in der Theorie als auch in der betrieblichen Praxis zunehmenden Ausweitung von Rollen und Aufgaben des Controllings vgl. Weißenberger/Wolf 2010, S. 7.

858 Vgl. Rissbacher/Rissbacher et al. 2008, S. 116.

859 Vgl. Gerling 2007, S. 12f.; Weber/Schäffer 2008, S. 35.

860 Zum Begriff der »bounded rationality« vgl. Slovic 2008, S. 490f. sowie Gerling 2007, S. 17, jeweils mit weiteren Verweisen.

861 Vgl. Meyer 2011, S. 3; Prenzler 2011, S. 87.

862 Vgl. Jonen 2008, S. 93f.

863 Vgl. Reimer/Orth 2008, S. 195; Paefgen 2008b, S. 88; Paefgen 2008a, S. 3.

864 Vgl. Maas/Matějka 2009, S. 1233; Brandau, Michael/Hoffjan, Andreas (2010): Comparative Management Accounting, DBW – Die Betriebswirtschaft, Jg. 70, Heft 1/2010, S. 101–104, S. 103.

865 Vgl. Weber 2011, S. 32/34; Reichmann 2006, S. 10f.

aufzubereiten und auszuliefern.[866] An diesem Punkt kann sich das Controlling als Risiko-Träger erweisen, wenn es gemeinsam mit den Führungsinstanzen kognitiven Begrenzungen unterliegt. Die nachfolgenden Beispiele mögen dieses Problemfeld skizzieren.

Zur Vermeidung von eigenem Arbeitsleid hakt das Controlling bei der betreffenden Führungsinstanz nicht weiter nach, um deren unklar formulierten Informationsbedarf zu konkretisieren.[867] Auf Seiten der Führungsinstanz besteht keine Veranlassung, sich konkreter zu erklären, da diese annimmt, das Controlling könne mit der Aufgabenstellung umgehen.[868] Das Controlling erkennt zwar die unscharfe Aufgabenstellung, unternimmt aber nichts zu deren Klarstellung. Beide Akteure unterliegen kognitiven Begrenzungen[869], allerdings aus unterschiedlichen Perspektiven. Das Controlling handelt eigennützlich, indem es eigenes Arbeitsleid vermeiden will. Die Führungsinstanz unterliegt dem Irrtum, dass mit der nicht erfolgten Rückfrage auf Seiten des Controllings erfahrungsgemäß dieser Akteur »schon die richtigen« Aktivitäten einleiten wird.[870] Das formulierte Planergebnis erweist sich im Nachhinein als unrealistisch, weil es von der Führungsinstanz auf Basis unvollständiger Informationen des Controllings[871] definiert wurde.

Im Controlling wird die erkennbar unscharfe Aufgabenformulierung zum Anlass genommen, bewusst nur solche Informationen zu liefern, die keine

---

866 Vgl. Küpper 2008, S. 568ff. (Fakten- und Methodenwissen im Controlling); Winter 2008, S. 23 (Faktenwissen des Controllings); Jonen/Lingnau 2007, S. 17 (Sekundärwissen des Controllings); Reichmann 2006, S. 10/11 (Interpretation des Informationsbedarfes durch die Controller).

867 Vgl. Paefgen 2008b, S. 81; Weber/Schäffer 2008, S. 426.

868 Vgl. Reichmann 2006, S. 10/11 (Controller interpretieren Informationsbedarf der Führungsinstanzen); Weber/Schäffer 2008, S. 76 (führungsrelevante Informationen).

869 Vgl. Jonen 2008, S. 95f.; Weber/Schäffer 2008, S. 35; Gerling 2007, S. 12f.

870 Vgl. Meyer/Grisar et al. 2011, S. 83f. (unrichtiger Kausalschluss); Apesteguia/Ballester 2009, S. 443f. (Abhängigkeitstrugschluss aus Erfahrungsgrößen bzw. Ereignissen in der Vergangenheit); Pietsch/Scherm 2004, S. 538 (Perspektiven als generalisierte Wahrnehmungsmuster von Akteuren); Lang 2004, S. 66 (Konstruktion sozialer Realität durch das Controlling).

871 Vgl. Reimer/Orth 2008, S. 198 (Informationsasymmetrie zwischen Controlling und Führungsinstanz); Wall 2008a, S. 470 (Informationsversorgungsfunktion des Controllings im Rahmen der Entscheidungsunterstützung von Führungsinstanzen); Paefgen 2008b, S. 81 (Anspruch an die Informationsversorgungsfunktion des Controllings).

Angriffsfläche gegenüber der Führungsinstanz liefern.[872] Problemfelder werden bei der Bereitstellung bzw. Entgegennahme von Informationen von beiden Parteien ausgeblendet[873], weil sie aus ihrer Sicht unnötige Konflikte vermeiden wollen.[874] Sollte sich im Zuge der Verwertung dieser Informationen durch die Führungsinstanz ein Problem ergeben, kann das Controlling sich auf den unklaren Rechercheauftrag beziehen. Die Führungsinstanz kann dann ihrerseits über die partielle Untätigkeit des Controllings klagen. Beide Parteien unterliegen kognitiven Begrenzungen in der kritischen Hinterfragung ihres Verhaltens bei der Informationserhebung. Das aus diesen Informationen abgeleitete unrealistische Planergebnis[875] ist durch die oberflächliche Konfliktvermeidung beider Akteure determiniert. Anstatt kognitiven Begrenzungen der Führungsinstanz entgegenzuwirken, ist das Controlling eigenen Begrenzungen gefolgt.[876]

Bei der gemeinsamen Abstimmung über den Informationsbedarf und die Informationserhebung kommen Controlling und Führungsinstanz überein, bereits bekannte Informationsquellen zu verwenden, obwohl zur betreffenden Problemstellung eine andere Basis geeigneter wäre.[877] Beide Akteure unterliegen dabei kognitiven Begrenzungen in der Informationserhebung. Das auf dieser Basis definierte Planergebnis reflektiert eine unrealistische Planung, weil bei der Planaufstellung wesentliche Informationen nicht einbezogen wurden.

---

872 Vgl. Paefgen 2008b, S. 81; Rausch 2011, S. 138 (Einfluss des Controllings auf Entscheidungen über die Bereitstellung von Informationen).

873 Vgl. Keil/Depledge et al. 2007, S. 394 (Informationsverzerrung durch Akteure).

874 Vgl. Paefgen 2008a, S. 140 (Konfliktvermeidung auf Seiten des Controllings aus rationalen Erwägungen); Kirsch/Seidl et al. 2007, S. 215 (Umgang von Führungsinstanzen mit Informationen); Minelli/Rebora et al. 2009, S. 935 (zum Kontrollversagen von Überwachungsorganen); Heine/Hirsch et al. 2006, S. 61 (Interessenskonflikte und begrenzte Rationalität von Akteuren).

875 Zur Bedeutung der kritischen Reflexion im Willensbildungsprozess vgl. Sieber 2008, S. 8f.; Keil/Depledge et al. 2007, S. 399 (Auswirkungen auf die Wahrnehmung von Problemen).

876 Vgl. Weber/Schäffer 2008, S. 40 (kognitive Begrenzungen im Führungsgeschehen); Jonen 2008, S. 125 (kognitive Begrenzungen von Führungsinstanzen); Paefgen 2008b, S. 83 (kognitive Begrenzungen im Controlling); Paefgen 2008a, S. 3 (kognitive Begrenzungen und Rationalitätsdefizite im Controlling).

877 Vgl. Keil/Depledge et al. 2007, S. 399; Gerling 2007, S. 17; Kirsch/Seidl et al. 2007, S. 215 (unvollkommene Informationsnachfrage von Führungsinstanzen); Kirchgässner 2008, S. 27 (fehlende Systematik ökonomischer Akteure im Umgang mit Informationen).

Im Zuge der Planaufstellung wurde von der Führungsinstanz in Abstimmung mit dem Controlling das Planergebnis bereits zu einem frühen Zeitpunkt formuliert, ohne dass umfängliche Informationen des Controllings bereitstanden. Im zweiten Schritt vom Controlling aufbereitete, ergänzende Informationen sind geeignet, die Richtigkeit des zuvor formulierten Planergebnisses anzuzweifeln. Beide Akteure halten allerdings an dieser Planungsgröße fest. Die Führungsinstanz, weil sie mit der Revidierung des Planergebnisses im innerbetrieblichen Diskurs schlechter dastehen würde. Das Controlling, weil es dem Irrtum des Ankereffektes[878] unterliegt. Eine einmal vereinbarte Planungsgröße kann nicht grundsätzlich verkehrt sein, da man sie schließlich gemeinsam diskutiert und definiert hat. Mit dem unreflektierten Festhalten an dem Planergebnis hat man die spätere negative Ergebnisabweichung bereits zum Planungszeitpunkt fundiert.

In Abwandlung der vorigen Konstellation entschließen sich Controlling und Führungsinstanz, nach ihrer Abstimmung über das zu definierende Planergebnis keine weiteren, ergänzenden Informationen mehr einzuholen, obwohl man die Möglichkeit und Zeit dazu hätte. Man vertraut auf seine gemeinsamen Kenntnisse und Diskussionen im Ringen um das beste Ergebnis. Beide Akteure unterliegen dabei kognitiven Begrenzungen, da sie ohne Not ihren Informationsraum einschränken.[879] Hier wird ein unrealistisches Planergebnis durch die Beliebigkeit im Handeln beider Akteure definiert.

Im Zuge der Planung signalisiert die Führungsinstanz, dass sie auf Basis der vom Controlling durchzuführenden Rechenverfahren ein bestimmtes Planergebnis benötigt. Dieses Planergebnis ist erforderlich, weil damit die Erreichung einer übergeordneten unternehmerischen Zielgröße abgesichert wird. Das Controlling nimmt diese Erwartung auf und rechnet das erwünschte Planergebnis. Dabei verwendet es bewusst nur solche Parameter, die auch zum betreffenden Planergebnis führen. Es vollzieht also ein »Hinrechnen« des Planergebnisses, weil es sich hiervon Vorteile in der weiteren Zusammenarbeit mit der Führungsinstanz verspricht.[880] Beide Akteure unterliegen kognitiven Begrenzungen. Die

---

878 Vgl. Wentura, Dirk/Degner, Juliane (2006): Sozialpsychologie kognitiver Prozesse, in: Pawlik, Kurt (Hrsg.): Handbuch Psychologie. Wissenschaft – Anwendung – Berufsfelder, Heidelberg: Springer-Verlag, S. 385–396, S. 390; Weber/Schäffer 2008, S. 90.

879 Vgl. Meyer 2011, S. 3 (ökonomische Akteure); Jonen 2008, S. 125 (Verwertung von Informationen); Slovic 2008, S. 490f.; Weber/Schäffer 2008, S. 35 (eingeschränkte Problemwahrnehmung); Gerling 2007, S. 12f. (begrenzte Kapazität in der Informationsverarbeitung).

880 Vgl. Weber 2011, S. 40 (fehlende kritische Distanz der Controller); Paefgen 2008a, S. 178 (Manipulation von Informationen durch das Controlling); Weber/Schäffer 2008, S. 263 (»Hinrechnen« von Zahlen an Erwartungsgrößen).

Führungsinstanz, indem sie ihr »Wunschergebnis« durch das Controlling objektiviert sieht. Das Controlling, indem es sich aus eigennützlichen Erwägungen auf das Spiel einlässt. Obwohl beide Parteien sich über das so definierte, unrealistische Planergebnis bewusst sein müssten, unternehmen sie nichts zu dessen Korrektur.[881]

Wurden bislang Konstellationen beschrieben, die sich auf ein sachlich gerechtfertigtes, inhaltlich konsistentes, und damit »richtiges« Ziel bezogen, soll nunmehr die Betrachtung von Ergebniskonstellationen im Fall der Formulierung eines »nicht-richtigen« Zieles erfolgen.

Akteure formulieren ein »nicht-richtiges« Ziel, wenn sie bei dessen Festlegung wesentliche Bestimmungsdeterminanten außer Acht lassen, Eintrittswahrscheinlichkeiten falsch bewerten, die betreffende Zielgröße auf der Basis nicht adäquater Prognoserechnungen bestimmen oder in der Annahme zur Umsetzung von Planungszielen einem gemeinsamen Konsenstrugschluss unterliegen.[882] Wurde im Zuge der Planaufstellung von beiden Akteuren ein »nicht richtiges« Ergebnis formuliert, zeigt sich hinsichtlich der Befundung bzw. des

881 Vgl. Reimer/Orth 2008, S. 187 (Behavioral Controlling); Hartmann/Maas 2010, S. 30 (Nähe des Controllings zu Führungsinstanzen); Keil/Depledge et al. 2007, S. 399 (kognitive Verzerrungen und Wahrnehmung von Problemen); Lowe/Ziedonis 2006, S. 174 (kognitive Verzerrungen).

882 Vgl. hierzu Riesenhuber, Maximilian (2006): Die Fehlentscheidung. Ursache und Eskalation, Wiesbaden: Deutscher Universitäts-Verlag, S. 39ff. (Fehlentscheidungen aus Fehlern im Entscheidungsprozess); Meyer/Grisar et al. 2011, S. 85 (zur Bedeutung von Sachverhaltsbeschreibungen auf die Einschätzung von Wahrscheinlichkeiten); Laux/Liermann 2005, S. 457 (Prognosefehler); Schaefer 2008, S. 202 (Prognoserisiken); Paefgen 2008a, S. 82f. (Risiko von Fehlentscheidungen aus Handlungen im Controlling); Hirsch/Schneider 2010, S. 15 (Fehlentscheidungen aufgrund von Informationsüberlastung); Lowe/Ziedonis 2006, S. 175 (Überoptimismus von Führungsinstanzen); Pinsker/Pennington et al. 2009, S. 94 (Rollenverständnis von Führungsinstanzen und Bewertung von Fakten in Entscheidungssituationen); Dohmen/Falk et al. 2009, S. 904 (Trugschlüsse aufgrund von Entscheidungsheuristiken); Pronin/Puccio et al. 2008, S. 637 (Beeinträchtigung der rationalen Urteilsfähigkeit aufgrund von kognitiven Dissonanzen); Gao/Schmidt 2005, S. 36 (dysfunktionale Wirkung verzerrter Wahrnehmungen); Keil/Depledge et al. 2007, S. 395 (kognitive Verzerrungen in Entscheidungsprozessen); Schoeffler, Sidney (1954): Toward a General Definition of Rational Action, Kyklos, Jg. 7, Nr. 3/ August 1954, S. 245–273, S. 249ff. (Erscheinungsformen irrationalen Handelns); zur Wirkung zu vieler Wahlmöglichkeiten auf das Entscheidungsverhalten von Akteuren vgl. Scheibehenne, Benjamin (2008): The Effect of Having Too Much Choice, Berlin, verfügbar auf: http://edoc.hu-berlin.de/docviews/abstract.php?id=28885, Stand: 14.03.2009, S. 16ff.

Controllings als Risiko-Träger ein wiederum anderes Bild. Da hinsichtlich der Abweichungen zwischen Plan- und Istumsatz bzw. Plan- und Istkosten letztlich dieselben Situationsbeschreibungen wie bereits zuvor existieren, soll in der Folge auf deren nochmalige Darlegung verzichtet werden.

Für die Konstellation I »Führungsinstanz und Controlling sind sich einig« lassen sich mit Bezug auf die Formulierung eines »nicht-richtigen« Zieles folgende Befunde aufzeigen (siehe Abbildung 13, Seite 184):

*Abbildung 13: Überblick zu Konstellation I (»nicht-richtiges« Ziel)*

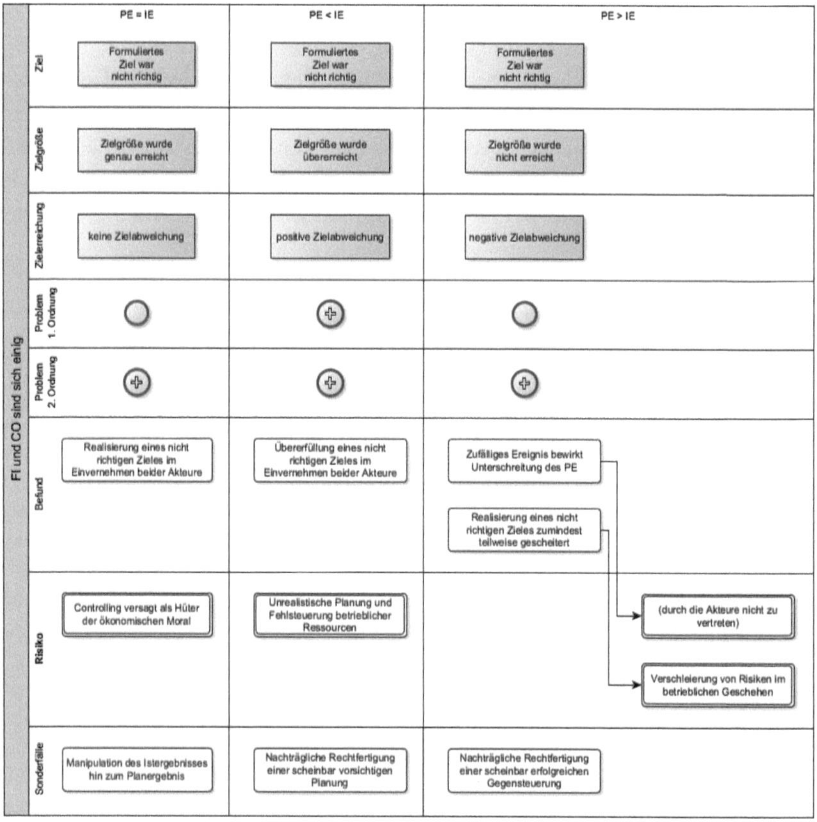


**Wurde ein »nicht-richtiges« Ziel erreicht** (Planergebnis und Istergebnis stimmen überein), stellt dies vom Zielerreichungsgrad her betrachtet vordergründig kein Problem erster Ordnung dar. Allerdings, hier wurde von beiden Akteuren ein Ziel erreicht, das unter formalen und sachlogischen Kriterien nicht angemessen zustande gekommen ist.[883] Dieser Tatbestand ist jedoch insofern diskutabel, als dass damit eine Zielerreichung forciert wurde, bei deren Realisierung beide Akteure die betreffenden Unzulänglichkeiten hätten erkennen können. Faktisch wurde also ein Ziel »durchgeritten«, indem Führungsinstanz und Controlling die einmal definierte Zielgröße nicht mehr infrage gestellt haben. Dies reflektiert zweifelsohne das Vorliegen kognitiver Begrenzungen bzw. Verzerrungen.[884] Das Risiko liegt hier im Versagen des Controllings als »Hüter der ökonomischen Moral«.[885] Seine Funktion soll gerade solche Konstellationen bezüglich der Zielformulierung und Zielerreichung auf Seiten der Führungsinstanzen dadurch verhindern, indem diesen Akteuren rechtzeitig der Spiegel widersinniger ökonomischer Entscheidungen bzw. Aktivitäten vorgehalten wird. Anstatt die Dilemma-Situation bezüglich der Reflexion einer Situation und ihrer Selbsteinschätzung[886] aus kognitiver Dissonanz[887] auf Seiten der betroffenen Führungsinstanz aufzulösen, wird das Controlling zu einem Teil des Problems.

Die »Punktlandung« bezüglich der Zielerreichung lässt sich allerdings auch mit dem Sonderfall beschreiben, dass die Akteure in den Führungsinstanzen und im Controlling eine gezielte Manipulation des Istergebnisses zum Planergebnis vorgenommen haben. Ein solches, in der Literatur als »Earnings Management«[888] bezeichnetes, Vorgehen stellt aus der Sicht der Unternehmenseigentümer ein unerwünschtes Verhalten ihrer Agenten dar. Schließlich wird mit der Übereinstimmung zwischen Plan- und Istergebnis nicht nur die wertmäßige Zielerreichung

---

883 Siehe »nicht-richtiges« Ziel, Seite 119.

884 Vgl. Riesenhuber 2006, S. 73 (kognitive Dissonanz); Kirsch/Seidl et al. 2009, S. 129 (Vermeidung von Diskrepanz zwischen getroffener Entscheidung und neu verfügbarer Informationen); Keil/Depledge et al. 2007, S. 399 (Festhalten an einmal getroffenen Entscheidungen); Chira/Adams et al. 2008, S. 12f. (Bestätigungstrugschluss); Gerling 2007, S. 17 (begrenzte Fähigkeit zur Informationsverarbeitung); Hufschlag, Klaus (2008): Informationsversorgung lernender Akteure, Wiesbaden: Gabler Verlag, S. 38 (Divergenz zwischen objektivem und subjektivem Informationsbedarf).

885 Vgl. Paefgen 2008a, S. 88 (zum Trugschluss aus »Sunk Cost« im Controlling).

886 Vgl. Wong/Kwong et al. 2008, S. 249.

887 Zum Begriff der kognitiven Dissonanz vgl. Kirsch/Seidl et al. 2007, S. 129; zu kognitiver Dissonanz und dysfunktionalen Handlungen von Akteuren vgl. Cohan, John Alan (2002): "I Didn't Know" and "I Was Only Doing My Job": Has Corporate Governance Careened Out of Control? A Case Study of Enron's Information Myopia, Journal of Business Ethics, Band 40, Heft 3, Oktober 2002, S. 275–299, S. 282f.; zu kognitiven Dissonanzen und Konsequenzen für die rationale Urteilfähigkeit von Akteuren vgl. Pronin/Puccio et al. 2008, S. 637.

888 Vgl. Ge/Matsumoto et al. 2011, S. 1151; Hossain/Mitra et al. 2011, S. 284ff.

als solche reflektiert, vielmehr vermag diese auch ihre eigene Wirklichkeit zu schaffen[889]. Insbesondere mit Bezug auf die Erreichung von Zielgrößen und der Zumessung von Verantwortung für die Zielerreichung auf Seiten der Führungsinstanzen[890] erhält dieses Wirklichkeitskonstrukt eine problematische Bedeutung. Schließlich wird mit dem manipulierten Istergebnis eine vordergründig punktgenaue Zielerreichung durch die betreffende Führungsinstanz gegenüber anderen Akteuren vorgespielt. Gerade externen Adressaten – beispielsweise den Unternehmenseigentümern von managergeführten Unternehmen – dieser »gewillkürten« Realität bleibt jedoch deren Bedingtheit verborgen. Dies stellt für sich allein betrachtet bereits ein Problem dar. Dass die »Punktlandung« im Ist ein »nicht-richtiges« Ziel beinhaltet, verschlimmert den Befund zusätzlich. Bei gegebenen Anreiz- und Vergütungssystemen und der Einbeziehung des Controllings in diese Mechanismen ist für diesen Akteur ein Interessenskonflikt zwischen seiner Rationalitätssicherungsfunktion innerhalb der Führung und eigenen Einkommens- bzw. Karrierezielen faktisch vorprogrammiert.[891]

**Ein »nicht-richtiges« Ziel, das im Ist übererfüllt wurde** (Planergebnis liegt unter dem Istergebnis), zeugt von einem Problem erster und zweiter Ordnung.

---

889 Zur Bedeutung von Zahlen des betrieblichen Rechnungswesens für die Schaffung von organisationlen Beziehungsstrukturen vgl. Vosselman/van der Meer-Kooistra 2009, S. 268; zur konstitutiven Wirkung des Rechnungswesens als soziale Praxis in Organisationen vgl. Ahrens/Chapman 2007, S. 1 u. S. 4; zum Rechnungswesen und dessen Zahlen als Form einer »Geschäftssprache« vgl. Senge, Peter M. (2011): Die fünfte Disziplin. Kunst und Praxis der lernenden Organisation, 11., völlig überarbeitete und aktualisierte Auflage, Stuttgart: Schäffer-Poeschel Verlag, S. 292f.; zu Wirklichkeitskonstruktionen betrieblicher Akteure vgl. Pflüger 2008, S. 25; zur Konstruktion von Wirklichkeit durch das Controlling vgl. Pätsch, Christian (2007): Managementphilosophien und angewandte Betriebswirtschaftslehre. Eine vergleichende Betrachtung der wissenschaftlichen Gemeinschaften Strategische Führung, Marketing und Controlling, Frankfurt am Main [u.a.]: Peter Lang, S. 70.

890 Vgl. Simons, Robert (2010): Accountability and Control as Catalysts for Strategic Exploration and Exploitation: Field Study Results, Harvard Business School, Working Paper 10–051, verfügbar auf: http://www.hbs.edu/research/pdf/10-051.pdf, Stand: 29.03.2010, S. 9f.

891 Auf die problematische und bisweilen risikobehaftete Einbeziehung der Akteure im Controlling in anreizbezogene Vergütungssysteme ist bereits an anderer Stelle eingegangen worden, siehe Seite 62 »Controlling im Kontext von Anreizsystemen«; Seite 112 »Anreizstrukturen im Controlling«; Seite 90 »Controlling und Gestaltung von Messkriterien innerhalb von Anreizsystemen«; Seite 104 »Anreizsysteme und opportunistisches Verhalten«; Seite 132 »Mitwirkung bei der Gestaltung von Anreiz- bzw. Vergütungssystemen«.

Hier haben die betreffenden Akteure in den Führungsinstanzen und im Controlling ein nicht adäquates Ziel übererreicht. Ein solches Handeln beinhaltet das Risiko unrealistischer Planung und der Fehlsteuerung betrieblicher Ressourcen. Der Tatbestand, dass Ressourcen fehlgeleitet worden sind, lässt sich auch mit dem Hinweis auf eine positive Zielabweichung nicht rechtfertigen. In dieser Konstellation hat das Controlling in mehrfacher Hinsicht versagt. Zum einen in seiner Rolle als rationalitätssichernde Instanz im Führungsprozess, denn die Akteure im Controlling haben entweder bei der Zielformulierung den betreffenden Führungsinstanzen nicht den kritischen Spiegel vorgehalten oder sie waren bei der Formulierung und Verabschiedung dieser Zielgröße aktiv beteiligt. Zum anderen hat das Controlling als »Hüter der ökonomischen Vernunft« versagt, denn seine Akteure haben im Zuge der Realisierung des Planergebnisses dessen Erreichen und Übererfüllung nicht eingebremst.

Ein Sonderfall liegt vor, wenn mit der Übererfüllung des Planergebnisses die nachträgliche Rechtfertigung einer scheinbar vorsichtigen Planung rechtfertigt wird. Damit wird zwar der Tatbestand eines »nicht-richtigen« Zieles nicht aus der Welt geräumt. Aber die positive Konnotation einer vordergründig vorteilhaften Ergebnisabweichung vermag anderen Akteuren das eigentliche Problem zu kaschieren. Mit Bezug auf die oben dargelegten Bestimmungsgrößen des Plan- bzw Istergebnisses »Umsatz« und »Kosten« sei hierzu folgendes Beispiel aufgezeigt:

Das betreffende Planergebnis resultiert aus dem Absatz von Gütern, die innerhalb der betrieblichen Leistungserstellung bestimmte Kapazitäten binden. Damit stehen diese in geringerem Umfang für die Herstellung anderer Güter zur Verfügung. Der Absatz der anderen Güter würde aber in einem Marktsegment erfolgen, in dem einem Wettbewerber Marktanteile weggenommen werden könnten und so zukünftig bessere Ergebnisgrößen erreichbar würden. Die Kapazitätsbindung, die mit der Realisierung des »nicht-richtigen« Zieles einhergeht, macht die Erreichung des zusätzlichen Marktanteils in dem anderen Marktsegment unmöglich. Eine solche Konstellation ist in der betrieblichen Praxis durchaus realistisch, etwa in Unternehmen mit divisionaler Organisation und individueller Ergebnisverantwortung jeder Sparte.[892] Auf Probleme aus Partikularinteressen

892 Zum problematischen Eigeninteresse von Spartenmanagern und Informationsasymmetrie gegenüber der Unternehmensleitung vgl. Schreyögg, Georg (2008): Organisation. Grundlagen moderner Organisationsgestaltung, 5., vollständig überarbeitete und erweiterte Auflage, Wiesbaden: Gabler Verlag, S. 119ff.; Kräkel, Matthias (2004): Organisation und Management, 2. Auflage, neu bearbeitet und erweitert, Tübingen: Mohr Siebeck, S. 141f.; Boddy 2002, S. 247; zum systemischen Problem

bzw. Interessenskonflikte zwischen Zentralcontrolling und dezentralen, den Linieninstanzen zugeordneten Controllingeinheiten wird auch in der Literatur verwiesen.[893] Mit der Übererfüllung des »nicht-richtigen« Zieles wird aus Sicht des Gesamtunternehmens ein »Scheinerfolg« ausgewiesen. Das Argument einer vorsichtigen Planung verliert vor diesem Hintergrund an Wahrhaftigkeit.

**Liegt das Istergebnis unterhalb des Planwertes eines »nicht-richtigen« Zieles**, wurde die betreffende Zielgröße nicht erreicht. Die negative Zielabweichung stellt dabei sowohl grundsätzlich ein Problem erster, als auch eines zweiter Ordnung dar. Das Planergebnis wurde im Ist nicht erreicht, damit wird vordergründig eine Zielverfehlung sichtbar. Ist diese Zielabweichung durch ein zufälliges, von den betreffenden Akteuren in den Führungsinstanzen und im Controlling nicht zu vertretendes Ereignis begründet, können diese sich auf eben diesen Umstand berufen. Die Formulierung des zugrundeliegenden, »nicht-richtigen«, Zieles wird dadurch allerdings nicht geheilt. Ist die negative Zielabweichung im Handeln der beiden Akteure bedingt, ist die Realisierung dieses Zieles zumindest teilweise gescheitert. Damit geht allerdings das Problem einher, dass Risiken im betrieblichen Geschehen verschleiert werden. Anderen Akteuren kann die Konsequenz bezüglich der Erreichung »nicht-richtiger« Ziele durchaus verborgen bleiben, etwa wenn negative und positive Abweichungen einzelner Ziele einander kompensieren. Aus diesem »Nettoeffekt« heraus bleiben Risiken »nicht-richtiger« Ziele im ersten Ansatz unentdeckt, insbesondere wenn dieselbe Controllinginstanz die Aufbereitung von Berichten zu verschiedenen Zielgrößen innehat.

Auch hier lässt sich ein Sonderfall beschreiben. Die negative Zielabweichung kann von den Akteuren im Controlling und in den Führungsinstanzen zur nachträglichen Rechtfertigung einer scheinbar erfolgreichen Gegensteuerung benutzt werden. Hier liegt aus Sicht der Akteure ihr Beitrag zur Vermeidung größeren Schadens in der »Einbremsung« des Erreichungsgrades eines »nicht-richtigen« Zieles. Dies ist zwar grundsätzlich richtig, rechtfertigt allerdings nicht die zuvor erfolgte Zielformulierung. Insbesondere das Controlling vermag in diesem Zusammenhang seine Rolle als »Wächter und Warner« im Führungsgeschehen herausheben. Da es mit dem Zugriff auf Informationen und Informationskanäle letztlich auch die betriebliche Wirklichkeit in einem bestimmten

nicht vollständig aufeinander abgestimmter Entscheidungen von Spartenmanagern zueinander vgl. Laux/Liermann 2005, S. 367f.

893 Vgl. Hartmann/Maas 2010, S. 42; Schüller, Stephan (1984): Organisation von Controllingsystemen in Kreditinstituten, Frankfurt a.M.: F. Knapp, S. 210, zitiert in: Weber/Schäffer 2008, S. 476.

Licht konstruieren kann, vermag es sich aus der – zumindest im Ansatz prekären – Situation erfolgreich herauswinden. Bleibt anderen dieses Handeln unerkannt, können die Akteure aus der so gewendeten Situation selbst dann noch Nutzen ziehen, wenn sie an der Entstehung einer widersinnigen Entscheidung unmittelbar beteiligt waren. Aus dieser Perspektive heraus betrachtet, reproduziert das institutionalisierte Controlling nicht nur Entscheidungs- und Handlungsstrukturen im Führungsgeschehen, sondern in nicht unbedeutendem Maße auch in eigener Sache.[894]

Zusammenfassend lässt sich festhalten, dass mit der Übereinkunft von Führungsinstanz und Controlling zu einem bestimmten Planergebnis unterschiedliche Risiken verbunden sein können. Das Controlling wird dort zum Risiko-Träger, wo es seinen eigenen Anforderungen an die Sicherstellung der ökonomischen Vernunft nicht gerecht wird bzw. als kritischer Diskurspartner gegenüber der Führungsinstanz versagt. Sofern Controlling und Führungsinstanz miteinander eigennützliche Ziele verfolgen bzw. kognitiven Begrenzungen unterliegen, werden Risiken dieses Verhaltens ihnen selbst und anderen systemisch nicht erkennbar. Das Controlling wird auch zum Risiko-Träger, wenn es im Einvernehmen mit der Führungsinstanz ein Istergebnis durch Einflussnahme auf die Zuordnung von Ergebniskomponenten auf die Zielgröße »Planergebnis« hinsteuert. In jedem Fall vermag es durch seinen Zugriff auf Informationen bzw. Rechenverfahren und Rechengrößen eine ökonomische Realität zu schaffen, die Ergebnis seiner sozialen Austauschbeziehungen mit der Führungsinstanz ist. Hierbei können Intransparenz und/oder unrealistische Planergebnisse anderen Akteuren unerkannt bleiben, die ihrerseits aber Entscheidungen auf diesen Ergebnisgrößen fundieren. Das institutionalisierte Controlling kann in diesem Zusammenhang kaum noch als objektive und unabhängige Instanz zur Sicherstellung von Rationalität und ökonomischer Vernunft in Unternehmen angesehen werden.[895] Sind sich Controlling und Führungsinstanz einig, vermag das Controlling nicht nur Strukturen ökonomischer – und sozialer – Realität zu schaffen, sondern diese auch wirksam

894 Auf das institutionalisierte Controlling im Kontext der Sinnzuweisung und Legitimation eigenen Handelns und innerhalb des Führungssystems wurde bereits oben hingewiesen, siehe Seite 122 »Controllingpraxis als das Ergebnis von reproduzierten Strukturen der Sinnzuweisung und Legitimation« und Seite 140 »Sinnzuweisungen innerhalb des sozialen Systems »Führung«.

895 Vgl. Maas/Matějka 2009, S. 1233 (Zweifel an der Wirksamkeit des institutionalisierten Controllings); Minelli/Rebora et al. 2009, S. 934 (Controlling als »Rationalitätsmythos«); Weber/Schäffer 2008, S. 263 (Scheinrationalität durch Controlling).

zu reproduzieren. Im Grenzfall unterliegt es aber dabei seinem eigenen Objektivitätsirrtum.

### 5.2.2 Konstellation II: Führungsinstanz und Controlling sind sich uneinig: Führungsinstanz dominiert

In der hier zu beschreibenden Situation besteht zwischen Führungsinstanz und Controlling keine Einigkeit bezüglich des formulierten Planergebnisses. Statt der Suche nach einem gemeinsam getragenen Ausgleich dominiert die Führungsinstanz die Festsetzung des Planergebnisses.

Planung macht organisationale Konflikte sichtbar, indem über die Antizipation zukünftiger Probleme die beteiligten Akteure mit diesen Problemen und der Erarbeitung von Lösungen konfrontiert werden.[896] Mit Bezug auf Unternehmen als soziale Systeme, innerhalb derer die Festlegung von Zielen bzw. die Suche nach ihrer bestmöglichen Umsetzung grundsätzlich in Form von gegenseitigen Aushandlungen[897] verbunden ist, sollte die machtvolle Durchsetzung einer Position eher die Ausnahme denn die Regel sein. Insbesondere im Rahmen eines partizipativen Führungsstils bzw. innerhalb des Führungskonzeptes »Führen mit Zielen« sollte eine gemeinsam getragene Suche und Festlegung von Ziel- bzw. Planungsgrößen der typische Fall sein.[898] Allerdings gilt auch in diesen Ansätzen, dass diejenigen Akteure, die für die Zielerreichung verantwortlich sind, im Grenzfall das letzte Wort bezüglich der zu formulierenden Zielgröße haben.[899] Damit ist auch die machtvolle Bestimmung und Durchsetzung von Planergebnissen verbunden.[900] Macht beinhaltet in diesem Kontext die Nutzung von organisationalen bzw. sozialen Regeln, um auf der Basis von Ressourcen seine Position wirksam

896 Vgl. Kirsch/Seidl et al. 2009, S. 72.

897 Vgl., jeweils mit weiteren Verweisen, Matys, Thomas (2006): Macht, Kontrolle und Entscheidungen in Organisationen. Eine Einführung in organisationale Mikro-, Meso- und Makropolitik, Wiesbaden: VS Verlag für Sozialwissenschaften, S. 29; Schiller-Merkens 2008, S. 60; Preisendörfer, Peter (2008): Organisationssoziologie. Grundlagen, Theorien und Problemstellungen, 2. Auflage, Wiesbaden: VS Verlag für Sozialwissenschaften, S. 125f.

898 Vgl. Weibler, Jürgen (2012): Personalführung, 2., komplett überarbeitete und erweiterte Auflage, München: Verlag Franz Vahlen, S. 429f.; Hungenberg/Wulf 2011, S. 387f.; Schreyögg/Koch 2007, S. 308.

899 Zur Verantwortung für die Definition von Zielen und Zielgrößen vgl. Deyhle/Kottbauer et al. 2010, S. 34f.; Thiele 2008, S. 40.

900 Vgl. Werder 2008, S. 2 (Verfügungsmacht der Führungsinstanzen); Grandori 2005, S. 41 (Verfügungsrechte im Kontext der Beteiligung an Entscheidungen).

durchsetzen zu können.[901] Der machtunterlegene Akteur antizipiert die Reaktion des Machtinhabers in Bezug auf dessen Wünsche bzw. Reaktion auf deren Nichterfüllung.[902] Je nachdem unter welcher Bedingung die Ausübung von Macht – durch Hierarchie, Manipulation von Informationen, Persönlichkeit[903] – seitens der Führungsinstanz erfolgt, lassen sich unterschiedliche Verhaltensweisen des Controllings aufzeigen. Die hieraus resultierenden Risiken werden nachfolgend beschrieben. Dabei wird wiederum unterschieden, ob die Plan-Ist Konstellationen im Kontext eines »richtigen« oder »nicht-richtigen« Zieles stehen.

*Abbildung 14: Überblick zu Konstellation II (»richtiges« Ziel)*

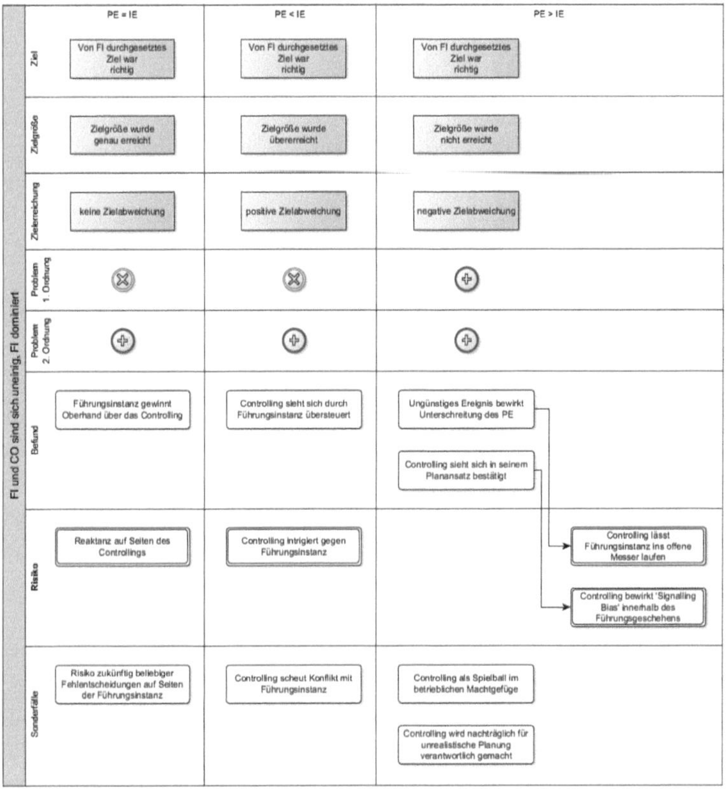


901 Vgl. Süß 2009a, S. 194.

902 Vgl. Luhmann, Niklas (2003a): Macht, 3. Auflage, Stuttgart: Lucius & Lucius, Schriftenreihe UTB, S. 36.

903 Vgl. Laux/Liermann 2005, S. 73.

**Entspricht das Istergebnis dem Planergebnis**, besteht kein Problem erster Ordnung. Die geplante Zielgröße konnte im Rahmen der Maßnahmenumsetzung realisiert werden. Allerdings ist auch hier die Ausprägung der Bestimmungsgrößen des Ergebnisses »Umsatz« und »Kosten« von Bedeutung (siehe Abbildung 10, Seite 166).

Hat die Führungsinstanz einen Istumsatz in Höhe seines Planwertes erreicht, bei ebenfalls deckungsgleichen Ist- und Plankosten, vermag sie sich auf ihre Genauigkeit bezüglich der Planung bzw. der Präzision zur Planumsetzung berufen. Dass auch die im Ist angefallenen Kosten ihrem Planwert entsprechen, ist modelltypisch dem Controlling zuzurechnen. Allerdings wird die Führungsinstanz sich ihren Erfolg dadurch nicht kleinreden lassen. Das Controlling hat mit der Sicherstellung der Kosteneinhaltung seine Schuldigkeit getan. Die erfolgreiche Umsetzung des Umsatzzielwertes übertönt die Einhaltung der Plankosten.

Konnte die Führungsinstanz einen höheren Istumsatz erreichen als geplant, bei gleichzeitig proportional gestiegenen Kosten, vermag sie ihren Erfolg nicht ganz ungetrübt zu kommunizieren. Mit Bezug auf die – innerhalb des vorhandenen Kapazitätsrahmens – beschäftigungsunabhängigen Fixkosten ist der proportional zum Umsatzanstieg verlaufene Kostenzuwachs nicht vollständig begründbar. Sofern der höhere Istumsatz beispielsweise durch Mehrarbeit realisiert wurde, haben überproportional anfallende Kostenzuschläge die Umsatzausweitung wertmäßig kompensiert.

Schließlich vermag das Planergebnis im Ist auch dadurch erreicht worden sein, dass bei einem geringeren Istumsatz die Kosten in proportionalem Verhältnis unter ihrem Planwert liegen. Hier sieht sich die betreffende Führungsinstanz mit der Tatsache konfrontiert, dass die Verfehlung des Umsatzzieles nur durch die deutliche Beschränkung der Istkosten nicht zu einer negativen Ergebnisabweichung geführt hat. Diesen Verdienst wird das Controlling für sich reklamieren.

Unabhängig von dem Fehlen eines Problems erster Ordnung lässt sich ein Problem zweiter Ordnung beschreiben, das aus der Dominanz der Führungsinstanz bei der Formulierung des Planergebnisses herrührt.

Mit der Durchsetzung ihrer Position hat die Führungsinstanz Macht gegenüber dem Controlling ausgeübt.[904] Unabhängig davon, ob das Controlling das Planergebnis höher oder niedriger angesetzt hätte, gewinnt die Führungsinstanz

---

904 Vgl. Wall/Greiling 2011, S. 94/95 (Einflussnahme von Führungsinstanzen auf das Controlling); Horváth 2009, S. 752 (Einfluss der Führungsinstanzen auf die Entscheidungsmitwirkung des Controllings); Esteban/Sákovics 2008, S. 232 (Verhandlungsmacht innerhalb sozialer Austauschbeziehungen); Kieser/Walgenbach 2007,

mit ihrer Zielerreichung ihm gegenüber die Oberhand. Hat das Controlling ein höheres Planergebnis favorisiert, wird die Führungsinstanz nunmehr betonen, die bessere Einschätzung gehabt zu haben, als diejenige Instanz, der in ökonomischen Fragen eine berufenere Sichtweise[905] zugemessen wird. Hat das Controlling ein niedrigeres Planergebnis vertreten, wird es sich im vorliegenden Fall dem Vorwurf seitens der Führungsinstanz ausgesetzt sehen, zu zaudernd bei der Definition von Zielgrößen zu sein. Mit Bezug auf die oben bezeichneten Bedingungen, unter denen Akteure Macht ausüben können, lassen sich die unterschiedlichen Ausprägungen des vom Controlling favorisierten Planergebnisses auffächern:

Die Führungsinstanz hat auf Basis ihrer **Legitimationsmacht**[906] das betreffende Planergebnis gegenüber dem Controlling durchgesetzt. Mit dem Erreichen der Zielgröße gewinnt die Führungsinstanz eine nochmals verbesserte Machtposition gegenüber dem Controlling. In zukünftigen Konfliktfällen wird die Führungsinstanz diese aus ihrer Sicht berechtigterweise nutzen, um ihre Position gegen die Einschätzung des Controllings durchzusetzen. Dies birgt das Risiko der Reaktanz im Controlling.[907] Selbst wenn im Controlling in einer weiteren Konfliktsituation erkennbar wird, dass seine Sichtweise faktisch nicht haltbar ist, besteht die Gefahr, dass seine Akteure »aus Prinzip« widersprechen.[908] Jedoch auch wenn das Controlling zu Recht eine abweichende Position zur Einschätzung der Führungsinstanz einnimmt, besteht die Gefahr, dass die Führungsinstanz ihre Sichtweise wiederum machtvoll durchsetzt. Unabhängig davon, wie das hieraus resultierende Istergebnis ausfällt, besteht das Gefahr der wachsenden Frustration im Controlling über dessen Machtunterlegenheit. Damit nimmt allerdings die gemeinsame soziale Austauschbeziehung zwischen Controlling und Führungsinstanz früher oder später Schaden.[909] Im schlimmsten Fall kommunizieren

---

S. 456 (Machtausübung und Machtinszenierungen); Laux/Liermann 2005, S. 73 (Machtausübung innerhalb von Entscheidungsprozessen).

905 Vgl. Hoffjan/Trapp et al. 2011, S. 186; Deyhle/Kottbauer et al. 2010, S. 31; Ernst/Vater et al. 2008, S. 732; Weber/Schäffer 2008, S. 15.

906 Vgl. Weibler 2012, S. 150; Wolf 2011, S. 278; Schreyögg/Koch 2007, S. 258; Laux/Liermann 2005, S. 73.

907 Vgl. Hartmann/Maas 2010, S. 32.

908 Vgl. Weber 2011, S. 43 (Controlling als »ewiger Nörgler«); Goretzki/Weber et al. 2010, S. 56 (Controlling als »Bremser«); Weber/Zubler et al. 2008, S. 35 (Controlling als »Bremser«).

909 Vgl. Ballinger/Rockmann 2010, S. 375 (Konsequenzen aus dem Bruch impliziter/psychologischer Verträge in sozialen Austauschbeziehungen); Thomas/Zolin et al. 2009, S. 288 (Vertrauen und organisationale Leistung); Holtz/Harold 2008, S. 781

beide Instanzen nur noch über den formalen Dienstweg und vermeiden jeden darüber hinausgehenden Austausch miteinander. Am Ende schafft entweder das Controlling sich selber seine Demission oder die Führungsinstanz fordert diese aufgrund des zerrütteten Austauschverhältnisses ein.

Hat die Führungsinstanz ihre Position durch die gezielte **Manipulation von Informationen**[910] durchgesetzt, stellt sich die grundsätzliche Frage nach der gemeinsamen Vertrauensbasis zwischen beiden Akteuren. Die Manipulation von Informationen kann sowohl durch das Vorenthalten wesentlicher, als auch in Form von bewusst verzerrten Informationen erfolgen.[911] Führungsinstanzen können innerhalb ihrer Agenturbeziehung Informationen gegenüber dem Prinzipal zurückhalten bzw. verzerren.[912] Die Manipulation von Informationen erfolgt dabei in der Regel aus eigennützlichen Erwägungen der Führungsinstanz, insbesondere wenn mit der Informationsverzerrung für diesen Akteur keine haftungsbezogenen Risiken bestehen.[913] Dass auch zwischen Führungsinstanz und Controlling Informationsasymmetrien existieren, erscheint nachvollziehbar.[914] Lässt die Führungsinstanz das Controlling im Unklaren darüber, welche Ziele sie tatsächlich verfolgt bzw. welche Informationen sie vom Controlling erwartet, stellt dieses Verhalten eine Form der Manipulation von Informationen dar. Das Controlling kann in dieser Situation bestenfalls ahnen, was die Führungsinstanz beabsichtigt bzw. nicht beabsichtigt. Die Diskussion über Planungsgrößen basiert in diesem Fall auf der Basis ungleicher Voraussetzungen der beiden Akteure. So sehr das Controlling sein Sekundärwissen und seine Rolle des kritischen Counterparts einbringt, so wenig vermag es bewusst verzerrte oder zurückgehaltene Informationen vollständig zu identifizieren. Setzt die Führungsinstanz ihre Sichtweise bezüglich des zu formulierenden Planergebnisses über diese Mittel durch, läuft das Controlling faktisch ins Leere. Tritt das Istergebnis in Höhe des

(Vertrauen als Ergebnis positiver Erfahrungen in sozialen Austauschbeziehungen); Six 2007, S. 286 (Vertrauen und Misstrauen in Interaktionsprozessen).

910 Vgl. Lafond/Roychowdhury 2008, S. 107; Baglioni, Angelo/Colombo, Luca (2009): Managers' Compensation and Misreporting: A Costly State Verification Approach, Economic Inquiry, Jg. 47, Nr. 2, April 2009, S. 278–289, S. 281; Künkele/Schäffer 2007, S. 78.

911 Vgl. Holder-Webb/Sharma 2010, S. 1 (unzulängliche Berichterstattung); Keil/Depledge et al. 2007, S. 394 (Akteure verzerren Informationen aus eigennützlichen Gründen).

912 Vgl. Mizik 2010, S. 594; Hungenberg/Wulf 2011, S. 82.

913 Vgl. Lafond/Roychowdhury 2008, S. 107.

914 Vgl. Reimer/Orth 2008, S. 198; Hannan/Rankin et al. 2006, S. 889 (hier im Kontext nicht eindeutig formulierter Ziele der Führungsinstanz).

Planergebnisses auf, sieht sich die Führungsinstanz in ihrem Handeln bestätigt. Die Einreden des Controllings haben sich im Nachhinein schließlich als unhaltbar erwiesen. Auf Sicht gesehen führt diese Konstellation entweder zu Reaktanz oder zur »inneren Kündigung« auf Seiten des Controllings. Damit isoliert die Führungsinstanz nicht nur das Controlling, sondern letztlich auch sich selbst. Früher oder später unterliegt die Führungsinstanz dann dem Risiko einer eigenkonstruierten Weltsicht und einem zumindest partiellen Realitätsverlust. Das so im sozialen Austauschprozess demontierte Controlling wird dann nur schwerlich wiederzugewinnen sein, wenn die betreffende Führungsinstanz tatsächlich des kritischen Diskurspartners bedarf.

Hat die Führungsinstanz ihre Position bezüglich des Planergebnisses aufgrund ihrer **Persönlichkeit**[915] gegenüber dem Controlling durchgesetzt, kann dies aus unterschiedlichen Perspektiven heraus betrachtet werden. Eine machtvoll dominierende Persönlichkeit[916] wird ihre Sichtweise ohne Umschweife formulieren und durchzusetzen suchen. Widerspruch auf Seiten des Controllings führt in dieser Konstellation wohlmöglich eher zur Eskalation, als dass eine gemeinsame Abstimmung über das »richtige« Planergebnis erreicht wird. Demgegenüber wird eine charismatische[917] Führungsinstanz durch ihre Person und ihr Auftreten gegenüber anderen Akteuren ihre Position allein durch ihre Präsenz durchzusetzen

915 Vgl. Felfe, Jörg (2006): Transformationale und charismatische Führung – Stand der Forschung und aktuelle Entwicklungen, Zeitschrift für Personalpsychologie, Jg. 5, Nr. 4, S. 163–176, S. 164 (Machtmissbrauch im Zuge charismatischer Führung).

916 Vgl. Roederer 2011, S. 34 (Wirkung dominierender Führungskräfte); Fink, Dietmar/Knoblach, Bianka (2009): Wie Manager ihre Realitäten konstruieren – Weltbilder und Modethemen, in: Oltmanns, Torsten/Kleinaltenkamp, Michael/Ehret, Michael (Hrsg.): Kommunikation und Krise. Wie Entscheider die Wirklichkeit definieren, Wiesbaden: Gabler Verlag, S. 3–16, S. 4 (Machtkämpfe im Führungsgeschehen); Schäffer, Utz/Weber, Jürgen/Willauer, Bianca (2003): Mit Loyalität und Vertrauen besser planen – Ergebnisse einer empirischen Erhebung, ZfCM – Zeitschrift für Controlling und Management, Jg. 47, Heft 1, Februar 2003, S. 42–51, S. 46 (Eigennutz von Führungsinstanzen).

917 Zur Bedeutung von Charisma im Führungsgeschehen vgl. Pundt, Alexander/Nerdinger, Friedemann W. (2011): Transformationale Führung als Treiber einer Servicekultur, Marketing Review St. Gallen, Jg. 28, Nr. 1, Februar 2011, S. 48–53, S. 49; Jenkins/Deis et al. 2008, S. 64 (hier bezogen auf Aufsichtsorgane); Nikolova, Natalia/Reihlen, Markus/Schlapfner, Jan-Florian (2009): Client-consultant interaction: Capturing social practices of professional service production, Scandinavian Journal of Management, Jg. 25, Nr. 3, September 2009, S. 289–298, S. 292/295 (hier bezogen auf den Beratungsprozess); Alvesson, Mats/Empson, Laura (2008): The construction of organizational identity: Comparative case studies of consulting firms, Scandinavian

vermögen.[918] Einreden oder Widerspruch auf Seiten des Controllings scheitern hier an der Begabung der Führungsinstanz, andere Menschen für sich und ihre Interessen einzunehmen.[919] Das Controlling läuft in dieser Auseinandersetzung mit der Führungsinstanz Gefahr, als der ewige »Bremser« und »Nörgler« dazustehen[920]. Mit dem im Ist erreichten Planergebnis gewinnt diese Führungsinstanz an weiterem Charisma.[921] Dem Controlling verbleibt lediglich, entweder als Stichwortgeber zu agieren und sich auf den Zufall des Istergebnisses zu verlassen oder zu warten, bis der Nimbus des Charismas durch gravierende Fehlentscheidungen der Führungsinstanz verblasst.[922] Bis dahin kann allerdings die Führungsinstanz weitgehend autonom agieren und das Controlling nur die schlimmsten Auswüchse in ihrem Risikogebaren ausbügeln. Für das Unternehmen kann dieser Sonderfall das Risiko beliebiger Fehlentscheidungen beinhalten, die nicht mehr steuerbar sind und sich im schlimmsten Fall als existenzbedrohend erweisen.

**Liegt das Planergebnis unter dem Istergebnis**, besteht ebenfalls kein Problem erster Ordnung. Auch hier verdient die Ausprägung der Bestimmungsgrößen »Umsatz« und »Kosten« bei der Befundung der Ergebnissituation Beachtung (siehe Abbildung 11, Seite 169).

Wurde im Ist der geplante Umsatz erreicht, aber die Kosten liegen unter ihrem Planwert, ist die positive Ergebnisabweichung durch die höhere Kosteneffizienz begründet. Diese wird sich das Controlling als Erfolg zumessen. Allerdings ändert dies nichts an der Tatsache, dass die Führungsinstanz bei der Zielformulierung das Controlling übersteuert hat, und zwar sowohl in Bezug auf die Umsatz- als auch die Kostengröße.

---

Journal of Management, Jg. 24, Nr. 1, März 2008, S. 1–16, S. 10 (Charisma und Erfolgszumessung).

918 Vgl. Schyns, Birgit (2008): Einflussfaktoren auf die Wahrnehmung von Führung, Zeitschrift für Arbeits- und Organisationspsychologie A&O, Jg. 52, Nr. 4, S. 182–190, S. 184 (Perspektiven der charismatischen Führung); Franken 2007, S. 272ff. (Merkmale charismatischer Führung).

919 Vgl. Alvarez, Sharon A./Parker, Simon C. (2009): Emerging Firms and the Allocation of Control Rights: A Bayesian Approach, Academy of Management Review, Jg. 34, Nr. 2, April 2009, S. 209–227, S. 218 (Überzeugungsfähigkeit und Charisma); Fischer 2009, S. 100 (Charisma und Zuschreibung von Autorität); Steyrer/Schiffinger et al. 2007, S. 407 (Leistungserwartung und Integrität im Kontext charismatischer Führung).

920 Vgl. Weber 2011, S. 43; Goretzki/Weber et al. 2010, S. 56.

921 Zur Bedeutung von Handlungen bzw. Ereignissen auf die Bestätigung der charismatischen Führungskraft vgl. Weibler 2012, S. 133f.

922 Vgl. Hungenberg/Wulf 2011, S. 363 (hier im Kontext charismatischer Führung als zeitlich begrenztes bzw. kontextabhängiges Phänomen).

Ein höherer Istumsatz gegenüber dessen Planwert führt bei deckungsgleichen Plan- und Istkosten ebenso zu einer positiven Ergebnisabweichung wie bei geringeren Istkosten. In beiden Fällen zeigt sich eine, möglicherweise so nicht vorhandene, Kosteneffizienz. Hat die Führungsinstanz auch die Festlegung der Plankosten dominiert, besteht die Möglichkeit, dass diese Puffergrößen enthalten und damit gegenüber der Leistungsgröße »Umsatz« zu hoch angesetzt wurden. Im Ist kann dann »anstrengungslos« ein höherer Istumsatz bei Übereinstimmung zwischen Plan- und Istkosten bzw. bei geringeren Istkosten realisiert werden. In diesem Fall wird sich das Controlling wiederum von der betreffenden Führungsinstanz übersteuert sehen.

Im Fall einer negativen Abweichung zwischen Ist- und Planumsatz, bei gleichzeitig überproportional geringeren Istkosten, sind grundsätzlich zwei Sachverhalte zu betrachten. Entweder resultiert die vorteilhafte Kostenabweichung aus Maßnahmen zur Kosteneindämmung auf Seiten des Controllings. Dann hätten dessen Akteure die Verfehlung des Umsatzzieles nicht nur kompensiert, sondern mittels eines stringenten Kostenregimes ins Positive gewendet. Diesen Verdienst könnte die Führungsinstanz dem Controlling nicht absprechen. Oder die Plankosten enthielten wiederum einen Puffer, der nun zur Absicherung und Verbesserung des Ergebnisses auf Seiten der Führungsinstanz »ausgesteuert« wurde. In diesem Fall sieht sich das Controlling erneut von der Führungsinstanz übersteuert, die ihren Informationsvorsprung bezüglich der Kostenpuffer zu ihrem Vorteil ausnutzt.

Das Problem zweiter Ordnung dieser Konstellation liegt also darin, dass das Controlling sich durch die Führungsinstanz übersteuert sieht. Schließlich hat es im Zuge der Planaufstellung ein anderes Planergebnis als die Führungsinstanz gesehen. Lag die Einschätzung des Controllings zum Planergebnis höher als das von der Führungsinstanz durchgesetzte, zeigt sich im Nachhinein ein zu geringer Planungsanspruch. Die Führungsinstanz hat mit dem geringeren Planergebnis sich entweder zu wenig zugetraut oder sich bei der Formulierung des Planergebnisses »auf die sichere Seite gelegt«. In jedem Fall besteht jedoch das Risiko, dass das Controlling gegen die betreffende Führungsinstanz intrigiert. Mit dieser Form der Reaktion auf die Übersteuerung durch die Führungsinstanz dokumentiert das Controlling allerdings seine eigene Hilflosigkeit in seiner Rolle als »Ratgeber« und »Wächter« über ökonomische Grundsätze im Führungsgeschehen. Zudem begibt sich das Controlling in einen selbstverursachten Konflikt. Einerseits steht es in der Verantwortung, die Führungsinstanz mit seinem Fakten- und Methodenwissen zu unterstützen; andererseits führt eine fortgesetzte Übersteuerung durch die Führungsinstanz zu verstärkt intrigantem

Agieren des Controllings. Eine vertrauensvolle Zusammenarbeit der beiden Akteure ist unter diesem Blickwinkel auf Sicht nicht mehr realistisch. Früher oder später führt diese Konstellation entweder zu einer Patt-Situation, in der beide Akteure faktisch handlungsunfähig sind. Oder es kommt zum offenen Zerwürfnis zwischen Führungsinstanz und Controlling, an dessen Ende die Demission einer der beiden Akteure steht. Für das Unternehmen bzw. den betreffenden betrieblichen Teilbereich besteht das Risiko, dass auftretende Probleme von keiner der beiden Parteien aufgegriffen und gelöst werden, da sie mehr und mehr mit ihrem gegenseitigen Schlagabtausch[923] befasst sind.

Ein Sonderfall der machtvollen Durchsetzung der Führungsinstanz gegenüber dem Controlling liegt vor, wenn das Controlling den Konflikt mit der Führungsinstanz scheut[924] und damit seine Einschätzung bei der Formulierung von Planergebnissen erst gar nicht vertritt. Dies kann in falsch verstandenen Deeskalationsbemühungen (nur keine »schlafenden Hunde wecken«), Furcht vor negativen Konsequenzen für die eigene Karriere (»besser nicht widersprechen«), bzw. Resignation (»unser Rat wird ohnehin nicht gehört«) begründet sein.[925] Über dieses Verhalten besteht das Risiko, dass Controlling zum »Feigenblatt« im Führungsgeschehen wird.[926] Als Institution ist es zwar vorhanden, aber als Instanz wirkungslos. Schlimmstenfalls manövriert sich das Controlling hierbei in die Rolle des »Hofnarren«[927], dessen Beitrag in der fallweisen Kommentierung von Führungsentscheidungen liegt, aber ohne ernsthaften Belang ist. Seinem

---

923 Vgl. Reißig-Thust 2010, S. 123 (Machtkalküle der Führungsinstanzen); Kirsch/Seidl et al. 2009, S. 31 (Koalitionen im Führungsgeschehen); Birl 2007, S. 138 (Machtposition des Controllings); Kieser/Walgenbach 2007, S. 456 (Machtspiele in organisationalen Konfliktsituationen).

924 Vgl. Paefgen 2008a, S. 140.

925 Vgl. Hartmann/Maas 2010, S. 32 (politisch agierende Controller) und S. 42 (Parteilichkeit der Controller); Paefgen 2008a, S. 140 (Konfliktvermeidung aus rationalem Kalkül der Controller) und S. 99 (Konflikte durch Informationen und deren Interpretation durch Führungsinstanzen); Weber/Schäffer 2008, S. 426 (Konfliktvermeidung auf Seiten der Controller).

926 Vgl. Handler, Gregor (2007): Konzept zur Entwicklung integrierter Beratung. Integration systemischer Elemente in die klassische Beratung, Wiesbaden: Deutscher Universitäts-Verlag, S. 276 (hier zur »Feigenblattfunktion« von Beratern); Winter 2007, S. 52 (Legitimationsfunktion des Controllings im Rahmen der Konstruktion sozialer Realität in Unternehmen).

927 Vgl. Goretzki, Lukas/Weber, Jürgen (2010): Der Wandel der Controller – Eine rollentheoretische Betrachtung am Beispiel der Hansgrohe AG, ZfCM – Zeitschrift für Controlling und Management, Jg. 54, Heft 3, Juni 2012, S. 163–169, S. 163.

idealtypischen Leitbild[928] als unterstützender und beratender Partner[929] der Führungsinstanz wird das Controlling in diesem Fall keinesfalls gerecht – und so stellt sich dann letztlich die Frage nach dessen Existenzberechtigung.

**Für die Situation »PE > IE«** zeigt sich ein Problem erster Ordnung in Form der negativen Ergebnisabweichung. Auch hier kann die Ergebnisabweichung in Sachverhalten begründet liegen, die nicht von der Führungsinstanz bzw. dem Controlling zu vertreten sind. Trotz sorgfältigster Planung besteht grundsätzlich das Risiko sich verändernder Umweltbedingungen, das von den planenden Akteuren nicht bewältigt werden kann.

Mit Bezug auf die Ausprägungen zu den Ergebniselementen »Umsatz« und »Kosten« (siehe Abbildung 12, Seite 175) zeigt sich, dass die negative Ergebnisabweichung aus höheren Istkosten gegenüber Plan, einer negativen Umsatzabweichung sowie einer Kombination aus Umsatz- und Kostenabweichung resultieren kann.

Liegen die Istkosten oberhalb ihres Planwertes, bei Deckungsgleichheit zwischen Ist- und Planumsatz, haben die Akteure im Controlling entweder die ungünstige Kostenentwicklung nicht rechtzeitig wahrgenommen oder diese zumindest billigend in Kauf genommen. In beiden Fällen hat das Controlling in seiner Funktion als »Wächter und Warner« bzw. »Partner der Führungsinstanz« versagt. Während im ersten Fall die Akteure im Controlling Opfer ihrer eigenen Unachtsamkeit sind, besteht im zweiten Fall das Risiko, dass sie die betreffende Führungsinstanz »ins offene Messer laufen lassen«. Dies kann darin begründet sein, dass die Führungsinstanz die Formulierung des Planergebnisses dominiert hat und aus Sicht des Controllings nun über die negative Ergebnisabweichung »zur Räson gebracht« werden soll. Ein solches Verhalten spiegelt mikropolitisch motiviertes Handeln[930] wider.

Eine positive Umsatzabweichung, die mit einer überproportionalen Kostensteigerung einhergeht, führt zu einer negativen Abweichung des Istergebnisses von seinem Planwert. Die Anstrengungen der Führungsinstanz zur Umsatzausweitung

---

928 Zum Leitbild als Orientierungsrahmen in sozialen Systemen vgl. Iding 2010, S. 202; Fink, Dietmar/Knoblach, Bianka (2008): Managementmoden im Spiegel des Konstruktivismus, zfbf – Zeitschrift für betriebswirtschaftliche Forschung, Jg. 60, Heft 5/2008, S. 459–478, S. 466f.; Kieser/Walgenbach 2007, S. 62.

929 Vgl. Hungenberg/Wulf 2011, S. 453; Hoffjan/Trapp et al. 2011, S. 188; Weber 2011, S. 35; Rissbacher/Rissbacher et al. 2008, S. 120; Biel 2007, S. 9.

930 Zur Ausprägung mikropolitscher Handlungen vgl. Weibler 2012, S. 152; Schreyögg 2008, S. 349; Wolf 2011, S. 287; zu mikropolitischen Handlungen im Controlling vgl. Reimer/Orth 2008, S. 198; Paefgen 2008a, S. 157.

sind durch Kostensteigerungen überkompensiert worden. Hier scheint vordergründig die Führungsinstanz in der besseren Argumentationsposition gegenüber dem Controlling zu sein. Diese Sicht relativiert sich jedoch, sofern die Führungsinstanz die Plankosten gegen den Rat des Controllings zu optimistisch angesetzt hat und im Ist nunmehr eine realistische Größe ausgewiesen wird. Das Controlling sieht sich im Nachhinein in seiner Auffassung zur Kostenplanung bestätigt und gewinnt die Oberhand über die Führungsinstanz.

Liegt der Istumsatz unter Plan, bedingt die Deckungsgleichheit von Ist- zu Plankosten eine negative Ergebnisabweichung. Dies zeigt sich auch für den Fall, in dem die Istkosten gegenüber ihrem Planwert höher liegen und der Umsatz unter Plan ausfällt. Hier haben sowohl die Führungsinstanz als auch das Controlling ihre Ziele nicht erreicht. Da die Führungsinstanz bei der Formulierung des Planergebnisses dominiert hat, vermag das Controlling wiederum seinen divergierenden Planansatz bestätigt sehen.

Im obigen Fall haben die Akteure im Controlling die negative Kostenabweichung nicht verhindern können. Ist allerdings von der Führungsinstanz ein Planergebnis, das wider besseres Wissen oder Erkennen bereits zum Zeitpunkt der Planaufstellung unrealistisch war, formuliert und gegen das Controlling durchgesetzt worden, zeigt sich ein anderes Bild. Hier hat die betreffende Führungsinstanz entweder das Sekundärwissen des Controllings nicht abgefragt oder die zur Verfügung gestellten Informationen nicht gewürdigt. Mit der Durchsetzung seiner Position hat sich die Führungsinstanz gegenüber dem Controlling angreifbar gemacht. Die Ausübung von Macht auf Seiten der Führungsinstanz hat dem Controlling die Grenzen seines Einflusses im Führungsgeschehen deutlich gemacht.[931] In dieser Situation besteht das Risiko, dass die Akteure im Controlling sich zurückziehen und die Führungsinstanz »ins offene Messer laufen lassen«.[932] Dies ist sowohl hinsichtlich der Ausarbeitung von Gegensteuerungsmaßnahmen als auch im Rahmen zukünftiger Planungen wahrscheinlich.

Lässt das Controlling die Führungsinstanz bei der Findung von Maßnahmen zur Gegensteuerung allein, lässt es sinngemäß die Führungsinstanz »die Suppe auslöffeln, die sie sich selber eingebrockt hat«. Dies stellt allerdings ein unter Umständen nicht unbeträchtliches Risiko für das Unternehmen bzw. den

931 Zur Machtausübung in Entscheidungsprozessen vgl. Stansbury, Jason (2009): Reasoned Moral Agreement: Applying Discourse Ethics within Organizations, Business Ethics Quarterly, Jg. 19, Nr. 1 (Januar 2009), S. 33–56, S. 46; Schreyögg/Koch 2007, S. 258; Laux/Liermann 2005, S. 73.

932 Zur Reaktion organisationaler Akteure auf hierarchische Macht vgl. Ameln/Kramer 2012, S. 193.

betroffenen Teilbereich dar, weil die Führungsinstanz eben gerade die Unterstützung des Controllings in Form dessen Fakten- und Methodenwissens benötigt. Ein Rückzug des Controllings von seiner Rolle des Ratgebers bewirkt eher die Verstärkung kognitiver Verzerrungen auf Seiten der Führungsinstanz, weil nunmehr der »Lotse im unsicheren Fahrwasser«[933] fehlt. Auf Seiten der Führungsinstanz beinhalten kognitive Verzerrungen dann beispielsweise das Festhalten an vormals definierten Zielgrößen, auch wenn diese faktisch nicht mehr realisierbar sind.[934] Unter rationalen Erwägungen müsste das nicht mehr erreichbare Ziel aufgegeben bzw. auf neue Bedingungen hin angepasst werden. Kognitive Verzerrungen auf Seiten der Führungsinstanz verhindern allerdings diesen Schritt. Damit steigt das Risiko, dass über die Zeit immer höhere negative Ergebnisabweichungen entstehen, die früher oder später nicht mehr beherrschbar sind. Seiner Rolle als »Wächter über die ökonomische Vernunft« wird das Controlling in dieser Konstellation nicht mehr gerecht.

Zieht sich das Controlling auch bei der Aufstellung zukünftiger Planungen zurück, besteht das Risiko, dass die betreffende Führungsinstanz weiterhin unrealistische Planungsgrößen formuliert. Greift das Controlling hierbei nicht ein, weil es die Führungsinstanz bewusst »ins offene Messer laufen« lässt, bleiben unrealistische Planungsgrößen anderen betrieblichen Instanzen verborgen. Dies beinhaltet das Risiko, dass auf diesen Plandaten basierende Planungsgrößen ihrerseits zumindest partiell unrealistisch sind. Das fehlende Einschreiten des Controllings vermag für andere Instanzen jedoch eine trügerische Scheinsicherheit bewirken. Sie unterliegen dem Irrtum eines Kausalschlusses: Da das Controlling die betreffenden Planungsgrößen nicht in Frage stellt, scheinen diese angemessen zu sein.[935] Der für andere Akteure nicht ersichtliche Rückzug des Controllings von seiner Rolle als »kritischer Counterpart« beinhaltet damit auch das Risiko des »Signalling Bias«[936]: Wenn die formulierten Planungsgrößen vordergründig stimmig sind, braucht das Controlling nicht als Korrektiv einzugreifen. Diese verzerrte Wahrnehmung zur Wirkung des Controllings auf Seiten der Führungsinstanzen beinhaltet die Gefahr einer sich selbstverstärkenden Illusion, im Planungs- bzw.

---

933 Zur Rolle des Controllings als Lotse im Führungsgeschehen vgl. Deyhle/Kottbauer et al. 2010, S. 31; Weber 2010b, S. 93; Weißenberger/Wolf 2010, S. 5.

934 Vgl. Meyer/Grisar et al. 2011, S. 83f.; Keil/Depledge et al. 2007, S. 399; Lowe/Ziedonis 2006, S. 174.

935 Vgl. Mundy 2010, S. 501 (Signalling Effekt von Controlling-Systemen); Sandelin 2008, S. 325 (Controlling-Systeme als Elemente der organisationalen Sinnzuweisung).

936 Vgl. Flynn/Wiltermuth 2010, S. 1074; Wilson/Arvai et al. 2008, S. 936; Keil/Depledge et al. 2007, S. 394; Lowe/Ziedonis 2006, S. 176.

Führungsgeschehen sei alles in Ordnung.[937] Das böse Erwachen, wenn sich im Ist bedeutende negative Ergebnisabweichungen zeigen, kann dann allerdings dazu führen, dass die betroffenen Führungsinstanzen sich gegen das Controlling verbünden und dessen Ablösung erzwingen. Letztlich ist mit einer solchen Entwicklung keiner Partei geholfen. Neben dem Risiko des zufälligen Scheiterns zeigt sich hier das Controlling als Risiko-Träger in eigener Sache.

Neben den oben dargelegten Sachverhalten lässt sich allerdings auch ein Sonderfall bezeichnen: Das Controlling wird von derjenigen Führungsinstanz, die ihre Position bei der Formulierung des Planergebnisses durchgesetzt hat, im Nachhinein für die unrealistische Planung verantwortlich gemacht.[938] Mit dieser perfiden Form des Vorgehens verschiebt die betreffende Führungsinstanz ihre Verantwortung für das Ignorieren der Hinweise des Controllings auf die unrealistische Planungsgröße auf gerade diesen Akteur. Mit einem solchen Verhalten ist die nachhaltige Störung der sozialen Austauschbeziehung zwischen Führungsinstanz und Controlling geradezu vorprogrammiert. Kann das Controlling seine Position hierbei nicht wirksam darlegen und die Durchsetzung des unrealistischen Planergebnisses durch die Führungsinstanz nicht nachweisen, wird es faktisch zum Prügelknaben im Führungsgeschehen. Argumentiert die betreffende Führungsinstanz, dass sich das Controlling hätte wirkungsvoller in die Diskussion um die zu formulierende Planungsgröße einbringen müssen, bleibt dem Controlling entweder der Rückzug in die Resignation oder die offene Konfrontation. Resignation vermag hier nur eines von beiden Übeln zu sein, denn Schweigen kann in einer solchen Situation als Zustimmung gedeutet werden. Der Weg in die offene Konfrontation ist allerdings mit dem Problem verbunden, dass sich sehr schnell die Frage nach der gemeinsamen Vertrauensbasis innerhalb ihrer sozialen Austauschbeziehung stellt. Kann die Führungsinstanz glaubhaft machen, dass mit dem betroffenen Controlling kein wirkungsvoller »Sparringspartner« im Ringen um die beste Lösung existiert, gewinnt sie abermals die Oberhand. Zieht das Controlling aus dieser Situation nicht die Konsequenz, indem es von einer übergeordneten Instanz die Vertrauensfrage einfordert, besteht das Risiko, dass es zum Spielball im Machtgebaren der Führungsinstanzen wird. Damit verliert es jedoch seine Vertrauensbasis und letztlich sein Existenzfundament innerhalb des Unternehmens.

---

937 Vgl. Parvis-Trevisany 2006, S. 140ff; Chira/Adams et al. 2008, S. 12f.

938 Zur Problematik der Verantwortungsübernahme von Akteuren im Führungsgeschehen vgl. Riesenhuber 2006, S. 46; Laux/Liermann 2005, S. 73; Luhmann 1994, S. 311.

Wurde die Formulierung eines »nicht-richtigen« Zieles durch die Führungsinstanz dominiert, zeigen sich durchgängig Probleme sowohl erster als auch zweiter Ordnung (siehe Abbildung 15, Seite 203).

*Abbildung 15: Überblick zu Konstellation II (»nicht-richtiges« Ziel)*

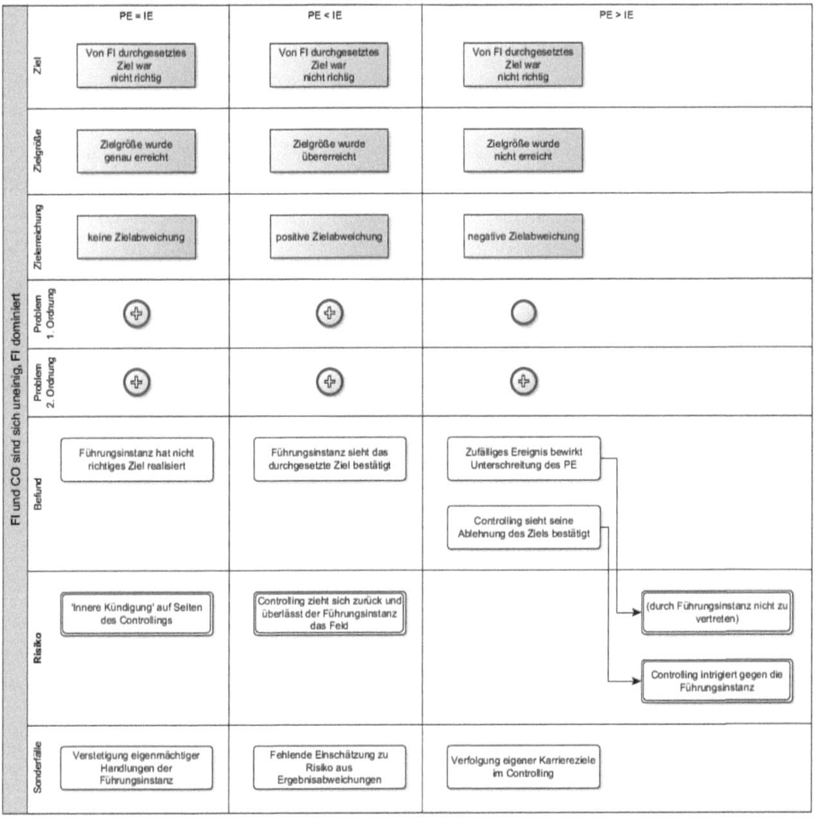


**Stimmen Plan- und Istergebnis zu einem »nicht-richtigen« Ziel überein**, liegt ein Problem erster Ordnung vor, denn die betreffende Führungsinstanz hat ein von ihr durchgesetztes, nicht angemessenes Ziel realisiert. Unabhängig davon, wie die Ergebniselemente »Umsatz« und »Kosten« in ihren Istgrößen zum jeweiligen Planwert ausfallen, das Controlling kann den Tatbestand der Zielerreichung nur noch feststellen. Entweder ist es seinen Akteuren nicht gelungen, die Realisierung des »nicht-richtigen« Zieles zu vermeiden. Oder das Controlling hat im Zuge seiner Steuerungshandlungen mechanistisch zwar situationsgerecht gehandelt, dabei aber unbeabsichtigt die Zielerreichung der Führungsinstanz unterstützt. In dieser Konstellation besteht das Risiko der »inneren Kündigung« auf Seiten des Controllings. Damit verliert das Unternehmen allerdings denjenigen Akteur, der als kritischer Gegenpart zu den Führungsinstanzen die Einhaltung ökonomischer Grundsätze im betrieblichen Geschehen sicherstellen soll. Der »Wächter über die ökonomische Rationalität« ist hier Opfer seiner eigenen Handlungen geworden.

Sofern die Führungsinstanz ein »nicht-richtiges« Ziel auf der Basis eigennützlicher Erwägungen formuliert, gegen den Rat des Controllings festgelegt und im Ist realisiert hat, lässt sich ein Sonderfall für die Konstellation »PE = IE« aufzeigen. Mit der Realisierung des Planergebnisses und der Schwächung der Position des Controllings besteht das Risiko, dass sich eigennützliche Handlungen der Führungsinstanz über die Zeit verstetigen. Hier zeigt sich die sinnzuweisende Wirkung einer Deckungsgleichheit von Ist- zu Planergebnissen. Pointiert formuliert ließe sich sagen, dass die Erreichung des Planergebnisses einzelne Akteure gegenüber der Tatsache »blind macht«, dass das zugrunde liegende Ziel nicht richtig war.

**Liegt das Planergebnis unter dem Istergebnis**, zeigt sich wiederum ein Problem erster Ordnung. Hier wurde ein »nicht-richtiges« Ziel übererfüllt. Die betreffende Führungsinstanz sieht das von ihr gegen das Controlling erwirkte Ziel als bestätigt an. Die Übererfüllung des Zieles scheint somit das formulierte Planergebnis zu bekräftigen. Mit Bezug auf das obige Beispiel zur nicht adäquaten Auslastung einer Engpasskapazität (siehe Seite 187) lässt sich nunmehr aus Sicht der Führungsinstanz die durchgesetzte Zielgröße nicht nur rechtfertigen. Vielmehr scheint deren Übererfüllung gleichsam dafür zu sprechen, das nächste Mal risikofreudiger bei der Definition des Planergebnisses zu sein. Hiermit geht allerdings das Risiko einher, die Einwände des Controllings in zukünftigen Entscheidungssituationen mit dem Verweis auf dessen Wirkung als »Bremser« und »Zauderer« ungerechtfertigter Weise beiseite zu wischen. Damit verlöre das Controlling nicht nur an Einwirkungsmöglichkeit im Zuge der Fundierung von Führungsentscheidungen. Es könnte geneigt sein, Entscheidungstatbestände ebenfalls mit einer geringeren Risikobeurteilung zu unterstützen, weil es sich hiervon eine Verbesserung seiner Akzeptanz und Verhandlungsposition gegenüber den Führungsinstanzen verspricht.

Darüber hinaus liegt ein Problem zweiter Ordnung vor, wenn die Akteure im Controlling den Scheinerfolg der Führungsinstanz resigniert zur Kenntnis nehmen und damit deren Dominanz sanktionieren. Hier liegt das Risiko im Handeln des Controllings, indem es sich zurückzieht und der Führungsinstanz »das Feld überlässt«. Eine solche Reaktion kann darin begründet sein, dass die

Akteure im Controlling aus taktischen Motiven die betreffende Führungsinstanz solange agieren lassen, bis ihr ein gravierender Fehler unterläuft und sie dann als »Retter in der Not« eingreifen können. Hiermit wäre dann aus ihrem Kalkül die »Augenhöhe« zwischen Controlling und Führungsinstanz wieder hergestellt. Oder im Controlling führt man über die Zeit Buch über Fehlentscheidungen der betreffenden Führungsinstanz, die man dokumentiert, um bei einem günstigen Anlass einer übergeordneten Instanz die Liste der Verfehlungen vorzulegen und damit die Abberufung der betreffenden Führungskraft zu bewirken. In beiden Fällen verlässt das Controlling den Pfad der ökonomischen Vernunft und stellt sein eigenes Befinden über die Unternehmensinteressen, weil es Fehlentscheidungen der betreffenden Führungsinstanz nicht einbremst.

Mit den obigen Darlegungen ist gleichwohl ein Sonderfall der Risikobetrachtung verbunden. Positive Ergebnisabweichungen können Akteure in die Irre führen, sofern diese ausschließlich das betreffende Ergebnis betrachten. Diese »Silo Perspektive«[939] lenkt die Aufmerksamkeit auf Entscheidungen und Handlungen im eigenen Verantwortungsbereich, blendet jedoch andere betriebliche Bereiche und ihre Belange weitgehend aus. Damit ist allerdings das Risiko verbunden, Ergebnisabweichungen in ihrer Tragweite für andere Bereiche nicht mehr vollständig einschätzen zu können. Man ist so stark auf seinen eigenen Bereich fokussiert, dass selbst suboptimale Entscheidungen in diesem nur noch begrenzt bzw. verzerrt wahrgenommen werden.

Für den Fall, dass das **Istergebnis unter dem Planergebnis** liegt, zeigt sich grundsätzlich ein Problem erster Ordnung in Form der negativen Ergebnisabweichung. Allerdings wurde hier ein »nicht-richtiges« Ziel verfehlt und damit möglicherweise für das Unternehmen ein größerer Schaden abgewendet. Liegt die Ergebnisabweichung in einem zufälligen Ereignis begründet, das nicht im Einflussbereich der betreffenden Führungsinstanz liegt, kann diese sich mit dem Verweis hierauf entlasten. Allerdings vermag diese willkürlich eingetretene Abweichung der Führungsinstanz den Blick darauf verstellen, dass die angestrebte Zielgröße nicht adäquat war. Schließlich ist die Ergebnisabweichung zufällig eingetreten.

---

939 Vgl. Østergren, Katarina/Stensaker, Inger (2011): Management Control without Budgets: A Field Study of 'Beyond Budgeting' in Practice, European Accounting Review, Jg. 20, Nr. 1, S. 149–181, S. 174/176 (Fokussierung isolierter Budgets); Frey, Bruno S./Eichenberger, Reiner (1989): Zur Bedeutung entscheidungstheoretischer Anomalien für die Ökonomik. How Important Are Choice Anomalies for Economics?, Jahrbücher für Nationalökonomie und Statistik, Band 206, Heft 2, S. 81–101, S. 93 (Einengung der Sichtweise von Akteuren durch Budgets).

Liegt die negative Zielabweichung in Handlungen der betreffenden Führungsinstanz begründet, die das geplante Ergebnis verfehlt haben, sieht sich das Controlling in seiner Ablehnung der betreffenden Zielgrößen im Nachhinein bestätigt. Da die Führungsinstanz bei der Festlegung des Planergebnisses dominiert hat, besteht das Risiko, dass die Akteure im Controlling nunmehr gegen die Führungsinstanz intrigieren. Die Macht der Intrige liegt in ihren verdeckten Handlungen bzw. dem Aufbau von Unsicherheitszonen innerhalb eines sozialen Systems.[940] Für die betroffene Führungsinstanz bedeuten die verdeckten, intriganten Handlungen der Akteure im Controlling eine latente Gefahr ihrer eigenen (Macht-)Position im Unternehmen. Das Controlling verstößt mit seinem Handeln gegen die Rolle des »verlässlichen Berichterstatters« bzw. des »objektiven Beraters« innerhalb des Führungsgeschehens.

Ein Sonderfall besteht, sofern die Akteure im Controlling die negative Zielabweichung gezielt zur Verfolgung eigener Karriereziele nutzen. Dies lässt sich gleichwohl als eine Erscheinungsform intriganten Handelns bezeichnen. Indem die Akteure im Controlling die Nichterreichung des Zieles durch die betreffende Führungsinstanz vordergründig nicht »an die große Glocke hängen«, schaffen sie eine faktische Verpflichtungssituation auf Seiten der Führungsinstanz. Aus dem einmaligen Hinwegsehen kann über die Zeit eine Beziehung des »eine Hand wäscht die andere« zwischen den beiden Akteuren entstehen, die zu gegebenem Zeitpunkt vom Controlling für den eigenen Karriereweg nützlich sein mag. Damit besteht das Risiko, dass die Akteure im Controlling aus eigennützlichen Erwägungen weitere Zielformulierungen der Führungsinstanz bewusst nicht mehr hinterfragen und so das Netzwerk aus Verstrickungen und Zugeständnissen der Führungsinstanz immer enger wird. Zeigt sich dann eine Ergebnisabweichung in einem »brauchbaren« Maß, nutzen die Akteure im Controlling diese günstige Gelegenheit zur Desavouierung der Führungsinstanz und bringen sich bei der Nachbesetzung ihres Postens selber in die Auswahl.

Zusammenfassend bleibt festzuhalten, dass Zielformulierungen, die von Führungsinstanzen im Austauschprozess mit den Akteuren im Controlling dominiert werden, sowohl von Seiten der betreffenden Führungsinstanz als auch des Controllings risikobehaftet sind. Dies erklärt sich zum einen aus der Formulierung »richtiger« Ziele, die von der betreffenden Führungsinstanz unvollständig umgesetzt werden, zum anderen aus »nicht-richtigen« Zielen, die erfüllt bzw.

---

940 Vgl. Thiele 2008, S. 112; Muhr, Thomas (2004): Beratung und Macht. Mikropolitische Fallstudie einer Organisationsberatung. Dissertation, Universität Bielefeld, verfügbar auf: http://pub.uni-bielefeld.de/publication/2304753, Stand: 25.07.2009, S. 54.

übererfüllt werden, aber den Unternehmensinteressen zuwider laufen. Das institutionalisierte Controlling nimmt in beiden Fällen sowohl unbewusst als auch bewusst eine Risikoposition ein. Neben Reaktanz gegenüber Führungsinstanzen ist hier die Beteiligung des Controllings an der Erreichung »nicht-richtiger« Ziele aufgrund der Bereitstellung von Informationen und Methoden zu nennen. Darüber hinaus wird das Controlling in solchen Fällen zum Risiko-Träger, in denen seine Akteure mikropolitische bzw. opportunistische Handlungen an den Tag legen.

### 5.2.3 Konstellation III: Führungsinstanz und Controlling sind sich uneinig, Controlling dominiert

Unterschiedliche Sichtweisen des Controllings und der Führungsinstanzen in der Beurteilung einzelner Sachverhalte sind keine ungewöhnliche Erscheinung im Führungsgeschehen.[941] Schließlich vertreten beide Akteure unterschiedliche Interessenbereiche. Führungsinstanzen sind mit der Formulierung von Zielen befasst, im Controlling sollen diese Zielgrößen auf ihre Plausibilität, Umsetzbarkeit und Konsequenzen für das Unternehmen geprüft werden.[942] Mit dem „Recht zum ungefragten Widerspruch"[943] soll das Controlling seine Rolle als kritischer Begleiter im Führungsgeschehen und Hüter der ökonomischen Vernunft gegenüber den Führungsinstanzen ausfüllen. Zudem wird in der Literatur das institutionalisierte Controlling gleichsam als Vertreter der Eigentümerinteressen gegenüber den Führungsinstanzen angesehen.[944] Auch in diesem Kontext sind unterschiedliche Sichtweisen und Schwerpunktsetzungen der beiden Akteure festzustellen.

---

941 Vgl. Sieber 2008, S. 8f. (Reflexionsfunktion des Controllings innerhalb der Willensbildung); Birl/Hirsch et al. 2008, S. 255 (Bewältigung von Rationalitätsengpässen innerhalb der Willensbildung und Willensdurchsetzung); Reimer/Orth 2008, S. 192 (Eigenschaften von Controllern und Führungskräften).

942 Vgl. Hoffjan/Trapp et al. 2011, S. 185 (Rolle des Controllings im Planungsprozess); Deyhle/Kottbauer et al. 2010, S. 34f. (Controlling als Schnittmenge aus Zielformulierung und Transparenz bezüglich der Zielerreichung); Kirsch/Seidl et al. 2009, S. 73 (Hinterfragung von Planungsprämissen); Küpper 2008, S. 548 (Plausibilisierung von Planungsgrößen und Teilplänen); Weber/Schäffer 2008, S. 41 (Controlling zur Erhöhung der Führungsqualität); Hirsch/Sorg 2006, S. 217 (Beitrag des Controllings innerhalb der Corporate Governance).

943 Weber/Schäffer 2008, S. 427.

944 Vgl. Scherm/Pietsch 2003, S. 51; Reißig-Thust 2010, S. 126.

Im Zuge der Planaufstellung kommt dem Controlling neben seiner Informationsversorgungsfunktion auch die Aufgabe zu, einzelne Teilpläne auf ihre inhaltliche Stimmigkeit und Ressourcenverträglichkeit zu überprüfen sowie die verschiedenen Teilpläne zu einem konsistenten Gesamtplan zusammenzuführen. Da letztlich aber die Verantwortung für die Festlegung und Erreichung von Planergebnissen bei der Führungsinstanz liegt[945], beinhalten divergierende Sichtweisen zwischen beiden Akteuren grundsätzlich zwei Effekte: (1) die unterschiedlichen Sichtweisen beider Akteure machen Konflikte sichtbar, die im Interesse des Gesamtsystems »Unternehmen« über Aushandlungsprozesse zu bewältigen sind und damit möglichst viele Beteiligte auf die Unternehmensziele ausrichten soll[946]; (2) über die zielorientierte Bewältigung von knappen Ressourcen soll das bestmögliche Maß an ökonomischer Effizienz erreicht werden[947]. Unter diesen Gesichtspunkten wird das Controlling als koordinierende Instanz bzw. als rationalitätssichernde Funktion im Führungsgeschehen betrachtet.[948] Mit dieser Verortung des Controllings ist allerdings konsequenterweise auch die Frage zu stellen, ob und in wieweit das institutionalisierte Controlling das Recht zur Einflussnahme auf Entscheidungen und Handlungen von Führungsinstanzen haben sollte. Wo endet bzw. beginnt die Verantwortung des Controllings für die Festlegung von Zielen und Planergebnissen bzw. deren operative Umsetzung

---

945 Vgl. Deyhle/Kottbauer et al. 2010, S. 29 (Verantwortung der Linieninstanzen); Luhmann 2006, S. 197 (Nicht-Teilbarkeit von Entscheidungsverantwortung).

946 Vgl. Heine 2011, S. 263 (Wirkung von Controllinginformationen); Hartmann/Maas 2010, S. 30 (Aushandlungsprozesse innerhalb der Budgetierung); Mundy 2010, S. 506 (Controlling-Systeme); Kirsch/Seidl et al. 2009, S. 72 (Konflikte als Elemente des sozialen Austausches innerhalb der Planung); Horváth 2009, S. 17f. (Schaffung von Transparenz bezüglich Ziele und Zielerreichung); Horváth 2006, S. 129ff. (ergebniszielbezogene Koordinationsfunktion des Controllings).

947 Vgl. Ernst/Vater et al. 2008, S. 732 (Controlling als ökonomisches Gewissen); Kaufmann, Herbert (2008): Ermittlung der wertorientierten Steuerungsgrößen im DaimlerChrysler-Konzern, in: Funk, Wilfried/Rossmanith, Jonas (Hrsg.): Internationale Rechnungslegung und internationales Controlling. Herausforderungen, Handlungsfelder, Erfolgspotenziale, Wiesbaden: Gabler Verlag, S. 343–370, S. 350 (Steigerung des Unternehmenswertes); Weber/Schäffer 2008, S. 15 (Controlling als Hüter über die ökonomische Moral); Weber/Zubler et al. 2008, S. 37 (Bewertung von Investitionsvorhaben durch das Controlling); Meckl/Horzella 2010, S. 428 (Wertsteigerung im M&A-Prozess).

948 Vgl. Pietsch/Scherm 2004, S. 545; Ahrens/Chapman 2007, S. 10; Küpper 2008, S. 47; Weber/Schäffer 2008, S. 33ff.; Horváth 2009, S. 125; Weber 2010b, S. 91; Wall/Greiling 2011, S. 94; Weber 2011, S. 37.

und Sicherstellung? Setzt das Controlling seine Sichtweise bei der Festlegung von Planungsgrößen gegen die Führungsinstanz durch, besteht grundsätzlich das Risiko, dass die betroffene Führungsinstanz sich aus ihrer Verantwortung für die Zielerreichung zurückzieht.[949] Die nachfolgende Abbildung 16 nimmt diesen Gedanken auf und strukturiert die möglichen Risikoausprägungen in der Konstellation »Controlling dominiert die Festlegung eines »richtigen« Zieles«.

*Abbildung 16: Überblick zu Konstellation III (»richtiges« Ziel)*

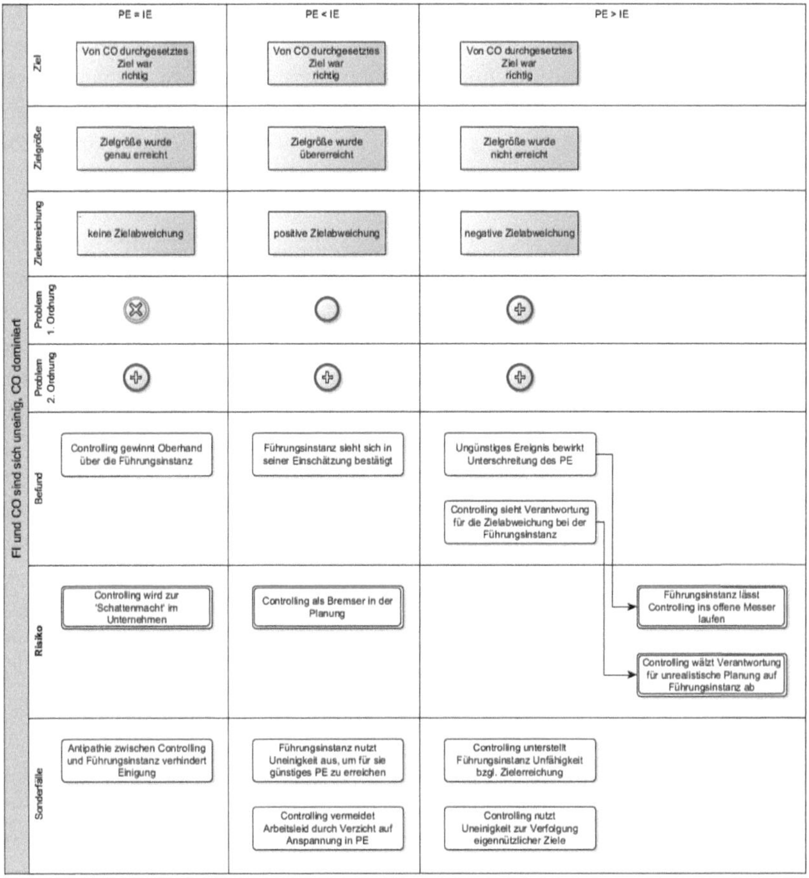


949 Zur Übernahme von (Mit-)Verantwortung des Controllings im Führungsgeschehen vgl. Peemöller 2005, S. 91; Biel 2007, S. 9; Daum/Steinle 2007, S. 33; Gargiulo/Ertug et al. 2009, S. 300; Hartmann/Maas 2010, S. 43; Rausch 2011, S. 138.

**Entspricht das Istergebnis dem Planergebnis**, besteht kein Problem erster Ordnung. Mit der Durchsetzung des Planergebnisses gegen die Position der Führungsinstanz hat das Controlling allerdings in dessen Entscheidungsbereich eingegriffen. Dieser Eingriff wird aus Sicht des Controllings im Nachhinein durch das Erreichen des Planergebnisses im Ist gerechtfertigt. Für das Controlling hat sich seine Durchsetzungsfähigkeit damit bewährt, es gewinnt die Oberhand in der beiderseitigen Austauschbeziehung. Aus der Perspektive der Führungsinstanz stellt sich dieser Sachverhalt möglicherweise aber problematischer dar. Hier hat das Controlling nicht nur in die Entscheidungssphäre der Führungsinstanz eingegriffen und das Planergebnis entsprechend definiert[950], sondern am Ende mit dem Istergebnis auch noch Recht behalten. Zukünftige Aushandlungen über Planungsgrößen werden damit aus Sicht der Führungsinstanz schwieriger. Insbesondere, wenn das Controlling aus seiner neuen Verhandlungsposition eigenes Kapital zu schlagen versucht und weitergehende Schritte zur Einflussnahme auf den Entscheidungsbereich der Führungsinstanz unternimmt.

Für das Controlling beinhaltet die so bezeichnete Konstellation die Gefahr, sich mit der Aura der Unfehlbarkeit zu umgeben und dadurch sowohl an Akzeptanz innerhalb des Führungsgeschehens als auch die kritische Distanz zu seinen eigenen Handlungen zu verlieren.[951] Eine Übereinstimmung von Plan- und Istergebnis kann in der fundierten Planaufstellung begründet sein, bedeutet aber nicht notwendigerweise das Fortbestehen dieser Konstellation in zukünftigen Perioden. Sofern das Controlling aus der Erreichung des Planergebnisses den Anspruch ableitet, auch zukünftig seine Position gegenüber der Führungsinstanz durchzusetzen, begibt es sich in Gefahr. Diese liegt in der Übernahme von Führungsverantwortung begründet, in der sich das Controlling selber überwacht. Damit fehlt aber die kritische Distanz auf das eigene Handeln in einer fremden Domäne. Nicht so sehr die schleichende oder offene Entmachtung der betreffenden Führungsinstanz ist hierbei das Problem, sondern vielmehr das Risiko der nicht vorhandenen »Gewaltenteilung«[952] im Zuge der Ausübung von Verfügungsrechten und der Transparenzschaffung über die Ergebnisse

950 Zur Problematik der Einflussnahme des Controllings auf die Formulierung von Planungsgrößen vgl. Weber/Schäffer 2008, S. 292.

951 Vgl. Weber 2011, S. 40; Hartmann/Maas 2010, S. 30; Reimer/Orth 2008, S. 194; Weber/Schäffer 2008, S. 426.

952 Vgl. Behringer, Stefan (2011): Konzerncontrolling, Berlin [u.a.]: Springer-Verlag, S. 129f. (interne Revision und »Gewaltenteilung« innerhalb des internen Kontrollsystems).

hieraus.[953] Da das Controlling in dieser Konstellation faktisch Führungsverantwortung übernimmt, stellt sich die Frage nach seiner Machtbegrenzung. Ist dieser Machtgewinn für andere Akteure nicht sichtbar, besteht das Risiko, dass mit dem Controlling als »graue Eminenz«[954] bzw. »Schattenmacht« hinter den Kulissen die betroffene Führungsinstanz nur noch eine repräsentative Funktion im Führungsgeschehen hat. Das Controlling hat dann im Sinne der Strukturation innerhalb des Führungssystems den Zugriff auf allokative und autoritative Ressourcen[955] und somit die „Fähigkeit, Ergebnisse herbeizuführen“[956], die in seinem eigenen Interesse sind.

Für die Konstellation, dass mit dem Istergebnis das vom Controlling durchgesetzte Planergebnis übereinstimmt, lässt sich ebenfalls ein Sonderfall beschreiben. Zwischen Führungsinstanz und Controlling besteht eine grundsätzliche Antipathie[957], die eine Einigung zwischen beiden Akteuren regelmäßig verhindert. In einer solchen Lage kann jede der beiden Parteien einen in sich vernünftigen Beitrag zu Formulierung des Planergebnisses leisten, der jedoch von seinem Gegenüber rundweg abgelehnt wird. Hierbei besteht das Problem, dass sachlich angemessene Lösungen nicht zum Tragen kommen. Setzt das Controlling sich bei der Festlegung des Planergebnisses machtvoll durch, trägt dies wiederum zur Verstärkung der Antipathie zwischen beiden Akteuren bei. Im Controlling sieht man die betreffende Führungsinstanz als nicht zugänglichen Blockierer an, gegen den man sich nur durch Ausübung von Macht durchsetzen kann. Die Führungsinstanz ihrerseits nimmt das Controlling als Akteur wahr, der ausschließlich unter Zuhilfenahme von Druckmitteln und Macht agiert. Früher oder später kommt es zwischen beiden Akteuren entweder zum offen ausgetragenen Konflikt oder es stellt sich eine gegenseitige Blockadesituation ein.

Hieraus lässt sich das Risiko ableiten, dass Zielgrößen auf Seiten des Controllings gegen die Führungsinstanz »durchgedrückt« werden und damit keine

953 Zu Überwachungshandlungen im Kontext von Verfügungsrechten vgl. Meyer/Grisar et al. 2011, S. 82; Heyd/Beyer 2010, S. 384; Minelli/Rebora et al. 2009, S. 933; Hirsch 2007a, S. 98; Deffains/Demougin 2006, S. 6/10; Grandori 2005, S. 41.

954 Vgl. Weber/Schäffer 2008, S. 426.

955 Vgl. Giddens 1997, S. 316.

956 Giddens 1997, S. 314.

957 Zur Bedeutung von Sympathie und Antipathie innerhalb sozialer Systeme vgl. Petzold, Hilarion (2007): Integrative Supervision, Meta-Consulting, Organisationsentwicklung. Ein Handbuch für Modelle und Methoden reflexiver Praxis, 2., überarbeitete und erweiterte Auflage, Wiesbaden: VS Verlag für Sozialwissenschaften, S. 150; Laux/Liermann 2005, S. 311.

Akzeptanz bei dieser haben. Die betreffende Führungsinstanz lässt das Controlling möglicherweise nur deshalb gewähren, weil sie den Konflikt scheut oder den günstigen Augenblick abwartet, bei dem die vom Controlling dominierte Zielgröße sich als nachteilig für das Unternehmen erweist und sie dadurch die Oberhand gegenüber einem geschwächten Controlling erhält. Dennoch kann auch bei solchen Planergebnissen, deren Festlegung vom Controlling dominiert wurde, das spätere Istergebnis übereinstimmen. In diesem Fall stimmen beide Ergebnisgrößen allerdings nur deshalb überein, weil das Controlling im Nachhinein das Planergebnis angepasst und damit auf die Istgröße »hingetrimmt«[958] hat. Dies kann beispielsweise dadurch geschehen, dass nach der Aufstellung des Planergebnisses sich Änderungen in der betrieblichen Organisations- bzw. Leistungsstruktur ergeben haben. Solche Änderungen können aus organisatorischen Veränderungen – Vertriebsgebiete werden neu zugeschnitten, Erwerb bzw. Veräußerung von Tochterunternehmen – oder in der Neu-Ausrichtung von Produktgruppen bzw. Geschäftsfeldern resultieren.

Dem Controlling kommt im Zuge solcher Aktivitäten zumeist die Aufgabe zu, diese nicht nur beratend zu begleiten, sondern auch die hiervon betroffenen Ergebnisgrößen mitzugestalten.[959] Da das Controlling gegenüber den Führungsinstanzen, deren Verantwortungsbereiche von diesen Änderungen betroffen sind, einen Informationsvorsprung bezüglich der zugrunde liegenden Daten hat, kann es diesen sehr wohl nutzen und das betreffende Planergebnis so überleiten, dass ein Istergebnis in der aktualisierten Struktur mit ihm übereinstimmt. Hierbei zeigt sich dann eine doppelte Kontingenz in der Darstellung der ökonomischen Wirklichkeit. Zum einen schafft bereits eine organisatorische Veränderung eine kontingente Realität, indem sie ausgehend von einem als unzureichend festgestellten Istzustand auf einen als sinnvoll erachteten Zielzustand überleitet. Zum anderen erfolgt mit der Überleitung von Planergebnissen auf diesen neuen Zielzustand die Abbildung und gleichsam die Legitimation dieser Veränderung. Die Rechenbarkeit bzw. Qualifizierbarkeit des angestrebten Zielzustandes schafft und reproduziert ihren sozialen Kontext.[960] Mit der Bereitstellung von

958 Vgl. Weber/Schäffer 2008, S. 263 („Wir rechnen jede Zahl").

959 Vgl. Küpper 2008, S. 548 (Konsolidierung von Teilplänen); Paefgen 2008a, S. 140f. (Prognosemodelle); Hoffjan/Trapp et al. 2011, S. 185 (moderierende bzw. plausibilisierende Rollen des Controllings im Planungsgeschehen); Weber 2011, S. 38 (Controller als »Planungs-Techniker« bzw. »Planungs-Architekten«).

960 Vgl. Ahrens/Chapman 2007, S. 2 (betriebliches Rechnungswesen als sinnzuweisende Institution); Kirsch/Seidl et al. 2009, S. 81 (Funktionen von Planungsgrößen); Minelli/Rebora et al. 2009, S. 934 (Legitimierungsfunktion von Controlling-Systemen);

Bewertungsverfahren und Planergebnisgrößen ist das institutionalisierte Controlling unmittelbar an der Konstruktion dieser sozialen Wirklichkeit beteiligt.[961] Nutzt es seinen Kompetenz- bzw. Informationsvorsprung, um hierdurch überzuleitende Planergebnisse auf erwartete Istergebnisse auszutarieren, handelt es eigennützlich. Gegenüber anderen Akteuren kann es dieses Handeln durch die Nutzung von Informations- bzw. Kompetenzasymmetrien verbergen. Setzt das Controlling sich bei der Formulierung solcher Planergebnisse durch, die es mittels seines Sekundärwissens entsprechend manipulieren kann, liegt das hiermit verbundene Risiko in der Intransparenz zu ökonomischen Sachverhalten. Diese fehlende Transparenz kann systemisch nur das Controlling als handelnder Akteur auflösen. Handelt es hierbei eigennützlich, bleibt fraglich, ob es Transparenz in einer Angelegenheit herstellt, die ihm selber zum Nachteil gereichen würde.

**Liegt das Planergebnis unter dem Istergebnis**, besteht vordergründig kein Problem erster Ordnung. Wurde das vom Controlling durchgesetzte Planergebnis bewusst niedrig gehalten, kann dies eine vorsichtige Planung reflektieren. Mit diesem »Sich-auf-die-sichere-Seite-Legen« innerhalb der Planaufstellung ist das Maß an Vorsicht verbunden, das unter vernünftigen Gesichtspunkten die Formulierung von unrealistisch hohen Planergebnissen vermeiden soll.[962] Planung erfolgt grundsätzlich unter der Annahme einer ungewissen Zukunft.[963] Ein vorsichtiges Vorgehen bei der Bestimmung von Planungsgrößen ist sowohl im Interesse der Führungsinstanz als auch des Controllings bzw. anderen internen und externen Anspruchsgruppen des Unternehmens. Schließlich bergen überoptimistische und nicht an der realistischen Erreichbarkeit von Planergebnissen formulierte Zielgrößen die Gefahr des Vertrauensverlustes gegenüber den beteiligten

---

Vosselman/van der Meer-Kooistra 2009, S. 268 (Strukturierungswirkung des Rechnungswesens); Iding 2010, S. 211 (Planungsinstrumente als Element organisationaler Herrschaftsstrukturen).

961 Vgl. Becker/Jordan et al. 2003, S. 149 (Controllingpraxis ist das Ergebnis von reproduzierten Strukturen der Sinnzuweisung und Legitimation); Scherm/Pietsch 2003, S. 43 (Reproduktion sozialer Ordnung durch das Controlling); Ahrens/Chapman 2007, S. 4f. (Bedeutung des Rechnungswesens für kognitive Praktiken organisationaler Akteure); Winter 2008, S. 4 (Controlling als soziale und institutionelle Praxis in Organisationen); Seal 2010, S. 101 (Kennzahlen und Organisationsgestaltung als rekursive Elemente innerhalb organisationaler Diskurse).

962 Vgl. Hammer, Richard (2009): Planung und Führung, 8., völlig neu bearbeitete Auflage, München: Oldenbourg, S. 84; Rankin/Schwartz et al. 2008, S. 1096; Gleißner 2008, S. 206.

963 Vgl. Horváth 2009, S. 144; Küpper 2008, S. 105; Luhmann 2006, S. 230f.

Instanzen.[964] Ein zu hohes Maß an Vorsicht im Controlling kann allerdings zu Verzerrungen in den Planergebnissen führen.[965] Für das Unternehmen werden Planungsgrößen formuliert, die unterhalb seines Leistungspotenzials liegen und damit nicht mehr dessen ökonomische Leistungsfähigkeit widerspiegeln.[966]

Setzt das Controlling ein solches Planergebnis gegen die Position der Führungsinstanz durch, wirkt es innerhalb der Planung als »Bremser«[967]. Zwar beinhaltet die Funktion des kritischen Counterparts gegenüber der Führungsinstanz auch begrenzende Elemente, etwa wenn es um die Eingrenzung willkürlicher Entscheidungen bzw. Handlungen im Führungsgeschehen[968] geht. Mit der Rolle des institutionalisierten Bremsers verlässt das Controlling aber diesen Pfad und wird seinerseits zum willkürlich handelnden Akteur.[969] Das Risiko liegt hierbei in der für andere Instanzen nicht mehr nachvollziehbaren Beschränkung ihrer Entscheidungs- bzw. Handlungsräume durch das Controlling. Liegen Istergebnisse über den so eingebremsten Planergebnissen, mag dies am Ende zwar für die beteiligten Parteien immer noch auskömmlich sein. Man denke in diesem Zusammenhang an die Bemessung von variablen Vergütungsbestandteilen und die mit der Planübererfüllung verbundenen positiven monetären Effekte.[970] Unter diesem Gesichtspunkt verhalten sich die Führungsinstanzen rational, wenn sie das Controlling als Bremser in der Planung agieren lassen, denn sie partizipieren von später eintretenden positiven Ergebnisabweichungen. Für das Wirksystem »Unternehmen« kann hieraus aber die unerwünschte Konsequenz entstehen, dass sich früher oder später Planungsgrößen nur noch am Mittelmaß orientieren und dann bereits nur leicht über diesem liegende Istergebnisse als

---

964 Vgl. Wall/Kießling 2008, S. 74.

965 Vgl. Hammer 2009, S. 84.

966 Zur Auseinandersetzung mit verzerrten Planungsgrößen und deren Auswirkungen auf das betriebliche Geschehen vgl. Artz 2011, S. 47f.; Anthony, Robert N./Govindarajan, Vijay (2004): Management Control Systems, 11. Auflage, Boston: McGrawHill/Irwin, S. 421; Hoefle/Marquart et al. 2008, S. 235ff.; Wall/Kießling 2008, S. 75.

967 Vgl. Goretzki/Weber et al. 2010, S. 56; Weber/Zubler et al. 2008, S. 35.

968 Vgl. Reißig-Thust 2010, S. 123; Reimer/Orth 2008, S. 187 (Behavioral Controlling); Weißenberger/Löhr 2008a, S. 347 (systematischer Ansatz des Controllings).

969 Vgl. Weber 2011, S. 28 (Begrenzung der Aktivitäten des Controllings durch andere Instanzen); Hartmann/Maas 2010, S. 42 (Handlungen im Controlling gegen die Unternehmensinteressen).

970 Vgl. Mahlendorf/Rehring et al. 2011, S. 64 (anreizbasierte Vergütung des Controllings); Mizik 2010, S. 595 (dysfunktionale Wirkung von anreizbasierten Vergütungssystemen); Paefgen 2008a, S. 143f. (Budget-Puffer); Frey/Osterloh 2005, S. 101 (Auswirkung von Anreizsystemen auf gemeinsame Werte).

Erfolg angesehen werden. Langfristig gefährden die betreffenden Akteure damit aber die wirtschaftliche Selbstständigkeit oder schlimmstenfalls die Existenz des Unternehmens.

Sonderfälle der Konstellation »PE < IE« und dem vom Controlling durchgesetzten Planergebnis umfassen die Vermeidung von Arbeitsleid im Controlling bzw. die Nutzung der Uneinigkeit durch die Führungsinstanz zur Verfolgung eigennütziger Ziele. Diese werden nachfolgend beschrieben.

Die gemeinsame Suche nach bestmöglichen Planergebnissen ist für die beteiligten Führungsinstanzen und das Controlling regelmäßig mit Anstrengungen verbunden. Dabei beinhaltet der Anspruch auf Einmischung in Führungsentscheidungen auf Seiten des Controllings[971] gleichsam die Pflicht, diese Reflexionsfunktion auch entsprechend auszufüllen. Suchen die Akteure im Controlling Anstrengungen bei der Suche nach der besten Problemlösung zu vermeiden, handeln sie eigennützlich. Ihr Opportunismus liegt dann in der Vermeidung von eigenem Arbeitsleid.[972] Mit der Durchsetzung von zu niedrigen Planergebnissen kann eine solche Haltung verbunden sein. Die Beurteilung von anspruchsvolleren Planergebnissen, die von der Führungsinstanz präferiert werden, bedeutet für das Controlling unter Umständen einen höheren Aufwand bei der Bewertung von zugrunde liegenden Planungsprämissen, Rahmenbedingungen und Risiken. Setzt es beispielsweise ein zur vergangenen Periode unverändertes Planergebnis durch, reduziert es damit seinen Arbeitsaufwand. Dieses Vorgehen liegt allerdings nicht im Interesse anderer Akteure, wie etwa den Eigentümern oder der betreffenden Führungsinstanz. Für diesen Personenkreis sind steigende Planergebnisse zumeist mit der Verbesserung ihrer Verhandlungsposition im Zuge der Verteilung von Ergebnis- und Einkommensgrößen verbunden.[973] Zudem bedeutet auch eine positive Ergebnisabweichung grundsätzlich eine Planabweichung. Unternehmen, deren Planungen beständig deutlich von später erreichten Istgrößen abweichen, erfahren insbesondere innerhalb des Risiko-Ratings regelmäßig eine Herabstufung.[974] Hiermit ist das Risiko steigender Kapitalkosten bzw. eines zunehmenden Vertrauensverlustes im Kapitalmarkt verbunden.

---

971 Vgl. Sieber 2008, S. 8f. (Reflexion in der Willensbildungsphase); Weber/Schäffer 2008, S. 427 (Counterpartfunktion des Controllings).

972 Vgl.Paefgen 2008b, S. 81; Weber/Schäffer 2008, S. 426.

973 Zum Unterschied zwischen den Residualansprüchen der Unternehmenseigentümer und Fixansprüchen der anderen Stakeholdergruppen vgl. Kürsten, Wolfgang (2006): Corporate Hedging, Stakeholderinteresse und Shareholder Value, Journal für Betriebswirtschaft, Jg. 56, Nr. 1, S. 3–31, S. 13.

974 Vgl. Paetzmann 2008, S. 192ff.; Gleißner 2008, S. 259.

Der zweite hier zu beschreibende Sonderfall umfasst die eigennützliche Ausnutzung der Uneinigkeit zwischen Controlling und Führungsinstanz durch die betreffende Führungsinstanz selbst. Hierbei lässt die Führungsinstanz die Durchsetzung des Planergebnisses durch das Controlling zu, weil sie die Verantwortung für diese Planungsgröße nicht übernehmen will. Dabei setzt sie darauf, dass das vom Controlling formulierte Planergebnis niedrig genug ist, um eine spätere positive Ergebnisabweichung sicherzustellen. Diese positive Abweichung heftet die Führungsinstanz dann ihrem Wirken an und stellt so scheinbar ihre Führungsqualitäten unter Beweis. Unter diesem Blickwinkel instrumentalisiert die Führungsinstanz aus rationalen Erwägungen das Controlling zur Verfolgung eigener Ziele, beispielsweise bezogen auf die Karriere oder ihren sozialen Status im Unternehmen.[975] Dabei beruft sie sich auf die Legitimationsfunktion[976] des institutionalisierten Controllings: Schließlich hat das Controlling das betreffende Planergebnis offenkundig geprüft und für richtig befunden. Gegen diesen Verweis auf die Expertise des Controllings[977] lässt sich zunächst wenig einwenden. Stellt sich im Ist dann eine positive Ergebnisabweichung ein, kann die Führungsinstanz immer noch behaupten, sie selber hätte von vornherein ein höheres Planergebnis formuliert, sich aber dem Urteil des Controllings unterworfen. In diesem Verhalten liegt das Risiko der legitimierten Scheineffizienz von Führungsinstanzen. Ihre Führungsqualität wird durch das Controlling unbewusst herausgestellt, indem es unrichtigerweise zu niedrige Planergebnisse durchsetzt. Die spätere positive Ergebnisabweichung liegt aber ausschließlich darin begründet, dass die betreffende Planungsgröße verzerrt wurde. Bei einer dem Leistungspotenzial des betreffenden Verantwortungsbereiches angemessen definierten Planungsgröße wäre die »anstrengungslose« Übererfüllung des Planergebnisses nicht möglich gewesen.

Sofern das **Planergebnis über dem Istergebnis** liegt, besteht ein Problem erster Ordnung in Form einer negativen Ergebnisabweichung. Diese kann aus Veränderungen der Umweltbedingungen – als ungünstige Ereignisse – resultieren, die von den Akteuren trotz sorgfältiger Vorgehensweise nicht antizipiert werden

---

975 Vgl. Lafond/Roychowdhury 2008, S. 106 (opportunistische Handlungen von Führungsinstanzen, die am Unternehmen beteiligt sind); Rausch 2011, S. 159 (opportunistische Handlungen von Führungsinstanzen im Rahmen der Übertragung von Verfügungsrechten).

976 Vgl. Winter 2007, S. 52; Scherm/Pietsch 2003, S. 51.

977 Vgl. Deyhle/Kottbauer et al. 2010, S. 31 (Controlling als betriebswirtschaftlicher Begleiter und ökonomischen Gewissen im Führungsgeschehen); Hoffjan/Trapp et al. 2011, S. 186 (Controlling als »kaufmännisches Gewissen im Unternehmen).

konnten.[978] Dieses Risiko ist von ihnen nicht beeinflussbar, die Akteure können lediglich versuchen, hieraus entstehende Folgerisiken zu identifizieren und zu bewältigen.[979] Liegt der negativen Ergebnisabweichung jedoch eine unrealistische Planung zugrunde, die vom Controlling gegenüber der Führungsinstanz durchgesetzt wurde, kann die Führungsinstanz sich nunmehr auf diesen Tatbestand berufen und sich in seiner Verantwortung zurückziehen. Schließlich hat das Controlling sie in ihrem Entscheidungsbereich mit seiner Positionierung zum Planergebnis überstimmt und seine Sichtweise durchgesetzt. Hierbei besteht das Risiko, dass die Führungsinstanz sich bei der Suche nach Gründen für die Ergebnisabweichung zurückzieht und das Controlling »ins offene Messer laufen lässt«. Insbesondere, wenn die Führungsinstanz ein niedrigeres Planergebnis festlegen wollte als das vom Controlling letztlich durchgesetzte, ist dieses Verhalten wahrscheinlich. In diesem Fall hat das Controlling in die Entscheidungshoheit der Führungsinstanz eingegriffen. Mit der – aus Sicht der Führungsinstanz von vornherein vorhersehbaren – negativen Ergebnisabweichung sieht sie sich in ihrer Sichtweise bestätigt. Das Controlling ist nunmehr gefordert, nicht nur die Unterschreitung des Planergebnisses festzustellen, sondern im Rahmen der Abweichungsanalyse auch eine plausible Begründung zu liefern.

Die negative Ergebnisabweichung lässt sich aus der Perspektive des Controllings auch dahingehend beschreiben, dass dessen Akteure die Verantwortung für unrealistische Planungsgrößen auf die Führungsinstanz abwälzen. Ein solches Verhalten lässt sich beispielsweise daraus erklären, dass die vom Controlling dominierte Zielgröße einen unrealistisch hohen Anspannungsgrad beinhaltet, der von der betreffenden Führungsinstanz bei der Planaufstellung hätte erkannt und zurückgewiesen werden müssen. Da letztlich die Führungsinstanz für die aufgestellten Planungsgrößen verantwortlich ist, ergibt sich hier das Risiko nicht mehr beherrschbarere Rückwirkungen auf das betriebliche Geschehen. Einerseits ist die betroffene Führungsinstanz ihrer Verantwortung für die Formulierung erreichbarer Zielgrößen nicht gerecht geworden. Andererseits kann sich das Controlling mit eben diesem Hinweis aus der Verantwortung seines – möglicherweise

978 Vgl. Luhmann 2006, S. 230f. (Planung als Entscheidung über Entscheidungsprämissen einer ungewissen Zukunft); Horváth 2006, S. 11f. (Planabweichungen aus Veränderungen in der Unternehmensumwelt); Küpper 2008, S. 105 (Planung als Antizipation unsicherer Zukunft).

979 Vgl. Gleißner 2008, S. 159 (grundsätzliche Möglichkeiten der Risikobewältigung); Sandelin 2008, S. 325 (Steuerungsaufgaben des Controllings im Führungsgeschehen); Weber 2007, S. 58 (Ausrichtung des Entscheidungsverhaltens von Führungsinstanzen durch das Controlling).

fahrlässigen – Tuns herauswinden. Für die gemeinsame Austauschbeziehung beider Akteure ist diese Konstellation wenig förderlich, denn die betreffende Führungsinstanz wird diese negative Erfahrung bei der Ausgestaltung der gemeinsamen Arbeitsbeziehung als Bezugspunkt[980] nehmen und sich zukünftig vorsichtiger gegenüber dem Controlling verhalten.

Die zuvor beschriebenen Situationen sind davon ausgegangen, dass die Führungsinstanz bei der Festlegung des Planergebnisses ein niedriges Ergebnis als das vom Controlling durchgesetzte formuliert hätte. Zu betrachten ist aber auch der Fall, dass die Führungsinstanz ein höheres Ergebnis festlegen wollte, als vom Controlling erwirkt wurde. Hier kann nunmehr das Controlling auf seine mäßigende Rolle als kritischer Counterpart hinweisen.[981] Ohne seine Einflussnahme auf die Formulierung des Planergebnis wäre die negative Ergebnisabweichung im Ist noch höher ausgefallen. In diesem Fall hätte das Controlling zwar in die Entscheidungshoheit der Führungsinstanz eingegriffen, könnte dies aber mit guten Gründen rechtfertigen.

In der Folge sind nunmehr Sonderfälle zu beschreiben, die im Kontext der Konstellation »vom Controlling durchgesetztes Planergebnis liegt über dem Istergebnis« stehen.

Im ersten Sonderfall unterstellt das Controlling der Führungsinstanz Unfähigkeit zur Erreichung des Planergebnisses und begründet damit die negative Ergebnisabweichung. Aus seiner Sicht war die Durchsetzung des Planergebnisses sachlich begründet, die Führungsinstanz war jedoch nicht zur Umsetzung der hierzu erforderlichen Maßnahmen fähig. Da das Controlling selber nicht in die Umsetzung der Zielerreichung eingreift, lässt sich eine solche Aussage grundsätzlich treffen. Allerdings stellt sich hierbei die Frage, warum das Controlling nicht bereits im Zuge der Maßnahmenumsetzung auf Probleme hingewiesen und die Führungsinstanz entsprechend unterstützt hat. Entweder waren die auftretenden Probleme für das Controlling nicht ersichtlich oder es hat diese bewusst nicht wahrgenommen. Damit zeigt sich die blinder Fleck in der Wahrnehmung des Controllings, der entweder aus eigenen Könnens- oder Wollens-Begrenzungen resultiert. In beiden Fällen lassen sich Risiken verorten: Probleme der Führungsinstanz, die das Controlling objektiv nicht entdecken kann, stellen entweder jenes Rest-Risiko dar, das statistisch in jedem System existiert, oder sie

---

980 Zum Ankereffekt aus gemachten Erfahrungen in sozialen Austauschbeziehungen vgl. Ballinger/Rockmann 2010, S. 376; zur Verfestigung von Ankereffekten und dessen Auswirkung auf Entscheidungen von Akteuren vgl. Wentura/Degner 2006, S. 390.

981 Vgl. Hoffjan/Trapp et al. 2011, S. 185; Sieber 2008, S. 8f.; Wall/Kießling 2008, S. 78; Hirsch/Sorg 2006, S. 207; Weber/Schäffer 1999, S. 733.

sind aus dem gezielten Vorenthalten von Informationen gegenüber dem Controlling begründet. Probleme, die das Controlling bewusst nicht wahrnimmt, können dadurch zum Risiko werden, dass sie aus opportunistischen Handlungen dieses Akteurs resultieren und für andere Akteure nicht erkennbar sind.[982]

Unterstellt das Controlling der Führungsinstanz Untätigkeit bei der Erreichung des Planergebnisses, macht es einen Konflikt innerhalb seiner sozialen Austauschbeziehung sichtbar. Das vom Controlling durchgesetzte Planergebnis ist eben nicht das der Führungsinstanz. Damit fehlt auf ihrer Seite die Identifizierung mit dieser Zielgröße. Das Risiko hierbei liegt im Rückzug der Führungsinstanz auf die aus ihrer Sicht machbaren Anstrengungen zur Erreichung eines Ergebnisses, das nicht dem vom Controlling dominierten Planergebnis entspricht. Im Bestreben des Controllings, über die Durchsetzung eines anspruchsvollen, herausfordernden Planergebnisses gleichsam die betriebliche Effizienz zu verbessern, liegen Chance und Risiko unter Umständen dicht beieinander.[983] Dabei besteht die Chance darin, dass die betreffenden Akteure die Herausforderung annehmen und als Ansporn verstehen. Das Risiko hierbei liegt allerdings in der Formulierung von zu anspruchsvollen Zielgrößen, die dann auf die betreffenden Akteure demotivierende Wirkung bzw. dysfunktionale Konsequenzen haben.[984]

Der zweite Sonderfall in der Konstellation »PE > IE« ist darin begründet, dass das Controlling bei der Durchsetzung des Planergebnisses eigennützliche Ziele verfolgt hat, die im Ist nicht realisierbar waren. Ein solches Vorgehen kann sich daraus ergeben, dass im Controlling auf die Ablösung der betreffenden Führungsinstanz aus ihrem Verantwortungsbereich hingearbeitet wird.[985] Dies vermag darin begründet sein, dass Akteure im Controlling selber die betreffende Führungsposition einnehmen wollen. Indem sie Planungsergebnisse durchsetzen, die von der betreffenden Führungsinstanz faktisch nicht erreicht werden können, versuchen sie sich eine entsprechende Verhandlungsposition für den Fall der Neubesetzung der Position zu verschaffen. Insbesondere dann, wenn

982 Auf opportunistisches Handeln im Controlling wurde bereits an anderer Stelle eingegangen, siehe hierzu Seite 80ff.

983 Zur dysfunktionalen Wirkung von herausfordernden Zielen auf das Verhalten betrieblicher Akteure vgl. Sitkin/See et al. 2011, S. 557f.; Waldforst, Sebastian (2007): Die Wirkung von Zielen auf die Arbeitsleistung von Akteuren. Eine experimentelle Untersuchung, Wiesbaden: Deutscher Universitäts-Verlag, S. 32.

984 Vgl. Weber/Schäffer 2008, S. 68f.; Hoefle/Marquart et al. 2008, S. 235ff.

985 Vgl. Paefgen 2008a, S. 102, S. 105 und insbesondere S. 114; Weber/Schäffer 2008, S. 432.

das Controlling die unrealistische Planungsgröße als offenkundig erreichbar »verkaufen« kann. Insofern die Akteure im Controlling von sich das Bild haben, besser für die betreffende Führungsposition geeignet zu sein als ihr derzeitiger Inhaber, lässt sich diese Form der eigenen Karriereplanung vordergründig damit rechtfertigen, dass man im Controlling letztlich nur das Beste für das Unternehmen will.[986] Das Risiko eines solchen Vorgehens liegt darin begründet, dass im Zuge von mikropolitischen Spielen die Sachebene zugunsten persönlicher Befindlichkeiten zurückgedrängt wird. Haben sich Akteure im Controlling lange genug auf die betreffende Führungsinstanz »eingeschossen«, ist diese entweder nicht mehr haltbar oder so weit in ihrer Integrität beschädigt, dass sich nicht mehr wirkungsvoll innerhalb des sozialen Systems »Unternehmen« agieren kann. Zudem dürfte es schwerfallen, dem Controlling solcherlei mikropolitisches Taktieren nachzuweisen[987] – insbesondere dann, wenn sich innerhalb des Controllings eine breite Unterstützung für diese Handlungen gebildet hat und damit ein objektives Bild über einzelne Sachverhalte durch konkludentes Handeln der Beteiligten systematisch erschwert wird.

Hat das Controlling die Formulierung eines »nicht-richtigen« Zieles gegenüber der Führungsinstanz dominiert, zeigen sich mit Bezug auf die drei möglichen Ergebniskonstellationen folgende Befunde bzw. Risiken (siehe Abbildung 17).

986 Zu Spielzügen und Intransparenzschaffung im Kontext organisationaler Machtspiele vgl. Muhr 2004, S. 54; zur mikropolitisch fundierten Verschiebung der Zurechnung von Entscheidungen vgl. Luhmann 2006, S. 198f.

987 Siehe hierzu Seite 105 »Deutungshoheit im Controlling« sowie Seite 157 »kontingente Rationalitätskonstrukte durch das Controlling«.

*Abbildung 17: Überblick zu Konstellation III (»nicht-richtiges« Ziel)*

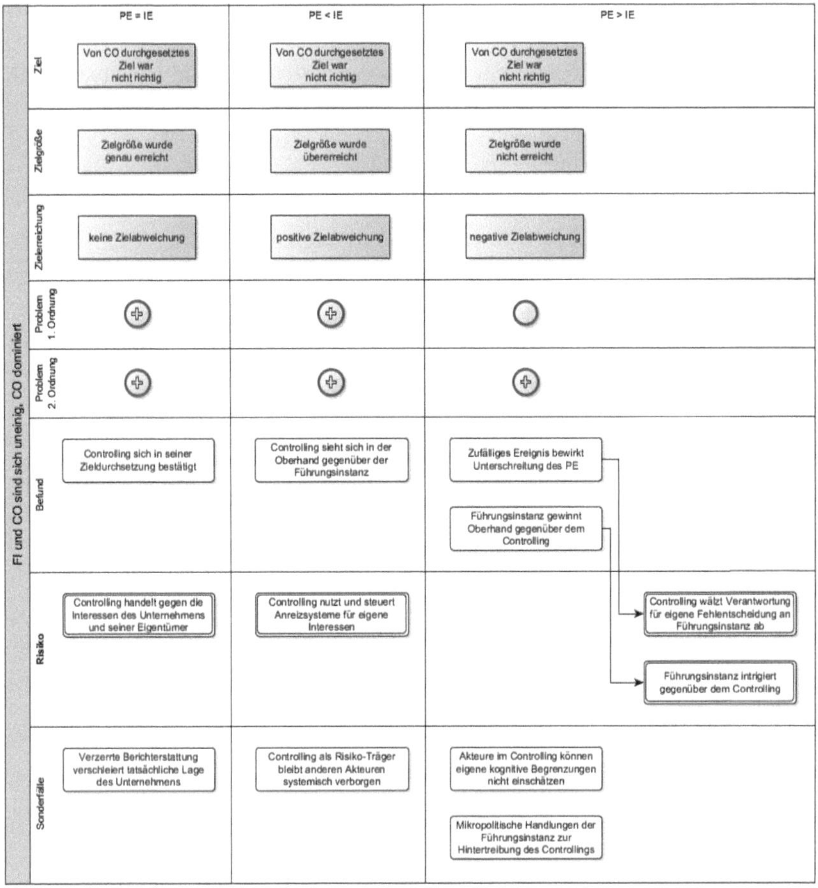


**Entspricht das Istergebnis dem Planergebnis** einer »nicht-richtigen« Zielgröße, besteht keine Zielabweichung. Allerdings wurde ein nicht angemessenes Ziel erreicht, das bei seiner Formulierung vom Controlling dominiert wurde. Damit liegt sowohl ein Problem erster als auch zweiter Ordnung vor.

Mit dem Erreichen des Planergebnisses sieht das Controlling sich in seiner Handlung zur Durchsetzung der betreffenden Zielgröße bestätigt. Aus Sicht der Führungsinstanz hat das Controlling mit seiner Einschätzung Recht behalten. Diese Konstellation hat Auswirkungen für die soziale Austauschbeziehung beider

Akteure.[988] In zukünftigen Aushandlungsspielen wird das Controlling sich auf seine offenkundig nachgewiesene Fähigkeit zur Einschätzung von realisierbaren Zielgrößen berufen.

Die betreffende Führungsinstanz kann diese Sichtweise dann entweder akzeptieren oder sie mit dem Hinweis auf die vormalige Umsetzung eines nicht angemessenen Zieles kritisch reflektieren. Basierte die realisierte Zielgröße jedoch auf unzulänglichen Informationen bzw. fehlerhaften Einschätzungen zu einzelnen Bestimmungsgrößen des Planergebnisses, die von der betreffenden Führungsinstanz selber formuliert und vom Controlling bezüglich der Festlegung dominiert wurden, erscheint eine kritische Reflexion seitens der Führungsinstanz im Nachhinein wenig realistisch. Hat das Controlling die Festlegung eines Planergebnisses dominiert, das auf Basis nicht ausreichender Informationen bzw. unzulänglichen Prognosemethoden ermittelt wurde, stellt sich die Frage nach der Erkenntnisfähigkeit sowohl auf Seiten der Führungsinstanz als auch im Controlling. Seinem selbstgestellten Anspruch, die Rationalität im Führungsgeschehen zu gewährleisten[989], wird das Controlling in beiden Fällen nicht gerecht[990].

Dominiert das Controlling die Festlegung »nicht-richtiger« Zielgrößen, beinhaltet dies das Risiko von Handlungen gegen die Interessen des Unternehmens und seiner Eigentümer. Mit Bezug auf die asymmetrische Verteilung von Informationen innerhalb von Agenturbeziehungen[991] zeigt sich ein zweistufiges Prinzipal-Agenten-Problem. Einerseits befindet sich das Controlling in einer »unmittelbaren« Agenturbeziehung zur betreffenden Führungsinstanz, innerhalb der es seinen Informationsvorsprung zu eigenen Gunsten nutzen kann. Andererseits besteht eine »mittelbare« Agenturbeziehung zwischen dem Controlling und den Eigentümern des Unternehmens, hier sei nochmals auf die Rolle

---

988 Zur Bedeutung von Erfahrungen in sozialen Austauschbeziehungen auf die Erwartungen der Akteure an die weitere Entwicklung der Beziehung siehe Seite 103f.

989 Vgl. Weber/Schäffer 2008, S. 33ff.; Florissen, Andreas (2008): Preiscontrolling – Rationalitätssicherung im Preismanagement, ZfCM – Zeitschrift für Controlling und Management, Jg. 52, Heft 2, April 2008, S. 85–90, S. 90 sowie im Kontext der Risikosteuerung, Günther, Thomas/Detzner, Martin (2012): Sind Manager und Controller risikoscheu? Ergebnisse einer empirischen Untersuchung, Controlling, Zeitschrift für erfolgsorientierte Unternehmensführung, Jg. 24, Heft 4/5, April/Mai 2012, S. 247–254, S. 253.

990 Zur kritischen Auseinandersetzung mit der Rationalitätssicherungsfunktion des Controllings vgl. Weber/Schäffer 2008, S. 432; Paefgen 2008b, S. 81; Paefgen 2008a, S. 79.

991 Vgl. Quiggin/Chambers 2009, S. 48; Richter/Furubotn 2003, S. 224.

des Controllings als Vertreter der Eigentümerinteressen[992] hingewiesen. Wo das Controlling seinen Informationsvorsprung gegenüber den Führungsinstanzen und seine damit verbundene Machtposition[993] zur Wahrung der Eigentümerinteressen nutzt, handelt es im Sinne seiner Rolle als »Hüter der ökonomischen Vernunft«[994] im Führungsgeschehen[995]. Wenn seine Akteure jedoch die Informationsasymmetrie zwischen ihnen und ihrem Prinzipal – hier die Eigentümer einerseits und andererseits die betreffende Führungsinstanz – zur Verfolgung eigennützlicher Ziele missbrauchen, zeigt sich ein Problem doppelter Kontingenz. Weder die unmittelbar hiervon betroffene Führungsinstanz, noch die mittelbar betroffenen Eigentümer können das Vorliegen einer asymmetrischen Informationsverteilung erkennen. Gegen ihre Interessen gerichtete Handlungen des Controllings bleiben ihnen systemisch verborgen.[996] Wird eine solche Ziel- bzw. Planungsgröße im Ist erreicht, gibt es für die Betroffenen vordergründig keinen Grund, deren Angemessenheit anzuzweifeln. Mit dem Istergebnis liegt gleichsam die Sanktionierung der Planungsgröße vor.[997]

In diesem Zusammenhang lässt sich wiederum ein Sonderfall beschreiben. Wird im Rahmen der internen bzw. externen Berichterstattung die Übereinstimmung zwischen Plan- und Istergebnis dokumentiert, ohne allerdings auf die Tatsache eines »nicht-richtigen« Zieles hinzuweisen, liegt eine verzerrte Berichterstattung gegenüber anderen Akteuren vor. Diese können nicht erkennen, dass die formulierte Zielgröße auf unzulänglichen Bestimmungsparametern basiert und lassen sich von deren Erreichung »blenden«. Sofern sie die betreffende Planungsgröße nicht hinterfragen, besteht das Risiko, dass sie einem »induzierten«

992 Vgl. Scherm/Pietsch 2003, S. 51; Reißig-Thust 2010, S. 126.

993 Vgl. Schreiber 2010, S. 73; zur kritischen Beleuchtung der Informationsasymmetrie zwischen Controlling und Führungsinstanz vgl. Reimer/Orth 2008, S. 198.

994 Vgl. Hoffjan/Trapp et al. 2011, S. 186; Goretzki/Weber et al. 2010, S. 56; Ernst/Vater et al. 2008, S. 732.

995 Beispielsweise bei der Bewältigung von Bereichsinteressen, die dem Unternehmensinteresse entgegenstehen, vgl. Kräkel 2004, S. 141f.; im Kontext von Zielkonflikten, vgl. Rausch 2011, S. 153.

996 Zur grundsätzlichen Kritik an der Ausrichtung des institutionalisierten Controllings an Agenturbeziehungen organisationaler Akteure vgl. Hewege, Chandana R. (2012): A Critique of the Mainstream Management Control Theory and the Way Forward, SAGE Open, Jg. 2, Nr. 4/Oktober-Dezember 2012, S. 1–11, S. 3.

997 Zum Controlling und dessen Beitrag zur Konstruktion von Vorstellungswelten von Führungsinstanzen vgl. Ahrens/Chapman 2007, S. 8; Lang 2004, S. 66; zur Sinnzuweisung und Legitimation über Controlling-Systeme vgl. Busco 2009, S. 257.

Bestätigungsirrtum[998] unterliegen: »Die Zahlen sprechen für sich«. Eine derlei verzerrte Berichterstattung ist jedoch geeignet, die tatsächliche Lage des betreffenden Unternehmens zu verschleiern, und sei es auch nur über einen bestimmten Zeitraum.

**Liegt das Planergebnis unter dem Istergebnis**, wurde die betreffende Zielgröße übererreicht. Diese positive Ergebnisabweichung beinhaltet ebenfalls ein Problem erster und zweiter Ordnung. Zum einen wurde ein »nicht-richtiges« Ziel in einem höheren Maße realisiert als geplant. Der Erfolg scheint wiederum dem Controlling Recht zu geben, es sieht sich in der Oberhand gegenüber der betreffenden Führungsinstanz. Zum anderen besteht hier das Risiko, dass die Akteure im Controlling Anreiz- und Vergütungssysteme in eigenem Interesse nutzen und steuern. Wenn ein Planergebnis durch unzureichende Prognosemethoden zu niedrig angesetzt wird, lässt sich über eine positive Ergebnisabweichung vordergründig die erfolgreiche Steuerung des Controllings im Ist ablesen.[999] Hiermit verbundene Einkommenszuwächse aus anreizbezogenen Vergütungssystemen werden von den Akteuren im Controlling verständlicherweise gern akzeptiert. Führt dies zu bewussten Verzerrungen bei der Anwendung von Methoden bzw. in der Abschätzung von Wahrscheinlichkeiten[1000], können die beteiligten Akteure – sowohl im Controlling als auch in den Führungsinstanzen – den Charme von Ergebnispuffern für ihre individuelle Vergütung[1001] entdecken. Im Grenzfall agiert das Controlling diesbezüglich derart eigennützlich, dass anderen Akteuren die Willkür eigennützlicher Einkommenssteuerung nachhaltig nicht erkennbar ist. Damit ist nicht nur unlauteres Handeln im Controlling verbunden. Vielmehr bleiben Risiken aus »nicht-richtigen« Zielgrößen und damit das Controlling als Risiko-Träger anderen Akteuren systemisch[1002] verborgen.

---

998 Zum Phänomen der Bestätigungsverzerrung bzw. des Bestätigungsirrtums ökonomischer Akteure vgl. Pinsker/Pennington et al. 2009, S. 93; Chira/Adams et al. 2008, S. 12; Lowe/Ziedonis 2006, S. 181.

999 Zur Bedeutung von Prognosetechniken und Prognoserechnungen im Controlling vgl. Binder 2006, S. 118; Weber/Zubler et al. 2008, S. 21/26; zur Problemfeldern innerhalb der Prognoserechnung vgl. Horváth 2009, S. 351ff.

1000 Vgl. Paefgen 2008a, S. 111; Hufschlag 2008, S. 44 (psychologische Entscheidungsverzerrungen); Dohmen/Falk et al. 2009, S. 904 (Trugschlüsse aus Heuristiken); Keil/Depledge et al. 2007, S. 399 (Wahrnehmung von Problemen und Festhalten an einmal getroffenen Entscheidungen im Kontext kognitiver Verzerrungen).

1001 Vgl. Paefgen 2008a, S. 143f.; Horngren/Harrison, JR. et al. 2009, S. 1101; Mahlendorf/Rehring et al. 2011, S. 62.

1002 Zu systemischen Risiken aus anreizbezogenen Vergütungsmodellen rationaler Akteure vgl. Nicholson, Gavin/Kiel, Geoffrey/Kiel-Chisholm, Scott (2011): The Contribution

**Bleibt das Istergebnis unter seinem Planwert**, wurde ein »nicht-richtiges« Ziel nicht erreicht. Aus dieser negativen Zielerreichung leitet sich nur bedingt ein Problem erster Ordnung ab. Mit Bezug auf die Ergebnisabweichung durch Abweichungen im Umsatz, den Kosten oder einer Kombination beider Bestimmungselemente wird das Controlling bestrebt sein, die Verantwortung für die Planunterschreitung von sich zu weisen. Resultiert die Unterschreitung des Planergebnisses aus einem zufälligen Ereignis, besteht das Risiko, dass die Akteure im Controlling die Verantwortung für die Fehlentscheidung auf die Führungsinstanz abwälzen. Die Führungsinstanz hätte schließlich dem Controlling widersprechen und ein aus ihrer Sicht richtiges Planergebnis formulieren können. Liegt die Ergebnisabweichung in einer Kostenüberschreitung begründet, gewinnt die betreffende Führungsinstanz die Oberhand gegenüber dem Controlling. Schließlich liegt in der Kostensteuerung ein wesentliches Betätigungsfeld des Controllings.[1003] Die vormals von den Akteuren im Controlling bei der Formulierung des Planergebnisses übersteuerte Führungsinstanz kann diese Konstellation nutzen, um gegenüber dem Controlling zu intrigieren und darüber dessen Position innerhalb des Unternehmens zu schwächen. Aus einer solchen Entwicklung wird letztlich keiner der betreffenden Akteure seinen Vorteil haben. Ein aus Intrigen belastetes Austauschverhältnis zwischen Führungsinstanz und Controlling wird die gemeinsame Suche nach Lösungen im Interesse des Unternehmens früher oder später unmöglich machen, beiden Akteuren fehlt die gemeinsame Vertrauensbasis.[1004]

Zwei Sonderfälle dieser Ergebniskonstellation seien noch beschrieben. Im ersten Fall können die Akteure im Controlling ihre eigenen kognitiven Begrenzungen nicht einschätzen und tragen somit zur Formulierung bzw. Festlegung »nicht-richtiger« Ziele im Sinne der Fehlentscheidung bei. Hier liegt das Risiko zum einen in der fehlenden Erkenntnisfähigkeit des Controllings zu Problemen in eigener Sache. Zum anderen bleiben diese kognitiven Begrenzungen anderen Akteuren dann verborgen, wenn sie die Sphäre des Fakten- und Methodenwissens

---

of Social Norms to the Global Financial Crisis: A Systemic Actor Focused Model and Proposal for Regulatory Change, Corporate Governance: An International Review, Jg. 19, Nr. 5, S. 471–488, S. 479ff. (hier am Beispiel des Finanzmarktes).

1003 Vgl. Berens/Knauer et al. 2013, S. 226f.; Horváth 2009, S. 443; Krügerke 2009, S. 26.

1004 Zur Bedeutung von Vertrauen innerhalb sozialer Austauschbeziehungen vgl. Holtz/Harold 2008, S 781; Tekleab/Chiaburu 2011, S. 462; Sengün, Ayse Elif/Wasti, S. Nazli (2009): Revisiting Trust and Control: Effects on Perceived Relationship Performance, International Small Business Journal, Jg. 27, Nr. 1, S. 39–69, S. 44; zur Reziprozität in sozialen Austauschbeziehungen vgl. Ballinger/Rockmann 2010, S. 373.

im Controlling betreffen und von anderen aufgrund eigener Wissens- bzw. Fähigkeitsdefizite nicht erkennbar sind.[1005] Beispielsweise wird eine Führungskraft des Personalwesens oder im Vertrieb die Rechenwege innerhalb einzelner Verfahren der dynamischen Investitionsrechnung und die Interpretation deren Ergebnisse kaum beherrschen. Ihr bleibt zunächst nur das Vertrauen in die Akteure des Controllings, mit diesen Verfahren vertraut zu sein und die erforderlichen Basisinformationen richtigerweise im jeweiligen Rechenmodell abzubilden.[1006] Unterliegt das Controlling hierbei kognitiven Begrenzungen, sind diese anderen Akteuren systemisch nicht erkennbar.

Im zweiten Fall führen mikropolitische Handlungen der betreffenden Führungsinstanz zur Hintertreibung[1007] des Controllings als Korrektiv zu eigennützlichen Handlungen[1008] im Führungsgeschehen. Indem Führungsinstanzen bei der Festlegung von Zielgrößen dem Controlling den Vortritt überlassen, wälzen sie einen Teil ihrer Verantwortung auf diesen Akteur ab.[1009] Werden dabei Zielgrößen auf Basis unrealistischer Annahmen bzw. nicht angemessenen Bewertungsverfahren formuliert, beinhaltet die betreffende Maßgröße eine Fehlentscheidung. Dieses Vorgehen kann machtpolitisch motiviert sein oder aus dem »Zurückzahlen« früher gemachter Erfahrungen innerhalb der gemeinsamen sozialen Austauschbeziehung resultieren. Jedenfalls sind derlei Handlungen wenig geeignet, die Zusammenarbeit zwischen Controlling und Führungsinstanz auf Dauer zu befruchten.

Zusammenfassend bleibt festzuhalten, dass mit der Durchsetzung vom Controlling formulierter Planergebnisse Risiken verbunden sind. Zum einen übernimmt das Controlling hier Entscheidungsverantwortung, die allerdings der Sphäre der Führungsinstanz zuzuordnen ist. Der »Hüter der ökonomischen Vernunft« bei der Ausgestaltung von Ergebnisgrößen kann nicht gleichzeitig die

---

1005 Zum Controlling als Lieferant von Sekundärwissen im Führungsgeschehen vgl. Hartmann/Maas 2010, S. 29; Jonen/Lingnau 2007, S. 17; Winter 2007, S. 54; Lingnau 2006, S. 16ff.

1006 Zur Methodenkompetenz des Controllings vgl. Weißenberger/Löhr 2008b, S. 5; Müller, David/Münnich, André (2008): Implikationen internationaler Rechnungslegung für das Investitionscontrolling international tätiger Unternehmen, in: Funk, Wilfried/Rossmanith, Jonas (Hrsg.): Internationale Rechnungslegung und internationales Controlling. Herausforderungen, Handlungsfelder, Erfolgspotenziale, Wiesbaden: Gabler Verlag, S. 517–543, S. 534.

1007 Vgl. Schäffer/Weber et al. 2003, S. 47.

1008 Vgl. Reißig-Thust 2010, S. 123; Hirsch 2007a, S. 98; Pietsch/Scherm 2004, S. 545; Weber/Schäffer 1999, S. 733.

1009 Vgl. Goretzki 2013, S. 328f.; Weber 2011, S. 40; Hartmann/Maas 2010, S. 29.

Verantwortung für deren Einhaltung übernehmen. Geschieht dies, so zeigt sich ein systemisches Risiko: Dem Wächter über die ökonomische Vernunft fehlt die unabhängige Perspektive, seine eigenen Handlungen zu überwachen. Er läuft Gefahr, nicht nur die Regeln dieses Überwachungsspiels, sondern auch sein eigenes Messkonzept und auch die betreffenden Maßgrößen zu definieren und über seine Handlungen zu reproduzieren. Mit dieser dreifachen Kontingenz persifliert sich das System »Controlling« als Element des sozialen Systems »Führung«, weil es sich faktisch über sein eigenes Grundkonzept stellt: Es ist ja gerade die Aufgabe des institutionalisierten Controllings, den Führungsinstanzen die Perspektive der Beobachtung zweiter Ordnung[1010] zu verschaffen, weil diese entweder aufgrund eingeschränkter zeitlicher Kapazität, fehlendem (Sekundär-)Wissen, bestehender Anreizsysteme und Zielvorgaben bzw. kognitiven Begrenzungen ihre eigenes Wirken nur eingeschränkt kritisch reflektieren können. Dieses Problem durch Einschaltung einer Instanz bewältigen zu wollen, die sich in ihrer koordinierenden bzw. überwachenden Funktion im Führungsgeschehen einer eigenen Überwachung weitgehend entziehen kann, erscheint höchst fragwürdig.

### 5.2.4 Konstellation IV: Führungsinstanz und Controlling sind sich uneinig, keiner dominiert

Mit dieser Konstellation ist die Ausprägung von Zielgrößen verbunden, die auf der Basis von Kompromissen zwischen den Akteuren im Controlling und in den Führungsinstanzen formuliert wurden. Auch hier kann in die Formulierung eines »richtigen« Zieles und eines »nicht-richtigen«, im Sinne einer Fehlentscheidung, differenziert werden.

Kompromisslösungen beinhalten die grundsätzliche Vereinbarung der an ihnen beteiligten Akteure, eine getroffene Entscheidung gemeinsam zu tragen.[1011] Jeder

---

1010 Zur Reflexionsfunktion des Controllings innerhalb des Führungsgeschehens vgl. Sieber 2008, S. 8f.; Weber/Schäffer 1999, S. 736; zur Funktion des unabhängigen Ratgebers des Controllings vgl. Weber 2011, S. 37; Deyhle/Kottbauer et al. 2010, S. 32; zur Rolle des Controllings als interner Berater vgl. Weber/Schäffer 2008, S. 15; zur Rolle des Controllings als Lotse und Berater im Führungsgeschehen vgl. Weißenberger/Wolf 2010, S. 5.

1011 Zur Bedeutung von Kompromissen im ökonomischen Kontext vgl. Gierl/Stiegelmayr 2010, S. 505; Khan, Uzma/Zhu, Meng/Kalra, Ajay (2011): When Trade-Offs Matter: The Effect of Choice Construal on Context Effects, Journal of Marketing Research, Jg. 48, Nr. 1, Februar 2011, S. 62–71, S. 63; Lin, Chien-Huang/Sun, Ya-Chung/Chuang, Shih-Chieh/Su, Hung-Jen (2008): Time Pressure and the Compromise and Attraction Effects in Choice, Advances in Consumer Research, Jg. 35, S. 348–352, S. 349;

der Akteure hat auf einen Teil seiner Anforderungen zugunsten der gemeinsamen Sache verzichtet.[1012] Damit hat kein Akteur die betreffende Entscheidungssituation dominiert, jedoch seine Sichtweise bezüglich des Entscheidungstatbestandes nicht vollständig realisieren können. Bezogen auf die individuelle Sichtweise der betreffenden Akteure ist mit dem Kompromiss ein Zugeständnis an den jeweils anderen verbunden. Die Uneinigkeit über die jeweilige »Maximalposition« besteht fort, sie wurde durch die Kompromissvereinbarung lediglich überdeckt.

Unter diesem Blickwinkel lassen sich Aktivitäten im Zuge der Planaufstellung, Ressourcenverteilung bzw. Konfliktbewältigung sowie Erscheinungsformen der Personal- und Unternehmensführung als sachorientierte Aushandlungsprozesse beschreiben. Allerdings stellen diese nicht unbedingt sicher, dass Fehlentscheidungen vermieden werden – insbesondere dann nicht, wenn einer der Akteure sein Verhalten auf die Kompromissfindung im Vorhinein ausrichtet und so zur Verzerrung der zugrunde liegenden Parameter beiträgt.[1013] Gruppenprozesse können nicht angemessene Entscheidungen, das Eingehen unverhältnismäßiger Risiken bzw. das ungerechtfertigte Zustimmen einzelner Akteure zu Entscheidungen bzw. Handlungen der Gruppe beinhalten.[1014] Dabei zeigt sich, dass

---

Goodstein, Jerry D. (2000): Moral Compromise and Personal Integrity: Exploring the Ethical Issues of Deciding Together in Organizations, Business Ethics Quarterly, Jg. 10, Nr. 4 (Oktober 2000), S. 805–819, S. 805f. (moralischer Kompromiss in ökonomischen Entscheidungen) und S. 812 (Kompromisse im Zusammenhang mit ökonomischen Entscheidungen und ihrer gesamtwirtschaftlichen Konsequenzen).

1012 Vgl. Kirchgässner 2008, S. 247f.; Pfingsten, Andreas/Wagener, Andreas (2003): Bargaining Solutions as Social Compromises, Theory and Decision, Jg. 55, Nr. 4, Dezember 2003, S. 359–389, S. 360.

1013 Vgl. Weber, Jürgen (2013): Verhaltensorientiertes Controlling. Plädoyer für eine (nicht ganz) neue Sicht auf das Controlling, Controlling, Zeitschrift für erfolgsorientierte Unternehmensführung, Jg. 25, Heft 4/5, April/Mai 2013, S. 217–222, S. 219 (Ausnutzung von Kompromisslösungen innerhalb von Budgetverhandlungen).

1014 Zum Problem des Groupthink bzw. Risky Shift und hieraus resultierende Fehlentscheidungen vgl. Klatt, Tobias/Möller, Klaus (2012): Entscheidungsanomalien in der strategischen Unternehmensplanung, Zeitschrift für Management, Jg. 6, Heft 4, Juni 2012, S. 427–449, S. 435; Viscusi, W. Kip/Phillips, Owen R./Kroll, Stephan (2011): Risky investment decisions: How are individuals influenced by their groups?, Journal of Risk and Uncertainty, Jg. 43, Nr. 2, Oktober 2011, S. 81–106, S. 100f.; Weber/Schäffer 2008, S. 254f.; Gavetti, Giovanni M./Warglien, Massimo (2007): Recognizing the New: A Multi-Agent model of Analogy in Strategic Decision-Making. Working Paper 08–028, Boston, Mass., Harvard Business School, verfügbar auf: http://www.hbs.edu/research/pdf/08-028.pdf, Stand: 29.03.2010, S. 29f.; Armstrong, Robert W./Williams, Robert J./Barrett, J. Douglas (2004): The Impact of Banality, Risky Shift and

einzelne Akteure selbst solche Gruppenentscheidungen mittragen, die sie individuell nicht getroffen hätten. Risiken, die aus nicht adäquaten Entscheidungen bzw. Handlungen der betreffenden Gruppe resultieren, werden von ihren Mitgliedern entweder nicht wahrgenommen oder gezielt ausgeblendet, um kognitive Dissonanzen zu vermeiden.[1015]

Für die Konstellation, in der sich Führungsinstanz und Controlling über ein »richtiges« Ziel uneinig sind und keiner der Akteure die Formulierung der Zielgröße dominiert, zeigt sich folgendes Bild hinsichtlich der Ergebnis- bzw. Risikoausprägungen (siehe Abbildung 18, Seite 229).

*Abbildung 18: Überblick zu Konstellation IV (»richtiges« Ziel)*

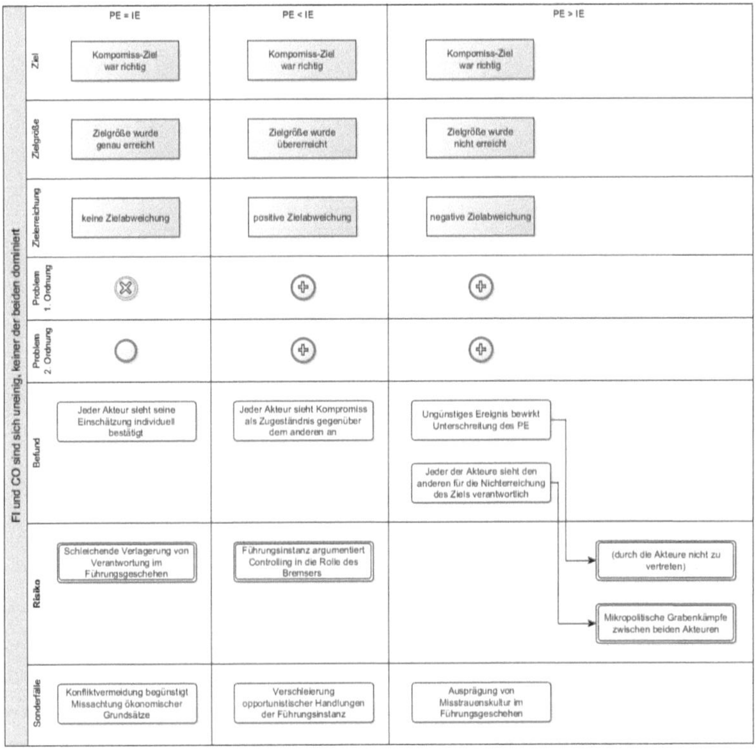


Escalating Commitment on Ethical Decision Making, Journal of Business Ethics, Band 53, Heft 4, September 2004, S. 365–370, S. 366; Cohan 2002, S. 284.

1015 Zur Bedeutung von kognitiven Dissonanzen auf das Verhalten von Akteuren vgl. Kirsch/Seidl et al. 2009, S. 129; Wong/Kwong et al. 2008, S. 249; Cohan 2002, S. 282f.

**Stimmen Plan- und Istergebnis einer Kompromisszielgröße überein**, liegt kein Problem erster Ordnung vor. Die Zielgröße wurde erreicht. Allerdings kann sich unter Berücksichtigung der Ergebniskomponenten »Umsatz« und »Kosten« und deren Istgrößen im Vergleich zu ihren Planansätzen ein Problem zweiter Ordnung ergeben. Da die Akteure in den Führungsinstanzen und im Controlling im Zuge der Planaufstellung unterschiedliche Einschätzungen zu den betreffenden Ergebnisgrößen gehabt haben, sind Abweichungen hiervon im Ist für sie grundsätzlich ein Argument für ihre eigene Sichtweise gegenüber dem anderen. Die nachfolgende Abbildung zeigt die möglichen Konstellationen schematisch auf.

*Abbildung 19: Detailansicht zur Konstellation »PE = IE« (kein Akteur dominiert)*

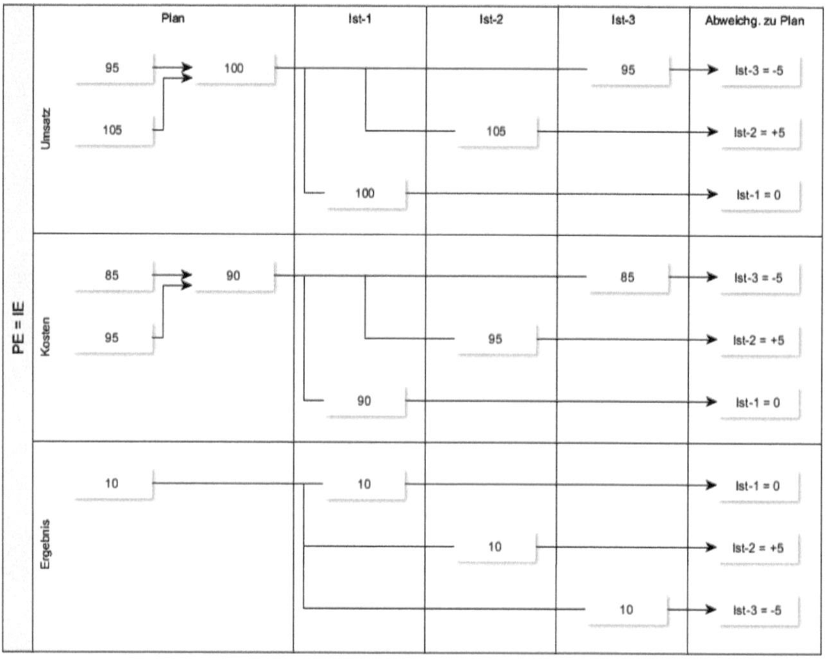


Die Spalte »Plan« beinhaltet die unterschiedlichen Werte zum Umsatz bzw. zu den Kosten als Bestimmungsgrößen des Ergebnisses. Da beide Akteure über die Höhe der jeweiligen Zielgröße uneinig sind, wird diese im Zuge eines Kompromisses auf den Mittelwert beider Einschätzungen gelegt. Dabei kann die Einschätzung zum Planumsatz in Höhe von 95 Geldeinheiten sowohl durch die betreffende Führungsinstanz als auch durch das Controlling vertreten werden. Gleiches gilt für die Plankosten. Eine Führungsinstanz, die – auch welchen

Motiven auch immer – eher vorsichtig plant, legt die Zielgröße »Umsatz« auf einen Wert von 95 Geldeinheiten. Das Controlling, das einen entsprechenden Anspannungsgrad[1016] in die Planung einbauen möchte, sieht demgegenüber den Planumsatz bei einem Wert von 105 Geldeinheiten. Im umgekehrten Fall formuliert die Führungsinstanz einen Planumsatz in Höhe von 105 Geldeinheiten, weil sie sich selber ein herausforderndes Ziel setzen will bzw. ihre Möglichkeiten zur Erreichung dieses Zieles optimistisch sieht. Demgegenüber ist das Controlling eher skeptisch und vertritt die Ansicht, dass ein Planumsatz von 95 Geldeinheiten realistisch sei. Mit der Kompromisslösung in Höhe des Planumsatzes von 100 Geldeinheiten ist der »Mittelweg« gefunden, den beide Akteure noch für sich vertreten können. Für die Plankosten möge die gleiche Näherung gelten.

**Entspricht das Istergebnis dem Planwert der Kompromisslösung**, wird jeder der beiden Akteure seine Einschätzung zumindest grundsätzlich bestätigt sehen. Hat die Führungsinstanz einen Planumsatz von 105 Geldeinheiten festlegen wollen und das Controlling diesen bei nur 95 Geldeinheiten gesehen, sehen dessen Akteure ihre vorsichtige Einschätzung zum erreichbaren Umsatz durch den Wert von 100 Geldeinheiten im Ist bestätigt. Dass sie die Zielgröße niedriger als den Istwert angesetzt hätten, spielt hierbei zunächst keine Rolle. Aus Sicht der Führungsinstanz ist allerdings der Istumsatz von 100 Geldeinheiten insofern eine Bestätigung ihres ursprünglich höheren Planwertes von 105 Geldeinheiten. Sie wird ihre Auffassung bestätigt sehen, dass ohne die – möglicherweise unrealistische – Zielgröße von 105 Geldeinheiten der Kompromiss mit einem Planumsatz von 100 nicht zustande gekommen und damit das Unternehmen unterhalb seiner Möglichkeiten geblieben wäre. Aus dieser Perspektive betrachtet, braucht es herausfordernde Zielgrößen, um das soziale System »Unternehmen« zur Mobilisierung seiner Leistungspotenziale anzuregen. Mutatis mutandis gilt diese Sichtweise auch für das Controlling.

Mit den Ausprägungen »Ist-2« und »Ist-3« in Abbildung 19 zeigen sich ebenfalls Gegebenheiten, die allerdings nur aus der Perspektive desjenigen Akteurs eine Bestätigung seiner Einschätzung widerspiegeln, der den betreffenden Planwert auch in Höhe es späteren Ist ansetzen wollte. Hat also beispielsweise die Führungsinstanz einen Planumsatz von 105 Geldeinheiten formulieren wollen, der vom Controlling als zu optimistisch gesehen und dann im Zuge der Kompromisslösung auf 100 Geldeinheiten fixiert wurde, sieht diese sich mit einem Istumsatz von 105 Geldeinheiten in ihrer ursprünglichen Einschätzung bestätigt.

1016 Zum Problem des Anspannungsgrades in Planungsgrößen vgl. Weber/Zubler et al. 2008, S. 28.

Mit der Übereinkunft zu Kompromisslösungen ist im Fall der Übereinstimmung von Plan- und Istergebnis für beide Akteure eine im Grunde genommen komfortable Situation verbunden. Jeder hat zunächst seine Einschätzung zur Zielgröße formuliert, über die Kompromissformel des Mittelwertes aus beiden Planungsgrößen konnten beide Akteure ihr Gesicht innerhalb ihrer sozialen Austauschbeziehung wahren und das Istergebnis bestätigt den Planungskompromiss. Auf Sicht gesehen birgt diese Konstellation das Risiko einer schleichenden Verlagerung von Verantwortlichkeit im Führungsgeschehen. Solange ein moderater Kompromissweg gefunden wird, braucht keiner der hieran in den Führungsinstanzen und im Controlling Beteiligten für seine Einschätzung einzustehen. Der Kompromiss exkulpiert beide Akteure.

Sofern die beteiligten Akteure im Controlling und in den Führungsinstanzen zu Kompromisslösungen innerhalb der Planaufstellung greifen, weil sie damit Konflikte vermeiden[1017] wollen, zeigt sich ein Sonderfall. Da keiner der Akteure die Formulierung von Zielgrößen dominiert, kann durch die Konfliktvermeidung die Missachtung ökonomischer Grundsätze begünstigt werden. So mögen die Akteure im Controlling aus Gründen der Konfliktvermeidung die von Führungsinstanzen formulierten Planungsgrößen zwar noch aus ihrer Einschätzung kommentieren. Geschieht dies allerdings mit der Absicht, einen möglichst »geräuschlosen« Kompromiss zu verhandeln, der keiner der beiden Seiten ernsthaft etwas abverlangt, versagt das Controlling in seiner Rolle als »kritischer Gegenpart« zu den Führungsinstanzen. Damit ist früher oder später auch das Risiko verbunden, dass Formelkompromisse sich als trügerische Lösungen erweisen, die den Beteiligten die Sicht auf die tatsächliche Lage des Unternehmens verstellen. Zudem wird im Zuge einer missverstandenen Kompromisskultur gleichsam ein Rahmen aus sozialen Normen und Erwartungen an die Akteure im Controlling und in den Führungsinstanzen geschaffen, der diejenigen Gruppenentscheidungen bewirkt, die aufgrund verzerrter Wahrnehmung und sozialem Druck risikobehaftet sind.[1018]

---

1017 Zur Konfliktvermeidung im Controlling aus rationalen Erwägungen vgl. Paefgen 2008a, S. 140; zur Konfliktvermeidung innerhalb kollegialer Austauschbeziehungen vgl. Frey/Osterloh 2005, 101; zur Konfliktvermeidung zur Aufrechterhaltung von persönlichen Akteursbeziehungen vgl. Hungenberg/Wulf 2011, S. 341.

1018 Zur Bedeutung von sozialem Druck auf das Verhalten von Controllern vgl. Hartmann/Maas 2010, S. 28; zum Problem des Erwartungsdrucks im Zusammenhang mit Gruppenentscheidungen vgl. Cohan 2002, S. 284 und Sims, Ronald R. (1992): Linking Groupthink to Unethical Behavior in Organzations, Journal of Business Ethics, Band 11, Heft 9, September 1992, S. 651–662, S. 653.

**Liegt das Istergebnis oberhalb vom Planwert der Kompromisslösung**, wurde die Zielgröße übererreicht. Diese positive Zielabweichung stellt für jeden der beiden Akteure grundsätzlich ein Problem dar. Liegt der Istumsatz in Höhe seines Planwertes aber die Istkosten unter ihrem Planansatz (»Ist-1« in Abbildung 19), wird die positive Ergebnisabweichung durch eine höhere Kosteneffizienz gegenüber Plan erreicht. Aus Sicht des Controllings bestätigt sich sein niedrigerer Ansatz der Plankosten, den es im Zuge der Kompromisslösung partiell aufgegeben hat. Die höheren Plankosten, die durch den Kompromiss zwischen dem Ansatz des Controllings in Höhe von 85 Geldeinheiten und dem der Führungsinstanz von 95 Geldeinheiten vereinbart wurden, stellen für die Akteure im Controlling ein Zugeständnis gegenüber der Führungsinstanz dar. Ähnlich stellt sich die Situation »Ist-5« in Abbildung 19 dar, allerdings mit einem gegenüber dem Planansatz sowie dem niedrigsten Planwert vor Kompromissschluss geringeren Wert der Istkosten. In diesem Fall ist zu untersuchen, ob die ursprünglich formulierten Ansätze der Plankosten (85 bzw. 95 Geldeinheiten) durch Puffergrößen verzerrt waren und die Istkosten den tatsächlichen Ressourcenverbrauch widerspiegeln. Aus dieser Sicht beinhaltet der Kompromisswert von 90 Geldeinheiten ebenfalls einen Puffer, der mit den Istkosten ergebniswirksam freiläuft. Mit dem »Sich-auf-die-sichere-Seite-legen« haben die Akteure im Controlling und in den Führungsinstanzen einerseits vorsichtig geplant, andererseits eine Reserve zur Risikoabfederung in die Planung eingebaut.

*Abbildung 20: Detailansicht zur Konstellation »PE < IE« (kein Akteur dominiert)*

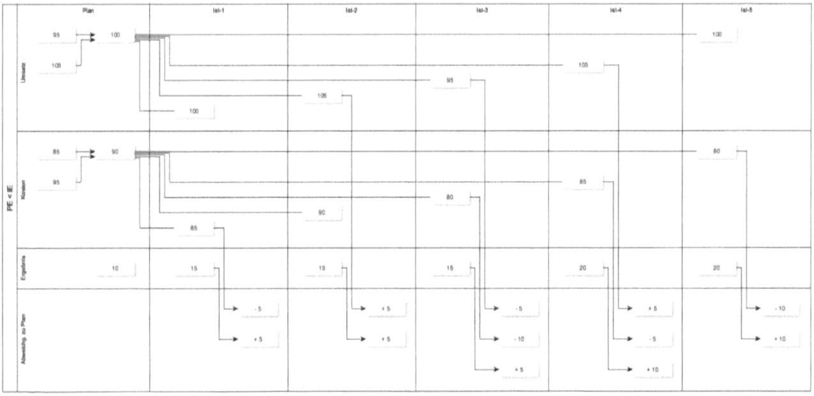


Eine positive Ergebnisabweichung kann auch daraus begründet sein, dass bei einem höheren Istumsatz gegenüber seinem kompromissbasierten Planwert die Istkosten den Plankosten (»Ist-2« in Abbildung 19) entsprechen bzw. unterhalb des Kompromisswertes (»Ist-4« in Abbildung 19) liegen. Hat die Führungsinstanz ursprünglich den höheren Planumsatz festlegen wollen und sich im Zuge der Kompromissfindung auf den niedrigeren Wert eingelassen, wird sie sich in ihrer ersten Einschätzung bestätigt sehen. Hier hat das Controlling mit der Aushandlung des Kompromisses aus Sicht der Führungsinstanz das Planergebnis zu vorsichtig gestaltet. Im Grenzfall wird die betreffende Führungsinstanz das Controlling als »Bremser« innerhalb der Planaufstellung betrachten. Mit dieser Rollenzuweisung ist zumindest grundsätzlich das Risiko verbunden, dass andere Akteure die einbremsende Wirkung des Controllings bei der Formulierung ihrer Planungsgrößen antizipieren und überzogene Planwerte »zur Verhandlung« bringen. Damit geht sowohl eine Tendenz zur Festlegung unrealistischer Zielgrößen, als auch ein nicht unwesentlicher Zeitbedarf zur Adjustierung einzelner Planwerte einher. Das System »Planung« wird durch mehrfache Aushandlungen und Plausibilisierungsschritte langsamer – und letztlich schwerfälliger.

Liegen die Istkosten unterhalb des kompromissbezogenen Planwertes und konnte ein gegenüber Plan höherer Istumsatz erreicht werden, wird das Controlling seinen Anteil an der Ergebnisverbesserung für sich reklamieren. In dieser Situation (»Ist-4« in Abbildung 19) lassen sich bezüglich der Plankosten zweierlei Sachverhalte feststellen. Lagen die vor Kompromissschluss formulierten Plankosten in Höhe der späteren Istkosten, werden die Akteure im Controlling ihre Einschätzung als bestätigt ansehen. Aus ihrer Sicht hat die Kompromisslösung mit ihrem höheren Wertansatz ein Planergebnis definiert, das unterhalb der Möglichkeiten des Unternehmens lag. Lagen die ursprünglich von der betreffenden Führungsinstanz angesetzten Plankosten oberhalb des Kompromisswertes, zeigt sich aus der Perspektive des Controllings seine berechtigte Einflussnahme[1019] auf die geplanten Kosten. In beiden Fällen sieht sich das Controlling in seiner Einschätzung und Einflussnahme auf die Zielgröße bestätigt. Vielmehr, seine Akteure sehen in der verhandelten Kompromisslösung ein Zugeständnis an die Führungsinstanzen.

Mit der Situation »Ist-3« in Abbildung 19 ist der geplante Umsatz nicht erreicht worden und nur die gegenüber Plan deutlich geringeren Istkosten haben eine positive Ergebnisabweichung bewirkt. Hat die betreffende Führungsinstanz den Planumsatz auf 105 Geldeinheiten fixieren wollen und das Controlling demgegenüber einen Umsatz von 95 Geldeinheiten favorisiert, ist mittels des verhandelten Umsatzes in Höhe von 100 Geldeinheiten ein Kompromiss erreicht

1019 Zum Selbstverständnis des Controllings bezüglich der Einflussnahme auf Planungsgrößen vgl. Goretzki 2013, S. 328f.; Paefgen 2008a, S. 150; Wall/Kießling 2008, S. 75.

worden. Dieser Planwert wurde im Ist nicht erreicht, es konnte nur ein Umsatz in Höhe des Wertes realisiert werden, den das Controlling im Rahmen der Planung als richtig angesehen hat. Damit sieht sich das Controlling in seiner Rolle als »kritischer Gegenpart« zur Führungsinstanz bestätigt und kann sich als »Hüter ökonomischer Vernunft« ansehen. Die optimistische Sicht der betreffenden Führungsinstanz auf das Umsatzziel wurde auf ein »vernünftiges« Maß begrenzt. Darüber hinaus ist es dem Controlling gelungen, die Istkosten unter ihren Planwert zu steuern. Da auch diese Zielgröße ein Kompromiss aus zwei divergierenden Einschätzungen über die zu planenden Kosten ist, vermag das Controlling nunmehr seine erfolgreiche Einwirkung im Rahmen der Planung durch eine gelungene Kostensteuerung zu übertreffen. Hier besteht allerdings grundsätzlich das Risiko, dass opportunistische Handlungen der Führungsinstanzen durch Beteiligung des Controllings verschleiert werden. Dieser Sonderfall umfasst die nur begrenzte Einwirkung des Controllings auf die Formulierung der beiden Zielgrößen »Umsatz« und »Kosten« durch die Führungsinstanz. Man akzeptiert beim Planumsatz eine Kompromissgröße, die aus Sicht des Controllings unkritisch ist, weil man bei der verhandelten Größe der geplanten Kosten einen Puffer eingebaut hat. Wird der Planumsatz im Ist erreicht, braucht man den Puffer in den Kosten nicht aufzulösen. In dieser Konstellation wird mit Erreichen der jeweiligen Zielgröße – bei gegebener anreizbezogener Vergütung – die Zielvergütung erreicht. Sind die Akteure ebenfalls in das anreizbezogene Vergütungssystem einbezogen, erreichen sie ihr Zieleinkommen. Mit einer Ergebnisverbesserung gegenüber Plan – und einer hierdurch höheren erfolgsabhängigen Vergütung – profitieren beide Akteure. Unter dieser Perspektive handeln die Akteure im Controlling ökonomisch rational, wenn sie Budgetpuffer nicht nur zulassen, sondern eigenständig solche Puffergrößen in die Planung einbauen. Mithilfe solcher Puffer können sie entweder ihre Zielvergütung »retten«, wenn unvorhersehbare Ereignisse das Planergebnis zu gefährden drohen, oder im Einklang mit den betreffenden Führungsinstanzen ihre erfolgsabhängigen Vergütungsgrößen »nachbessern«.

**Mit einem Istergebnis unterhalb des kompromissbezogenen Planwertes** ist eine negative Zielabweichung verbunden. Diese stellt ein Problem erster und zweiter Ordnung dar. Auch hier ist die Ausprägung der Ergebniskomponenten »Umsatz« und »Kosten« von Bedeutung.

*Abbildung 21: Detailansicht zur Konstellation »PE > IE« (kein Akteur dominiert)*

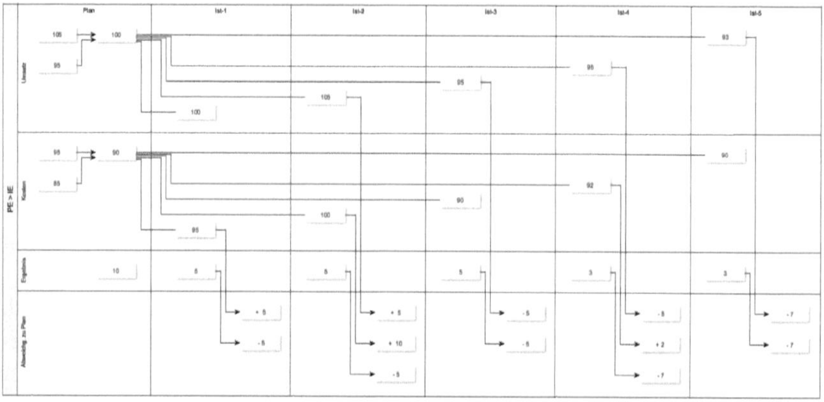


Abgesehen von ungünstigen Ereignissen, aus denen die negative Ergebnisabweichung resultiert, wird in dieser Konstellation jeder der Akteure im Controlling und in den Führungsinstanzen den anderen für die Zielabweichung verantwortlich machen.

Wurde im Ist der Planumsatz erreicht, aber das Kostenziel verfehlt (»Ist-1« in Abbildung 21), vermag die betreffende Führungsinstanz auf eine aus ihrer Sicht unzureichende Kostensteuerung durch das Controlling hinzuweisen. Ist der Kompromiss zu Plankosten von 90 Geldeinheiten jedoch daraus entstanden, dass die Führungsinstanz ursprünglich nur 85 Geldeinheiten einplanen wollte, das Controlling aber Plankosten von 95 Geldeinheiten gesehen hat, war die Kompromisslösung nicht nur falsch. Vielmehr kann das Controlling nunmehr mit Verweis auf die im Ist angefallenen Kosten von 95 Geldeinheiten seine Einschätzung als gerechtfertigt verteidigen und die Verantwortung für die negative Zielabweichung an die betreffende Führungsinstanz adressieren. Schließlich hätte die Abweichung dadurch vermieden werden können, dass bereits im Zuge der Planaufstellung die Führungsinstanz der Einschätzung im Controlling gefolgt und ein geringeres Planergebnis definiert worden wäre.

Eine negative Ergebnisabweichung, die aus einem höheren Istumsatz bei deutlich höheren Istkosten als geplant resultiert (Situation »Ist-2« in Abbildung 21), wird die betreffende Führungsinstanz die unzureichende Kostensteuerung durch das Controlling monieren. Aus ihrer Sicht hat das Controlling die Anstrengungen zur Ergebnisverbesserung zunichte gemacht. Sofern der ursprüngliche Planansatz von 105 Geldeinheiten Umsatz von der betreffenden Führungsinstanz stammte, wird diese sich mit dem Istumsatz in gleicher Höhe in ihrer

Einschätzung bestätigt sehen. Das Controlling gerät damit in zweierlei Hinsicht in eine Verteidigungsposition. Hier kann es einerseits auf den nicht adäquaten Kompromiss zur Höhe der geplanten Kosten von 90 Geldeinheiten verweisen. Andererseits mag der realisierte Istumsatz von 105 Geldeinheiten nur durch Inkaufnahme von zusätzlich eingebundenen Ressourcen ermöglicht worden sein. Damit können die Akteure im Controlling sich zumindest teilweise exkulpieren, insbesondere wenn sie die Führungsinstanz auf die zusätzlich anfallenden Kosten hingewiesen haben, dies aber bei der Entscheidung zur Umsatzausweitung nicht berücksichtigt wurde.

Die Situation »Ist-3« in Abbildung 21 beschreibt eine negative Ergebnisabweichung, die aus einem geringeren Istumsatz bei im Plan gebliebenen Kosten resultiert. Hat das Controlling diesen Umsatz bereits bei der Planaufstellung vertreten, sich aber auf den Kompromiss in Höhe von 100 Geldeinheiten eingelassen, wird es nunmehr die Verantwortung für die Zielabweichung der Führungsinstanz zuschreiben. Aus Sicht der Führungsinstanz stellt sich allerdings dieser Vorwurf als wenig begründet dar. Schließlich hätte das Controlling bei Erkennen der im Ist sich abzeichnenden Umsatzunterschreitung die betreffenden Kosten besser steuern und damit eine negative Ergebnisabweichung verhindern können. Letztlich werden in dieser Situation beide Akteure versuchen, den jeweils anderen für die Abweichung verantwortlich zu machen bzw. ihn zumindest aus einer Mitverantwortung für die eigene Verfehlung nicht herauszulassen.

Ähnliches gilt für die Situation »Ist-5« in Abbildung 21, hier jedoch hat die betreffende Führungsinstanz das Umsatzziel deutlicher verfehlt als in Situation »Ist-3« in Abbildung 21. Mit 93 Geldeinheiten liegt der Istumsatz unterhalb des niedrigsten Planansatzes der beiden Akteure. Hat das Controlling diesen Planwert von 95 Geldeinheiten als realistisch eingeschätzt, sich aber im Zuge der Kompromissfindung auf eine Zielgröße von 100 Geldeinheiten eingelassen, wird es seine Kompromissbereitschaft im Nachhinein bereuen. In zukünftigen Aushandlungsprozessen mag hieraus sein nachhaltiger Wille resultieren, keine Zugeständnisse an die betreffende Führungsinstanz zu machen und seine eigene Einschätzung – notfalls mit Macht – durchzusetzen.

Demgegenüber zeigt die Situation »Ist-4« in Abbildung 21 höhere Istkosten als geplant, bei einer negativen Umsatzabweichung. Hier wird die Führungsinstanz die Umsatzabweichung zu vertreten und das Controlling sich für eine nicht erfolgreiche Kostensteuerung zu rechtfertigen haben. Kann es in diesem Zuge allerdings belegen, dass die Kompromisslösung von 90 Geldeinheiten aus seiner ursprünglichen Einschätzung zu Plankosten von 95 Geldeinheiten gegenüber einem Planansatz von 85 Geldeinheiten der Führungsinstanz resultierte, vermag es sich zumindest teilweise exkulpieren. Dass man es im Controlling bereits zum Zeitpunkt der Planaufstellung besser wusste als die betreffende Führungsinstanz, mag für die fachliche Kompetenz zur Kostenplanung im Controlling sprechen. Sein Eingehen auf einen offenkundig sachlich nicht gerechtfertigten Kompromiss, und zwar sowohl bei der Umsatz- als auch der Kostenplanung, zeugt entweder von einer schwachen Verhandlungsposition gegenüber der Führungsinstanz oder für ein – zumindest partiell – fahrlässiges Handeln. Problematisch wird diese Konstellation allerdings für den Fall, in dem das Controlling aus eigennützlichen Motiven die Führungsinstanz beim Eingehen auf den Kompromiss wissentlich »ins Messer laufen« lässt.

Aus den obigen Darlegungen lässt sich zusammenfassen, dass bei Uneinigkeit der beiden Akteure über die festzulegende Zielgröße und der Formulierung von Kompromisslösungen eine negative Ergebnisabweichung tendenziell zu gegenseitigen Schuldzuweisungen der Beteiligten führt. Damit sind mikropolitische Grabenkämpfe sowohl im Zusammenhang mit der Rechtfertigung des jeweiligen Akteurs als auch bei zukünftigen Planungen vorprogrammiert. Derlei mikropolitische Handlungen beinhalten das Risiko, dass die Beteiligten sich letztlich nur noch um ihr eigenes Wohl kümmern, das Unternehmensinteresse dabei aber auf der Strecke bleibt. Insbesondere auf Seiten des Controllings ist ein solches Verhalten risikobehaftet. Denn dieser Akteur vermag auf Basis seines Fakten- und Methodenwissens bzw. die Besetzung von organisationalen Unsicherheitszonen eigennützliche Handlungen anderen gegenüber wirksam zu verbergen.

Verstetigen sich gegenseitige Rechtfertigungszwänge und mikropolitisches Handeln der Akteure im Controlling und in den Führungsinstanzen, prägt sich schlimmstenfalls eine nachhaltige Misstrauenskultur im Führungsgeschehen aus. Da gegenseitiges Misstrauen fast zwangsläufig zu Absicherungshandlungen der Beteiligten[1020] führt, besteht das Risiko einer sich schleichend einstellenden Paralyse des betrieblichen Führungsprozesses. In dieser Situation handelt jeder Akteur für sich rational begründet, wenn er seine Absicherungsaktivitäten und mikropolitischen Schritte gegenüber anderen intensiviert. Für das Gesamtsystem »Unternehmen« bzw. das soziale System der gegenseitigen Austauschbeziehungen im Führungsgeschehen ist dieses Verhalten jedoch kontraproduktiv. Da auch die Akteure im Controlling hieran aktiv beteiligt sein werden, verstoßen sie

---

1020 Zur Bedeutung von Wahrnehmungen zu Handlungen innerhalb gestörter Vertrauensbeziehungen vgl. Six 2007, S. 299; zur Bedeutung der wahrgenommenen Fairness in Agenturbeziehungen vgl. Brown/Evans III et al. 2009, S. 341; zur Bedeutung sozialer Strukturen für die Interaktionsbeziehungen organisationaler Akteure vgl. Schiller-Merkens 2008, S. 108.

nicht nur gegen ihre eigenes Leitbild. Vielmehr werden sie zum »Spielball« eines organisationalen Sprach- bzw. Machtspiels, der für andere Akteure nicht mehr eindeutig zu verorten ist. In diesem Sinne wird das institutionalisierte Controlling zum Risiko-Träger in eigener Sache.

Sind sich Controlling und Führungsinstanz im Zuge der Formulierung eines »nicht-richtigen« Zieles nicht einig und keiner der beiden Akteure dominiert, lassen sich hieraus wiederum verschiedene Risiken ableiten (siehe Abbildung 22, Seite 239).

*Abbildung 22: Überblick zu Konstellation IV (»nicht-richtiges« Ziel)*

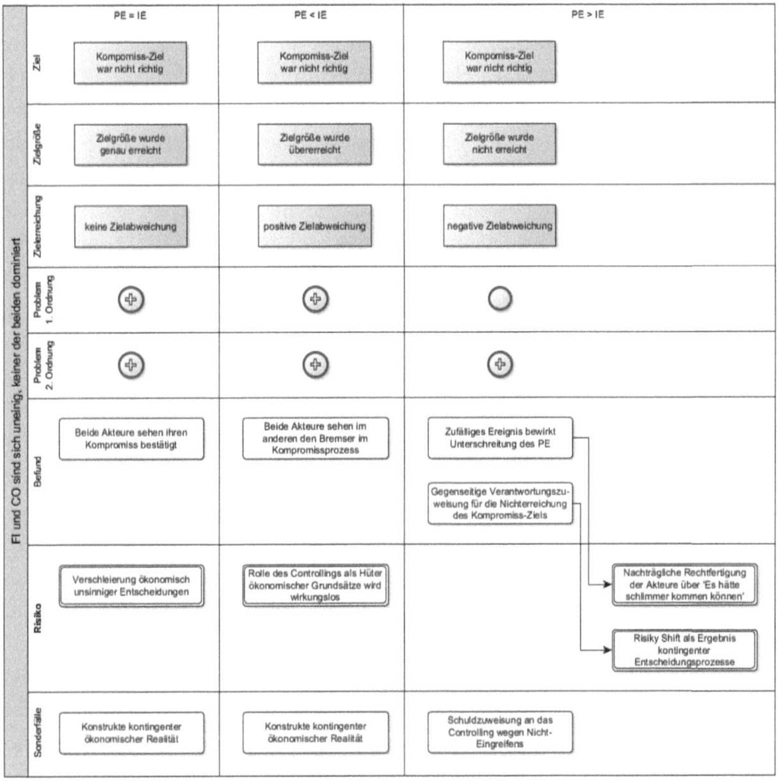


**Eine fehlerhafte Zielgröße, die im Ist genau erreicht wurde** (»PE = IE«), beinhaltet ein Problem erster und zweiter Ordnung. Beide Akteure sehen ihren Kompromiss im Nachhinein bestätigt. Haben sie ihre Handlungen auf die Erreichung der unrichtigen Zielgröße ausgerichtet, liegt in deren Realisierung das Risiko der Verschleierung ökonomisch unsinniger Entscheidungen. Im Gegensatz zur Konstellation I, in der Führungsinstanz und Controlling sich bezüglich der Formulierung eines »nicht-richtigen« Zieles einig sind[1021], zeigt sich in der in der Konstellation IV mit der Aushandlung der Kompromisslösung das grundsätzliche Versagen der Beteiligten im Erkennen und Vermeiden der fehlerhaften Zielgröße. Mag dies in der Konfliktvermeidung beider Akteure begründet sein oder in gemeinsamen kognitiven Begrenzungen, die kompromissbegründete Zielgröße verschleiert eine ökonomisch unsinnige Entscheidung. Hat beispielsweise die betreffende Führungsinstanz ihre Umsatzplanung auf die intensivere Bearbeitung eines bestimmten Absatzmarktes gestützt, obwohl ein anderer Markt bei gleichem Umsatz bessere Gewinnmargen verspricht oder das Zahlungsverhalten der Kunden besser ausgeprägt ist, beinhaltet die formulierte Zielgröße »Planumsatz« ein »nicht-richtiges« Ziel. Hat das Controlling bei dieser Zielformulierung nicht Einspruch gegen diese Marktfokussierung erhoben, sondern sich auf die Diskussion über den adäquaten Planumsatz in diesem Absatzmarkt beschränkt, ist es im Zuge der Kompromissaushandlung zu einem Teil der problembehafteten Zielformulierung geworden. Betriebliche Ressourcen wurden damit ökonomisch unteroptimal geplant, denn das »nicht-richtige« Umsatzziel wird innerhalb der Planung mit entsprechenden Ressourcen zu seiner Realisierung hinterlegt werden. Weil mit der Übereinstimmung zwischen Plan- und Istumsatz die fehlerhafte Ausrichtung des Unternehmens sanktioniert scheint, wird anderen Akteuren der Blick auf eine alternative Marktbearbeitung und Ressourcenverwendung grundsätzlich verstellt. Im schlimmsten Fall können die Akteure im Controlling und in den Führungsinstanzen anderen gegenüber Konstrukte einer kontingenten ökonomischen Rationalität schaffen, etwa wenn sie im Nachhinein ihre Fehlentscheidung erkennen und die betreffenden Istgrößen »Umsatz« und »Kosten« gezielt auf das Planergebnis »hinsteuern«.[1022] Bei gegebenem Anreiz- bzw. Vergütungssystem mag ein solches Tun zudem aus Sicht der Handelnden rational begründet sein, wollen sie doch nicht aufgrund einer Zielabweichung auf Bestandteile ihrer erfolgsabhängigen Vergütung verzichten.

**Liegt ein »nicht-richtiges« Planergebnis unterhalb seines Istergebnisses**, wurde eine kompromissfundierte Zielgröße übererreicht. Dies beinhaltet ebenfalls ein Problem erster und zweiter Ordnung. Eine nicht adäquate Zielgröße

1021 Siehe Seite 184f.

1022 Zum Problem der Scheinrationalität durch das »Hinrechnen« von Zahlen an Erwartungsgrößen vgl. Weber/Schäffer 2008, S. 263; zur Legitimationswirkung von durch das Controlling überprüften Entscheidungen und Handlungen im Führungsgeschehen vgl. Goretzki 2013S. 333.

wurde übererfüllt. Zudem sehen sich hier beide Akteure grundsätzlich in ihrer ursprünglichen Einschätzung der zu planenden Größen »Umsatz« und »Kosten« bestätigt. Mit dem Sich-Einlassen auf die Kompromissgröße erscheint der jeweils andere Akteur als »Bremser« im Planungsprozess. Indem die Akteure im Controlling sich auf Kompromisse bei der Formulierung von Zielgrößen der Planung einlassen, anstatt die Richtigkeit bzw. Fehlerfreiheit der zugrundeliegenden Annahmen und Prognosen zu hinterfragen, wird ihre Rolle als »Hüter ökonomischer Grundsätze« im Führungsgeschehen wirkungslos. Aus dem »kritischen Gegenpart« der Führungsinstanzen wird nach und nach der »Makler« bedingter ökonomischer Vernunft innerhalb des betrieblichen Geschehens. Mittels dieser Tätigkeit und des hierbei eingewobenen Sekundärwissens trägt das institutionalisierte Controlling allerdings zur Ausprägung von Rationalitätsmythen im Führungsgeschehen[1023] bei. Damit wird nicht nur seine Rolle innerhalb der sozialen Austauschbeziehung mit Führungsinstanzen beliebig, vielmehr zeigen sich auch hier Konstrukte bedingter ökonomischer Rationalität.

**Mit einem Planergebnis oberhalb des Istergebnisses** wurde die betreffende Zielgröße nicht erreicht. Im Falle eines »nicht-richtigen« Zieles, dessen Umfang zudem auf einem Kompromiss der Akteure im Controlling und in den Führungsinstanzen beruht, stellt diese negative Ergebnisabweichung nur bedingt ein Problem erster Ordnung dar. Schließlich wurde eine Fehlentscheidung nicht in vollem Umfang umgesetzt. Allerdings lässt sich hier ein Problem zweiter Ordnung ableiten.

Ist die negative Ergebnisabweichung durch ein zufälliges Ereignis bewirkt worden, erlaubt dies den beteiligten Akteuren die nachträgliche Rechtfertigung ihrer Kompromisslösung. Mit dem Verweis auf das »Es-hätte-schlimmer-kommen-können« können sich die Handelnden zumindest teilweise aus der Affäre ziehen. Zudem können die Akteure dem Trugschluss aus der scheinbaren Beherrschung einer zufälligen Situation unterliegen.

Sofern die negative Ergebnisabweichung nicht auf einem zufälligen Ereignis beruht, ist sie von den beteiligten Akteuren zu vertreten. Hier kommt es auf die Konstellation der beiden Ergebniskomponenten »Umsatz« und »Kosten« zueinander an, aufgrund derer die Zielabweichung zustande gekommen ist. In jedem Fall werden die Akteure im Controlling und in den Führungsinstanzen sich die

---

1023 Zu Führungs- bzw. Rationalitätsmythen im Führungsgeschehen vgl. Neuberger, Oswald (2006): Mikropolitik und Moral in Organisationen. Herausforderung der Ordnung, 2., völlig neu bearbeitete Auflage, Stuttgart: Lucius & Lucius, Schriftenreihe UTB, S. 100ff.; zur Ausprägung von Rationalitätsmythen in Institutionen vgl. Miebach 2010, S. 83.

Verantwortung für die Nichterreichung des geplanten Ergebnisses gegenseitig zuweisen. Entspricht der Istumsatz dem Planwert und die negative Ergebnisabweichung liegt in den Kosten begründet, wird zunächst die betreffende Führungsinstanz auf die unzureichende Kostensteuerung des Controllings abzielen. Da in diesem Bezug das Controlling jedoch auf den Kompromiss hinweisen kann, der im Zuge der Planung die Kosten als Mittelwert aus zwei divergierenden Einschätzungen beider Akteure festgelegt hat, vermag es sich auf seine Position höherer Plankosten zurückziehen. Ob seine Einwilligung in die Kompromisslösung angemessen war oder nicht, aus Sicht des Controllings ist die negative Ergebnisabweichung nicht verwunderlich und erst recht nicht sein Verschulden. Eine ähnliche Argumentation ist seitens der Akteure im Controlling auch für negative Abweichungen zwischen Plan- und Istumsatz ableitbar. Sofern die Größe des geplanten Umsatzes wiederum ein Kompromiss aus einem höheren Ansatz der Führungsinstanz und einem geringeren im Controlling zustande gekommen ist, vermag das Controlling auch hier auf seine offenkundig realistischere Einschätzung dieser Ergebniskomponente innerhalb der Planaufstellung hinzuweisen. Dass seine Akteure jedoch den Kompromissweg mitgegangen sind und einen höheren Planumsatz hingenommen haben, als aus ihrer Sicht angemessen, spielt in dieser Situation zunächst einmal keine Rolle. Mit dem Aufzeigen der Planabweichung schafft das Controlling gleichsam den Deutungsrahmen dieser ökonomischen Wirklichkeit.[1024] Mit der Bezeichnung der Zielverfehlung wird der Bedeutungsrahmen einer sozialen Situation gesetzt. Das Controlling zeigt die betreffende Abweichung auf und adressiert damit die Argumentation hierzu an die betroffene Führungsinstanz.

Die oben beschriebene Handlungsweise lässt sich im Controlling allerdings nur insoweit durchhalten, als andere Akteure sein Nicht-Eingreifen – innerhalb der Planaufstellung und im Zuge der Kostensteuerung – nicht thematisieren und damit seine zweifelhafte Verhaltensweise zur Sprache bringen. In diesem Fall können Schuldzuweisungen an das Controlling jedoch zu unerwünschten Reaktionen auf Seiten dieses Akteurs führen. Sofern beispielweise die Höhe des Planumsatzes in einem Kompromisswert besteht, an dem die Kosten- und Ressourcenplanung ausgerichtet wurde, kann eine positive Abweichung des Istumsatzes mit einem überproportionalen Kostenanstieg verbunden sein – etwa wenn zur Umsatzrealisierung auf zusätzliche, ungeplante Ressourcen zurückgegriffen werden muss.

---

1024 Zum Controlling als Prozess zur sozialen Konstruktion von Realität in Organisationen vgl. Winter 2007, S. 52; Lang 2004, S. 66; zum Controlling als soziale Praxis mit Auswirkungen auf die Konstruktion und Wirkungsweise von Vorstellungswelten in Führungsinstanzen vgl. Ahrens/Chapman 2007, S. 8.

In diesem Zusammenhang war die Kompromissgröße »Planumsatz« nicht adäquat, die Kostenplanung jedoch auf diesen Umsatz bezogen korrekt. Hier dem Controlling ein Fehlverhalten bei der Steuerung der Istkosten zuzuschreiben, erscheint nicht nachvollziehbar. Zieht das Controlling sich aufgrund der gemachten Erfahrung einer ungerechtfertigten Schuldzuweisung zurück und überlässt den betreffenden Führungsinstanzen das Heft des Handelns, ist hiermit zumindest das Risiko verbunden, dass die Akteure im Controlling entweder überhaupt nicht mehr in Entscheidungsprozesse eingebunden werden oder die Rolle des institutionalisierten »Sündenbocks« zugewiesen bekommen. Andererseits kann eine »Jetzt-erst-recht« Haltung im Controlling, innerhalb derer seine Akteure den Führungsinstanzen in jedem Fall und zu allen Gelegenheiten widersprechen und ihre eigene Einschätzung zu einzelnen Sachverhalten durchbringen wollen, ebenfalls risikobehaftet sein. Mit einem solchen Verhalten verliert das Controlling nicht nur an – wie auch immer ausgeprägter – Objektivität innerhalb seiner sozialen Austauschbeziehungen mit Führungsinstanzen, es läuft auch Gefahr, sein eigenes Opfer in Sachen der ökonomischen Vernunft im Führungsgeschehen zu werden.

Zusammenfassend bleibt festzuhalten, dass ein Kompromiss beider Akteure über die Formulierung von Zielgrößen das Controlling als Risiko-Träger geradezu fundiert. Indem dessen Akteure sich auf Kompromisslösungen einlassen, geben sie entweder ihre Funktion als »kritischer Sparringspartner« der Führungsinstanzen auf oder sie nutzen kompromissbehaftete Zielgrößen zur Verfolgung eigennützlicher Ziele. Darüber hinaus besteht das Risiko, dass Führungsinstanzen ihr Eingehen auf Kompromisslösungen als Zugeständnis an das Controlling definieren und im Fall des Nicht-Erreichens solcher Zielgrößen die Schuld hierfür an das Controlling adressieren. Risikobehaftet ist derlei Handeln insofern, als dass beiden Akteuren die Konsequenzen aus gegenseitigen Schuldzuweisungen bzw. individuellem Rückzug aus der Verantwortung für das Gelingen ihres sozialen Austausches systematisch verborgen bleiben.

## 5.3 Beschreibung der Einflussgrößen

### 5.3.1 Machtdominanz der Akteure

Innerhalb ihrer sozialen Austauschbeziehungen ermöglicht Macht den Akteuren, den Entscheidungsspielraum und die Handlungsmöglichkeiten des jeweils anderen zu beeinflussen.[1025] Dabei kann das institutionalisierte Controlling Macht

1025 Vgl. Luhmann 2003a, S. 11 (Einschränkung des Selektionsspielraums des anderen).

gegenüber den Führungsinstanzen allein durch seine Leistungserbringung erlangen.[1026] Mit Bezug auf die von Weber/Schäffer postulierten Ergänzungs- und Begrenzungsaufgaben des Controllings gegenüber den Führungsinstanzen[1027] wird diese mögliche Machtposition erkennbar. Nutzt das Controlling seine Informationen bzw. sein Methodenwissen, kann es Entscheidungen der Führungsinstanzen unterstützen, aber diese Entscheidungen auch steuern.[1028] In jedem Fall ist eine Einflussnahme des Controllings auf Entscheidungen und Handlungen im Führungsgeschehen gegeben und wird in der Literatur auch entsprechend vertreten.[1029] Gerade dieser Raum der Einwirkungsmöglichkeiten des Controllings beinhaltet, dass auf Seite der Führungsinstanzen Unsicherheit über die Rolle ihres »Counterparts« entstehen kann.[1030]

Festzuhalten ist, dass innerhalb sozialer Austauschbeziehungen für den machtunterworfenen Akteur dahingehend Unsicherheit besteht, welche Selektionsmöglichkeit sein Gegenüber wählt.[1031] Der machtdominierende Akteur kann seine Position auf Basis allokativer bzw. autoritativer Ressourcen durchsetzen.[1032] Der Zugriff auf Ressourcen sowie ihre Stellung innerhalb der Organisation ermöglichen Akteuren die Ausübung von Macht.[1033] Allerdings weist Luhmann darauf hin, dass auch der machtdominierende Akteur nicht beständig die Handlungsmöglichkeiten seines Gegenübers beeinflussen kann und damit Macht in sozialen Systemen zu einem Entscheidungsproblem als solchem führt.[1034] Sowohl der machtdominierende (Ego) als auch der machtunterworfene Akteur (Alter) haben dieses Entscheidungsproblem zu bewältigen. Für Ego ist zu bestimmen, in welchem Umfang und welcher zeitlichen Abfolge er die Selektionsmöglichkeiten von Alter beeinflussen will. Damit determiniert Ego allerdings gleichsam seinen eigenen Handlungsspielraum, denn es gilt ja, die Wirksamkeit dieser

---

1026 Vgl. Birl 2007, S. 138.

1027 Vgl. Weber/Schäffer 2008, S. 39ff.

1028 Vgl. Weber 2007, S. 58.

1029 Vgl. Rausch 2011, S. 138 und S. 151f.; Wall 2008a, S. 466ff; Gleißner 2008, S. 206 (im Kontext des Risikocontrollings); zur bisweilen freiwilligen Übertragung von Entscheidungsverantwortung von Führungsinstanzen an das Controlling vgl. Goretzki 2013, S. 328f.

1030 Vgl. Weber 2008, S. 4 (Rollen der Controller) und 6 (Ergänzungs- und Begrenzungsaufgaben des Controllings); Scherm/Pietsch 2003, S. 44f. (Fachsprache des Controllings prägt Unsicherheitszonen auf Seiten der Führungsinstanzen).

1031 Vgl. Luhmann 2003a, S. 8ff.

1032 Vgl. Iding 2010, S. 197; Fuchs 2002, S. 13; Giddens 1997, S. 337.

1033 Vgl. Giddens 1997, S. 84; Kieser/Walgenbach 2007, S. 167f.

1034 Vgl. Luhmann 2003a, S. 24f.

Einschränkungen zu überwachen. Ego hat somit einen Teil seiner Handlungen auf die Überwachung von Alter ausgerichtet und damit letztlich seinen eigenen Selektionsspielraum hinsichtlich anderer Aktivitäten beeinflusst. Alter sieht sich in seinem Entscheidungs- bzw. Handlungsspielraum über die Machtausübung durch Ego eingeschränkt. Für ihn entsteht ein Entscheidungsproblem, ob bzw. in wieweit er diesen Einschränkungen folgt. Alter kann dabei grundsätzlich konform handeln oder aber sich der Machtausübung durch Ego widersetzen. Dies kann offensiv, durch aktives widersetzliches Handeln, oder verdeckt erfolgen, indem Alter vorgibt, den Einschränkungen zu folgen aber tatsächlich anders handelt[1035]. Im Zuge der Nutzung von Kompetenz- bzw. Informationsasymmetrien zwischen ihm und Ego kann Alter seine Handlungen[1036] entsprechend »maskieren«, so dass Ego das tatsächliche Verhalten Alters verborgen bleibt.

Mit dem institutionalisierten Controlling existiert ein Akteur innerhalb des sozialen Systems »Unternehmen«, der sowohl die Rolle des Ego – Begrenzungsaufgaben gegenüber Führungsinstanzen – als auch des Alter – Verfolgung eigennützlicher Ziele – einnehmen kann. Darüber hinaus kann das Controlling im Rahmen seiner Legitimationsfunktion[1037] im Kontext von Entscheidungen der Führungsinstanzen zu einem Teil des Machtgefüges innerhalb des Unternehmens werden. Der Bezug von Führungsinstanzen auf das institutionalisierte Controlling als Partner im Führungsgeschehen hat nicht nur eine legitimierende Wirkung, vielmehr wird hierdurch signalisiert, dass die betreffenden Führungsinstanzen im Einklang mit einer ökonomischen Wahrheit stehen.[1038] Die Legitimation von Führungsinstanzen bzw. deren Entscheidungen und Handlungen durch das Controlling festigt dabei nicht nur deren Machtstellung, sondern verschafft auch dem Controlling selber Machtpositionen im Unternehmen.

Diese Perspektive auf Macht bzw. Machtdispositionen innerhalb des betrieblichen Führungsgeschehens verweist gleichsam auf die Frage nach der Sichtweise von Führungsinstanzen auf ihren kritischen Counterpart »Controlling«. Innerhalb

1035 Zu mikropolitischen Handlungen von organisationalen Akteuren vgl. Schreyögg 2008, S. 349; Schreyögg/Koch 2007, S. 321; Matys 2006, S. 29.

1036 Zur Bedeutung von asymmetrischen Austauschbeziehungen auf Akteurshandlungen vgl. Jasay, Anthony de/Güth, Werner/Kliemt, Hartmut/Ockenfels, Axel (2004): Take or Leave? Distribution in Asymmetric One-Off Conflict, Kyklos, Jg. 57, Nr. 2/Mai 2004, S. 217–236, S. 217.

1037 Zur Controllingpraxis als Ergebnis von reproduzierten Strukturen der Sinnzuweisung und Legitimation der beteiligten Akteure im betrieblichen Controlling vgl. Becker/Jordan et al. 2003, S. 149.

1038 Vgl. Goretzki 2013, S. 335.

des Führungsgeschehens nutzen Führungsinstanzen das institutionalisierte Controlling einerseits zur Ausübung von Macht anderen Akteuren gegenüber.[1039] Andererseits üben sie gleichsam auch Macht gegenüber den Akteuren im Controlling bzw. anderen Überwachungsorganen aus.[1040] Mit der Einbeziehung des institutionalisierten Controllings in das Führungsgeschehen[1041] ist fast zwangsläufig auch die Frage nach dessen Einflussnahme, aber auch Beeinflussung verbunden.

In ihrer Agenturbeziehung zu den Eigentümern des Unternehmens bzw. übergeordneten Hierarchieebenen können Führungsinstanzen ihren Informationsvorsprung zur Verfolgung opportunistischer Ziele nutzen.[1042] Opportunistische Handlungen von Führungsinstanzen sind dabei in deren Machtkalkülen begründet.[1043] Die Ausübung von Macht bzw. Nutzung von Machtquellen führt innerhalb von sozialen Systemen zu emergenten Veränderungen von Regeln und Rahmenbedingungen, an denen sich die beteiligten Akteure orientieren.[1044] Damit schaffen Machtstrukturen die Basis zur Durchsetzung von Zielen und gleichsam reproduziert eben diese Zielerreichung das Machtgefüge.

Führungsinstanzen, die Ziele machtvoll formulieren bzw. durchsetzen, können ihre Machtausübung letztlich mit dem Hinweis auf das Erreichen des Zieles legitimieren.[1045] Dabei kann das institutionalisierte Controlling gleichsam Mittel und Zweck sein. Mit seiner Beteiligung an der Formulierung und auch der Durchsetzung von Zielen trägt es zur Gestaltung organisationaler – sozialer – Realität bei.[1046] Ob diese Ziele im betrieblichen Interesse liegen oder eher den betreffenden Führungsinstanzen dienen, ist für die Legitimationswirkung durch das Controlling nicht von Bedeutung. Allein die Anmutung einer rationalitätsstiftenden Wirkung des institutionalisierten Controllings vermag

---

1039 Vgl. Mundy 2010, S. 500; Minelli/Rebora et al. 2009, S. 943.

1040 Vgl. Hartmann/Maas 2010, S. 28; Grundei 2008, S. 145 (Beeinflussung der Fragestellungen von Überwachungsorganen durch Führungsinstanzen); Schreyögg/Koch 2007, S. 256 (hier: Führung als grundsätzlicher Prozess der Einflussnahme auf andere Akteure).

1041 Vgl. Weber 2011, S. 34; Hartmann/Maas 2010, S. 29; Deyhle/Kottbauer et al. 2010, S. 27; Horváth 2009, S. 125; Küpper 2008, S. 92; Weber/Schäffer 2008, S. 33ff.; Weber/Schäffer 1999, S. 733.

1042 Vgl. Prenzler 2011, S. 87; Rausch 2011, S. 159; Lafond/Roychowdhury 2008, S. 102.

1043 Vgl. Reißig-Thust 2010, S. 123.

1044 Vgl. Grundei 2008, S. 145.

1045 Vgl. Iding 2010, S. 197; zur Konstruktion von „eigengesetzlichen Wirklichkeiten" durch Führungsinstanzen vgl. Fink/Knoblach 2008, S. 465.

1046 Zum Signalling-Effekt von Controlling-Systemen über die Objektivierung in der Darstellung und Kommunikation von Zielgrößen vgl. Mundy 2010, S. 501.

die Fundierung und Reproduktion von betrieblichen Herrschaftsstrukturen zu bewirken.[1047] Somit kann das institutionalisierte Controlling sich nicht aus seiner eigenen Mitwirkung an der Gestaltung und Reproduktion von organisationalen Machtkonstellationen befreien.[1048] Es ist Machtmittel und gleichsam Machtzweck. Der Verweis auf die machtbegrenzende Wirkung des Controllings im Führungsgeschehen[1049] greift zu kurz. Das institutionalisierte Controlling ist Bestandteil des organisationalen Herrschaftsgefüges.[1050] Neben seiner unterstützenden Rolle im Führungsgeschehen übernimmt das Controlling auch die Ausgestaltung von Sanktionsmechanismen, die im Fall von Regelverstößen bzw. Fehlverhalten greifen sollen.[1051]

### 5.3.2 Ermessensspielraum der Akteure

Im Zuge des Führungsgeschehens sind von den beteiligten Akteuren regelmäßig Entscheidungen zu treffen. Diese erfordern die Beurteilung von Situationen und die Auswahl aus in der Regel mehreren Entscheidungsalternativen.[1052] Im Rahmen der Übertragung von Verfügungsrechten an Entscheidungsträger erhalten diese Akteure entsprechende Ermessens- bzw. Handlungsspielräume.[1053] Solcherlei Spielräume werden erforderlich, da innerhalb von Agenturbeziehungen der Prinzipal nicht alle Handlungen des Agenten vor ihrer Ausführung beurteilen und genehmigen kann. Mit der Übertragung von Verantwortung über die Geschäftsbesorgung ist somit gleichsam die Einräumung von Freiräumen auf Seiten des Agenten verbunden.[1054]

Die Einräumung von Entscheidungs- bzw. Ermessensspielräumen führt allerdings zu asymmetrischen Interaktionsbeziehungen von organisationalen Akteuren.[1055] Der Empfänger dieser Spielräume kann seinerseits Entscheidungen

1047 Vgl. Goretzki 2013, S. 336f.

1048 Vgl. Minelli/Rebora et al. 2009, S. 943.

1049 Vgl. Kunz 2010, S. 391; Reißig-Thust 2010, S. 123; Schreiber 2010, S. 3; Scherm/Pietsch 2003, S. 51.

1050 Vgl. Reimer/Orth 2008, S. 197/198 (Machtinstrumente des Controllings); Paefgen 2008b, S. 84 (Verfestigung von Herrschaftskonstrukten); Lingnau 2006, S. 18 (Mitwirkung in Entscheidungsfragen).

1051 Vgl. Schaefer 2008, S. 272.

1052 Vgl. Riesenhuber 2006, S. 9ff.

1053 Kontingente Verträge mit Handlungsspielräumen auf Seiten des Agenten, siehe S. 79.

1054 Zu Ermessensspielräumen von Führungsinstanzen und die Strukturierung sozialer Realität im Führungsgeschehen vgl. Raelin, Joseph A. (2013): The manager as facilitator of dialogue, Organization, Jg. 20, Nr. 6, S. 818–839, S. 818f.

1055 Vgl. Fischer 2009, S. 325.

treffen bzw. Handlungen begehen, deren Auswirkungen dem Prinzipal nicht erkennbar sind. Führungsinstanzen besitzen zweifelsohne entsprechende Ermessens- und Handlungsspielräume, und zwar sowohl innerhalb ihrer Agenturbeziehungen zu den Eigentümern eines Unternehmens, als auch innerhalb der Führungsorganisation. Solcherlei wechselseitigen Agenturbeziehungen bestehen damit auch zwischen Führungsinstanzen unterschiedlicher Hierarchiestufen bzw. zwischen Führungsinstanz und Mitarbeiter.[1056] Da Ermessensspielräume auch im Verhältnis zwischen Führungsinstanz und Überwachungsorganen existieren, zeigt sich eine doppelte Kontingenz im Kontext der Steuerung und Überwachung des sozialen Systems »Unternehmen«. Neben den Entscheidungs- und Handlungsspielräumen der Führungsinstanzen verfügen eben auch deren Überwacher über Ermessensspielräume darüber, wie und in welchem Umfang sie ihre Überwachungsaufgaben ausfüllen. Dabei bestehen für externe Überwachungsorgane neben gesetzlichen Regelungen (s. Kapitel 3.3.1, Seite 84ff.) entsprechende Leitlinien, wie beispielsweise die Prüfungsstandards der Deutschen Wirtschaftsprüfer.[1057]

Für das institutionalisierte Controlling fehlen solcherlei kodifizierte Leitlinien. Lediglich das vom Internationalen Controllerverein (icv) herausgegebene Controller-Leitbild „bietet eine beispielhafte und mustergültige Rahmendarstellung [...] [zum] Rollen- und Funktionsbild [...], Tätigkeitsbild und Aufgabenspektrum der Controller [...]“[1058]. Wenn also auch auf Seiten derjenigen Akteure, die über die Entscheidungen und Handlungen von Führungsinstanzen wachen sollen, Ermessensspielräume bezüglich ihrer Überwachungshandlungen existieren, zeigt sich eine kontingente soziale Realität. Damit unterliegen diese Überwachungshandlungen grundsätzlich dem Einfluss kognitiver Verzerrungen auf Seiten ihrer Akteure.[1059] Dass in diesem Zusammenhang auch Überwachungsorgane nicht

---

1056 Vgl. Macharzina/Wolf 2008, S. 61.

1057 Vgl. Graumann 2012, S. 23f.; Budde, Wolfgang Dieter/Dörner, Dietrich/Geib, Gerd (2012): WP Handbuch 2012. Wirtschaftsprüfung, Rechnungslegung, Beratung. Band I, 14. Auflage seit 1945, Düsseldorf: IDW-Verlag, S. 1965f. (Risikofrüherkennungssystem als Element einer ordnungsmäßigen Geschäftsführung); Philipps, Holger (2009): Finanzkrise, Managementpflichten und Wirtschaftsprüfung. Anforderungen an eine ordnungsgemässe Geschäftsführung und deren Prüfung – Darstellung in Checklisten, Wiesbaden: Gabler Verlag, S. 212ff. (Fragenkatalog zur Ordnungsmäßigkeit der Geschäftsführung).

1058 Biel 2007, S. 5.

1059 Vgl. Li/Tang 2010, S. 60.

gegen Fehleinschätzungen gefeit sind, belegen Beispiele zu Unternehmenskrisen bzw. Bilanzierungsskandalen.[1060]

Ermessens- bzw. Handlungsspielräume von Akteuren innerhalb sozialer Systeme beinhalten Unsicherheitszonen, die von den Handelnden machtvoll genutzt werden können.[1061] Damit zeigt sich das Janusgesicht dieser Spielräume: Einerseits sind sie im Zuge des Führungsgeschehens, das in der Regel durch nicht-lineare Prozesse bzw. schlecht-strukturierte Problemstellungen charakterisiert ist[1062], unabdingbar. Ohne Ermessensspielräume wäre wohl kaum ein Akteur des sozialen Systems »Unternehmen« auf effiziente Art handlungsfähig.[1063] Andererseits können die Handelnden ihre Ermessenspielräume eben auch zur Verfolgung eigennützlicher Ziele nutzen. Im Zuge von mikropolitischen[1064] Handlungen agieren die betreffenden Akteure, indem sie beispielsweise Entscheidungen anderer Instanzen hintertreiben.[1065] Dabei zeigt sich, dass auch Akteure im Controlling mikropolitisch handeln[1066], obwohl gerade sie Ermessens- bzw. Handlungsspielräume von Führungsinstanzen eingrenzen sollen[1067]. Paradox mutet in diesem Zusammenhang die Einbeziehung des Controllings in die zielbezogene Führung an, wenn dadurch auch diese Akteure bei der Erreichung ihrer vereinbarten Ziele einen Gestaltungsspielraum[1068] erhalten. Diese Konstellation erscheint insbesondere deshalb problematisch, als dass einzelne Akteure im Controlling durchaus in einen Ziel- bzw. Rollenkonflikt geraten können, wenn sie einerseits die Zielerreichung von Führungsinstanzen unterstützen

1060 Vgl. Wiemann, Daniela (2011): Der Zusammenhang von Prüfungsqualität und Mandatsdauer des Abschlussprüfers. Eine empirische Untersuchung unter besonderer Berücksichtigung der Bilanzpolitik beim Mandanten, Wiesbaden: Gabler Verlag, S. 1; Philipps 2009, S. 5; Jenkins/Deis et al. 2008, S. 45; Erben 2007, S. 40f.

1061 Vgl. Kieser/Walgenbach 2007, S. 57ff.

1062 Vgl. Reichmann 2006, S. 9; Mistele, Peter (2007): Faktoren des verlässlichen Handelns. Leistungspotenziale von Organisationen in Hochrisikoumwelten, Wiesbaden: Deutscher Universitäts-Verlag, S. 34; Wrona 2008, S. 5.

1063 Vgl. Ghosh, Dipankar/Olsen, Lori (2009): Environmental uncertainty and managers' use of discretionary accruals, Accounting, Organizations and Society, Jg. 34, Nr. 2, Februar 2009, S. 188–205, S. 188.

1064 Zur Mikropolitik in Organisationen vgl. Maruschke 2007, S. 24; Schreyögg/Koch 2007, S. 321; Matys 2006, S. 29.

1065 Vgl. Landier, Augustin/Sraer, David/Thesmar, David (2009): Optimal Dissent in Organizations, Review of Economic Studies, Jg. 76, Nr. 2, S. 761–794, S. 761.

1066 Vgl. Hartmann/Maas 2010, S. 28.

1067 Vgl. Kunz 2010, S. 391.

1068 Vgl. Schreyögg/Koch 2007, S. 308.

und andererseits eigene Zielgrößen erreichen sollen.[1069] Allein unter dieser Perspektive erscheinen Machtspiele und mikropolitisches Taktieren als nachvollziehbare Konsequenz im Handeln des insitutionalisierten Controllings.

Dass Ermessensspielräume von Führungsinstanzen im Gegensatz zu den Interessen anderer Anspruchsgruppen stehen können, lässt sich am Beispiel der anreizbasierten Vergütung dieser Akteursgruppe aufzeigen. So diskutiert die Literatur unter anderem das Problem der Manipulation von Ergebnisgrößen bzw. Bilanzdaten – ein Effekt, der auf den Ermessensspielraum von Führungsinstanzen hinweist, die im Zuge von bilanzpolitischen Maßnahmen ihre erfolgsabhängige Vergütung entsprechend aussteuern können.[1070] Darüber hinaus zeigt sich, dass auch der Erwartungsdruck auf Seiten der Finanzmarktanalysten auf die Erfüllung von prognostizierten Ergebnisgrößen die betroffenen Führungsinstanzen zu bilanzpolitischen Steuerungsmaßnahmen verleitet.[1071] Bemerkenswert ist in diesem Zusammenhang, dass gerade Rechnungslegungsstandards den betreffenden Führungsinstanzen einen mehr oder minder großen Ermessensspielraum bei der bilanzpolitischen Gestaltung von Abschlüssen einräumen.[1072] Da das Controlling bei der Ergebnissteuerung einen nicht unwesentlichen Anteil hat, ist es mindestens eingebunden, wenn es um die Ausnutzung von bilanzpolitischen Ermessensspielräumen geht. Innerhalb seiner eigenen Interessen vermag es darüber hinaus Ermessensspielräume aus eigennützlichen Erwägungen auszunutzen.

Zusammenfassend bleibt festzuhalten, dass Ermessensspielraum von Akteuren für das Funktionieren des sozialen Systems »Unternehmen« eine unabdingbare Notwendigkeit ist. Da allerdings mit diesem Spielraum grundsätzlich auch

---

1069 Vgl. Maas/Matějka 2009, S. 1235; Goretzki/Weber 2010, S. 165; Goretzki/Weber et al. 2010, S. 57f.; Hartmann/Maas 2010, S. 30.

1070 Vgl. Mizik 2010, S. 595; Baglioni/Colombo 2009, S. 281; Lafond/Roychowdhury 2008, S. 107, sowie zur Problematik des Ermessensspielraumes bei der Ausübung von Aktienoptionen durch Führungskräfte Laux 2010, S. 118.

1071 Vgl. Haw/Ho et al. 2011, S. 517; Stanley, B. W./Sharma, V. I. (2011): To Cheat or Not to Cheat: How Bank Debt Influences the Decision to Misreport, Journal of Accounting, Auditing & Finance, Jg. 26, Nr. 2/April 2011, S. 383–414, S. 411.

1072 Vgl. Barua, Abhijit/Lin, Steve/Sbaraglia, Andrew M. (2010): Earnings Management Using Discontinued Operations, The Accounting Review, Jg. 85, Nr. 5, September 2010, S. 1485–1509, S. 1486f.; Müller, Stefan/Kreipl, Markus (2010): Die Veränderung des abschlusspolitischen Potenzials durch das BilMoG im Lichte der Entscheidungsnützlichkeit der Rechnungslegung, Zeitschrift für Planung & Unternehmenssteuerung, Jg. 20, Heft 4, März 2010, S. 313–329, S. 315ff.; Wehrheim/Fross 2010, S. 80; Ghosh/Olsen 2009, S. 188.

Unsicherheitszonen für die Beteiligten verbunden sind, können die Akteure ihren Ermessensspielraum auch zu opportunistischen Handlungen nutzen. Diese Handlungen können anderen Beteiligten verborgen bleiben, wenn der Handelnde seinen Informationsvorsprung entsprechend zu nutzen versteht. Insbesondere Informationen über Verfahren und Methoden (Informationen über das »Wie«) stellen neben dem Zugriff auf Daten und Fakten (Informationen über das »Was«) eine Domäne des institutionalisierten Controllings dar.[1073] Ob bzw. in welchem Umfang dieser Akteur seinen Informationsvorsprung im Führungsgeschehen zur Verfolgung eigennützlicher Ziele nutzt, ist damit für die von ihm betreuten Linien- bzw. Führungsinstanzen nicht zweifelsfrei erkennbar. Darüber hinaus können auch diese Führungsinstanzen über Informationen verfügen, die sie dem Controlling nicht zur Verfügung stellen, weil sie ihrerseits eigennützliche Ziele verfolgen. Ihr Ermessenspielraum liegt dann in der Art und Weise, wie sie die soziale Austauschbeziehung mit dem Controlling gestalten. Ob und in welcher Weise das Controlling sich auf diese Strukturierung ihres Austausches mit den Führungsinstanzen einlässt, liegt wiederum in dessen Ermessen. Damit zeigt sich innerhalb der sozialen Austauschbeziehung zwischen beiden Akteuren ein Ermessensspielraum doppelter Kontingenz. Dies ist für sich gesehen keine exklusive Konstellation zwischen Controlling und Führungsinstanzen. Sie erhält jedoch im Zusammenhang mit der Frage nach dem Controlling als Risiko-Träger eine besondere Bedeutung. Schließlich wird dem institutionalisierten Controlling eine herausgehobene Stellung im Führungsgeschehen zugewiesen, indem es hier sowohl koordinierend als auch rationalitätssichernd wirken soll.[1074]

### 5.3.3 Persönliche Eigenschaften der Akteure

Innerhalb sozialer Austauschbeziehungen hat die Vertrauenswürdigkeit der beteiligten Akteure eine Bedeutung für die Nähe ihres Austausches sowie für ihr gegenseitiges Verpflichtetsein zum sozialen Austausch.[1075] Dabei wird Vertrauen als psychologisches Phänomen angesehen, das im Zusammenhang positiver Erfahrungen der Akteure in sozialen Austauschbeziehungen steht.[1076] Es sind diese gemeinsam miteinander gemachten Erfahrungen, auf denen die Akteure das

1073 Vgl. Hartmann/Maas 2010, S. 29; Schreiber 2010, S. 59; Weißenberger/Löhr 2008b, S. 4; Jonen/Lingnau 2007, S. 17; Binder 2006, S. 118.

1074 Vgl. Horváth 2009, S. 125; Küpper 2008, S. 47 u. S. 309; Meckl/Horzella 2010, S. 428; Weber/Schäffer 2008, S. 50; Müller 2008, S. 225; Florissen 2008, S. 90.

1075 Vgl. Wong/Boh 2010, S. 131.

1076 Vgl. Holtz/Harold 2008, S. 781.

Ausmaß an Reziprozität ihrer Austauschbeziehung fundieren.[1077] Störungen im gegenseitigen Vertrauensverhältnis können zu Friktionen innerhalb der sozialen Austauschbeziehung führen, die unter Umständen gravierende Auswirkungen auf den Fortbestand bzw. den Inhalt der Austauschbeziehung haben.[1078] Damit sind nicht nur die gegenseitigen Nutzenerwartungen der beteiligten Akteure aus ihrem geleisteten Beitrag zum sozialen Austausch[1079] von Bedeutung, vielmehr sind ihre Erfahrungen mit dem Verhalten und den persönlichen Eigenschaften des jeweils anderen Austauschpartners für die Art und Weise des Bestehens bzw. Fortbestehens ihrer Austauschbeziehung prägend[1080].

Erfahrungen in sozialen Austauschbeziehungen können sowohl auf formalen als auch persönlichen Kriterien basieren.[1081] Während formale Kriterien beispielsweise die Termintreue, Kenntnisse über Fakten und Methoden bzw. die Genauigkeit von Planungs- und Prognoserechnungen[1082] umfassen, liegen persönliche Kennzeichen in der Person des betrachteten Akteurs begründet.[1083] Hier ist zwischen den idealtypischen und persönlichen Eigenschaften der Akteure im Controlling und den Führungsinstanzen zu unterscheiden. Während die idealtypischen Eigenschaften auf grundsätzlich alle Akteure innerhalb einer Gruppe[1084] bezogen sind, können persönliche Eigenschaften als individuelle Ausprägungsformen der Eigenschaften und des Verhaltens einzelner Personen[1085] betrachtet werden.

Unter dem Begriff der Persönlichkeit kann man die individuelle Art und Weise einer Person zu denken und zu handeln verstehen.[1086] Individuen zeichnen sich durch eine Vielzahl von Eigenschaften aus, die sich situationsabhängig unterschiedlich stark äußern. Die Aktivierung von persönlichen Eigenschaften

---

1077 Vgl. Ballinger/Rockmann 2010, S. 384.

1078 Vgl. Six 2007, S. 298.

1079 Vgl. Ballinger/Rockmann 2010, S. 373; Spatz 2009, S. 64

1080 Vgl. Ballinger/Rockmann 2010, S. 374; Binzel/Fehr 2010, S. 20ff.; Wong/Boh 2010, S. 129; Rao/Pearce et al. 2005, S. 107f.

1081 Vgl. Ballinger/Rockmann 2010, S. 374; Sieber 2008, S. 108; Fuchs 2002, S. 19.

1082 Vgl. Wall/Kießling 2008, S. 74.

1083 Vgl. Six 2007, S. 290 (interpersonelle Vertrauensbeziehungen auf Basis reziproker Prozesse); Holtz/Harold 2008, S. 781 (Vertrauen im Kontext positiver Erfahrungen in sozialen Austauschbeziehungen); Vosselman/van der Meer-Kooistra 2009, S. 269 (Vertrauen als Ergebnis von Transaktionsprozessen ziwschen Akteuren).

1084 Vgl. Steyrer/Schiffinger et al. 2007, S. 404f; Reimer/Orth 2008, S. 192; Miebach 2010, S. 144ff.

1085 Vgl. Franken 2007, S. 22.

1086 Vgl. Franken 2007, S. 19.

bzw. Persönlichkeitsmerkmalen erfolgt innerhalb sozialer Systeme auf der Basis von Rollenerwartungen, die an den betreffenden Akteur gerichtet sind.[1087] Diese Rollenerwartungen prägen damit das Handeln und Verhalten des betreffenden Individuums. Die Eigenschaften der Akteure lassen sich zu typisierten Persönlichkeitsmerkmalen gruppieren, beispielsweise in Ausprägungen der Extraversion, Stabilität, Offenheit für Erfahrungen bzw. Gewissenhaftigkeit.[1088] Innerhalb sozialer Systeme basiert Vertrauen zwischen den beteiligten Akteuren neben Kompetenz, Erfahrung, Emotionen, Absichten auch auf den persönlichen Eigenschaften einzelner Individuen, wobei Loyalität und Integrität hierbei eine besondere Bedeutung haben.[1089] Mit Bezug auf die Reziprozität innerhalb sozialer Austauschbeziehungen[1090] sind die persönlichen Eigenschaften der beteiligten Akteure offenkundig für den Fortbestand und die Weiterentwicklung ihres sozialen Austausches entscheidend.

Für die Akteure im Controlling und in den Führungsinstanzen werden in der Literatur unterschiedliche, zumeist gegensätzliche persönliche Eigenschaften genannt. Controller werden in der Regel als sachlich nüchtern abwägend, analytisch vorgehend und tendenziell zurückhaltend sowie schematisch agierend und bisweilen kleinlich beschrieben.[1091] Des Weiteren zeichnet Controller neben ihrer analytischen Vorgehensweise auch die Fähigkeit aus, ihr Fachwissen anderen Akteuren zu vermitteln, sie verfügen über Kommunikationsfähigkeit sowie Führungskompetenz.[1092] Controller verfügen über Durchsetzungsfähigkeit und setzen ihre sozialen Fähigkeiten bei der Verfolgung ihrer Aufgaben und Funktionen ein.[1093]

Führungskräfte werden als intuitiv und emotional handelnd, offensiv und kundenorientiert angesehen, sie sind flexibel, treiben andere an, sie gestalten und sind darüber hinaus risikofreudig.[1094] Fink sieht Führungskräfte im Wesentlichen

---

1087 Vgl. Miebach 2010, S. 212.

1088 Vgl. Franken 2007, S. 23.

1089 Vgl. Gilbert 2007, S. 87.

1090 Vgl. Ballinger/Rockmann 2010, S. 373.

1091 Vgl. Weber/Schäffer 2008, S. 37.

1092 Vgl. Weber, Jürgen/Zubler, Susanne/Rehring, Jochen (2009): Das 3. WHU-Controllerpanel 2009. Aktuelle Entwicklungen und Trends im Zeichen der Krise, Vallendar/Rhein, WHU – Otto Beisheim School of Management, verfügbar auf: http://www.whu.edu/uploads/media/Management_Summary_3._WHU_Controllerpanel.pdf, Stand: 04.10.2009, S. 17f.

1093 Vgl. Goretzki/Weber et al. 2010, S. 59.

1094 Vgl. Weber/Schäffer 2008, S. 37.

durch zwei grundsätzliche Bedürfnispaare geprägt: »Vorhersehbarkeit und Kontrolle« sowie »Anerkennung und Identität«.[1095] Gegenüber den nüchtern analytisch agierenden Controllern zeichnen sich Führungskräfte durch ihre vielfältigen Betätigungsfelder und Risikofreude aus.[1096] Zudem sind Führungskräfte in der Regel durch einen hohen Bedarf nach Legitimation sowie durch ein hohes Maß an Statusorientierung charakterisiert.[1097]

Abseits der oben genannten typisierten Eigenschaften der Akteure im Controlling und in den Führungsinstanzen sind diese auch durch individuelle Eigenschaften gekennzeichnet. Hierzu zählen neben der Fähigkeit zuzuhören zweifelsohne auch die Art und Weise mit Konflikten und sozialem Druck umzugehen sowie die Bereitschaft zu Kompromissen und dem Umgang mit Schuldzuweisungen und Misserfolgen.[1098] Diese eher zwischenmenschlichen Aspekte des Umgehens miteinander können für die Gestaltung ihrer sozialen Austauschbeziehung mit anderen Akteuren von entscheidender Bedeutung sein.

Die Art und Weise wie eine sachbezogene Feststellung, beispielsweise der Hinweis auf eine negative Ergebnisabweichung, an den betreffenden Akteur herangetragen wird, kann über die weitere Zusammenarbeit entscheiden. Mit dem Aufzeigen der betreffenden Abweichung durch das Controlling kann ein Konflikt bereits deshalb vorprogrammiert sein, weil dieser Akteur bewusst »den Finger in die Wunde legt« oder der Führungsinstanz in einem taktisch ausgewählten Moment »den Schwarzen Peter« zuspielt, etwa in einer Besprechung mit Beteiligung der Unternehmensführung – ohne sein Gegenüber zuvor über den Sachverhalt informiert zu haben.

Auf Seiten der Führungsinstanz wird ein Zur-Rede-Stellen des Controllings in gleicher Runde, etwa mit dem Hinweis auf das Fehlen von – allerdings zuvor nicht eindeutig eingeforderten – Abweichungsanalysen, ebenso geeignet sein, die gemeinsame Austauschbeziehung zu belasten. Dies dürfte auch für coram publico gegenüber dem Controlling geäußerte Rollenbezeichnungen, wie

---

1095 Vgl. Fink, Dietmar (2009): Strategische Unternehmensberatung, München: Verlag Franz Vahlen, S. 106.

1096 Vgl. Reimer/Orth 2008, S. 192.

1097 Vgl. Steyrer/Schiffinger et al. 2007, S. 425.

1098 Vgl. Rosenstiel, Lutz von/Comelli, Gerhard (2003): Führung zwischen Stabilität und Wandel, München: Verlag Franz Vahlen, S. 76f.; Steyrer/Schiffinger et al. 2007, S. 404f.; Ortmann, Günther (2008): Management in der Hypermoderne. Kontingenz und Notwendigkeit, Wiesbaden: VS Verlag für Sozialwissenschaften, S. 23; Pundt/Nerdinger 2011, S. 49.

beispielsweise »Bremser«, »Erbsenzähler« oder »Zahlenknecht«[1099], gelten. Diese Beispiele ließen sich durchaus weiter ausführen.

Neben Formen konfliktbezogener bzw. provozierender Äußerungen und Verhaltensweisen beider Akteure einander gegenüber vermag auch eine grundsätzlich passive, abwartende Haltung einer der beiden zu Problemen in ihrer Austauschbeziehung führen. Etwa, wenn das Controlling trotz intensiver, mehrmaliger Nachfrage der Führungsinstanz sich zu keiner eigenen Meinung bezüglich eines Sachverhaltes bewegen will. Ob dies sachlich begründet ist, weil man im Controlling lieber noch weitere Informationen einholen möchte, oder aus taktischen Erwägungen – man wartet zu, weil man auf den Ermüdungseffekt auf Seiten der Führungsinstanz setzt – heraus motiviert ist, kann auf der anderen Seite möglicherweise nicht zweifelsfrei erkannt werden.

Demgegenüber wird eine Führungsinstanz, die zwar regelmäßig vom Controlling Rat zu verschiedenen Problemstellungen einholt, diesen dann letztlich doch nicht bei ihrer Entscheidung berücksichtigt, früher oder später an Glaubwürdigkeit verlieren. In einer Situation, in der dieser Akteur tatsächlich auf den Rat des Controllings angewiesen ist, vermag dann das Controlling nur noch geringe Anstrengungen zur Ausarbeitung eines Hinweises an den Tag legen, denn es hat schließlich über viele Male negative Erfahrungen mit der betreffenden Führungsinstanz gesammelt.

Schließlich wird ein Controlling, dessen Akteure grundsätzlich stets eine andere Meinung vertreten als die von ihnen begleiteten Führungsinstanzen, unter Umständen auf Akzeptanzprobleme stoßen. Das rechthaberische Beharren auf Positionen, die sich im Grenzfall nur noch durch Zuhilfenahme von haarspalterischen Definitionsbemühungen durchhalten lassen, vermag vielleicht bei den Akteuren im Controlling noch einen Unterhaltungswert haben. Für eine sach- bzw. problemlösungsorientierte Austauschbeziehung mit Führungsinstanzen ist diese Haltung aber wenig förderlich.

## 5.4 Risikobezogene Wirkung der Einflussgrößen

### 5.4.1 Macht und Hierarchie

Auf die Bedeutung und Wirkung von Macht innerhalb organisationaler Austauschbeziehungen wurde bereits Bezug genommen (s. Kapitel 5.3.1, Seite 243ff.). Im Kontext des sozialen Austausches der beiden Akteure »Führungsinstanz« und »Controlling« zeigt sich die wechselseitige Bedingtheit dieser machtvollen

---

1099 Vgl. Schäffer/Schürmann 2010, S. 189.

Strukturierung ihres Handelns. Innerhalb sozialer Systeme prägt die diskursive Bestimmung von Macht und Hierarchie nicht nur die Sinnzuweisung dieser Elemente der Austauschbeziehung aus, sondern beinhaltet auch Formen zu ihrer Legitimation.[1100] Für die betreffenden Akteure ermöglichen Diskurse eine Annäherung an das Verständnis zu sozialen Kontexten bzw. Institutionen innerhalb ihres sozialen Austausches.[1101] Organisationale Diskurse sollen soziale Austauschbeziehungen absichern und die Bindung der beteiligten Akteure erhöhen.[1102]

Für das Controlling als institutionalisierte Überwachungs- bzw. Reflexionsinstanz innerhalb des Führungsgeschehens ist die diskursive Bestimmung von Sachverhalten und seiner eigenen Positionierung hierzu von prägender Bedeutung. Mit der Bezeichnung einer Situation, wie beispielsweise der Benennung einer Planabweichung oder der Inkonsistenz von Teilplänen zueinander, schafft es nicht nur Transparenz zu diesem Tatbestand. Vielmehr bewirkt es gleichzeitig eine von ihm vorbestimmte Perspektive auf den betreffenden Sachverhalt und somit einen Orientierungsrahmen, innerhalb dessen andere Akteure diese Situation einordnen bzw. kommunizieren können.[1103] Damit ist das institutionalisierte Controlling gleichsam Auslöser und Resultat organisationaler Diskurse.[1104]

Mit seiner Einbindung in die Aufbau- und Ablauforganisation des sozialen Systems »Unternehmen« ist für das institutionalisierte Controlling zwangsläufig auch dessen hierarchische und machtbezogene Positionierung verbunden.[1105] Aus dieser lassen sich neben den Aufgaben des Controllings auch seine Spielräume in der Gestaltung von Rollen und Einfluss innerhalb des sozialen Systems »Führung« ableiten.[1106] Über solche Gestaltungsmöglichkeiten vermag dieser

---

1100 Vgl. Giddens 1997, S. 84; Goss 2008, S. 125f.

1101 Vgl. Sinclair 1995, S. 224.

1102 Vgl. Goss 2008, S. 125.

1103 Vgl. Strydom 2008, S. 7 (hier im Kontext der Kommunikation von Risiken).

1104 Vgl. Seal 2010, S. 95.

1105 Vgl. Wolf 2011, S. 273 (organisationale Strukturierung von Machtpositionen und Handlungsspielräumen ihrer Akteure); Hungenberg/Wulf 2011, S. 214ff. (Entscheidungsbefugnisse und zentrale bzw. dezentrale Machtpositionen); Schreyögg/Koch 2007, S. 289 (Organisation als Regelset zu Entscheidungs-, Handlungs- und Verantwortungsräumen).

1106 Vgl. Horváth 2009, S. 759ff. (Konsequenzen für die Aktivitäten des Controllings aus dessen hierarchischer Zuordnung); Barth/Barth 2008, S. 48f. (Autonomie des Controllings innerhalb der Organisation); Daum/Steinle 2007, S. 33 (Dominanz des Controllings in Entscheidungsprozessen); Knollmann/Hirsch et al. 2008, S. 371 (Konflikte im Kontext des Role Making im Controlling); Birl/Hirsch et al. 2008,

Akteur die Handlungen von Führungsinstanzen innerhalb des organisationalen Hierarchie- und Machtgefüges sowohl zu überwachen als auch zu legitimieren.[1107] In jedem Fall besteht mit dem institutionalisierten Controlling ein Akteur im Führungskontext, der auch seine eigenen Handlungen sowie Konsequenzen dieser machtvoll gestalten und rechtfertigen kann.[1108] Mit der konzeptionellen Ausrichtung des Controllings als koordinierende, auf die Sicherstellung von Rationalität und ökonomischer Moral ausgerichteten, Instanz im Führungsgeschehen wird die Konstruktion einer kontingenten organisationalen Wirklichkeit im Unternehmen bewirkt.[1109] Damit kann das Controlling zum Risiko-Träger werden, weil anderen Akteuren Begrenzungen in bzw. Konsequenzen aus ihren Entscheidungen und Handlungen von derjenigen Institution aufgezeigt werden, die sich ihrer eigenen Kontrolle weitgehend zu entziehen vermag.

In der Folge werden Risiken aufgezeigt, die das institutionalisierte Controlling im Zusammenhang mit der Perspektive auf Macht und Hierarchie im Führungsgeschehen betreffen. Hierbei sei darauf hingewiesen, dass mit dem Blick auf das Controlling als Risiko-Träger sowohl dessen Akteure wie auch die von ihnen begleiteten Führungsinstanzen an der Ausprägung von Risiken beteiligt sind.

Die nachstehende Abbildung 23 soll zunächst einen Überblick zum Controlling als Risiko-Träger im Kontext von Macht und Hierarchie verschaffen und damit den Rahmen für die im Anschluss darzulegenden Risikoausprägungen setzen.

Das institutionalisierte **Controlling als Machtfaktor** innerhalb des Führungsgeschehens umfasst sowohl die Nutzung dieses Akteurs zur Machtausübung auf Seiten der Führungsinstanzen, als auch das Ausspielen seiner eigenen Machtposition gegenüber anderen.[1110]

---

S. 255 (Macht- und Einflussposition des Controllings im Kontext seiner Leistungserbringung).

1107 Vgl. Becker/Jordan et al. 2003, S. 149; Scherm/Pietsch 2003, S. 51; Rausch 2011, S. 159f.

1108 Vgl. Prenzler 2011, S. 38 (Ausprägung von Controllingaufgaben); Reimer/Orth 2008, S. 200 (Spannungsfeld des Controllings)Weber/Schäffer 2008, S. 258ff. (Ausprägung von Schein-Rationalität durch das Controlling).

1109 Vgl. Ahrens/Chapman 2007, S. 8; Lang 2004, S. 66; Weber/Schäffer 2008, S. 45.

1110 Vgl. Minelli/Rebora et al. 2009, S. 943; Winter 2007, S. 52; Schreiber 2010, S. 73; Birl/Hirsch et al. 2008, S. 255; Reimer/Orth 2008, S. 198.

*Abbildung 23: Controlling als Risiko-Träger im Kontext von Macht und Hierarchie*

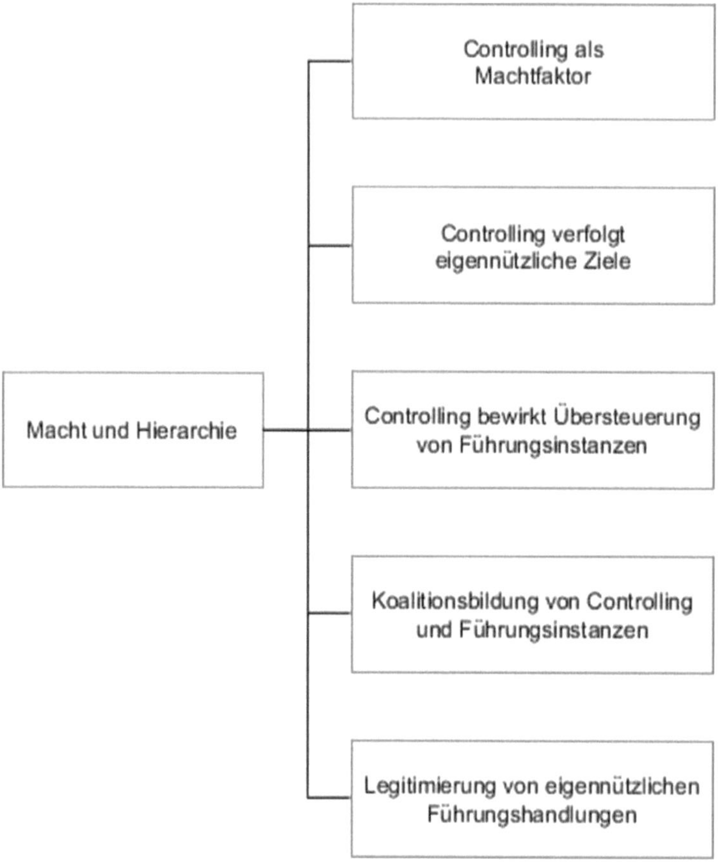


Nutzen Führungsinstanzen das Controlling zur Ausübung von Macht im Führungskontext, besteht das Risiko, dass die betroffenen Akteure das Controlling nicht mehr als neutrale, objektive Instanz zur Reflexion bzw. Begrenzung von Entscheidungen und Handlungen der Führungsinstanzen ansehen.[1111] Damit ist einerseits das Problem des Akzeptanzverlustes gegenüber dem Controlling, andererseits die Gefahr eigenmächtiger, nicht mehr wirksam kontrollierter Handlungen von Führungsinstanzen verbunden. Verliert das Controlling seine Akzeptanzbasis im Unternehmen, kann es nicht mehr wirksam für die Einhaltung

1111 Vgl. Mundy 2010, S. 500; Temmel 2011, S. 22.

ökonomischer Vernunft eintreten. Ihm fehlt das Argument des unabhängigen Beobachters[1112] innerhalb des Führungsgeschehens. Sowohl andere Führungsinstanzen, als auch nachgeordnete Stellen sehen im Controlling vornehmlich denjenigen Akteur, welcher die Interessen von bestimmten Führungsinstanzen ihnen gegenüber durchsetzt. Damit fehlt dasjenige Korrektiv im Führungsgeschehen, das als Wächter über die ökonomische Vernunft bzw. zur Begrenzung willkürlicher Handlungen[1113] von Führungsinstanzen fungieren soll. Da mittels der Legitimationsfunktion des Controllings die betreffenden Führungsinstanzen selbst solche Entscheidungen bzw. Handlungen rechtfertigen können, die gegen die ökonomische Rationalität bzw. die Interessen anderer Anspruchsgruppen laufen[1114], besteht in dieser Ausprägung des Controllings als Risiko-Träger das Problem der machtvollen Strukturierung organisationaler Wirklichkeit[1115].

Agiert das Controlling als Machtfaktor in eigener Sache, kann es sein Wissen um Fakten bzw. Verfahren zur Durchsetzung eigener Interessen im Unternehmen nutzen. Mit der Macht von scheinbar unangreifbaren Fakten als Ergebnis seiner Beobachtung[1116] – beispielsweise zu Kostenstrukturen, Auswirkungen von Ergebnisabweichungen oder Prognosewerten – vermag es Führungsinstanzen in seinem Sinne zu steuern. Damit wird allerdings die Grenze zwischen seiner Funktion als entscheidungsunterstützender Ratgeber[1117] im Führungsgeschehen und der gezielten Entscheidungsbeeinflussung[1118] von Führungsinstanzen überschritten. Die betreffenden Führungsinstanzen haben in diesem Kontext nicht einmal die Möglichkeit, objektive Fakten zur Entscheidungsfundierung zu erhalten. Schließlich verfügt das Controlling als »Planungsarchitekt« bzw. »ökonomisches Gewissen« einen weitgehend exklusiven Zugriff auf Informationen

1112 Vgl. Weber 2011, S. 37; Hartmann/Maas 2010, S. 32; Weber 2007, S. 13.

1113 Vgl. Hirsch/Sorg 2006, S. 218; Reißig-Thust 2010, S. 123.

1114 Vgl. Rausch 2011, S. 159f.

1115 Vgl. Busco 2009, S. 258; Winter 2007, S. 52.

1116 Hier sei nochmals auf die Beobachtung als das Treffen von Unterscheidungen und ihre sprachliche Bezeichnung, vgl. Luhmann 2003b, S. 23; Luhmann 1994, S. 118, sowie auf die symbolische Repräsentation von Wirklichkeit mittels Fachbegriffen, vgl. Miebach 2010, S. 364, hingewiesen. Zu unterschiedlichen Beobachtungsperspektiven von Akteuren in sozialen Systemen vgl. Simon 2009, S. 11. Zur Beobachtung von Systemen auf Basis ihrer selbst geschaffenen Sinnkonstrukte vgl. Hasenzagl 2007, S. 355.

1117 Vgl. Weber 2011, S. 37.

1118 Vgl. Heine 2011, S. 263; Rausch 2011, S. 151f.; Weber 2011, S. 28; Daum/Steinle 2007, S. 33.

und Bewertungsverfahren.[1119] Zusammen mit dem Wissen um die Gestaltung von Bewertungsrechnungen bzw. Analysen kann es den Zugang der Führungsinstanzen zu solcherlei Informationen sowie deren Interpretation wirksam beeinflussen.

Die Nutzung seines Kompetenz- bzw. Informationsvorsprungs gegenüber den Führungsinstanzen kann in der **Verfolgung eigennützlicher Ziele im Controlling** münden. Solche Ziele können in der Verfolgung von eigenen Karrierewegen, der Umwendung von Unternehmensressourcen zu eigenen Gunsten bzw. der Vermeidung von eigenem Arbeitsleid oder in der Schaffung von Anreizstrukturen und deren Nutzung zur Erhöhung der eigenen Vergütung liegen.[1120]

Verfolgt das Controlling eigene Karrierepräferenzen, besteht das Risiko, dass es seine unterstützende Rolle gegenüber den Führungsinstanzen nutzt, um seine Verhandlungsposition im Karriereweg zu verbessern. Beispielsweise könnten Akteure im Controlling ihr Wissen um unrealistische Planergebnisse, bedeutende Plan-Ist-Abweichungen oder schlechte Ergebnisprognosen gezielt nutzen, um einzelnen Führungsinstanzen zu schaden. In dieser Konstellation würden die Akteure im Controlling sich als scheinbar sachorientierte Instanzen zur Aufdeckung von Problemen bzw. Missständen gebärden. In Wahrheit aber ginge es ihnen ausschließlich darum, die Position – und im Grenzfall die Person – der betroffenen Führungsinstanz in Misskredit zu bringen. Insbesondere wenn das Controlling hierarchisch entsprechend hoch angesiedelt ist, kann es nachgelagerten Führungsinstanzen über dieses Gebaren dadurch schaden, dass es mit seiner Hierarchiezuordnung auch über eine entsprechende Machtposition bzw. den unmittelbaren Zugang zu Machtinstanzen im Unternehmen verfügt.

Geht das Controlling im Zuge der Verfolgung eigener Karriereziele Bündnisse mit anderen Führungsinstanzen ein, nutzt es das organisationale Hierarchie- bzw. Machtgefüge zur Durchsetzung eigener Interessen. Hierbei kann es allerdings auch im Interesse der kooperierenden Führungsinstanz liegen, die betreffenden Akteure im Controlling zu unterstützen. Hat man jemandem aus dem Controlling erst einmal zu einer entsprechend Hierarchieposition verholfen, vermag dieser Akteur sich dann als nützlicher Partner zur Durchsetzung von Zielen der helfenden Führungsinstanz erweisen. Über diesen Weg lassen sich soziale Netzwerke aufbauen, innerhalb derer dann die beteiligten Führungsinstanzen

---

1119 Vgl. Reimer/Orth 2008, S. 198; Paefgen 2008b, S. 83; Nikias/Schwartz et al. 2010, S. 68.

1120 Vgl. Prenzler 2011, S. 97; Hartmann/Maas 2010, S. 32; Maas/Matějka 2009, S. 1234; Paefgen 2008a, S. 87; Weber/Schäffer 2008, S. 426.

und das Controlling die Früchte dieser ernten können.[1121] Für Akteure außerhalb dieses Netzwerkes sind opportunistische Handlungen der Netzwerkmitglieder kaum zu erkennen, schließlich wissen die Akteure im Controlling diese durch Nutzung von Informations- und Kompetenzasymmetrie[1122] anderen gegenüber wirksam zu verbergen.

Nutzen die Akteure im Controlling Machtpositionen zur Umwendung von Unternehmensressourcen, werden diese Ressourcen nicht im betrieblichen Sinne verwendet. Beispielsweise kann das Controlling aufgrund seines Wissens um Genehmigungsverfahren oder auch seine eigenen Genehmigungsberechtigungen im Zusammenhang mit der Investition von Gütern des Anlagevermögens dahingehend ausnutzen, dass es sich selber bestimmte Anlagegüter verschafft. Eine Ausstattung von Arbeitsplätzen im Controlling mit unverhältnismäßig kostspieligem Inventar oder die Beschaffung von aufwendigen Software-Lösungen, die jedoch nicht umfänglich genutzt werden, mag diesbezüglich als Beispiel gelten. Darüber hinaus vermag das Controlling seine Machtposition auch dahingehend zu nutzen, dass seinen Akteuren großzügig zugeschnittene Büroflächen zur Verfügung stehen, die anderenorts fehlen. Solcherlei Ressourcenausstattung ist gleichsam geeignet, die Bedeutung des institutionalisierten Controllings innerhalb des sozialen Systems »Unternehmen« herauszustellen und spiegelt damit, gewollt oder ungewollt, seine Machtstellung in der Organisation wider. Ein

1121 Zu Netzwerken innerhalb von Unternehmen vgl. Bresser, Rudi K. F./Valle Thiele, Reynaldo (2008): Ehemalige Vorstandsvorsitzende als Aufsichtsratschefs: Evidenz zu ihrer Effektivität im Falle des erzwungenen Führungswechsels, Zeitschrift für Betriebswirtschaft, Jg. 78, Heft 2, Februar 2008, S. 175–203, S. 196 (Netzwerke und Machtpositionen); Lichtenthaler, Ulrich/Ernst, Holger (2008): Die Bedeutung von Promotoren im interorganisationalen Technologietransfer, Zeitschrift für Betriebswirtschaft, Jg. 78, Heft 7/8, August 2008, S. 779–811, S. 782 (soziale Netzwerke und Bewältigung von internen Barrieren); Zander, Kevin/Büttner, Volker/Hadem, Michael/Richter, Ansgar/Schäffer, Utz (2009): Unternehmenserfolg, Wechsel im Vorstandsvorsitz und Disziplinierung von Finanzvorständen, Zeitschrift für Betriebswirtschaft, Jg. 79, Heft 12, Dezember 2009, S. 1343–1386, S. 1371 (Konsequenzen intensiver Netzwerkbeziehungen); Gilbert 2007, S. 84 (kontingente Verabredungen der Netzwerkakteure); Sieber 2008, S. 235 (Wirkung interner Netzwerkbeziehungen auf die Effizienz im Controlling); Weißenberger/Wolf et al. 2012, S. 334 (Netzwerke und Neu-Ausrichtung der Rollen im Controlling).

1122 Vgl. Paefgen 2008a, S. 59 (Informations- und Kompetenzasymmetrie in Agenturbeziehungen); Nikias/Schwartz et al. 2010, S. 68 (Informationsasymmetrie zwischen Controlling und anderen Akteuren); Reimer/Orth 2008, S. 198 (Informations- und Kompetenzasymmetrie zwischen Controlling und Führungsinstanzen).

weiteres Beispiel für die Umwendung von Unternehmensressourcen liegt in der personellen Ausstattung des Controllingbereiches. Auch hier können dessen Akteure ihre Machtposition nutzen, um das Controlling mit entsprechendem Personal auszustatten. Hierbei kommt einerseits die Absicht zum Tragen, mit möglichst viel Beschäftigten im Controlling auch dessen Bedeutung zu signalisieren. Andererseits kann dieses Verhalten auch darin begründet liegen, mittels der intensiven Durchsetzung des Unternehmens mit Controllingakteuren gleichsam ein dichtes Netz aus Informationszuträgern bzw. Beeinflussungsmöglichkeiten zu errichten. In jedem Fall sind solcherlei Handlungen sowohl aus der Nutzung von Machtpositionen im Controlling[1123] als auch deren beabsichtigter Ausweitung und Verfestigung begründbar. Für das Unternehmen besteht in diesem Zusammenhang das Risiko, dass sich das institutionalisierte Controlling zu einer Macht innerhalb des Führungsgeschehens entwickelt und damit letztlich den Zugriff auf Verfügungsrechte und deren kontingente Beeinflussung erlangt. Im Grenzfall läuft ohne die Einbindung des so weitverzweigten Controllings nichts mehr[1124] und das Unternehmen befindet sich in der Gefahr einer latenten Paralyse.

Die Vermeidung von eigenem Arbeitsleid im Controlling ist bereits an anderer Stelle angesprochen worden (s. Kapitel 4.2, Kapitel 5.2.1 und 5.2.3). Vermeiden die Akteure im Controlling eigenes Arbeitsleid, so ist dies in eigennützlichen Zielen begründet. In diesem Zusammenhang geht es nicht primär um die rationale Abwägung von Arbeitseinsatz und Aufgabenerfüllung. Vielmehr liegen eigennützliche Ziele in Form der Vermeidung von Konflikten mit Führungsinstanzen aus machttaktischen bzw. karrierebezogenen Erwägungen vor.[1125] Die nicht adäquate Ausführung von übertragenen Aufgaben[1126] zählt hierzu ebenso wie die Manipulation von Informationen um des Friedens mit Führungsinstanzen willen[1127] oder um bestehende Anreizstrukturen möglichst mühelos für sich nutzen[1128] zu können. Mit der Manipulation, dem gezielten Vorenthalten bzw. der Bereitstellung nicht problemstellungsgeeigneter Informationen ist auf Seiten der

1123 Vgl. Schreiber 2010, S. 73; Birl 2007, S. 138.
1124 Zum Controlling als omnipräsente Instanz im Unternehmen vgl. Weber 2010b, S. 95; Hoffjan/Trapp et al. 2011, S. 186.
1125 Vgl. Paefgen 2008a, S. 140.
1126 Vgl. Weber/Schäffer 2008, S. 426.
1127 Vgl. Paefgen 2008b, S. 83.
1128 Vgl. Paefgen 2008a, S. 140.

Führungsinstanzen das Risiko von Fehlentscheidungen bzw. nicht zeitgerechter Steuerungsmaßnahmen verbunden.[1129]

Darüber hinaus zeigt sich Opportunismus im Handeln von Controllern auch in der Akzeptanz von Budgetpuffern bzw. der gezielte Einbau von solchen Puffergrößen.[1130] Neben dem Problem einer unrealistischen Planung besteht hierbei das Risiko, dass solcherlei versteckte Puffergrößen zur Fehlsteuerung von betrieblichen Ressourcen führen können. Das Controlling in seiner Rolle als Berichterstatter erhält mithilfe von Budgetpuffern die Möglichkeit zur beliebigen Verwendung dieser Reserven im Zuge seiner Koordinations- und Steuerungsfunktion im Führungsgeschehen. Da anderen Akteuren diese Puffer aber verborgen bleiben, können sie Risiken aus Budget- bzw. Ergebnisabweichungen systemisch nicht zuverlässig einschätzen. Das Controlling in seiner Rolle des betriebswirtschaftlichen Lotsen[1131] innerhalb des Unternehmens vermag in diesem Zusammenhang allerdings nicht nur bei der Steuerung des Wirksystems behilflich zu sein, sondern kann – bildlich gesprochen – die Lage und das Ausmaß der umschifften Untiefen eigenmächtig beeinflussen. Spätestens in diesem Kontext trägt das institutionalisierte Controlling zur Ausprägung von Rationalitätsmythen[1132] im Unternehmen aktiv bei. Derjenige Akteur, dessen Aufgabe in der objektiven Verortung und Beurteilung von betrieblichen Risiken[1133] liegt, wird zum Risiko-Träger in doppelter Kontingenz: Zum einen, indem er mit der Schaffung von verdeckten Planungspuffern anderen Akteuren die Sicht auf die originären, von der betreffenden Funktionsinstanz formulierten Planungsgrößen verstellt. Dies ist beispielsweise durch die Anwendung von Bewertungsverfahren, in denen Akteure des Controllings einzelne Planungsparameter bewusst verzerren, möglich – und der betreffenden Funktionsinstanz aufgrund von Kompetenz- bzw. Informationsasymmetrien[1134] zwischen dem Controlling und ihr nicht ersichtlich. Zum anderen, weil die Akteure im Controlling bei der anschließenden Umsetzung der Zielgrößen den betreffenden Funktionsbereich entsprechend steuern[1135] können – und zwar auf ein vom Controlling verzerrtes Planergebnis.

1129 Vgl. Hirsch/Schneider 2010, S. 15; Paefgen 2008a, S. 82f.; Meckl/Horzella 2010, S. 439.

1130 Vgl. Hartmann/Maas 2010, S. 28.

1131 Vgl. Deyhle/Kottbauer et al. 2010, S. 31.Spatz 2009, S. 18 (mit weiteren Verweisen).

1132 Vgl. Minelli/Rebora et al. 2009, S. 934Weber/Schäffer 2008, S. 258ff.

1133 Vgl. Gleißner 2008, S. 205; Wall 2008b, S. 230; Weißenberger/Löhr 2008b, S. 5; Winter 2007, S. 255.

1134 Vgl. Prenzler 2011, S. 97; Reimer/Orth 2008, S. 198.

1135 Vgl. Weber 2007, S. 58 (Ausrichtung des Entscheidungsverhaltens von Führungsinstanzen durch das Controlling); Reimer/Orth 2008, S. 198 (informelle Macht und

Eigennützliches Verhalten von Akteuren im Controlling, das auf die Schaffung und Nutzung von Anreizstrukturen ausgerichtet ist, beinhaltet das Risiko, dass durch Controller solche Anreizstrukturen geschaffen werden, die vornehmlich ihren eigenen Interessen dienen. Wenn beispielsweise das Controlling im Zuge der Implementierung des Führungskonzeptes »Management by Objectives«[1136] sich selber diesem Konzept anschließt und sich nicht nur an der Erreichung eigener Ziele, sondern auch an Zielen anderer Fachinstanzen messen lässt, besteht zumindest die Möglichkeit opportunistischer Handlungen dieses Akteurs. Bei der Formulierung von Zielgrößen der betreffenden Fachinstanz könnte das Controlling darauf hinwirken, dass diese in ihrem Ausmaß bzw. der zeitlichen Erreichbarkeit möglichst gut umsetzbar sind. Werden diese Zielgrößen dann entsprechend realisiert, haben sowohl die betreffende Fachinstanz als auch das Controlling daraus einen Vorteil. Die Führungsinstanz, weil sie ihr individuelles Ziel erreicht hat. Das Controlling, weil es ohne größeren Aufwand hiervon partizipiert und damit gleichzeitig sein Ansehen in Bezug auf seine Fähigkeiten und Wirkung im Kontext der Steuerung und Überwachung erhöht.[1137] Damit festigen einzelne Akteure im Controlling gleichsam ihre individuelle Position innerhalb der Controlling-Organisation und können darüber hinaus auch im innerbetrieblichen Wettbewerb um Karrieremöglichkeiten ihre Visitenkarte entsprechend gestalten. Auch hier zeigt sich die Ausprägung von Rationalitätsmythen des institutionalisierten Controllings. Zudem wird eine Art Scheinrationalität[1138] konstruiert, indem einerseits die Wirksamkeit des zielbezogenen Führungskonzeptes verzerrt und andererseits die Bedeutung des Controllings hierbei überbetont wird. Damit besteht das Risiko, dass Unzulänglichkeiten in der Handhabung dieses Konzeptes systemisch unentdeckt bleiben und Führungsinstanzen sich hinsichtlich dessen Steuerungswirkung in falscher Gewissheit wähnen. Darüber hinaus läuft das institutionalisierte Controlling Gefahr, seine Unabhängigkeit in der Koordination und Steuerung des Führungsgeschehens zu verlieren.[1139]

Ist das Controlling nicht nur in die Gestaltung von Anreizsystemen[1140], sondern auch bei der Auslegung von hierauf basierenden Vergütungssystemen

---

formelle Verantwortung im Controlling); Sandelin 2008, S. 325 (Steuerungs- und Gegensteuerungsfunktion des Controllings).

1136 Vgl. Staehle/Conrad et al. 1999, S. 852ff.; Schreyögg/Koch 2007, S. 308; Weibler 2012, S. 429f.

1137 Vgl. Paefgen 2008a, S. 172.

1138 Vgl. Weber/Schäffer 2008, S. 258ff.

1139 Vgl. Mahlendorf/Rehring et al. 2011, S. 59.

1140 Vgl. Weber 2011, S. 40f.; Wall 2008b, S. 230.

eingebunden[1141], beinhalten opportunistische Handlungen dieses Akteurs ebenfalls Risiken.[1142] Mit der Festlegung von Parametern zur Messung und Bewertung von einzelnen Zielerreichungsgraden und damit verbundenen variablen Vergütungsbestandteilen ist grundsätzlich das Problem der Fehlsteuerung von Aktivitäten organisationaler Akteure verbunden.[1143] Das Controlling kann hierbei im Rahmen seiner kritischen Reflexionsfunktion zur Bewältigung solcher Probleme beitragen. Dazu bedarf es allerdings einer unabhängigen Perspektive[1144] auf die Gestaltung und Wirkung des Anreizsystems. Partizipiert das Controlling jedoch von eben diesem Anreizsystem, stellt sich die berechtigte Frage, ob es dann noch als objektive Instanz handeln kann. Schließlich wäre es aus rationaler Sicht nur konsequent, wenn die Akteure im Controlling ihr Wissen um die Gestaltung entsprechender Anreize bzw. die Konzeption des Messkonzeptes zur Erzielung eigener Einkommensziele nutzen würden.[1145] Das Risiko liegt hierbei in der Ausrichtung von Aktivitäten des Controllings an vornehmlich solchen Zielgrößen, die ihren Einkommenszielen förderlich sind und der Vernachlässigung von Zielen anderer Instanzen. Darüber hinaus könnten die Akteure im Controlling sich über ihre Einflussnahme bei der Formulierung und Dimensionierung von Funktionsbereichszielen ein Netz aus Rückfallpositionen einbauen, so dass sie in jedem Fall von Einkommenseinbußen aus nicht erreichten Zielgrößen weitegehend ausgenommen wären und damit zum eigentlichen Nutznießer des Anreizsystems würden. Da mit diesem Verhalten nicht notwendigerweise die Unternehmensinteressen im Vordergrund stehen, birgt dieser Opportunismus im Controlling gleichsam das Risiko der Übersteuerung von Entscheidungsinstanzen und Eigentümerinteressen durch die Controller. Damit verbunden ist die Verletzung ihrer Funktion zur Wahrnehmung von Interessen der Unternehmenseigentümer[1146] im Führungsgeschehen.

---

1141 Vgl. Hirsch/Sorg 2006, S. 210.

1142 Vgl. Mahlendorf/Rehring et al. 2011, S. 64.

1143 Vgl. Kelly 2010, S. 62; Mizik 2010, S. 594; Paefgen 2008a, S. 59; Frey/Osterloh 2005, S. 97.

1144 Vgl. Weber 2011, S. 37; Hartmann/Maas 2010, S. 29; Kirsch/Seidl et al. 2009, S. 98; Wall 2008b, S. 229f.; Scherm/Pietsch 2003, S. 35.

1145 Vgl. Hartmann/Maas 2010, S. 32; Brown/Evans III et al. 2009, S. 340; Minelli/Rebora et al. 2009, S. 937; Rost, Katja/Osterloh, Margit (2009): Management Fashion Pay-for-Performance for CEOs, sbr – Schmalenbach Business Review, Jg. 61, April 2009, S. 119–149, S. 137.

1146 Vgl. Scherm/Pietsch 2003, S. 51; Paetzmann, Karsten/Kaspereit, Thomas (2010): Zum Einsatz von Residualgewinnmodellen post BilMoG – Nähert sich das Accounting

Mikropolitik im Controlling kann die **Übersteuerung von Führungsinstanzen** bewirken, indem Controller ihre Interessen mithilfe von verdeckten Handlungen gegenüber Führungsinstanzen durchzusetzen versuchen.[1147] Controller, die auf diesem Weg die Durchsetzung ihrer individuellen Interessen verfolgen, können ihr Fakten- bzw. Methodenwissen hierzu nutzen.[1148] Beispielsweise lassen sich Informationen über negative Planabweichungen, die den Akteuren im Controlling bereits im Zuge der Aufbereitung von Berichtswesendaten bekannt sind, den betreffenden Führungsinstanzen vorenthalten. Damit ist jedoch das Risiko verbunden, dass nicht zeitnah zur Verfügung gestellte Informationen zu Verzerrungen in den Entscheidungen von Führungsinstanzen führen. Dies kann durchaus im Interesse der Controller liegen, wenn diese beispielsweise von Fehlentscheidungen der Führungsinstanzen dergestalt profitieren, dass dadurch ihre eigene Machtbasis[1149] im Führungsgeschehen vergrößert wird.

Ein weiteres Beispiel zur Übersteuerung von Führungsinstanzen durch das Controlling lässt sich im Zusammenhang mit der Abstimmung von Teilplänen zu einem konsistenten Gesamtplan darlegen. Controller können ihr Detailwissen um einzelne Inkonsistenzen innerhalb der Planung nutzen, indem sie bewusst nur solche Unstimmigkeiten benennen, die ihnen bei der eigenen Zielvereinbarung im Wege stehen. Andere Inkonsistenzen nehmen sie billigend in Kauf, weil sie dadurch bereits bei der Planaufstellung einen großen Teil ihrer individuellen Zielvereinbarungsgrößen absichern können. So könnten Controller von ihnen identifizierte Planungsreserven für sich behalten, im Wissen darum, dass in der Folgeperiode erforderliche Budgeteinsparungen umso leichter von ihnen vorgeschlagen und realisiert werden können.

Schließlich lässt sich mikropolitisches Taktieren im Controlling[1150] auch bei der Durchführung von Bewertungsrechnungen, wie beispielsweise im Zuge der Investitionsrechnung, aufzeigen. Das Wissen um die Wirkung einzelner Parameter innerhalb von Investitionsrechenverfahren kann von den Akteuren im Controlling genutzt werden, um ihnen genehme bzw. dienliche Investitionen gegenüber anderen zu bevorteilen. So ließe sich ein im Controlling ungeliebtes

---

Model dem Economic Model?, Zeitschrift für Planung & Unternehmenssteuerung, Jg. 20, Heft 4, März 2010, S. 419–444, S. 440f.

1147 Zum Begriff der Mikropolitik vgl. Weibler 2012, S. 152; Wolf 2011, S. 287; Schreyögg/Koch 2007, S. 321; zu mikropolitischen Handlungen in Controlling vgl. Prenzler 2011, S. 97; Hartmann/Maas 2010, S. 28.

1148 Vgl. Prenzler 2011, S. 97.

1149 Vgl. Schreiber 2010, S. 73.

1150 Vgl. Reimer/Orth 2008, S. 198; Hartmann/Maas 2010, S. 28.

Investitionsvorhaben eines Funktionsbereiches zugunsten eines eigenen Vorhabens »schlechterrechnen«. Führungsinstanzen, denen diese Manipulationen von Basisparametern durch das Controlling nicht erkennbar sind, können somit in ihren Entscheidungen durch das Controlling übersteuert werden. Damit besteht das Risiko, dass an sich vorteilhafte Investitionsvorhaben der Funktionsbereiche nicht durchgeführt werden und dafür das Controlling ungerechtfertigt seine Vorhaben durchsetzt. Aus Sicht des Controllings kann derlei mikropolitisches Verhalten rational begründet sein. Etwa, wenn seine Akteure individuelle Zielvereinbarungen hinsichtlich der Implementierung neuer Controllingtools haben, die bei der Allokation knapper finanzieller Mittel gegen alternative Investitionen durchgesetzt werden, um damit ihre eigene Zielerreichung sicherzustellen.[1151]

Mit der Übersteuerung von Führungsinstanzen durch Akteure im Controlling ist nicht nur ein Machtproblem innerhalb des Führungsgeschehens verbunden. Vielmehr übernimmt das Controlling in diesem Kontext zumindest partiell auch Entscheidungs- bzw. Steuerungsverantwortung[1152] im Unternehmen. Damit kann dieser Akteur aber nicht mehr als unabhängiger Ratgeber und kritischer Reflexionspartner der Führungsinstanzen agieren. Mit der Übersteuerung von Führungsinstanzen wird das institutionalisierte Controlling zum Interessenträger innerhalb des Verantwortungsbereiches der betroffenen Entscheidungsinstanzen und damit parteiisch. Eingriffe in die Entscheidungsverantwortung von Führungsinstanzen schaffen eine paradoxe Situation hinsichtlich der Übernahme von Verantwortung. Da in letzter Konsequenz die Verantwortung für die betreffenden Funktionseinheiten bei den zuständigen Führungsinstanzen liegt[1153], können die Akteure im Controlling sich grundsätzlich exkulpieren. Schließlich hätte sich die Führungsinstanz lediglich gegenüber dem Controlling durchsetzen müssen, da sie ihre Führungsverantwortung wirksam wahrnehmen soll. Unter dieser Perspektive lässt sich das Controlling als Risiko-Träger dergestalt verorten, dass es sich als Entscheidungsinstanz ohne Verantwortungsübernahme verhält.

Wurde in den vorigen Darlegungen auf bilaterale Machtpositionen zwischen dem Controlling und den Führungsinstanzen Bezug genommen, soll nunmehr

1151 Vgl. Hartmann/Maas 2010, S. 32; Paefgen 2008a, S. 108.

1152 Vgl. Biel 2007, S. 9; Weber 2007, S. 58; Weber 2011, S. 39; zur kritischen Auseinandersetzung mit der Übernahme von Steuerungsverantwortung durch das Controlling vgl. Horváth 2009, S. 100.

1153 Vgl. Thiele 2008, S. 40; Laux/Liermann 2005, S. 186;Weibler 2012, S. 621; Simons 2010, S. 9f.

die **fallweise Koalitionsbildung** beider gegenüber anderen Akteuren betrachtet werden. Schließen einzelne Akteure des Controllings und der Führungsinstanzen Koalitionen zur Durchsetzung ihrer Interessen gegenüber anderen Akteuren im Führungsgeschehen, besteht das Risiko kontingenter Entscheidungssituationen bzw. Vertrauensbeziehungen innerhalb des Führungsgeschehens. Dies lässt sich folgendermaßen darlegen: Mit der Bildung einer Interessenkoalition zwischen einzelnen Mitgliedern des Controllings und der Führungsinstanzen formieren diese eine eigenständige Gruppe innerhalb des sozialen Systems »Führung«. Dabei zeigt sich, dass Mitglieder einer Gruppe anderen Akteuren, die nicht Gruppenmitglieder sind, weniger stark vertrauen als den Mitgliedern ihrer Gruppe.[1154] Die Zugehörigkeit zu einer Gruppe hat Bedeutung für die Wahrnehmung zur eigenen Gruppe sowie anderen gegenüber. Festzuhalten ist, dass einzelne Gruppenmitglieder bei ihren Entscheidungen bzw. Handlungen innerhalb der Gruppe eine andere Risikobereitschaft zeigen, als wenn sie für sich alleine entscheiden und handeln, ein Phänomen, das mit dem Begriff des Risky Shift bezeichnet wird.[1155] Unter dieser Perspektive erscheint es plausibel, dass die Akteure im Controlling und in den Führungsinstanzen risikobehaftete Planungsgrößen formulieren bzw. unter Umständen verantwortungslose Steuerungsentscheidungen treffen, deren Tragweite ihnen systemisch nicht bewusst ist.

Haben einzelne Akteure aus dem Controlling und den Führungsinstanzen gemeinsame Koalitionen gebildet, mit deren Hilfe sie ihre Interessen durchsetzen wollen, können sie ihre Handlungen hieraus anderen Akteuren wirkungsvoll verbergen. Schließlich haben beide Instanzen mit ihrem Zugriff auf Informationen zu Zielgrößen die Möglichkeit, sowohl die Transparenz bezüglich Inhalt und Ausmaß von Zielformulierungen als auch zum Umfang ihrer Erreichung in ihrem Sinne zu gestalten.[1156] Mit seiner Legitimationsfunktion innerhalb des Führungsgeschehens kann das institutionalisierte Controlling zur Rechtfertigung der formulierten Planergebnisse[1157] beitragen und darüber hinaus mithilfe fallweiser Adjustierungen von Istgrößen die Angemessenheit des betreffenden Planergebnisses scheinbar objektiv bestätigen.[1158] Mit der machtvollen Durchsetzung ihrer

---

1154 Vgl. Weibler 2012, S. 173.

1155 Vgl. Kocher, Martin G./Sutter, Matthias (2007): Individual versus group behavior and the role of the decision making procedure in gift-exchange experiments, Empirica, Jg. 34, Nr. 1, S. 63–88, S. 72f.; Weber/Schäffer 2008, S. 255.

1156 Vgl. Weber/Schäffer 2008, S. 258ff.; Lafond/Roychowdhury 2008, S. 107; Künkele/Schäffer 2007, S. 78.

1157 Vgl. Mundy 2010, S. 501 (Signalling-Effekt von Controlling-Systemen).

1158 Vgl. Hartmann/Maas 2010, S. 42; Paefgen 2008a, S. 166.

Interessen schaffen die Akteure im Controlling und in den Führungsinstanzen ihre eigene Wirklichkeit innerhalb des sozialen Systems »Unternehmen«. Diese kontingente Realität wird durch die gemeinsamen Handlungen reproduziert und damit Teil ihrer organisationalen Routinen.[1159] Da jedoch die Durchsetzung von individuellen Interessen nicht vorrangig mit denen anderer Stakeholder übereinstimmen muss[1160] (s. hierzu auch Seite 259, Seite 270ff. sowie Seite 238), liegt in der Verstetigung dieser eigennützlichen Handlungen das Risiko kontingenter Rationalität[1161] im Führungsgeschehen. Das Controlling versagt in dieser Konstellation als unabhängiges Reflexionsorgan[1162] der Führungsinstanzen.

Mit seiner Beteiligung am Koalitionsgeschehen und den hieraus entstehenden sozialen Austauschbeziehungen zwischen ihm und den betreffenden Führungsinstanzen steigt gleichermaßen die Bereitschaft des Controllings, auch Unregelmäßigkeiten bzw. Regelverstöße bei der Verfolgung eigennützlicher Ziele zu tolerieren.[1163] Damit geht allerdings das Risiko einher, dass die Akteure im Controlling die Tragweite von Verstößen gegen die ökonomische Moral bzw. Vernunft nicht mehr vollständig überblicken. Ihre Einbindung in die betreffenden Koalitionen gaukelt ihnen eine trügerische Scheinsicherheit in Bezug auf die Beurteilung und Handhabung von Risiken im Führungsgeschehen vor. Das Controlling wird zum Risiko-Träger in eigener Sache, indem seine Akteure ihre Machtpositionen missbrauchen und damit Unsicherheitszonen in organisationalen Vertrauensbeziehungen ausprägen. Wird das Controlling von anderen betrieblichen Akteuren nicht mehr als objektive und von Führungsinstanzen unabhängige Instanz[1164] wahrgenommen, kann es seine Rationalitätssicherungsfunktion im

---

1159 Zu Routinen als Set möglicher Handlungsmuster vgl. Wright, Alex (2014): Organizational routines as embodied performatives: A communication as constitutive of organization perspective, Organization, Jg. 21, Online Version vor Drucklegung, DOI: 10.1177/1350508414533165, S. 1–17, S. 3; zur Problematik von Regelverstößen als organisationale Routinen vgl. Mistele 2007, S. 43; zu Konstruktion von »eigengesetzlichen Wirklichkeiten« als Handlungsgrundlagen organisationaler Akteure vgl. Fink/Knoblach 2008, S. 465.

1160 Vgl. Cohen, Jeffrey/Holder-Webb, Lori/Sharp, David/Pant, Laurie (2007): The Effects of Perceived Fairness on Opportunistic Behavior, Contemporary Accounting Research, Jg. 24, Nr. 4/Winter 2007, S. 1119–1138, S. 1119/1132.

1161 Vgl. Minelli/Rebora et al. 2009, S. 934.

1162 Vgl. Sieber 2008, S. 8f.; Weber/Schäffer 2008, S. 34; Pietsch/Scherm 2004, S. 545; Scherm/Pietsch 2003, S. 35; Weber/Schäffer 1999, S. 736.

1163 Vgl. Ballinger/Rockmann 2010, S. 383.

1164 Vgl. Weber 2011, S. 37; Mahlendorf/Rehring et al. 2011, S. 59.

Führungsgeschehen[1165] bzw. Risikomanagementprozess[1166] nicht mehr unverzerrt wahrnehmen. Es wird Teil des Problems, zu dessen Bewältigung es beitragen soll – die Begrenzung eigennützlicher, gegen die Interessen anderer Anspruchsgruppen gerichteter Handlungen von Führungsinstanzen[1167].

Mit der **Fachsprache im Controlling zur Legitimierung von eigennützlichen Führungshandlungen** besteht ein weiterer Bezugspunkt zur Ableitung des Controllings als Risiko-Träger im Kontext von Macht und Hierarchie. Auf die Bedeutung der (Fach)Sprache des Controllings im Kontext der Sinnzuweisung bzw. der Legitimation von Führungsinstanzen ist bereits eingegangen worden.[1168] Mit der Zuweisung von Begriffen seiner Fachsprache vermag das Controlling den Akteuren im Führungsgeschehen einerseits einen Orientierungsrahmen[1169] ihres Handelns zu verschaffen, andererseits schafft aber die Sinnzuweisung solcher Begriffe wiederum eine eigene Wirklichkeit[1170]. Diese kontingente soziale Realität stellt den Rahmen dar, innerhalb dessen die betreffenden Führungsinstanzen ihre Entscheidungen treffen und Handlungen ausrichten. So ist beispielsweise mit dem Begriff der Effizienz nicht nur die kriterienbezogene Vorteilhaftigkeit einer Handlung im Vergleich zu ihren Handlungsalternativen[1171] beschrieben, sondern auch das minimale Verhältnis zwischen Aufwand und Nutzen[1172] der Handlung. Dass Effizienz allerdings auch als Konstrukt individueller ökonomischer Konstellationen betrachtet werden kann, zeigt Göbel, indem sie auf Preise als Resultante aus Zahlungsbereitschaft und Zahlungsfähigkeit von Vertragsparteien hinweist.[1173] Mit der Verwendung des Effizienzbegriffs innerhalb des sozialen Systems »Unternehmen«, und insbesondere im Führungsgeschehen, strukturiert das Controlling als soziale Praxis[1174] den Handlungsrahmen von Führungsinstanzen vor[1175]. Mag man hinsichtlich der Ausgestaltung von Mittel-Zweck-Relationen noch eine gemeinsame Sicht auf die Effizienz teilen, besteht

1165 Vgl. Weber/Schäffer 2008, S. 33ff.; Weber/Schäffer 1999, S. 733.
1166 Vgl. Nevries/Strauß 2008, S. 106.
1167 Vgl. Kunz 2010, S. 391; Weißenberger/Wolf 2010, S. 4; Weber/Schäffer 2008, S. 38ff.
1168 Siehe Seite 105 »(Fach-)Sprache des Controllings« und Seite 130 »Budgets als Element der (Fach-)Sprache im Controlling«.
1169 Vgl. Kirsch/Seidl et al. 2009, S. 69.
1170 Vgl. Iding 2010, S. 198; Miebach 2010, S. 364.
1171 Vgl. Neus 2009, S. 42.
1172 Vgl. Horváth 2009, S. 520 (Effizienz von Prozessen); Kirchgässner 2008, S. 130 (Effizienz einer gesetzlichen Regelung)
1173 Vgl. Göbel 2001, S. 96.
1174 Vgl. Winter 2008, S. 4; Ahrens/Chapman 2007, S. 8.
1175 Vgl. Becker/Jordan et al. 2003, S. 147; Ahrens/Chapman 2007, S. 9.

möglicherweise zwischen Führungsinstanz und Controlling wenig Einvernehmen bezüglich der Minimierung von Aufwandsgrößen im betrachteten Funktions- bzw. Führungsbereich. Dies lässt sich am Beispiel der Budgetierung und Bildung von Budgetpuffern verdeutlichen.

Die Erreichung von Zielgrößen bzw. Planergebnissen ist mit dem Einsatz von Ressourcen verbunden.[1176] Das Ausmaß des Ressourceneinsatzes wird in der Regel budgetiert. Die Bildung von Puffergrößen kann im Interesse des Planenden sein, wenn dieser Akteur beispielsweise Puffer zur Abfederung von Planungsunsicherheit einbaut. Wie sich gezeigt hat, können auch Akteure im Controlling ein Interesse an Budgetpuffern haben (s. Seite 112, Seite 115, Seite 263).[1177] Dabei kann das Controlling bei der Bildung von Budgetpuffern aktiv mitwirken und mit der sprachlichen Umwendung des Puffers in eine »Reserveposition« bzw. »Vorsorgegröße« der Handlung eine bestimmte Sinnzuweisung geben. Allerdings besteht in diesem Zusammenhang die Gefahr, dass die Akteure im Controlling vornehmlich dort Puffergrößen tolerieren bzw. bewirken, wo sie sich selber einen Nutzen hiervon versprechen. Ihr eigennützliches Handeln führt so einerseits zur Konstruktion von kontingenten Sinninhalten[1178] innerhalb des sozialen Systems. Das Ausmaß der jeweiligen Puffergröße hängt hierbei von der willkürlichen Zumessung durch das Controlling ab. Andererseits trägt das Controlling mit der Akzeptanz von Budgetpuffern in einem Funktionsbereich und dem gleichzeitigen Einwirken auf die Reduzierung bzw. Herausnahme von Puffern in einem anderen Bereich faktisch dazu bei, die Budgetverantwortung von Führungsinstanzen zu untergraben. Dies beinhaltet das Risiko, dass diese Instanzen sich letztlich aus der budgetorientierten Steuerung ihres Funktionsbereiches zurückziehen und dem Controlling das Heft des Handelns überlassen. Damit übernimmt jedoch derjenige Akteur, der Transparenz über die Zielerreichung[1179] von Führungsinstanzen sicherstellen soll, die Formulierung von Zielgrößen sowie die Steuerung zur Zielerreichung. Aus der Koordination im Führungsgeschehen[1180] entsteht so ein Führungsanspruch des Controllings über den Weg des Koordinationsgeschehens.

1176 Vgl. Hungenberg/Wulf 2011, S. 13; Link 2009, S. 110; Schreyögg/Koch 2007, S. 90f.
1177 Vgl. Paefgen 2008a, S. 143.
1178 Vgl. Busco 2009, S. 257; Ahrens/Chapman 2007, S. 8; Winter 2007, S. 52.
1179 Vgl. Deyhle/Kottbauer et al. 2010, S. 34f.
1180 Vgl. Horváth 2009, S. 125; Küpper 2008, S. 47 u. S. 309.

## 5.4.2 Sozialer Austausch und Verhandlung

Mit der Einbindung des Controllings in das Führungsgeschehen treten die beteiligten Akteure in soziale Austauschbeziehungen zueinander (s. Seite 101f.). Soziale Austauschbeziehungen beinhalten für die in ihnen handelnden Akteure grundsätzlich Unsicherheitszonen hinsichtlich des Beitrages zur Austauschbeziehung bzw. zu den Rollenerwartungen des jeweils anderen.[1181] Für die Akteure im Controlling bedeutet dies, eine Balance zwischen den an sie gerichteten Rollenerwartungen (Role Taking) und ihren eigenen Rollenansprüchen (Role Making) zu finden.[1182] In jedem Fall prägen Akteure über die Zeit neben ihrer rollenbezogenen Persönlichkeit auch eigene Ziele und Interessen aus.[1183]

Gestalten Controllinginstanzen ihre Aufgabenfelder und Aufgabeninhalte sowohl anhand der an sie gerichteten Rollenerwartungen, als auch auf der Basis eigener Ziele und Präferenzen, kann dieses Role Making zu Unsicherheit und Konfliktsituationen im betrieblichen Geschehen führen.[1184] Mit der Ausnutzung von Ermessensspielräumen bezüglich ihrer Aufgabengestaltung können die Akteure im Controlling dabei Lücken in ihrer unvollständigen Vertragsbeziehung[1185] gegenüber anderen Anspruchsgruppen nutzen. Auf diese Möglichkeit wurde bereits an anderer Stelle eingegangenen (s. Kapitel 5.3.2, Seite 247ff.). Die Bedeutung von Rollen im institutionalisierten Controlling auf dessen Ausprägung als Risiko-Träger zu beschreiben, ist dem Kapitel 5.4.3 vorbehalten. Im vorliegenden Kapitel wird Bezug auf das Controlling als Risiko-Träger im Kontext seiner sozialen Austauschbeziehung zu Führungsinstanzen und den darauf basierenden Aushandlungsspielen[1186] beider Akteure genommen.

In der Folge werden Phänomene des sozialen Austausches zwischen Controlling und Führungsinstanzen als Ausgangsbasis verwendet, um das Controlling als Risiko-Träger im Führungsgeschehen zu identifizieren. Die nachstehende Abbildung 24 spannt hierzu das betrachtete Spektrum auf.

1181 Vgl. Tekleab/Chiaburu 2011, S. 461; Ballinger/Rockmann 2010, S. 373; Marginson/Bui 2009, S. 61; Holtz/Harold 2008, S. 783; Dahrendorf 2006, S. 37.

1182 Vgl. Knollmann/Hirsch et al. 2008, S. 366.

1183 Vgl. Miebach 2010, S. 212.

1184 Vgl. Knollmann/Hirsch et al. 2008, S. 371.

1185 Zur Problematik unvollständiger Verträge im betrieblichen Kontext vgl. Deffains/Demougin 2006, S. 10; Zattoni 2011, S. 258; Rankin/Schwartz et al. 2008, S. 1084.

1186 Vgl. Matys 2006, S. 29; Schiller-Merkens 2008, S. 60; Preisendörfer 2008, S. 125f.

*Abbildung 24: Controlling als Risiko-Träger im Kontext von sozialem Austausch und Verhandlung*

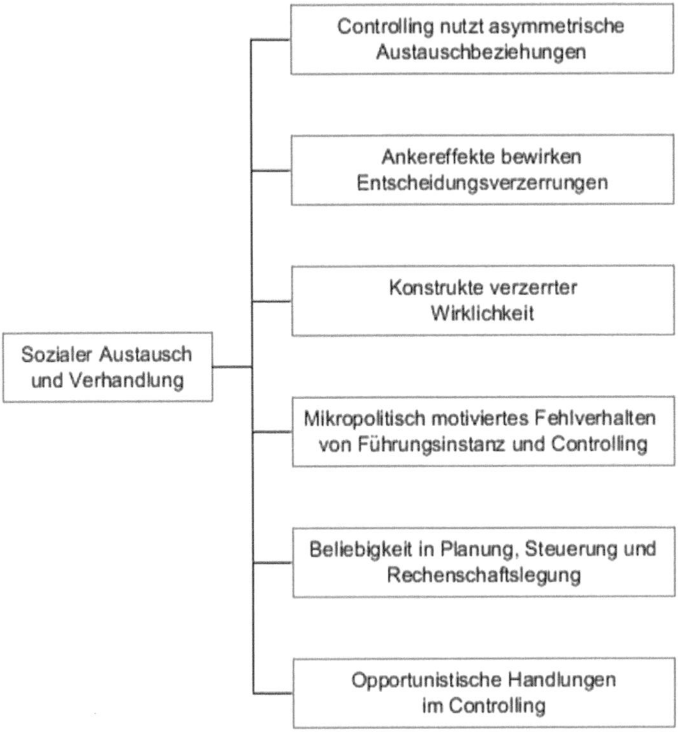


Soziale Austauschbeziehungen von Akteuren sind durch Reziprozität bestimmt.[1187] Die Austauschpartner orientieren sich am Beitrag des jeweils anderen und gestalten auf dieser Basis ihren eigenen Beitrag zum gemeinsamen Austausch.[1188] Dabei spielen Vertrauen und die gegenseitig gemachten Erfahrungen der beteiligten Akteure für das Fortbestehen ihrer sozialen Austauschbeziehung eine große Rolle.[1189] Allerdings zeigen sich innerhalb des sozialen Austausches auch asymmetrische Beziehungen, die aus der Arbeitsteilung und unterschiedlicher Ressourcenallokation der Akteure resultieren.[1190] Somit sind asymmetrische

1187 Vgl. Ballinger/Rockmann 2010, S. 373; Dur/Roelfsema 2010, S. 60.
1188 Vgl. Tekleab/Chiaburu 2011, S. 461; Goss 2008, S. 123.
1189 Vgl. Wong/Boh 2010, S. 129f; Tekleab/Chiaburu 2011, S. 462; Six 2007, S. 298.
1190 Vgl. Gargiulo/Ertug et al. 2009, S. 302.

Austauschbeziehungen zwischen Akteuren keine ungewöhnliche Erscheinung und damit auch für das Austauschverhältnis zwischen den Akteuren im Controlling und den Führungsinstanzen zu erwarten.

**Asymmetrische Austauschbeziehungen zu den Führungsinstanzen können Akteure im Controlling nutzen**, um eigene Schwächen und Unzulänglichkeiten zu kaschieren. Dabei kommt ihnen der Zugang zu Ressourcen bzw. Unsicherheitszonen innerhalb des sozialen Systems »Unternehmen« zugute. Nach Giddens beinhaltet das Verfügbarhalten von „autoritativen und allokativen Ressourcen die Bewahrung und Kontrolle von Informationen oder Kenntnissen, mit deren Hilfe soziale Beziehungen eine Kontinuität [...] behalten"[1191]. Mit ihrer Informationsversorgungsfunktion[1192] bzw. ihrem Fakten- und Methodenwissen[1193] vermögen die Akteure im Controlling, einerseits Zugriff auf Ressourcen[1194] zu erlangen und andererseits diese Verfügung auch wirksam gegenüber anderen zu beschränken[1195].

Wie bereits dargelegt, unterliegen auch die Akteure im Controlling kognitiven Begrenzungen (s. Seite 112, Seite 129, Seite 180) bzw. Verzerrungen (s. Seite 116, Seite 248). Diese können zu Einschränkungen bei der Informationssuche, Aufbereitung und Weitergabe von Informationen an die Führungsinstanzen bzw. dem Festhalten an nicht mehr adäquaten Prognosen führen.[1196] Bereits mit der Interpretation des Informationsbedarfes von Führungsinstanzen durch die Controller[1197] ist die Möglichkeit von kognitiven Verzerrungen verbunden. Im Zuge der Verfolgung eigennützlicher Ziele können die Akteure im Controlling gezielt Informationen manipulieren und so bewusst gegen Führungsinstanzen verwenden.[1198] Das Vorliegen bzw. die Konsequenzen dieser Verzerrungen sind den betreffenden Führungsinstanzen systemisch nicht erkennbar, da die Akteure im Controlling ihnen gegenüber einen Informations- bzw. Kompetenzvorsprung haben.[1199] Damit können Controller diese asymmetrische Austauschbeziehung für sich nutzen, um eigene Fehleinschätzungen bzw. unrichtige

---

1191 Giddens 1997, S. 319.

1192 Vgl. Wall 2008a, S. 470; Weber/Schäffer 2008, S. 43; Weber 2011, S. 33.

1193 Vgl. Küpper 2008, S. 568ff.; Winter 2008, S. 23; Weber/Schäffer 2008, S. 41; Schreiber 2010, S. 59; Reißig-Thust 2010, S. 124.

1194 Vgl. Grandori 2005, S. 41; Weber/Schäffer 2008, S. 76; Rausch 2011, S. 138.

1195 Vgl. Schreiber 2010, S. 73; Iding 2010, S. 197.

1196 Vgl. Paefgen 2008b, S. 81; Paefgen 2008a, S. 178; Wall/Kießling 2008, S. 76.

1197 Vgl. Reichmann 2006, S. 10/11.

1198 Vgl. Paefgen 2008a, S. 102.

1199 Vgl. Nikias/Schwartz et al. 2010, S. 68; Paefgen 2008a, S. 59; Reimer/Orth 2008, S. 198.

Bewertungsrechnungen oder die Anwendung von nicht adäquaten Bewertungsmethoden gegenüber den Führungsinstanzen zu verschleiern.

Das Risiko eines solchen Verhaltens auf Seiten der Akteure im Controlling liegt darin, dass ihnen diese kognitiven Verzerrungen selber nicht bewusst sind und ihnen damit auch die Einschätzung über deren Auswirkungen nicht möglich ist.[1200] Damit wird das Controlling zum Risiko-Träger in eigener Sache, ohne dass dieser Sachverhalt seinen Akteuren bzw. den betreffenden Führungsinstanzen erkennbar ist. Nutzen die Akteure im Controlling ihren Informations- bzw. Kompetenzvorsprung gegenüber den Führungsinstanzen, um eigene Schwächen und Fehler zu verbergen, verstetigt bzw. verstärkt dies tendenziell ihre asymmetrische Austauschbeziehung.[1201] Greifen die Maßnahmen zur Verschleierung eigener Unzulänglichkeiten im Controlling nicht mehr und deren Konsequenzen werden beispielsweise in Form von unerwartet hohen Ergebnisabweichungen den Führungsinstanzen sichtbar, kommen die Akteure im Controlling in Erklärungsnot. Und zwar einerseits, weil die betreffenden Führungsinstanzen ihr unlauteres Verhalten erklärt haben wollen. Andererseits, weil letztlich die betroffenen Führungsinstanzen für negative Ergebnisabweichungen bzw. Fehlplanungen anderen gegenüber gerade stehen müssen. Da negative Ereignisse innerhalb sozialer Austauschbeziehungen Rückwirkungen auf die Reziprozität der Austauschpartner haben[1202], kann aus dem Verhalten der Akteure im Controlling ein nachhaltiges Misstrauen der Führungsinstanzen in ihrem Verhältnis zu ihnen resultieren.

Entscheiden sich die betreffenden Führungsinstanzen aus diesem Grund, das Controlling durch organisatorische Maßnahmen stärker kontrollieren zu lassen, kann dies wiederum unerwünschte Konsequenzen für ihre Austauschbeziehungen haben.[1203] So könnten Kontrollmaßnahmen gegenüber dem Controlling grundsätzlich zu Reaktanz auf Seiten dieses Akteurs führen.[1204] Damit wäre sowohl für die gemeinsame Austauschbeziehung der Führungsinstanzen und des Controllings, als auch für das betreffende soziale System »Unternehmen« letztlich nichts gewonnen. Reaktanzverhalten im Controlling birgt grundsätzlich das Risiko, dass dieser Akteur bewusst gegen Unternehmensinteressen bzw. seine eigenen Leitlinien verstößt.[1205]

---

1200 Vgl. Keil/Depledge et al. 2007, S. 409.

1201 Vgl. Gargiulo/Ertug et al. 2009, S. 303.

1202 Vgl. Ballinger/Rockmann 2010, S. 374.

1203 Vgl. Sengün/Wasti 2009, S. 46 (dysfunktionale Wirkung von Kontrollhandlungen in sozialen Austauschbeziehungen).

1204 Vgl. Hartmann/Maas 2010, S. 32.

1205 Vgl. Hofmann 2007, S. 12; Grundei 2008, S. 146 (hier am Beispiel von Führungsinstanzen).

Eine weitere Ausprägung des Controllings als Risiko-Träger im Kontext sozialer Austauschbeziehung liegt in **Entscheidungsverzerrungen aus Ankereffekten** auf Seiten der Führungsinstanzen. Ankereffekte haben einerseits Bedeutung für die Entwicklung von sozialen Austauschbeziehungen.[1206] Andererseits können Ankereffekte das Entscheidungsverhalten von Akteuren dahingehend verzerren, dass diese ihre Entscheidungen entgegen objektiv vorliegende Kriterien treffen und sich ausschließlich auf im Vorweg bezeichnete Sachverhalte stützen.[1207] Ankereffekte im Controlling bewirken, dass Akteure sich auf Aussagen des Controllings zu bestimmten Sachverhalten beziehen, die in einem frühen Stadium getroffen wurden, und zwischenzeitlich gewonnene neue Erkenntnisse nicht mehr in ihre Beurteilung bzw. Entscheidung einbeziehen.[1208] Damit besteht allerdings das Risiko von Verzerrungen in Entscheidungen, die auf solchen Ankereffekten basieren.

Beispielsweise wird eine erste Schätzung des Controllings zur Wirtschaftlichkeit eines Investitionsvorhabens von den betreffenden Führungsinstanzen zum Referenzpunkt, auf dessen Basis von der Führungsinstanz die Begründung und der Antrag für das Vorhaben formuliert werden. Eine solche Kennzahl kann z.B. der interne Zinsfuß des Investitionsvorhabens sein.[1209] Das Controlling hat auf Anfrage der Führungsinstanz die zu beurteilende Investition einer Grobbewertung unterzogen und bei Nennung des Bewertungsergebnisses darauf hingewiesen, dass die Kennzahl aufgrund noch fehlender Detaildaten ungenau ist und sich im Rahmen einer detaillierten Berechnung ändern wird. Dennoch stellt diese Schätzzahl für die betreffende Führungsinstanz denjenigen Orientierungspunkt dar, an dem sie ihre Argumentation zur Durchführung des Vorhabens aufbaut. Indem die Kennzahl an andere Führungs- bzw. Leitungsinstanzen kommuniziert wird, erhält sie mehr und mehr den Anschein einer festgefügten Größe – insbesondere dann, wenn die betreffende Führungsinstanz den Vorbehalt des Controllings nicht erwähnt. Früher oder später ist die Schätzzahl zu einer Erwartungsgröße im Führungsgeschehen geworden. Obwohl seitens des Controllings später eine genauere, von der Schätzzahl nach unten abweichende, Bewertung des

1206 Vgl. Ballinger/Rockmann 2010, S. 374.

1207 Vgl. Wentura/Degner 2006, S. 390.

1208 Vgl. Weber/Schäffer 2008, S. 90.

1209 Zum internen Zinsfuß als Bewertungskriterium von Investitionen vgl. Götze, Uwe (2008): Investitionsrechnung. Modelle und Analysen zur Beurteilung von Investitionsvorhaben, 6., durchgesehene und aktualisierte Auflage, Berlin, Heidelberg: Springer-Verlag, S. 96ff.; Röhrich, Martina (2007): Grundlagen der Investitionsrechnung. Eine Darstellung anhand einer Fallstudie, München: Oldenbourg, S. 79ff.

internen Zinsfußes zur Verfügung gestellt wird, erfährt diese Kennzahl kaum noch Beachtung. Wird das Investitionsvorhaben auf Basis der unrichtigen Schätzzahl freigegeben, besteht das Risiko, dass finanzielle Mittel für Vorhaben verwendet werden, die aus ökonomischer Perspektive suboptimal sind und für sinnvollere Alternativen nicht mehr zur Verfügung stehen. Das Controlling ist in diesem Fall zum Risiko-Träger ohne Absicht geworden. Ausschließlich der Ankereffekt, dem die handelnden Akteure im Zuge ihrer sozialen Austauschbeziehung mit dem Controlling unterliegen, hat diese Risikokonstellation bewirkt.

Die Art und Weise, in der Akteure zur Verfügung stehende Informationen in einen Kontext bringen, bezeichnet man als Framing.[1210] Der Framing-Effekt umfasst in diesem Zusammenhang den Einfluss, den die Art und Weise von verfügbaren Informationen bzw. Entscheidungsalternativen auf die Entscheidung von Akteuren haben.[1211] Innerhalb der sozialen Austauschbeziehung zwischen Controlling und Führungsinstanzen können **Konstrukte verzerrter Wirklichkeit durch Framing-Effekte** bewirkt werden. Beispielsweise vermag die Art und Weise wie Informationen durch das Controlling aufbereitet und den Führungsinstanzen zur Verfügung gestellt werden die Entscheidungen und Handlungen dieser Akteure zu beeinflussen.[1212] Dabei besteht auch für das Controlling ein Konfliktfeld. Zum einen soll es den Informationsbedarf von Führungsinstanzen erkennen und seine Aktivitäten hierauf ausrichten.[1213] Zum anderen soll es für den Fall, dass Führungsinstanzen ihren Informationsbedarf nicht gezielt artikulieren diesen Bedarf eigenständig interpretieren und die erforderlichen Informationen bereitstellen.[1214] Eben hier liegt auch das Risiko, dass vom Controlling aufbereitete und zur Verfügung gestellte Informationen nicht nur am Bedarf der

1210 Vgl. Six 2007, S. 288; Mayerl 2009, S. 153f.

1211 Vgl. Karevold, Knut Ivar/Teigen, Karl Halvor (2010): Progress framing and sunk costs: How managers' statements about project progress reveal their investment intentions, Journal of Economic Psychology, Jg. 31, Nr. 4, August 2010, S. 719–731, S. 721; Bastons, Miquel (2008): The Role of Virtues in the Framing of Decisions, Journal of Business Ethics, Band 78, Heft 3, März 2008, S. 389–400, S. 393; Chira/Adams et al. 2008, S. 8.

1212 Vgl. Rausch 2011, S. 138.

1213 Vgl. Hungenberg/Wulf 2011, S. 453 (Bereitstellung von adäquaten Informationen); Weber 2011, S. 33 (Aufbereitung von empfängeradäquaten Informationen); Wall 2008a, S. 470 (Informationsversorgung des Controllings im Kontext seiner Entscheidungsunterstützungsfunktion).

1214 Vgl. Reichmann 2006, S. 10/11, Weber 2011, S. 34; Heine 2011, S. 263.

betreffenden Führungsinstanzen vorbei gehen[1215], sondern gezielt auf die Interessen der Controller ausgerichtet sind[1216].

Wird das Controlling von Führungsinstanzen beispielsweise als »verlässlicher Berichterstatter«[1217], »notorischer Nörgler«[1218] bzw. »interner Berater«[1219] eingeordnet, schafft dies einen Rahmen für ihren Umgang mit Controllinginformationen. Dieser stellt für die Akteure den Bezugspunkt dar, auf dessen Basis sie die vom Controlling bereitgestellten Informationen wahrnehmen und einordnen. Das Controlling wird hier zum Risiko-Träger, als dass den betreffenden Führungsinstanzen Framing-Effekte nicht bewusst werden und sie somit Konstrukte verzerrter Wirklichkeit nicht erkennen. Mit der Bezeichnung eines Sachverhaltes durch das Controlling und der Bereitstellung von hierzu »passenden« Informationen ist eine Vorsteuerung auf Seiten der betreffenden Führungsinstanz verbunden. Ihre Entscheidungen bzw. Handlungen, die auf solcherlei Konstrukten fußen, können damit Verzerrungen unterliegen. Obwohl beide Akteure, Controlling wie Führungsinstanz, die rationale Fundierung von Entscheidungen anstreben, unterliegen sie letztlich dem Trugschluss einer kontingenten Rationalität.[1220] Bestenfalls erreichen sie ein zumindest befriedigendes Rationalitätsniveau[1221], schlechtestenfalls unterliegen sie einem Rationalitätsmythos[1222].

Unter diesem Blickwinkel lässt sich das Controlling als Risiko-Träger aus seiner Rolle als rationalitätssichernde Instanz im Führungsgeschehen erklären. Seine Rationalitätssicherungsfunktion ist Teil des institutionalisierten Diskurses im Führungsgeschehen und vermittelt den beteiligten Akteuren eben gerade solche Formen bedingter ökonomischer Vernunft, die als Rahmen ihres

1215 Vgl. Hirsch/Schneider 2010, S. 11; Paefgen 2008b, S. 81.

1216 Vgl. Paefgen 2008a, S. 178.

1217 Vgl. Weber 2011, S. 31.

1218 Vgl. Weber 2011, S. 43.

1219 Vgl. Schäffer/Schürmann 2010, S. 190.

1220 Zum Phänomen der »intendierten Rationalität« in der Ökonomik vgl. Bamberg/Coenenberg et al. 2008, S. 6; Koumakhov, Rouslan (2009): Conventions in Herbert Simon's theory of bounded rationality, Journal of Economic Psychology, Jg. 30, Nr. 3, Juni 2009, S. 293–306, S. 297; Ehrmann/Scheinker 2009, S. 96 (mit weiteren Verweisen); zur Rationalität als soziales Konstrukt vgl. Weber/Schäffer 1999, S. 734; Paefgen 2008a, S. 114.

1221 Vgl. zum Ansatz der zufriedenstellenden Rationalität Simon 2011, S. 30 (mit weiteren Verweisen); Koumakhov 2009, S. 297; Kirchgässner 2008, S. 30 (mit weiteren Verweisen); Slovic 2008, S. 490f. (mit weiteren Verweisen).

1222 Vgl. Macharzina/Wolf 2008, S. 92 (Rationalitätsmythen im Führungsgeschehen); Weber/Schäffer 2008, S. 258ff. (Konstruktion von Scheinrationalität durch das Controlling).

Entscheidungsverhaltens und Handelns von der Beschaffenheit ihres sozialen Austausches bestimmt wird.[1223] Ob die Einflussnahme des Controllings auf Führungshandlungen ökonomisch objektiv begründet ist oder letztlich aus der Strukturierung einer ökonomischen Realität[1224] resultiert, ist hierbei nicht von Bedeutung. Den Führungsinstanzen vermitteln die Akteure im Controlling in jedem Fall dasjenige Bild ihrer sozialen und ökonomischen Wirklichkeit, das als Bezugsrahmen ihrer Wahrnehmung im Führungsgeschehen wirkt.[1225] Sowohl uneigennützliches, als auch opportunistisches Handeln der Controller können unter dieser Perspektive Risiken beinhalten. Es ist die soziale Austauschbeziehung zwischen Führungsinstanz und Controlling, die solche Risiken ermöglicht. Eine harmonische Austauschbeziehung lässt beide Akteure unter Umständen Risiken nicht erkennen, weil beide Parteien Konflikte vermeiden wollen und Informationen zu negativen Zielabweichungen ausblenden oder sich in ihrer Informationssuche im vorweg begrenzen.[1226] Konfliktbeladene Austauschbeziehungen beinhalten Risiken aus der machtbezogenen Nutzung von Informationen zu Problemen in der Zielerreichung.[1227] Aus der Art und Weise, in der Informationen durch die Akteure im Controlling aufbereitet, sprachlich bezeichnet und in einen Sinnzusammenhang gebracht werden, resultieren jene Framing-Effekte, welche die Wahrnehmung von Problemen und das Entscheidungsverhalten auf Seiten der Führungsinstanzen beeinflussen.[1228] Risiken aus dieser (Vor-)Steuerung von Führungsinstanzen, aber auch aus der hiermit eingeschränkten Beobachtungsperspektive des Controllings auf sich selber, sind beiden Akteure systemisch nicht erkennbar.

Mit seiner Beteiligung an Entscheidungsprozessen und der Übernahme von Überwachungsaufgaben innerhalb des Führungsgeschehens werden Verfügungsrechte an das Controlling übertragen.[1229] Auf den hiermit verbundenen

1223 Vgl. Hartmann/Maas 2010, S. 29; Fink/Knoblach 2008, S. 465; Ahrens/Chapman 2007, S. 8; Winter 2007, S. 52; Lang 2004, S. 66.

1224 Vgl. Vosselman/van der Meer-Kooistra 2009, S. 268; Iding 2010, S. 210; Chiapello 2009, S. 125.

1225 Vgl. Wetzel 2001, S. 178f.; Seal 2010, S. 98; Hartmann/Maas 2010, S. 29.

1226 Vgl. Weber/Schäffer 2008, S. 426; Paefgen 2008b, S. 81; Jonen 2008, S. 125; Chira/Adams et al. 2008, S. 12f.

1227 Vgl. Schreiber 2010, S. 73; Paefgen 2008a, S. 102.

1228 Zu Bestimmungsgrößen von Framing-Effekten vgl. Tversky, Amos/Kahneman, Daniel (2008): Rational Choice and the Framing of Decisions, in: Kahneman, Daniel/Tversky, Amos (Hrsg.): Choices, Values, and Frames, 8. Nachdruck der Originalauflage von 2000, New York, Cambridge, UK: Russell Sage Foundation; Cambridge University Press, S. 209–223, S. 220.

1229 Vgl. Grandori 2005, S. 41; Peemöller 2005, S. 91.

Ermessensspielraum, der diesem Akteur zur Verfügung steht, wurde bereits oben eingegangen (s. Kapitel 4.3, Seite 119). Im Zuge ihrer sozialen Austauschbeziehung schließen Führungsinstanzen und Controlling unvollständige Verträge miteinander.[1230] Hiermit verbundene Konsequenzen für die soziale Austauschbeziehung zwischen Führungsinstanzen und Controlling wurden an anderer Stelle betrachtet (s. Kapitel 5.2, Seite 141). Unvollständige Verträge sind dadurch charakterisiert, dass sie zu bestimmten Sachverhalten keine bzw. nur bedingte Regelungen enthalten.[1231] Liegen zwischen Führungsinstanzen und Controlling unvollständige Regelungen bezüglich Aufgaben, Zuständigkeiten bzw. Verantwortung des Controllings vor, ist die kontingente Zuweisung von Verfügungsrechten an das Controlling eine fast zwangsläufige Konsequenz. Daraus können beide Akteure ihren Nutzen ziehen, indem sie eigennützliche Ziele verfolgen und dies dem jeweils anderen gegenüber verbergen. Aus der kontingenten Zuweisung von Verfügungsrechten kann somit mikropolitisch motiviertes **Fehlverhalten von Führungsinstanzen und Controlling** resultieren. Das Controlling wird in diesem Bezug zum Risiko-Träger, da die Akteure im Controlling ihre mikropolitischen Handlungen nutzen können, um gegen die betreffenden Führungsinstanzen zu handeln und damit auch den Unternehmensinteressen schaden. Darüber hinaus können sich beide Akteure das Vorliegen kontingenter Verträge zwischen ihnen und übergeordneten Instanzen bzw. den Eigentümern des Unternehmens zunutze machen, indem sie bei der Verfolgung opportunistischer Ziele zusammenarbeiten und gegen die Interessen dieser Anspruchsgruppen handeln. Dass diese Möglichkeit durchaus realistisch ist, belegt die Diskussion um solcherlei kollusive Handlungen von Controllern und Führungskräften.[1232] Als kollusiv bezeichnet man dabei Handlungen, die aus dem gemeinsam aufeinander abgestimmten Verhalten von Akteuren zur Durchsetzung ihrer Interessen zum Nachteil anderer entstehen.[1233] Dass auch ein Berichtswesen nicht geeignet sein kann, gemeinsam abgestimmte opportunistische Handlungen von

---

1230 Vgl. Richter/Furubotn 2003, S. 399 (unvollständige Verträge als grundsätzliches Phänomen in Organisationen).

1231 Vgl. Zattoni 2011, S. 258.

1232 Vgl. Maas/Matějka 2009, S. 1236; Paefgen 2008b, S. 84; Paefgen 2008a, S. 178; Weber/Schäffer 2008, S. 432.

1233 Vgl. Strangfeld, Oliver (2012): Die Vorteilhaftigkeit relativer Anreizschemata unter Berücksichtigung der Kollusionsgefahr. Eine agentenbasierte Simulation, Wiesbaden: Gabler Verlag, S. 70; Tebben, Tobias (2011): Vergütungsanreize und opportunistische Bilanzpolitik. Eine empirische Analyse der Rolle von Aufsichtsrat und Abschlussprüfer, Wiesbaden: Gabler Verlag, S. 53f.

Akteuren sichtbar zu machen, zeigt Zhang anhand der Kommunikationsmöglichkeiten von Akteuren zur Abstimmung ihrer Berichterstattung auf.[1234]

Mikropolitisch motivierte Handlungen im Controlling können unterschiedliche Gründe haben.[1235] Controller, die ihre Machtposition gegenüber anderen Akteuren ausbauen wollen und dabei gezielt Informationen manipulieren bzw. anderen vorenthalten, agieren mikropolitisch.[1236] So beinhaltet die Verzerrung von Informationen durch Akteure im Controlling das Risiko von Fehlentscheidungen bzw. Fehlsteuerungsmaßnahmen auf Seiten der Führungsinstanzen.[1237] Nutzen Controller ihren Informationsvorsprung bzw. von ihnen manipulierte Informationen gegenüber anderen, um sich eine bessere Verhandlungsposition bei der Verteilung knapper Ressourcen zu verschaffen oder ihre eigene Karriere zu gestalten[1238], liegt ein Fehlverhalten vor. Nutzen Controller und Führungsinstanzen ihren Informationsvorsprung gegenüber den Eigentümern bzw. übergeordneten Leitungsinstanzen, um gemeinsam eigennützliche Interessen zu verfolgen, setzen sie die ihnen übertragenen Verfügungsrechte missbräuchlich ein[1239]. Dabei besteht das Risiko, dass beide Akteure in ihrer Agenturbeziehung den Prinzipal schädigen, ohne dafür jedoch verantwortlich gemacht werden zu können.[1240] Schließlich können sie das Controlling-System aufgrund ihres abgestimmten Verhaltens letztlich sogar zur Rechtfertigung ihres Fehlverhaltens nutzen[1241], denn mit dem Controlling ist jener Akteur involviert, der über sein Wissen um Fakten und Methoden zur Bewertung einzelner Sachverhalte über die inhaltliche und sprachliche Deutungshoheit[1242] verfügt. Auf die doppelte

1234 Vgl. Zhang, Yue (2008): The Effects of Perceived Fairness and Communication on Honesty and Collusion in a Multi-Agent Setting, The Accounting Review, Jg. 83, Nr. 4, Juli 2008, S. 1125–1146, S. 1137 u. S. 1143.

1235 Vgl. Prenzler 2011, S. 97; Rausch 2011, S. 157; Gleißner 2008, S. 95.

1236 Vgl. Hartmann/Maas 2010, S. 32; Paefgen 2008a, S. 178.

1237 Vgl. Paefgen 2008a, S. 82f.; Paefgen 2008b, S. 83.

1238 Vgl. Paefgen 2008a, S. 166.

1239 Zum Controlling als Träger von Verfügungsrechten s. S. 116ff.; zum Ermessensspielraum und opportunistischen Handlungen vgl. Leeson 2011, S. 35; zu verzerrten Information aus Ermessensspielräumen im Controlling vgl. Hartmann/Maas 2010, S. 29.

1240 Vgl. Wolf 2011, S. 358; Macharzina/Wolf 2008, S. 61.

1241 Vgl. Rausch 2011, S. 159f.

1242 Vgl. Miebach 2010, S. 364 (symbolische Repräsentation von Wirklichkeit mittels Fachbegriffen); Kirsch/Seidl et al. 2009, S. 69 (Sinnzuweisungen über Symbole (Sprache, Abbildungen, etc.) durch das Controlling).

Kontingenz dieser opportunistischen Handlungen wurde bereits an anderer Stelle hingewiesen (s. Seite 114).

Im Zuge seiner Aufgaben und Funktionen ist das institutionalisierte Controlling als Akteur im Führungsgeschehen mit Konflikten konfrontiert. Diese resultieren sowohl aus seiner Rolle als Wächter über die ökonomische Vernunft, als auch aus seinen Ergänzungs- und Begrenzungsaufgaben den Führungsinstanzen gegenüber. Einerseits soll das Controlling gerade solche Konflikte sichtbar machen und in seiner Rolle als Sachwalter der Eigentümer[1243] des Unternehmens zu ökonomisch angemessenen Lösungen führen. Andererseits sollen die Akteure im Controlling in ihrer Rolle als Counterpart der Führungsinstanzen auch die Moderation von Konfliktsituationen übernehmen.[1244] Ob diese grundsätzlich konträren Ansprüche an das Wirken des Controllings letztlich miteinander vereinbar sind, ist an dieser Stelle nicht zu betrachten. Vielmehr stellt sich die Frage, ob nicht gerade die Art und Weise im Umgang mit Konflikten auf Seiten des Controllings zu Risiken innerhalb des Führungsgeschehens führt.

Vermeiden die Akteure im Controlling bewusst Konflikte in ihrer Rolle als kritische Reflexionsinstanz[1245] im Führungsgeschehen, besteht die Gefahr, dass ökonomische Grundsätze nicht beachtet werden. Es ist eben gerade der Anspruch an das institutionalisierte Controlling, durch sein Agieren opportunistische Handlungen auf Seiten der Führungsinstanzen zu begrenzen[1246] und über die Einhaltung ökonomischer Vernunft[1247] im Führungsgeschehen zu wachen. Aus dieser Perspektive heraus betrachtet, kann die Konfliktvermeidung im Controlling zu **Beliebigkeit in der Planung, Steuerung und Rechenschaftslegung** von Unternehmen führen. Das Controlling wird dann zum Risiko-Träger, wenn es im Rahmen seiner sozialen Austauschbeziehung zu den Führungsinstanzen notwendige Konflikte zur Sicherstellung ökonomischer Vernunft im Führungsgeschehen vermeidet. Dabei ist es unerheblich, ob diese Konfliktvermeidung in der mangelnden Fähigkeit der betreffenden Akteure zum Umgang mit Konfliktsituationen oder in der Verfolgung eigennützlicher Interessen begründet ist.

---

1243 Vgl. Scherm/Pietsch 2003, S. 51; und im Kontext des wertorientierten Controllings: Paetzmann/Kaspereit 2010, S. 420/440f.

1244 Vgl. Weber 2011, S. 38.

1245 Vgl. Sieber 2008, S. 8f.; Scherm/Pietsch 2003, S. 35; Weber/Schäffer 1999, S. 736.

1246 Vgl. Reißig-Thust 2010, S. 123.

1247 Vgl. Rausch 2011, S. 152f.; Weber/Schäffer 2008, S. 33ff.

Planung macht organisatorische Konflikte sichtbar.[1248] Die Suche nach der jeweils besten Lösung in der Verwendung knapper Mittel[1249] ist somit zwangsläufig mit Konflikten verbunden. Konflikte können damit als Teil organisationsbezogener Aushandlungsspiele[1250] bezeichnet werden. Werden diese Konflikte nicht ausgetragen und bewältigt, verbleiben betriebliche Problemstellungen ungelöst.[1251] Frey/Osterloh benennen negative Auswirkungen auf die Überwachung von Führungsinstanzen im Zusammenhang mit deren Konfliktvermeidung innerhalb ihrer kollegialen Austauschbeziehungen.[1252] Steuerungsentscheidungen in Führungssystemen beinhalten grundsätzlich den Eingriff in die Handlungsautonomie anderer Akteure, sie sollen eben gerade die Handlungen des anderen beeinflussen.[1253] Scheuen die Akteure im Controlling Konflikte, die im Zusammenhang mit ihrer Begrenzungsfunktion gegenüber Führungsinstanzen stehen, versagt das Controlling als institutionalisiertes Korrektiv[1254] gegenüber deren willkürlichen Handlungen. Damit besteht das Risiko, dass opportunistisches Verhalten von Führungsinstanzen nicht aufgezeigt und begrenzt wird. Da solche Handlungen in der Regel die ungerechtfertigte Nutzung von betrieblichen Ressourcen bzw. das Verfolgen von Zielen, die nicht im Einklang mit den Interessen der Eigentümer stehen, umfassen, stellen sie letztlich für die Eigentümer des Unternehmens das Risiko der »stillen Enteignung« dar.[1255]

Führungsinstanzen, die im Zuge ihrer Rechenschaftslegung unaufrichtig handeln, nutzen Informationsasymmetrien zwischen ihnen als Agenten und dem Prinzipal, um eigennützliche Handlungen zu verbergen bzw. Nutzen aus Anreizsystemen für sich zu ziehen.[1256] Das institutionalisierte Controlling als unabhängige und objektive Instanz, die im Rahmen des Berichtswesens Informationen

---

1248 Vgl. Kirsch/Seidl et al. 2009, S. 72.

1249 Vgl. Kieser/Walgenbach 2007, S. 4.

1250 Vgl. Preisendörfer 2008, S. 125f.; Matys 2006, S. 29.

1251 Vgl. Heine/Hirsch et al. 2006, S. 61.

1252 Vgl. Frey/Osterloh 2005, S. 101.

1253 Vgl. Wolf 2011, S. 273; Feng, Mei/Li, Chan/McVay, Sarah (2009): Internal control and management guidance, Journal of Accounting and Economics, Jg. 48, Nr. 2–3, Dezember 2009, S. 190–209, S. 207; Link 2009, S. 7f.; Schreyögg/Koch 2007, S. 256; Reimer 2005, S. 206; Sinclair 1995, S. 232.

1254 Vgl. Birl/Hirsch et al. 2008, S. 255; Wall 2008a, S. 466ff.; Weber/Schäffer 2008, S. 38ff.

1255 Vgl. Leeson 2011, S. 35; Pazzaglia 2010, S. 623/625; Ehrmann/Scheinker 2009, S. 96; Yermack, David (2006): Flights of fancy: Corporate jets, CEO perquisites, and inferior shareholder returns, Journal of Financial Economics, Jg. 80, Nr. 1, S. 211–242, S. 212 (hier Vergünstigungen von Führungskräften).

1256 Vgl. Barua/Lin et al. 2010, S. 1485f.; Lafond/Roychowdhury 2008, S. 107.

zur Rechenschaftslegung bereitstellt, soll hier als Korrektiv zu willkürlichen Handlungen der Führungsinstanzen wirken.[1257] Dabei sind Konflikte zwischen ihm und den betreffenden Führungskräften nicht vermeidbar. Weicht das Controlling diesen Konflikten bewusst aus, versagt es in seiner Funktion als Instanz zur Transparenzschaffung.[1258] Damit ist das Risiko verbunden, dass eigennützliche Handlungen von Führungsinstanzen nicht nur unentdeckt bleiben. Vielmehr kann eine unrichtige Berichterstattung des Unternehmens nach außen gravierende Konsequenzen für dessen Glaubwürdigkeit und Kreditwürdigkeit haben. Schlimmstenfalls verstößt das Unternehmen gegen gesetzliche Vorschriften zur Rechenschaftslegung, weil wesentliche Anforderungen hieraus nicht erfüllt bzw. Risiken des Unternehmens nicht transparent werden.[1259] Damit verletzt das Controlling nicht nur seine Funktion der Transparenzschaffung zu Führungshandlungen. Vielmehr wird es seiner Verantwortung als Informationslieferant im betrieblichen Risikomanagement[1260] nicht gerecht.

Neben der Konfliktvermeidung ist allerdings auch die bewusste Konfliktsuche des Controllings gegenüber den Führungsinstanzen mit Risiken für das Unternehmen verbunden. Suchen die Akteure im Controlling gezielt nach Konfliktfeldern[1261] im Führungsgeschehen, weil sie sich davon eine Verbesserung ihrer eigenen Position im Unternehmen versprechen, kann dieses Verhalten negative Auswirkungen auf das gegenseitige Vertrauensverhältnis der beiden Instanzen haben. Ohnehin stellt sich im Zusammenhang mit der Überwachung von Akteuren im betrieblichen Geschehen die Frage, ob diese nicht eher ein Ausdruck von Misstrauen gegenüber der betreffenden Person ist und damit Konflikte überhaupt erst verursacht.[1262] Das institutionalisierte Controlling und dessen Funktionen bezüglich der Überwachung und Eingrenzung von Entscheidungs- bzw. Handlungsspielräumen anderer Akteure kann sich somit nicht von dem Vorwurf freimachen, es trage zum Entstehen organisationaler Konflikte bei, anstatt zu deren Bewältigung beizutragen. Nutzen dessen Akteure solche Konflikte, weil

---

1257 Vgl. Rausch 2011, S. 138; Wall/Greiling 2011, S. 101; Kunz 2010, S. 391; Weber/Schäffer 2008, S. 34; Scherm/Pietsch 2003, S. 51.

1258 Vgl. Deyhle/Kottbauer et al. 2010, S. 34f.; Horváth 2009, S. 17f.

1259 Zu den Anforderungen an die Risikoberichterstattung von Unternehmen vgl. Grünberger 2011, S. 295; AKEIÜ 2010, S. 1245.

1260 Vgl. Gleißner 2008, S. 219; Winter 2007, S. 255.

1261 Vgl. Paefgen 2008a, S. 157.

1262 Vgl. Velte 2010, S. 287; Vosselman/van der Meer-Kooistra 2009, S. 268; Jenkins/Deis et al. 2008, S. 49.

sie sich hiervon beispielsweise Karrierevorteile versprechen[1263], lassen sich Risiken aus einer Verschlechterung der gemeinsamen Austauschbeziehung zwischen ihnen und den betreffenden Instanzen ableiten.

Controller, die Konflikte gegenüber Führungsinstanzen bewusst suchen, können dies im Zuge ihrer Informationsversorgungsfunktion ebenso bewirken wie im Rahmen der Bereitstellung ihres Methodenwissens.[1264] Mit dem Aufzeigen von negativen Ergebnisabweichungen im Rahmen des Berichtswesens können die Akteure im Controlling gezielt Konflikte arrangieren, wenn sie beispielsweise bei der Kommentierung dieser Abweichungen den Eindruck erwecken, die betroffene Führungsinstanz habe auf wiederholte Hinweise und Anmahnungen zur Behebung des Problems durch das Controlling nicht reagiert.[1265] Wie bereits dargelegt, wird bereits mit der Bezeichnung einer Situation bzw. eines Sachverhaltes eine soziale Realität geschaffen (s. Seite 69 und Seite 270). Indem das Controlling über die so konstruierte soziale Wirklichkeit die betreffende Führungsinstanz nicht nur mit dem entsprechenden Sachverhalt konfrontiert, sondern auch in Zugzwang zur Rechtfertigung bringt, schafft es eine Konfliktsituation. Die betroffene Führungsinstanz kann diesen Konflikt aufnehmen und sich rechtfertigen oder keine Stellung zu den Anwürfen beziehen. In jedem Fall birgt eine solche Situation für beide Austauschpartner Risiken.

Für die Führungsinstanz besteht das Risiko, dass sie ihre Gegenposition innerhalb der beteiligten Akteure im Führungsgeschehen nicht deutlich machen kann, weil ihr dazu diejenigen Informationen fehlen, die das Controlling hierzu bereitstellen müsste, es aber nicht tut. Aus der asymmetrischen Informationsverteilung[1266] zwischen Controlling und Führungsinstanz hat sich damit eine asymmetrische Konfliktsituation[1267] ergeben. Reagiert die betreffende Führungsinstanz mit Abwehr und schränkt ihre Zusammenarbeit mit dem Controlling

---

1263 Vgl. Paefgen 2008a, S. 157.

1264 Vgl. Paefgen 2008a, S. 102; Reimer/Orth 2008, S. 198; Rausch 2011, S. 138.

1265 Zur Machtposition des Controllings innerhalb seiner Informationsversorgungsfunktion vgl. Schreiber 2010, S. 73; Prenzler 2011, S. 97.

1266 Vgl. Reimer/Orth 2008, S. 198; Paefgen 2008a, S. 87.

1267 Vgl. Jehn, Karen A./Rispens, Sonja/Thatcher, Sherry M. B. (2010): The Effects of Conflict Asymmetry on Work Group and Individual Outcomes, Academy of Management Journal, Jg. 53, Nr. 3, Juni 2010, S. 596–616, S. 597f.; Dunne, Paul J./García-Alonso, María D.C/Levine, Paul/Smith, Ron P. (2006): Managing asymmetric conflict, Oxford Economic Papers, Jg. 58, Nr. 2, S. 183–208, S. 184 (asymmetrische Konflikte im ökonomischen Kontext) und S. 203 (differenziertes Verhalten als Erfolgsdeterminanten in asymmetrischen Konflikten); Jasay/Güth et al. 2004, S. 217 (Bedeutung der Handlungsabfolge in asymmetrischen Konflikten).

ein, besteht das Risiko, dass zukünftige Probleme im Verantwortungsbereich der Führungsinstanz nicht mehr bewältigt werden. Die gemeinsame Austauschbeziehung hat Schaden genommen. Das Bloßstellen der Führungsinstanz durch das Controlling hat die gegenseitige Vertrauensbeziehung der beiden Akteure beschädigt.

Ein nicht mehr vertrauensvolles Zusammenarbeiten beinhaltet grundsätzlich das Risiko, dass sich gegenseitiges Misstrauen immer weiter verstärkt und am Ende keine der Parteien mehr an einer sachlichen Auseinandersetzung und Suche nach Problemlösungen interessiert ist.[1268] Wird dann die betreffende Führungsinstanz von ihren Aufgaben durch eine übergeordnete Leitungsinstanz entbunden, löst dies nur vordergründig das Problem. Mit dem »Triumpf« des Controllings besteht gleichsam das Risiko, dass nun auch andere Führungsinstanzen in ihrer Zusammenarbeit mit ihm vorsichtiger und zurückhaltender werden. Schließlich können sie für sich nicht ausschließen, ebenfalls Opfer einer eigennützlich motivierten Konfliktstrategie des Controllings zu werden. Obwohl sich aus diesem »Dominoeffkt« zunächst eine vorteilhafte Position des Controllings darstellen lässt, birgt diese letztlich auch für das Controlling Risiken. Früher oder später hat sich dieser Akteur entweder soweit innerhalb des Führungsgeschehens isoliert, dass er hieraus faktisch nur noch über die Rolle der »grauen Eminenz«[1269] wahrgenommen wird, aber Akzeptanz nur noch auf der »politischen« Ebene besitzt. Oder die betreffenden Führungsinstanzen wenden die Situation, indem sie sich aus der Verantwortung für ihren Funktionsbereich zurückziehen und das Controlling »ins offene Messer« laufen lassen. Irgendwann ergibt sich gewiss eine Konstellation, in der eine Fehlentscheidung des Controllings nicht mehr zu kaschieren ist, und die »offenen Rechnungen« dann in aller Konsequenz eingefordert werden.

Das Controlling wird in diesem Zusammenhang insofern zum Risiko-Träger, als dass es zur Ausprägung von Misstrauen innerhalb des Führungsgeschehens beiträgt und dieses billigend weiter um sich greifen lässt. Die zielorientierte Steuerung des Unternehmens ist in dieser Konstellation allein dadurch gefährdet, dass statt der gemeinsamen Suche nach Problemlösungen mikropolitische Grabenkämpfe und Abwehrstrategien zwischen den Führungsinstanzen und

1268 Zur Rolle des Misstrauens innerhalb sozialer Austauschbeziehungen vgl. Velte 2010, S. 287; Gargiulo/Ertug et al. 2009, S. 303; Falk/Kosfeld 2006, S. 1612; Luhmann 2003a, S. 118.

1269 Vgl. Spillecke 2006, S. VII; Krügerke 2009, S. 26.

dem Controlling an der Tagesordnung sind.[1270] Damit verlassen alle hieran beteiligten Akteure den Pfad der ökonomischen Vernunft und ihre Aufgaben als Sachwalter der Eigentümerinteressen. Schlimmstenfalls befindet sich das Wirksystem »Unternehmen« im Modus der zufälligen Steuerung.

Auf die konzeptionelle Einordnung von Anreizsystemen bzw. anreizbezogenen Vergütungssystemen im Rahmen des Führungsgeschehens sowie der Beteiligung des Controllings hierin wurde bereits an anderer Stelle eingegangen (s. Seite 89, Seite 125, Seite 143 und Seite 174). Dabei zeigt sich, dass auch die Akteure im Controlling sich von opportunistischen Handlungen im Zusammenhang mit Anreizsystemen nicht freisprechen können.[1271]

Mit der ziel- bzw. anreizbezogenen Vergütung des Controllings lassen sich **opportunistische Handlungen von Akteuren im Controlling** rational begründen. Warum sollten Controller, die beispielsweise an der Zielerreichung von zwei unterschiedlichen Abteilungen eines Führungsbereiches gemessen werden, diejenige Abteilung bei ihrer Zielerreichung stärker unterstützen, bei der die Erreichung ihrer Zielgröße mit einem geringen Gewicht zu Buche schlägt als die Zielerreichung der anderen Abteilung? Ist es nicht gerade rational begründet, wenn Controller mit ihren variablen Vergütungsbestandteilen an der Erreichung zweier Ziele – Liquidität und operatives Ergebnis – sich für das Erreichen derjenigen Zielgröße entscheiden, die bei der Bemessung ihrer variablen Vergütung das größere Gewicht hat? Letztendlich wird ja gerade den Akteuren im Controlling ein größeres Potenzial zur Rationalität in Entscheidungsprozessen und Handlungen beigemessen als anderen betrieblichen Instanzen.[1272]

Zum Risiko-Träger wird das Controlling in diesem Zusammenhang, wenn dessen Akteure bei der Gestaltung von Anreizsystemen bzw. anreizbezogenen Vergütungssystemen[1273] soweit eingebunden sind, dass sie nicht nur deren Regeln, sondern auch die Messpunkte bzw. das Messkonzept mitbestimmen. Mit ihrem Zugriff auf Informationsquellen[1274], ihrem Wissensvorsprung[1275] bezüglich

1270 Vgl. Hartmann/Maas 2010, S. 32; Landier/Sraer et al. 2009, S. 761; Eßig, Michael/ Buck, Tobias (2007): Dimensionen, Elemente und Institutionalisierung eines Beschaffungscontrolling-Portfolios, ZfCM – Zeitschrift für Controlling und Management, Jg. 51, Heft 3, Juni 2007, S. 168–173, S. 173.

1271 Vgl. Mahlendorf/Rehring et al. 2011, S. 59 u. S. 64; Paefgen 2008a, S. 87 u. S. 140.

1272 Vgl. Weber/Zubler et al. 2009, S. 17f. (analytische Fähigkeiten der Controller); Weber/ Schäffer 2008, S. 37 (nüchternes und analytisches Vorgehen der Controller).

1273 Vgl. Weber 2011, S. 40f.; Wall 2008b, S. 230.

1274 Vgl. Weber/Schäffer 2008, S. 34; Weber 2011, S. 28; Ziegenbein 2007, S. 193.

1275 Vgl. Jonen/Lingnau 2007, S. 17; Reißig-Thust 2010, S. 124.

der Einflussgrößen auf das Messergebnis und der Möglichkeit, bereits bei der planerischen Festlegung von Ergebnisgrößen auf diese Einfluss[1276] nehmen zu können, steht den Akteuren im Controlling faktisch ein unbegrenztes Feld der Durchsetzung eigennützlicher Interessen zur Verfügung. Damit besteht das Risiko von Fehlsteuerungen im Führungsgeschehen, denn anderen Instanzen bleibt die Möglichkeit der Controller zur Durchsetzung und Maskierung ihres opportunistischen Verhaltens systemisch verborgen. Schlimmstenfalls werden Führungsinstanzen vom Controlling nicht nur übersteuert, sondern unwissentlich zur Verfolgung von Controllerinteressen benutzt.[1277] Am Ende vermögen die Akteure im Controlling jedoch die Verantwortung für Fehlentscheidungen und Fehlsteuerungen wirksam von sich zu halten, weil sie mit ihrem Wissen um Fakten und Methoden innerhalb von Anreizsystemen eben gerade die Entscheidungen bzw. Steuerungshandlungen der Führungsinstanzen lenken können.[1278]

In diesem Zusammenhang sei darauf verwiesen, dass organisationale Controllinginstrumente die Vielfalt an Kommunikation einschränken sollen.[1279] Unter dem Blickwinkel opportunistischer Handlungen des Controllings im Zusammenhang mit anreizbezogenen Vergütungssystemen erhält diese Einschränkung an Kommunikationsvielfalt Bedeutung. Mit ihrer Kommunikation zu Zielgrößen bzw. Planergebnissen, der Einflussnahme auf die Formulierung dieser Größen sowie ihre Verhaltensbeeinflussungsfunktion haben die Akteure im Controlling einen fast exklusiven Zugriff auf Unsicherheits- und damit Machtpositionen im Unternehmen.[1280] Der Wächter über die ökonomische Vernunft[1281] ist in der Position, nicht nur mitzubestimmen, was diese Vernunft ausmacht, sondern kann sich sein eigenes Messtableau gestalten, an dem er seine Handlungen misst.

---

1276 Vgl. Reimer/Orth 2008, S. 198.

1277 Vgl. Paefgen 2008a, S. 172 (opportunistische Handlungen von Controllern im Zuge der Verhaltensbeeinflussung von Führungsinstanzen); Weber 2007, S. 58 (Ausrichtung des Entscheidungsverhaltens von Führungsinstanzen auf eine bestimmte Richtung durch Controller).

1278 Vgl. Temmel 2011, S. 22; Weber 2011, S. 34; Hartmann/Maas 2010, S. 29; Schreiber 2010, S. 59; Wall 2008a, S. 466ff.

1279 Vgl. Kühl 2010, S. 29.

1280 Vgl. Reimer/Orth 2008, S. 198; Schreiber 2010, S. 73; Minelli/Rebora et al. 2009, S. 943.

1281 Vgl. Weber/Schäffer 2008, S. 15; Hirsch/Sorg 2006, S. 218.

### 5.4.3 Normen und Rollen

Innerhalb eines sozialen Systems reflektiert dessen normativer Rahmen die Erwartungen an das Verhalten der beteiligten Akteure.[1282] Damit folgt die individuelle Interaktion sozialen Normen, die auf reziproken Erwartungen zum Verhalten des jeweils anderen basieren.[1283] Diese Erwartungen konkretisieren sich in Form von Rollen, die an die einzelnen Akteure herangetragen werden.[1284] Auf den Kontext aus Normen und Werten, an dem sich die jeweiligen Akteursbeziehungen orientieren, ist bereits eingegangen worden (s. Seite 80, Seite 95 sowie Seite 102). Die unter Umständen unterschiedlichen Rollenerwartungen an das Controlling wurden im Kapitel 2.3 »Rollenbilder des Controllings« (s. Seite 44ff.) dargelegt.

In der Folge soll nunmehr das Controlling als Risiko-Träger im Kontext seines normativen Rahmens bzw. der an diesen Akteur adressierten Rollen beschrieben werden. Dabei wird auf die Rolle des Controllings als Koordinationsinstanz innerhalb des Führungsgeschehens[1285] und als Wächter über die ökonomische Vernunft[1286], seine Rolle als kritischer Counterpart[1287] der Führungsinstanzen sowie auf die Rolle der Instanz zur Sicherstellung von Rationalität[1288] im Führungskontext Bezug genommen. Darüber hinaus wird das Controlling als Risiko-Träger bezüglich seiner Legitimationsfunktion innerhalb des sozialen Systems »Unternehmen« sowie dessen begrenzende Aufgaben innerhalb des Führungsgeschehens dargelegt. Die nachstehende Abbildung 25 verschafft einen Überblick zum Controlling als Risiko-Träger im Normen- und Rollen-Kontext. Anschließend erfolgt eine Beschreibung der dargestellten Risiken.

1282 Vgl. Vosselman/van der Meer-Kooistra 2009, S. 274; Gargiulo/Ertug et al. 2009, S. 300; Luhmann 1994, S. 295

1283 Vgl. Reimer 2005, S. 323.

1284 Vgl. Schwegler, Regina (2008): Moralisches Handeln von Unternehmen. Eine Weiterentwicklung des neuen St. Galler Management-Modells und der ökonomischen Ethik, Wiesbaden: Gabler Verlag, S. 96; Marginson/Bui 2009, S. 61.

1285 Vgl. Horváth 2009, S. 127; Horváth 2006, S. 129ff.; Küpper 2008, S. 47.

1286 Vgl. Hirsch/Sorg 2006, S. 218; Weber/Schäffer 2008, S. 15.

1287 Vgl. Küpper 2008, S. 39f.; Küpper 2008, S. 34; Weber/Zubler et al. 2008, S. 10; Krügerke 2009, S. 27.

1288 Vgl. Weber/Schäffer 2008, S. 33ff.; Florissen 2008, S. 90; Müller 2008, S. 225.

*Abbildung 25: Controlling als Risiko-Träger im Kontext von Normen und Rollen*

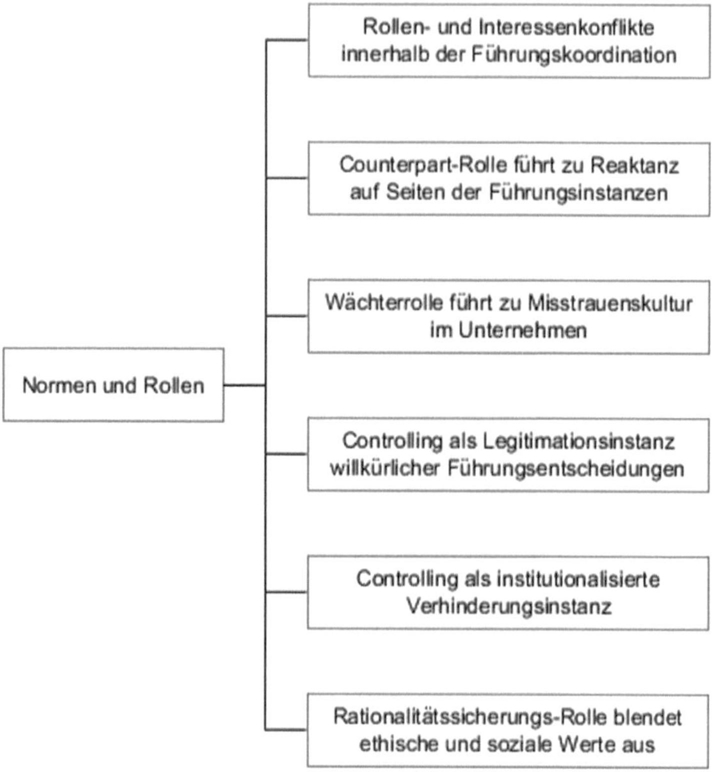


Im Hinblick auf **Rollen- und Interessenkonflikte innerhalb des Führungsgeschehens** sei noch einmal festgehalten, dass diese in sozialen Systemen bzw. Austauschbeziehungen keine ungewöhnliche Erscheinung sind. Dies wurde bereits zuvor dargelegt (s. Seite 111, »Interessen des Prinzipals und des Agenten«, Seite 207 »unterschiedliche Interessenbereiche«, Seite 250 »Interessen anderer Anspruchsgruppen«, sowie mit Bezug auf das institutionalisierte Controlling, Seite 45 »Rollenkonflikte von Akteuren«, Seite 47 und Seite 98 »Rollenkonflikte im Controlling«). Zudem besteht bei der Gestaltung von anreizbasierten Arbeitsverträgen zwischen Unternehmenseigentümern und ihren Führungsinstanzen ein grundsätzlicher Interessenkonflikt zwischen beiden Parteien hinsichtlich der Anreizsteuerung und der wahrheitsgemäßen Berichterstattung der

Führungsinstanzen.[1289] Sowohl aus der Agenturbeziehung zwischen Führungsinstanzen und Controlling (s. Seite 111, Seite 142), als auch im Zuge von anreizbezogenen Vergütungssystemen im Controlling sind damit Interessenkonflikte zwischen diesen beiden Akteuren begründbar.

Rollen- und Interessenkonflikte zwischen Führungsinstanzen und Controlling können sich aus unterschiedlichen Erwartungen beider Akteure zu den Rolleninhalten des Controllings ergeben.[1290] Führungsinstanzen, die im Controlling vornehmlich jene Instanz sehen, die ihnen bereits getroffene Entscheidungen im Nachhinein durch Bereitstellung entsprechender Berechnungen[1291] rechtfertigen, werden im Controlling zu Rollenkonflikten beitragen, wenn diese Akteure ihre Rolle als kritische Reflexionsinstanz im Führungsgeschehen[1292] betonen. Ebenso kann ein Rollenverständnis des Controllings als »Co-Führungsinstanz«[1293] bzw. »Business Partner«[1294] zu Konflikten mit dem Rollenverständnis von Führungsinstanzen bezüglich der Führungsaufgabe im Unternehmen führen.

Zum Risiko-Träger wird das Controlling im Zuge von Interessen- bzw. Rollenkonflikten dadurch, dass diese entweder seine Leistungsgrundlage bzw. seine Leistungsbereitschaft beeinträchtigen.[1295] Oder diese Konflikte berühren das Grundverständnis im Controlling hinsichtlich seiner Funktion als Sachwalter der Eigentümerinteressen innerhalb des Führungsgeschehens[1296]. Führen sozialer Druck bzw. Rollenkonflikte auf Seiten des Controllings zu Handlungen gegen die Unternehmens- bzw. Eigentümerinteressen[1297], können diese Risiken beinhalten, die anderen – internen und externen – Akteuren verborgen bleiben. Beispielsweise können die Akteure im Controlling von ihnen wahrgenommene

---

1289 Vgl. Baglioni/Colombo 2009, S. 287.

1290 Vgl. Goretzki/Weber 2010, S. 165; Goretzki/Weber et al. 2010, S. 56; Maas/Matějka 2009, S. 1235.

1291 Vgl. Weber/Schäffer 2008, S. 263 (zum »Hinrechnen« von Zahlen durch Controller); Rausch 2011, S. 159f. (Nutzung von Controlling-Systemen durch Führungsinstanzen zur Rechtfertigung von opportunistischen Handlungen).

1292 Vgl. Weber 2011, S. 39f.; Weber/Schäffer 2008, S. 34; Weber/Zubler et al. 2008, S. 10 (hier: zunehmende Bedeutung des Controllings als »kritischer Counterpart« gegenüber der Rolle des »Zahlenknechtes«); Pietsch/Scherm 2004, S. 545.

1293 Vgl. Weber 2011, S. 39.

1294 Vgl. Rissbacher/Rissbacher et al. 2008, S. 116.

1295 Vgl. Hartmann/Maas 2010, S. 32; Marginson/Bui 2009, S. 61.

1296 Vgl. Scherm/Pietsch 2003, S. 51; Wall 2008b, S. 229 (hier im Kontext der Corporate Governance).

1297 Vgl. Treviño/Weaver et al. 2006, S. 966 (unethisches Verhalten); Marginson/Bui 2009, S. 61 (dysfunktionales Verhalten).

Rollenkonflikte dadurch zu bewältigen suchen, indem sie diesen ausweichen und ihre Handlungen auf die Erwartungen anderer Akteure einstellen.[1298] Als Beispiel hierfür mag die Ausrichtung von Informationen an den Erwartungen der sie anfordernden Führungsinstanz stehen.[1299] Entsprechen beispielsweise die vom Controlling über das Berichtswesen den Führungsinstanzen zur Verfügung gestellten Informationen zum Zielerreichungsgrad nicht deren Erwartungen, kann dies zu Konflikten mit den betreffenden Führungsinstanzen führen.[1300] Controller, die im Vorweg einzelne Berichtsgrößen manipulieren, weil sie Konflikte aus einzelnen Führungsinstanzen nicht genehmen Ergebnisabweichungen vermeiden wollen, handeln eigennützig. Mit der Verzerrung von Berichtswesendaten ist darüber hinaus das Risiko verbunden, dass Problemfelder im betrieblichen Geschehen den unmittelbar und mittelbar Betroffenen nicht erkennbar werden.[1301] Damit geht das Risiko einher, dass Gegensteuerungsmaßnahmen zu spät, nicht problemadäquat bzw. gar nicht getroffen werden und das Unternehmen entweder unterhalb seiner ökonomischen Möglichkeiten bleibt oder schlimmstenfalls in seiner Existenz gefährdet ist.[1302]

Mit seiner Rolle als kritische Reflexionsinstanz innerhalb des Führungsgeschehens soll das institutionalisierte Controlling die Einhaltung ökonomischer Grundsätze in den Entscheidungen und Handlungen von Führungsinstanzen sicherstellen.[1303] Hiermit wird auf Seiten des Controllings ein Mitentscheidungs- bzw. Vetorecht verbunden.[1304] In diesem Zusammenhang lässt sich das Controlling als Risiko-Träger dahingehend verorten, als dass seine Einflussnahme auf

1298 Vgl. Hungenberg/Wulf 2011, S. 341 Konfliktvermeidung), S. 342 (Konfliktlösung durch Anpassung).

1299 Vgl. Paefgen 2008a, S. 178; Hungenberg/Wulf 2011, S. 334 (gefilterte Informationen).

1300 Vgl. Hoffjan/Trapp et al. 2011, S. 186.

1301 Vgl. Gleißner 2008, S. 95 (unzureichende Controlling-Systeme); Laux/Liermann 2005, S. 457 (unzureichende Informationen).

1302 Zur Bedeutung des Berichtswesens bzw. von Frühwarn-/Früherkennungssystemen vgl. Link 2009, S. 108 (Frühwarn- und Früherkennungssysteme im Controlling, mit weiteren Verweisen); Ruhnke 2008, S. 686f. (Früherkennung von Risiken); Weißenberger/Löhr 2008b, S. 11 (Berichtswesen im Risikocontrolling); Horváth 2009, S. 222 (strategisches Controlling und Existenzsicherung); zum kritischen Blick auf Früherkennungssysteme vgl. Weber/Schäffer 2008, S. 394f.

1303 Vgl. Weber 2011, S. 39f.; Birl/Hirsch et al. 2008, S. 254; Weber/Schäffer 2008, S. 34; Weber/Schäffer 1999, S. 733; zur kritischen Betrachtung der Counterpartfunktion vgl. Hirsch/Sorg 2006, S. 218.

1304 Vgl. Pietsch/Scherm 2004, S. 545; Peemöller 2005, S. 91; Rausch 2011, S. 138 (Einfluss des Controllings auf Entscheidungen von Führungsinstanzen); Wall/Greiling

Entscheidungen der Führungsinstanzen von diesen als unangemessene Einmischung in ihren originären Kompetenzbereich wahrgenommen wird. Die **Counterpart-Rolle führt zu Reaktanz auf Seiten der Führungsinstanzen** insbesondere dann, wenn die Akteure im Controlling ihren Anspruch bezüglich der Beteiligung an Führungsentscheidungen mit dem Hinweis auf die Bewältigung von kognitiven Begrenzungen bzw. Verzerrungen der betreffenden Führungsinstanzen[1305] begründen. Im Zusammenhang mit dem institutionalisierten Controlling weist Bardy auf Reaktanz von Führungsinstanzen bezüglich der Einrichtung von Controlling-Systemen ausdrücklich hin.[1306] Reagieren Führungsinstanzen auf die Einflussnahme des Controllings mit Reaktanz, bleiben die beabsichtigten Wirkungen von Controlling-Systemen aus.[1307] Darüber hinaus beinhaltet Reaktanz, dass der betreffende Akteur Informationen bzw. Handlungsempfehlungen nicht berücksichtigt, weil er sich hierdurch in seinem Handlungsspielraum beeinträchtigt sieht.[1308] Reaktanz kann als Widerstand gegenüber sozialer Einflussnahme in Akteursbeziehungen verstanden werden.[1309] Mit Bezug auf das Controlling als Instanz, die eben gerade auf Entscheidungen bzw. Handlungen von Führungsinstanzen Einfluss nehmen soll[1310], kann also Reaktanz als Abwehrhaltung von

---

2011, S. 94 (Lenkung des Entscheidungsverhaltens von Führungsinstanzen durch das Controlling).

1305 Vgl. Winter 2007, S. 65; Jonen 2008, S. 93f.; Wall/Kießling 2008, S. 76.

1306 Vgl. Bardy, Roland (2008): Qualitätsmanagement im Controlling, ZfCM – Zeitschrift für Controlling und Management, Jg. 52, Sonderheft 3, November 2008, S. 70–79, S. 75.

1307 Vgl. Grundei 2008, S. 146.

1308 Vgl. Polak, Benjamin/Herrmann, Andreas/Heitmann, Mark/Einhorn, Martin (2008): Die Macht des Defaults – Wirkung von Empfehlungen und Vorgaben auf das individuelle Entscheidungsverhalten, Zeitschrift für Betriebswirtschaft, Jg. 78, Heft 10, Oktober 2008, S. 1033–1060, S. , S. 1039 (Reaktanz aufgrund von Defaultwerten); Praxmarer 2009, S. 619 (Bedeutung von Reaktanz bezüglich Vertrauen und Opportunismus); Conway, Lucian Gideon/Salcido, Amanda/Gornick, Laura Janelle/Bongard, Kate Ashley/Moran, Meghan A./Burfiend, Chelsea (2009): When Self-Censorship Norms Backfire: The Manufacturing of Positive Communication and Its Ironic Consequences for the Perceptions of Groups, Basic and Applied Social Psychology, Jg. 31, Nr. 4, S. 335–347, S. 337 (tatsächliche bzw. empfundene Einschränkung des Handlungsspielraums und Reaktanz als Reaktion).

1309 Vgl. Seemann, Eric A./Carroll, Shelley J./Woordard, Amber/Mueller, Marie L. (2008): The Type of Threat Matters: Differences in Similar Magnitude Threats of Psychological Reactance, North American Journal of Psychology, Jg. 10, Nr. 3, S. 583–594, S. 584.

1310 Vgl. Weber 2011, S. 28; Kunz 2010, S. 391; Wall 2008a, S. 466ff.

Führungskräften auf die Einschränkung ihres Handlungsspielraumes eine nachvollziehbare Reaktion sein[1311].

Führen die Einrichtung eines Controlling-Systems bzw. die Handlungen der Akteure im Controlling zu Reaktanz auf Seiten der Führungsinstanzen, wird das institutionalisierte Controlling zum Risiko-Träger. Die betreffenden Führungsinstanzen werden versuchen, ihren Handlungsspielraum, den sie durch das Controlling eingeschränkt sehen, wiederzugewinnen.[1312] Dies kann mikropolitische Handlungen beinhalten – man versucht, die Beteiligung des Controllings an Entscheidungsprozessen zu hintertreiben oder wehrt sachlich objektive Hinweise dieses Akteurs mit dem Hinweis ab, man müsse diese noch einer genaueren Prüfung unterziehen.[1313] Dieses Verhalten beinhaltet das Risiko von zeitlich verzögerten Entscheidungen bzw. Steuerungsmaßnahmen. Kommt es aufgrund dessen zu negativen Entwicklungen bzw. Ergebnisabweichungen, werden die betreffenden Führungsinstanzen dies auf die Einflussnahme des Controllings schieben wollen. Die Akteure im Controlling werden ihrerseits aufzeigen, dass ihre Empfehlungen von den betreffenden Führungsinstanzen nicht umfänglich gewürdigt bzw. zeitgerecht umgesetzt wurden. Hieraus entstehende Pattsituationen beinhalten das Risiko, dass die Akteure sich auf die Verteidigung ihrer Positionen konzentrieren, anstatt das zugrunde liegende Problem zu lösen. Darüber hinaus ist eine solche Situation nicht dazu geeignet, das gegenseitige Vertrauen zwischen Führungsinstanzen und Controlling zu fördern.[1314]

Übergeordnete Leitungsinstanzen werden früher oder später entweder die Durchsetzungsfähigkeit, und damit die Wirksamkeit, des Controllings oder die Kooperationsbereitschaft der betreffenden Führungsinstanzen anzweifeln. Daraus entstehender Druck auf beide Akteure beinhaltet das Risiko, dass nunmehr beide Parteien mit Reaktanz gegenüber den Leitungsinstanzen reagieren oder sich, aus der Erklärungsnot ihres Fehlverhaltens, miteinander gegen die

1311 Vgl. Seemann/Carroll et al. 2008, S. 583.

1312 Vgl. Wellman, Justin A./Geers, Andrew L. (2009): Rebel Without a (Conscious) Cause: Priming a Nonconscious Goal for Psychological Reactance, Basic and Applied Social Psychology, Jg. 31, Nr. 1, S. 9–16, S. 9.

1313 Zum Ausweichverhalten im Reaktanz-Kontext vgl. Miron/Brehm 2006, S. 10; zu Rektanz im Kontext adverser Selektion und der individuellen Bewertung von Ausprägungen zukünftigen Bedauerns (»anticipated regret«) und der ex-post Bewertung einer akzeptierten Freiheitseinschränkung vgl. Crawford/McConnell et al. 2002, S. 57.

1314 Zur Bedeutung einer kogntiven Verarbeitung von Versuchen der Verhaltensbeeinflussung innerhalb sozialer Austauschbeziehungen vgl. Koch/Zerback 2013, S. 16.

übergeordnete Instanz verbünden – und sei diese Koalition auch nur zeitlich begrenzt[1315].

Reaktanz auf Seiten der Führungsinstanzen kann allerdings auch dazu führen, dass diese sich gegenüber dem Controlling zurückziehen. Vom Controlling aufgezeigte Probleme bzw. Problemlösungen werden scheinbar kommentarlos hingenommen, die Führungsinstanzen lassen die Akteure im Controlling gewähren, warten aber einen günstigen Zeitpunkt ab, in dem sie wieder die Oberhand gewinnen können. Ein solcher Zeitpunkt wäre beispielsweise dann gegeben, wenn die vom Controlling vorgeschlagenen – und in der Folge auch umgesetzten – Maßnahmen nicht den beabsichtigten Erfolg zeigt. Dies zum Anlass nehmend, verweisen die Führungsinstanzen auf die offenkundige Wirkungslosigkeit der betreffenden Problemlösung. Damit besteht zwar für das Unternehmen nach wie vor ein Problem, das möglicherweise bei einem adäquaten Engagement der Führungsinstanzen hätte vermieden werden können. Nach außen hin wird jedoch das Controlling zum »Sündenbock« gestempelt. Gegen diese Darstellung kann das Controlling sich unter Umständen nicht einmal wirksam verwehren, beinhaltet doch seine Beteiligung am Führungsgeschehen durchaus die Mitwirkung an Entscheidungen und damit zumindest partiell auch die Übernahme von Mitverantwortung.[1316] Das so ins »offene Messer« gelaufene Controlling wird diese Brüskierung höchstwahrscheinlich nicht auf sich beruhen lassen und bei nächster Gelegenheit den betreffenden Führungsinstanzen ihrerseits unzulängliche Entscheidungen bzw. deren Umsetzung nachzuweisen versuchen. Mit diesem gegenseitigen »Schlagabtausch« ist allerdings das Risiko verbunden, dass beide Akteure sich mehr und mehr in gegenseitigen »Grabenkämpfen« verlieren und die eigentlichen Problemstellungen des Unternehmens außer Acht lassen.

Eine andere Konstellation, in der das Controlling zum Risiko-Träger wird, ist mit seiner Rolle als »Wächter und Warner«[1317] im Führungsgeschehen verbunden. In dieser Rolle soll das Controlling die Unternehmensleitung vor Fehlverhalten nachgeordneter Führungsinstanzen warnen.[1318] In einer solchen Rollenausprägung des institutionalisierten Controllings liegt ein nicht unbeträchtliches Risiko: Die **Wächterrolle führt zu Misstrauenskultur im Unternehmen**, weil nachgeordnete Führungsinstanzen das Controlling nicht mehr als objektiven und

---

1315 Vgl. Maruschke 2007, S. 24 (Bildung von Koalitionen zur Abwehr Maßnahmen anderer).

1316 Vgl. Hartmann/Maas 2010, S. 29; Biel 2007, S. 9; Lingnau 2006, S. 18; Pietsch/Scherm 2004.

1317 Vgl. Hirsch/Sorg 2006, S. 218.

1318 Vgl. Hirsch/Sorg 2006, S. 218.

unabhängigen Partner[1319] ansehen, der ihnen bei der Bewältigung von Problemen behilflich ist, sondern als »Spürhund«[1320] der Unternehmensleitung agiert. Statt als »Brückenbauer«[1321] zwischen der Unternehmensleitung und den Führungsinstanzen zu wirken, wird das institutionalisierte Controlling hier zum Abbild des Misstrauens innerhalb der Führungsebenen und damit im Führungsgeschehen. Innerhalb komplexer Systeme – und dazu zählen auch soziale Systeme »Unternehmen« – braucht es Vertrauen, um die Risikoneigung des Systems in Grenzen zu halten.[1322] Kontrollmechanismen können innerhalb von Agenturbeziehungen aus Sicht der betroffenen Akteure als Ausdruck des Misstrauens bzw. geringen Leistungserwartungen ihnen gegenüber angesehen werden.[1323] Misstrauen bedingt allerdings gerade jene asymmetrischen Austauschbeziehungen[1324], die man mithilfe des institutionalisierten Controllings zu bewältigen sucht[1325].

Hier zeigt sich der – man könnte sagen – systemische Konflikt, in dem sich das institutionalisierte Controlling gegenüber anderen Akteuren und sich selber befindet. Entweder agiert das Controlling als »Büttel« der Unternehmensleitung. Dies reflektiert deren grundsätzliches Misstrauen ihren Führungsinstanzen[1326] gegenüber. Oder das Controlling sieht sich als jene Instanz innerhalb des Führungsgeschehens, die rationales Handeln erst ermöglicht[1327] und mithilfe derer ein koordiniertes Agieren von Führungsinstanzen[1328] sichergestellt wird. Hiermit

---

1319 Vgl. Hoffjan/Trapp et al. 2011, S. 188.

1320 Vgl. Weber 2010b, S. 93.

1321 Vgl. Rissbacher/Rissbacher et al. 2008, 120.

1322 Vgl. Luhmann 2003a, S. 118.

1323 Vgl. Falk/Kosfeld 2006, S. 1612.

1324 Vgl. Gargiulo/Ertug et al. 2009, S. 303.

1325 Vgl. Reißig-Thust 2010, S. 123 (Begrenzung opportunistischer Handlungen von Führungsinstanzen durch das Controlling); Gargiulo/Ertug et al. 2009, S. 303 (formalisiertes Berichtswesen zur Bewältigung asymmetrischer Austauschbeziehungen); Weber/Schäffer 2008, S. 39ff. (Ergänzungs- bzw. Begrenzungsaufgaben des Controllings gegenüber Führungsinstanzen);

1326 Vgl. Grundei 2008, S. 143.

1327 Zur Rationalitätssicherungsfunktion des Controllings vgl. Weber/Schäffer 2008, S. 33ff. (Rationalitätssicherung von Führungshandlungen); Florissen 2008, S. 90 (Rationalitätssicherung im Preismanagement); Müller 2008, S. 225 (rationalitätssichernde Funktion des Controllings im Finanzmanagement); Weber/Schäffer 1999, S. 736 (Rationalität als reflexives Gegengewicht des Controllings zu intuitiven Handlungen von Führungsinstanzen).

1328 Zum Koordinationsansatz des Controllings im Führungsgeschehen vgl. Horváth 2009, S. 100 u. S. 125; Küpper 2008, S. 47 u. S. 309; Horváth 2006, S. 129ff.

ist allerdings nicht nur die Frage verbunden, warum gerade denjenigen Akteuren, die mit der Führung und Steuerung von bzw. innerhalb der Unternehmen betraut sind, ein zur Ausübung ihrer Tätigkeiten erforderliches Maß an ökonomischer Vernunft fehlen sollte. Vielmehr ist kritisch zu hinterfragen, warum ausgerechnet die Akteure im Controlling über diese Fähigkeit verfügen und dann nicht mit der Leitung bzw. Steuerung der Unternehmensgeschicke an verantwortlicher Stelle betraut sind.

Unter diesem Blickwinkel lässt sich das Controlling als Risiko-Träger hinsichtlich seiner Wächterrolle und der aus ihr resultierenden Misstrauenskultur im Unternehmen aufzeigen. Führungsinstanzen, denen man das notwendige Maß an Rationalität im Führungsgeschehen abspricht, werden sich zur Absicherung ihrer Entscheidungen explizit auf das Controlling stützen. Damit besteht jedoch das Risiko, dass die Verantwortung für die betreffende Entscheidung – zumindest teilweise – auf einen anderen Akteur abgewälzt wird. Letztlich wäre somit keiner der Beteiligten verantwortlich für Fehlentscheidungen, demgegenüber haben positive Ergebnisse mehrere »Väter«. Beurteilt man diesen Befund mit Bezug auf die Ausgestaltung von anreizbasierten Vergütungssystemen, wird das Risiko aus gemeinsam getragenem Opportunismus der Akteure in den Führungsinstanzen und im Controlling erkennbar. Sie können in ihrem wechselseitigen Spiel aus Zielabstimmung, Zielformulierung und der zielbezogenen Steuerung mehr oder minder verzerrte ökonomische Wirklichkeiten schaffen – und diese mittels eines geeigneten Berichtswesens im Nachhinein bestätigen. Für das Unternehmen besteht so das Risiko, dass eigennützliche Handlungen einer bestimmten Akteursgruppe anderen gegenüber verborgen bleiben und diese Handlungen gleichsam eine Legitimierung durch das Controlling erhalten.[1329]

Wo Controlling-Systeme den Führungsinstanzen bei der Aufbereitung von Berichten zu ihrer Rechenschaftslegung behilflich sind, werden sie ihrer originären Zwecksetzung gerecht.[1330] Das Controlling als Informationsversorgungsinstanz sorgt in diesem Bezug für die Transparenz bezüglich der Zielerreichung von Führungsinstanzen.[1331] Die Qualität von Berichtswesensystemen hat auf das Verhalten von Führungsinstanzen bezüglich der Nutzung von Informationsasymmetrien anderen Anspruchsgruppen gegenüber eine moderierende Auswirkung.[1332] Unter diesem Aspekt lässt sich die Legitimationsfunktion des

1329 Vgl. Barua/Lin et al. 2010, S. 1485f.; Rausch 2011, S. 159f.

1330 Vgl. Velte/Stiglbauer et al. 2011, S. 125; Mundy 2010, S. 506; Feng/Li et al. 2009, S. 207; Biel 2007, S. 9.

1331 Vgl. Deyhle/Kottbauer et al. 2010, S. 34f.; Horváth 2009, S. 17f.

1332 Vgl. Hannan/Rankin et al. 2006, S. 890f.

institutionalisierten Controllings gegenüber Führungsinstanzen begründen.[1333] Agiert jedoch das **Controlling als Legitimationsinstanz willkürlicher Führungsentscheidungen**, handelt es entweder eigennützlich oder es folgt dem sozialen Druck[1334], den die betreffenden Führungsinstanzen ihm gegenüber ausüben. In beiden Fällen bewirkt das institutionalisierte Controlling die Legitimation der Entscheidungen von Führungsinstanzen, weil sie sich auf das Controlling als »Prüfinstanz« berufen[1335] Da offensichtlich diejenige Instanz, die Führungsinstanzen den Spiegel des kritischen Counterparts vorhalten soll, die Handlungen im Führungsgeschehen nicht beanstandet hat, können diese also nicht unrichtig sein. Auf diesen Konsenstrugschluss ist bereits hingewiesen worden (s. Seite 94, Seite 130 sowie Seite 154).

Legitimiert das Controlling willkürliche Führungsentscheidungen, indem es diese im Unternehmen durchsetzen hilft, macht es sich zum willfährigen »Handlanger« im Führungsgeschehen. Dies ist nicht nur deshalb mit Risiken verbunden, weil sowohl die betreffenden Führungsinstanzen, als auch das Controlling ihre Vertrauensbasis im Unternehmen verlieren. Vielmehr können auch die Führungsinstanzen sich im Grunde genommen nicht mehr uneingeschränkt auf die Akteure im Controlling stützen. Je intensiver ihr Druck auf das Controlling wird, desto eher werden dessen Akteure mit Reaktanz antworten.[1336] Schließlich wird ihr Handlungsspielraum mit jedem willkürlichen Machtspiel innerhalb des Führungsgeschehens geringer. Da allerdings auch der machtdominierende Akteur nicht beständig sein Gegenüber beeinflussen kann, wird die Machtausübung für ihn zu einem Entscheidungsproblem als solches.[1337] Damit findet eine Verschiebung von Entscheidungsproblemen innerhalb des Führungsgeschehens statt. Die betreffenden Führungsinstanzen sind mehr mit ihrer Machtausübung bzw. Machterhaltung befasst, als mit den eigentlichen Entscheidungsproblemen im Führungsgeschehen. Das Controlling kann hierbei aufgrund seiner fehlenden Distanz[1338] wenig behilflich sein. Im schlimmsten Fall ist es selber aktiver Part im mikropolitischen »Grabenkampf« geworden, weil es »im Windschatten« aus Reaktanz und Opportunismus sein eigenes Arbeitsleid wirksam verringern

---

1333 Vgl. Schiller-Merkens 2008, S. 40 (Legitimation von Institutionen mittels sinnzuweisende und normative Konstrukte).

1334 Vgl. Hartmann/Maas 2010, S. 28/30.

1335 Vgl. Scherm/Pietsch 2003, S. 51.

1336 Vgl. Hartmann/Maas 2010, S. 32.

1337 Vgl. Luhmann 2003a, S. 24f.

1338 Zum Problem fehlender kritischer Distanz des Controllings im Führungsgeschehen vgl. Weber 2011, S. 40; Hartmann/Maas 2010, S. 30.

kann.[1339] Mit Bezug auf die tendenzielle Filterung von Informationen gegenüber übergeordneten Hierarchieebenen[1340] birgt dieses aufgezeigte Bild das Risiko, dass Leitungsinstanzen faktisch blind in der Identifizierung von Problemen innerhalb des Führungsgeschehens sind. Ihnen fehlen sowohl entsprechend unverzerrte Informationen, als auch ein von solcherlei Mikropolitik unbelasteter Ansprechpartner.

Die nun folgende Beschreibung des Controllings als Risiko-Träger im Kontext von Normen und Rollen bezieht sich auf das **Controlling als institutionalisierte Verhinderungsinstanz** im Unternehmensgeschehen. In diesem Bezug ist sowohl die Legitimation von Führungsentscheidungen, als auch die Verhinderung von Entscheidungen durch das Controlling selber zu sehen.

Führungsinstanzen, die bestimmte Entscheidungen treffen bzw. nicht treffen wollen, können dieses Verhalten mit dem Verweis auf das Controlling anderen gegenüber rechtfertigen[1341]: »Das Controlling hat die Zahlen geliefert, so blieb mir keine andere Möglichkeit«. Dies kann sich beispielsweise auf das Ablehnen eines Investitionsvorhabens ebenso beziehen wie auf die Entscheidung, einen bestimmten Produktbereich aufzugeben. Unter diesem Blickwinkel wird das institutionalisierte Controlling von Führungsinstanzen zur Legitimierung unliebsamer Führungsentscheidungen benutzt. Der Eingriff in bzw. die Beschränkung von Verfügungsrechten anderer betrieblicher Akteure erfolgt hierbei mittelbar durch das Controlling und stellen gleichsam Verfügungsrechte im Controlling dar.[1342] Insbesondere mit dem Verweis auf das Controlling, dessen Berechnungen, Zahlen und scheinbar objektive Ratschläge, können Führungsinstanzen wirksam darauf hinweisen, dass ihnen »die Hände gebunden« seien.

Das Risiko einer solchen »Positionierung« des Controllings liegt in dessen schleichender Befestigung einer bestimmten Rolle im Unternehmen – die der bürokratischen Verhinderungsinstanz[1343] und dem damit verbundenen Vertrauensverlust gegenüber diesem Akteur. Dies kann bewirken, dass bestimmte Vorhaben bewusst vorbei am Controlling und auch den zuständigen Führungsinstanzen

1339 Vgl. Weber/Schäffer 2008, S. 426; Paefgen 2008b, S. 83.

1340 Vgl. Hungenberg/Wulf 2011, S. 334.

1341 Siehe hierzu S. 216 u. 259.

1342 Zu Verfügungsrechten als Beteiligung an Entscheidungen und Überwachungsmöglichkeiten vgl. Grandori 2005, S. 41; Deffains/Demougin 2006, S. 10, sowie zu Controlling-Systemen als Teil des organisationalen Machtgefüges: Minelli/Rebora et al. 2009, S. 943.

1343 Vgl. Schäffer/Schürmann 2010, S. 190 (hier: Barrierewirkung des Controllings, Verhinderung von Vorhaben).

durchgeführt werden. Beispielsweise werden größere Investitionsvorhaben in kleinere Teilvorhaben aufgeteilt, um so bestimmte Wertgrenzen zu unterlaufen, ab derer solche Vorhaben vom Controlling geprüft und von Führungs- bzw. Leitungsinstanzen genehmigt werden müssen. Damit geht allerdings das Risiko einher, dass auch solche Vorhaben realisiert werden, die bei objektiver Beurteilung nicht wirtschaftlich sind und durch deren Realisierung knappe Ressourcen nicht sinnvoll verwenden. Werden derlei Verhaltensweisen aufgedeckt, besteht zudem die Wahrscheinlichkeit, dass nunmehr die Akteure im Controlling aus sich heraus noch intensivere Prüfungen bezüglich der Umgehung von Genehmigungswegen durchführen bzw. über die zuständigen Führungs- bzw. Leitungsinstanzen die Ausweitung ihrer Genehmigungsprüfungen bewirken. Für das Unternehmen kann dies zu unnötig langen Wegen in der Genehmigung von Vorhaben führen. Eine derartige interne, sich selbst auferlegte, Blockade beinhaltet das Risiko, auf Umweltveränderungen nicht ausreichend schnell und flexibel reagieren zu können.

Im Fall, dass Führungsentscheidungen durch das Controlling unmittelbar verhindert werden, zeigt sich ebenfalls dessen risikobehaftete Wirkung im Unternehmen. Verhindert das Controlling Entscheidungen aus objektiv nicht nachvollziehbaren Gründen, kann dies mehrere Ursachen haben. So könnten die Akteure im Controlling ihre Rolle als interne Prüfinstanz nicht ausreichend gewürdigt sehen und aus diesem Grund einzelne Entscheidungen hintertreiben bzw. mithilfe manipulierter Bewertungsergebnisse als nicht sinnvoll attribuieren. Oder das Controlling sieht sich in der Rolle als »graue Eminenz«[1344] im Führungsgeschehen und versucht, durch seine Verhinderungstaktik sich eine vorteilhafte Verhandlungsposition gegenüber den Führungsinstanzen zu verschaffen. Darüber hinaus vermag auch ein überzogenes Selbstverständnis im Controlling bezüglich dessen Gewicht und Verantwortung innerhalb des Führungsgeschehens[1345] bewirken, dass dessen Akteure auch objektiv sinnvolle Vorhaben zunächst einmal blockieren. In jedem Fall wird das Controlling in diesem Bezug von den Führungsinstanzen als »Bremser«[1346] im betrieblichen Geschehen eingeordnet. Damit ist jedoch die Möglichkeit verbunden, dass die betreffenden Führungsinstanzen auf die Beschränkung ihres Handlungsspielraumes

1344 Vgl. Spillecke 2006, S. VII

1345 Vgl. Hoffjan/Trapp et al. 2011, S. 186 (eigenmächtige Ausdehnung der Aktivitäten des Controllings) und Maas/Matějka 2009, S. 1234 (funktionale Eingebundenheit des Controllings).

1346 Vgl. Weber/Zubler et al. 2008, S. 35; Goretzki/Weber et al. 2010, S. 56.

mit Reaktanz antworten (s. »Reaktanz von Führungsinstanzen«, S. Seite 240).[1347] Diese Reaktion beinhaltet allerdings das Risiko, dass die Rolle des Controllings als »Hüter der ökonomischen Vernunft«[1348] auch in solchen Fällen wirkungslos wird, in denen seine Begrenzungsaufgaben[1349] gegenüber Führungsinstanzen berechtigt sind.

Wurde bislang das Controlling als Risiko-Träger im Zusammenhang mit dessen Rollen innerhalb des Führungsgeschehens bzw. hieraus resultierenden Rollen- und Interessenskonflikten betrachtet, soll nunmehr eine andere Perspektive eingenommen werden. Diese bezieht sich auf die Fokussierung des Controllings auf dessen Rollen als »Planungstechniker« und »Rationalitätssicherungsinstanz« im Führungsgeschehen. Beide sollen in der Folge mit der Rationalitätssicherungs-Rolle umfasst werden, denn letztlich ist das Vorgehen ökonomischer Akteure bzw. Institutionen als planvolles und zielgerichtetes Entscheiden und Handeln beschrieben.[1350] Controller repräsentieren die ökonomische Realität der von ihnen betreuten Bereiche innerhalb des Unternehmens.[1351] Ihre Beteiligung am Führungsgeschehen soll die ziel- bzw. ergebnisorientierte Führung und Steuerung von Unternehmen sicherstellen. In diesem Sinne kann man das Controlling als Institution zur Absicherung der ökonomischen Rationalität innerhalb des sozialen Systems »Unternehmen« ansehen. Ein ausschließlich an diesem Rationalitätsphänomen ausgerichtetes Controlling beinhaltet jedoch ein systemisches Risiko: Die so eingeschränkte Sicht des Controllings auf seine **Rationalitätssicherungs-Rolle blendet ethische und soziale Werte aus**. Dies soll anhand der von Habermas verwendeten Rationalitätsbegriffe verdeutlicht werden.

Habermas benennt vier Perspektiven auf den Begriff »Rationalität«: (1) Diskursrationalität, sie umfasst die rationale Äußerung und Reflexion von Aussagen; (2) epistemische Rationalität, sie beinhaltet das Wissen um und Erkennen von Wahrheiten; (3) teleologische Rationalität, sie bezieht sich auf das zielgerichtete

1347 Zum Problem des wahrgenommenen Machtverlustes von Führungsinstanzen gegenüber dem Controlling vgl. Schreiber 2010, S. 3 u. 73; Birl/Hirsch et al. 2008, S. 255; zum Spanungsfeld des Controllings bezüglich Vertrauen und Kontrolle gegenüber Führungsinstanzen, Reimer/Orth 2008, S. 200.

1348 Vgl. Deyhle/Kottbauer et al. 2010, S. 31; Weber/Schäffer 2008, S. 15.

1349 Vgl. Weber/Schäffer 2008, S. 38ff.; Reißig-Thust 2010, S. 123.

1350 Vgl. Kieser/Walgenbach 2007, S. 6 (Organisationen, die durch ihren Zielbezug gekennzeichnet sind); Schreyögg/Koch 2007, S. 10 (Planung und zielorientierte Steuerung als Führungsaufgaben); Damodaran 2008, S. 370 (rational handelnde Akteure); Chiapello 2009, S. 125 (Institutionen und ökonomische Realität).

1351 Vgl. Hartmann/Maas 2010, S. 29.

Handeln von Akteuren; (4) kommunikative Rationalität, sie bezeichnet die verständigungsorientierte Verwendung sprachlicher Ausdrücke.[1352]

Können Akteure ihr Handeln bzw. ihre Orientierung an Geltungsansprüche begründen und sind sie zur Selbstreflexion auf ihr normenreguliertes Handeln fähig, verhalten sie sich nicht nur rational, vielmehr *sind* sie rational im Sinne diskursiver Rationalität.[1353] Ihr Verhalten und ihre Reflexion auf dieses bedeutet „eine reflexive Einstellung [...] zu eigenen Meinungen und Überzeugungen"[1354]. Unter der Perspektive epistemischer Rationalität ist eine ausschließliche Kenntnis eines Akteurs von Tatsachen, die „in wahren Urteilen wiedergegeben werden könnten"[1355], nicht ausreichend, um diese Tatsachen zu erkennen, denn dies erfordert dass die Akteure „zugleich wissen, warum die entsprechenden Urteile wahr sind"[1356]. Mit Bezug auf die ökonomische Rationalität als Perspektive des Controllings stellt sich jedoch die Frage, ob dieser Akteur im Führungsgeschehen zur Selbstreflexion auf seine normen- bzw. rollenbestimmten Handlungen fähig und bereit ist.

Ökonomische Rationalität als soziales Konstrukt[1357] stellt den Beziehungsrahmen der Akteure im Führungsgeschehen dar. Was ökonomisch vernünftig ist, unterliegt somit einer kontingenten Bestimmung. Damit erhält das Controlling bezüglich seiner rationalitätssichernden Funktion denjenigen normativen Kontext, innerhalb dessen es seine Aufgaben als »Wächter und Warner« ausgestaltet. Ob die von diesem Akteur verfolgte Rationalität seiner Selbstreflexion[1358] standhält, ist zumindest insofern fraglich, als dass auch Controller Rationalitätsdefiziten bzw. eigennützlichen Handlungen unterliegen.[1359] Kann diese Selbstreflexion vom Controlling nicht geleistet werden, stellt sich die Frage, ob dieser Akteur dann wissen kann, ob die von ihm im Zuge seiner Einflussnahme auf das Führungsgeschehen aufgezeigten Sachverhalte im Sinne epistemischer Rationalität wahr sind. Das Benennen von Ergebnisabweichungen, Kostensenkungspotenzialen

1352 Vgl. Habermas 2009b, S. 108ff.
1353 Vgl. Habermas 2009b, S. 109.
1354 Habermas 2009b, S. 109.
1355 Habermas 2009b, S. 111.
1356 Habermas 2009b, S. 111.
1357 Vgl. Weber/Schäffer 1999, S. 734; Weber/Schäffer 2008, S. 45.
1358 Zum Ansatz der reflexiven Rationalität vgl. Kirsch, Werner (1997): Kommunikatives Handeln, Autopoiese, Rationalität. Kritische Aneignungen im Hinblick auf eine evolutionäre Organisationstheorie, 2., überarbeitete und erweiterte Auflage, München: Verlag Barbara Kirsch, S. 398.
1359 Vgl. Paefgen 2008b, S. 81; Paefgen 2008a, S. 3; Weber/Schäffer 2008, S. 263.

bzw. Bewertungsergebnissen mag das Fakten- und Methodenwissen des Controllings vordergründig belegen. Mit der Anwendung unterschiedlicher Bewertungsverfahren ist jedoch auch eine Vielfalt in den rechnerischen Ergebnissen aus ihnen verbunden. Damit stellt sich nicht nur die Frage, wie diese Ergebnisse zu beurteilen – im Entscheidungskontext zu bewerten – sind. Vielmehr ist zu klären, ob in der Auswahl eines bestimmten Verfahrens nicht eine kontingente Wahrheit erst geschaffen wird. Mit der Wahl der Bewertungsmethode sowie in der Kommunikation und Interpretation ihrer Ergebnisse vermögen die Akteure im Controlling einen nicht unbeträchtlichen Einfluss auf die Entscheidungen von Führungsinstanzen zu nehmen.[1360]

Die oben dargelegten Sachverhalte sind im Zusammenhang mit dem Controlling als Risiko-Träger im Rahmen seiner Rationalitätssicherungsfunktion von Bedeutung. Fokussiert sich das Controlling auf die »bewertungstechnische« Beurteilung von betrieblichen Tatbeständen, schränkt es nicht nur seine eigene, sondern auch die Sicht der von ihm begleiteten Führungsinstanzen ein.[1361] Damit besteht die Möglichkeit, dass Interessen von einzelnen Anspruchsgruppen an das Unternehmen nicht berücksichtigt werden.[1362] Zu diesen Interessen zählen beispielsweise der Erhalt eines Arbeitsplatzes mit einer auskömmlichen Bezahlung, der Erhalt der ökologischen Umwelt oder die Berücksichtigung ethischer Grundsätze im Umgang im Rahmen der Unternehmensführung.[1363]

1360 Zur Deutungshoheit über bestimmte ökonomische Begriffe s. S. **75.**, S. 116, S. 119.; zum Einfluss des Controllings innerhalb des Führungsgeschehens vgl. Heine 2011, S. 263; Weber 2011, S. 35; Hartmann/Maas 2010, S. 43.

1361 Zum Problem der einseitig ökonomischen Betrachtung sozialer Wirklichkeit und ihrer Konstruktion durch das Controlling vgl. Lang 2004, S. 66.

1362 Zur Aufgabe von Führungsinstanzen, bezüglich der Berücksichtigung und Zusammenführung von Stakeholderinteressen vgl. Rausch 2011, S. 149f.

1363 Zur Auseinandersetzung mit unterschiedlichen Stakeholder-Interessen vgl. Dyckhoff, Harald/Souren, Rainer (2008): Nachhaltige Unternehmensführung. Grundzüge industriellen Umweltmanagements, Berlin [u.a.]: Springer-Verlag, S. 106ff.; Schwegler 2008, S. 216f. (Glaubwürdigkeit in Unternehmens-Stakeholderbeziehungen); Franken 2007, S. 216ff. (ökonomische Rationalität und soziale Verantwortung von Unternehmen); Pfriem, Reinhard (2008): Corporate Governance. Die Unternehmung als gesellschaftlicher Akteur, in: Freidank, Carl-Christian/Baetge, Jörg/Lachnit, Laurenz (Hrsg.): Controlling und Rechnungslegung. Aktuelle Entwicklungen in Wissenschaft und Praxis, Wiesbaden: Gabler Verlag, S. 489–501, S. 491 (zur Rolle und Verantwortung von Unternehmen im gesellschaftlichen Kontext); Baron, David P. (2009): A positive Theory of Moral Management, Social Pressure, and Corporate Social Performance, Journal of Economics & Management Strategy, Jg. 18, Nr. 1/Frühjahr 2009,

Die Ausblendung ethischer und sozialer Werte im Rahmen von ökonomischen Entscheidungen und Handlungen[1364] beinhaltet jedoch das Risiko fehlender gesellschaftlicher Akzeptanz bzw. der Bildung von Koalitionen auf Seiten der Anspruchsgruppen des Unternehmens.[1365] Als Beispiele hierfür mag die kritische Auseinandersetzung der Öffentlichkeit mit Investitionen von Finanzinstituten in Lebensmittelkontrakte bzw. mit Arbeitsbedingungen ausgelagerter Produktionsstätten in Niedriglohnländern dienen.[1366] Mit dem Aufzeigen von Möglichkeiten zur Kostenreduzierung oder Ausnutzung von Verhandlungsvorteilen in Arbeits-, Beschaffungs- und Absatzmärkten trägt das Controlling zur Konstruktion einer ökonomischen Realität bei. Diese als unabdingbar zu formulieren, die Verantwortung für die Konsequenzen aus solcherlei Maßnahmen jedoch bei den betreffenden Führungsinstanzen zu argumentieren, greift nicht nur zu kurz. Vielmehr erscheint ein solches Verhalten auch vor dem Hintergrund des eigenen Anspruchs des Controllings an die Nachhaltigkeit von Maßnahmen[1367]

S. 7–43, S. 14 (externe Faktoren als Determinanten für die Unternehmensführung bzw. Unternehmensaktivitäten).

1364 Zur Ausrichtung von Austauschbeziehungen ökonomischer Akteure an ethischen Grundsätzen vgl. Petersen, Jendrik (2003): Dialogisches Management, Frankfurt am Main: Peter Lang, S. 219f.

1365 Vgl. Marek, Daniel (2010): Unternehmensentwicklung verstehen und gestalten. Eine Einführung, Wiesbaden: Gabler Verlag, S. 82f. (hier im Kontext der Unternehmensentwicklung); Bakker, Frank G. A. de/den Hond, Frank (2008): Introducing the Politics of Stakeholder Influence: A Review Essay, Business & Society, Jg. 47, Nr. 1/März 2008, S. 8–20, S. 11f.; Zietsma, Charlene/Winn, Monika I. (2008): Building Chains and Directing Flows: Strategies and Tactics of Mutual Influence in Stakeholder Conflicts, Business & Society, Jg. 47, Nr. 1/März 2008, S. 68–101, S. 68f.

1366 Vgl. Irwin, Scott H./Sanders, Dwight R. (2011): Index Funds, Financialization, and Commodity Futures Markets, Applied Economic Perspectives and Policy, Jg. 33, Nr. 1, S. 1–31, S. 2f. (Warenterminkontrakte und Spekulationsblasen); Chan, Debby (2011): Activist Perspective: The Social Cost Hidden in the Apple Products, Journal of Workplace Rights, Nr. 15, 3–4/2010–2011, S. 363–365, S. 364 (Arbeitsbedingungen und Sicherheitsstandards im Kostenwettbewerb); Snyder, Jeremy (2010): Exploitation and Sweatshop Labor: Perspectives and Issues, Business Ethics Quarterly, Jg. 20, Nr. 2 (April 2010), S. 187–213, S. 188ff. (Ausnutzung von asymmetrischen Machtbeziehungen zu Stakeholdern von Unternehmen); Locke, Richard M./Qin, Fei/Brause, Alberto (2007): Does Monitoring Improve Labor Standards? Lessons from Nike, Industrial and Labor Relations Review, Jg. 61, Nr. 1 (Oktober 2007), S. 3–31, S. 8 (unfaire Arbeitsbedingungen, Lohndumping und Kinderarbeit).

1367 Vgl. Weber, Jürgen/Goretzki, Lukas/Meyer, Timo (2012): Nachhaltigkeit als neues Aufgabenfeld für Controller – Ergebnisse der WHU-Zukunftsstudie, ZfCM – Zeit-

sowohl aus der Perspektive der diskursiven, als auch der epistemischen Rationalität widersprüchlich.

### 5.4.4 Zusammenfassung

Die obigen Ausführungen haben die Darlegung des Controllings als Risiko-Träger im Kontext unterschiedlicher Bezugselemente zum Inhalt umfasst. Die dort aufgezeigten Risiken sind in ihrem Detaillierungsgrad allerdings nicht geeignet, dem Leser einen zusammenfassenden Überblick zum Controlling als Risiko-Träger zu verschaffen. Eine solche Darstellung soll mit diesem Kapitel erfolgen. Dazu bedarf es zunächst einer geeigneten Aggregationsebene.

Eine solche Verdichtungsebene liegt in Form von konzeptionellen Ansätzen des institutionalisierten Controllings vor.[1368] Mit Bezug auf in der Literatur behandelte Kernkonzepte des institutionalisierten Controllings lassen sich risikobehaftete Handlungen dieses Akteurs im Kontext des Führungsgeschehens zusammenfassend darlegen. Dabei steht nicht die Auseinandersetzung mit den charakteristischen Merkmalen dieser Controlling-Konzepte im Vordergrund. Vielmehr wird auf Basis der mit ihnen verbundenen Bezugselemente – Informationsversorgung, Koordination im Führungsgeschehen, Rationalitätssicherung der Führung und Kognitionsorientierung – ein Rahmen aufgespannt, innerhalb dessen die Perspektiven auf das Controlling als Risiko-Träger – Macht und Hierarchie, sozialer Austausch und Verhandlung, Normen und Rollen – Eingang finden. Damit zeigt sich folgende Darstellung des Controllings als Risiko-Träger.

Im Zuge seiner **Informationsorientierung** soll das Controlling den Führungsinstanzen entscheidungsnützliche Informationen zur Verfügung stellen, damit diese ihre Aufgaben im Zusammenhang mit der Führung und Steuerung des Unternehmens problemlösungsorientiert erfüllen können.[1369]

Risikobehaftete Handlungen können sich in diesem Zusammenhang daraus ergeben, dass die Akteure im Controlling ihrer Informationsversorgungsfunktion

schrift für Controlling und Management, Jg. 56, Heft 4, Juni 2012, S. 242–248, S. 243 (Controlling als »Business Partner« innerhalb der nachhaltigen unternehmensführung); Weber/Georg et al. 2010, S. 395f. (Rolle des Controllings innerhalb der nachhaltigen Unternehmensführung); Meckl/Horzella 2010, S. 429 (Nachhaltigkeit im M&A Controlling); Mahlendorf/Rehring et al. 2011, S. 63f. (Kennzahlen und Berichtswesen im Kontext nachhaltiger Unternehmensführung); Parvis-Trevisany 2006, S. 233 (nachhaltige Wirkung und Nutzung von Controllinginstrumenten).

1368 Siehe hierzu Kapitel 2.2, Seite 35ff. »Konzeptansätze des Controllings«.

1369 Vgl Berens/Knauer et al. 2013, S. 226f.;. Hungenberg/Wulf 2011, S. 453; Weber/Georg et al. 2010, S. 398; Wall 2008a, S. 470.

gegenüber Führungsinstanzen nicht zeitgerecht bzw. inhaltlich nicht adäquat nachkommen. Dies kann in eigenen kognitiven Begrenzungen ebenso begründet liegen wie in gemeinsam mit den betreffenden Führungsinstanzen geteilten Verzerrungen ökonomischer Tatbestände. Darüber hinaus unterliegen auch die Akteure im Controlling opportunistischen Verhaltensweisen, etwa im Zusammenhang mit der Planung eigener Karrierewege oder der Nutzung von anreizbasierten Vergütungssystemen. Informationsverzerrungen bzw. -asymmetrie können auf Seiten der Führungsinstanzen zu Fehlentscheidungen bzw. nicht adäquaten Steuerungshandlungen führen. Darüber hinaus können fehlende bzw. verzerrte Informationen im Führungskontext zu Verzerrungen in der Berichterstattung der Führungsinstanzen innerhalb des Führungsgeschehens und an die Eigentümer des Unternehmen führen. Damit wird im schlimmsten Fall ein Bild zur ökonomischen Lage des Unternehmens geschaffen, dass nicht der Wahrheit entspricht. Derlei Konstrukte verzerrter ökonomischer Wirklichkeit sind den betreffenden Prinzipalen (übergeordnete Hierarchieebenen und Eigentümer) systemisch nicht erkennbar und beinhalten grundsätzlich ökonomische bzw. rechtliche Risiken.

*Abbildung 26: Ableitung des Controllings als Risiko-Träger im Kontext seiner Informationsorientierung*

| | **Macht und Hierarchie** | **Sozialer Austausch und Verhandlung** | **Normen und Rollen** |
|---|---|---|---|
| **Informations-orientierung des Controllings** (Controlling als Informationsversorgungsfunktion im Führungsgeschehen) | ▪ Fehlende Einschätzung zu Risiken aus Ergebnisabweichungen.<br>▪ Verschleierung von Auswirkungen unzulänglicher Führungskonzepte.<br>▪ Verschleierung von Risiken im Führungsgeschehen.<br>▪ Willkürliche Strukturierung organisationaler Wirklichkeit. | ▪ Verzerrungen in Entscheidungen aufgrund von Ankereffekten.<br>▪ Konstrukte verzerrter Realität aus Framingeffekten.<br>▪ Fehlende Transparenz führt zu Vertrauensverlust nach außen.<br>▪ Verzerrung in der Informationsversorgung des Controllings verschleiert Problemfelder bzw. betriebliche Risiken.<br>▪ Verletzung von Anforderungen bzw. Vorschriften zur Risikoberichterstattung.<br>▪ Controlling nutzt Informationsasymmetrie zur Verfolgung eigennützlicher Ziele. | ▪ Controlling richtet Ergebnisgrößen an den Erwartungen der Führungsinstanzen aus.<br>▪ Gezielte Filterung von Informationen im Controlling und dessen Versagen als objektive Informationsversorgungsinstanz im Führungsgeschehen.<br>▪ Controlling versagt als »verlässlicher Berichterstatter«. |

Innerhalb seiner **Koordinationsorientierung** soll das Controlling die Abstimmung einzelner Teilbereiche des Führungssystems übernehmen und damit die Wirksamkeit von Maßnahmen im Führungszyklus sicherstellen.[1370] Mit seiner Koordinationsfunktion erhält das institutionalisierte Controlling Zugriff auf organisationale Unsicherheitszonen, die es zur Durchsetzung eigener Interessen im Unternehmensgeschehen nutzen kann. Risikobehaftet sind Handlungen des Controllings dann, wenn es innerhalb des Führungsgeschehens aktiv Entscheidungsmacht übernimmt bzw. von den betreffenden Führungsinstanzen das Heft des Handelns übertragen bekommt.

Unabhängig von der Frage nach der Entscheidungsbefugnis innerhalb der zielorientierten Steuerung des Unternehmens wird das Controlling zum Risiko-Träger, sofern es seiner Koordinationsfunktion im Führungsgeschehen nicht gerecht wird, weil seine Akteure aufgrund von kognitiven Begrenzungen wesentliche Steuerungsgrößen nicht erkennen bzw. nicht adäquate Gegensteuerungsmaßnahmen formulieren. Im Grenzfall wird das Controlling zum »Sündenbock« für Fehlentscheidungen von Führungsinstanzen gestempelt, weil es im Zuge seiner Koordinationsorientierung sich nicht eindeutig von der Verantwortung für Führungsentscheidungsen abgegrenzt hat. Am anderen Ende des Spektrums risikobehafteter Handlungen des Controllings agiert dieser Akteur als »graue Eminenz« innerhalb des Führungsgeschehens, ohne deren Beteiligung an Entscheidungsprozessen nichts umgesetzt wird. Aus dieser Rolle heraus lassen sich asymmetrische Konfliktbeziehungen zwischen Controlling und Führungsinstanzen erklären, die deshalb risikobehaftet sind, weil in ihnen der Konflikt die Suche nach sachorientierten Lösungen dominiert. Im Grenzfall ziehen sich Führungsinstanzen aus ihrer Verantwortung zurück und lassen das Controlling »ins offene Messer laufen«. Wälzt das Controlling in dieser Situation die Verantwortung aus Fehlentscheidungen eigennützlicher Interessen auf die betreffenden Führungsinstanzen ab, liegt das Risiko in der Versteigung und Eskalation mikropolitischer Grabenkämpfe im Führungsgeschehen.

Wird das institutionalisierte Controlling zum »Spürhund« bzw. »Handlanger« im Führungsgeschehen, beinhaltet dies Risiken aus entstehendem Misstrauen bzw. erodierender Akzeptanz des Controllings im Unternehmen. Misstrauen beinhaltet grundsätzlich das Problem, dass einzelne Akteure nicht mehr offen mit Problemstellungen im betrieblichen Geschehen umgehen. Wo dem Controlling gezielt Probleme vorenthalten werden, kann es seiner Koordinationsfunktion nicht mehr entsprechen, ihm fehlen wesentliche »Koordinaten« zur Abstim-

1370 Vgl. Horváth 2009, S. 100 und S. 125; Küpper 2008, S. 47.

mung von Entscheidungsprozessen und Maßnahmen zur Gegensteueurung. Risikobehaftet ist die Rolle des »Spürhundes« deshalb, weil sie auf das Aufdecken von Problemen und die Zuweisung von Schuld[1371] ausgerichtet sein kann. Damit ist ein Ausweichen der betreffenden Akteure vor derjenigen Instanz verbunden, die als »Spion« der Führungsinstanzen bzw. übergeordneten Hierarchieebenen betrachtet wird. Eine vertrauensvolle Zusammenarbeit mit den Akteuren im Controlling ist unter dieser Perspektive nicht mehr möglich. Dies gilt auch, unter veränderten Bedingungen, für das Controlling als »Handlanger« der Führungsinstanzen. Hier wird die Koordinationsfunktion des Controllings dadurch persifliert, dass seine Akteure zu »Erfüllungsgehilfen« in der Realisierung von Führungsentscheidungen degradiert werden. Risikobehaftet ist eine solche Konstellation, weil das Controlling seine objektive bzw. objektivierende Position im betrieblichen Geschehen verliert und damit von den betroffenen Fachstellen in Konflikt- bzw. Problemsituationen als »vorbelastet« angesehen wird. Geht hiermit ein gezieltes Umgehen des Controllings bzw. von Genehmigungs- und Berichtswegen einher, wird das Controlling zum Risiko-Träger aus seiner »Verhaftung« durch Führungsinstanzen und ihren Interessen im Unternehmensgeschehen. Erwehren sich die Akteure im Controlling dieser »Umklammerung« nicht nur, sondern nutzen sie ihrerseits zur Verfolgung eigennützlicher Interessen – beispielsweise im Zusammenhang mit ihrer Karriereplanung oder Einkommensverbesserung –, liegt das Risiko in gemeinsam zwischen Controlling und Führungsinstanz abgestimmten opportunistischen Handlungen. Diese können anderen wirksam verborgen werden, da mit dem Controlling ein Akteur involviert ist, der aufgrund seines speziellen Wissens- bzw. Kompentenzvorsprunges anderen Instanzen derlei Handlungen systematisch verschleiern kann.

---

1371 In diesem Zusammenhang weist Horváth 2006, S. 12, auf einen Grundsatz hin, wonach Plan-Ist-Abweichungen sich aus Veränderungen in der betrieblichen Umwelt ergeben und kein Anlass für Schuldzuweisungen sein sollten.

*Abbildung 27: Ableitung des Controllings als Risiko-Träger im Kontext seiner Koordinationsorientierung*

| | Macht und Hierarchie | Sozialer Austausch und Verhandlung | Normen und Rollen |
|---|---|---|---|
| **Koordinations-orientierung des Controllings** (Controlling als Subsystem der Führung zur Koordinierung des Führungsgeschehens) | ▪ Controlling wird zur »Schattenmacht« im Führungsgeschehen.<br>▪ Fehlentscheidungen und nicht zielgerechte Steuerung im Führungsgeschehen.<br>▪ Controlling untergräbt Budgetverantwortung von Führungsinstanzen.<br>▪ Controlling als Entscheidungsinstanz ohne Verantwortungsübernahme.<br>▪ Führungsinstanzen überlassen Controlling das Heft des Handelns im Führungsgeschehen. | ▪ Controlling als »graue Eminenz« bewirkt Ausprägung von Misstrauenskultur innerhalb des Führungsgeschehens.<br>▪ Entstehen von asymmetrischen Konfliktbeziehungen im Führungsgeschehen.<br>▪ Mikropolitik im Controlling nutzt Führungsinstanzen zur Durchsetzung eigener Interessen im Führungsgeschehen.<br>▪ Controlling wälzt Verantwortung aus eigennützlichen Handlungen auf die Führungsinstanzen ab.<br>▪ Führungsinstanzen ziehen sich aus der Verantwortung zurück. | ▪ Controlling als »Sündenbock« reagiert mit Reaktanz im Führungsgeschehen.<br>▪ Gegensteuerungsmaßnahmen werden zu spät erkannt bzw. nicht problemadäquat eingeleitet.<br>▪ Mikropolitische Handlungen von Führungsinstanzen zur Hintertreibung des Controllings als Partner im Führungsgeschehen.<br>▪ Controlling als »Spürhund« der Führungsinstanzen wird zum Abbild des Misstrauens im Unternehmen.<br>▪ Aufeinander abgestimmtes Verhalten von Controlling und Führungsinstanzen zur Verschleierung opportunistischer Handlungen.<br>▪ Controlling als »Handlanger« der Führungsinstanzen verliert Akzeptanz im Unternehmen.<br>▪ Gezieltes Umgehen von Prüfprozessen und Genehmigungswegen durch Führungsinstanzen bzw. andere Akteure.<br>▪ Intensivierung von Kontrollhandlungen verlangsamt Reaktion auf bzw. Bewältigung von Umweltänderungen.<br>▪ Vernachlässigung von Interessen anderer Stakeholder führt zur Bildung fallweiser Koalitionen und Bedrohung der ökonomischen Existenzbasis des Unternehmens. |

Mit der **Rationalitätssicherungsorientierung** des Controllings ist dessen Anspruch an die Sicherstellung ökonomischer Vernunft im betrieblichen Geschehen verbunden.[1372] Die Akteure im Controlling sollen Entscheidungen und Handlungen von Führungsinstanzen sowohl durch geeignete Informationen und Methoden unterstützen, als auch die Rolle des »kritischen Gegenspielers« im Führungsgeschehen übernehmen und den betreffenden Akteuren den Spiegel der »ökonomischen Moral« vorhalten bzw. im Grenzfall einschreiten, um nicht adäquate Maßnahmen zu verhindern. Gleichwohl, auch diese konzeptionelle Ausrichtung des Controllings ist risikobehaftet.

In seiner Rolle als »kritischer Counterpart« zu den Führungsinstanzen vermag das institutionalisierte Controlling zwar grundsätzlich das – aus seiner Sicht – erforderliche Maß an ökonomischer Vernunft im betrieblichen Geschehen einzufordern. Seine Akteure sind damit aber nicht zwangsläufig frei von eigenen Begrenzungen im Hinblick auf ökonomische Sachverhalte. So zeigt sich beispielsweise mit Bezug auf die Agenturbeziehung zwischen Führungsinstanzen und Controlling, dass auch die Akteure im Controlling eigennützliche Ziele verfolgen, die sich mithilfe ihres Informationsvorspunges gegenüber den von ihnen betreuten Instanzen erfolgreich durchsetzen lassen. Da das Controlling als scheinbar objektive Instanz zur Wahrung ökonomischer Rationalität im Führungsgeschehen die Handlungen von Führungsinstanzen kritisch hinterfragt und gegebenenfalls eingrenzt, stellt sich die Frage, wer das Controlling in dieser Funktion selber überwacht. Wo dessen Akteure als Korrektiv zu eigennützlichen Handlungen von Führungsinstanzen versagen, bleiben anderen Beteiligten des organisationalen Spiels »Unternehmen« hiermit verbundene Risiken verborgen. Paradoxerweise lassen sich derlei Handlungen des Controllings aus rationalen Erwägungen heraus begründen, z.B. die willkürliche Begrenzung bei der Beschaffung von Informationen aus dem Motiv der Verringerung eigener Arbeitsbelastung, die Nutzung von Budgetpuffern zur eigenen Einkommensverbesserung im Rahmen anreizbezogener Vergütungssysteme oder die gezielte Vermittlung einer bestimmten ökonomischen Realität im Zuge des Berichtswesens zur Verschleierung unrealistischer Planungsgrößen.

Da das Controlling als »Wächter und Warner« nicht nur die Rationalität im Führungsgeschehen sicherstellen soll, sondern hierbei auch die Hoheit über die erforderlichen Methoden bzw. Bewertungsverfahren besitzt, kann dieser Akteur in einem nicht unerheblichen Ausmaß darüber bestimmen, was innerhalb seiner sozialen Austauschbeziehung mit den Führungsinstanzen als rational anzusehen

1372 Vgl. Weber/Schäffer 2008, S. 33f.; Weber 2011, S. 26; Rapp/Wullenkord 2011, S. 116.

ist bzw. in welchem Umfang diese Instanzen dem Postulat der Führungsrationalität entsprechen. Damit wird es zum Risiko-Träger in denjenigen Fällen, in denen eigene opportunistische Handlungen im Zusammenspiel mit solchen auf Seiten der Führungisnstanzen anderen Akteuren systematisch verborgen bleiben und im schlimmsten Fall zu einer »stillen Enteignung« der Unternehmenseigentümer führen.

*Abbildung 28: Ableitung des Controllings als Risiko-Träger im Kontext seiner Rationalitätssicherungsorientierung*

| | **Macht und Hierarchie** | **Sozialer Austausch und Verhandlung** | **Normen und Rollen** |
|---|---|---|---|
| **Rationalitätssicherungsorientierung des Controllings** (Controlling zur Sicherstellung der Rationalität im Führungsgeschehen) | ▪ Eigenmächtige Handlungen von Führungsinstanzen.<br>▪ Unrealistische Planung.<br>▪ Verdrängung ökonomisch sinnvoller Vorhaben.<br>▪ Ausprägung von kontingenter Rationalität im Führungsgeschehen. | ▪ Akteure unterliegen Trugschlüssen aus kontigenter Rationalität.<br>▪ Nichtbeachtung ökonomischer Grundsätze im Führungsgeschehen.<br>▪ Opportunistische Handlungen bewirken »stille Enteignung« der Unternehmenseigentümer.<br>▪ Controlling versagt als Korrektiv zu eigennützlichen Handlungen im Führungsgeschehen.<br>▪ Controlling steuert und nutzt Anreizstrukturen eigennützlich.<br>▪ Fehllenkung knapper Ressourcen. | ▪ Suboptimale Problemlösungen bzw. Maßnahmen gefährden ökonomische Existenzbasis des Unternehmens.<br>▪ Gegenseitige Schuldzuweisungen von Führungsinstanzen und Controlling vernachlässigt tatsächliche Problemstellungen.<br>▪ Controlling versagt als »Hüter der ökonomischen Vernunft«. |

Im Rahmen der **Kognitionsorientierung** des Controllings soll dieser Akteur durch Bereitstellung seines Sekundärwissens die Problemlösungsgüte im Führungsgeschehen verbessern helfen.[1373] Indem das Controlling dazu beiträgt, kognitive Begrenzungen auf Seiten der Führungsinstanzen zu bewältigen, kann es Verzerrungen in der Aufnahme und Interpretation von Informationen bzw. Fehlentscheidungen vermeiden oder zumindest vermindern helfen. Diese Perspektive unterstellt, dass die Akteure im Controlling weniger anfällig für kognitive Begrenzungen bzw. Verzerrungen sind als ihre Pendants im Führungsgeschehen. Dass kognitive Begrenzungen sehr wohl auch auf Seiten des Controllings anzutreffen sind, vermag nicht zu überraschen. Zudem wird mit der Einbeziehung des Controllings in den Führungsprozess eben jener Akteur in die

1373 Vgl. Jonen/Lingnau 2007, S. 17; Lingnau 2006, S. 16f.; Lingnau 2004, S. 741f.

Entscheidungsfindung und Umsetzung von Maßnahmen einbezogen, der selber keine Entscheidungsverantwortung tragen sollte. Hier zeigt sich die risikobehaftete Seite des Controllings insofern, als dass es innerhalb seiner sozialen Austauschbeziehung zu den Führungsinstanzen grundsätzlich demselben Druck aus Erwartungen, Normen und Regeln an sein Handeln ausgesetzt sein wird wie auch die anderen Beteiligten dieser Gruppe. Damit lassen sich Risiken aus Phänomenen des »Groupthink« und »Risky Shift« für das Controlling grundsätzlich nicht ausschließen.

Darüber hinaus wird das Controlling dann zum Risiko-Träger innerhalb seiner Kognitionsorientierung, wo es eigene kognitive Begrenzungen nicht erkennt und damit als Instanz zur Bereitstellung von Sekundärwissen versagt. Fehlentscheidungen, die von den betreffenden Führungisnstanzen auf Basis dieses Wissens getroffen werden, führen tendenziell dazu, dass diese die Verantwortung an das Controlling weitersteuern. Aus dem Miteinander im Führungsgeschehen kann so ein Gegeneinander der Beteiligten entstehen und in mikropolitischen Grabenkämpfen bzw. Abwehrschlachten enden. Akteure des Controllings, die hier mit Reaktanz antworten, laufen Gefahr, früher oder später von den betreffenden Führungsinstanzen nicht mehr in die Lösung von Problemen einbezogen zu werden. Damit fehlt allerdings derjenige Akteur im Führungsgeschehen, dessen sekundäres Wissen um Fakten und Methoden zur Verbesserung der Entscheidungs- bzw. Problemlösungsgüte im Führungsprozess beitragen soll. Zieht sich das Controlling in diesem Zusammenhang auf eine Rolle des »Planungstechnikers« mit dem Fokus auf bewertungstechnische Kriterien im Führungsgeschehen zurück, führt dies zu einer einseitigen Einschränkung der Perspektive auf mögliche Problemlösungen. Dies beinhaltet grundsätzlich das Risiko eindimensionaler Lösungsansätze, die in vielschichtigen und in der Regel schlechtstrukturierten Problemstellungn nicht adäquat sind.

Mit den dargestellten Einflussgrößen bzw. konzeptionsbezogenen Elementen als Perspektive auf das Controlling als Risiko-Träger wurde dessen risikobehaftete Wirkung im Führungsgeschehen aufgespannt. Auf dieser Basis gilt es nunmehr, die möglichen Optionen im Umgang mit dem Controlling als Risiko-Träger zu beschreiben. Diese Auseinandersetzung ist dem folgenden Kapitel vorbehalten.

*Abbildung 29: Ableitung des Controllings als Risiko-Träger im Kontext seiner Kognitionsorientierung*

| | **Macht und Hierarchie** | **Sozialer Austausch und Verhandlung** | **Normen und Rollen** |
|---|---|---|---|
| **Kognitions-orientierung des Controllings** (Controlling als Bereitstellung von sekundärem Wissen zu Problemlösungen im Führungsgeschehen) | ▪ Verlust von Neutralität und Objektivität des Controllings.<br>▪ Verzerrungen in Führungsentscheidungen.<br>▪ Risky Shift aus kontingenten Entscheidungssituationen<br>. | ▪ Akteure im Controlling können eigene kognitive Begrenzungen nicht erkennen.<br>▪ Mikropolitische Grabenkämpfe und Abwehrschlachten verdrängen die Lösung von betrieblichen Problemstellungen. | ▪ Reaktanz im Controlling bewirkt, dass Führungsinstanzen das Controlling als Träger sekundären Wissens nicht mehr in Problemlösungen einbeziehen.<br>▪ Controlling als »Planungstechniker« mit Fokussierung bewertungstechnischer Kriterien führt zur Einschränkung der Perspektive auf Problemlösungen. |

# 6. Dialogische Führung als Lösungsansatz zur Bewältigung des Controllings als Risiko-Träger

## 6.1 Das Phänomen »betriebliche Führung«

### 6.1.1 Führungsphilosophie und Führungskonzepte

Betriebliche Führung ist mit der zielorientierten Koordination, Steuerung und Verhaltensbeeinflussung von Entscheidungen und Handlungen befasst.[1374] Innerhalb des Führungsprozesses umfasst die Interaktion der beteiligten Akteure eine personengebundene Verhaltensbeeinflussung.[1375] Damit unterliegt Führung grundsätzlich der kontextbezogenen Wahrnehmung auf Seiten der Geführten.[1376] Aus dieser Perspektive lässt sich organisationale Führung als Phänomen beschreiben, das einerseits Strukturen ausprägt, andererseits durch diese bestimmt und beeinflusst wird. Indem die betreffenden Akteure auf Seiten der Führungsinstanzen und der Mitarbeiter bestimmten Regeln und Verhaltenserwartungen folgen, weisen sie diesen Sinninhalte zu.[1377] Gleichsam erfolgt mit ihrer Ausrichtung an diesen Sinnzuweisungen auch die Reproduktion von Sinnkonstrukten, ohne dass den Handelnden dies bewusst sein muss.[1378] Mit Bezug auf Unternehmen als soziale Systeme lässt sich festhalten, dass neben der Sinnzuweisung organisationale Führung auch die Bewältigung von Unsicherheit und Komplexität bewirken soll.[1379] Indem die Akteure »Führungskräfte und Mitarbeitende« über Kommunikation und Interaktion die Re-Formulierung von Unsicherheit und Komplexität bewirken, findet eine Umwandlung dieser Elemente in für das

1374 Vgl. Staehle/Conrad et al. 1999, S. 81f.; Boddy 2002, S. 16.

1375 Vgl. Reimer 2005, S. 208.

1376 Vgl. Steyrer/Schiffinger et al. 2007, S. 403.

1377 Vgl. Giddens 1997, S. 70; Lehnhoff/Petersen 2002, S. 294.

1378 Zur Konstruktion und Reproduktion einer organisationalen Wirklichkeit im Rahmen von Führung vgl. Baecker, Dirk (2003): Organisation und Management. Aufsätze, Frankfurt am Main: Suhrkamp Verlag, S. 285, und Toyoki/Spicer et al. 2006, S. 97.

1379 Vgl. Ortmann 2008, S. 23; Bleicher, Knut (1994): Normatives Management. Politik, Verfassung und Philosophie des Unternehmens, Frankfurt/Main, New York: Campus, S. 34.

soziale System handhabbare Größen statt.[1380] Damit ermöglicht Führung gleichermaßen Orientierung und Steuerung innerhalb und des sozialen Systems.

Soziale Systeme sind aus ihren Kommunikationen bestimmt. Mittels Kommunikation findet eine autopoietische Reproduktion von Handlungen sowie eine Unsicherheitsabsorption über Stabilisierung von Erwartungen statt, an denen sich einzelne Handlungen orientieren – Ego nimmt dabei das Verhalten Alters als Kommunikation auf.[1381] Aus diesem Blickwinkel lässt sich ableiten, dass Unternehmen durch die Handlungen ihrer Akteure bestimmt werden. Betriebliche Akteure verfolgen Ziele für und durch das Unternehmen.[1382] Ihre Handlungen sind Teil des Kommunikationsmusters, auf dem interne und externe Aushandlungsspiele fußen.[1383] Damit stehen die Individuen im Zentrum des betrieblichen (Führungs-)Geschehens, nicht das Unternehmen als rechtliche bzw. wirtschaftliche Einheit.

Mit Bezug auf den methodologischen Individualismus[1384] lässt sich organisationale Führung als am und auf den Menschen bezogenes Handeln beschreiben. Führung ist somit einerseits die kontextbezogene Verhaltensbeeinflussung von Individuen durch andere Individuen, andererseits folgen Führungshandlungen damit einem Bild vom bzw. auf den Menschen.[1385] Diese Menschenbilder sind Bestandteil einer Führungsphilosophie, die als grundsätzliches Werte- und Werthaltungsmuster gegenüber anderen bezeichnet werden kann.[1386]

Gegenüber der Führungsphilosophie beinhalten Führungskonzepte Aussagen zum Führungssystem, Organisationskonzept sowie zur Führungsmethodik.[1387] Sie verschaffen Führungskräften einen normativen Rahmen aus Handlungsempfehlungen zur Gestaltung ihrer (Personal-)Führungsaufgaben.[1388] Die Wahrnehmung von Führungsaufgaben geschieht innerhalb des organisationalen Führungssystems. Führungssysteme umfassen das organisationale Wertesystem, die Führungsorganisation, das Planungs-, Kontroll- und Überwachungssystem sowie das Informations- und Kommunikationssystem und die Rechenschaftslegung.[1389] Mit

1380 Vgl. Simon 2009, S. 23.
1381 Vgl. Luhmann 1987, S. 158 u. S. 228.
1382 Vgl. Kieser/Walgenbach 2007, S. 7f.
1383 Vgl. Matys 2006, S. 29; Luhmann 1987, S. 217f.
1384 Vgl. Voigt 2009b, S. 21.
1385 Vgl. Staehle/Conrad et al. 1999, S. 191ff.; Bleicher 1994, S. 67ff.
1386 Vgl. Pätsch 2007, S. 53; Bleicher 1994, S. 66.
1387 Vgl. Bleicher 1994, S. 130.
1388 Vgl. Staehle/Conrad et al. 1999, S. 839.
1389 Vgl. Link 2009, S. 27ff.

Bezug auf die Systemelemente der Planung, Kontrolle, Überwachung und Rechenschaftslegung ist gleichsam der Blick auf die Verantwortung von Führungskräften für ihre Entscheidungen und Handlungen im Kontext der zielorientierten Steuerung des Unternehmens verwoben.[1390] Mit der Rechenschaftslegung im Sinne der »Accountability« ist auch der Ansatz verbunden, mögliches dysfunktionales Verhalten dieser Akteure in Grenzen zu halten.[1391] Unter der Perspektive der Agenturbeziehungen[1392] zwischen den Unternehmenseigentümern und Führungskräften als ihren Agenten, die mit der treuhänderischen Geschäftsbesorgung[1393] für ihre Prinzipale beauftragt sind, nimmt die Rechenschaftslegung sowie die Überwachung von Führungsinstanzen[1394] einen entsprechenden Raum im betrieblichen Geschehen ein. Aus diesem Blickwinkel zeigt sich ein unter Umständen ambivalentes Bild auf das organisationale Phänomen »Führung«: Führungskräfte sind einerseits mit der Steuerung des Wirksystems »Unternehmen« betraut, andererseits unterliegen sie – zumindest partiell – dem grundsätzlichen Misstrauen opportunistischen, dysfunktionalen Verhaltens, das ihre Prinzipale nur unvollständig überwachen können.[1395]

Nimmt man die obigen Darlegungen auf, zeigt sich die Kontingenz von Führungskonzepten. Organisationale Führung basiert sowohl auf unvollständigen Verträgen zwischen den Unternehmenseigentümern als Auftraggeber und Führungskräften als Auftragnehmer[1396], als auch auf Systemelementen, die ihrerseits eine bedingte – ökonomische, soziale bzw. organisationale – Wirklichkeit[1397] abbilden. Mit Bezug auf Unternehmen als soziale Systeme, die aus den

---

1390 Zum Ansatz der »Accountability« von Führungskräften vgl. Messner, Martin (2009): The limits of accountability, Accounting, Organizations and Society, Jg. 34, Nr. 8, November 2009, S. 918–938, S. 920.

1391 Vgl. Burkert/Fischer et al. 2011, S. 144.

1392 Zur Agenturbeziehung zwischen Prinzipal und Agent vgl. Velte 2010, S. 287; Kuang, Xi/Moser, Donald V. (2009): Reciprocity and the Effectiveness of Optimal Agency Contracts, The Accounting Review, Jg. 84, Nr. 5, September 2009, S. 1671–1694, S. 1692; Solomon, Jill (2007): Corporate governance and accountability, 2. Auflage, Hoboken, NJ: John Wiley & Sons, S. 17.

1393 Zum Ansatz der »Stewardship Theorie« vgl. Velte 2010, S. 286; Nordberg 2008, S. 37f.

1394 Vgl. Grundei 2008, S. 146.

1395 Vgl. Velte 2010, S. 287; Voigt 2009b, S. 84; Richter/Furubotn 2003, S. 160.

1396 Vgl. Voigt 2009b, S. 92; Grundei 2008, S. 143; Richter/Furubotn 2003, S. 269.

1397 Zur Konstruktion einer sozialen Realität aus Zuschreibungen von Erfolgen, Fehlentscheidungen bzw. Verantwortung vgl. Rautenberg 2010, S. 46; Chiapello 2009, S. 129f. (hier in Bezug auf das betriebliche Rechnungswesen); Pätsch 2007, S. 70 (hier am Beispiel des organisationalen Controllings).

kommunikativen Handlungen ihrer Akteure bestimmt und deren organisationale Strukturen im Zuge von Aushandlungsspielen[1398] ausgeprägt werden, stellt sich somit die Frage nach den motivationalen Mustern der am Führungsgeschehen beteiligten Akteure. Diese lässt sich grundsätzlich mit dem Verweis auf die »traditionelle« versus »evolutionäre« Sicht auf Führung[1399] beantworten.

Mit dem »traditionellen« Verständnis von Führung ist eine weitgehend auf ökonomisch-rationale Problemstellungen ausgerichtete Sichtweise verbunden, die mit der zielorientierten Koordination und Verhaltensbeeinflussung betrieblicher Akteure befasst ist.[1400] Unternehmen werden als Wirksysteme betrachtet, die aus der Allokation knapper Ressourcen unter Berücksichtigung des ökonomischen Minimal- bzw. Maximalprinzips gesteuert werden können.[1401] (Personal-)Führung basiert weitgehend auf einem linear-monokausalen Verständnis von Ursache-Wirkungszusammenhängen[1402]. Betriebliche Akteure reagieren auf monetäre Anreize, sie folgen dem Postulat des eigennutzorientierten Handelnden. Führungskräfte verfügen – idealtypisch – über die Einsicht zum »One best way« betrieblicher Handlungen, der ihren Mitarbeitern aufgezeigt wird und dessen Verfolgung durch die betreffende Führungsinstanz zu kontrollieren gilt.[1403] Ein solches Verständnis von Führung mag in einer weitgehend statischen Unternehmensumwelt haltbar sein, im Fall zunehmender Dynamik und Komplexität der betrieblichen Umwelt stößt es an seine Grenzen.[1404] Darüber hinaus vermag die Veränderung in den individuellen Bedürfnissen und Anforderungen von Mitarbeitern bezüglich der Ausgestaltung ihrer Arbeitswelt und persönlichen

1398 Vgl. Preisendörfer 2008, S. 125f.; Matys 2006, S. 29.

1399 Vgl. Bleicher 1994, S. 90.

1400 Vgl. Franken 2007, S. 253; Zielowski 2006, S. 97; Boddy 2002, S. 16.

1401 Vgl. Hungenberg/Wulf 2011, S. 13; Schreyögg/Koch 2007, S. 90f.; Richter/Furubotn 2003, S. 394ff.

1402 Vgl. Petersen 1997, S. 108f.

1403 Zur Grundannahme monologischer Führung vgl. Petersen/Olesch 2011, S. 4; Petersen 2003, S. 66f.; zu Grenzen monologischer Führung vgl. Lehnhoff/Petersen 2002, S. 273; zum Rollenbild von Führungskräften vgl. Petersen, Jendrik (2002): Der Weiterbildende Studiengang Betriebspädagogik als Reflexionsforum für Führungs(nachwuchs)kräfte – Eine autobiographische Rückschau, in: Dewe, Bernd (Hrsg.): Betriebspädagogik und berufliche Weiterbildung, 2. Auflage, Bad Heilbrunn/Obb.: Verlag Julius Klinkhardt, S. 323–334, S. 323f.

1404 Vgl. Moning, Elke/Petersen, Jendrik (2010): Organisationslernen und Dialogische Führung als Gestaltungsfelder betriebspädagogischer Professionalität, in: Heidsiek, Charlotte/Petersen, Jendrik (Hrsg.): Organisationslernen im 21. Jahrhundert. Festschrift für Harald Geißler, Frankfurt am Main: Peter Lang, S. 169–182, S. 169.

Entwicklung Führungskräfte mit neuen Herausforderungen an ihr Selbstverständnis, Rollenbild und Wirken zu konfrontieren.[1405] Diese Determinanten haben die Ausprägung eines »evolutionären« Verständnisses von organisationaler Führung bewirkt. Als »evolutionär« soll ein Führungsverständnis bezeichnet werden, das – im Bewusstsein für emergente Veränderungen innerhalb sozialer Systeme – auf monokausale Anreiz-Wirkungs-Mechanismen zugunsten eines multikausalen Prozesses aus gemeinsamer Suche nach Problemlösungen innerhalb des organisationalen Führungsgeschehens verzichtet.[1406] Mit einer derartigen Perspektivverschiebung ist gleichsam eine Verlagerung des Fokus von einer strategisch determinierten Erfolgsorientierung hin zu einer Verständigungsorientierung im Führungsgeschehen und Handeln der Beteiligten verbunden.

### 6.1.2 Erfolgsorientiertes versus verständigungsorientiertes Handeln

Unternehmen als ökonomische Wirksysteme unterliegen dem Postulat der Effizienz und Rentabilität und somit der Wertschaffung aus Sicht ihrer Eigentümer.[1407] Die in ihnen tätigen Akteure treffen Entscheidungen und richten ihre Handlungen auf ökonomische Beurteilungskriterien aus. Betrieblicher Erfolg wird regelmäßig unter dem Aspekt ökonomischer Rationalität betrachtet.[1408] Damit scheint das Handeln der am betrieblichen Geschehen Beteiligten vornehmlich unter erfolgsorientierten Gesichtspunkten determiniert zu sein. Um eine hinreichende Erfolgsorientierung seitens der betrieblichen Akteure zu gewährleisten, kommen Anreiz-, Belohnungs- und Sanktionssysteme zu Einsatz. Mit ihrer Hilfe wird angestrebt, den Eigennutz des betreffenden Akteurs mit den Zielen des Unternehmens in Einklang zu bringen.[1409] „Im Unterschied zum Residualanspruch der

---

1405 Vgl. Peetz/Lohr 2010, S. 452; Arnold, Rolf (1997): Betriebspädagogik, 2., überarbeitete und erweiterte Auflage, Berlin: Erich Schmidt Verlag, S. 61 (hier im Kontext der Unternehmensentwicklung).

1406 Vgl. Bleicher 1994, S. 90.

1407 Vgl. Hungenberg/Wulf 2011, S. 13; Horváth 2009, S. 450; Gutenberg 1984, S. 4f.

1408 Vgl. Luhmann 2006, S. 26f.; Perridon, Louis/Steiner, Manfred (2004): Finanzwirtschaft der Unternehmung, 13., überarbeitete und erweiterte Auflage, München: Verlag Franz Vahlen, S. 8; Weber/Schäffer 2008, S. 44.

1409 Vgl. Kuang/Moser 2009, S. 1684 (Anreizsteuerung innerhalb von Agenturbeziehungen); Geiger, Daniel/Schröder, Anja (2014): Ever-Changing Routines? Toward a Revised Understanding of Organizational Routines between Rule-Following and Rule-Breaking, sbr – Schmalenbach Business Review, Jg. 66, April 2014, S. 170–190, S. 178 (Sanktionen als Element organisationaler Regeln); Richter/Furubotn 2003, S. 173ff. (Anreize als Element in Agenturbeziehungen).

Shareholder verfügen Stakeholder häufig über Fixansprüche mit vertraglich vereinbartem Zahlungsanspruch (z.B. Gläubigerforderung, Gehaltsanspruch etc.) […].“[1410] Mit der Verknüpfung von anreizbezogenen Vergütungssystemen der Führungskräfte in nicht-eigentümergeführten Unternehmen wird also der Versuch unternommen, vertraglich vereinbarte Fixansprüche dieser Akteure an die Entwicklung des Residualanspruches der Unternehmenseigentümer zumindest teilweise zu koppeln. Unter diesem Regime erfährt erfolgsorientiertes Handeln im Führungsgeschehen seine ökonomische Rechtfertigung. Diese Perspektive auf individuelles Handeln im betrieblichen Kontext erscheint aus zwei Gründen kritikwürdig.

Zum einen stehen dem Postulat des individuellen Verhaltens als Kernbezugspunkt wirtschaftlicher Aktivität vielmehr Handlungen im sozialen Kontext entgegen.[1411] Für das Menschenbild des Homo oeconomicus als rational handelndes Wirtschaftssubjekt bedeutet dies eine deutliche Einschränkung seines Erklärungsbeitrags zu ökonomischen Phänomenen.[1412] Darüber hinaus lassen sich auch berechtigte Zweifel an einer rein auf ökonomische Ziele und Werte ausgerichteten Handlungsmaxime betrieblicher Führung formulieren.[1413] Zum anderen beinhaltet erfolgsorientiertes Handeln, dass mit einer auf Zweckrationalität basierenden Austauschbeziehung zwischen organisationalen Akteuren letztlich die Nutzung von Machtpositionen zur Zielerreichung verbunden ist, gepaart mit Mechanismen der Belohnung und Sanktion.[1414] Damit umfasst die Erfolgsorientierung ein strategisches Handeln der Akteure, das sich einer moralischen Begründung systematisch verschließt, weil jeder der Beteiligten in der Wahrnehmung von Aufgaben und Verfolgung von Zielen ausschließlich pragmatisch vorgeht. „Aus dieser Sicht können sich moralische Probleme gar nicht stellen, weil andere Personen nur den Stellenwert von Mitteln oder einschränkenden

---

1410 Kürsten 2006, S. 13.

1411 Vgl. Lahno, Bernd (2009): Verantwortlich handeln, Zeitschrift für Management, Jg. 4, Heft 1, März 2009, S. 75–94, S. 88f. (zur Begrenztheit individueller Rationalität für die Koordination von Handlungen); Hollis, Martin (1991): Rationalität und soziales Verstehen, Frankfurt am Main: Suhrkamp Verlag, S. 110 (zum Begriff der »rationalen sozialen Entscheidung«).

1412 Vgl. Simon 2009, S. 22.

1413 Vgl. Freeman, Edward R./Wicks, Andrew C./Parmar, Bidhan (2004): Stakeholder Theory and “The Corporate Objective Revisited”, Organization Science, Jg. 15, Nr. 3, Mai-Juni 2004, S. 364–369, S. 365 (zur kritischen Sicht auf eine unbedingte Verfolgung von Shareholderinteressen).

1414 Vgl. Petersen 2003, S. 40.

Bedingungen für die Realisierung eines jeweils eigenen Handlungsplanes haben. Im strategischen Handeln unterstellen die Beteiligten, dass jeder egozentrisch nach Maßgabe eigener Interessen entscheidet. Unter dieser Prämisse besteht von vornherein ein mindestens latenter Konflikt zwischen den Gegenspielern."[1415]

In der Verfolgung ökonomisch rationaler Handlungen zeigt sich unter dem obigen Blickfeld ein Dilemma für die am betrieblichen Geschehen Beteiligten. Einerseits sollen sie zweckrationalen Gesichtspunkten bei der Allokation knapper Ressourcen folgen, um damit finanzielle Erfolgsgrößen des Unternehmens sicherzustellen. Andererseits schränkt sie diese Perspektive auf ihr Handeln und ihre sozialen Austauschbeziehungen mit anderen Akteuren wiederum ein, ohne dass diese Konstellation ihnen bewusst sein muss. Sind allerdings Akteuren die Interaktionsstrukturen, in denen sie handeln, nicht bewusst, unterliegen sie dem Trugschluss des »So-Handeln-Müssens«. Sie sind blind für alternative Lösungen, Wege und Handlungen. Zusammen mit ihrem Rollenverständnis kann dies zu nicht unerheblichen dysfunktionalen Verhaltensweisen führen.[1416] Bemerkenswert hierbei erscheint, dass in Unternehmen ein bisweilen nicht unerheblicher Aufwand betrieben wird, derlei dysfunktionale Handlungen mittels organisationaler Instanzen unter Kontrolle zu halten – hier sei beispielsweise auf das institutionalisierte Controlling als Element des betrieblichen Führungssystems und seine Einbindung in das Führungsgeschehen verwiesen.[1417]

Den betreffenden Akteuren einen Weg aus ihrem Trugschluss des organisationalen »So-Handeln-Müssens« aufzuzeigen, vermag der Ansatz des verständigungsorientierten Handelns zu leisten. „Verständigungsorientierung im Management baut darauf auf, dass *alle Betroffenen ökonomischen Entscheidens und Handelns* ihre individuellen (subjektiven) Zielvorstellungen und ihr damit verbundenes verfügbares Wissen über geeignete Mittel zur Zielerreichung in Argumentationsprozesse einbringen (können und wollen)."[1418] Diese Sichtweise auf

1415 Habermas, Jürgen (2009a): Diskursethik, Frankfurt am Main: Suhrkamp Verlag, S. 366.

1416 Vgl. Isaacs, William (2011): Dialog als Kunst, gemeinsam zu denken. Die neue Kommunikationskultur in Organisationen, 2. Auflage, Bergisch Gladbach: EHP, S. 41.

1417 Zum betrieblichen Controlling als Teilelement des Führungssystems vgl. Link 2009, S. 27ff.; Horváth 2009, S. 100; Küpper 2008, S. 47; Weber/Schäffer 2008, S. 33ff.; zu einer kritischen Auseinandersetzung mit diesem betrieblichen Akteur vgl. Goretzki 2013, S. 320ff.; Krystek, Ulrich/Moldenhauer, Ralf/Evertz, Derik (2009): Controlling in aktuellen Krisenerscheinungen: Lösung oder Problem?, Zeitschrift für Planung & Unternehmenssteuerung, Jg. 53, Heft 3, Juni 2009, S. 164–168, S. 165f.

1418 Petersen 2003, S. 50 (Kursivsetzungen im Original).

das Miteinander im organisationalen Kontext beinhaltet einen kommunikativen Prozess der gemeinsamen Suche nach Erkenntnis und Problemlösungen. Ein solches kommunikatives Handeln liegt vor, wenn „[...] sich die Aktoren darauf einlassen, ihre Handlungspläne intern aufeinander abzustimmen und ihre jeweiligen Ziele nur unter der Bedingung eines sei es bestehenden oder auszuhandelnden *Einverständnisses* über Situation und erwartete Konsequenzen zu verfolgen“[1419].

Mit Bezug auf den gemeinsam getragenen Austausch von Argumenten im Zuge ihrer Suche nach Erkenntnis liegt für die beteiligten Führungskräfte gleichsam die Möglichkeit, sich aus ihrem »traditionellen« Rollenbild des monologisch Führenden, auf »One best way« Lösungen rekurrierenden Akteurs zu lösen und damit allen am Führungsgeschehen Beteiligten neue Perspektiven auf betriebliche Führung zu eröffnen. In einer so gemeinsam getragenen Suche nach Wahrheit liegt gleichsam die Chance der Bewältigung zunehmender Komplexität. „Unter den sozialen Mechanismen, die eine Weitergabe reduzierter Komplexität ermöglichen, wäre an erster Stelle die Wahrheit zu nennen. [...] Wahr ist nur jenes Wissen, das von jedermann akzeptiert werden muss, der sich der Gemeinschaft vernünftiger Menschen zurechnet. Wahrheit beruht auf der intersubjektiven Nachvollziehbarkeit desjenigen Erlebens, das die Komplexität der Möglichkeiten auf bestimmten Sinn zurückschneidet; sie erweist sich an der Übertragbarkeit von Sinn.“[1420] Betrachtet man »Wahrheit« als „eine »unverlierbare« Eigenschaft von Aussagen“[1421] und setzt dies in den Kontext eines verständigungsorientierten Handelns, so liegt im Erkennen und Anerkennen einer solchen in sich beständigen Wahrheit der vernunftbegründete Bezug auf eine Wertrationalität in Führungsbeziehungen. „Vernünftig ist demnach eine mehrdimensional geltungsorientierte Praxis, die in den aus ihr möglichen und nötigen Begründungen zugleich zu beurteilen weiß, welche Form der Begründung zu welcher Zeit angebracht ist bzw. wann es geboten ist, eine bis dahin dominante Orientierungsweise in kritischer Distanzierung zu verlassen.“[1422]

---

1419 Habermas, Jürgen (1983): Moralbewusstsein und kommunikatives Handeln, Frankfurt am Main: Suhrkamp Verlag, S. 144 (Kursivsetzung im Original).

1420 Luhmann, Niklas (2013): Macht im System, Berlin: Suhrkamp Verlag, S. 83.

1421 Habermas 2009a, S. 400.

1422 Seel, Martin (2002): Die zwei Bedeutungen ›kommunikativer‹ Rationalität. Bemerkungen zu Habermas‘ Kritik der pluralen Vernunft, in: Honneth, Axel/Joas, Hans (Hrsg.): Kommunikatives Handeln. Beiträge zu Jürgen Habermas‘ »Theorie des kommunikativen Handelns«, 3., erweiterte und aktualisierte Auflage, Frankfurt am Main: Suhrkamp Verlag, S. 53–72, S. 66.

Aus dieser Sicht lässt sich Macht innerhalb sozialer Systeme in den Kontext von bindenden Entscheidungen setzen. Ausgehend von Wahrheit als jenes Wissen, das von Mitgliedern einer Gemeinschaft vernünftiger Menschen getragen wird, ist es die Übertragungsleistung von Wahrheit auf alle Beteiligten des sozialen Systems, die ihnen gemeinsame Erkenntnissuche und Problemlösungen eröffnet. „Wahrheit leistet einerseits mehr, als Systeme brauchen, nämlich Übertragbarkeit auf jedermann, und andererseits weniger, da sie nicht für alle Fälle den wirksamen Ausschluss aller anderen Möglichkeiten garantieren kann. Deshalb muss es in allen Sozialsystemen, die Entscheidungen treffen müssen, parallel wirkende ergänzende Mechanismen der Übertragung reduzierter Komplexität geben – eben die Macht, bindende Entscheidungen zu treffen und dadurch Entscheidungsprämissen festzusetzen."[1423] Im Sinne eines Habermas'schen idealen Sprechaktes im Zug des kommunikativen Handelns lässt diese gemeinsam getragene Wahrheitssuche ausschließlich das »bessere Argument« zu und eröffnet so den beteiligten Akteuren die Möglichkeit zu einem verständigungsorientierten Handeln innerhalb der betreffenden Organisation.[1424] Kommunikatives Handeln beinhaltet einen gemeinsam getragenen Sprechakt der beteiligten Akteure, der auf Verständigung und Einverständnis basiert. Einverständnis lässt sich nicht durch Manipulation und Sanktion erzielen, sondern bedarf der Überzeugung des betreffenden Akteurs, dass sein Einverständnis aus einem verständigungsorientierten Austausch von Argumenten resultiert.[1425] Und eben der bewusste Verzicht auf Manipulation und Sanktion kann – mit Bezug auf den Dialog als Element eines verständigungsorientierten Handelns[1426] – den organisationalen Akteuren den Blick auf eine authentische Form der Führung eröffnen und ihnen den gemeinsamen Austausch und den reflexiven Zugang zu Wissen und Lernen ermöglichen.[1427]

Für die am betrieblichen Führungsgeschehen beteiligten Akteure ist mit einem reflexiven Zugang zu gemeinsam getragenen Prozessen des Erkenntnisgewinns,

1423 Luhmann 2013, S. 83f.

1424 Zum praktischen Diskurs als Form der Wahrheitssuche und Verständigung vgl. Habermas 2009a, S. 121.

1425 Vgl. Habermas 1983, S. 145.

1426 Vgl. Bohm, David (2011): Der Dialog. Das offene Gespräch am Ende der Diskussionen. Herausgegeben von Lee Nichol, 6. Auflage, Stuttgart: Klett-Cotta, S. 27f.; Rautenberg 2010, S. 136; Petersen 2003, S. 363ff.

1427 Vgl. Raelin, Joseph A. (2012): Dialogue and deliberation as expressions of democratic leadership in participatory organizational change, Journal of Organizational Change Management, Jg. 25, Nr. 1, S. 7–23, S. 12.

Wissenserwerbs bzw. Problemlösens neben der Betrachtung zweckrationaler Mittel-Zweck-Kombinationen gleichsam die Auseinandersetzung mit wertrationalen Fragestellungen ihres Handelns möglich. Wertrationalität beinhaltet die kritisch-reflexive Auseinandersetzung mit übergeordneten Werten seines Handelns.[1428] Damit wird dem Einzelnen auch die Perspektive auf moralische bzw. ethische Aspekte ökonomischer Entscheidungen und Handlungen eröffnet. Unter diesem Blickwinkel lässt sich organisationale, und im eigentlichen Sinne individuelle, Verantwortung aus dem kritisch-reflexiven Diskurs um »Werte« betrachten. „Kritische Vernunft und kritische Rechtfertigung von Werten können nur in Form von „Wertdiskussionen" verwirklicht werden, als dialogische Auseinandersetzung zwischen den Akteuren über Werte, Zwecke und Mittel."[1429] Dies umfasst nichts weniger, als dass Akteure sich einer diskursiven Rationalität unterwerfen und sich an Geltungsansprüchen orientieren und für diese Orientierung auch Rede und Antwort stehen können – d.h. der betreffende Akteur ist zur Selbstreflexion auf sein eigenes normenbezogenes Handeln fähig.[1430] Im dialogischen Verständnis kann die Beachtung ethischer Grundsätze im Rahmen der Verfolgung betrieblicher Ziele nicht auf den Aspekt der Legalität beschränkt werden. Vielmehr liegt in der vernunftbezogenen Einhaltung von gemeinsam getragenen Werten innerhalb eines dialogischen Miteinanders der Grundbaustein für die Berücksichtigung ethischer Normen in Austauschbeziehungen ökonomischer Akteure.[1431]

### 6.1.3 Betriebliche Führung im Spannungsfeld aus Zweck- und Wertrationalität

Zweckrationalität umfasst die Orientierung an einem gegebenen Ziel, das mit möglichst effizientem Mitteleinsatz realisiert werden soll. Zwar lassen sich innerhalb einer solchen Zielverfolgung einzelne Maßnahmen und Schritte begründen. Allerdings kann die Vernünftigkeit des zugrunde liegenden Zieles nicht zweckrational begründet werden, denn das betreffende Ziel determiniert die jeweiligen Schritte. Oberziele können nur wertrational begründet werden.[1432] Insofern

1428 Vgl. Geißler 2000, S. 24ff.

1429 Bienfait, Agathe (2008): Verantwortliches Handeln als soziologischer Grundbegriff. Der vernachlässigte Beitrag von Max Webers Wertlehre für die individualistische Sozialtheorie, Österreichische Zeitschrift für Soziologie, Jg. 33, Nr. 3/2008, S. 3–19, S. 13 (mit weiteren Verweisen).

1430 Vgl. Habermas 2009b, S. 109.

1431 Vgl. Petersen 2003, S. 219f.

1432 Vgl. Geißler 2000, S. 25f.

erscheint eine Auseinandersetzung mit wertrationalen Fragestellungen begründet, denn „über eine reine Effizienzsteigerung hinaus ist [...] in den verschiedenen Aushandlungen auch der Sinnbezug des individuellen und kollektiven Handelns zu berücksichtigen [...]“[1433].Wertrationalität umfasst die Beziehung zwischen Zielen, Mitteln, Maßnahmen und Bedingungen zu Werthaltungen aus Kritik, Erfahrung und Vision sowie den wertbegründenden Grundlagen des eigenen Selbst.[1434] Menschen zeigen verantwortliches Handeln, wenn sie sich aus ideellen Beweggründen an Erwartungen ihrer Außenwelt bzw. anderen Menschen orientieren. Hierin liegt der Kern normativ-rationaler Handlungen von Individuen, die ihre Zwecke aus der Frage nach der richtigen Wahlhandlung im Wertekontext ableiten.[1435]

Organisationale Führung umfasst die Verantwortung für die Formulierung und Realisierung von Zielen.[1436] Darüber hinaus beinhaltet Führung auch Personalführung im Sinne einer personengebundenen Verhaltensbeeinflussung innerhalb von Führungsprozessen.[1437] Mit Personalverantwortung geht gleichsam daher, dass Führungskräfte die individuellen Entwicklungsmöglichkeiten bzw. Karriereziele ihrer Mitarbeiter reflektieren und begleiten sollen.[1438] Aus diesem Blickwinkel heraus lässt sich Führung als eine weitgehend auf die Koordination unterschiedlicher Zielformulierungen[1439], deren Realisierung unter sowohl organisationalen als auch individuellen Ansprüchen sowie unter dem Kriterium der Verantwortung im Sinne der Accountability gegenüber anderen Stakeholdern verorten.

Unter zweckrationalen Gesichtspunkten ist betriebliche Führung vor allem mit der Sicherstellung des finanziellen Erfolges des Wirksystems »Unternehmen« befasst. Ökonomische Rationalität ist auf die Fokussierung von Erfolgs-, Rendite- bzw. Cashflow-Größen bezogen.[1440] In der Rechnungs- bzw. Rechenschaftslegung

1433 Petersen 1997, S. 295.
1434 Vgl. Geißler 2000, S. 26.
1435 Vgl. Bienfait 2008, S. 9f.
1436 Vgl. Deyhle/Kottbauer et al. 2010, S. 34f. (zur Ergebnisverantwortung des Managements).
1437 Vgl. Reimer 2005, S. 208; Boddy 2002, S. 16.
1438 Vgl. Rosenstiel/Comelli 2003, S. 239 (zum Mitarbeitergespräch); Lehnhoff/Petersen 2002, S. 288 (Führungskräfte als Förderer und Ermöglicher).
1439 Vgl. Staehle/Conrad et al. 1999, S. 81f.
1440 Vgl. Littkemann, Jörn/Heldt-Sorgenfrei, Philipp (2006): Einbindung des Finanzbereichs in das Beteiligungscontrolling, Zeitschrift für Planung & Unternehmenssteuerung, Jg. 17, Heft 3, November 2006, S. 281–300, S. 284; Peemöller 2005, S. 115; Hahn 1996, S. 129ff.

in Form von Monats-, Quartals- und Jahresabschlüssen liegt die Berichterstattung des betreffenden Unternehmens nach außen. Führungskräfte legen über diese Abschlüsse dar, wie sie mit dem ihnen anvertrauten Unternehmen aus finanzieller Sicht umgegangen sind.[1441] Eine Erhöhung des betrieblichen Reinvermögens über die Berichtsperiode zeigt, dass Unternehmensleitung und andere Führungskräfte erfolgreich gewirtschaftet haben. Zweckrational sind solche Entscheidungen und Führungshandlungen, die den finanziellen Erfolg des Unternehmens verbessern. Je effizienter knappe Ressourcen bewirtschaftet werden, desto erfolgreicher haben Führungskräfte agiert.[1442] Aus dieser Perspektive erscheinen betriebliche Akteure als Teil des betrieblichen Ressourcenapparates und sind damit disponible (sic!) Produktionsfaktoren.[1443]

Dass eine ausschließlich auf Zweckrationalität abstellende Sicht auf betriebliche Akteure zwar einen modellbezogenen Erklärungsansatz bezüglich der Führung und Steuerung von Unternehmen verschafft, aber in der betrieblichen Praxis an Grenzen stößt, vermag nicht zu überraschen. Ökonomische Vernunft unterliegt der Wahrnehmung und inhaltlichen Bestimmung der am betrieblichen Geschehen beteiligten Akteure und ist somit Konstrukt einer sozialen Wirklichkeit.[1444] Neben einer so ausgestalteten ökonomischen Rationalität zeigen sich innerhalb des betrieblichen Führungsgeschehens auch Rationalitäts- bzw. Führungsmythen.[1445] „Manager tun, was andere auch tun.“[1446] Mit der Ausprägung von Führungsmythen ist gleichsam der Anspruch verbunden, Aussagen zu treffen, die als Wahrheitsansprüche an das organisationale Phänomen »Führung«

1441 Vgl. Coenenberg 2009, S. 3 u. 18; Grünberger 2011, S. 33.

1442 Zu Renditekennzahlen zur Beurteilung der Leistungen des Managements vgl. Weetman, Pauline (2006): Financial and management accounting. An introduction, 4. Auflage, Harlow: Financial Times/Prentice Hall, S. 339f.; Baetge, Jörg/Kirsch, Hans-Jürgen/Thiele, Stefan (2004): Bilanzanalyse, 2., vollständig überarbeitete und erweiterte Auflage, Düsseldorf: IDW-Verlag, S. 352.

1443 Vgl. Göbel, Elisabeth (2003): Der Mensch: ein Produktionsfaktor mit Würde, Zeitschrift für Wirtschafts- und Unternehmensethik, Jg. 4, Heft 2, S. 170–196, S. 170f. (mit einer kritischen Reflexion auf Personal als Produktionsfaktor); Baecker 2003, S. 74 (Arbeit im Kontext von Femd- und Selbstbezug); Luhmann 2006, S. 295 (Personalentscheidungen aus der Dispositionsmacht von Entscheidungsträgern).

1444 Vgl. Weber/Schäffer 2008, S. 45; Chiapello 2009, S. 125 (zur sozialen Konstruktion ökonomischer Realität).

1445 Vgl. Neuberger, Oswald (2002): Führen und führen lassen. Ansätze, Ergebnisse und Kritik der Führungsforschung, 6., völlig neu bearbeitete und erweiterte Auflage, Stuttgart: Lucius und Lucius, S. 102f.; Lehnhoff/Petersen 2002, S. 280.

1446 Macharzina/Wolf 2008, S. 92.

auftreten.[1447] Ein solches Verständnis von Führung mag unter zweckrationalen Gesichtspunkten nachvollziehbar sein – schaffen doch monokausal formulierte Wahrheitsansprüche einen scheinbar eindeutigen und gegen kritische Reflexion standhaltenden Orientierungsrahmen für die betreffenden Akteure. Unter dem Aspekt eines Führungsanspruches, der sich auf das Individuum bezieht, das gerade nicht nur aus ökonomischem Kalkül seine Arbeitskraft dem Unternehmen zur Verfügung stellt, erhält Rationalität in der betrieblichen Führung eine andere Färbung.[1448]

Mit Wertrationalität ist „der vernünftige, d.h. kritikgeleitete Umgang mit kollektiven Werten, der zwischenmenschlichen Hinwendung zum konkreten anderen und ästhetischem Erleben"[1449] verbunden. Unter wertrationalen Gesichtspunkten getroffene Entscheidungen ziehen ein über die Berücksichtigung ökonomischer Tatbestände hinausgehendes Blickfeld in Betracht. Unternehmen als komplexe Systeme bedürfen des reflexiven Zweifels ihrer Mitglieder.[1450] „Reflexiv seien Prozesse genannt, die auf sich selbst oder auf Prozesse gleicher Art angewandt werden. Reflexivität bedeutet nicht wiederholende Häufung des Gleichen, sondern Steigerung der Leistung durch eine Art von Relaistechnik. Prozesse wie Denken, Lernen, Entscheiden, Beeinflussen, Tauschen, Fühlen, Werten usw. können in ihrer Selektivität dadurch gestärkt werden, daß zunächst ein Prozess gleicher Art vorgewählt wird, daß man zunächst sein Denken bedenkt, bevor man losdenkt, erst das Lernen lernt, bevor man sich mit dem zu lernenden Stoff beschäftigt, usw."[1451] Eine Person ist rational, wenn sie sich an Geltungsansprüchen orientiert und für diese Orientierung auch Rede und Antwort stehen kann, d.h. der betreffende Akteur ist zur Selbstreflexion auf sein eigenes normenbezogenes Handeln fähig.[1452]

---

1447 Vgl. Neuberger 2002, S. 100f.

1448 Vgl. Badura, Bernhard/Greiner, Wolfgang/Rixgens, Petra/Ueberle, Max/Behr, Martina (2013): Sozialkapital. Grundlagen von Gesundheit und Unternehmenserfolg, 2., erweiterte Auflage, Berlin, Heidelberg: Springer Gabler, S. 37f. (Rahmenbedingungen der Motivation von Mitarbeitern); Schneider, Käthe (2011): Persönlichkeitsentwicklung in der Führungskräfteweiterbildung, in: Dewe, Bernd/Schwarz, Martin (Hrsg.): Beruf – Betrieb – Organisation. Perspektiven der Betriebspädagogik und beruflichen Weiterbildung, Bad Heilbrunn/Obb.: Verlag Julius Klinkhardt, S. 338–350, S. 346f. (zum Konfliktpotenzial zwischen Leistungsmotivation und anreizbezogener Vergütung).

1449 Geißler 2000, S. 82.

1450 Vgl. Petersen 1997, S. 41.

1451 Luhmann 2013, S. 90f.

1452 Vgl. Habermas 2009b, S. 109.

Bezogen auf die betriebliche Führung und die mit ihr befassten Individuen lässt sich ein Spannungsfeld aus zweckrational determinierten Sachlagen und wertrational ausgerichteter Austauschbeziehung zwischen Führungskraft und Mitarbeitenden verorten. Dies lässt sich auch am Konfliktfeld zwischen betriebswirtschaftlich-zweckrationalen, also auf die Markt- bzw. Wettbewerbsfähigkeit des Unternehmens bezogene, und betriebspädagogischen – wertrational orientierten – Zielsetzungen belegen, die auf die individuelle Entwicklung, Teilhabe und Bildung des Einzelnen ausgerichtet sind.[1453] Dass ein solches Spannungsfeld existiert, hat in der betriebswirtschaftlichen Literatur zu einer Auseinandersetzung mit unterschiedlichen Führungskonzepten geführt.[1454] Diese Konzepte setzen – mehr oder minder intensiv – auf die Betrachtung des steuernden Aspektes von (Personal-)Führung. Zudem folgen Führungskräfte solchen Managementkonzepten, weil diese ihnen den Eindruck von Sicherheit, Planbarkeit und Kontrolle vermitteln.[1455] Die Frage nach den individuellen Mitarbeiterzielen verbleibt zumeist ohne nähere Widmung. Selbst das Konzept der zielbezogenen Führung – Management by Objectives – basiert, trotz seiner vorgeblichen Orientierung an individuellen Zielen der Mitarbeiter[1456], auf einem linear-kausalen Wirkungszusammenhang zwischen vereinbaren Zielformulierungen aus Sicht des Unternehmens und Mitarbeiters und ihrer anreizbasierten Belohnung im Fall, dass diese Ziele erreicht werden.[1457] Mit Bezug auf die Agenturtheorie – und der Würdigung, dass auch zwischen Führungskraft und Mitarbeiter eine Prinzipal-Agenten-Beziehung existiert[1458] – wird aus einer Kombination aus optimalem Agenturvertrag und reziprokem Vertrag die höchste Effizienz der Leistung auf Seiten des Agenten gesehen[1459]. An dieser Stelle stellt sich einmal mehr die Frage nach der Berücksichtigung wertrationaler Kriterien innerhalb der Führung.

---

1453 Vgl. Arnold 1997, S. 24.

1454 Vgl. hierzu Süß 2009a, S. 188; Süß, Stefan (2009b): Managementkonzept, DBW – Die Betriebswirtschaft, Jg. 69, Heft 1/2009, S. 113–117, S. 114; Matzler, Kurt/Rier, Martin/Renzl, Birgit/Hinterhuber, Hans (2004): Die wichtigsten Managementkonzepte und -methoden: Die Sicht der Unternehmensberater, ZfCM – Zeitschrift für Controlling und Management, Jg. 48, Heft 2, April 2004, S. 82–85, S. 82f.

1455 Vgl. Fink/Knoblach 2008, S. 463.

1456 Vgl. Hungenberg/Wulf 2011, S. 387f.

1457 Vgl. Becker, Manfred (2009): Personalentwicklung. Bildung, Förderung und Organisationsentwicklung in Theorie und Praxis, 5., aktualisierte und erweiterte Auflage, Stuttgart: Schäffer-Poeschel Verlag, S. 489.

1458 Vgl. Macharzina/Wolf 2008, S. 61.

1459 Vgl. Kuang/Moser 2009, S. 1692.

Eine organisationale Führung, die um einen Ausgleich zwischen zweckrationalen Notwendigkeiten ökonomisch determinierter Handlungen und wertrationalen Gesichtspunkten individueller Wertschätzung bemüht ist, zeigt ein besonderes Maß an Hinwendung zu den ihr anvertrauten Menschen. Dies geht über den idealisierten Anspruch an Führungskräfte zu Integrität, Diplomatie und Integrationsfähigkeit[1460] hinaus. Vielmehr versteht sich Führung als Bewusstsein für und Fähigkeit zur Gestaltung von Teilhabe und Ermöglichung individueller und organisationaler Entwicklung.[1461] In diesem Kontext lösen sich Führungskräfte von ihrer »traditionellen« Rolle als »Vor-Gesetzte« innerhalb der betrieblichen Hierarchie. Führungskräfte bedürfen vielmehr der Fähigkeit, ihre eigene Perspektive zugunsten anderer Sichtweisen und Einstellungen kritisch-reflexiv zu hinterfragen und diese Kontexte zu verstehen. Daher braucht es die Loslösung von Führung bzw. des Selbstverständnisses von Führungskräften aus seinem solipsistischen Bedingungsverständnis. Eine so veränderte Perspektive auf sich und sein Verständnis als Führungskraft ermöglicht anderen Akteuren Raum zur Entfaltung von Kreativität und Selbstbestimmung und schafft gleichsam die Basis für organisationale Innovation.[1462] Damit ist gleichsam die Ausprägung einer sozialen Kompetenz auf Seiten der Führungskräfte verbunden, die sich in der Haltung und im Verhalten anderen Personen gegenüber ausdrückt. Der Selbstwert eines sozial kompetenten Akteurs resultiert aus seinem Wissen um sich und seine Fähigkeiten bzw. seines Wertesystems, nicht aus Konstellationen persönlicher Macht.[1463]

Unter diesem Blickwinkel erscheint auch Verantwortung im Führungsgeschehen in einem veränderten Licht. Individuelle Verantwortung zeigt sich in einem Handeln von Akteuren, das sich aus ideellen Beweggründen an Erwartungen ihrer Außenwelt bzw. anderen Menschen orientiert. Hierin liegt der Kern normativ-rationaler Handlungen von Individuen, die ihre Zwecke aus der Frage nach der richtigen Wahlhandlung im Wertekontext ableiten.[1464] Eine solche Grundhaltung beinhaltet, dass der einzelne Akteur aus eigenem Erkennen Führungstugenden als Kernelemente einer verantwortungsbewussten Führung bzw. Führungspersönlichkeit betrachtet: innere Stärke, Vorsicht und Achtsamkeit, Mäßigung, Gerechtigkeit.[1465]

---

1460 Vgl. Steyrer/Schiffinger et al. 2007, S. 405.

1461 Vgl. Badura/Greiner et al. 2013, S. 21.

1462 Vgl. Petersen 2002, S. 331.

1463 Vgl. Schulz, Andreas (2010): Selbstreflexion und soziale Kompetenz, Organisationsberatung, Supervision, Coaching, Jg. 17, Nr. 4, S. 361–371, S. 363.

1464 Vgl. Bienfait 2008, S. 9f.

1465 Vgl. Osiemo, Lynette B. (2012): Developing Responsible Leaders: The University at the Service of the Person, Journal of Business Ethics, Band 108, Heft 2, Juni 2012, S. 131–143, S. 132ff.

## 6.2 Der Dialog als Bestandteil praktischer Diskursbeziehungen organisationaler Akteure

Der Begriff »Dialog« stammt aus dem griechischen Wort »diálogos«, das sich aus den griechischen Wörtern »lógos« (das Wort, der Wortsinn) und »diá« (durch) zusammensetzt. Ein Dialog beinhaltet einen Prozess, in dem durch das Wort und den Wortsinn Akteure sich miteinander austauschen, in Sinne einer gemeinschaftlichen Teilhabe.[1466] Damit zeigt sich, dass der Dialog mehr ist als das Gespräch zwischen Akteuren. Innerhalb des Dialoges beschränken die Beteiligten sich nicht auf einen Austausch ihrer Sichtweisen und Meinungen zu einzelnen Sachverhalten, vielmehr gelingt ihnen eine kritisch-reflexive Auseinandersetzung mit diesen Sichtweisen und Meinungen.[1467] Eine Dialogorientierung in Gesprächen umfasst dabei folgende Kernelemente bzw. Grundsätze eines Miteinanders in sozialen Austauschbeziehungen:

- „Das *Fruchtbare* aufgreifen, nicht das Falsche.
- *Sachinteresse* in den Vordergrund stellen, nicht Prestigefragen.
- Einen *gemeinsamen* Blick suchen statt Widerstreit.
- *Überzeugen* wollen, nicht überreden.
- *Aspekte* denken statt Gegensätze. Kooperation statt Strategie.
- *Fremdes Wollen* und seine Motive *verstehen* statt den eigenen Willen durchsetzen.
- Die Gedanken des anderen selbst *zu Ende denken* statt sie abzublocken.
- *Ideen* gemeinsam *weiterentwickeln*, statt nur vorhandene zu selektieren.“[1468]

Aus diesen Grundannahmen eines dialogischen Verständnisses lässt sich ableiten, dass dem Dialog eine grundsätzliche Haltung seiner Beteiligten zueigen ist.[1469] Diese Grundhaltung verzichtet auf Elemente der Macht und Hierarchie zugunsten einer gemeinsam getragenen Suche nach Erkenntnis und Wahrheit.[1470] Innerhalb einer dialogischen Akteursbeziehung findet zwischen den beteiligten

---

1466 Vgl. Bohm 2011, S. 32ff.

1467 Vgl. Bohm 2011, S. 27f.

1468 Dietz, Karl-Martin (2010): Dialog. Die Kunst der Zusammenarbeit, 3., erweiterte Auflage, Heidelberg: Menon, S. 69 (Kursivsetzungen im Original).

1469 Vgl. Krohn, Michael (2011): Dialogische Führung und Coaching in Netzwerkorganisationen, Organisationsberatung, Supervision, Coaching, Jg. 18, Nr. 4, S. 399–412, S. 405.

1470 Vgl. Ehmer, Susanne (2004): Dialog als kreativer Denkraum in lernenden Organisationen, Organisationsberatung – Supervision – Coaching, Jg. 11, Heft 4/2004, S. 329–340, S. 331; Petersen 2003, S. 365ff.

Personen ein reflexiver Austausch statt, über den die unterschiedlichen Sichtweisen jedes einzelnen in einem partnerschaftlichen, von Respekt und Vertrauen getragenen Miteinander betrachtet werden.[1471]

Mit einem dialogischen Verständnis ist somit eine Grundhaltung der Dialogpartner zu sich und anderen verbunden. Dialogorientierung – und hier im Kontext organisationaler Führung – setzt auf ein Menschenbild, in dem Individuen »die richtigen Dinge« tun wollen und dabei über den Dialog eine gemeinsame Suche nach und Auseinandersetzung mit »richtigen« Lösungen eingehen.[1472] Allerdings – „Dialoge zu führen statt Diskussionen, kann man nicht einfach beschließen. Zu sehr widerspricht das Dialogische allem Gelernten, Tradierten und Anerkannten. Es bedarf dazu einer inneren Umwendung des einzelnen“[1473]. Gelingt eine solche Umwendung, ermöglicht der Dialog den Akteuren innerhalb ihres sozialen Systems die Beobachtung von Beobachtungen ihrer Kommunikation und fungiert damit als Beobachter zweiter Ordnung[1474] – über den die Beteiligten sich blinde Flecken ihres Handelns erkennbar machen können[1475].

Derlei blinde Flecken lassen sich in sozialen Austauschbeziehungen organisationaler Akteure dahingehend verorten, als dass mit Bezug auf das Postulat der ökonomischen Rationalität betriebliche Entscheidungen vorgeblich unter dem Gesichtspunkt einer so verorteten ökonomischen Vernunft getroffen werden. Mit der Zurechnung von Entscheidungsverantwortung auf den betreffenden Entscheider ist gleichsam dessen Verfügbarkeit von Macht bzw. Machtmitteln zur wirksamen Durchsetzung seiner Entscheidungen verbunden. Macht beinhaltet grundsätzlich die Möglichkeit zur Willkür.[1476] Aus dieser Perspektive lässt

---

1471 Vgl. Wals, Arjen E.J./Schwarzin, Lisa (2012): Fostering organizational sustainability through dialogic interaction, The Learning Organization, Jg. 19, Nr. 1, S. 11–27, S. 15.

1472 Vgl. Nielsen, Richard P. (1990): Dialogic Leadership as Ethics Action (Praxis) Method, Journal of Business Ethics, Band 9, Heft 10, Oktober 1990, S. 765–783, S. 767.

1473 Dietz 2010, S. 69.

1474 Vgl. Rautenberg 2010, S. 141.

1475 Auf die Problematik der Beobachtung blinder Flecken im organisationalen Kontext wurde bereits oben eingegangen, siehe hierzu »Ansatz des Beobachters zweiter Ordnung«, Seite 54.

1476 Vgl. Peter, Lothar (2011): Prolegomena zu einer Theorie der symbolischen Gewalt, Österreichische Zeitschrift für Soziologie, Jg. 36, Heft 4/Dezember 2011, S. 11–31, S. 14 (Macht als Möglichkeit der Nutzung von Ressourcen zur Verfolgung bzw. Durchsetzung eigener Interessen) u. S. 18 (im Kontext von Herrschaft als willkürliche Ungleichheit in der Verteilung und Nutzung von Ressourcen); Sausele, Ines (2007): Personalentwicklung als Quelle der Macht. Ergebnisse aus einer Untersuchung von Mitarbeitergesprächen, in: Göhlich, Michael/König, Eckard/Schwarzer, Christine

sich ableiten, dass Verträge bzw. Übereinkünfte zwischen ökonomischen Akteuren letztlich Ergebnis einer machtbezogenen Handlung sind.[1477] Ein solches Tun kann als strategisches Handeln bezeichnet werden. Strategische Handlungen bedürfen keiner moralischen Begründung, weil in ihnen andere Akteure lediglich als Mittel bzw. Engpassfaktor betrachtet werden.[1478] Tatsächlich aber stellt sich auch im ökonomischen Kontext die Frage nach ethischen Grundwerten und moralischen Handlungen.[1479] Allerdings kann die Beachtung ethischer Grundsätze im Rahmen der Verfolgung betrieblicher Zielsetzungen nicht auf den Aspekt der Legalität begrenzt werden.[1480] Was unter ökonomischer Perspektive zu Wahlhandlungen führt, bedarf eines moralischen Bezugsrahmens, wenn diese Handlungen sich nicht als „[…] rein kognitiv-instrumentell geprägte Argumentation, die an der moralischen Dimension des Handelns gerade vorbeigeht"[1481] entlarven sollen. Damit stellt sich Ethik als Rahmenbedingung dar, innerhalb derer – ökonomische – Akteure selbstständig nach vernunftgemäßen Antworten suchen können.[1482]

Mit Bezug auf strategisches Handeln, das auf Elementen der Belohnung und Sanktion beruht[1483], zeigt sich die Begrenzung eines teleologischen Rationalitätsverständnisses – nicht nur im ökonomischen Kontext. Ohne Bezug zu sozialen Regeln, Normen und Handlungsleitlinien reduzieren sich Entscheidungen und Handlungen – ökonomischer – Akteure auf die Abfolge von vorgeblich nichtabwählbaren Anpasssungen an Nutzenkalküle.[1484] Demgegenüber beinhaltet diskursive Rationalität, dass Akteure sich an Geltungsansprüchen orientieren und hierfür Rede und Antwort stehen können – die so handelnden Individuen sind zur Selbstreflexion auf ihre Handlungen fähig.[1485] Normative Geltungsansprüche können nicht monologisch bewältigt werden, es bedarf des moralischen Austausches der beteiligten Akteure, um (Handlungs-)Konflikte aus der Bewältigung

---

(Hrsg.): Beratung, Macht und organisationales Lernen, Wiesbaden: VS Verlag für Sozialwissenschaften, S. 85–96, S. 89 (Regeln zum Schutz vor willkürlichen Entscheidungen in Mitarbeitergesprächen).

1477 Vgl. Habermas, Jürgen (1991): Erläuterungen zur Diskursethik, Frankfurt am Main: Suhrkamp Verlag, S. 128.

1478 Vgl. Habermas 2009a, S. 366.

1479 Vgl. Snyder 2010, S. 188ff.

1480 Vgl. Petersen 2003, S. 219f.

1481 Kirsch 1997, S. 419.

1482 Vgl. Habermas 1991, S. 124.

1483 Vgl. Habermas 1983, S. 68f.

1484 Vgl. Bienfait 2008, S. 4.

1485 Vgl. Habermas 2009b, S. 109.

von derlei Geltungsansprüchen mittels intersubjektiver, gemeinsamer Argumentationen auflösen zu können.[1486] Individuen zeigen verantwortliches Handeln, wenn sie sich aus ideellen Beweggründen an Erwartungen ihrer Außenwelt bzw. anderen Menschen orientieren. Hierin liegt der Kern normativ-rationaler Handlungen von Individuen, die ihre Zwecke aus der Frage nach der richtigen Wahlhandlung im Wertekontext ableiten.[1487]

Eine so auf wertbezogene Geltungsansprüche basierende soziale Austauschbeziehung zwischen – organisationalen – Akteuren ermöglicht ihren Beteiligten den Diskurs als Kommunikationsform im Zuge einer kooperativen Wahrheitssuche[1488]. Innerhalb dieser diskursiven Austauschbeziehung müssen die beteiligten Akteure vom Vorhandensein einer – kontrafaktischen – idealen Sprechsituation ausgehen können, wenn sie ihren Austausch auf rational motiviertes Einverständnis stützen wollen.[1489] Wenn Akteure miteinander in einen gemeinsamen Austauschprozess eintreten, in dem sie sich die Gründe für sozial verbindliche Handlungsweisen (Normen) verständlich machen, werden diese für die beteiligten Akteure als »gleichermaßen gut« ersichtlich. Diesen Prozess bezeichnet man als »praktischen Diskurs«.[1490] Innerhalb eines praktischen Diskurses unterliegen alle Beteiligten als freie und gleichberechtigte Akteure ausschließlich dem „Zwang des besseren Arguments“[1491].

Unter diesem Gesichtspunkt zeigt sich, dass mit einem dialogischen Verständnis zum Miteinander in sozialen Austauschbeziehungen allen Beteiligten die Möglichkeit eröffnet wird, als gleichberechtigte Partner in einen Suchprozess nach Erkenntnis und Wahrheit einzutreten und an diesem teilzuhaben.[1492] Ihr kommunikatives Handeln beinhaltet dabei „Argumentationen [als] eine reflektierte Form kommunikativen Handelns“[1493], die auf Reziprozität zwischen den beteiligten Akteuren fußt.

Innerhalb ihres Dialoges tauschen die beteiligten Akteure nicht ihre Sichtweisen und Meinung zu Sachverhalten aus, vielmehr gelingt ihnen, in der gemeinsamen

1486 Vgl. Habermas 1983, S. 77.
1487 Vgl. Bienfait 2008, S. 9f.
1488 Vgl. Habermas 2009a, S. 12.
1489 Vgl. Habermas, Jürgen (1995): Theorie des kommunikativen Handelns. Band 1: Handlungsrationalität und gesellschaftliche Rationalisierung, Frankfurt am Main: Suhrkamp Verlag, S. 71.
1490 Vgl. Habermas 1983, S. 77.
1491 Habermas 2009a, S. 121.
1492 Vgl. Bienfait 2008, S. 15; Raelin 2013, S. 822 (hier im Führungskontext).
1493 Habermas 1983, S. 141.

Reflexion zu Sichten und Meinungen etwas Neues zu schaffen. Damit erweitert der Dialog das Blickfeld der Akteure auf solche Gesichtspunkte und Erkenntnisse, die jeder für sich allein systemisch nicht erkennen kann. Eine solche Perspektive auf das Miteinander schließt die machtvolle Durchsetzung von Anweisungen faktisch aus.[1494] Eine solche dialogisch orientierte Kommunikation zwischen Akteuren vermag den Beteiligten neue Perspektiven auf sich und ihr soziales System zu eröffnen. Erfolgsorientiertes wird dabei in verständigungsorientiertes Handeln transformiert. Über den gemeinsam getragenen, auf Verständigung und Einverständnis basierenden Sprechakt der beteiligten Akteure findet kommunikatives Handeln statt. Dabei lässt sich Einverständnis nicht durch Manipulation und Sanktion erzielen, sondern bedarf der Überzeugung des betreffenden Akteurs, dass sein Einverständnis aus einem verständigungsorientierten Austausch von Argumenten resultiert.[1495] Mit Bezug auf die betriebliche Führung als Spannungsfeld aus ökonomisch-zweckrationalen Wahlentscheidungen und verantwortungsbewusst-wertrationalem Handeln vermag eine Dialogorientierung im Führungsgeschehen jenen Führungstugenden[1496] zum Durchbruch zu verhelfen, die allen Beteiligten den Raum zu selbstbestimmter Entwicklung geben können. Insofern zeigt sich im Dialog und dem mit ihm verwobenen Menschenbild die Forderung an Akteure, ihr Handeln unter moralischen Gesichtspunkten zu gestalten. Moralisches Handeln umfasst die Forderung an jeden Einzelnen, sich selbst zu achten – im Kontext seines moralisch bewussten Handelns. Allerdings kommt es nicht nur auf die moralische Urteilsfähigkeit an, sondern erfordert auch die eigene Stärke, selbst dann moralisch zu handeln, wenn andere Interessen diesem Handeln entgegenstehen.[1497]

Würdigt man die betriebliche Führungslehre insofern, als dass mit ihr nicht nur eine Erklärung, wie Unternehmen geführt werden, sondern auch die kritische Reflexion des Führungsgeschehens und der Führungshandlungen[1498] verbunden ist, so liegt mit dem dialogischen Führungsverständnis gleichsam eine Grundhaltung vor, die den Beteiligten eine andere Sicht auf Führung ermöglicht. Dies zu beschreiben, ist dem folgenden Kapitel zu den Charakteristika dialogischer Führung vorbehalten.

---

1494 Vgl. Bohm 2011, S. 27f.

1495 Vgl. Habermas 1983, S. 144.

1496 Zu diesen Führungstugenden zählen: Innere Stärke, Vorsicht und Achtsamkeit, Mäßigung, Gerechtigkeit, vgl. Osiemo 2012, S. 132ff.

1497 Vgl. Habermas 1991, S. 189f.

1498 Vgl. Kirsch/Seidl et al. 2007, S. 162.

## 6.3 Grundansatz und charakteristische Merkmale der dialogischen Führung

Mit dem Konzept der »dialogischen Führung«[1499] ist ein alternativer Ansatz zum »traditionellen« Verständnis von Führung und Steuerung in Unternehmen verbunden. Dialogische Führung basiert auf einem hierarchiefreien, von Machtasymmetrie befreiten Verständnis zum Miteinander von Führungskräften und Mitarbeitern.[1500] Mithilfe des Dialoges soll eine kritisch-reflexive Suche nach gemeinsam getragenen Wahrheiten im betrieblichen Führungsgeschehen bewirkt werden; statt eines monologisch definierten »One-best-way« sollen die beteiligten Akteure gleichberechtigt und reflexiv-eigenständig Problemlösungsalternativen entwickeln.[1501] Damit setzt eine dialogische Führung beim Vertrauen auf die Selbstständigkeit von Menschen im organisationalen Kontext an, ein eigenständiges Verständnis von Wirklichkeit zu entwickeln und zu vertreten und darüber die Fähigkeit zur Selbststeuerung zu erlangen.[1502]

Innerhalb dialogischer Führung findet eine Auflösung herkömmlicher Führungsmodelle und Führungsstrukturen statt.[1503] Dialogische Führung verlangt gleichsam einen Wandel im (Selbst-)Verständnis von Führungskräften, indem diese »traditionelle« Strukturen eines hierarchiebezogenen, auf lineare Erklärungszusammenhänge im Zuge der Identifizierung und Lösung von organisationalen Problemen vorherrschenden Handlungsmusters aufbrechen und im Sinne eines konstruktiv-kritischen Miteinanders im Führungsgeschehen umdeuten.[1504] Diese Perspektive auf ein betriebliches Führungsverständnis beinhaltet konsequenterweise ein verändertes Verständnis zur organisationalen Führungskräfteentwicklung: Über den sozialen Ansatz der Führungskräfteentwicklung hinaus, der auf das Bewusstsein für soziale Austauschbeziehungen zwischen Führungskräften

1499 Zur »dialogischen Führung« vgl. Dietz, Karl-Martin/Kracht, Thomas (2011): Dialogische Führung. Grundlagen – Praxis – Fallbeispiel: dm-Drogerie-Markt, 3., aktualisierte Auflage, Frankfurt a.M. [u.a.]: Campus Verlag, S. 18ff., zum »dialogischen Management« vgl. Petersen 2003, S. 363ff.; Dietz, Karl-Martin (2008): Jeder Mensch ein Unternehmer. Grundzüge einer dialogischen Kultur. Schriften des Interfakultativen Instituts für Entrepreneurship (IEP) der Universität Karlsruhe (TH), Karlsruhe: Universitätsverlag Karlsruhe, S. 46ff.; Petersen/Olesch 2011, S. 10; Moning/Petersen 2010, S. 175f.

1500 Vgl. Petersen 2003, S. 363.

1501 Vgl. Krohn 2011, S. 406; Petersen 2003, S. 364.

1502 Vgl. Dietz/Kracht 2011, S. 18ff.

1503 Vgl. Dietz 2008, S. 46.

1504 Vgl. Moning/Petersen 2010, S. 175f.

und Mitarbeitern[1505] abzielt, sind hier der reflexive – die Verschiebung der Perspektive vom Ergebnisbezug zum verstehenden Zugang zu Akteurshandlungen[1506] – sowie der dialogische Ansatz – Führung als Partnerschaftsbeziehung im Rahmen gegenseitiger moralischer Verträge[1507] – zu nennen. Unter dem Blickwinkel dialogischer Führung bedarf es einer Führungskräfteentwicklung, die über einen systematischen Ansatz zur Erhöhung der Reflexionskompetenz und Ausprägung von Führungskräften als Lernpromotoren im betrieblichen Geschehen[1508] beiträgt. Reflexivität im Handlungskontext beinhaltet, dass die beteiligten Akteure Handlungen nicht nur durchführen, sondern sie auch beobachten und bedenken.[1509] Eben diese Verbindung von kritisch-reflexivem Handeln und der Rolle der Führungskraft als Lernpromotor stellt einen wesentlichen Aspekt dialogischer Führung dar. Führungskräfte, die dialogisch führen, ermöglichen einen herrschaftsfreien Diskurs und damit einen gemeinsamen, ergebnisoffenen Austausch über soziale Praktiken, Grundhaltungen, Verständnis und Zusammenarbeit innerhalb des betrieblichen Geschehens.[1510]

Dialog bzw. dialogische Führung ist weniger eine Methode, als vielmehr eine durch Lernprozesse sich ausprägende innere Haltung von Akteuren anderen gegenüber, die einen dauerhaften Wandel in der Unternehmenskultur bewirken kann.[1511] Ein dialogisches Führungsverständnis geht über den Habermas'schen »idealen Sprechakt«[1512] hinaus und setzt als emanzipatorischer Dialog auf die Fähigkeit und den Willen der beteiligten Akteure zur freien und unvoreingenommenen Rede innerhalb ihrer kritisch-reflexiven Auseinandersetzung mit sich und ihrer Wirklichkeit.[1513] Ein solcher Dialog beinhaltet „den gemeinsamen

1505 Vgl. Schreyögg/Koch 2007, S. 256.
1506 Vgl. Kirsch 1997, S. 398.
1507 Vgl. Petersen 2003, S. 374f.
1508 Vgl. Seufert, Sabine/Fandel-Meyer, Tanja (2011): Die Rolle von Führungskräften im betrieblichen Lernen, in: Göhlich, Michael/Weber, Susanne Maria/Schiersmann, Christiane/Schröer, Andreas (Hrsg.): Organisation und Führung. Beiträge der Kommission Organisationspädagogik, Wiesbaden: VS Verlag für Sozialwissenschaften, S. 223–233, S. 230f.
1509 Vgl. Neuberger 2002, S. 652.
1510 Vgl. Raelin 2013, S. 820.
1511 Vgl. Krohn 2011, S. 405.
1512 Zur idealen Sprechsituation als Voraussetzung eines zwangfreien Verständigungsprozesses vgl. Habermas 1995, S. 47f.; zu Voraussetzungen einer idealen Sprechsituation vgl. Habermas 1991, S. 132.
1513 Vgl. Raelin 2013, S. 822f.

Schöpfungsprozess von Sinn, Bedeutung und Verständnis"[1514]. Dies erscheint nicht zuletzt vor dem Hintergrund eines sich verstärkenden sozialen Anpassungsdrucks auf betriebliche Akteure, sich in scheinbar unumstößliche ökonomische Grundregeln und Zwänge zu fügen[1515], von Bedeutung.

Neben den bezeichneten positiven Bezügen zur dialogischen Führung zeigt die Literatur auch einen kritischen Blick auf diesen Ansatz.

Als Kritik zur dialogischen Führung wird vornehmlich benannt, dass sprachmächtige Akteure andere übersteuern können und damit ein sozialer Konformitätsdruck bezüglich einzelner Entscheidungen, Handlungen bzw. Veränderungen entsteht. Darüber hinaus können Führungskräfte im Zuge der dialogischen Führung ihre – unveränderten – Handlungsweisen in den Begriff »Dialog« kleiden, um nach außen eine Form der Neuerung zu signalisieren, ohne sich aber im Sinne des dialogischen Führungsverständnisses zu verhalten.[1516] Dialogorientierung im Führungsgeschehen wird bisweilen noch als wenig greifbares und durch »weiche« Faktoren bestimmtes Phänomen betrachtet, das letztlich nicht mit »harten« Fakten vergleichbar ist.[1517] Letztlich ist das Gelingen einer dialogischen Führung abhängig von der Fähigkeit und Bereitschaft der betreffenden Akteure – vor allem auf Seiten der Führungsinstanzen – zur individuellen Veränderung bezüglich der eigenen Rücknahme von Impulsen des Egoismus und Wettstreites.[1518]

Dass die Umsetzung des Konzeptes dialogischer Führung insbesondere in Organisationen problematisch erscheint, die durch anreizbezogene Vergütungssysteme bestimmt sind[1519], vermag nicht zu erstaunen. Schließlich fußen derlei Systeme auf dem Bild des nutzenorientierten, vornehmlich auf monetäre Anreize reagierenden Akteurs im Unternehmensgeschehen – eine Sichtweise, die in der Literatur durchaus kritisch hinterfragt wird.[1520] Auf die Problematik eines primär ökonomischen Verständnisses von Rationalität als soziales Konstrukt wurde bereits an anderer Stelle eingegangen.[1521] Gerade die Akteure im Controlling sind in

---

1514 Rautenberg 2010, S. 136.

1515 Vgl. Dietz 2011, S. 13.

1516 Vgl. Raelin 2012, S. 13f.

1517 Vgl. Rautenberg 2010, S. 132.

1518 Vgl. Wals/Schwarzin 2012, S. 18.

1519 Vgl. Rautenberg 2010, S. 165f.

1520 Vgl. Simon 2009, S. 23; Kirchgässner 2008, S. 17; Slovic 2008, S. 490f.; Petersen 2003, S. 92; Göbel 2001, S. 25.

1521 Siehe hierzu Seite 116 »kontingente Rationalitätskonstrukte«, Seite 302 »Rationalität als soziales Konstrukt« bzw. Seite 302 »ökonomische Rationalität«.

diesem Bezug sowohl Verursacher als auch Betroffene eines solchen Konstruktes, als dass mit dem Postulat der Rationalitätssicherung im Führungsgeschehen auch soziale bzw. ethische Fragestellungen berührt werden.[1522] Dass die Beachtung ethischer Grundsätze sich nicht auf legale Aspekte begrenzen sollte, verweist auf das dialogische Miteinander ökonomischer Akteure, die über eine vernunftbezogene Einhaltung gemeinsam getragener Werte den Grundstein für die Berücksichtigung ethischer Normen innerhalb ihrer Austauschbeziehungen legen sollen.[1523]

Mit Bezug auf Veränderungen in den betrieblichen Umweltbedingungen und Ansprüchen auf Seiten der Unternehmens-Stakeholder an eine »gute und angemessene Unternehmensführung«[1524] vermag ein dialogisches Führungsverständnis eben gerade solche linear-monkausalen Erklärungs- bzw. Handlungsmuster in Frage zu stellen.[1525] Dialogische Führung in diesem Sinne erweitert Führungskräften und Mitarbeitern das Blickfeld, indem sie Handlungen ihrer Austauschbeziehungen spiegeln und darüber einen Austausch über ihre soziale und ökonomische Wirklichkeit ermöglichen.[1526] Nicht zuletzt für die soziale Austauschbeziehung zwischen Führungskräften und Controllern liegt im Konzept der dialogischen Führung die Chance, scheinbar festgefügte Rollenerwartungen und Handlungsmuster aufzubrechen und in ein emanzipatorisches Verständnis zu Führung und Steuerung des Wirksystems »Unternehmen« zu überführen.

## 6.4 Dialogisches Verständnis und Sich-Einlassen auf neue Wege in der betrieblichen Führung

Aus den obigen Darlegungen ergibt sich, dass mit dialogischer Führung eine Grundhaltung innerhalb des organisationalen Führungsgeschehens verbunden ist. Dialog in diesem Sinne umfasst mehr als die Ermöglichung von Sprechakten zwischen den beteiligten Akteuren. Vielmehr beinhaltet ein dialogisches Führungsverständnis die Bereitschaft und Fähigkeit von Führungskräften, als gesichert geglaubte, erlernte bzw. praktizierte (Denk-)Strukturen und (Handlungs-)Muster zuerst – und vor allem – bei sich selber aufzubrechen. Mit der Fähigkeit und Bereitschaft zur kritisch-reflexiven Perspektive auf das eigene Verständnis und Handeln eröffnen sich allerdings sowohl auf Seiten der Führungskräfte als

---

1522 Siehe hierzu »ethische und soziale Werte im Controlling«, S. 301.

1523 Vgl. Petersen 2003, S. 219f.

1524 Zu Anforderungen an die Corporate Governance aus dem Blickwinkel der Stakeholder und sozialen Verantwortung von Unternehmen vgl. Solomon 2007, S. 14.

1525 Vgl. Moning/Petersen 2010, S. 169.

1526 Vgl. Dietz/Kracht 2011, S. 20.

auch der Mitarbeiter neue Wege bei der Formulierung von Problemstellungen und Beschreibung eines gemeinsam getragenen Verständnisses von organisationaler Wirklichkeit. Das Sich-Einlassen auf neue Wege in der betrieblichen Führung schafft Freiräume im Denken ebenso wie neue Perspektiven auf Verantwortung für und innerhalb der gemeinsamen Austauschbeziehungen der beteiligten Akteure.[1527]

Im Sinne des epistemischen Selbstverhältnisses[1528] erlaubt ein dialogisches Führungsverständnis den betreffenden Akteuren nicht nur eine reflexive Einstellung zu ihren Meinungen und Überzeugungen[1529]. Vielmehr eröffnet es ihnen eine Perspektive, Tatsachen nicht nur in Form von wahrheitsgemäßen Urteilen wiederzugeben, sondern im Kontext einer epistemischen Rationalität zu erkennen, warum diese Urteile wahr sind[1530]. Dialogische Führung soll den organisationalen Akteuren einen erweiterten Blick auf Vernunft im Führungsgeschehen ermöglichen und dadurch eine Perspektivenverschiebung von zweckrationalen hin zu partizipativen Gesichtspunkten in der Gestaltung von Führung erreichen.[1531]

Das Sich-Einlassen auf neue Wege in der betrieblichen Führung beinhaltet gleichsam, dass nicht nur gewohnte Handlungs- und Sichtweisen, Selbstverständlichkeiten und Wertvorstellungen kritisch-reflexiv hinterfragt, sondern auch bestehende Sanktionsmechanismen[1532] aufgegeben werden. Diesem Wagnis stehen Freiräume – auch des Scheiterns – gegenüber, die einer adäquaten Vertrauensbasis zwischen Führungskräften und Mitarbeitern bedürfen.[1533]

---

1527 Vgl. Feld 2010, S. 91f. (Aufgeben mechanistischer Erklärungsansätze innerhalb der organisationalen Führung); Rosenstiel/Comelli 2003, S. 80ff. (zur Bedeutung des Führungsverhaltens für organisationalen Erfolg).

1528 Vgl. Habermas 2009b, S. 109.

1529 Vgl. Habermas 2009b, S. 109.

1530 Vgl. Habermas 2009b, S. 110f.

1531 Vgl. Petersen, Jendrik (2011): Dialogisches Management durch Mentoring, in: Dewe, Bernd/Schwarz, Martin (Hrsg.): Beruf – Betrieb – Organisation. Perspektiven der Betriebspädagogik und beruflichen Weiterbildung, Bad Heilbrunn/Obb.: Verlag Julius Klinkhardt, S. 371–388, S. 372.

1532 Zu Sanktionen als Element von Führungssystemen vgl. Neus 2009, S. 169; Englund, Hans/Gerdin, Jonas/Burns, John (2011): 25 Years of Giddens in accounting research: Achievements, limitations and the future, Accounting, Organizations and Society, Jg. 36, Nr. 8, November 2011, S. 494–513, S. 499 (im Kontext des betrieblichen Rechnungswesens); Rosenstiel/Comelli 2003, S. 422 (im Kontext der Unternehmenskultur).

1533 Vgl. Petersen/Olesch 2011, S. 11ff.

Für das soziale Austauschverhältnis zwischen Führungsinstanzen und Controlling beinhaltet der Ansatz der dialogischen Führung eine Perspektivverschiebung[1534] von der weitgehend aus ökonomischer Rationalität[1535] geprägten Betrachtung von Ursache-Wirkungs-Beziehungen hin zu einem konstruktiv-kritischen Miteinander bei der Suche nach gemeinsamen Erkenntnissen[1536] und Problemlösungen. Damit geht fast zwangsläufig eine Emanzipation beider Akteure von dem Postulat des »unbedingt Steuerbaren« innerhalb betrieblicher Führungssysteme einher. Der so gewonnene Raum eröffnet beiden Akteuren die Perspektive auf ein

> „[…] Controlling als bewusstes Hinschauen, also differenziertes Hinschauen und Hinschauen aus unterschiedlichen Blickwinkeln [und] soll[en] Managern die Augen öffnen für Dinge und Vorgänge, die ohne dieses Vergrößerungsglas nicht zu sehen wären“[1537].

Unter diesem Blickwinkel erfährt das institutionalisierte Controlling gleichsam eine Reduzierung und Verdichtung seines Aufgabenspektrums innerhalb des betrieblichen Führungsgeschehens. Mit der Metapher des Vergrößerungsglases auf die betrieblichen Geschehnisse wird ein Controlling beschrieben, das im besten Sinne des Wortes ein »Hilfswerkzeug« von Führungsinstanzen innerhalb dialogischer Führung ist. Nicht mehr, aber auch nicht weniger. In der Beschränkung auf dieses Controllingverständnis liegt im Wesentlichen die Rückübertragung von Entscheidungsfindung und Entscheidungsverantwortung an diejenigen Instanzen, deren Verantwortung in der Formulierung von Entscheidungen (Zielbestimmung) und der Umsetzung dieser in zielorientierte Handlungen (Zielerreichung) liegt: Den organisationalen Führungskräften.[1538]

1534 Vgl. Petersen 2011, S. 372 (Perspektivenverschiebung von zweckrationalen Aspekten hin zu partizipativen Gesichtspunkten der Gestaltung von Führung).

1535 Vgl. Weber/Schäffer 2008, S. 44.

1536 Vgl. Moning/Petersen 2010, S. 175f.

1537 Kappler, Ekkehard (2004): Bild und Realität: Controllingtheorie als kritische Bildtheorie. Ein Ansatz zu einer umfassenden Controllingtheorie, die nicht umklammert, in: Scherm, Ewald/Pietsch, Gotthard (Hrsg.): Controlling. Theorien und Konzeptionen, München: Verlag Franz Vahlen, S. 581–610, S. 592 (Ergänzungen durch d. Verf.).

1538 Siehe hierzu die Ausführungen von Deyhle/Kottbauer et al. 2010, S. 34f., und, mit Bezug auf die Bereitstellung von Sekundärwissen durch das Controlling, Lingnau 2004, S. 741f; Lingnau 2006, S. 16f., sowie mit Bezug auf ein »transaktionales Gedächtnis« zwischen Führungskraft und Controller und der Entscheidungsfundierung auf Basis eines hieraus entstehenden »Metagedächtnisses« beider Akteure: Lingnau, Volker/Walter, Katja (2011): Psychologische Paradigmen für die Controllingforschung,

## 6.5 Führung im Kontext von Verantwortungsbewusstsein und Dialog

### 6.5.1 Begriff der verantwortungsbewussten Führung

Mit dem Begriff der verantwortungsbewussten Führung wird auf die oben bezeichneten Führungstugenden rekurriert. Verantwortung in diesem Sinne umfasst mehr als die rechenschaftslegungstechnische »Accountability« und geht über den partizipativen Führungsansatz[1539] hinaus. Verantwortungsbewusstes Handeln steht strategischem, als selbstbezogenes, auf Macht und Hierarchie gestütztes, Handeln, das keiner moralischen Begründungen bedarf[1540], entgegen. Es bezieht sich auf den von Weber formulierten Verantwortungsbegriff. „Der Kerngedanke von Webers Verantwortungsbegriff lässt sich als Übergang vom strategischen zum normativen Individualismus charakterisieren. Dadurch konzipiert Weber einen Bezug auf Normativität, der mit Freiheit in Sinne bewusster, individueller Selbstzwecksetzung vereinbar ist und damit weder auf ein utilitaristisches Konzept der reinen Situationsanpassung zurückfällt noch einem Modell der reinen Rollenkonformität das Wort redet."[1541]

Verantwortungsbewusstes Handeln ist zunächst verständigungsorientiertes, auf »kommunikativer Rationalität«[1542] basiertes Handeln. „Kommunikativ nenne ich die Interaktionen, in denen die Beteiligten ihre Handlungspläne einvernehmlich koordinieren; damit bemißt sich das jeweils erzielte Einverständnis an der intersubjektiven Anerkennung von Geltungsansprüchen. Im Falle explizit sprachlicher Verständigungsprozesse erheben die Aktoren mit ihren Sprechhandlungen, indem sie sich miteinander über etwas verständigen, Geltungsansprüche, und zwar Wahrheitsansprüche, Richtigkeitsansprüche und Wahrhaftigkeitsansprüche [...]."[1543] Das bedeutet für die organisationale Führung, dass ihre Akteure – und hier sind sowohl die betreffenden Führungskräfte als auch die Mitarbeitenden umfasst – im Zuge eines gemeinsam getragenen, kritisch-reflexiven Diskurses scheinbar gefügte Rollen und Verhaltensmuster aufbrechen und so zu neuen Verständigungsansätzen bzw. Problemlösungen im

---

Kaiserslautern, Technische Universität Kaiserslautern, Nr. 17, verfügbar auf: www.controlling-forschung.de, Stand: 23.10.2011, S. 25f.

1539 Zur partizipativen Führung vgl. Rosenstiel/Comelli 2003, S. 92; Staehle/Conrad et al. 1999, S. 336.

1540 Vgl. Habermas 2009a, S. 366.

1541 Bienfait 2008, S. 5.

1542 Vgl. Petersen 2003, S. 51

1543 Habermas 2009a, S. 50.

Führungsgeschehen gelangen. Eine hierin liegende Chance auf Wahrhaftigkeit wird damit in kommunikativen Handlungen durch konsistentes Verhalten der Beteiligten fundiert.[1544] Dabei vermag ein kritischer, herrschaftsfreier Diskurs[1545] den beteiligten Akteuren die Perspektive auf eigene Grenzen und Verwundbarkeiten zu eröffnen. Hieraus kann im Zuge der Emanzipation von traditionellen Führungsstrukturen gleichsam Neues erwachsen und die Beteiligten stärken, auch mit kurzfristig nicht auflösbaren Problemstellungen besser umgehen zu können.[1546]

In diesem Sinne lässt sich verantwortungsbewusste Führung dahingehend verorten, als dass ihre Akteure – im Bewusstsein für ökonomische Rahmenbedingungen – sich gemeinsam auf die Suche nach neuen Wegen organisationaler Führung und individueller Entwicklung machen und dabei auch einen Prozess der Organisationsentwicklung anstoßen. Führung unter diesem Blickwinkel verlässt den Anspruch an linear-monokausale Erklärungsansätze bzw. deterministische Ursache-Wirkungszusammenhänge im Sinne ökonomisch-rationaler Optimierung. Die beteiligten Akteure gewinnen Raum, sich auf neue, heterogene Sichtweisen einzustellen und diese in einem gemeinsamen Diskurs zu bewältigen. Indem sie Spannungen aus derlei Unsicherheitszonen zunächst »aushalten«, ihre (Re-)Aktionen entschleunigen und innerhalb eines kommunikativen Miteinanders andere Auffassungen, Wahrnehmungen und Meinungen gelten lassen, treten sie in einen gemeinsamen Austausch zur Suche nach Wahrheit und Wahrhaftigkeit ihres organisationalen und individuellen Handelns ein.[1547] Verantwortungsbewusst ist diese Ausprägung von Führung, weil sie dem Einzelnen mit Achtsamkeit und Respekt gegenübertritt und ihm individuelle (Frei-)Räume der selbstbestimmten Entwicklung lässt. Aus individueller Entwicklung kann so für das soziale System »Organisation« derjenige Raum geschaffen werden, der innovative Lösungsansätze und damit letztlich auch ökonomischen Nutzen ermöglicht.

---

1544 Vgl. Habermas 1983, S. 68f.

1545 Vgl. Habermas 2009a, S. 121; Neuberger 2002, S. 746.

1546 Vgl. Raelin 2013, S. 826.

1547 Vgl. Geißler 2000, S. 56 (im Kontext eines emanzipatorischen Erkenntnisinteresses); Dietz 2010, S. 21 (individuelle Freiheit als Ergebnis eines selbstbestimmten Diskurses mit sich selbst); Schneider 2011, S. 342f. (zur Ermöglichung von Selbstentwicklung über die Auseinandersetzung mit sich selbst); Raelin 2012, S. 12 (Dialoge als authentische Form einer sozialen Austauschbeziehung innerhalb der Führung); Hartmann, Martin (2011): Die Praxis des Vertrauens, Berlin: Suhrkamp Verlag, S. 136f. (zum Wert der Wahrhaftigkeit innerhalb vertrauensvoller Handlungen).

Verantwortungsbewusste Führung lässt sich mit dem Begriff der »tugendhaften Führung«[1548] beschreiben. Diese geht davon aus, dass Führung grundsätzlich erlernbar und damit nur zu einem geringen Teil aus individuellen Grundanlagen erklärbar ist. Das Erkennen und Praktizieren von Führungstugenden erfordert von ihren Akteuren die Fähigkeit und den Willen zur kritisch-reflexiven Auseinandersetzung mit sich und ihrer Umwelt.[1549] Ein so ausgestaltetes kommunikatives Handeln erlaubt eine Sicht auf Verständigung und Verständnis[1550] aus dialogischer Perspektive, in der Teilnehmer sich darauf einlassen, vertraute bzw. akzeptierte Verhaltensweisen im Umgang miteinander aufzubrechen und so zu einem gemeinsam getragenen Kommunikationsverhalten zu gelangen[1551]. Hier zeigt sich der Dialog als Prozess, der vor allem auch den Einzelnen in seiner Selbsterkenntnis betrifft. In diesem Sinne lässt sich von einem Selbstdialog sprechen, der das Individuum in die Lage versetzt, mit anderen in eine dialogische Austauschbeziehung einzutreten.[1552]

Innere Stärke der beteiligten Akteure beinhaltet im Rahmen verantwortungsbewusster Führung, den je anderen in seiner Person und seinen Sichtweisen anzunehmen und zu verstehen zu suchen. Dialoge können als authentische Form einer sozialen Austauschbeziehung innerhalb der Führung angesehen werden; unter diesem Gesichtspunkt ermöglichen Dialoge im Führungsgeschehen den gemeinsamen Austausch und den reflexiven Zugang zu Wissen und Lernen der Beteiligten.[1553] Dialoge bedingen ein gegenseitiges Vertrauensverhältnis ihrer beteiligten Partner, dass sie ihre Argumente bedingungslos austauschen können, ohne dabei Sanktionen befürchten zu müssen. Diese hierarchiefreie Austauschbeziehung spiegelt den guten Willen und die Verlässlichkeit der Dialogpartner wider.[1554] Das Innehalten der beteiligten Akteure erfordert innere Stärke, denn sie gehen dabei das Wagnis ein, eigene, vorgeprägte Sichtweisen und Meinungen innerhalb ihres dialogischen Austausches auf ihre Begründung und Haltbarkeit einer kritisch-konstruktiven Reflexion zu unterziehen bzw. unterziehen zu lassen. Dieses „Suspendieren bedeutet, die Richtung zu wechseln, inne zu halten, einen Schritt zurückzutreten und die Dinge aus einer neuen Perspektive zu betrachten. Das ist eine der größten Herausforderungen überhaupt – vor allem

1548 Vgl. Osiemo 2012, S. 132f.
1549 Vgl. Osiemo 2012, S. 133.
1550 Vgl. Habermas 1983, S. 145.
1551 Vgl. Rautenberg 2010, S. 122f.
1552 Vgl. Isaacs 2011, S. 21.
1553 Vgl. Raelin 2012, S. 12.
1554 Vgl. Lehnhoff/Petersen 2002, S. 282.

dann, wenn man sich schon auf eine Position festgelegt hat“[1555]. Und gerade in diesem Bezug zeigt sich verantwortungsbewusste Führung in ihrer Abkehr von monokausalen Sichtweisen auf Ursache-Wirkungs-Beziehungen. Die gemeinsame Reflexion zu Sichtweisen und Meinungen des je anderen bedarf des Bewusstseins um die hiermit verbundene Verantwortung im Umgang mit seinem Austauschpartner. „Eine wichtige Eigenschaft des Dialoges ist, Beobachtungsmuster zu beobachten.“[1556] In eben dieser Beobachtung liegt das Aushalten von Unsicherheit, aber auch das Zurückhalten eigener als gesichert geglaubter Wahrheiten. „Zweckrationales Theoriewissen (um Wenn-Dann-Zusammenhänge) ist zu ergänzen um Selbstreflexionswissen. Hierfür ist eine „Arbeit“ an der eigenen Subjektivität (gemeint: der Führungskräfte) erforderlich.“[1557]

Vorsicht und Achtsamkeit zeigt sich innerhalb verantwortungsbewusster Führung in dem Geltenlassen anderer und ihrer Lebenssicht. In diesem Sinne weist Dialog auf den Beziehungskontext hin. Man tauscht Worte und ihren Sinn innerhalb gemeinsamer Austauschbeziehungen aus. Durch das Wort, seinen Sinn und im Zuge des gemeinsamen Austausches werden Bedeutungen miteinander geteilt und ein gemeinsam getragenes Verständnis hierüber ermöglicht.[1558] Mit dem Ansatz der kommunikativen Ethik ist die Sicht auf eine dialogisch-soziale Begründung von Moral und Handlung verbunden. Nicht einzelne Akteure und ihre kognitive Auseinandersetzung mit vernunftmäßigen Handlungen stehen im Vordergrund, sondern zwischen den Beteiligten eines sozialen Systems findet eine dialogisch gestaltete, auf einem herrschaftsfreien Diskurs basierende Suche nach gemeinsam getragener Wahrhaftigkeit statt.[1559] Ein solcher Austausch beinhaltet Vorsicht und Achtsamkeit insofern, als dass die Beteiligten sich ihrer vorgefertigten – erlernten bzw. trainierten – Sichtweisen bzw. Meinungen bewusst werden und sie miteinander auf den Prüfstand stellen. Ein Dialog ist mit Denkprozessen befasst, denn „der Dialog muss all den Zwängen auf den Grund gehen, die hinter unseren Annahmen stehen. Der Dialog befaßt sich mit den Denkprozessen *hinter* den Annahmen, nicht mit den Annahmen selbst“[1560]. Achtsamkeit gegenüber dem anderen spiegelt eine wertrationale Haltung von Akteuren wider, die zunächst an den wertbegründenden Grundlagen des eigenen Selbst[1561] ansetzt.

---

1555 Isaacs 2011, S. 123.
1556 Rautenberg 2010, S. 141.
1557 Arnold 1997, S. 95.
1558 Vgl. Isaacs 2011, S. 29.
1559 Vgl. Neuberger 2002, S. 746.
1560 Bohm 2011, S. 36 (Kursivsetzung im Original).
1561 Vgl. Geißler 2000, S. 26.

Mäßigung als Element verantwortungsbewusster Führung beinhaltet, dass die betreffenden Akteure ihre eigenen Interessen gegenüber Ansprüchen anderer zurückzustellen vermögen. Dies lässt sich in den Kontext der Anforderungen aus »guter und angemessener« Unternehmensführung setzen. Die am Führungsgeschehen unmittelbar und mittelbar Beteiligten sollen als Treuhänder der Unternehmenseigentümer handeln.[1562] Darüber hinaus vermag Mäßigung auch zur Bewältigung von Konflikten aus unterschiedlichen Interessen der betrieblichen Anspruchsgruppen beizutragen. Verantwortungsbewusste Führung wird in diesem Zusammenhang nicht nur auf den Ausgleich mit derlei Ansprüchen ausgerichtet sein, sondern vielmehr durch eigenes Handeln eine in sich selbst tragende, aus der kritisch-konstruktiven Reflexion des Handelnden zu sich und seiner Welt enstehenden, Vorbildfunktion übernehmen. Dies umso intensiver, als dass mit verständigungsorientierter Führung auch Veränderungen in der Außen- und Selbstdarstellung der am Führungsgeschehen beteiligten Akteure einhergehen. Führungsinstanzen kommt in organisationalen Veränderungsprozessen eine Vorbildfunktion zu, die sich auf die Stimmigkeit von und das Vertrauen in Veränderungen bezieht. Insbesondere die Art und Weise der Kommunikation über und innerhalb von Veränderungsprozessen nimmt einen wesentlichen Anteil an ihrem Gelingen ein.[1563] Mäßigung lässt sich darüber hinaus auch unter ethischen Gesichtspunkten organisationaler Führung verorten. Die Beachtung ethischer Grundsätze im Rahmen der Verfolgung betrieblicher Ziele kann nicht auf den Aspekt der Legalität beschränkt werden. Vielmehr liegt in der vernunftbezogenen Einhaltung von gemeinsam getragenen Werten innerhalb eines dialogischen Miteinanders der Grundbaustein für die Berücksichtigung ethischer Normen in Austauschbeziehungen ökonomischer Akteure.[1564] Aus diesem Blickwinkel lässt sich die Verfolgung des ökonomischen Minimum- bzw. Maximumprinzips in den Kontext eines nachhaltigen Umgehens mit den anvertrauten Ressourcen und Menschen im betrieblichen Geschehen einordnen. Indem die am Führungsgeschehen Beteiligten sich die Bedeutung moralischer Argumentationen in ihrem Handlungskontext bewusst machen, ermöglichen sie sich und anderen einen verantwortungsbewussten Umgang mit normativen

1562 Vgl. Velte 2010, S. 286; Nordberg 2008, S. 37f.

1563 Vgl. Frey, Dieter/Gerkhardt, Marit/Fischer, Peter/Peus, Claudia/Trau-Mattausch, Eva (2009): Change Management in Organisationen – Widerstände und Erfolgsfaktoren der Umsetzung, in: Rosenstiel, Lutz von/Domsch, Michel/Regnet, Erika (Hrsg.): Führung von Mitarbeitern. Handbuch für erfolgreiches Personalmanagement, 6., überarbeitete Auflage, Stuttgart: Schäffer-Poeschel Verlag, S. 561–589, S. 566.

1564 Vgl. Petersen 2003, S. 219f.

Geltungsansprüchen. Denn: Normative Geltungsansprüche können nicht monologisch bewältigt werden. Erst indem die beteiligten Akteure in einen moralischen Austausch miteinander eintreten, können sie (Handlungs-)Konflikte, die sich aus der Bewältigung von derlei Geltungsansprüchen ergeben, auf der Basis intersubjektiver, gemeinsamer Argumentationen auflösen.[1565]

Gerechtigkeit als Element verantwortungsbewusster Führung umfasst zunächst die faire Behandlung anderer Akteure, im Sinne einer Austauschbeziehung, die von der Würde des anderen als unveräußerbarem Gut ausgeht. Als gerecht können solche Handlungen bezeichnet werden, die vor dem Hintergrund vernunftmäßiger, an normativen Geltungsansprüchen ausgerichteten Grundlagen erfolgen.[1566] Hier mag mit Bezug auf den Begriff »Vernunft« tatsächlich eine weitergreifende Auffassung verbunden sein, eine Vernunft, die Habermas als »epistemische Rationalität« bezeichnet und in den Kontext reflexiver Einstellungen von Akteuren zu eigenen Meinungen und Überzeugungen setzt[1567]. „Um etwas im expliziten Sinne zu wissen, genügt freilich nicht die bloße Kenntnis von Tatsachen, die in wahren Urteilen wiedergegeben werden könnten. Wir *erkennen* Tatsachen und haben ein Wissen von ihnen erst dann, wenn wir zugleich wissen, warum die entsprechende Urteile wahr sind."[1568]

Unter dem Gesichtsfeld verantwortungsbewusster Führung lässt sich der Anspruch an »gerechte Handlungen« dahingehend festmachen, als dass hiermit »sozial rationale Entscheidungen« verbunden sind. Vernunft zeigt sich in diesem Zusammenhang als Erscheinungsform individuellen Handelns, das sich an Wahrheit orientiert. In diesem Bezug „[…] geht es darum, eine rationale soziale Entscheidung als das zu definieren, was unter Bedingungen gewählt wird, die unabhängig von den Vorteilen der getroffenen Entscheidungen angegeben werden können"[1569]. Im Zuge verantwortungsbewusster – dialogischer – Führung findet eine bewusste Dekonstruktion von scheinbar unverrückbaren Wahrheiten im organisationalen Geschehen statt. Indem über die am Dialog Beteiligten eine kritisch-reflexive Auseinandersetzung mit diesen »Wahrheiten« erfolgt, verändern diese gleichsam ihre mentalen Modelle.[1570] Hieraus erwächst für beide Seiten die Möglichkeit zur Emanzipation aus scheinbar gefügten Rollenbildern, Denk- und Handlungsmustern. Aus Sicht der Mitarbeiter entstehen damit nicht

---

1565 Vgl. Habermas 1983, S. 77.
1566 Vgl. Osiemo 2012, S. 133.
1567 Vgl. Habermas 2009b, S. 109.
1568 Habermas 2009b, S. 110f. (Kursivsetzung im Original).
1569 Hollis 1991, S. 110.
1570 Vgl. Raelin 2012, S. 14.

nur Entfaltungsfreiräume, sondern auch Formen der eigenen Weiterentwicklung im Sinne der Employability. Führungskräfte und Mitarbeiter erlangen so ein Maß an Freiraum, der ihnen wechselseitig Lasten aus Verantwortung für die Organisation und ihre Akteure nehmen kann.[1571]

Über einen solchen dialogischen Ansatz soll den organisationalen Akteuren ein erweiterter Blick auf Vernunft im Führungsgeschehen ermöglicht werden. Dabei soll insbesondere eine Perspektivenverschiebung von zweckrationalen Aspekten hin zu partizipativen Gesichtspunkten der Gestaltung von Führung erreicht werden.[1572] Dieser Ansatz soll den am Führungsgeschehen beteiligten Akteuren – Führungskräfte und Mitarbeitende – auch eine erweiterte Perspektive auf sich selbst und ihre Handlungen ermöglichen. Im Zuge ihrer »Selbstwahrnehmung« können Akteure für sich bzw. innerhalb einer Gruppe blinde Flecken aufdecken, wenn sie sich über Prozesse klarwerden, die ihre Empfindungen, Urteile und ihr Handeln bestimmen.[1573] Ein so erweitertes Gesichtsfeld erlaubt den betreffenden Akteuren gleichsam das Erkennen einer an normativen Geltungsansprüchen auszurichtenden Vernunft. Unter diesem Aspekt lässt sich eine an Gerechtigkeitsansprüchen orientierte Führung auf ihren Bezug zu einer von den beteiligten Akteuren gemeinsam getragenen Sicht auf Wahrheit als Sinnkonstitut organisationalen Handelns festlegen. „Wahrheit beruht auf der intersubjektiven Nachvollziehbarkeit desjenigen Erlebens, das die Komplexität der Möglichkeiten auf bestimmten Sinn zurückschneidet; sie erweist sich an der Übertragbarkeit von Sinn.“[1574] Eine solche – dialogische – Führung setzt auf einem Menschenbild auf, wonach Individuen »die richtigen Dinge« tun wollen. Über den Dialog erfolgt eine gemeinsame Auseinandersetzung mit und Suche nach richtigen Lösungen.[1575]

### 6.5.2 Dialogische Führung als Erscheinungsform verantwortungsbewusster Führung

Das Konzept der dialogischen Führung basiert auf dem Dialog als konstruktiv-kritisches Miteinander um die Suche nach gemeinsamer Erkenntnis im Führungsgeschehen.[1576] Dabei beinhaltet eine Dialogorientierung eine innere Haltung von Akteuren, sie ist kein »Tool«, das – je nach Bedarf – im Führungsprozess zur

---

1571 Vgl. Krohn 2011, S. 407.
1572 Vgl. Petersen 2011, S. 372.
1573 Vgl. Rautenberg 2010, S. 128.
1574 Luhmann 2013, S. 83.
1575 Vgl. Nielsen 1990, S. 767.
1576 Vgl. Petersen 2003, S. 175f.

Anwendung kommt.[1577] Mit dem Ansatz der dialogischen Führung ist gleichsam eine Veränderung bzw. Erweiterung der Perspektive bezüglich der Führung und Steuerung von Unternehmen verbunden.[1578] Dialogische Führung setzt am Vertrauen in die Selbstständigkeit des Menschen an. Dieses Grundverständnis beinhaltet, dass die handelnden Akteure ein eigenständiges Verständnis von Wirklichkeit entwickeln und gegenüber sich selbst und anderen vertreten. Entgegen dem traditionellen Ansatz von Führung – des hierarchiebezogenen Verhältnisses von Führungskraft und Geführtem – läuft dialogische Führung auf die Selbstführung von Akteuren hinaus.[1579]

Aus den obigen Darlegungen lässt sich ableiten, dass

- … dialogische Führung zuallererst auf einem veränderten Selbstverständnis von Führungskräften aufsetzt;
- … gegenseitiges Vertrauen allen am Führungsgeschehen beteiligten Akteuren neue Perspektiven auf ihre organisationale Wirklichkeit eröffnet;
- … ein dialogisches Führungsverständnis die Fähigkeit und den Willen zur kritisch-konstruktiven Reflexion der beteiligten Akteure bedingt.

Das bedeutet, dass dialogische Führung bewusst auf einen für alle Beteiligten ungewohnten Prozess des Sich-Lösens von scheinbar gefügten Denk- und Handlungsmustern setzt.[1580] Damit eröffnet dialogische Führung Führungskräften und Mitarbeitern die Möglichkeit zur gemeinsamen Emanzipation von tradierten Bildern zu und Erwartungen an organisationale Führung.[1581] Auf Basis eines so gemeinsam getragenen Dialoges können sich die beteiligten Akteure von institutionalisierten Zwängen und Autorität befreien und damit ein höheres Maß an Selbstbestimmung im betrieblichen Führungsgeschehen erlangen. Hierbei wird der Anspruch, dass wenige Akteure die Deutungshoheit über organisationale Wirklichkeiten besitzen, zugunsten einer gemeinsamen Suche nach Wahrheit und Erkenntnis aufgegeben.[1582] Im Rahmen eines dialogischen Führungskonzeptes soll eine Vermittlung zwischen ökonomischen Bezugsgrößen und einem verständigungsorientierten Ansatz der Führung erreicht werden.

---

1577 Vgl. Krohn 2011, S. 405.

1578 Vgl. Häußner, Ludwig Paul (2009): Dialog, Führung und Zusammenarbeit. Führungspädagogik als Agogik. Dissertation, Universität Koblenz-Landau, Karlsruhe: Universitätsverlag Karlsruhe, S. 54.

1579 Vgl. Dietz/Kracht 2011, S. 18ff.

1580 Vgl. Raelin 2012, S. 10f.

1581 Vgl. Krohn 2011, S. 407.

1582 Vgl. Raelin 2013, S. 822.

Hiermit sind eine kritisch-reflexive Auseinandersetzung mit organisationalen Zielen sowie eine ganzheitlich orientierte Betrachtung von interdisziplinären, kulturellen, gesellschaftspolitischen bzw. systemischen Problemlösungsansätzen verbunden.[1583]

„Was den dialogischen Ansatz als Methode der Führung von anderen Methoden unterscheidet, ist die Tatsache, dass man ihn zunächst in sich selbst entwickeln und anderen beispielhaft vorleben muss, bevor man ihn im Team einführen oder auf Probleme anwenden kann. So gesehen, bietet der Dialog Führungskräften ein besseres Gleichgewicht."[1584]

Aus dieser Perspektive liegt in der dialogischen Führung nicht nur die Chance auf eine ganzheitliche Ausgestaltung von sozialen Austauschbeziehungen innerhalb des betrieblichen Führungsgeschehens.[1585] Vielmehr eröffnet ein dialogisches Führungsverständnis auch die Möglichkeit, durch einen hierarchiefreien Diskurs zu neuen, gemeinsam getragenen Erkenntnissen und Problemlösungen zu gelangen.[1586] Führungskräfte nehmen hierbei die Rolle von Unterstützern und Förderern[1587] gegenüber ihren Mitarbeitern ein, indem sie auf der Basis eigener Lern- und Entwicklungsprozesse als Lernpartner ihrer Mitarbeiter agieren, um Raum für Kreativität, Spontanität und Risikobereitschaft zu schaffen. Dieser Ansatz soll Mitarbeitern ermöglichen, Selbstbewusstsein und Innovationsbereitschaft zu entwickeln.[1588]

Eine gemeinsame Wahrheitssuche kann im dialogischen Management dann stattfinden, wenn die beteiligten Akteure » Führungsinstanzen« und »Mitarbeitende« ihre Austauschbeziehung als partnerschaftliches Miteinander verstehen. Statt hierachie- bzw. machtbezogener Sanktionen werden Verstöße gegen das Partnerschaftsprinzip aus dem »moralischen Vertrag« in Form von Vertrauensverlusten manifestiert.[1589] Moralische Aspekte ökonomischer Handlungen lassen sich nicht auf den Hinweis der »Handlungsfreiheit« der beteiligten Akteure reduzieren. „Dies wäre eine rein kognitiv-instrumentell geprägte Argumentation, die an der moralischen Dimension des Handelns gerade vorbeigeht."[1590]

1583 Vgl. Petersen 2011, S. 373f.
1584 Isaacs 2011, S. 22.
1585 Vgl. Raelin 2012, S. 9.
1586 Vgl. Raelin 2013, S. 820; Isaacs 2011, S. 29; Rautenberg 2010, S. 136.
1587 Vgl. Lehnhoff/Petersen 2002, S. 288.
1588 Vgl. Petersen 2011, S. 371.
1589 Vgl. Petersen 2003, S. 374f.
1590 Kirsch 1997, S. 419.

Innerhalb der dialogischen Führung gehen Führungskräfte und ihre Mitarbeiter also das Wagnis ein, gewohnte Handlungs- und Sichtweisen, Selbstverständlichkeiten und Wertvorstellungen kritisch-reflexiv zu hinterfragen und damit Raum für neue Ansätze zu schaffen. Gelingen kann dieses Wagnis, wenn gewohnte Sanktionsmechanismen abgelegt und die Beteiligten Freiräume – auch des Scheiterns – erhalten.[1591] Die hiermit verbundene individuelle Freiheit des Einzelnen mündet in seiner reflexiven Verantwortung für eben diese Selbstbestimmung. Individuelle Freiheit wird nicht durch von außen aufgegebene Grenzen definiert. Sie ist vielmehr das Ergebnis eines reflexiven Prozesses der Auseinandersetzung mit sich und der freien Tat, die der Einzelne in seiner Einbezogenheit in ein soziales Ganzes erkennt.[1592] In diesem Sinne findet Selbstbestimmung ihre Grenzen dort, wo sich der individuelle Wille an moralische Einsichten bindet. „Autonom ist der Wille, der sich durch moralische Einsichten *binden* läßt, obwohl er anders entscheiden könnte."[1593] Geht man vom Postulat des Dialoges als (selbst-)verantwortliches Handeln[1594] von Akteuren innerhalb ihres beziehungsorientierten Austausches[1595] aus, der eine dialogisch gestaltete, auf einem herrschaftsfreien Diskurs basierende Suche nach gemeinsam getragener Wahrhaftigkeit[1596] ermöglichen soll, zeigt sich ein umfassendes Feld aus emanzipatorischer Lösung von starren Denk- bzw. Handlungsstrukturen und die hiermit verbundene Verantwortung des je Einzelnen innerhalb (s)eines sozialen Systems.

Aus diesem Gesichtsfeld heraus erhält das zwischen den Akteuren innerhalb ihrer sozialen Austauschbeziehungen bestehende Vertrauen eine entsprechende Bedeutung. Vertrauen umfasst das Sich-Einlassen auf kontingente Situationen.[1597] Die Bedingtheit solcher Situationen liegt darin, dass Alter sich anders verhält als Ego es innerhalb ihrer vertrauensvollen Austauschbeziehung erwartet. Damit beinhaltet Vertrauen eine riskante Vorleistung seitens Ego im Rahmen seiner sozialen Austauschbeziehung mit Alter.[1598] Vertrauen innerhalb sozialer Beziehungen weist allerdings ein bemerkenswertes Phänomen auf. „Die Gründe, die das Vertrauen rechtfertigen, entstehen erst, wenn es in gewisser Weise

1591 Vgl. Petersen/Olesch 2011, S. 11f.
1592 Vgl. Dietz 2010, S. 23.
1593 Habermas 1991, S. 136 (Kursivsetzung im Original).
1594 Vgl. Bienfait 2008, S. 13.
1595 Vgl. Isaacs 2011, S. 29.
1596 Vgl. Neuberger 2002, S. 746.
1597 Vgl. Luhmann 1987, S. 179.
1598 Vgl. Luhmann 2000, S. 27f.; Thomas/Zolin et al. 2009, S. 290.

schon zu spät ist, und können nicht zur anfänglichen Grundlage des Vertrauens gemacht werden."[1599] Es zeigt sich, dass erst die »Bewährung« einer Situation, in der Menschen einander vertrauen, eintreten muss, damit sie ihr Vertrauen als gerechtfertigt anerkennen können. Insofern besteht mit dem Phänomen »Vertrauen« eine paradoxe Konstellation. Den anderen handeln zu lassen, im Vertrauen der Richtigkeit und Angemessenheit seines Handelns, bedingt ein Vertrauen, das die beteiligten – und damit auch betroffenen – Akteure erst im Nachhinein als gerechtfertigt identifizieren können.

Für ein dialogisches Führungsverständnis ist gegenseitiges Vertrauen eine Grundbedingung, damit sich die beteiligten Akteure auf einen kritisch-reflexiven Such- bzw. Erkenntnisprozess einlassen können. Dialogische Führung bedarf des herrschaftsfreien Diskurses. Es bedarf allerdings auch der »Bewährung« dieses gegenseitigen Vertrauens, die Beteiligten bedürfen der Transparenz über die Handlungen des je anderen.[1600] Im Zuge dialogischer Führung besteht die (Vor-)Leistung jedes Beteiligten in der begründeten Zuversicht in die Haltung des je anderen, dass dieser sich an moralischen Werten ihrer Austauschbeziehung orientiert. „Vertrauen ist nicht grundlos, wie manchmal behauptet wird [...], aber es beruht wesentlich darauf, dem, dem vertraut wird, die Kompetenz zuzumuten, mit dem Vertrauen verantwortungsbewusst umzugehen."[1601] Damit zeigt sich die Tragweite des Begriffes »Verantwortung« innerhalb des organisationalen Führungsgeschehens. Über die Verantwortung im Sinne einer ökonomisch begründeten Rechnungslegung auf Seiten der Führungsinstanzen hinaus beinhaltet ein verantwortungsbewusstes, auf Vertrauen basierendes Führungsverständnis gerade auch die gegenseitige Rechenschaftslegung von Führungskräften und Mitarbeitern innerhalb ihrer (Führungs-)Handlungen. Eine so erweiterte Perspektive auf organisationale – und betriebliche – Führung bedingt das Bewusstsein für sowie das Umgehen mit dialogisch orientierten Vertrauensbeziehungen der am Führungsgeschehen beteiligten Akteure.

## 6.6 Zwischenfazit

Wie sich gezeigt hat, besteht mit der dialogischen Führung eine grundsätzliche Möglichkeit, »traditionelle« Gedanken- und Handlungsmuster aufzubrechen und den am betrieblichen Führungsgeschehen beteiligten Akteuren eine andere, auf gemeinsamer Verständigung und Teilhabe ausgerichtete Perspektive auf

1599 Hartmann 2011, S. 16.
1600 Vgl. Dietz 2010, S. 35.
1601 Hartmann 2011, S. 16.

organisationale Führung zu verschaffen. Dies erscheint insofern geboten, als dass Führung sich in veränderten Umweltbedingungen von Unternehmen – seien es zunehmende Komplexität oder Dynamik in Märkten, demografische bzw. gesellschaftspolitische Entwicklungen oder Erwartungen und Wertvorstellungen von Mitarbeitern und Führungskräften im Kontext ihrer beruflichen Laufbahn – gleichsam neu positionieren sollte, um diesen Anforderungen begegnen zu können.[1602] Oder sei eine andere Ausrichtung organisationaler Führung allein daraus begründet, dass ein überwiegender Anteil der postulierten Führungskonzepte aus einer Periode stammt, deren Rahmenbedingungen nicht mehr den heutigen entsprechen dürften.[1603] Dass diese Aussage auch für das organisationale Controlling eine Konsequenz haben dürfte, erscheint nur folgerichtig.[1604]

Mit der so bezeichneten Veränderung in der Ausrichtung von Führung geht auch eine Änderung in der Konzeption zur Steuerung und Überwachung in bzw. von Führungshandlungen und deren Ergebnisse einher. Das bis dato weitgehend unreflektiert praktizierte Modell eines organisationalen, institutionalisierten Controllings erscheint in diesem Lichte betrachtet allein schon aus seiner risikobehafteten Erscheinungsform diskussionswürdig.

In der Folge soll nunmehr aufgezeigt werden, wie mit dem institutionalisierten Controlling als Risiko-Träger grundsätzlich umzugehen wäre. Hier wird zwischen zwei Optionen unterschieden;

---

1602 Vgl. Pohlmann, Markus C. (2002): Organisationsentwicklung und Organisationsberatung im Zeichen reflexiver Modernisierung, Gruppendynamik und Organisationsberatung, Jg. 33, Heft 3/September 2002, S. 339–353, S. 340f. (zur Organisationsstruktur und Organisationsentwicklung); Pflüger 2008, S. 8f. (zum Problem monokausaler Ursache-Wirkungsketten im Kontext dynamischer Umweltbedingungen); Willms, Johannes (2010): Neue Perspektiven in der Führungsentwicklung, Organisationsberatung, Supervision, Coaching, Jg. 17, Nr. 3, S. 269–280, S. 270 (zur Führungskräfteentwicklung im Kontext eines neues Führungsverständnisses).

1603 Vgl. Grote, Sven/Hering, Victor W. (2012): Mythen der Führung, in: Grote, Sven (Hrsg.): Die Zukunft der Führung, Berlin: Springer-Verlag, S. 1–24, S. 2 (zu „in die Jahre gekommen[en]" Führungskonzepte der Sechziger-, Siebziger- und Achtzigerjahre des letzten Jahrhunderts); zu den Entwicklungslinien neuerer Führungstheorien bzw. Führungskonzepte vgl. Lang, Rainhart/Rybnikova, Irma (2014): Aktuelle Führungstheorien und -konzepte, Wiesbaden: Springer Gabler, S. 16ff.

1604 Zu einer kritischen Auseinandersetzung mit dem »traditionellen« Controlling als Institution im organisationalen Führungsgeschehen vgl. Hewege 2012, S. 3f. u. 7; Raelin, Joseph A. (2011): The End of Managerial Control?, Group & Organization Management, Jg. 36, Nr. 2, S. 135–160, S. 138f. u. S. 147 (hier mit dem Ausblick auf eine dialogische Ausrichtung der Führung als Alternative zum institutionalisierten Controlling).

(1) Vermeidung und
(2) Bewältigung des Controllings als Risiko-Träger.

Diese Bewältigungsoptionen werden anschließen in den Kontext der dialogischen Führung einbettet und zwei Lösungsansätze aufgezeigt;

(1) dialogsiche Führung als Ergänzung zum institutionalisierten Controlling und
(2) dialogische Führung als Alternative zum institutionalisierten Controlling.

Mit Bezug auf die Betriebspädagogik erfolgt ein Ausblick darauf, in welchem Kontext dialogische Führung in Unternehmen zu verorten ist. Hier wird gleichsam der Betrachtungswinkel auf organisationale Führung erweitert, als dass unter einem betriebspädagogischen Verständnis der Blick auf die in das Führungsgeschehen involvierten Akteure »Führungskraft« und »Mitarbeiter« und deren individuelle Bildung unter dem Gesichtspunkt einer verantwortungsbewussten Führung ausgerichtet wird. In diesem Kontext erfährt organisationale Führung gleichsam eine begriffliche und inhaltliche Erweiterung in dem Sinne, als dass eine so verstandene Führung als Anliegen und Aufgabe betrachtet wird, die alle Akteure betrifft – im individuellen wie institutionellen Bezug auf das gemeinsam getragene soziale System »Unternehmung«. Mit diesem Ausblick auf eine Unternehmsführung und zielorientierte Steuerung schließt das Kapitel zur dialogischen Führung als Lösungsansatz in der Bewältigung des Controllings als Risiko-Träger.

## 6.7 Grundsätzlicher Umgang mit dem Controlling als Risiko-Träger

### 6.7.1 Vermeidung des Controllings als Risiko-Träger

Mit Vermeidung als Lösungsoption ist der Ansatz verbunden, mögliche Risiken im vorweg zu identifizieren und diese zu umgehen.[1605] Ein solches Vorgehen lässt sich als »ex ante« Ansatz zur Risikobewältigung bezeichnen. Mit ihm ist gleichsam die Möglichkeit zur Risikoprävention[1606] verbunden. Die Risikovermeidung hat zum Ziel, Risiken überhaupt erst nicht entstehen zu lassen. Im Sinne

1605 Vgl. Diederichs 2010, S. 189f.

1606 Vgl. Brandt, Verena/Thomann, Detlef/Hlavica, Christian/Kopov, Safet/Fauck, Heiko/Kiehne, Nina/Bohm, Katrin (2011): Anti-Fraud Management als Risikomanagementdisziplin, in: Hlavica, Christian/Klapproth, Uwe/Hülsberg, Frank M. (Hrsg.): Tax Fraud & Forensic Accounting. Umgang mit Wirtschaftskriminalität, Wiesbaden:

dieser Forschungsarbeit gilt es, dem Controlling als Risiko-Träger »aus dem Weg zu gehen« und so dessen risikobehaftete Rolle innerhalb des Führungsgeschehens erst gar nicht zum Tragen kommen zu lassen.

Will man **Risiken im Vorhinein** vermeiden, ist deren frühzeitige Identifizierung erforderlich. Hiermit ist eine Risikofrüherkennung[1607] verbunden. Frühzeitig erkannte potenzielle Risiken lassen sich durch entsprechende Maßnahmen vermeiden. Mit Bezug auf die konzeptionellen Ansätze des Controllings – Informations-, Koordinations- bzw. Rationalitätssicherungs- und Kognitionsorientierung – werden in der Folge solche Risiken aufgezeigt, die es entlang der Funktionen, des Verhaltens und der Rollen des Controllings zu vermeiden gilt. Dem Funktionsbezug wurde hierbei der Vorrang vor den Aufgaben des Controllings gegeben. Dies begründet sich aus der Tatsache, dass mit der Entscheidungs- und Verhaltenssteuerungsfunktion des Controllings innerhalb des Führungsgeschehens[1608] ein nicht unerheblicher Einfluss auf die betreffenden Führungsinstanzen verbunden ist.[1609]

Im Zuge der Informationsorientierung des Controllings[1610] sollten Risiken vermieden werden, die aus unvollständigen bzw. verzerrten Informationen innerhalb des Führungsgeschehens resultieren. Hierzu gehören neben Fehleinschätzungen des Controllings zu Risiken aus Ergebnisabweichungen ebenso wie Risiken, die sich aus der gezielten Filterung von Informationen gegenüber den Führungsinstanzen ergeben. Führen Informationen des Controllings zu Verzerrungen in den Entscheidungen von Führungsinstanzen, beinhaltet dies ebenso Risiken wie die Nutzung von Informationsasymmetrien auf Seiten des Controllings zur Verfolgung eigennütziger Ziele.[1611] Vermeidbar sind solcherlei Risiken, wenn das Controlling sich bei der Erhebung und Bereitstellung von

---

Gabler Verlag, S. 367; Junc, Lars (2010): Corporate-Compliance-Berichterstattung in Deutschland. Eine theoretische und empirische Analyse, Wiesbaden: Gabler Verlag, S. 56f.

1607 Vgl. Fülbier, Rolf/Hirsch, Bernhard/Meyer, Matthias (2006): Wirtschaftsprüfung und Controlling – Verstärkte Zusammenarbeit zwischen zwei zentralen Institutionen des Rechnungswesens, ZfCM – Zeitschrift für Controlling und Management, Jg. 50, Heft 4, August 2006, S. 234–241, S. 239 (Risikobegrenzung im Rahmen der Risikofrüherkennung).

1608 Vgl. Wall 2008a, S. 466ff.; Peemöller 2005, S. 91; Weber 2010b, S. 91.

1609 Vgl. hierzu auch Kapitel 2.2, Seite 41 »Informations- und Verhaltenssteuerungsfunktion des Controllings« bzw. Seite 23 »Beeinflussung von Entscheidungen und Handlungen in der Führung«.

1610 Vgl. Weber 2011, S. 30; Hungenberg/Wulf 2011, S. 453; Hirsch/Sorg 2006, S. 206

1611 Vgl. Paefgen 2008a, S. 102.

Informationen im Führungsgeschehen auf die objektive Dokumentation der betreffenden Sachverhalte beschränkt.[1612] Im Zusammenhang mit der Filterung von Informationen sind Risiken dann vermeidbar, wenn eine solche Filterung unter dem Gesichtspunkt der Vermeidung von Informationsüberflutung[1613] und nicht aus mikropolitisch motivierten Handlungen im Controlling erfolgt. Die Vermeidung von verhaltensbezogenen Risiken bezieht sich auf Verzerrungen, die durch Anker- bzw. Framing-Effekte (s. Seite 155 und Seite 182 sowie Seite 279) entstehen, weil die Akteure im Controlling bzw. in den Führungsinstanzen ihre Handlungen an bestimmten Informationen oder der Art und Weise der Informationsübermittlung ausrichten. Hier bietet sich an, den beteiligten Akteuren das Bewusstsein für solche Effekte und ihre Bedeutung für ihr Entscheidungsverhalten bzw. ihre Handlungen aufzuzeigen. Darüber hinaus können Risiken im Kontext der Informationsversorgungsfunktion des Controlling auch vermieden werden, wenn nicht-adäquate Anreizstrukturen auf Seiten dieses Akteurs erst gar nicht geschaffen werden.

*Abbildung 30: Vermeidung des Controllings als Risiko-Träger im Kontext seiner Informationsorientierung*

| | **Vermeidung funktionsbezogener Risiken** | **Vermeidung verhaltensbezogener Risiken** | **Vermeidung rollenbezogener Risiken** |
|---|---|---|---|
| **Informations-orientierung des Controllings** | ▪ Fehlende Einschätzung zu Risiken aus Ergebnisabweichungen.<br>▪ Verschleierung von Auswirkungen unzulänglicher Führungskonzepte. | ▪ Verzerrungen in Entscheidungen aufgrund von Ankereffekten.<br>▪ Konstrukte verzerrter Realität aus Framingeffekten.<br>▪ Verzerrung in der Informationsversorgung des Controllings verschleiert Problemfelder bzw. betriebliche Risiken.<br>▪ Verletzung von Anforderungen bzw. Vorschriften zur Risikoberichterstattung.<br>▪ Controlling nutzt Informationsasymmetrie zur Verfolgung eigennützlicher Ziele. | ▪ Gezielte Filterung von Informationen im Controlling und dessen Versagen als objektive Informationsversorgungsinstanz im Führungsgeschehen. |

Im Zusammenhang mit der Koordinationsorientierung des Controllings sind solche Risiken zu vermeiden, die aus seinem Beitrag zur Entscheidungs- und

1612 Vgl. Graumann 2012, S. 589.

1613 Zum Mengenproblem im Rahmen der Informationsversorgungsfunktion des Controllings vgl. Horváth 2009, S. 299.

Verhaltensbeeinflussung[1614] von Führungsinstanzen resultieren. Hier sind insbesondere Risiken zu betrachten, die entweder aus mikropolitisch motivierten Handlungen des Controllings und der Führungsinstanzen oder aus dem Rollenverständnis des Controllings als Machtfaktor im Führungsgeschehen entstehen.

Mit der Begrenzung des Controllings auf die Bereitstellung von Sekundär- bzw. Methodenwissen gegenüber Führungsinstanzen ließe sich die Einflussnahme dieses Akteurs auf Entscheidungen und Handlungen von Führungsinstanzen zumindest einschränken. Die Risikovermeidung in diesem Punkt liegt dann in der Trennung zwischen Entscheidungsverantwortung auf Seiten der Führungsinstanz und der Koordination der zur Entscheidungsfindung erforderlichen Methoden und Bewertungsverfahren durch das Controlling. Mit einer solchen Trennung zwischen der Verantwortung für Entscheidungen und der Verantwortung für die Bereitstellung des hierzu notwendigen Sekundärwissens sind gleichsam die Rollenerwartungen an die Akteure im Controlling bestimmt. Risiken, die aus der Einbindung des Controllings in Entscheidungen[1615] bzw. dessen Mitwirkungs- oder gar Vetorecht[1616] hierbei entstehen, lassen sich durch eine derartige Trennung vermeiden. Kommen die Akteure erst gar nicht in den Verdacht, als »Handlanger« der Führungsinstanzen oder als »Schattenmacht« im Unternehmen zu agieren, lassen sich Risiken aus fehlender Akzeptanz bzw. abgestimmtem Verhalten des Controllings mit einzelnen Führungsinstanzen vermeiden. Bestehen im Controlling keine Anreizstrukturen, die aus der Verbindung seiner Koordinationsfunktion innerhalb des Führungsgeschehens und der hiermit bewirkten Ergebnisse entstehen, lassen sich Risiken aus eigennützlich motivierten Handlungen der Akteure im Controlling vermeiden.

Mit der Beschränkung des Controllings als Partner der Führungsinstanzen, der sich auf die Bereitstellung von Methoden und Verfahren zur Entscheidungsfindung konzentriert, lässt sich dessen Rolle als »Befähiger« im Führungsgeschehen gut zum Ausdruck bringen. Dieser Akteur ermöglicht Führungsinstanzen, ihre Entscheidungen in deren Konsequenzen und Tragweite zu verstehen und zu überschauen, belässt jedoch die Entscheidung bei ihnen. Aus dieser Perspektive betrachtet, lässt sich auch das Risiko vermeiden, dass Führungsinstanzen das Controlling als Partner im Führungsgeschehen[1617] aus mikropolitischen Erwägungen hintertreiben. Mit dem Erkennen-Können von Auswirkungen ihrer

---

1614 Vgl. Wall 2008a, S. 466ff.; Rausch 2011, S. 151f.

1615 Vgl. Lingnau 2006, S. 18; Weber 2007, S. 58.

1616 Vgl. Paefgen 2008a, S. 150.

1617 Zum Controlling als »Business Partner« vgl. Weber/Goretzki et al. 2012, S. 243; Rissbacher/Rissbacher et al. 2008, S. 116.

Entscheidungen ist gleichsam die Trennung zwischen der Rolle des Controllings als »Befähiger« und der »Co-Führungsinstanz«[1618] bewirkt. Die Handlungen der »Co-Führungsinstanz« kann man aus eigennützlichen bzw. mikropolitischen Motiven hintertreiben. Die Rolle des Controllings als »Befähiger« eigener Führungsentscheidungen kann man in Frage stellen, zu hintertreiben braucht es sie nicht – man kann seine eigene Erkenntnisfähigkeit bestenfalls anzweifeln.

*Abbildung 31: Vermeidung des Controllings als Risiko-Träger im Kontext der Koordinationsorientierung*

| | **Vermeidung funktionsbezogener Risiken** | **Vermeidung verhaltensbezogener Risiken** | **Vermeidung rollenbezogener Risiken** |
|---|---|---|---|
| **Koordinations-orientierung des Controllings** | ▪ Controlling wird zur »Schattenmacht« im Führungsgeschehen.<br>▪ Controlling untergräbt Budgetverantwortung von Führungsinstanzen.<br>▪ Controlling als Entscheidungsinstanz ohne Verantwortungsübernahme. | ▪ Controlling als »graue Eminenz« bewirkt Ausprägung von Misstrauenskultur innerhalb des Führungsgeschehens.<br>▪ Mikropolitik im Controlling nutzt Führungsinstanzen zur Durchsetzung eigener Interessen im Führungsgeschehen.<br>▪ Führungsinstanzen ziehen sich aus der Verantwortung zurück. | ▪ Controlling als »Sündenbock« reagiert mit Reaktanz im Führungsgeschehen.<br>▪ Mikropolitische Handlungen von Führungsinstanzen zur Hintertreibung des Controllings als Partner im Führungsgeschehen.<br>▪ Aufeinander abgestimmtes Verhalten von Controlling und Führungsinstanzen zur Verschleierung opportunistischer Handlungen.<br>▪ Controlling als »Handlanger« der Führungsinstanzen verliert Akzeptanz im Unternehmen.<br>▪ Intensivierung von Kontrollhandlungen verlangsamt Reaktion auf bzw. Bewältigung von Umweltänderungen. |

Die Vermeidung des Controllings als Risiko-Träger im Kontext seiner Rationalitätssicherungsorientierung ist auf die Absicherung ökonomischer Grundsätze[1619] und die Sicherstellung der ökonomischen Existenzbasis des Unternehmens bezogen. Neben der Vermeidung unrealistischer Planungsgrößen sind hier die

1618 Vgl. Weber 2011, S. 39.

1619 Vgl. Hoffjan/Trapp et al. 2011, S. 186; Deyhle/Kottbauer et al. 2010, S. 31; Ernst/Vater et al. 2008, S. 732.

Nichtbeachtung ökonomischer Grundsätze im Führungsgeschehen sowie gegenseitige Schuldzuweisungen der Akteure im Controlling und in den Führungsinstanzen für Fehlentscheidungen bzw. Fehlentwicklungen zu nennen. In diesem Zusammenhang vermag die Zuweisung von Rationalität als sachlich-neutrale, auf das Entscheidungsobjekt bezogene Anforderung an Führungsentscheidungen bzw. Führungshandlungen zur Risikovermeidung beizutragen. Damit ist verbunden, dass die Verantwortung für die Sicherstellung von Führungsrationalität bei denjenigen Akteuren liegt, die für ihre Entscheidungen und Handlungen innerhalb des Führungsgeschehens einzustehen haben. Dies sind zweifelsohne die betreffenden Führungsinstanzen, nicht die Akteure im Controlling.[1620] Aus diesem Blickwinkel heraus schränkt sich die Rationalitätssicherungsfunktion des Controllings auf die Zuweisung von Verantwortung für die Führungsrationalität auf Seiten der Führungsinstanzen ein. Das Controlling kann schwerlich für die Rationalität im Führungsgeschehen einstehen, denn es trägt ausschließlich die Verantwortung für die Transparenzschaffung, ob und in welchem Umfang Führungsinstanzen ihre Ziele – und damit ihre Verantwortung – eingelöst haben.[1621]

*Abbildung 32: Vermeidung des Controllings als Risiko-Träger im Kontext der Rationalitätssicherungsorientierung*

| | **Vermeidung funktionsbezogener Risiken** | **Vermeidung verhaltensbezogener Risiken** | **Vermeidung rollenbezogener Risiken** |
|---|---|---|---|
| **Rationalitäts-sicherungsorientierung des Controllings** | ▪ Unrealistische Planung.<br>▪ Verdrängung ökonomisch sinnvoller Vorhaben. | ▪ Nichtbeachtung ökonomischer Grundsätze im Führungsgeschehen.<br>▪ Controlling steuert und nutzt Anreizstrukturen eigennützlich. | ▪ Suboptimale Problemlösungen bzw. Maßnahmen gefährden ökonomische Existenzbasis des Unternehmens.<br>▪ Gegenseitige Schuldzuweisungen von Führungsinstanzen und Controlling vernachlässigt tatsächliche Problemstellungen. |

Im Zusammenhang mit der Kognitionsorientierung des Controllings gilt es, Verzerrungen von Führungsentscheidungen[1622] zu vermeiden, die bei der Bereitstellung von Sekundärwissen durch das Controlling entstehen. Auch hier kann

1620 Vgl. Graumann 2012, S. 589.

1621 Vgl. Deyhle/Kottbauer et al. 2010, S. 34f.

1622 Eine zusammenfassende Übersicht zu Entscheidungsverzerrungen liefert Hufschlag 2008, S. 44.

die Beschränkung des Controllings auf die Rolle des »Befähigers« in seiner sozialen Austauschbeziehung mit den Führungsinstanzen eine Risikovermeidung erreicht werden. Verzerrungen von Führungsentscheidungen lassen sich mit der sachlich-neutralen Bereitstellung von Wissen über die Befähigung zum Erkennen auf Seiten der Führungsinstanzen vermeiden. Mit dem Aufzeigen von Möglichkeiten zur Erkenntnisfähigkeit ist für die betreffenden Führungsinstanzen gleichsam die »Emanzipation« von ihrer »selbstverschafften« Abhängigkeit gegenüber den Akteuren im Controlling möglich. Das Erkennen-Können eigener Begrenzungen sowohl auf Seiten der Führungsinstanzen, als auch im Controlling beinhaltet zugleich die Erkenntnis-Fähigkeit hinsichtlich der eigenen Verantwortung beider Akteure im Führungsgeschehen.

*Abbildung 33: Vermeidung des Controllings als Risiko-Träger im Kontext der Kognitionsorientierung*

| | **Vermeidung funktionsbezogener Risiken** | **Vermeidung verhaltensbezogener Risiken** | **Vermeidung rollenbezogener Risiken** |
|---|---|---|---|
| **Kognitions-orientierung des Controllings** | ▪ Verzerrungen in Führungsentscheidungen. | (./.) | (./.) |

## 6.7.2 Bewältigung des Controllings als Risiko-Träger

Ist das Controlling als Risiko-Träger nicht ex ante vermeidbar, verbleibt zum Umgang mit diesem Akteur die ex post Bewältigung seines risikobehafteten Handelns.[1623] Hier gilt es, bereits bestehende Risiken dahingehend zu untersuchen, wie diese sich in ihren Auswirkungen eingrenzen[1624] lassen. Konsequenterweise folgt ein solcher Ansatz der Reaktion auf bestehende Risiken.

Diese Forschungsarbeit betrachtet die Bewältigung des Controllings als Risiko-Träger nicht aus einer mathematisch-statistischen Perspektive, sondern vielmehr unter dem Ansatz einer »Lösungsidee«. Aus diesem Grund wird für die zweite Option der Begriff der »Ex post Bewältigung« gewählt. Hiermit soll zum Ausdruck gebracht werden, dass es weniger einer einseitigen Problem-Lösungs-Mechanik denn eines von den betroffenen Akteuren gemeinsam getragenen Lösungsverständnisses bedarf. In der Folge werden die Begriffe »Ex post Bewältigung« und »Bewältigung« synonym verwendet.

1623 Siehe Seite 91 »Prävention zum bzw. Reaktion auf das Controlling als Risiko-Träger«.
1624 Vgl. Wolf/Runzheimer 2009, S. 90f.; Fülbier/Hirsch et al. 2006, S. 239.

Wie im Abschnitt zu den grundsätzlichen Möglichkeiten der Risikobewältigung dargelegt[1625], lassen sich zur Bewältigung des Controllings als Risiko-Träger zwei Optionen aufzeigen:

- Akzeptanz
- Begrenzung

Für die **Akzeptanz des Controllings als Risiko-Träger** sprechen sowohl ein ökonomisches, wie auch ein sachlogisches Kalkül.[1626] Die sachlogische Perspektive bezieht sich auf die systematische Untersuchung, welche Risiken vom Unternehmen zu tragen sind, da sie als sogenannte »Kernrisiken«[1627] faktisch nicht von der betrieblichen Leistungserstellung zu trennen sind. Unter ökonomischer Betrachtung wären dann alle nicht zu den Kernrisiken zählenden Risiken unter Beachtung von Kosten-Nutzen-Relationen bzw. der zur Überwälzung erforderlichen Verhandlungsposition möglichst auf andere Akteure zu verlagern.[1628]

Für das Controlling lassen obige Darlegungen folgende Schlüsse zu: Akzeptiert man Controlling als ein mit der Führungstätigkeit in Unternehmen verbundenes Phänomen, zählt dessen Tätigkeit zu den Kernrisiken im Führungsgeschehen[1629]. Für diese Sichtweise spricht, dass Führungssysteme regelmäßig Elemente der Planung, Budgetierung sowie der Überwachung bzw. Kontrolle umfassen.[1630] Mit der Rolle des Controllings als Institution zur kritischen Reflexion von Entscheidungen und Handlungen der Führungsinstanzen ist seine Einbettung in das Führungsgeschehen bedingt.[1631] Unter dieser Perspektive hat das Controlling innerhalb der betrieblichen Führung nicht nur seine Berechtigung, sondern gleichsam »Sitz und Stimme« im Sinne einer Beteiligung an Führungsentschei-

---

1625 Siehe Kapitel 3.3.2, Seite 89f.

1626 Vgl. Seidel, Uwe M. (2011): Grundlagen und Aufbau eines Risikomanagementsystems, in: Klein, Andreas (Hrsg.): Risikomanagement und Risiko-Controlling. [Organisation und Dokumentation im Unternehmen, Datenerhebung und Risikobewertung, Integration in die Führungs- und Reportingsysteme, Umsetzungsbeispiele aus der Praxis], Freiburg [u.a.]: Haufe, S. 21–50, S. 45 (Bagatellrisiken bzw. fehlende Alternativen der Risikosteuerung); Wolf/Runzheimer 2009, S. 94f.

1627 Vgl. Gleißner 2008, S. 161.

1628 Vgl. Gleißner 2008, S. 161; Diederichs 2010, S. 192f.

1629 Zu Risiken im Führungsgeschehen vgl. Diederichs 2010, S. 13; Gaenslen 2006, S. 24f. u. S. 41/43; Liekweg 2003, S. 326; Boddy 2002, S. 255ff.

1630 Vgl. Link 2009, S. 129; Kirsch/Seidl et al. 2009, S. 67f.; Küpper 2008, S. 92; Schreyögg/Koch 2007, S. 143.

1631 Vgl. Weber 2011, S. 35; Sieber 2008, S. 8f.; Winter 2008, S. 29; Biel 2007, S. 9; Scherm/Pietsch 2003, S. 35; Weber/Schäffer 1999, S. 736.

dungen.[1632] Daraus folgt, dass man das Controlling grundsätzlich auch als Risiko-Träger akzeptieren sollte. Dessen Einbindung in Führungsprozesse und eine damit verbundene – wenn auch nur partielle – Übernahme von Verantwortung ist mit Risiken verbunden.[1633]

Risikoakzeptanz beinhaltet, dass Akteure Risiken hinnehmen bzw. eingehen. Man verlässt sich in diesem Fall darauf, dass entstehende Risiken durch entsprechende Reserven abdeckt werden können.[1634] Die Bildung von entsprechenden Reservepositionen ist Teil der Risikovorsorge und kann in Form von nicht an die Unternehmenseigentümer ausgeschütteten Ergebnisanteilen, Sicherungsinstrumenten, Wertberichtigungen bzw. durch Bildung entsprechender Rückstellungen erfolgen.[1635]

Die Akzeptanz des Controllings als Risiko-Träger stellt aus Sicht des betreffenden Unternehmens die Hinnahme eines internen Risikos dar, das im Zusammenhang mit dem betrieblichen Führungsgeschehen besteht.[1636] Damit ist zumindest in Bezug auf die rechnungslegungstechnische Risikovorsorge der Raum zur Bildung von entsprechenden Abschlussposten eingeschränkt. Sicherungsinstrumente bedingen ein der Sicherung zugrunde liegendes Grundgeschäft.[1637] Dies trifft auf das Controlling nicht zu. Wertberichtigungen werden auf Posten des Anlage- bzw. Umlaufvermögens sowie, unter bestimmten Voraussetzungen, auf die

1632 Vgl. Weber 2011, S. 25 (aktive Beteiligung am Führungsgeschehen); Weißenberger/Wolf 2010, S. 4 (Entscheidungsunterstützung für die Führungsinstanzen); Lingnau 2006, S. 18 (Mitwirkungsfunktion bei Entscheidungsproblemen); Scherm/Pietsch 2003, S. 51 (Vertretung von Eigentümerinteressen).

1633 Siehe hierzu »Unternehmensführung als Prozess des bewussten und kontrollierten Eingehens von Risiken«, S. 44; »Risiken aus Fehleinschätzungen von Führungsinstanzen«, S. 46 bzw. »zumindest teilweise Mitverantwortung im Controlling«, S. 47.

1634 Vgl. Diederichs 2010, S. 193f.; Wolf/Runzheimer 2009, S. 94.

1635 Vgl. Gleißner 2008, S. 161; König, Roland (2008): Management betrieblicher Risiken bei produzierenden Unternehmen. Dissertation, Aachen, Rheinisch-Westfälische Technische Hochschule, verfügbar auf: http://d-nb.info/988610442/34, Stand: 12.08.2008, S. 117; Keim, Matthias (2006): Die Prüfung des Risikomanagementsystems im Rahmen der Abschlussprüfung. Dissertation, Universität Bamberg, verfügbar auf: http://d-nb.info/98143925X/34, Stand: 12.08.2008, S. 12f.; Ruhnke 2008, S. 688; Coenenberg 2009, S. 252f. u. S. 286f.

1636 Zu Risiken im Kontext des Führungsgeschehens bzw. der Unternehmensführung vgl. Diederichs 2010, S. 13; Wolf/Runzheimer 2009, S. 19f.; Schreyögg/Koch 2007, S. 74f.; Gaenslen 2006, S. 3.

1637 Vgl. Buchholz 2010, S. 76f.; Coenenberg 2009, S. 287; Grünberger 2011, S. 152ff.

Verbindlichkeiten eines Unternehmens vorgenommen.[1638] Auch diese Elemente der externen Rechnungslegung stehen nicht im Zusammenhang mit dem Controlling als betriebliche Instanz, so dass eine Risikovorsorge mittels Wertberichtigungen nicht in Frage kommt. Dies trifft auch auf die Bildung von bilanziellen Rückstellungen zu. Diese betreffen zukünftige Verpflichtungen, die in ihrem Eintreten und ihrer Höhe zum Zeitpunkt der Abschlusserstellung nur hinreichend genau bezeichnet werden können.[1639] Damit verbleibt zur Abdeckung von Risiken der Unternehmensführung, und somit auch dem Controlling als Risiko-Träger, nur die Bildung von entsprechenden Rücklagen aus nicht ausgeschütteten Ergebnisanteilen[1640].

Hinsichtlich der Akzeptanz des Controllings als Risiko-Träger bietet sich an, nach aufgabenbezogenen, rollen- bzw. verhaltensbezogenen Risiken zu unterscheiden. Dies lässt sich aus den im Kapitel 5.4 »Risikobezogene Wirkung der Einflussgrößen« beschriebenen Sachverhalten begründen. Hier wurden die Aufgaben des institutionalisierten Controllings ebenso wie dessen Rollenausprägungen und das Verhalten seiner Akteure in den Kontext organisationaler Machtspiele, sozialer Austauschbeziehungen des Controllings mit den Führungsinstanzen und des Geflechtes aus unternehmensbezogenen Normen und Werten gebracht und auf dieser Basis das Controlling als Risiko-Träger abgeleitet.

Die Akzeptanz bzw. Übernahme von Risiken ist grundsätzlich dann angeraten, wenn die betreffenden Risiken für das Unternehmen keine gravierenden, dessen Fortbestand gefährdenden Auswirkungen haben oder die Kosten der Risikoabwehr nicht im Verhältnis zum erreichbaren Nutzen stehen bzw. die betreffenden Risiken tragfähig sind.[1641] Daraus folgt für das Controlling als Risiko-Träger, dass es sich auf solche Handlungen beschränken sollte, die aus Sicht einer Risikotragfähigkeit akzeptabel sind. Als tragfähig sollen dabei solche Risiken betrachtet werden, die das Unternehmen aufgrund seiner Leistungsfähigkeit und wirtschaftlichen Stabilität aus eigener Kraft bewältigen kann.[1642]

Akzeptiert man das Controlling als Risiko-Träger im Zuge seiner Strukturierung organisationaler Wirklichkeit, dann darf hiermit keine Ausnutzung

1638 Vgl. Coenenberg 2009, S. 153, S. 210, S. 247; Buchholz 2010, S. 268.

1639 Vgl. Ruhnke 2008, S. 559; Coenenberg 2009, S. 411f.; Grünberger 2011, S. 170.

1640 Vgl. Neus 2009, S. 409; Ehrmann, Harald (2012): Risikomanagement in Unternehmen. Mit Basel III, 2., aktualisierte und erheblich überarbeitete Auflage, Herne: Verlag Neue Wirtschafts-Briefe, S. 150f.; Baetge/Kirsch et al. 2004, S. 231.

1641 Vgl. Ehrmann 2012, S. 151; Wolf/Runzheimer 2009, S. 95 u. S. 148f.; Gleißner 2008, S. 278f.; König 2008, S. 116.

1642 Vgl. Fiege 2006, S. 191.

opportunistischer Handlungen dieses Akteurs einhergehen. Die Strukturierung organisationaler Realität durch das Rechnungswesen bzw. das Controlling ist daraus begründbar, als dass die Bezeichnung eines Sachverhaltes – beispielsweise in Form einer Ergebnisabweichung – bereits eine bestimmte Wirklichkeit schafft.[1643] Dass für die beteiligten Akteure damit gleichsam auch die Zuordnung von Sinninhalten verbunden ist, kann zwar das Risiko einer nicht adäquaten »Vorsteuerung« ihrer Handlungen beinhalten. Insofern läge ein solches Risiko in der Ausrichtung von Akteurshandlungn an kontingenten Sinnkonstrukten. Dies scheint jedoch ein grundsätzliches Problem innerhalb der Ökonomik zu sein.[1644]

Indem das Controlling im Zuge seiner Informationsversorgungsaufgaben den Führungsinstanzen entsprechendes Datenmaterial liefert, kann es grundsätzlich auch eine »Vorsteuerung« deren Wahrnehmung zu Sachverhalten bewirken. Dies mag auch in Einzelfällen durchaus vertretbar sein, etwa dann, wenn hierdurch die betreffenden Führungsinstanzen auf die Dringlichkeit einer Problemstellung aufmerksam werden. Eine solche Einflussnahme auf Führungsinstanzen mag – obwohl im Unternehmensinteresse liegend – durchaus den Interessen der betroffenen Akteure entgegenstehen. Und die Benennung eines Problems durch das Controlling bedeutet nicht zwangsläufig, dass der bezeichnete Sachverhalt sich auch in den Augen anderer Akteure so darstellt. Auch die Akteure im Controlling können Irrtümern und Fehleinschätzungen unterliegen. Diese zu beurteilen bzw. zu hinterfragen, ist den betreffenden Führungsinstanzen durchaus zuzumuten. Schließlich sind sie ebenfalls Bestandteil des sozialen Systems »Unternehmen«, mit allen hiermit verbundenen Konsequenzen hinsichtlich organisationaler Unsicherheitszonen und deren Bewältigung.[1645] Aus dieser Perspektive heraus betrachtet, stellt die Strukturierung organisationaler Wirklichkeit durch das Controlling nur ein Problem unter vielen dar, die im Zuge des Führungsgeschehens zu berücksichtigen sind. Aber eben, unter der Annahme nicht-eigennützlicher Motivation im Controlling, ein handhabbares.

---

1643 Vgl. Vosselman/van der Meer-Kooistra 2009, S. 268; Winter 2007, S. 52.

1644 Vgl. hierzu die kritische Betrachtung des Nutzenbegriffs bei Göbel 2001, S. 25, sowie die Auseinandersetzung mit dem Konstrukt des Homo oeconomicus bei Kirchgässner 2008, S. 17.

1645 Vgl. Diederichs 2010, S. 11 (Unsicherheit in Führungsentscheidungen); Simon 2009, S. 23 (Bewältigung von Unsicherheit in sozialen Systemen); Müller 2010, S. 5 (Führungsentscheidungen); Fernández-Huerga 2008, S. 717f. (Unsicherheit in Entscheidungssituationen); Berger/Bernhard-Mehlich 2006, S. 179ff. (Entscheidungsträger im Kontext von Unsicherheit, Komplexität und eigenen kognitiven Beschränkungen); Goll/Rasheed 2005, S. 1006 (strategische Entscheidungen).

Mit Bezug auf die Ergänzungs- bzw. Begrenzungsaufgaben des Controllings gegenüber den Führungsinstanzen[1646] wird das Controlling zum Risiko-Träger, indem es eigenmächtige Handlungen dieser Akteure entweder nicht erkennt oder nicht eindämmt. Das Nichterkennen solcher Handlungen kann auf fehlende Informationen seitens des Controllings bzw. auf gezielt verdeckte Handlungen der Führungsinstanzen zurückgehen. Ein Nichteindämmen mag in rationalen Abwägungen auf Seiten der Akteure im Controlling begründet und beispielsweise in der Vermeidung eigenen Arbeitsleids oder dem gezielten Aufbau von Verhandlungspositionen gegenüber den betreffenden Führungsinstanzen motiviert sein.[1647] Fehlende Informationen auf Seiten des Controllings können in dem Maß akzeptiert werden, als dass hiermit nicht die willkürliche Einschränkung bei ihrer Suche[1648] verbunden ist. Innerhalb des Führungsgeschehens werden fehlende Informationen und schlecht-strukturierte Problemstellungen als der Regelfall anzusehen sein.[1649] Hiervon kann sich auch das Controlling nicht freimachen. Damit ist grundsätzlich das Risiko verbunden, dass eigenmächtige bzw. eigennützliche Handlungen von Führungsinstanzen im Zuge ihrer sozialen Austauschbeziehungen mit dem Controlling unentdeckt bleiben. Da institutionalisierte Überwachungshandlungen allerdings auch das Verhältnis von Mittel und Zweck zu beachten haben[1650], können Risiken aus Akteurshandlungen unentdeckt bleiben. Akzeptiert man das Vorhandensein solcher Risiken, sollte dies auch für das Controlling als Risiko-Träger gelten.

Identifiziert das Controlling eigenmächtige bzw. eigennützliche Handlungen von Führungsinstanzen, unternimmt aber nichts dagegen, unterliegt es eigenen Rationalitätsdefiziten.[1651] Diese Ausprägung des Controllings als Risiko-Träger kann nicht akzeptiert werden, denn durch die Akteure im Controlling sollen eben gerade solche Handlungen von Führungsinstanzen vermieden werden.[1652]

---

1646 Vgl. Reißig-Thust 2010, S. 123; Weber/Schäffer 2008, S. 39ff.

1647 Vgl. Prenzler 2011, S. 97; Paefgen 2008a, S. 172; Weber/Schäffer 2008, S. 426.

1648 Vgl. Rausch 2011, S. 157; Slovic 2008, S. 490f.; Gerling 2007, S. 12f

1649 Vgl. Bamberg/Coenenberg et al. 2008, S. 24f.; Wrona 2008, S. 5; Reichmann 2006, S. 9.

1650 Vgl. Neus 2009, S. 131 (Kontrollkosten); zur Nutzenbeurteilung von Führungskonzepten vgl. Süß 2009b, S. 116; zum Problem des Kontrollverlustes in Organisationen vgl. Richter/Furubotn 2003, S. 416; zur Effizienz im Controlling vgl. Hoffjan/Kolberg et al. 2010, S. 97.

1651 Vgl. Paefgen 2008b, S. 81; Weber/Schäffer 2008, S. 432.

1652 Vgl. Weber/Schäffer 2008, S. 50; Weber/Schäffer 1999, S. 733.

Mit Bezug auf Rationalität als soziales Konstrukt[1653] lässt sich die Ausprägung kontingenter Rationalität[1654] im Führungsgeschehen darlegen. Zwar lassen Begriffe der ökonomischen Vernunft, wie beispielsweise »Effizienz« oder »Rentabilität«, in ihrer wertmäßigen Bestimmung den Rückschluss auf das Maß an Rationalität im Mitteleinsatz zu. Allerdings werden dabei zunächst nur Kennzahlgrößen ermittelt. Ob der Weg zur Erreichung eines solchen Kennzahlmaßes nicht auch anders hätte beschritten werden können, ist mit dem rechnerischen Ergebnis nicht beschieden. Wann eine Rentabilitätskennzahl zufriedenstellend ist oder nur ausreichend, liegt in der Beurteilung des sie begutachtenden Akteurs. Damit besteht im Kontext des Controllings und seiner Aktivitäten innerhalb des Führungsgeschehens durchaus die Einrede der »unscharfen« Bestimmung dessen, was ökonomisch vernünftig und also rational ist.[1655]

Wie im Zusammenhang mit der Ausrichtung von Führungshandlungen an ausschließlich monetär bewerteten Entscheidungsalternativen[1656] dargelegt, kann das Controlling hier – bewusst oder unbewusst – zum Risiko-Träger werden (s. Seite 304). Ob die Fokussierung monetärer Entscheidungskriterien allerdings eine ausschließliche Domäne des Controllings ist, mag bezweifelt werden. Schließlich sind auch Führungsinstanzen ökonomische Akteure und damit gilt für sie ebenfalls das Postulat des rationalen Handelns. Die bedingte Formulierung von Rationalität kann Konstrukte ökonomischer Wirklichkeit schaffen, die den betreffenden Akteuren Perspektiven auf einzelne Sachverhalte sowohl eröffnen, als auch verzerren.[1657] Den Handelnden kann die Bedingtheit einer solchen Realität durchaus verborgen bleiben. Sie haben jedoch grundsätzlich die Möglichkeit, eine solche kontingente Wirklichkeit bzw. Rationalität durch Einnehmen einer anderen Beobachtungsposition[1658] zu erkennen und zu hinterfragen. Insbesondere von Führungsinstanzen wird die Fähigkeit zur kritischen Hinterfragung zweifelsohne erwartet.[1659] Sie sind also nicht zwangsläufig den Beschreibungen ökonomischer Rationalität des Controllings ausgeliefert. Unter

---

1653 Vgl. Weber/Schäffer 2008, S. 45; Luhmann 2003b, S. 11f. (hier im Kontext der »Katastrophenschwelle« als Grenzmaß für die Akzeptanz kalkulierter Risiken).

1654 Vgl. Paefgen 2008a, S. 114; Weber/Schäffer 1999, S. 734.

1655 Vgl. hierzu auch die Sichtweise auf Unternehmen als »nicht streng rationalitätsorientierte Systeme: Malik 2009, S. 43.

1656 Vgl. Winter 2007, S. 65.

1657 Vgl. Reimer 2005, S. 43

1658 Vgl. Simon 2009, S. 11.

1659 Vgl. Kirsch/Seidl et al. 2007, S. 162; Schreyögg/Koch 2007, S. 17.

diesem Gesichtspunkt kann man Risiken aus kontingenter Rationalität im Kontext des institutionalisierten Controllings akzeptieren.

Im Rahmen seiner Koordinationsfunktion nimmt das Controlling Einfluss auf Entscheidungen und Handlungen von Führungsinstanzen. Hiermit können Konflikte einhergehen, die aus der Begrenzung von Handlungen ebenso resultieren wie aus dem Aufzeigen von Schwachstellen bzw. Problemfeldern im Führungsgeschehen. Sowohl die Akteure im Controlling als auch in den Führungsinstanzen werden diese Konflikte jeweils aus ihrer Perspektive wahrnehmen. Daraus lassen sich asymmetrische Konfliktsituationen ableiten.[1660] Wie bereits dargelegt (s. Seite 285), kommt es auf das Verhalten der beteiligten Akteure an, ob aus diesem Konflikt eine nachhaltige Beeinträchtigung ihrer sozialen Austauschbeziehung resultiert. In diesem Fall wären asymmetrische Konflikte mit dem Risiko einer Leistungsbeeinträchtigung der betroffenen Akteure[1661] besetzt. Das Controlling als Risiko-Träger wäre hier nicht akzeptabel. Ein anderes Bild zeigt sich, sofern asymmetrische Konflikte zwischen beiden Akteuren lediglich aus der oben bezeichneten Wahrnehmungsperspektive der Handelnden bedingt sind. Hier liegen Konfliktpotenziale in den unterschiedlichen Rollen bzw. Rollenerwartungen der Akteure begründet. Das Controlling in seiner Rolle als analytisch und vorsichtig vorgehende Instanz[1662] steht dabei möglicherweise den Führungsinstanzen als bisweilen intuitiv agierenden[1663] Akteuren gegenüber. Hieraus entstehende Konfliktasymmetrien sind kaum vermeidbar, beinhalten jedoch mindestens das Risiko des »aneinander Vorbeiredens«. Dieses Risiko erscheint allerdings als nicht gravierend und damit sollte man es akzeptieren.

Unterliegen die Akteure im Controlling und in den Führungsinstanzen Trugschlüssen aus Konstrukten kontingenter Rationalität, leiten sie unter Umständen unrichtige Aussagen zu Problembeschreibungen ab. Wie an anderer Stelle dargelegt, beinhaltet beispielsweise das Konzept der Wertsteuerung in Unternehmen die willkürliche Einengung von Betrachtungsperspektiven auf die ökonomische Wirklichkeit (s. Seite 141). Hieraus abgeleitete Entscheidungen bzw. Steuerungsmaßnahmen fußen auf der begrifflichen Sinnzuschreibung der »Wertorientierung« im ökonomischen Kontext, ohne dass eine Begriffsbestimmung hierzu vorliegen bzw. die Zielrichtung von auf dieses Sinnkonstrukt ausgerichteten Handlungen kritisch reflektiert sein muss. In diesem Sinne unterliegen die betreffenden Controlling- und Führungsinstanzen einem Trugschluss aus der

---

1660 Vgl. Jehn/Rispens et al. 2010, S. 598.

1661 Vgl. Jehn/Rispens et al. 2010, S. 605.

1662 Vgl. Weber/Schäffer 2008, S. 37.

1663 Vgl. Groves/Vance 2009, S. 346.

kontingenten Beschreibung ökonomischer Rationalität. Wenn sowohl der Begriffsinhalt, noch die Zwecksetzung der wertorientierten Unternehmensführung eindeutig festgelegt sind, verbleiben Anstrengungen zu ihrer Umsetzung im Führungsgeschehen zumindest fraglich, wenn nicht risikobehaftet – weil in ihrer Verfolgung berechtigte Interessen einzelner Stakeholder unbeachtet bleiben[1664]. Den Führungsinstanzen ist durchaus zuzumuten, solcherlei Trugschlüsse im Zuge ihrer Handlungen kritisch zu reflektieren. Deshalb kann diese Ausprägung des Controllings als Risiko-Träger akzeptiert werden.

Ein anderer Bezugspunkt des Controllings als Risiko-Träger zeigt sich in seinem Versagen als »Hüter der ökonomischen Vernunft«[1665] im Führungsgeschehen. Auch dieses Risiko steht im Kontext der Rationalitätssicherung in der Führung, die vom Controlling bewirkt werden soll. Versagt das Controlling in seiner »Hüterrolle«, beinhaltet dies zwar vordergründig eine Einschränkung in der Aufrechterhaltung ökonomischer Grundsätze im Führungsgeschehen. Allerdings ist fraglich, ob diese Rolle tatsächlich eine exklusive Domäne des institutionalisierten Controllings ist. Mögen Führungsinstanzen bisweilen auch andere Verhaltensweisen als ihre Controller[1666] an den Tag legen, sie sind dennoch ebenfalls rational handelnde Akteure[1667] mit dem Bedürfnis nach „Vorhersehbarkeit und Kontrolle"[1668] in ihrem Handeln. Ein Versagen des Controllings in seiner Rolle als »Tugendwächter« in Sachen ökonomischer Vernunft erscheint allein deshalb akzeptabel, als dass die betreffenden Führungsinstanzen durchaus mit ökonomischen Grundsätzen vertraut sind. Schließlich obliegt ihnen die Formulierung von betrieblichen Zielgrößen ebenso wie die Ausgestaltung eines geeigneten Führungssystems zur Zielerreichung.[1669]

Mit Bezug auf das Controlling als »Erfüllungsgehilfe« der Führungsinstanzen wurde auf die hiermit verbundene Ausübung von Druck auf die Akteure im Controlling und deren Reaktanzreaktion hingewiesen (s. Seite 298). Ein solches Verhalten ist mit dem Risiko verbunden, dass die betreffenden Führungsinstanzen das Controlling nicht mehr in die Lösung von Problemen im Führungsgeschehen einbinden. Das Controlling ist in diesem Fall zum Risiko-Träger geworden, weil es sich nunmehr auf die Wiederherstellung seiner ursprünglichen Rolle als Lieferant von Fakten- und Methodenwissen konzentriert, anstatt dieses Wissen

1664 Vgl. S. 303.

1665 Vgl. Weber/Schäffer 2008, S. 40; Hoffjan/Trapp et al. 2011, S. 186.

1666 Vgl. Weber/Schäffer 2008, S. 37; Lowe/Ziedonis 2006, S. 175.

1667 Vgl. Reimer/Orth 2008, S. 193.

1668 Fink 2009, S. 106.

1669 Vgl. Kirsch/Seidl et al. 2009, S. 67f.; Link 2009, S. 26ff.

den Führungsinstanzen zur Verfügung zu stellen. Die gegenseitige Austauschbeziehung zwischen beiden Akteuren ist beschädigt. Es liegt an den Beteiligten, hier gemeinsam Abhilfe zu schaffen. Früher oder später werden die betreffenden Führungsinstanzen entweder aufgrund von Sachzwängen – sie verfügen beispielsweise nicht über ausreichendes Methodenwissen[1670] zur Bewertung einer Problemstellung – auf das Controlling zugehen oder die spannungsgeladene Situation wird über personelle Veränderungen im Controlling aufgelöst. Aus diesem Blickwinkel betrachtet, lässt sich das Risiko aus Reaktanz im Controlling akzeptieren, wenn auch möglicherweise mit der Einschränkung einer zeitlichen Begrenzung.

In der Fokussierung des Controllings auf die Rolle als »Planungstechniker«[1671] liegt das Risiko, dass es damit monetäre Größen zuungunsten anderer Beurteilungskriterien in den Vordergrund rückt (s. Seite 303). Damit schränken seine Akteure die Perspektive auf Problemlösungen sowohl für sich als auch die betreffenden Führungsinstanzen ein. Beide Partner laufen Gefahr, einzelne Sachverhalte ausschließlich unter der Frage nach ihrer »Rechenbarkeit« zu beurteilen und damit letztlich eine einseitige Betrachtung ihrer ökonomischen Wirklichkeit zu bewirken. In der Konsequenz hieraus werden vornehmlich solche Problemlösungen favorisiert, die sich einer Rechenbarkeit erschließen. Mit dieser scheinbaren »Berechenbarkeit« der Realität ist jedoch die Ausprägung von »Rationalitätsmythen«[1672] verbunden. Früher oder später werden diese durch Abweichungen von Planergebnissen entzaubert. Das Controlling als »Number Cruncher«[1673] im Führungsgeschehen enttarnt sich damit selber, es vermag noch so intensive Zahlenspiele aufbauen – die organisationale und soziale Wirklichkeit führt sie ad absurdum. Als Risiko-Träger erscheint das Controlling in dieser Ausprägung akzeptabel, da die betreffenden Führungsinstanzen sich früher oder später von seinen Zahlenspielen immer weniger beeindrucken lassen. Schließlich sind sie es, die für diese Rechengrößen innerhalb ihres Verantwortungsbereiches einstehen müssen.

Die obigen Darlegungen zur Akzeptenz des Controlling als Risiko-Träger werden in der folgenden Abbildung noch einmal zusammengefasst.

---

1670 Vgl. Weber/Schäffer 2008, S. 49; Jonen/Lingnau 2007, S. 17; Lingnau 2006, S. 16ff.

1671 Vgl. Weber 2011, S. 38.

1672 Vgl. Minelli/Rebora et al. 2009, S. 934; Weber/Schäffer 2008, S. 263; Miebach 2007, S. 132 (hier im Kontext von institutionellen Rationalitätskonzepten).

1673 Vgl. Schäffer/Schürmann 2010, S. 189; Ziegenbein 2007, S. 193.

*Abbildung 34: Akzeptanz des Controllings als Risiko-Träger*

| | Akzeptanz aufgabenbezogener Risiken | Akzeptanz verhaltensbezogener Risiken | Akzeptanz rollenbezogener Risiken |
|---|---|---|---|
| **Informations-orientierung des Controllings** | ▪ Willkürliche Strukturierung organisationaler Wirklichkeit. | (./.) | (./.) |
| **Koordinations-orientierung des Controllings** | (./.) | ▪ Entstehen von asymmetrischen Konfliktbeziehungen im Führungsgeschehen. | (./.) |
| **Rationalitäts-sicherungsorientierung des Controllings** | ▪ Eigenmächtige Handlungen von Führungsinstanzen.<br>▪ Ausprägung von kontingenter Rationalität im Führungsgeschehen. | ▪ Akteure unterliegen Trugschlüssen aus kontigenter Rationalität. | ▪ Controlling versagt als »Hüter der ökonomischen Vernunft«. |
| **Kognitions-orientierung des Controllings** | (./.) | (./.) | ▪ Reaktanz im Controlling bewirkt, dass Führungsinstanzen das Controlling als Träger sekundären Wissens nicht mehr in Problemlösungen einbeziehen.<br>▪ Controlling als »Planungstechniker« mit Fokussierung bewertungstechnischer Kriterien führt zur Einschränkung der Perspektive auf Problemlösungen. |

Mit der **Begrenzung des Controllings als Risiko-Träger** ist die Verminderung von aufgaben-, verhaltens- bzw. rollenbezogenen Risiken in ihrer Auswirkung im Führungsgeschehen verbunden. Im Zuge der Risikobegrenzung werden einzelne Risiken nur bis zu einer definierten Schadenshöhe eingegangen bzw. man versucht, diese mittels Streuung zu neutralisieren.[1674]

Unter Bezugnahme auf die Informationsorientierung des Controllings sind solche Risiken zu begrenzen, die aus fehlender Transparenz zu Handlungen und Risiken im Führungsgeschehen resultieren. Damit ist gleichsam jenes Feld an Risiken verbunden, in dem das Controlling Informationen zu Ergebnisgrößen an den Erwartungen der Führungsinstanzen ausrichtet[1675] bzw. seine Rolle als »verlässlicher Berichterstatter«[1676] nicht ausfüllt. Fehlende Transparenz zu den Auswirkungen von Entscheidungen und Handlungen im Führungsgeschehen ist

1674 Vgl. Diederichs 2010, S. 191.
1675 Vgl. Hartmann/Maas 2010, S. 30; Weber/Schäffer 2008, S. 263.
1676 Vgl. Weber 2011, S. 31.

geeignet, Risiken zu verschleiern und stellt damit gleichzeitig ein Risiko innerhalb der Führung dar. Akzeptiert man das Controlling als diejenige Instanz, der vornehmlich die Informationsversorgung von Führungsinstanzen obliegt, ist sicherzustellen, dass aus der asymmetrischen Informationsverteilung zwischen ihm und den Führungsinstanzen entstehende Lücken in der Bereitstellung und Detaillierung von Informationen möglichst geringe Risiken resultieren. Zumindest das Risiko aus Informationen, die von den Akteuren im Controlling an expliziten bzw. impliziten Erwartungen auf Seiten der Führungsinstanzen ausgerichtet werden, lässt sich dahingehend begrenzen, dass bestimmte Informationen durch eine andere Instanz zur Verfügung gestellt werden. Dies lässt sich beispielsweise mit der Trennung von Informationen im Zuge der Planaufstellung – Bereitstellung durch das Controlling – und der Bereitstellung von Istdaten im Berichtswesen – durch das Rechnungswesen – erreichen. Die Ausrichtung von Planungsgrößen an den Erwartungen von Führungsinstanzen durch das Controlling wäre damit nicht ausgeschlossen. Über die betreffenden Istdaten des Berichtswesens, die nicht durch das Controlling aufbereitet und bereitgestellt werden, ist allerdings eine konditionierende Wirkung dahingehend verbunden, dass ein allzu großes »Entgegenkommen« des Controllings in der Planaufstellung – und damit möglicherweise unrealistische Planergebnisse – im Berichtswesen unweigerlich offenbart wird. Mag das Controlling in diesem Bezug auch einen Teil seiner Berichterstatter-Rolle verlieren, für das Gesamtsystem »Unternehmen« wäre dies jedoch kein Verlust.

*Abbildung 35: Bewältigung des Controllings als Risiko-Träger im Kontext seiner Informationsorientierung*

| | **Bewältigung funktionsbezogener Risiken** | **Bewältigung verhaltensbezogener Risiken** | **Bewältigung rollenbezogener Risiken** |
|---|---|---|---|
| **Informations-orientierung des Controllings** | ▪ Verschleierung von Risiken im Führungsgeschehen. | ▪ Fehlende Transparenz führt zu Vertrauensverlust nach außen. | ▪ Controlling richtet Ergebnisgrößen an den Erwartungen der Führungsinstanzen aus.<br>▪ Controlling versagt als »verlässlicher Berichterstatter«. |

Im Rahmen der Koordinationsorientierung des Controllings sind solche Risiken zu begrenzen, die aus unrichtigen, nicht zielgerichteten bzw. eigennützlich motivierten oder nicht rechtzeitig erkannten Problemstellungen und Problemlösungsmöglichkeiten resultieren. Nehmen die Akteure im Controlling im Zuge ihrer Koordinationsfunktion innerhalb des Führungsgeschehens eine aktive Rolle bei der Entscheidungsfindung und Maßnahmenumsetzung ein und ziehen sich beim Erkennen dieser als Fehlentscheidungen aus ihrer Verantwortung, verbleibt nur noch, die entstandenen Risiken in ihren Auswirkungen zu begrenzen. Dort, wo die Akteure im Controlling durch ihre Handlungen zum Entstehen von Misstrauen innerhalb des Führungsgeschehens bzw. des Unternehmensgeschehens beitragen, wird jedoch eine Begrenzung der hiermit verbundenen Risiken kaum ausreichen. Hier ist mit der Risikobegrenzung auch die Koordinationsorientierung des Controllings im Führungsgeschehen zu hinterfragen. Denkbar wäre, dass die Koordinationsaufgaben des Controllings sich beispielsweise auf die zeitliche und sachliche Koordination der Planaufstellung und die Koordination von Informationsflüssen im Berichtswesen beschränkt. Die Koordination innerhalb der Entscheidungsfindung bzw. Maßnahmenumsetzung läge dann ausschließlich in der Verantwortung der Führungsinstanzen. Damit ließe sich zwar die Einflussnahme auf die Abfolge von Koordinationsschritten in der Planung bzw. im Berichtswesen durch das Controlling nicht vermeiden. Allerdings wäre dieser Einfluss nur von begrenzter Wirkung auf die Führungsinstanzen, da ihnen die Koordination innerhalb ihrer Entscheidungsprozesse bzw. der Umsetzung von Führungsentscheidungen obliegt. Damit wäre gleichsam auch dasjenige Risiko begrenzbar, das mit der Übertragung des Hefts des Handelns in der Koordination des Führungsgeschehens an die Akteure im Controlling verbunden ist. Diese Koordinationsfunktion ist dann von einer anderen (Führungs-)Instanz zu übernehmen. Der hiermit verbundene Machtverlust des Controllings erscheint akzeptabel.

Die Begrenzung von Risiken im Zusammenhang mit der Rationalitätssicherungsorientierung des Controllings ist auf opportunistische Handlungen der beteiligten Akteure sowie auf das Versagen des Controllings als Korrektiv zu Opportunismus im Führungsgeschehen bezogen. Dort, wo Führungsinstanzen eigennützlich motivierte Handlungen verfolgen, die von den Akteuren im Controlling entweder nicht erkannt oder nicht bewältigt werden, besteht das Risiko einer »stillen Enteignung« der Unternehmenseigentümer. Folgt man der Sichtweise auf Führungsinstanzen als grundsätzlich opportunistisch und begrenztrational handelnde Akteure, lassen sich Risiken hieraus nur dann im Nachhinein bewältigen, wenn Anreizstrukturen entweder das Problem nicht verhindern können oder es – unter rational erklärbarem Verhalten der Akteure – gleichsam verstärken. Die Bewältigung hieraus entstehender Risiken ist mit der Begrenzung von Rationalitätsdefiziten im Controlling verbunden. Neben der Frage, ob die Akteure im Controlling tendenziell intrinsisch oder extrinsisch motiviert sind, ist auch darüber zu befinden, ob die Sicherstellung von Rationalität durch das Controlling als Teil des Führungsgeschehens tatsächlich erreichbar ist.

*Abbildung 36: Bewältigung des Controllings als Risiko-Träger im Kontext seiner Koordinationsorientierung*

| | **Bewältigung funktionsbezogener Risiken** | **Bewältigung verhaltensbezogener Risiken** | **Bewältigung rollenbezogener Risiken** |
|---|---|---|---|
| **Koordinations-orientierung des Controllings** | ▪ Fehlentscheidungen und nicht zielgerechte Steuerung im Führungsgeschehen.<br>▪ Führungsinstanzen überlassen Controlling das Heft des Handelns im Führungsgeschehen. | ▪ Controlling wälzt Verantwortung aus eigennützlichen Handlungen auf die Führungsinstanzen ab. | ▪ Gegensteuerungsmaßnahmen werden zu spät erkannt bzw. nicht problemadäquat eingeleitet.<br>▪ Controlling als »Spürhund« der Führungsinstanzen wird zum Abbild des Misstrauens im Unternehmen.<br>▪ Gezieltes Umgehen von Prüfprozessen und Genehmigungswegen durch Führungsinstanzen bzw. andere Akteure.<br>▪ Vernachlässigung von Interessen anderer Stakeholder führt zur Bildung fallweiser Koalitionen und Bedrohung der ökonomischen Existenzbasis des Unternehmens. |

*Abbildung 37: Bewältigung des Controllings als Risiko-Träger im Kontext seiner Rationalitätssicherungsorientierung*

| | **Bewältigung funktionsbezogener Risiken** | **Bewältigung verhaltensbezogener Risiken** | **Bewältigung rollenbezogener Risiken** |
|---|---|---|---|
| **Rationalitäts-sicherungs-orientierung des Controllings** | (./.) | ▪ Opportunistische Handlungen bewirken »stille Enteignung« der Unternehmenseigentümer.<br>▪ Controlling versagt als Korrektiv zu eigennützlichen Handlungen im Führungsgeschehen.<br>▪ Fehllenkung knapper Ressourcen. | (./.) |

Mit Bezug auf die Kognitionsorientierung des Controllings und dessen Bereitstellung von Sekundärwissen im Führungsgeschehen ist einerseits das Risiko des Neutralitätsverlustes dieses Akteurs, andererseits das Problem des »Risky Shift« im Zuge von Entscheidungsprozessen der sozialen Gruppe aus Führungsinstanzen und Controlling verbunden. Hier vermag eine konsequente Begrenzung des Controllings auf seine Entlastungs- und Ergänzungsaufgaben gegenüber den Führungsinstanzen zur Risikobegrenzung beizutragen. Mit der Adressierung von Aufgaben, die auf eine Begrenzung eigennützlicher bzw. ökonomisch nicht sinnvoller Handlungen auf Seiten der Führungsinstanzen abzielen, an eine andere – dritte – Instanz ist grundsätzlich die Möglichkeit verbunden, eine zusätzliche Beobachtungsperspektive auf die sozialen Austauschbeziehungen zwischen Führungsinstanzen und Controlling zu bewirken.

*Abbildung 38: Bewältigung des Controllings als Risiko-Träger im Kontext seiner Kognitionsorientierung*

| | **Bewältigung funktionsbezogener Risiken** | **Bewältigung verhaltensbezogener Risiken** | **Bewältigung rollenbezogener Risiken** |
|---|---|---|---|
| **Kognitions-orientierung des Controllings** | ▪ Verlust von Neutralität und Objektivität des Controllings.<br>▪ Risky Shift aus kontingenten Entscheidungssituationen. | (./.) | (./.) |

Die aufgezeigten Möglichkeiten zur Vermeidung bzw. Bewältigung des Controllings als Risiko-Träger deuten darauf hin, dass der Umgang mit dem Controlling und seiner konzeptionellen Ausrichtung auf die Informationsversorgung von Führungsinstanzen bzw. die zielorientierte, auf ökonomischen Grundsätzen basierende Koordination des Führungsgeschehens eine Bandbreite an Facetten besitzt. Hinsichtlich der Bewältigungsansätze ist anzumerken, dass diese vor dem Hintergrund mehrerer Kriterien zu betrachten ist:

- Kommunizierbarkeit der Risiken im Controlling
- Begrenzbarkeit der Risiken im Controlling
- Substituierbarkeit von Aufgaben und Funktionen des Controllings
- Akzeptanz der Veränderungen auf Seiten der Akteure im Controlling und in den Führungsinstanzen

Mit der Kommunizierbarkeit von Risiken ist einerseits die Möglichkeit verbunden, das Controlling als Risiko-Träger innerhalb des Unternehmens erkennbar zu machen. Andererseits liegt in dieser Kommunikation auch wiederum das Risiko, dass die betreffenden Akteure im Controlling diese Sicht auf sich und ihr Handeln ablehnen und mit Reaktanz reagieren. Diese Perspektive einzunehmen, ist zwar menschlich nachvollziehbar, steht jedoch grundsätzlich im Widerspruch zum Anspruch der Akteure im Controlling an die Sicherstellung von Rationalität im Unternehmensgeschehen. Zur Wahrung ökonomischer Grundsätze und

Vernunft gehört zweifelsfrei auch die Auseinandersetzung mit Defiziten bzw. Wirkungszusammenhängen, die negative Auswirkungen auf eben diese Rationalität haben. Unter diesem Gesichtspunkt ist das institutionalisierte Controlling gleichsam Treiber und Getriebener bei der Suche nach und Sicherstellung von Rationalität im Unternehmensgeschehen.

Die Begrenzbarkeit von Risiken ist nicht nur ein Problem der Abschätzung, ob bzw. in welchem Maß sich das Controlling als Risiko-Träger bewältigen lässt. Vielmehr ist mit der Risikobegrenzung auch die Frage verbunden, ob man nicht durch geeignete Maßnahmen im Vorweg das Controlling als Risiko-Träger vermeiden kann. Hier stellt sich – in Anlehnung an die Problematik systemischer Risiken[1677] – zumindest die Frage nach der Notwendigkeit des institutionalisierten Controllings. Dies insbesondere vor dem Hintergrund, dass diesem Akteur und dessen Wirken gegenüber durchaus Skepsis angebracht erscheint. Wenn Steuerung und Überwachung untrennbare Bestandteile des Führungszyklus sind, dann erscheint es gerechtfertigt, diese Handlungen auch bei denjenigen Akteuren zu belassen, die letztlich verantwortlich für die Sicherstellung von Führung und zielorientierter Steuerung sind.

Hinsichtlich der Substituierbarkeit von Aufgaben und Funktionen der Informationsversorgung und Überwachung im Führungsgeschehen zeigt sich mit dem Controlling eine betriebliche Instanz, die allem Augenschein nach ihre eigene Notwendigkeit durch ihre Rolle als »Wächter und Warner« begründet. Die Überwachung von Führungshandlungen bzw. die Steuerung im betrieblichen Führungszyklus stellt dabei zweifelsfrei eine notwendige Tätigkeit dar. Damit ist allerdings nicht zwingend die Notwendigkeit eines institutionalisierten Controllings verbunden, denn die überwachenden bzw. steuernden Aufgaben könnten auch von den Führungsinstanzen selber übernommen werden.[1678] Im Rahmen des Self-Controlling Ansatzes wird, wenn auch teilweise kritisch, die Möglichkeit der Dezentralisierung von Controllingaufgaben an die betreffenden Führungsinstanzen betrachtet.[1679] Zieht man die Wirksamkeit eines institutionalisierten

1677 Hier sei als Analogon zur Verwobenheit von Finanzmarktakteuren und ein daraus entstehendes systemisches Risiko, vgl. Sharfman 2011, S. 611, auf die engen Beziehungen zwischen Controllern und Führungsinstanzen innerhalb des betrieblichen Führungsgeschehens hingewiesen.

1678 Vgl. Deyhle/Kottbauer et al. 2010, S. 28/30.

1679 Vgl. Reiß, Michael/Bernecker, Tobias (2006): Conjoint Controlling: Organisationsgerechte Controllingsysteme zwischen Better Budgeting und komplex-hybrider Steuerung, Zeitschrift für Planung & Unternehmenssteuerung, Jg. 17, Heft 1, März 2006, S. 5–26, S. 15f.; Peemöller 2005, S. 104ff.; Ecker, Roland (2004): Erfolgsfaktoren

Controllings innerhalb des Führungsgeschehens grundsätzlich in Zweifel[1680], lässt sich eine Rückverlagerung von dessen Aufgaben bzw. Funktionen zu den betreffenden Führungsinstanzen rechtfertigen.

## 6.8 Bewältigungsoptionen des Controllings als Risiko-Träger im Rahmen dialogischen Führung

Das institutionalisierte Controlling als Bestandteil des Führungsgeschehens ist risikobehaftet, da es sowohl in seinen Aufgaben als auch seinem Handlungsspielraum grundsätzlich den gleichen Kontingenzen und kognitiven Begrenzungen unterliegt wie die von ihm begleiteten Führungsinstanzen. Wie in den vorangegangenen Abschnitten dargelegt, ist die soziale Austauschbeziehung zwischen den Akteuren im Controlling und in den Führungsinstanzen prägend für die risikobehaftete Rolle des Controllings im Führungskontext. Dabei kommt es nicht darauf an, ob die beteiligten Akteuren sich der Risiken aus ihren Handlungen bewusst sind oder nicht bzw. ob ihr Tun im Einvernehmen oder in Nichtübereinstimmung erfolgt. Allein unterschiedliche Konstellationen hinsichtlich ihrer Macht- bzw. Verhandlungsposition sowie aus gegenseitigen Erwartungen an die Gestaltung ihrer gemeinsamen Austauschbeziehung vermögen Risiken aus ihren Entscheidungen und Handlungen zu bewirken.

Hinsichtlich des Umganges mit dem Controlling lassen sich unterschiedliche Optionen aufzeigen, die sowohl die Vermeidung als auch die Bewältigung des Controllings als Risiko-Träger beinhalten.

Zweifelsohne erscheint eine Vermeidung die bevorzugende Lösungsoption zu sein. Da allerdings in den seltensten Fällen das betriebliche Controlling und seine konzeptionelle Ausrichtung innerhalb des Unternehmens von Grund auf neu ausgestaltet werden kann, vermag die Vermeidungsoption nur begrenzt umsetzbar zu sein. Allenfalls lassen sich risikobehaftete Handlungen des Controllings dort vermeiden, wo die betreffenden Entscheidungsinstanzen über neue bzw. veränderte Aufgabenfelder dieses Akteurs befinden. Demgegenüber liegt in der Bewältigung des Controllings als Risiko-Träger allein deshalb eine Lösungsoption

eines ganzheitlichen Controllings komplexer Veränderungsprogramme, ZfCM – Zeitschrift für Controlling und Management, Jg. 48, Heft 5, September 2004, S. 345–349, S. 347 (im Kontext des Projektmanagements); Hirzel, Matthias (2001): Selbststeuerung mit Performance-Controlling, ZfCM – Zeitschrift für Controlling und Management, Jg. 45, Heft 6, November 2001, S. 352–358, S. 357; zu einer kritischen Sicht auf das Selbst-Controlling von Führungsinstanzen vgl. Weber 2010a, S. 40.

1680 Vgl. Maas/Matějka 2009, S. 1233.

vor, weil das institutionalisierte Controlling in der Regel bereits etablierter Bestandteil einer betrieblichen Wirklichkeit ist. Bestehende (Infra-)Strukturen bzw. Prozesse innerhalb des organisationalen Gefüges aufzubrechen und nachhaltig zu verändern, erscheint nicht zuletzt aus ökonomischer Perspektive fragwürdig. Somit kann auch in der – partiellen – Akzeptanz des Controllings als Risiko-Träger eine mögliche Option zum Umgang mit diesem Akteur liegen. Wo die Akzeptanz nicht gerechtfertigt erscheint, bleibt als Bewältigungsoption die Begrenzung des Controllings als Risiko-Träger.

Das Controlling als Risiko-Träger im betrieblichen Geschehen zu vermeiden, umfasst im Sinne dieser Forschungsarbeit, bereits im Zuge seiner konzeptionellen Ausrichtung mögliche Risiken zu antizipieren und diesen systematisch aus dem Wege zu gehen. Die Bewältigung des Controllings als Risiko-Träger beinhaltet, der risikobehafteten Rolle des Controllings im Unternehmensgeschehen zumindest soweit Herr zu werden, dass dieser Tatbestand erkannt und eine bewusste Entscheidung bezüglich Akzeptanz oder Begrenzung getroffen wird. In jedem Fall ist von den betreffenden Akteuren eine Veränderung zu bewirken, sowohl in Bezug auf ihre Wahrnehmung zum Controlling als auch zu dessen Einbindung in das Führungsgeschehen.

Veränderungen in organisationaler Praktiken zu bewirken, bedingt neben dem Sichtbarmachen der Notwendigkeit und des Ausmaßes der Modifikation auch deren Umsetzung innerhalb eines sozialen Systems.[1681] Im Fall des institutionalisierten Controllings als Element des betrieblichen Führungssystems liegt die Herausforderung allerdings nicht nur in der Anpassung von Aufgaben und Funktionen dieses Akteurs. Vielmehr beinhaltet eine Veränderung auch die grundsätzliche Auseinandersetzung mit dem Controlling als Teil des organisationalen Gefüges aus Steuerung, Überwachung und Verantwortungszuordnung. Mit Bezug auf den Ansatz der reflexiven Organisationsentwicklung bedarf es hierbei des bewussten Einwebens kognitiver Dissonanzen auf Seiten der beteiligten Akteure, um auf dieser Basis neue, gemeinsam getragene Vorstellungen über die erforderlichen – und möglichen – Entwicklung ihres sozialen Systems »Organisation« zu bewirken.[1682]

Im strukturationstheoretischen Sinne mag sich für die Beteiligten durchaus das Problem stellen, dass mit der Modifikation von funktionalen, rollen- bzw. handlungsbezogenen Erkennungsmustern des Controllings auch Rückwirkungen

---

1681 Zur Organisationsentwicklung als „Form des geplanten Wandels", Staehle/Conrad et al. 1999, S. 922, und hiermit einhergehenden Interventionen vgl. Seidel 2008, S. 60f.

1682 Vgl. Pohlmann 2002, S. 349.

auf die von ihm begleiteten Führungsinstanzen verbunden sind. Das institutionalisierte Controlling als Bestandteil von organisationalen Sprachspielen und Machtstrukturen kann für die Begründung von Entscheidungen und Handlungen im Führungsgeschehen eine nicht unwesentliche Rechtfertigungsbedeutung haben. Ein Eingriff in dieses Geflecht aus gegenseitiger Sinnzuweisung berührt zweifelsohne einen Kernbezugspunkt der sozialen Austauschbeziehungen zwischen den Akteuren im Controlling und in den Führungsinstanzen.

Letztlich stellt sich die Frage, ob derlei Veränderungen im institutionalisierten Controlling auf Akzeptanz bei den betreffenen Akteuren stoßen. Sowohl die Akteure im Controlling als auch in den Führungsinstanzen wären von Veränderungen in den Aufgaben, Funktionen und Rollen des Controllings unmittelbar bzw. mittelbar betroffen. Seien es etablierte Prozesse im Zuge der Entscheidungsfindung bzw. der Maßnahmenumsetzung oder auch die offen oder verdeckte Umverteilung von Verantwortung zwischen beiden Akteuren. Es ist nicht zu erwarten, dass ein Eingriff in diese soziale Austauschbeziehung friktionslos vonstattengeht. Darüber hinaus ist den beteiligten Akteuren der Blick auf das Controlling als Risiko-Träger systemisch verstellt, sie sind gleichsam Handelnde und Betroffene innerhalb der risikobehafteten Erscheinung des institutionalisierten Controllings. Damit fehlt ihnen grundsätzlich die unabhängige Perspektive auf diejenigen Bedingungen, die zu einer Problemlösung führen können.

Im Abschnitt zum Umgang mit dem Controlling als Risiko-Träger (Kapitel 6.5, Seite 341ff.) wurden mit der Vermeidung, Akzeptanz bzw. Bewältigung grundsätzliche Optionen aufgezeigt, die auf das Erkenntnisobjekt »Controlling« als risikobehafteter Akteur im betrieblichen Geschehen abzielen. In der Folge soll nunmehr mit der dialogischen Führung als »Meta-Modell« aufgezeigt werden, wie eine Bewältigung des Controllings als Risiko-Träger aus führungssystemischer Sicht erfolgen kann.

Dazu werden zwei Lösungsansätze aufgezeigt:

a) Dialogische Führung als Ergänzung zum institutionalisierten Controlling.
b) Dialogische Führung als Alternative zum institutionalisierten Controlling.

In der Folge wird Bezug auf das institutionalisierte Controlling genommen, weil mit dessen Einbettung in das betriebliche Führungssystem ein Akteur existiert, der über seine Institutionalisierung gleichsam sichtbarer Tatbestand innerhalb des Organisations-, Normen- und Machtgefüges ist.[1683] Institutionen können als

1683 Zur Auseinandersetzung mit dem Controlling als institutionalisierter Akteur im betrieblichen Führungsgeschehen siehe S. 33 »Controlling als institutionalisiertes

»soziale Fakten« mit normativen Aussagen zum Handlungsspielraum von Akteuren[1684] bezeichnet werden. Damit reflektieren Institutionen die Regeln eines Spiels und wirken faktisch als Begrenzungselemente von Akteurshandlungen.[1685] Will man diese »Spielregeln« verändern, erscheint es geboten bei der Veränderung auf eine andere Institution zurückzugreifen und andere, neue Regeln des organisationalen »Spiels« zu definieren.[1686] Über den Weg sozialer Interaktionsbeziehungen der beteiligten Akteure prägen sich die veränderten »Spielregeln« wiederum als Institution aus, die als kognitive Systeme auf Konstrukten sozialer Realität und Sinnzuweisung basieren.[1687]

Mit der dialogischen Führung besteht zweifelsohne ein solches kognitives System, das die »Regeln des Spiels« innerhalb betrieblicher Führung formuliert und gleichsam den Rahmen aus gegenseitigen Wertvorstellungen, Erwartungen, Verhaltensnormen und Sprachregeln definiert. Da dialogsiche Führung eine (Grund-)Werthaltung und weniger eine Methode innerhalb des Führungsverständnisses ist[1688], liegt in ihrer Institutionalisierung gleichsam die Chance auf eine nachhaltige Veränderung in der Unternehmens- und Führungskultur[1689] des zugrunde liegenden sozialen Systems.

Wo dialogische Führung als Ergänzung zum institutionalisierten Controlling greifen soll, wird dies Konsequenzen für das Selbstverständnis, die organisatorische Einbindung und die Aufgaben dieses betrieblichen Akteurs nach sich ziehen. In diesem Kontext bedarf es einer formalen und inhaltlichen Korrektur des Controllings, will man dessen Einbeziehung in ein dialogisches Führungsverständnis

---

Praxisphänomen«; S. 95 »Das institutionalisierte Controlling als Bestandteil der Führung«; S. 130 »Controlling als Institution«.

1684 Vgl. Nau/Steiner 2002, S. 1011.

1685 Vgl. Voigt, Stefan (2009a): How (Not) to Measure Institutions. Working Paper, Marburg, Phillips Universität Marburg, verfügbar auf: http://ssrn.com/abstract=1336272, Stand: 05.04.2010, S. 7.

1686 Zur Beobachtung von Organisationen bzw. Institutionen auf sich selber vgl. Moldaschl, Manfred: Institutionelle Reflexivität, in: Rehberg, Karl-Siegbert (Hrsg.): Soziale Ungleichheit, Kulturelle Unterschiede. Verhandlungen des 32. Kongresses der Deutschen Gesellschaft für Soziologie in München 2004. Teilband 2, Frankfurt a.M. [u.a.]: Campus Verlag, S. 4059–4078, S. 4059, der diesbezüglich den Begriff der »institutionellen Reflexivität« verwendet.

1687 Vgl. Pietsch, Gotthard (2007): Human Capital Measurement, Ambiguity, and Opportunism: Actors between Menace and Oportunity, Zeitschrift für Personalforschung, Jg. 21, Heft 3/2007, S. 252–273, S. 267.

1688 Vgl. Krohn 2011, S. 405; Petersen 2003, S. 374f.

1689 Vgl. Dietz/Kracht 2011, S. 77; Häußner 2009, S. 54; Dietz 2008, S. 46.

sicherstellen. Im Kern geht es um die Begrenzung seines Wirkens im Führungsgeschehen ebenso wie um eine Rücknahme seines Anspruches auf unbedingte Mitsprache und Mitwirkung in Führungshandlungen.[1690]

Demgegenüber ist mit einer dialogischen Führung als Alternative zum institutionalisierten Controlling der Ansatz verbunden, auf diesen Akteur im betrieblichen Geschehen zu verzichten. Hier erfolgt eine Rückübertragung von Entscheidungs- und Handlungsverantwortung an die betreffenden Akteure. Im Sinne eines dialogischen Führungsverständnisses bedeutet dies eine Fokussierung der Selbstabstimmungs- und Selbststeuerungsfähigkeiten aller am Betriebsgeschehen beteiligten Akteure, sowohl auf Seiten der Führungskräfte als auch der Mitarbeiter.[1691]

## 6.9 Dialogische Führung als Ergänzung zum institutionalisierten Controlling

### 6.9.1 Konsequenzen für ein Controlling Leitbild

Mit Bezug auf die oben dargelegten Bewältigungsoptionen zum Controlling als Risiko-Träger im betrieblichen Geschehen erscheint es sinnvoll, grundlegende Aussagen zum (Selbst-)Verständnis des Controllings, seinen Rollen, Aufgabe und Funktionen in Unternehmen zu formulieren. Dies lässt sich in Form eines Controlling-Leitbildes erreichen. Leitbilder schaffen »kognitive Landkarten«[1692], an denen sich Akteure bezüglich ihrer Handlungen orientieren können.

Zwar existiert mit dem »Controller-Leitbild« des Internationalen Controllervereins[1693] eine solche Rahmensetzung, die aus Sicht von Weißenberger et al. in der Anforderung an das Controlling als „Business Partner“[1694] im Führungsgeschehen

---

1690 Siehe hierzu u. a. »Ansatz von Weber/Schäffer«, S. 22; »Informations- und Verhaltenssteuerungsfunktion des Controllings«, S. 23; »Beeinflussung von Entscheidungen und Handlungen in der Führung «, S. 23; »Mitverantwortung«, S. 84; »Übersteuerung von Führungsinstanzen«, S. 216; »Role Making«, S. 220; sowie das Recht zum ungefragten Widerspruch auf Seiten des Controllings, Weber/Schäffer 2008, S. 427, und das Phänomen eines ubiquitären Controllings im betrieblichen Geschehen, Weber 2010b, S. 95.

1691 Zur dialogischen Führung als Möglichkeit zur gemeinsamen Emanzipation von Führungskräften und Mitarbeitern vgl. Krohn 2011, S. 407, und, mit Bezug auf die mittleren Führungsebenen, Raelin 2013, S. 824.

1692 Vgl. Fink/Knoblach 2008, S. 466f.

1693 Vgl. Biel 2007, S. 5.

1694 Weißenberger/Wolf et al. 2012, S. 330.

mündet. Aus Sicht dieser Forschungsarbeit ist allerdings mit der großen, bisweilen unübersichtlichen Bandbreite an Rollenzuweisungen, Aufgabeninhalten und Mitwirkungsansprüchen, die sich in der Literatur bzw. betrieblichen Praxis zum institutionalisierten Controlling finden[1695], nicht nur das Problem einer situationsbezogenen Beliebigkeit in der Verortung dieses Akteurs im Führungsgeschehen verbunden. Vielmehr lassen derlei weitgefasste Rahmensetzungen für das Handeln des Controllings nicht unbeträchtliche Spielräume zu, aus denen sich seine risikobehaftete Rolle im Unternehmen ableiten lässt. Damit erscheint die Formulierung eines Controlling-Leitbildes sinnvoll, das in seinen Aussagen bezüglich der Erwartungen an das Controlling bzw. seiner Handlungsautonomie im betrieblichen Geschehen stärker pointiert ist. Vor dem Hintergrund des Controllings als Risiko-Träger in eigener Sache sowie innerhalb des Führungsgeschehens vermag eine Rückverlagerung von Entscheidungs- und Handlungsverantwortung an die Führungsinstanzen allein deshalb angezeigt zu sein, weil in der Einbeziehung des Controllings in Führungsentscheidungen bzw. Führungshandlungen die verantwortlichen Führungskräfte – freiwillig und ohne Not – einen wesentlichen Teil ihrer Gestaltungsautonomie preisgeben.[1696]

Im Folgenden wird auf das bei Petersen bezeichnete „föderalistische Managementverständnis"[1697] zurückgegriffen und hieraus ein Controlling-Leitbild entwickelt.

Kernelement des »föderalistischen« Führungsverständnisses ist die – innerhalb definierter Grenzen – weitgehende Selbstbestimmung einzelner Einheiten innerhalb von Unternehmen.[1698] Mit der Übertragung von Autonomie zur Selbstabstimmung bzw. Selbststeuerung ist nicht nur die Erkenntnis verbunden, dass die Einräumung von Spielräumen innerhalb der Selbstorganisation den betreffenden Aufgabenträgern zugutekommt und Unternehmen den Umgang mit einer komplexen Umwelt erleichtert.[1699] Vielmehr ist mit der Selbstabstimmung auch eine grundsätzliche Abkehr vom hierarchiebezogenen hin zu einem auf wechselseitigem Vertrauen basierenden Führungsverständnis verbunden.[1700] In

---

1695 Vgl. Becker, Albrecht (2004): Jenseits des Kerns des Controlling: Management Accounting as Social and Institutional Practice, ZfCM – Zeitschrift für Controlling und Management, Jg. 48, Heft 2, April 2004, S. 95–107, S. 102; Hirsch 2007a, S. 4f.; Küpper 2007, S. 738; Preißler 2007, S. 14.

1696 Vgl. Goretzki 2013, S. 328f. u. S. 331f.

1697 Petersen 2003, S. 354.

1698 Vgl. Petersen 2003, S. 354.

1699 Vgl. Link 2009, S. 51ff.

1700 Vgl. Dietz/Kracht 2011, S. 18ff.

einem solchen Kontext kann bzw. wird auch das institutionalisierte Controlling andere Aufgaben und Rollen einnehmen, als in einem »traditionellen« Führungsmodell. Die Verantwortung für die Selbst-Verantwortung auf Seiten der Handlungsträger im Führungsgeschehen ist notwendigerweise mit der Rückverlagerung von Verantwortungsbewusstsein und Verantwortlichkeit an diejenigen Akteure verbunden, die aufgrund ihrer Nähe zu betrieblichen Prozessen die Wirkung ihrer Entscheidungen bzw. Handlungen einschätzen können – bzw. können sollten.

Für das institutionalisierte Controlling lässt sich aus dieser Grundhaltung gegenüber betrieblichen Akteuren ein Leitbild formulieren, das auf folgenden Kernaussagen fußt:

1. Selbstverständnis des Controllings
   - Controlling ist Assistenz im Führungskontext.
   - Controlling verdient sich seine Akzeptanz im betrieblichen Geschehen, es dominiert diese nicht.
   - Controlling unterstützt einzelne Einheiten, die innerhalb des Unternehmens selbstverantwortlich agieren.
   - Leitungs- bzw. Führungsinstanzen üben in ihren Verantwortungsbereichen Selbstabstimmung und Selbstkontrolle aus.
   - Controlling erlangt und sichert seine Unabhängigkeit gegenüber Weisungen im Führungsgeschehen durch seine Begrenzung auf die Hilfe zur Selbststeuerung von Führungsinstanzen.
   - Controlling wahrt Distanz zu Führungshandlungen und der Einbeziehung in Führungsentscheidungen.
   - Controlling entwickelt und betreibt keine Teilsysteme innerhalb des betrieblichen Führungssystems.
   - Controlling ist in keiner Weise in die Ausgestaltung von Anreiz- bzw. Vergütungssystemen eingebunden. Es profitiert ebenso nicht von diesen.

2. Rollenbezug des Controllings
   - Controlling wird ausschließlich auf Anforderung durch die Leitungs- bzw. Führungsinstanzen tätig.
   - Controlling trägt keine Verantwortung für die Formulierung von Steuerungsentscheidungen.
   - Controlling trägt keine Verantwortung für die Umsetzung von Steuerungsmaßnahmen.
   - Controlling akzeptiert die Autonomie der Organisationseinheiten.
   - Controlling kann Entscheidungsprozesse durch Informationen und Wissen begleiten. Es nimmt jedoch nicht an der Entscheidungsfindung teil.

- Controlling akzeptiert Konflikte als Teil eines organisationalen Such- bzw. Lösungsprozesses, wirkt aber nicht auf die Konfliktparteien ein.

3. Organisationsbezug des Controllings
   - Controlling ist Stabsstelle im betrieblichen Rechnungswesen.
   - Controlling ist in dieser Position ausschließlich zentral organisiert, dezentrale Controlling-Stabsstellen werden vermieden.

4. Aufgabenbezug des Controllings
   - Controlling unterstützt das betriebliche Rechnungswesen bei der Datenanalyse.
   - Controlling ist ausschließlich auf die zeitliche Koordination von Planungs- bzw. Steuerungsaktivitäten der betreffenden Einheiten begrenzt.
   - Controlling entlastet andere Einheiten von Routineaufgaben innerhalb der Planung, es wirkt jedoch nicht bei der Formulierung von Planungsgrößen mit.
   - Controlling dokumentiert Entscheidungen und deren Umsetzung im Führungsprozess, es ist nicht an der Maßnahmenumsetzung beteiligt.

Aus den dargelegten Kernaussagen lässt sich aus der Perspektive dialogischer Führung ein Leitbild für das Controlling formulieren, das auf die Frage Bezug nimmt wie ein Controlling idealtypisch aussehen sollte, um innerhalb des betrieblichen (Führungs-)Geschehens seine Ausprägung als Risiko-Träger zu vermeiden.

Das vorgestellte Controlling-Leitbild beinhaltet sowohl eine Begrenzung des Controllings in Bezug auf seine – in Literatur und betrieblicher Praxis – erhebliche Einbindung in das Führungsgeschehen.[1701] Mit der Reduzierung des Controllings auf die Assistenz innerhalb des betrieblichen Geschehens sowie auf Entlastungsaufgaben innerhalb der Planaufstellung ist gleichsam eine Erweiterung bezüglich seiner Unabhängigkeit und der Selbstbestimmung auf Seiten der Führungsinstanzen verbunden. Controller können Führungsinstanzen ihre Entscheidungen nicht abnehmen, geschweige denn die Verantwortung für Führungshandlungen bzw. Führungsentscheidungen übernehmen. Tun sie es bzw. werden sie hierzu von Führungsinstanzen gedrängt, zeigt sich ein grundsätzlicher Defekt innerhalb des Systems »Führung«.

---

1701 Vgl. Goretzki 2013, S. 320; Temmel 2011, S. 22; Hoffjan/Trapp et al. 2011, S. 185; Weber 2011, S. 34; Weber/Schäffer 2008, S. 41.

*Abbildung 39: Controlling-Leitbild im Kontext eines dialogischen Führungsverständnisses*

***Controlling-Leitbild aus dialogischer Führungsperspektive***

*Controlling versteht sich als Assistenz innerhalb des betrieblichen Geschehens. Es unterstützt Handlungs- und Entscheidungsträger bei der Wahrnehmung ihrer eigenverantwortlichen Selbstabstimmung und Selbstkontrolle innerhalb ihrer Einheit bzw. ihres Verantwortungsbereiches. Seine Unabhängigkeit gegenüber Weisungen im Führungsgeschehen erlangt und sichert es durch seine Begrenzung auf die Hilfe zur Selbststeuerung der betrieblichen Einheiten bzw. ihrer Verantwortungsträger.*

*Die Akteure im Controlling verstehen sich als Partner eines gemeinsam getragenen Dialoges im Führungsgeschehen, der hierarchie- und sanktionsfrei die Suche nach Erkenntnissen bzw. Problemlösungen ermöglicht.*

*Das betriebliche Controlling ist weder an der Formulierung von Entscheidungen und Steuerungsmaßnahmen, noch an deren Umsetzung beteiligt. Es akzeptiert Konflikte als Teil eines organisationalen Such- bzw. Lösungsprozesses, wirkt jedoch nicht auf die beteiligten Parteien ein.*

*Als Stabsstelle des Rechnungswesens unterstützt es diese Instanz bei der Analyse betrieblicher Daten. Es entlastet andere Einheiten bzw. ihre Aufgabenträger von Routineaufgaben innerhalb der Planung. Controlling beschränkt sich auf die zeitliche Koordination von Planungs- bzw. Steuerungsaktivitäten in den betrieblichen Einheiten. Eine Mitwirkung des Controllings an der Formulierung von Planungsgrößen ist nicht Gegenstand seiner Aufgaben. Das Controlling beschränkt sich auf reine Dokumentationsleistungen innerhalb des Führungsgeschehens.*

Die Rückverlagerung von Entscheidungsverantwortung zu den betreffenden Aufgabenträgern in den betrieblichen Fachstellen und Einheiten kann ein wesentliches Element zur Risikobewältigung im Führungskontext darstellen. Indem das institutionalisierte Controlling sich von seinem Anspruch auf »unbedingten Widerspruch« bzw. »letztinstanzliche ökonomische Vernunft« löst, schafft es Führungsinstanzen den Raum zum selbstbestimmteren Umgang mit Risiken ihres Verantwortungsbereiches. Die Begrenzung des Einflusses auf Entscheidungen von Führungsinstanzen bzw. im Rahmen der Koordinierung von Führungsteilsystemen vermag den Akteuren im Controlling nicht nur mehr Unabhängigkeit im betrieblichen Geschehen zu verschaffen. Vielmehr ist mit der Hilfestellung zur Selbststeuerung der Führungsinstanzen eine Möglichkeit verbunden, Führung und Steuerung jenseits einer institutionalisierten Überwachung zu gestalten. Mit Bezug auf ein dialogisches Führungsverständnis eröffnet diese (Selbst-)Beschränkung des Controllings sowohl für die betreffenden Führungskräfte als auch die Mitarbeiter die Chance auf eine gemeinsame Emanzipation von »traditionellen«, scheinbar festgefügten Bildern bezüglich der Führung und Steuerung des sozialen Systems »Unternehmen«.

Mögen diese Veränderungen für das Controlling auch mit einer Reduzierung seiner kapazitiven Präsenz – und bisweilen sprachmächtigen Erscheinung – im Führungsgeschehen verbunden sein. Es wird weder zu seinem, noch zum Schaden anderer betrieblicher Akteure gereichen. Allerdings, diese Veränderung im Selbstverständnis und Wirken des instutionalisierten Controllings bedarf auch der Bereitschaft und des Mutes auf Seiten der Führungskräfte, sich aus ihrer – bisweilen selbstverschuldeten oder mindestens geduldeten – Abhängigkeit gegenüber den Controllern[1702] zu lösen.

### 6.9.2 Konsequenzen für eine Controlling Organisation

Mit der Zuordnung des institutionalisierten Controllings als Stabsstelle des betrieblichen Rechnungswesens[1703] sind zwei Perspektiven verbunden. Zum einen die Sicht auf das Controlling als ausschließlich mit Entlastungsaufgaben betraute

1702 Vgl. Goretzki, S. 332.

1703 Bezeichnenderweise wird das Controlling innerhalb der Betriebswirtschaft zumeist lediglich als besondere Erscheinungsform innerhalb des Rechnungswesens betrachtet, vgl. Schaefer 2008, S. 13. Dies geht mit einer nicht eindeutigen Meinung zur theoretischen Fundierung des Controllings innerhalb der Wissenschaftsgemeinschaft einher, vgl. Binder 2006, S. 174ff. Zur »konzeptionellen Orientierungslosigkeit« der Controllingforschung vgl. Hirsch 2007a, S. 5.

Fachstelle, deren Akteure anderen Aufgabenträgern ihr Wissen auf Anforderung zur Verfügung stellen, ohne aber Teil eines Entscheidungs- bzw. Umsetzungsprozesses zu sein. Die andere Perspektive umfasst die Unabhängigkeit des Controllings und seiner Akteure von Anreizsystemen bzw. anreizbezogenen Vergütungsmodellen innerhalb der zielbezogenen Führung.

Stabsstelle des Rechnungswesens bedeutet, dass das Controlling als Zentralstelle in keiner Weise betrieblichen Einheiten bzw. anderen Fachstellen als dem Rechnungswesen zugeordnet ist. Dies folgt zum einen aus dem Grundansatz der »föderalistischen« Führung, mit dem einzelnen Funktionen (Einkauf, Vertrieb, Personal, etc.) bzw. objektbezogenen Einheiten (z.B. Produktgruppen, Sparten)[1704] ein hohes Maß an Selbstbestimmung und Selbststeuerung zugeordnet wird. Zum anderen ist mit der Zentralisierung des Controllings gleichsam der Ansatz verbunden, seine Akteure bewusst aus der möglichen Einbeziehung in dezentrale Steuerungsentscheidungen bzw. Maßnahmenumsetzungen herauszuhalten. Wie sich gezeigt hat, kann gerade die Nähe zwischen Bereichsführungsinstanzen und Bereichscontrolling eine nicht unerhebliche Bedeutung für das Controlling als Risiko-Träger aufgrund fehlender Distanz der Controller zu Entscheidungen und Handlungen der betreffenden Führungskräfte haben.

Im Rahmen seiner Stabsfunktion kann das Controlling das Rechnungswesen bei der Analyse von betrieblichen Daten bzw. Sachverhalten unterstützen. Seine Akteure können bei der Ausgestaltung des betrieblichen Berichtswesens assistieren, die Verantwortung für die Art und Eignung dieses Berichtswesens liegt jedoch beim Rechnungswesen. In dieser Konstellation drückt sich ein Vier-Augen-Prinzip aus, innerhalb dessen die eigennützliche Gestaltung von Elementen des Berichtswesens sowie die Nutzung von dessen Daten zur Verfolgung eigener Ziele im Controlling deutlich weniger Spielraum haben dürfte.

Da Stabsstellen mit den von ihnen erarbeiteten Konzepten und Lösungsvorschlägen zu Problemstellungen lediglich Empfehlungen gegenüber ihren »Auftraggebern« aussprechen, verbleibt die Verantwortung bezüglich der Entscheidung, Umsetzung und Nachsteuerung solcher Lösungsmöglichkeiten bei den Führungsinstanzen. Das Controlling kann diesen Akteuren ihre Verantwortung nicht abnehmen. Es trägt Verantwortung für die Ordnungsmäßigkeit seines Vorgehens bei der Erarbeitung von Lösungen bzw. Konzepten.

In seiner Beziehung zum Rechnungswesen als Fachstelle innerhalb der Linienorganisation ist es rechenschaftspflichtig, nicht aber anderen Einheiten gegenüber.

1704 Zu idealtypischen Formen der Aufbauorganisation vgl. Hungenberg/Wulf 2011, S. 218ff.

Konflikte, die aus den vom Controlling erarbeiteten Lösungsvorschlägen zwischen einzelnen Fachstellen bzw. Funktionseinheiten entstehen, kann das Controlling zur Kenntnis nehmen. Seine Akteure sind jedoch nicht in irgendeinen Prozess der Konfliktmoderation eingebunden, dies ist ausschließlich Aufgaben und Verantwortung der betreffenden Konfliktparteien im »föderalistischen« Führungsgeschehen.

Aus Sicht der dialogischen Führung beinhaltet diese Zurücknahme des Controllings für die Akteure in den operativen Unternehmenseinheiten eine Rückübertragung von Verantwortung. Mit einem dialogischen Führungsverständnis geht hierbei die gemeinsam zwischen Führungskräften und Mitarbeitern getragene Suche nach Problemlösungen, Effizienz bzw. einer wahrhaftigen, nachhaltigen Ausrichtung ihres Verantwortungsbereiches einher. Damit zwischen diesen Akteuren gemeinsame Erkenntnis- bzw. Lernprozesse entstehen können, braucht es ihre unmittelbare Teilnahme, die nicht durch den Filter eines institutionalisierten Controllings verzerrt oder behindert werden darf. Vernunftmäßiges Handeln entsteht in diesem Kontext aus der Abstimmung zu und Umsetzung von selbstbestimmten Entscheidungen, die auf moralischen Verträgen zwischen Mitarbeitern und Führungskräften[1705] basieren.

### 6.9.3 Konsequenzen für Rollen und Aufgaben des Controllings

Ein Controlling, das im Zuge seiner Stabsfunktion andere Fachstellen bzw. betriebliche Einheiten durch Erarbeitung von Lösungsvorschlägen sowie die Übernahme der zeitlichen Koordinierung von Planungsaktivitäten und Entscheidungsprozessen entlastet, lässt sich in einer »Assistenz« Rolle verorten. Diese Rolle kann für das Controlling mehrere Facetten seiner betrieblichen Tätigkeit umfassen.

Assistenz beinhaltet das Bereitstellen von Hilfe ebenso wie einen beratenden Beistand gegenüber verantwortlichen Führungsinstanzen. Allerdings löst die Assistenzperspektive das Controlling von seiner in der Literatur vertretenen Rolle als »interner Berater«[1706] bzw. »Coach«[1707] der Führungsinstanzen. Dies erscheint gerechtfertigt, denn sowohl Berater als auch Coach – wenn auch in anderer Ausprägung – erbringen ihre Leistungen aus der Perspektive des »Es-Besser-Wissens«.[1708]

---

1705 Vgl. Petersen 2003, S. 374f.

1706 Vgl. Weber 2011, S. 38; Deyhle/Kottbauer et al. 2010, S. 32.

1707 Vgl. Weber 2011, S. 34.

1708 Zum Coaching als Form individueller Beratung innerhalb der Personalentwicklung vgl. Rotering-Steinberg, Sigrid (2009): Unterschiede und Gemeinsamkeiten

Unter dem Gesichtspunkt einer weitgehenden Selbstbestimmung und Selbststeuerung der betrieblichen Einheiten können Kenntnisdefizite in diesen Einheiten durchaus einen Beratungsbedarf auf Seiten ihrer Führungsinstanzen[1709] bedingen. Diesen allerdings durch das Controlling als internem Akteur abdecken zu lassen, erscheint methodisch sowie inhaltlich angreifbar. Methodisch betrachtet vermag gerade die unabhängige Beobachtungsperspektive eines externen Beraters bzw. Coaches zur Erarbeitung von Lösungen beizutragen, die einem betriebsinternen Akteur nicht (mehr) zugänglich ist. Das betriebliche Controlling in eine solche Beratungsrolle hineinzumanövrieren, wird weder seinen Akteuren noch der betroffenen Fachstelle gerecht. Zudem ist in inhaltlicher Sicht mit der Rolle des »internen Beraters« das Problem – wenn nicht Risiko – im Controlling verbunden, dass seine Akteure ihre eigenen Beratungslösungen im späteren Verlauf einer kritischen Überprüfung unterziehen sollen. Dies allein schon mutet widersinnig an.

Eine »Assistenz« Rolle kann durchaus die Bereitstellung von Sekundärwissen durch das Controlling beinhalten, beispielsweise Wissen zu Berechnungsverfahren oder darüber, wie einzelne Teilpläne innerhalb eines Gesamtunternehmensplanes miteinander in Beziehung stehen. Derlei Wissen ist grundsätzlich auch dem Rechnungswesen zu eigen. Das Controlling als Stabsstelle kann die Akteure im Rechnungswesen dahingehend entlasten, als dass es diese Kenntnisse anderen Fachstellen bzw. Einheiten verfügbar macht. Mit dem Aufzeigen solcher Methoden und deren Anwendungsmöglichkeiten ist eine Einflussnahme des Controllings auf die Entscheidungsprozesse in den Fachstellen insofern unwahrscheinlich, als dass diese für die Adaption des vermittelten Wissens in eigener Verantwortung einstehen. Aus dieser Perspektive lässt sich auch die Rolle des Controllings als »Koordinationsstelle« innerhalb der zeitlichen Abstimmung von Planungs-, Entscheidungs- bzw. Umsetzungsprozessen ausmachen. Mit der Beschränkung auf eine zeitliche Koordinierung als Aufgabe des Controllings erscheint eine risikobehaftetes Einflussnahme dieses Akteurs auf inhaltliche

---

von Coaching und Mentoring, in: Stöger, Heidrun/Ziegler, Albert/Schimke, Diana (Hrsg.): Mentoring: Theoretische Hintergründe, empirische Befunde und praktische Anwendungen, Lengerich: Pabst Science Publishers, S. 31–51, S. 32; zum Führungskräfte-Coaching vgl. Geißler, Harald (2011): Organisationslernen durch Führungskräfte-Coaching mit modernen Mitteln. Neoinstitutionalistische Grundlegung und empirische Erprobung, in: Göhlich, Michael/Weber, Susanne Maria/Schiersmann, Christiane/Schröer, Andreas (Hrsg.): Organisation und Führung. Beiträge der Kommission Organisationspädagogik, Wiesbaden: VS Verlag für Sozialwissenschaften, S. 235–244, S. 237.

1709 Zu Interventionshandlungen von Beratern vgl. Hasenzagl/Falkner et al. 2006, S. 1035f.

Entscheidungstatbestände der verantwortlichen Einheit ebenfalls weitgehend ausgeschlossen.

Die Rolle des »verlässlichen Berichterstatters« lässt sich mit der »Assistenz« Rolle des Controllings durchaus vereinbaren, wenn auch in abgewandelter Konstellation. Kernaufgabe des Controllings in diesem Bezug sollte die Unterstützung des Rechnungswesens bei der Analyse von Plan-, Forecasting- bzw. Istdaten sein. Die betreffenden Daten werden von den verantwortlichen Bereichen im Rahmen der Planung bzw. Hochrechnung erarbeitet und dem Rechnungswesen zur Verfügung gestellt. Die Aufbereitung von Istdaten sollte in der ausschließlichen Verantwortung des Rechnungswesens liegen. Das Controlling als Stabsstelle im Rechnungswesen sollte seine Analyseergebnisse ausnahmslos nur seiner Linienstelle zur Verfügung stellen und mit ihr diskutieren. Dem Rechnungswesen sollte dann die weitere Kommunikation von Ergebnissen bzw. Empfehlungen hieraus an die betreffenden Einheiten vorbehalten sein. Mit dieser Trennung zwischen Datenbereitstellung, Analyse und Kommunikation in die anderen Fachstellen kann ein wesentliches Element des »Vier-Augen-Prinzips« gesichert werden. Da das Rechnungswesen erwartungsgemäß ein Interesse an der Weitergabe »seriöser« Analyseergebnisse bzw. Ratschläge zum Umgang mit diesen in den betrieblichen Einheiten haben wird, kann eine risikobehaftete, durch eigennützliche Ziele des Controllings bewirkte Verzerrung von derlei Informationen weitegehend ausgeschlossen werden. Zudem obliegt die Interpretation dieser Informationen und die Ableitung von (Steuerungs-)Maßnahmen ohnehin den betreffenden Bereichen, da mit dem Ansatz der dialogischen Führung eine weitgreifende Dezentralisierung von Selbstabstimmung und Selbtstseuerung verbunden ist.

Unter obiger Perspektive lässt sich auch ein risikobehaftetes Handeln des Controllings innerhalb seiner Rolle als »kritischer Counterpart« der Führungsinstanzen bzw. seiner »Rationalitätssicherungsfunktion« im Führungsgeschehen vermeiden. Mit der Trennung von Analyseaufgaben des Controllings von dessen Anspruch auf das »Recht zum ungefragten Widerspruch« gegenüber Führungsinstanzen vermag nicht nur die Attraktivität zur »Provokation« aus beispielsweise karriereförderlichen Motiven auf Seiten von Controllern deutlich geringer auszufallen. Vielmehr erlaubt das »Vier-Augen-Prinzip« innerhalb der Stabsstellung des Controllings zum Rechnungswesen auch, ein objektiveres bzw. differenzierteres Verständnis von Rationalität im betrieblichen Geschehen zu erlangen. Ohnehin, mit dem Grundverständnis einer »föderalistischen« Führungskonzeption liegt gerade in der Autonomie der einzelnen Bereiche hinsichtlich ihrer Selbstbestimmung und Selbststeuerung ein ungleich gewichtigeres Argument zur Sicherstellung von – nicht nur – ökonomischer Rationalität im

Führungsgeschehen als dies durch ein institutionalisiertes Controlling und seiner bisweilen unscharf definierten Rolle in Unternehmen bewirkt werden kann.

Zusammenfassend lässt sich festhalten, dass mit der Eingrenzung des Controllings auf eine »Assistenz« Rolle im betrieblichen Geschehen und der hiermit verbundenen Begrenzung auf weitgehend entlastende und in geringem Umfang koordinierende Aufgaben dieser Akteur im Führungskontext nicht nur trennscharfer bestimmbar wird. Vielmehr ermöglicht eine solche Begrenzung anderen Akteuren, ihrer originären Verantwortung für Entscheidungen und deren Umsetzung bzw. die Definition von Gegensteuerungsmaßnahmen überhaupt erst wieder gerecht zu werden. Diesbezüglich lässt sich durchaus von einer Emanzipation der Führungsinstanzen aus ihrer Abhängigkeit von demjenigen Akteur sprechen, dessen Rollen, Aufgaben und Funktionen im betrieblichen Geschehen nur allzu oft eine organisationale Wirklichkeit geschaffen haben, die bestenfalls Rationalitätsmythen kreiert, im schlechtesten Fall risikobehaftet ist.

Unter diesem Gesichtspunkt mag das institutionalisierte Controlling eine Ergänzung durch den Ansatz eines dialogischen Führungsverständnisses erfahren und – in einer deutlich begrenzten Erscheinungsform – Teil des betrieblichen Führungsgeschehens sein. Damit wird dem – durchaus berechtigten – Zweifel an der Wirksamkeit[1710], und damit Existenzberechtigung, dieses Akteurs allerdings nur bedingt Folge geleistet. Diesen Gedanken nimmt der folgende Abschnitt auf, der dialogische Führung als Alternative zum institutionalisierten Controlling aufspannt.

## 6.10 Dialogische Führung als Alternative zum institutionalisierten Controlling

Nimmt man die Kritik und Zweifel am institutionalisierten Controlling auf und berücksichtigt darüber hinaus dessen risikobehaftete Rolle innerhalb des betrieblichen Führungsgeschehens, stellt sich die Frage nach einer Alternative zu diesem Akteur. Mit dem Konzept der dialogischen Führung kann eine solche Alternative aufgezeigt werden.

Dialogische Führung beinhaltet eine bewusste Dekonstruktion von scheinbar festgefügten organisationalen Praktiken und »Wahrheiten«, sie ermöglicht den beteiligten Akteuren die Emanzipation von derlei Bedingtheiten und eröffnet ihnen neue Perspektiven auf Veränderungen und individuelle Entwicklungsmöglichkeiten.[1711] Für die Akteure in den Führungsinstanzen und ihre Mitarbeiter

1710 Vgl. Maas/Matějka 2009, S. 1233.
1711 Vgl. Raelin 2012, S. 14.

erlaubt ein dialogisches Führungsverständnis das Sich-Lösen vom scheinbar festgefügten institutionalisierten Controlling. Im Vertrauen auf die individuelle Selbststeuerungsfähigkeit der am betrieblichen Geschehen Beteiligten schafft dialogische Führung Freiräume, Neues zu denken und umzusetzen.[1712] Unter dem Gesichtspunkt des Controllings als institutionalisierte, aber durchaus diskutable Überwachungs- bzw. Misstrauensinstanz[1713] vermag der Verzicht auf diesen Akteur ein wesentliches Signal an die Führungskräfte und Mitarbeiter in den betrieblichen Einheiten zu geben. Viel stärker als die systematische Rückübertragung von Entscheidungs- und Handlungsverantwortung im Sinne einer »Accountability«[1714] bewirkt ein dialogisches Führungsverständnis die Einsicht, dass die Führung eines sozialen Systems »Unternehmen« sich in einer gemeinschaftlichen Aufgabe aller Akteure ausdrückt. Damit wird gleichsam das tradierte Bild von Führung, Führungskraft und Mitarbeiter fundamental verändert. Führungskräfte lösen sich von ihrer Rolle als »Besserwisser«[1715] und wenden sich gemeinsamen

---

1712 Vgl. Raelin, Joseph A. (2008): Emancipatory Discourse and Liberation, Management Learning, Jg. 39, Nr. 5, S. 519–540, S. 521 (zum emanzipatorischen Diskurs und der Bedeutung des Dialoges für die Hinterfragung eigener (Welt-)Sichten der beteiligten Akteure); Raelin, Joseph A. (2014): Imagine there are no leaders: Reframing leadership as collaborative agency, Leadership, Vorabdruck, 25.11.2014, DOI: 10.1177/1742715014558076, S. 1–28, S. 7 (zum reflexiven Diskurs innerhalb dialogischer Führung und die Emanzipation von als gesicherten Praktiken und Strukturen).

1713 Vgl. Goretzki 2013, S. 339 (Controlling als »Spinne im Netz«); Mahlendorf/Rehring et al. 2011, S. 59 (zur Gefahr des Unabhängigkeitsverlustes des Controllings im Kontext zielbezogener Führung); Mundy 2010, S. 500 (Controlling-Systeme zur Überwachung und Einschränkung von Freiheitsgraden der Mitarbeiter); Krystek/Moldenhauer et al. 2009, S. 165f. (dysfunktionales Controlling in Unternehmenskrisen); Maas/Matějka 2009, S. 1233 (das institutionelle Controlling als zweifelhafte Einrichtung bzgl. der internen Überwachung und Steuerung von Managerverhalten); Minelli/Rebora et al. 2009, S. 942 (Controlling-Systeme als Bestandteil des organisationalen Machtgefüges); Grundei 2008, S. 143 (Misstrauen und Kontrolle im Zuge der Delegation von Führungshandlungen); Paefgen 2008a, S. 225 (zum Problem des Vetorechtes im Controlling); Reimer/Orth 2008, S. 200 (Controlling im Spannungsfeld zwischen Vertrauen und Misstrauen, Kontrolle und Steuerung ); Künkele/Schäffer 2007, S. 77 (zur Wirkung intensiver Überwachung auf das dysfunktionale Verhalten von Führungsinstanzen); Ploner/Ziegelmeyer 2007, S. 7 (»stille Kosten« des Controllings); Reiß/Bernecker 2006, S. 9 (begrenzte Eignung des Controllings).

1714 Vgl. Messner 2009, S. 920 (Accountability als Rechenschaftslegung über eigenes Handeln); Giddens 1997, S. 82f. (Verantwortung für eigene Handlungen zu zeigen, umfasst neben ihrer Begründung auch das Fundament zu ihrer Rechtfertigung zu liefern.).

1715 Vgl. Raelin 2013, S. 832.

Suchprozessen nach Erkenntnissen und Wahrheit zu.[1716] Dies geht mit einem Sich-Einlassen auf eigene Schwachstellen, Unsicherheitszonen und Verwundbarkeiten auf Seiten der Führungskräfte einher.[1717] Führung entwickelt sich hierüber zu einer organisationalen Praxis, in der individuelle Rationalität – und bisweilen Rationalitäts- bzw. Führungmythen[1718] – zu einer dialogisch-reflexiven Angelegenheit aller betrieblichen Akteure wird.

Innerhalb dialogischer Führung nehmen Führungskräfte die Rolle des »Ermöglichers« bzw. »Impulsgebers« von Veränderungen ein.[1719] Sie schaffen anderen Akteuren den erforderlichen Raum zur Gestaltung und Entwicklung organisationaler und individueller Entwicklungen. Damit braucht es das institutionalisierte Controlling als »Sparringspartner«, »Lotse« bzw. »Impulsgeber« nicht. Diese Rollen können von den am betrieblichen Geschehen beteiligten Akteuren unmittelbar und selbstbestimmt übernommen werden, denn auf ihnen ruht das Vertrauen, im besten »föderalistischen«[1720] Sinne die Geschicke des Unternehmens zu bestimmen. Die kritisch-reflexive Suche nach gemeinsam getragenen Erkenntnissen und Problemlösungen bedarf keines Controllings als Koordinationsinstanz oder »Hüter der ökonomischen Vernunft«. Diese Vernunft kann systemisch im Zuge der dialogischen Führung erreicht werden, indem ein gemeinsam getragenes Verständnis zum wahrhaftigen Umgehen miteinander die Perspektive auf eine diskursive Rationalität eröffnet.[1721] Nicht individuelle Ziele und deren Erreichung bzw. Vereinbarkeit mit Unternehmenszielen stehen hierbei im Vordergrund. Aus diesem Blickfeld erübrigen sich Konzepte einer zielbezogenen Führung und anreizbasierter Vergütungen.[1722] Führung unter einem emanzipatorischen Blickwinkel fundiert die Bereitschaft aller am organisationalen Führungsgeschehen Beteiligten, ihre Handlungen am Interesse ihres sozialen Systems auszurichten.[1723]

---

1716 Vgl. Krohn 2011, S. 406.

1717 Vgl. Raelin 2012, S. 8f.

1718 Vgl. Neuberger 2002, S. 100ff.; Miebach 2007, S. 132; Macharzina/Wolf 2008, S. 92.

1719 Vgl. Raelin 2012, S. 8; Moning/Petersen 2010, S. 177.

1720 Vgl. Petersen 2003, S. 354.

1721 Vgl. Nielsen 1990, S. 768 (dialogische Führung als gemeinsame Suche nach Wahrheit und Wahrhaftigkeit); Geißler 2000, S. 63 (Wertrationalität als Erkennen von Wahrheit und moralischer Richtigkeit); Habermas 2009b, S. 108ff. (Diskursrationalität).

1722 Vgl. Dietz/Kracht 2011, S. 77.

1723 Vgl. Wals/Schwarzin 2012, S. 15f. (systemisches Denken und dialogischer Austausch); Raelin 2012, S. 12 (Dialoge als authentische Form einer sozialen Austauschbeziehung innerhalb der Führung); Petersen 2011, S. 373f. (Vermittlung zwischen ökonomischen Bezugsgrößen und Verständigungsorientierung der Führung).

Im besten Sinne lässt sich hier der Stewardship-Begriff heranziehen, der von intrinsisch motivierten Akteuren im Führungsgeschehen ausgeht.[1724]

Dialogische Führung als Alternative zum institutionalisierten Controlling bedarf keiner Legitimationsfunktion[1725] dieses Akteurs, weil über die Ermöglichung zur Selbstabstimmung und Selbststeuerung der Führungsbeteiligten sich ein verändertes Führungsverständnis aus dem kritisch-reflexiven Handeln seiner Akteure heraus legitimiert. Es bedarf keines »Wächters und Warners«[1726] über Führungskräfte, weil ihre Rolle sich verändert. Nicht mehr die Entscheidung des Einzelnen und die Anordnung zu ihrer Umsetzung determiniert das Handeln von Führungskräften, sondern die Suche nach gemeinsam tragbaren Lösungen innerhalb von »authentischen«[1727] sozialen Austauschbeziehungen zwischen Mitarbeitern und Führungskräften. Eine solche Loslösung vom Führungsverständnis als individuelles, auf wenige »Führende« bezogenes Phänomen hin zu einer »föderalistischen« Sichtweise beinhaltet fast zwangsläufig den Verzicht auf ein institutionalisiertes Controlling. Diese Instanz wird durch den Beitrag aller am Führungsgeschehen beteiligten Akteure ersetzt, ihr „moralischen Vertrag"[1728] sichert das System gegen dysfunktionales, unethisches Verhalten weitgehend ab.

Zusammenfassend lässt sich festhalten, dass mit dem Ansatz der dialogischen Führung als Alternative zum institutionalisierten Controlling nicht nur eine »Verzichtsleistung« innerhalb der organisationalen Führung verbunden sein mag. Vielmehr liegt in einem dialogischen Führungsverständnis auch eine Loslösung von egozentrischen Perspektiven auf das Handeln von Führungsinstanzen und damit „die Entdeckung allgemein zustimmungsfähiger Normen und diesen zugrundeliegender gemeinsamer Interessen"[1729] der beteiligten – und gleichsam befassten – Akteure. Unter diesem Gesichtsfeld erscheint die Emanzipation von Führungskräften und Geführten aus dem scheinbar rational gefügten Muster eines institutionalisierten Diskurses »Controlling« nicht nur aus risikobezogenen Erwägungen, sondern insbesondere aus Gründen der organisationalen Vernunft geboten – wenn nicht überfällig.

---

1724 Vgl. Hernandez, Morela (2012): Toward an Understanding of the Psychology of Stewardship, Academy of Management Review, Jg. 37, Nr. 2, April 2012, S. 172–193, S. 174ff.; Velte 2010, S. 286; Nordberg 2008, S. 37f.

1725 Zur Legitimationsfunktion des Controllings im Führungskontext siehe Seite 170 bzw. Seite 209 (mit weiteren Verweisen).

1726 Vgl. Weber 2010b, S. 93 (Controlling als Kontrolleur und Spürhund); Hirsch/Sorg 2006, S. 218 (Controlling warnt vor Fehlverhalten im Führungsgeschehen).

1727 Vgl. Raelin 2012, S. 12.

1728 Petersen 2003, S. 375.

1729 Habermas 1991, S. 128.

Wie dialogische Führung eine Alternative zum institutionalisierten Controlling darstellen kann, wird – basiernd auf den Darlegungen dieses Abschnittes – in nachstehender Abbildung 40 zusammenfassend aufgezeigt.

*Abbildung 40: Dialogische Führung als Alternative zum institutionalisierten Controlling*[1730]

| Ausrichtung des Controllings | Konzeptioneller Ansatz des Controllings | Dialogische Führung als Alternative |
|---|---|---|
| Informationsorientierung | ♦ Führungsinstanzen fehlen geeignete Informationen und Methoden zur Entscheidungsfundierung.<br>♦ Bereitstellung von entscheidungsnützlichen Informationen für Führungsinstanzen.<br>♦ Verbesserung der Qualität von Führungsentscheidungen. | ⇒ Gemeinsame Suche der Führungskräfte und Mitarbeiter nach geeigneten Informationen und Methoden.<br>⇒ Gemeinsame kritisch-reflexive Auseinandersetzung bezüglich der Entscheidungsnützlichkeit von Informationen innerhalb von Dialogen zwischen Führungskräften und Mitarbeitern.<br>⇒ Entscheidungsqualität als Ergebnis von Selbstabstimmung und Sicht auf Führung als gemeinschaftliches Anliegen aller Akteure. |
| Koordinationsorientierung | ♦ Notwendigkeit zur Abstimmung einzelner Teilbereiche des Führungssystems.<br>♦ Koordination bezüglich der Reaktions– und Adaptionsfähigkeit betrieblicher Führung.<br>♦ Sicherstellung von Maßnahmen im Führungszyklus. | ⇒ Selbstabstimmung der Akteure im Zuge dialogischer Austauschbeziehungen.<br>⇒ Koordination im Rahmen der Selbststeuerung der Akteure und Anpassung an Veränderungen durch kritisch-reflexive Suche nach Erkenntnissen und Wahrheiten im Führungsgeschehen.<br>⇒ Maßnahmen im Führungszyklus hierarchiefreie Übereinkunft der beteiligten Akteure und deren Umsetzung vor dem Hintergrund intrinsischer Motivation.. |
| Rationalitätsicherungsorientierung | ♦ Führungsinstanzen unterliegen Könnens– und Wollens-Problemen.<br>♦ Rationalitätsdefizite in Führungshandlungen.<br>♦ Sicherstellung ökonomischer Vernunft im Führungsgeschehen. | ⇒ Bewältigung von Könnens– und Wollens-Problemen im Zuge dialogischer Austauschbeziehungen zwischen Führungskräften und Mitarbeitern.<br>⇒ Verschiebung der Perspektive von ökonomischer Rationalität zu ethischen Aspekten im Führungsgeschehen.<br>⇒ Vernunftmäßiges Handeln als Ergebnis dialogischer Akteursbeziehungen und moralischer Verträge der Beteiligten. |
| Kognitionsorientierung | ♦ Führungsinstanzen unterliegen kognitiven Begrenzungen.<br>♦ Bereitstellung von sekundärem Wissen des Controllings zur Verbesserung der Entscheidungsgüte von Führungsinstanzen.<br>♦ Vermeidung bzw. Verminderung von Verzerrungen in der Aufnahme und Interpretation von Informationen bzw. Fehlentscheidungen im Führungsgeschehen. | ⇒ Gemeinsame Bewältigung von kognitiven Begrenzungen im Rahmen dialogischer Austauschbeziehungen.<br>⇒ Erkennen und Nutzung von Wissensbeiträgen einzelner Akteure im Zuge ihres kritisch-reflexiven Hinterfragens scheinbar gefügter Sichten und Handlungen.<br>⇒ Sich-Einlassen auf Kontingenz in Entscheidungen und das gemeinsame Tragen von Konsequenzen hieraus. |

1730 Eigene Darstellung, zu den Konzeptionsansätzen des Controllings vgl. Winter 2007, S. 56f.; Wall 2008a, S. 420; Weber/Georg et al. 2010, S. 398; Hungenberg/Wulf 2011, S. 453; Berens/Knauer et al. 2013, S. 226f.; Horváth 2009, S. 100/125; Küpper 2008, S. 47; Weber/Schäffer 2008, S. 33f.; Weber 2011, S. 26; Rapp/Wullenkord 2011, S. 116;

## 6.11 Beitrag der Betriebspädagogik zur Ausprägung dialogischer Führung

### 6.11.1 Rolle und Aufgaben der Betriebspädagogik

Im Zuge eines pädagogischen Ansatzes wird auf die Selbstverantwortung und Persönlichkeitsentwicklung des Individuums abgestellt.[1731] Dem Einzelnen soll ein selbstbestimmtes Handeln im Kontext kritisch-reflexiver Einsicht ermöglicht werden. „Pädagogisches Handeln hat zum Ziel, einen Persönlichkeitszustand zu erwirken, der den Einzelnen befähigt, sein Handeln auf Einsicht und Sachkompetenz zu gründen und es kritisch prüfend unter dem Prinzip der Selbstbestimmung zu verantworten."[1732] Diese Sicht auf den Menschen weist auf eine idealisierte und primär an seinen Möglichkeiten und Fähigkeiten zur individuellen Entwicklung orientierte Haltung hin.

Aus organisationaler Sicht scheint diese sehr weitgreifende Perspektive auf persönliche Entwicklungsprozesse im Widerspruch mit den Anforderungen aus ökonomisch begründeten Effizienzkriterien zu stehen. So verortet Geißler den Begriff »Betriebspädagogik« als eine Disziplin, die sich mit dem Verhältnis zwischen Betrieb und Erziehung befasst. Erziehung in diesem Sinne meint die betriebliche Organisation von Lernprozessen unter dem Gesichtspunkt zweckrationaler Zielsetzungen.[1733] Eine andere Sichtweise – wenn auch unter dem Anerkennen betriebswirtschaftlich-ökonomischer Gegebenheiten – nimmt Arnold ein, wenn er auf den Menschen und seine individuellen Entwicklungs- und Bildungsmöglichkeiten als Bezugspunkte der Betriebspädagogik abstellt. „Die Betriebspädagogik als die Wissenschaft von der betrieblichen Bildungsarbeit hat nicht die betrieblichen Organisations- und Funktionszusammenhänge als solche zum Gegenstand, sondern das Individuum (den Mitarbeiter bzw. die Mitarbeiterin) als das

---

Jonen/Lingnau 2007, S. 17; Lingnau 2006, S. 16f.; Lingnau 2004, S. 741f., zum Ansatz der dialogischen Führung vgl. Ehmer 2004, S. 331; Dietz/Kracht 2011, S. 18ff.; Petersen 2003, S. 363ff; Petersen 2011, S. 372/373f; Moning/Petersen 2010, S. 175f.; Petersen/Olesch 2011, S. 11ff.; Krohn 2011, S. 405; Wals/Schwarzin 2012, S. 15.

1731 Vgl. Pflüger 2008, S. 41f.

1732 Schwarz, Martin (2011): Betriebliche und pädagogische Handlungslogik am Fall der betrieblichen Weiterbildung und beruflichen Fortbildung, in: Dewe, Bernd/Schwarz, Martin (Hrsg.): Beruf – Betrieb – Organisation. Perspektiven der Betriebspädagogik und beruflichen Weiterbildung, Bad Heilbrunn/Obb.: Verlag Julius Klinkhardt, S. 118–139, S. 120f.

1733 Vgl. Geißler 2000, S. 3.

in seinen Möglichkeiten zu entwickelnde und zu bildende Subjekt. Betriebliche Organisations- und Funktionszusammenhänge stellen für die Betriebspädagogik deshalb nur insofern einen Gegenstand dar, als sie diese Bildungsprozesse determinieren, d.h. auslösen, fördern oder auch behindern."[1734]

Dass organisationale bzw. individuelle Bildungsprozesse den beteiligten Akteuren gleichsam andere Sichten auf sich und ihr Handeln im betrieblichen (Führungs-)Geschehen eröffnen können, sei mit dem Verweis auf die Vermittlung von Fähigkeiten zur Selbstreflexion auf Seiten der Führungskräfte belegt.[1735] Hier vermag die Betriebspädagogik diesen Akteuren einen Weg zur Emanzipation aus einer linear-monokausalen Perspektive auf Führung aufzuzeigen. Damit eröffnet sich letztlich für alle am Führungsgeschehen Beteiligten die Möglichkeit einer bildungsorientierten Weiterentwicklung, die auch im Zuge der Organisationsentwicklung von Nutzen ist. Dies erscheint insofern von Bedeutung, als dass an das Handeln von ökonomischen Akteuren bzw. Unternehmen mehr und mehr der Anspruch gerichtet ist, ihre Handlungen kritisch-reflexiv in Frage zu stellen und sich selbst und anderen Anspruchsgruppen gegenüber vertreten zu können.[1736]

Aus den obigen Darlegungen lässt sich ableiten, dass mit der Betriebspädagogik und ihrer Orientierung am Menschen innerhalb des betrieblichen Geschehens nicht nur eine bildungsorientierte Sicht auf das Individuum besteht. Vielmehr prägt die Betriebspädagogik auch die betriebliche Personalentwicklung, weil es um die Ermöglichung und Absicherung von Lernprozessen im Unternehmen geht.[1737] Diese Prozesse umfassen sowohl die persönliche Weiterentwicklung einzelner Akteure als auch die Entwicklung und Absicherung der Anschlussfähigkeit der Organisation auf sich verändernde Anforderungen und Rahmenbedingungen ökonomischer Märkte.[1738] Damit besteht zwischen Betriebspädagogik und Personalentwicklung eine nicht grundsätzlich spannungsfreie Wechselbeziehung. Unter ökonomischen Effizienzgesichtspunkten erscheint es geboten, die Frage nach dem Wertbeitrag betriebspädagogischer Konzepte und Maßnahmen für das Unternehmen zu stellen.[1739] Unter einem bildungsbezogenen Gesichtsfeld mögen

1734 Arnold 1997, S. 23.

1735 Vgl. hierzu Staehle/Conrad et al. 1999, S. 919f.

1736 Vgl. Petersen 2002, S. 326f.

1737 Vgl. Petri, Mario (2011): Bildungspolitik, interdisziplinäre Personalentwicklung und Ressourcenabhängigkeit: Abhängigkeitsreduzierung durch staatlich beeinflusste Personalentwicklung?, Zeitschrift für Management, Jg. 6, Heft 1, April 2011, S. 53–77, S. 58.

1738 Vgl. Schwarz 2011, S. 132.

1739 Vgl. Fritz, Tina (2012): Die monetäre Bewertung von Bildungsmaßnahmen als Teilaspekt des betrieblichen Bildungscontrollings. Darstellung, kritische Beurteilung und

jedoch gerade solche Handlungsfelder der Betriebspädagogik, die auf die kritisch-reflexive Auseinandersetzung von Akteuren mit sich und ihrer Welt bezogen sind, sich einer monetären, auf ökonomische Zweckrationalität abzielenden Beurteilung entziehen. Allerdings wird die betriebliche Personalentwicklung mehr und mehr unter dem Aspekt betrachtet, welchen Beitrag sie zur Wertschaffung im Unternehmen leistet. Neben der monetären Komponente dieser Betrachtung steht hier auch die Ermöglichung von Wettbewerbsvorteilen, die sich aus Maßnahmen der Personalentwicklung ergeben.[1740] Unter dem Aspekt der Investition in das betriebliche »Humankapital«[1741] verfolgen Unternehmen das Ziel, hierüber neben verbesserten Fachkenntnissen auch höhere Fähigkeiten in Schlüsselqualifikationen (z. B. Problemlösungstechniken) der betrieblichen Akteure zu erreichen.[1742]

Mit diesem Ansinnen scheint allerdings fast zwangsläufig auch die Auseinandersetzung der betreffenden Individuen mit sich und ihrer Rolle innerhalb des sozio-technischen Systems »Unternehmen« verbunden zu sein. Gerade in der kritisch-konstruktiven Reflexion von scheinbar gefügten Rollen, Erwartungen, Handlungen und Strukturen des betrieblichen (Führungs-)Geschehens liegt die Chance, Neues zu denken und im Zuge eines dialogischen Austauschprozesses zu gemeinsam getragenen Erkenntnissen und Wahrheiten und hieraus abgeleiteten Veränderungen zu gelangen. Wenn gilt, dass persönliche Weiterentwicklung betrieblicher Akteure auch Teil der sozialen Verantwortung von Unternehmen

---

Weiterentwicklung des gegenwärtigen Forschungsstandes, Hamburg: Kovač, S. 41ff. (zur monetären Bewertung von Bildungsmaßnahmen) und S. 48ff. (zur Nutzenbewertung von Bildungsmaßnahmen).

1740 Vgl. Schneyder, Wolfram von (2007): Kennzahlen für die Personalentwicklung. Referenzmodellbasiertes System zur Quantifizierung erzeugter Wirkungen, Wiesbaden: Deutscher Universitäts-Verlag, S. 56.

1741 Zur Bedeutung des Humankapitals im ökonomischen Kontext vgl. Feistel, Katharina (2011): Humankapitaltheorie und betriebliche Weiterbildung, in: Dewe, Bernd/Schwarz, Martin (Hrsg.): Beruf – Betrieb – Organisation. Perspektiven der Betriebspädagogik und beruflichen Weiterbildung, Bad Heilbrunn/Obb.: Verlag Julius Klinkhardt, S. 140–162, S. 142ff.; zum Bewertungsansatz des betrieblichen Humankapitals vgl. Schneyder 2007, S. 201; zum Zusammenhang zwischen Innovationen und betrieblichem Humankapital vgl. Berthold, Norbert/Stettes, Oliver (2004): Die betriebliche Weiterbildung im organisatorischen Wandel. Continuous Training and Organizational Change, Jahrbücher für Nationalökonomie und Statistik, Band 224, Heft 4, S. 399–419, S. 405; zur Bedeutung des betrieblichen Humankapitals und die hieraus resultierende Einbeziehung aller Organisationsmitglieder in Prozesse der Meinungsbildung und Entwicklung vgl. Petersen 2003, S. 73.

1742 Vgl. Feistel 2011, S. 158f.

ist[1743], scheinen primär auf ökonomisch fundierte Zweckrationalität ausgerichtete Maßnahmen der Personalentwicklung zu kurz gegriffen. Mit Bezug auf eine solche soziale Verantwortung von Unternehmen sei auf das Selbstverständnis der Betriebspädagogik verwiesen. Im Kontext der pädagogischen Handlungslogik steht das Individuum als lernfähiger Akteur im Vordergrund. Hiermit ist die Befähigung des Einzelnen zu Lernprozessen und seiner Persönlichkeitsvervollkommnung verbunden, die letztlich seine Arbeitsmarktfähigkeit (i.S.d. Employability) zum Ziel hat.[1744]

Verantwortungsbewusste Führung setzt an der kritisch-reflexiven Auseinandersetzung des Einzelnen mit sich und seiner Welt an und umfasst darüber hinaus die gemeinsam von den Akteuren im Führungsgeschehen getragene Suche nach Wahrheit und Wahrhaftigkeit. Über die individuelle Auseinandersetzung mit sich selbst wird dem je Einzelnen eine Selbstentwicklung möglich, die auf einem Prozess der Bewusstseinswerdung basiert.[1745] Eine solche Selbsterkenntnis umfasst auch Erkenntnisse auf die den betreffenden Akteur umgebende Welt. Selbst- und Welterkenntnis fundieren die Fähigkeit zur Selbstbeherrschung und Selbstführung. Selbst- und Welterkenntnis erlangen Individuen über dialogischen Austausch.[1746] Eine solche Selbstführung ermöglicht dem je Einzelnen, sein Handeln auf inneren Werthaltungen zu fundieren und sich darüber von scheinbar gefestigten Zwängen und Bedingungen einer umstandsbestimmten Umwelt emanzipieren und so zu wahrhaftigen Urteilen und Entscheidungen kommen.[1747] Damit zeigt sich die Bedeutung der Betriebspädagogik für die Ausgestaltung verantwortungsbewusster Führung in einem dialogischen Verständniskontext. Pädagogische Grundsätze basieren auf dem individuellen Verstehen des einzelnen Akteurs von sich und seiner Umwelt. Damit erscheint zunächst einmal eine monokausale, auf lineare Ursache-Wirkungs-Ketten zurückgreifende »Technik« im Kontext von Lernen, Wissen und Erkenntnis wenig realistisch. Denn es sind die Individuen, die ihre Sicht auf die von ihnen gestaltete und wahrgenommene soziale Wirklichkeit formulieren und dabei wiederum diese soziale Realität verändern.[1748]

---

1743 Vgl. Petri 2011, S. 58; Heid, Helmut/Harteis, Christian (2010): Wirtschaft und Betrieb, in: Tippelt, Rudolf (Hrsg.): Handbuch Bildungsforschung, 3., durchgesehene Auflage, Wiesbaden: VS Verlag für Sozialwissenschaften, S. 467–481, S. 473.

1744 Vgl. Schwarz 2011, S. 125.

1745 Vgl. Schneider 2011, S. 342f.

1746 Vgl. Häußner 2009, S. 52; Raelin 2008, S. 522.

1747 Vgl. Bienfait 2008, S. 11; zur Bedeutung der Reflexivität innerhalb von Dialogbeziehungen vgl. Raelin 2014, S. 10.

1748 Vgl. Arnold 1997, S. 34f.

Mit Rückgriff auf das dialogische Führungsverständnis als Element einer verantwortungsbewussten Führung erscheint es nunmehr geboten, die Bedeutung von Bildung im Kontext des organisationalen Führungsgeschehens und der hierin handelnden Menschen zu betrachten.

### 6.11.2 Bildung im Führungskontext

Bildung lässt sich als „die bewusste, verantwortungsvolle, kritische und ganzheitliche Auseinandersetzung des Menschen mit sich selbst und seinem Kontext auf[zu]fassen, wobei eine Stimmigkeit zwischen Sittlichkeit und Nützlichkeit (i.S. einer Synthese von Wissen, Können, Fühlen, Wollen und Glauben bzw. Deutungsmustern) anzustreben ist, um die Vision einer guten, humanorientierten Zukunft schrittweise Gestalt annehmen zu lassen“[1749]. Individuelle Bildung beinhaltet das Erkennen des Einzelnen, dass dieser die betreffenden Möglichkeiten mit sich führt. Insofern kann Bildung zu individueller Entwicklung führen, aber nicht von außen bewirkt werden. Äußere Impulse können individuelle Bildungsprozesse in Gang setzen. Letztlich kommt es aber auf die Fähigkeit und den Willen des Einzelnen zu Erkenntnis und Entwicklungsmöglichkeiten an.[1750] Aus diesem Blickwinkel zeigt sich Bildung als mit dem Menschen untrennbar verbundenes Phänomen des verstehenden Zugangs zu sich, anderen und der Welt.[1751] Im Sinne eines dialogischen Führungsverständnisses wäre die gemeinsam getragene Suche nach Erkenntnis der Akteure gleichsam ein äußerer Impuls wie auch ein individueller Entwicklungs- und Emanzipationsprozess.

Bildung im Führungskontext ist auf die Persönlichkeitsentwicklung der am Führungsgeschehen beteiligten Individuen bezogen. „Aus der Perspektive der Person liegt im erziehungswissenschaftlichen und bildungstheoretischen Sinne Bildung vor, wenn die Person intentional ihre Entwicklung steuert: Bildung ist im Unterschied zur Erziehung eine reflexive, auf die eigene Person gerichtete Handlung, die auf die Formung des für wertvoll gehaltenen Selbst abzielt.“[1752] In eben diesem reflexiven Ansatz liegt für die Akteure im betrieblichen Führungsgeschehen auch die Möglichkeit zur selbstbestimmten Lösung von scheinbar

1749 Petersen 1997, S. 114.

1750 Vgl. Arnold 1997, S. 40.

1751 Vgl. Griese, Christiane/Marburger, Helga (2011): Bildungsmanagement. Ein Lehrbuch, München: Oldenbourg, S. 23; Geimer, Alexander (2012): Bildung als Transformation von Selbst- und Weltverhältnissen und die dissoziative Aneignung von diskursiven Subjektfiguren in posttraditionellen Gesellschaften, Zeitschrift für Bildungsforschung, Jg. 2, Heft 3, S. 229–242, S. 230.

1752 Schneider 2011, S. 339.

gefügten Wahrheiten eines »traditionellen«, auf monokausale Ursache-Wirkungsketten bzw. »One-best-way« Lösungen rekurrierenden Verständnisses zu organisationaler Führung.[1753] Eine solche Perspektivverschiebung betrifft gleichsam nicht nur diejenigen Akteure, die als Führungskräfte einer formalen Verantwortlichkeit für die zielorientierte Führung des Wirksystems »Unternehmen« unterliegen. Sie erweitert sich gerade auch auf die Mitarbeiter als Träger von Fach- und Prozesswissen. Nimmt man dialogische Führung im betrieblichen Geschehen ernst, dann erfordert deren Grundkonstitut des hierarchiefreien Diskurses um die Suche nach gemeinsam getragener Erkenntnis und Wahrheit ein umfassendes Verständnis von Bildung im Führungskontext. Ein so – von Hierarchie und Mechanismen des Anreizes, der Belohnung bzw. Sanktion – befreites Bildungsverständnis vermag verantwortungsbewusste Führung für alle Beteiligten nicht nur gelingen, sondern vielmehr auch ein Element ihres individuellen Entwicklungsprozesses werden zu lassen.

In einem solchen Bedeutungszusammenhang zeigt sich auch die Tragweite einer dialogorientierten verantwortungsbewussten Führung. Verantwortung umfasst hier gerade auch das Bewusstsein der beteiligten Akteure für die Notwendigkeit sowie der selbstbestimmten Wahlfreiheit einer je eigenen Persönlichkeitsentwicklung. Im Sinne eines wertrationalen Zuganges zu Akteurshandlungen im betrieblichen Führungsgeschehen zeigt sich verantwortungsbewusstes Handeln im Kern normativ-rationaler Handlungen von Individuen, die ihre Zwecke aus der Frage nach der richtigen Wahlhandlung in einem Wertekontext ableiten.[1754]

### 6.11.3 Bildung als Ermöglichung von Führungstugenden

Wurde oben auf die innere Stärke, Mäßigung, Achtsamkeit und Gerechtigkeit als Bestimmungselemente einer tugendhaften Führung hingewiesen, soll nunmehr mit Bezug auf Bildung als bewusste, verantwortungsvolle, kritische und ganzheitliche Auseinandersetzung des Menschen mit sich selbst und seiner Welt[1755] aufgezeigt werden, wie individuelle Bildungsprozesse auf Seiten der am Führungsgeschehen beteiligten Akteure zur Ermöglichung von Führungstugenden beitragen können.

Individuen, die sich kritisch-reflexiv mit sich und ihrer (Um-)Welt auseinandersetzen, schaffen auf ihrer Seite zunächst einmal eine Beobachtungsperspektive

---

1753 Zur Reflexion als individuelle Hinterfragung alltäglicher Handlungspraxis vgl. Geimer 2012, S. 232; zur Wertrationalität und reflexivem Zweifel vgl. Geißler 2000, S. 82.

1754 Vgl. Bienfait 2008, S. 9f.

1755 Vgl. Petersen 1997, S. 114.

auf sich, innerhalb derer sie eine selbstkritische Auseinandersetzung mit ihren Einstellung und Handlungen möglich machen.[1756] Damit ist gleichsam auch die Chance verbunden, andere Akteure an diesem Reflexionsprozess teilhaben zu lassen.[1757] Ein so gemeinsam getragener Prozess der Beobachtung bzw. des konstruktiven Diskurses mit sich beinhaltet zweifellos für alle hieran Beteiligten ein Maß an Unsicherheit und bedarf eines grundsätzlichen Vertrauens zueinander, mit der Situation verantwortungsvoll umzugehen.[1758] Hier zeigt sich die Anforderung an die innere Stärke der Akteure. Führungskräfte, die sich auf eine gemeinsam mit anderen Führungskräften bzw. Mitarbeitern getragene (Selbst-) Reflexion einlassen, bedürfen dabei nicht nur des Vertrauens zu dem je anderen, sondern eben auch des Vertrauens in sich selbst. Im Erkennen eigener Fähigkeiten und – im Besonderen – eigener Grenzen liegt nicht nur die Basis einer individuellen Selbsterkenntnis. Vielmehr noch bedingt das »Aushalten« dieser Erkenntnis sowohl die Mäßigung in eigenen Handlungen, als auch die Achtsamkeit für sich selbst, derlei Grenzen sich bewusst zu halten und im Führungsgeschehen gleichermaßen achtsam in Bezug auf die Grenzen anderer zu bleiben. So zeigt sich Führung in einem Verständnis eigener Befasstheit und Verletzlichkeit und damit in einem Blickfeld, das vordergründig im Widerspruch zum Postulat des rational Handelnden steht. Allerdings, und hier sei auf den »rationalen Diskurs«[1759] verwiesen, eröffnet eben diese Grundhaltung den beteiligten Akteuren eine verständigungsorientierte, auf Empathie gestützte Sicht auf ihr Handeln[1760] im betrieblichen Geschehen. „Die Struktur rationaler Diskurse, die allgemein Offenheit und gleichmäßige Einbeziehung, Zwanglosigkeit und Durchsichtigkeit garantieren und, nach der Seite der Diskussionsbeiträge, dem besseren Argument zum Zuge verhelfen soll, fungiert hier als ein Design, das von den Argumentationsteilnehmern eine selbstkritische Einstellung und den empathischen Austausch von Deutungsperspektiven fordert."[1761]

1756 Zur Reflexivität von Akteurshandlungen vgl. Neuberger 2002, S. 652; zur Managementbildung als Ansatz zur Steigerung der Selbstreflexivität im Management vgl. Staehle/Conrad et al. 1999, S. 919f.

1757 Zum Paradigma der hermeneutischen Selbstreflexivität von Akteuren und der gemeinsamen Schaffung von sinnstiftenden Bildern innerhalb ihres Austausches vgl. Petersen 1997, S. 108f.

1758 Zur Verletzbarkeit in Vertrauensbeziehungen vgl. Hartmann 2011, S. 105; zum praktischen Diskurs innerhalb dialogischer Austauschbeziehungen vgl. Raelin 2014, S. 16.

1759 Vgl. Habermas 2009a, S. 427.

1760 Vgl. Raelin 2014, S. 16.

1761 Habermas 2009a, S. 427.

Unter einer so verstandenen Bildung der Akteure zeigt sich nicht nur der Prozess einer selbstbestimmten Entwicklung von kritischer Reflexion und Urteilsfähigkeit. Vielmehr werden gleichzeitig Kompetenzen erworben, mittels derer die betreffenden Akteure eine kritische Distanz zu ökonomischen Abhängigkeiten entwickeln können und die ihnen Perspektiven auf eine individuelle Selbstermächtigung aufzeigen.[1762] Damit spannt sich gleichsam das Blickfeld auf eine individuelle Persönlichkeitsentwicklung im Bildungskontext tugendhafter Führung auf. Bildung beinhaltet dabei einerseits die individuelle »Lebensgeschichten« der Akteure, andererseits auch die „Formung des für wertvoll gehaltenen Selbst“[1763]. In diesem auf Wertschätzung ausgerichteten Selbst liegt wiederum die Basis eines verantwortungsbewussten Umgehens mit sich selbst und anderen. Aus einer solchen Grundhaltung lässt sich auf den Selbstwert des je einzelnen Akteurs als Fundament einer auf Verständigung und Wertschätzung ausgerichteten sozialen Austauschbeziehung mit anderen schließen. Der Selbstwert eines sozial kompetenten Akteurs resultiert aus seinem Wissen um sich und seine Fähigkeiten bzw. seines Wertesystems, nicht aus Konstellationen persönlicher Macht. Die hierin fundierte soziale Kompetenz kann in Austauschbeziehungen die Würde des einzelnen stärken.[1764] Innerhalb verantwortungsbewusster – im Sinne einer tugendhaften – Führung liegt in der Gerechtigkeit der handelnden Akteure eben gerade das Bewusstsein für und die Wahrung der Würde des je anderen in ihren Austauschbeziehungen.[1765]

### 6.11.4 Personalentwicklung als Ermöglichung dialogischer Führung

Der Begriff »Personalentwicklung« bezeichnet „den Teil betrieblicher Abläufe und Strategien, der auf die Verbesserung der Kompetenzen der Mitarbeiterschaft durch Lernen ausgerichtet ist“[1766]. Diese Kompetenzverbesserung soll nicht nur die individuellen Kenntnisse und Fähigkeiten der Mitarbeiter erhöhen, sondern darüber auch die betreffenden Akteure zur besseren Erreichung von Unternehmenszielen

---

1762 Zur Bildung als Entwicklungsprozess und Selbstbestimmung vgl. Mikula, Regina (2009): Lernen in der Erwachsenenbildung: theoretische Perspektiven und Einblicke in die Forschungslandschaft, Magazin Erwachsenenbildung.at, Ausgabe 7/8 2009, S. 5, S. 05/7f.

1763 Schneider 2011, S. 339.

1764 Vgl. Schulz 2010, S. 363.

1765 Vgl. Osiemo 2012, S. 133.

1766 Sausele-Bayer, Ines (2011): Personalentwicklung als pädagogische Praxis, Wiesbaden: VS Verlag für Sozialwissenschaften, S. 42.

befähigen.[1767] In diesem Zusammenhang wird Personalentwicklung auch als Teil der Organisationsentwicklung angesehen, da im Zuge von Veränderungen der Organisation gerade die Beschäftigten eine wesentliche Rolle spielen.

„*Organisationsentwicklung* bezeichnet alle Maßnahmen, die darauf bezogen sind, die Entscheidungs- Kooperations-, Realisierungs- und Erneuerungskompetenz in einer Organisation zu verbessern, indem organisatorische Veränderungen durch eine Entwicklung der Problemlösungs- und Innovationskompetenz der betroffenen Mitarbeiter ergänzt oder initiiert werden. *Personalentwicklung* ist darauf bezogen, die personellen Voraussetzungen für diesen Wandlungsprozess zu entwickeln und zu garantieren, indem sie dafür sorgt, dass die fachlichen und außerfachlichen Qualifikationen, die für die innovative und zukunftsorientierte Entwicklung des Unternehmens erforderlich sind, rechtzeitig und in ausreichendem Maße zur Verfügung stehen."[1768]

Die betriebliche Personalentwicklung wird zunehmend auch unter dem Aspekt betrachtet, welchen Beitrag sie zur Wertschaffung im Unternehmen leistet. Neben der monetären Komponente dieser Betrachtung steht hier auch die Ermöglichung von Wettbewerbsvorteilen, die sich aus Maßnahmen der Personalentwicklung ergeben.[1769] Nimmt man diese Perspektive auf die Personalentwicklung ein, stellt sich auch die Frage nach der adäquaten Entwicklung von Führungskräften. Schließlich kommt diesen betrieblichen Akteuren eine nicht unwesentliche Rolle bei der Ausrichtung des Unternehmens hinsichtlich seiner Markt- und Wettbewerbsfähigkeit zu.[1770] In diesem Bezug wird die Bedeutung des betrieblichen Humankapitals deutlich.[1771] Petersen betont diesbezüglich die Bedeutung des betrieblichen Humankapitals für die langfristige Sicherstellung von Erfolg und Entwicklung von Unternehmen und die hieraus resultierende Einbeziehung aller Organisationsmitglieder in Prozesse der Meinungsbildung und Entwicklung.[1772] Insofern lässt sich Personalentwicklung im Kontext verantwortungsbewusster Führung nicht nur aus ökonomischer Sicht betrachten, vielmehr liegt in der Einbeziehung aller am betrieblichen (Führungs-)Geschehen

---

1767 Vgl. Petri 2011, S. 57.

1768 Arnold 1997, S. 64 (Kursivsetzungen im Original).

1769 Vgl. Schneyder 2007, S. 38.

1770 Zur Bedeutung der Führungskräfteentwicklung für die Wettbewerbsfähigkeit von Unternehmen vgl. Siebert, Jörg (2006): Führungssysteme zwischen Stabilität und Wandel. Ein systematischer Ansatz zum Management der Führung, Wiesbaden: Deutscher Universitäts-Verlag, S. 64f.; Petersen 2002, S. 324.

1771 Vgl. Berthold/Stettes 2004, S. 405; Feistel 2011, S. 158f.

1772 Vgl. Petersen 2003, S. 73.

beteiligten Akteure ein Kernelement der Teilhabe an und Ermöglichung von individuellen Lern- bzw. Entwicklungszielen. Verantwortungsbewusste Führung sieht unter diesem Blickwinkel gerade auch die Erhaltung von individueller Marktfähigkeit der Beschäftigten – Mitarbeiter und Führungskräfte – als ein wesentliches Anliegen ihres Gestaltungsspielraumes. Betriebliche Akteure, die im Zuge ihrer Aufgaben und Funktionen an der Weiterentwicklung in Theorie und Praxis teilhaben, fundieren nicht nur das organisationale Humankapital als immateriellen Vermögensposten.[1773] Vielmehr ist mit der individuellen Gestaltung von Lernzielen auch eine stärkere Motivation des Einzelnen verbunden, die sich letztlich positiv auf die ökonomische Position des Unternehmens auswirkt. Es zeigt sich, dass „die Förderung von Lernzielen und ein damit verbundenes Verständnis von einem sich entwickelnden Selbst sich für die Innovationsfähigkeit und für eine lernende Organisation als günstiger erweisen als die Förderung von Leistungszielen, die mit einem statischen Selbst einhergeht, das einer Transformation der Person sowie der lernenden Organisation im Wege stehen“[1774]. Mitarbeitermotivation wird nicht durch monetäre Anreize oder sanktionsbezogenen Druck erreicht. Vielmehr sind es die individuellen Perspektiven der Mitarbeiter bezüglich eigener Entwicklungsmöglichkeiten, Teilhabe, Selbstbestimmung und das in sie gesetzte Vertrauen, die hier eine wesentliche Rolle spielen.[1775]

Verantwortungsbewusstes Handeln jenseits der Rechenschaftslegung gegenüber Dritten umfasst drei Eigenschaften der so tätigen Akteure:

> „1. Autonomie: Er [der Handelnde, J.O.] muss die Kontrolle über seine Handlungen haben. Aber er darf seine Entscheidungen nicht einsam und isoliert treffen, er muss sie vielmehr als Teil eines größeren Ganzen verstehen.
>
> 2. Kompetenz: Er muss über hinreichende kognitive Fähigkeiten verfügen, um Handlungsfolgen korrekt abzuschätzen [...] Er muss über besondere affektive Fähigkeiten verfügen, weil er sich in die Stimmungen und Bedürfnislagen der anderen einfühlen und seine eigenen glaubwürdig vermitteln können sollte.
>
> 3. Integrität: Er muss die Ansprüche anderer Personen kennen und respektieren. Er muss die gemeinsame Arbeit als gemeinschaftliches Projekt verstehen, zu dem er sich als Person bekennt, und dieses Verständnis anderen glaubwürdig vermitteln können.“[1776]

1773 Zur Bedeutung des Humankapitals für die Innovations- und Wettbewerbsfähigkeit von Unternehmen vgl. Badura/Greiner et al. 2013, S. 36f.

1774 Schneider 2011, S. 348 (hier im Kontext der Führungskräfteentwicklung).

1775 Vgl. Badura/Greiner et al. 2013, S. 37f.

1776 Lahno 2009, S. 91f.

Unter diesem Blickwinkel zeigt sich der Beitrag, den die Betriebspädagogik zur Entwicklung von Führungskräften und Mitarbeitenden zu leisten vermag. Eine so verstandene Personalentwicklung verlässt den Pfad einer monologisch, auf ökonomisch begründete Ursache-Wirkungs-Mechanismen reduzierte Fokussierung von Entwicklungsinstrumenten. Sie trägt zu einer gemeinsam gestalteten – und erlebten – Emanzipation der Beteiligten von aus Zweckrationalität bestimmten »Entwicklungsinvestitionen« hin zu einem dialogisch fundierten Verständnis von Führung als Prozess aller an ihr beteiligten – und von ihr betroffenen – Akteure bei.

Diese Lösung von zweckrationalen Gesichtspunkten in der Führung kann grundsätzlich vor dem Hintergrund organisationaler Routinen betrachtet werden. Organisationale Routinen werden als zentrale Elemente bezüglich der Koordination sowie Effizienz, Vorhersehbarkeit und Stabilität angesehen. Dabei folgen organisationale Akteure Routinen und tragen gleichsam dadurch zu ihrer Veränderung bei.[1777] Mit Bezug auf organisationale Routinen zeigt sich eine Dualität aus Wahrnehmung bzw. Interpretation organisationaler Wirklichkeit und die bisweilen unreflektierte Übernahme von Wirklichkeitsdeutungen durch die handelnden Akteure: Vor dem Hintergrund ihrer Einbezogenheit der betreffenden Personen in eine organisationale Wirklichkeit „[…] ist der Beitrag, den der Einzelne für die Entstehung und Entwicklung von Institutionalisierungen bzw. Routinespielen leistet, ein doppelter, indem er zum einen eigeninitiativ entscheidungsentlastende Selbstverständlichkeiten, Routinen und Muster bei der Wahrnehmung und Interpretation seiner Wirklichkeit und seinen Handlungen entwickelt und sich zum anderen entsprechende Angebote seines sozialen Umfeldes unreflektiert zu Eigen macht“[1778].

Damit erlauben organisationale Routinen einerseits die Koordination innerhalb des so ausgeprägten sozialen Systems, da sie den Akteuren ein Set aus standardisierten Verhaltensweisen zur Verfügung stellen.[1779] Andererseits ermöglichen Routinen den betreffenden Akteuren aber auch Handlungsspielräume. Dieser Ermessensspielraum ist erforderlich, um Regeln in unterschiedlichen Kontexten anwendbar zu halten. Es zeigt sich, dass organisationale Routinen auf ihrer individuellen und situationsbezogenen Interpretation basieren. Sie werden innerhalb von Erwartungen an die Akteure, ihren Interpretationen und Rückmeldung zu Abweichungen zu organisationalen Praktiken.[1780] Und in eben diesen

1777 Vgl. Geiger/Schröder 2014, S. 170f.
1778 Geißler 2011, S. 236.
1779 Vgl. Zielowski 2006, S. 107.
1780 Vgl. Geiger/Schröder 2014, S. 179.

Spielräumen liegt gleichsam die Chance auf eine dialogisch fundierte Personalentwicklung als Basis einer verantwortungsbewussten Führung. Hier sei auf die oben dargelegten Elemente des kommunikativen Handelns verwiesen.[1781] Mit Bezug auf Kommunikation als Element sozialer Systeme »Organisation« bzw. »Unternehmen«, können organisationale Routinen als Aussagemuster bezeichnet werden, die über Sprechakte auf einzelne Objekte verweisen.[1782] Und indem die am Führungsgeschehen beteiligten Akteure in einen gemeinsam, auf der Basis eines hierarchiefreien Austausches ruhenden Diskurs um die Suche nach Erkenntnis und Wahrheit innerhalb ihrer betrieblichen (Führungs-)Wirklichkeit eintreten, schaffen sie das Fundament zur Ausgestaltung von verantwortungsbewusster Führung als neue Routinen. Diese Routinen als Ergebnisse von Sprachspielen ihrer Akteure bauen den Bezugsrahmen, innerhalb derer die Habitualisierung einer so formulierten Wirklichkeit erfolgt. Die Beteiligten fundieren damit ihre in Gewohnheiten übergehenden Wahrnehmungen, Deutungsmuster bzw. Routinen über ihre Kommunikationen.[1783] Dies beinhaltet die Chance auf einen gemeinsam getragenen Ansatz zur verantwortungsbewussten Führung, der auf Selbsterkenntnis sowie individueller Teilhabe und Entwicklung basiert.

Letztlich mag in dieser gemeinsam getragenen Suche nach (Selbst-)Erkenntnis und Wahrheit auch ein Maß an Wahrhaftigkeit in eben jenem betrieblichen Bereich liegen, der als »Personalmanagement« für eine professionelle, an Reflexion und Ermöglichung ausgerichteter Beratung in personaler Führung orientiert sein sollte. Sieht man (Personal-)Führung auch grundsätzlich als Anforderung der betreffenden Personen an sich und ihre persönliche Integrität, Achtsamkeit und Gerechtigkeit, zeigt sich die Tragweite eines Verständnisses von verantwortungsbewusster

1781 Siehe hierzu Seite 323 (kommunikatives Handeln und Sprechakte), Seite 342 (kommunikatives Handeln und Wahrhaftigkeit), sowie Seite 343 (kommunikatives Handeln und Verständigungsorientierung).

1782 Vgl. Wright 2014, S. 2.

1783 Vgl. Geißler 2011, S. 236; zum Begriff des Habitus als Repräsenttion von Wahrnehmungs-, Denk- und Handlungsschemata vgl. Bourdieu, Pierre (2014): Sozialer Sinn. Kritik der theoretischen Vernunft, 8. Auflage, Frankfurt am Main: Suhrkamp Verlag, S. 101; zum Habitus als unbewusste Form individueller Dispositionen vgl. Adams, Matthew (2006): Hybridizing Habitus and Reflexivity: Towards an Understanding of Contemporary Identity?, Sociology, Jg. 40, Nr. 3, S. 511–528, S. 514; zur kontextbezogenen Deutung des Habitusbegriffs vgl. Lenger, Alexander/Schneickert, Christian/Schumacher, Florian (2013): Pierre Bourdieus Konzeption des Habitus, in: Lenger, Alexander/Schneickert, Christian/Schumacher, Florian (Hrsg.): Pierre Bourdieus Konzeption des Habitus. Grundlagen, Zugänge, Forschungsperspektiven, Wiesbaden: Springer VS, S. 13–41, S. 13.

Führung sich selbst und anderen gegenüber. Ihre Akteure können tugendhafte Führung insoweit praktizieren, als dass sie sich mit den Anforderungen an verantwortungsvolle Führung beständig auseinandersetzen und über eigene Erkenntniswege zu selbstbestimmten Entwicklungen gelangen.[1784]

## 6.12 Bewältigung des Controllings als Risiko-Träger – Beitrag der systemischen Organisationsentwicklung

Wie bereits an anderer Stelle dargelegt, geht mit der Bewältigung des Controllings als Risiko-Träger im Rahmen eines dialogischen Führungsverständnisses nicht nur eine Veränderung des institutionalisierten Controllings im betrieblichen (Führungs-)Geschehen einher. Vielmehr noch bedingt eine bewusste Rückübertragung von Entscheidungs- bzw. Handlungsverantwortung an Führungsinstanzen die kritisch-reflexive Auseinandersetzung dieser Akteure mit ihrem Selbst- und Weltverständnis – und somit auch einer Auseinandersetzung mit dem Habitus im Kontext einer sozialen Position und hierus bewirkter individueller Dispositionen[1785] der Akteure im betrieblichen Führungsgeschehen. Das bewusste Sich-Einlassen auf das Wagnis einer Emanzipation von scheinbar fest-gefügten Wahrheiten und Konzepten betrieblicher Führung bedingt die hiermit verbundene Bereitschaft, sich gemeinsam mit anderen Akteuren auf eine gleichberechtigte und im Sinne einer kommunikativen Vernunft getragene Suche nach Erkenntnis und Problemlösungen zu machen. Eine solche Veränderung in organisationlen Routinen und individuellen bzw. kollektiven Habitusformen[1786] beinhaltet die Notwendigkeit einer adäquaten, auf den je einzelnen Akteur bezugnehmenden Organisationsentwicklung[1787].

Die Herausforderung eines solchen orgnisationalen Entwicklungspfades liegt dabei in der »stimmigen« Annäherung an institutionelle, individuelle und kollektive Veränderungen innerhalb des sozialen Systems »Führung«. Unter der Perspektive einer dialogischen Führung vermag die systemische Organisationsentwicklung dieser Herausforderung gerecht zu werden.

„Unter systemischer Organisationsentwicklung wird im Sinne der Systemtheorie eine Organisationsentwicklung verstanden, deren Aufgabe die Einbindung der Kenntnisse und Fähigkeiten der Mitarbeiter in die Handlungen

1784 Vgl. Osiemo 2012, S. 133.

1785 Vgl. Lenger/Schneickert et al. 2013, S. 14.

1786 Zum Problem individueller Reflexivität innerhalb von Habitusformen vgl. Adams 2006, S. 514ff.

1787 Vgl. Pohlmann 2002, S. 351.

der Organisation ist."[1788] Im Gegensatz zur systematischen Organisationsentwicklung, die weitgehend auf mechanisch-administrative Steuerungsmodelle zurückgreift, basiert die systemische auf dem Ansatz der Selbststeuerung von Systemen. Im Kern setzt die systemische Organisationsentwicklung auf die Sinnvermittlung bzw. Sinnzuweisung innerhalb organisationaler Veränderungsprozesse. Die betreffenden Akteure mit ihren Kenntnissen und Fähigkeiten stehen dabei im Vordergrund der Betrachtung.[1789] Aus diesem Grundverständnis der systemischen Organisationsentwicklung lässt sich eine Brücke zur dialogischen Führung schlagen. In der Bezugnahme der systemischen Organisationsentwicklung auf die am Veränderungsgeschehen beteiligten – und von ihm gleichermaßen betroffenen – Individuen zeigt sich der Grundansatz der dialogischen Führung: Nicht der technisch-administrative Fokus auf Ursache-Wirkungs-Ketten eines monologisch-determinierten »One-best-Way«, sondern die gemeinsam getragene Suche nach Problemlösungen und Erkenntnis von Akteuren, deren Argumente allgemeinen Geltungsansprüchen folgen, steht hierbei im Vordergrund. Mit einem hierarchie- und sanktionsfreien Feld, innerhalb dessen die beteiligten Akteure sich darauf einlassen, ihre eigenen Annahmen, Werthaltungen und Wahrnehmungen zunächst zurückzustellen und somit dem Dialog seinen Raum zu geben, treten sie in einen gemeinsamen Diskurs miteinander ein, dessen Ergebnis unter dem Gesichtspunkt einer »kritischen Mündigkeit«[1790] als wahrhaftig bezeichnet werden kann. Unter diesem Blickfeld zeigt sich ihr Diskurs als Kommunikationsform im Zuge einer kooperativen Wahrheitsuche[1791]. Die in ihm formulierten Geltungsansprüche lassen sich nur diskursiv setzen, indem ihre Rechtmäßigkeit »in begründeter Rede« dargelegt wird.[1792] Ein unter diesen Bedingungen »vernunftgeleiteter Diskurs« ermöglicht den an ihm beteiligten Akteuren das Wahrnehmen des je anderen in seinem Selbstverständnis und Weltbild.[1793] In eben dieser Wahrnehmung des je anderen und dem hiermit verbundenen »Suspendieren« liegt die Möglichkeit, neue Erkenntnisse zu erlangen, neue Problemlösungen zu finden und die je eigene Perspektive auf sich selbst und die Welt zu hinterfragen.[1794]

---

1788 Arnold, Rolf/Becker, Manfred (2012): Organisationsentwicklung. Studienbrief OE0110, Kaiserslautern: Technische Universität Kaiserslautern, S. VII.

1789 Vgl. Arnold/Becker 2012, S. 38f.

1790 Vgl. Petersen 2003, S. 125.

1791 Vgl. Habermas 2009a, S. 12.

1792 Habermas, Jürgen (2009c): Sprachtheoretische Grundlagen der Soziologie. Philosophische Texte, Band 1, Frankfurt am Main: Suhrkamp Verlag, S. 70.

1793 Vgl. Habermas 2009a, S. 425f.

1794 Vgl. Isaacs 2011, S. 123; Senge 2011, S. 267; Raelin 2008, S. 522.

Im Zuge eines diskursiven bzw. dialogischen Ansatzes der Organisationsentwicklung steht die Akzeptanz individueller Sichtweisen und Wirklichkeiten der beteiligten Akteure im Vordergrund.[1795] Eine unter diesem Gesichtspunkt anschlussfähige systemische Organisationsentwicklung ermöglicht den beteiligten Akteuren die kritisch-konstruktive Auseinandersetzung mit ihrem Selbst und seiner Einbindung in das soziale System ihrer organisationalen Austauschbeziehungen. Damit vermag eine so verortete Organisationsentwicklung zur Bewältigung des Controllings als Risiko-Träger beizutragen, indem sie den Akteuren im Controlling und auf Seiten der Führungsinstanzen den Blick auf neue, bislang nicht gedachte Lösungen ermöglicht. Letztlich kann hierbei auch im Controlling eine auf reflexiver Mündigkeit der Akteure basierenden vernunftfundierten Argumentation – im Sinne kommunikativer Rationalität – einen verständigungsorientierten Austausch der beteiligten Akteure vor dem Hintergrund ihrer institutionalisierten Erscheinungsform im betrieblichen Geschehen bewirken, in dessen Folge die Emanzipation von scheinbar gefügten Wahrheiten und das Aufbrechen von als etabliert betrachteten Denkmustern stehen[1796]. Ein Aufbrechen von Sinnstrukturen, die beispielsweise im Rahmen der konzeptionellen Ausrichtung des betrieblichen Controlling als scheinbar »gültige« Deutungsmuster dieses Akteurs im Führungsgeschehen bestehen, ließe sich unter einem dialogischen Führungsverständnis durchaus kritisch-konstruktiv dahingehend hinterfragen, als dass an diesem Prozess alle Betroffenen teilhaben und über einen gemeinsamen Diskurs zu anderen Sichten auf ihre organisationale Wirklichkeit gelangen. „Die Wirklichkeit von Sinnstrukturen beruht nämlich auf einer eigentümlichen Faktizität von Geltungsansprüchen, die im allgemeinen naiv hingenommen, d.h. als erfüllt unterstellt werden. Geltungsansprüche können freilich auch in Frage gestellt werden. Sie prätendieren, zu Recht zu bestehen, und diese Rechtmäßigkeit kann problematisiert und bestätigt oder verworfen werden.“[1797] Aus diesem Blickwinkel betrachtet, vermag eine systemische Organisationsentwicklung als erforderlich identifizierte Änderungen im Erscheinungsbild bzw. Handlungsfeld des institutionalisierten Controllings unter dem Grundsatz einer kritisch-reflexiven Mündigkeit nicht nur diskursiv gestaltbar, sondern vielmehr noch in der Wahrnehmung des je Einzelnen in seiner Selbstentwicklung über die

---

1795 Vgl. Bushe, Gervase R./Marshak, Robert J. (2009): Revisioning Organization Development. Diagnostic and Dialogic Premises and Patterns of Practice, The Journal of Applied Behavioral Science, Jg. 45, Nr. 3/September 2009, S. 348–368, S. 353.

1796 Vgl. Petersen 2003, S. 138f.

1797 Habermas 2009c, S. 59.

Auseinandersetzung mit sich selbst in die Position zu versetzen, diesen Prozess der Bewusstseinswerdung sanktionsfrei und selbstbestimmt[1798] zu gestalten.

## 6.13 Beitrag des organisationalen Lernens zur Umsetzung und Weiterentwicklung dialogischer Führung

Wie im Zuge der vorangegangenen Argumentation dargelegt, kann dialogische Führung den am organisationalen Führungsgeschehen beteiligten – und gleichermaßen von ihm betroffenen – Akteuren neue Perspektiven auf das Phänomen »Führung« und mit ihm verbundene Elemente der Steuerung, Überwachung bzw. Sanktionierung eröffnen. Aus diesem Blickwinkel lässt sich der Bedarf zu einer Organisationsentwicklung ableiten, die ihrerseits den Pfad des linear-kausalen Machbarkeitspostulates verlässt und über einen – von den beteiligten Akteuren gemeinsam getragenen – Sinnzugang als notwendig und erstrebenswert abgestimmte Entwicklungsprozesse bewirkt. Vor diesem Hintergrund soll auf den Ansatz der reflexiven Organisationsentwicklung verwiesen werden, der mit dem bewussten Einweben kognitiver Dissonanzen auf Seiten der beteiligten Akteure einhergeht und hieraus neue, gemeinsam getragene Vorstellungen über die Entwicklung der betreffenden Organisation zu gewinnen sucht.[1799] Kognitive Dissonanzen als »bewusste Störungen« zu etablierten Wahrnehmungs- bzw. Handlungswelten der Akteure tragen damit nicht nur zur Entwicklung der betreffenden Organisation bei, sondern ermöglichen auch individuelle Entwicklungspfade. Aus dieser Perspektive zeigt sich die von Sausele-Bayer bezeichnete gegenseitige Bedingtheit von Personal- und Organisationsentwicklung, die auf die Entwicklung von Mitarbeitenden und hieraus resultierende Organisationsveränderungen hinweist.[1800] Mit Bezug auf die Bedeutung von Wirklichkeitskonstrukten bei der Formulierung von Visionen bzw. Wünschen der am Geschehen der Organisationsentwicklung beteiligten Akteure[1801] erscheint die Interdependenz individueller und organisationaler Entwicklungspfade gleichsam in einem weitergreifenden Kontext. Dieser wird durch den Begriff des organisationalen Lernens konkretisiert.[1802]

---

1798 Vgl. Schneider 2011, S. 342f.

1799 Vgl. Pohlmann 2002, S. 349.

1800 Vgl. Sausele-Bayer 2011, S. 45.

1801 Vgl. Bushe/Marshak 2009, S. 354.

1802 Zum Begriff der Lernfähigkeit von Organisationen vgl. Wimmer, Rudolf/Gebauer, Annette/Schumacher, Thomas (2014): Strategieentwicklung. Studienbrief OE0210, 3., überarbeitete Auflage, Kaiserslautern: Technische Universität Kaiserslautern, S. 45;

Organisationales Lernen lässt sich als gemeinsamer Weg der Organisationsmitglieder und die Suche nach der Antwort, was die betreffende Organisation auszeichnet und wie sie ausgestaltet sein sollte, definieren.[1803] Dabei kann organisationales Lernen aus unterschiedlichen Perspektiven betrachtet werden; aus der Perspektive des aktiven Lernens, der Umsetzung neuer Ideen sowie des Aufgebens von vorhandenen Wissenselementen bzw. Praktiken.[1804] Mit den organisationalen Rahmenbedingungen bestehen Strukturen, innerhalb derer die betreffenden Akteure habitualisierten Kommunikationsmustern und institutionalisierten Abläufen folgen, aus denen autopoietische Lernprozesse resultieren.[1805] Aus betriebspädagogischer Sicht ermöglichen derlei selbstgesteuerten Prozesse individuellen und kollektiven Lernens letztlich auch Formen der Organisationsentwicklung, die aus individuumsbezogener Personalentwicklung heraus organisationales Lernen abbilden. „Die Gestaltung und Entwicklung einer Lernenden Organisation ist durch die Adaption des Lernparadigmas auf organisationale Zusammenhänge mehr und mehr zum pädagogischen Handlungsfeld geworden. Lernende Organisationen sind Medium für kollektive Personalentwicklung und gestalten als Leitbild die Lernkultur und damit die individuelle Personalentwicklung."[1806]

Bringt man organisationales Lernen in den Kontext der befähigungsorientierten Entwicklung des je einzelnen Akteurs, lassen sich individuelle und kollektive Erkenntnis- und Lernprozesse in den Rahmen des kommunikativen Handelns setzen. Die beteiligten Akteure betten ihre Handlungskoordinierung in kooperative

---

zu unterschiedlichen Perspektiven auf die Frage nach organisationaler Lernfähigkeit vgl. Lülfs, Regina (2013): Nachhaltigkeit und organisationales Lernen. Eine transdisziplinäre Analyse, Wiesbaden: Springer Gabler, S. 35ff.; zur Verknüpfung der Balanced Scorecard mit organisationalen Lernprozessen vgl. Kunz, Jennifer (2009): Der Einfluss der Balanced Scorecard auf Lernprozesse in Unternehmen, Zeitschrift für Planung & Unternehmenssteuerung, Jg. 20, Heft 1, S. 105–128, S. 109ff.; zur Abgrenzung von organisatinalem Lernen und lernender Organisation vgl. Schilling, Jan/Kluge, Annette (2004): Können Organisationen nicht lernen? Facetten organisationaler Lernkulturen, Gruppendynamik und Organisationsberatung, Jg. 35, Heft 4/ Dezember 2004, S. 367–385, S. 370.

1803 Vgl. Geißler 2000, S. 46.

1804 Vgl. Argyris, Chris/Schön, Donald A. (2008): Die lernende Organisation. Grundlagen, Methode, Praxis, 3. Auflage, Stuttgart: Schäffer-Poeschel Verlag, S. 19.

1805 Vgl. Geißler 2011, S. 242f.

1806 Ritz, Kerstin (2012): Kulturbewusste Personalentwicklung in werteorientierten Unternehmen, Wiesbaden: Verlag für Sozialwissenschaften, S. 93.

Deutungsprozesse ein.[1807] Im Zuge ihres kooperativen, auf Gegenseitigkeit und Teilhabe gestützten Prozesses der Suche nach Erkenntnis und wahrhaftigen Aussagen kann gleichsam individuelle wie organisationale Entwicklung unter der Rahmensetzung einer kommuniaktiven Vernunft stattfinden. „Die notwendigen Beziehungs- und Kommunikationsformen der Partizipation sind zugleich Lern- und Entwicklungsprozesse von Personen und Organisationen."[1808] Der hiermit aufgespannte Bezugsrahmen nimmt mittelbar Bezug auf das systemische Verständnis zur Organisationsentwicklung. Im Kontext ihrer gemeinsam getragenen Sinnzuweisung zu Veränderungsnotwendigkeiten bzw. Veränderungsmöglichkeiten treten die beteiligten Akteure im Sinne Habermas'scher kommunikativer Vernunft in einen kritisch-konstruktiven Diskurs, innerhalb dessen ausschließlich das bessere Argument gelten soll. Im Rahmen eines dialogischen Führungsverständnisses eröffnen sich damit nicht nur neue Perspektiven auf Erkenntnisse und Problemlösungen, vielmehr sind es die am Dialog beteiligten Akteure, die diesen Raum selbstbestimmt und sanktions- bzw. hierarchiefrei gestalten.

Aus den obigen Darlegungen lässt sich organisationales Lernen als Basis und gleichzeitig Ergebnis einer auf Teilhabe aller Akteure des betreffenden sozialen Systems »Organisation« ausgerichteten Entwicklung verorten. Individuelle Entwicklung – im Sinne einer Personalentwicklung – kann unter diesem Verständnisbezug nicht mehr ausschließlich als zweckorientierte Abfolge von Maßnahmen zur Verbesserung der betrieblichen Leistung bzw. der Befähigung von Akteuren zur selbstständigen Aneignung von Wissen und Kenntnissen[1809] gedeutet werden. Mit Bezug auf ein dialogisches Verständnis zu den Austauschbeziehungen der am Organisations- und Führungsgeschehen beteiligten Akteure eröffnen sich neue Perspektiven auf die Gestaltung von gemeinsam getragenen Lern- bzw. Entwicklungsprozessen. Für die vorliegende Forschungsarbeit und ihrem Rekurs auf die dialogische Führung als Lösungsansatz zur Bewältigung des Controllings als Risiko-Träger hat dieses Verständnis von organisationalem Lernen eine nicht unwesentliche Bedeutung: Dialogische Führung stellt sich in diesem Zusammenhang in Form einer doppelten Kontingenz dar – als Programmatik und Pragmatik innerhalb der sozialen Praxis »organisationale Führung«.

---

1807 Vgl. Habermas 1995, S. 151.

1808 Krobath, Thomas (2013): Partizipation als organisationsethisches Prinzip und Verfahren, in: Weber, Susanne Maria/Göhlich, Michael/Schröer, Andreas/Fahrenwald, Claudia/Macha, Hildegard (Hrsg.): Organisation und Partizipation. Beiträge der Kommission Organisationspädagogik, Wiesbaden: Springer-Verlag, S. 61–70, S. 68.

1809 Vgl. Petri 2011, S. 55f.

Unter programmatischer Perspektive lässt sich dialogische Führung als eine Grundhaltung von organisationalen Akteuren innerhalb wertorientierter Austauschbeziehungen verstehen, die auf einem reflexiv kritisch-konstruktiven Diskurs basieren. Dialogische Austauschbeziehungen beinhalten die achtsame und wertschätzende Gesprächsführung unter dem Gesichtspunkt hierarchie- und sanktionsfreier Diskursbeziehungen, der den Beteiligten neue Räume im Kontext individueller und organisationaler Entwicklung eröffnet.[1810] Im Zuge ihres sprachlichen Austausches von Argumenten und einer hiermit verbundenen Reflexion des je einzelnen Akteurs zu seinem Selbst- bzw. Weltverständnis findet nicht nur das Bezeichnen von Beobachtungen statt. Vielmehr noch erhält neben der Bedeutung eines sprachlichen Ausdrucks auch der Kontext, innerhalb dessen dieser Ausdruck verwendet wird, einen wesentlichen Anteil an der Gestaltung von Verständigungsbeziehungen.[1811] Damit zeigt sich gleichsam eine Verbindung zur dialogischen Führung als Pragmatik; unter einem sprachpragmatischen Gesichtsfeld rekurriert die Pragmatik auf jene „Eigenschaften von Ausdrücken, die durch ihren Kontext bestimmt sind"[1812]. Eine so verstandene Pragmatik ist auf die eigentliche Aussage des Sprechers bezogen, sie rückt „die kognitive Situation des Sprechers und seine Absichten in den Mittelpunkt"[1813]. Mit dem Postulat der Gültigkeit des »besseren Argumentes« innerhalb von hierarchie- und sanktionsfreien Diskursen ist gleichermaßen die Pragmatik des Diskurses umfasst, die auf „die reflexive Form einer Kommunikation, in der nicht Tatsachen und Sachverhalte, sondern Aussagen und ihre Wahrheit oder Falschheit Gesprächsthema sind"[1814] abstellt. Und indem ein dialogischer Zugang zu Führungshandlungen bzw. Austauschbeziehungen zwischen den Akteuren im Führungsgeschehen den Pfad zweckorientierten, strategischen Handelns zugunsten einer wert- bzw. verständigungsorientierten Suche nach Erkenntnis und – wenn auch vorläufiger – Wahrheit verlässt, wird mit ihm eine Pragmatik der Erkenntnissuche „als Ensemble interpretativer und experimenteller Verfahren, die den tätigen Umgang

1810 Vgl. Inman, John/Thompson, Tracy A. (2013): Using Dialogue Then Deliberation to Transform a Warring Leadership Team, OD Practioner, Jg. 65, Nr. 1, S. 35–40, S. 36f.

1811 Vgl. Habermas 2009c, S. 211.

1812 Schurz, Gerhard (2014): Einführung in die Wissenschaftstheorie, 4., überarbeitete Auflage, Darmstadt: WBG (Wissenschaftliche Buchgesellschaft), S. 70.

1813 Newen, Albert/Schrenk, Markus A. (2013): Einführung in die Sprachphilosophie, 2., durchgesehene Auflage, Darmstadt: WBG (Wissenschaftliche Buchgesellschaft), S. 79.

1814 Gröbl-Steinbach, Evelyn (2000): Formale Pragmatik und Pragmatismus, Logos : Zeitschrift für systematische Philosophie, Band 6 (1999–2000), Heft 2, S. 143–172, S. 153.

von Subjekten mit den realen Dingen selbst einschließt“[1815] sichtbar. Unter diesem Blickfeld lässt sich Wahrheit als Ergebnis eines willentlichen Aktes der am Diskurs gleichberechtigt Beteiligten verorten, denen Genauigkeit und Aufrichtigkeit ihrer Aussagen als Tugenden innerhalb der Wahrheitssuche bewusst sind. Aufrichtigkeit kann als Entschluss gedeutet werden, dem anderen mitzuteilen, was die eigenen Überzeugungen sind. Genauigkeit unterliegt dem – im transzendentalphilosophischen Sinne – Willen der unbedingten Formulierung von etwas, was ist. Mit diesen beiden Tugenden besteht die Möglichkeit, sich gegen Versuchungen aus Wunschvorstellung bzw. Mythen zu erwehren.[1816]

Ein unter diesen Gesichtspunkten verorteter Zugang zu Führung nimmt Bezug auf den diskursiven Austausch zwischen organisationalen – sozialen – Akteuren und zielt darauf ab, in diskursiven Handlungen „die Dichte der Worte aufzuzeigen und gleichzeitig zu untersuchen, in welchem Maß diese Worte den Personen tatsächlich als aktive Bezugspunkte dienen. Sie nimmt gewissermaßen »die Personen beim Wort« und unterzieht die Diskurse einer *pragmatischen Prüfung*“[1817]. Unter den bezeichneten Gesichtspunkten lässt sich die Frage ableiten, wie die Implementierung und Weiterentwicklung einer dialogischen Führungskultur in Organisationen erreicht werden kann. Dieser Fragestellung wird in der Folge mit Bezug auf das organisationale Lernen im Kontext der Führungskräfteentwicklung bzw. dialogischer Lernprozesse innerhalb des organisationalen Führungsgeschehens nachgegangen.

Bereits an anderer Stelle wurde auf Aspekte der Führungskräfteentwicklung im Sinne dialogischer Führungsgrundsätze (siehe Seite 336) und Organisationsentwicklung im Kontext verantwortungsbewusster Führung (siehe Seite 342) eingegangen. Der Tenor dieser Darlegungen umfasst die Entwicklung von Führungspersönlichkeit sowie von Achtsamkeit und Wahrnehmungsfähigkeit jenseits zweckorientierter Zielsetzungen der handelnden Akteure. Unter einem dialogischen Verständnisansatz zu organisationaler Führung sollte Führungskräfteentwicklung nicht nur den einzelnen Akteur »Führungskraft« in den Fokus

1815 Gröbl-Steinbach, Evelyn (2002): Erkenntnistheoretischer Realismus – nach der pragmatischen Wende, Logos : Zeitschrift für systematische Philosophie, Band 7 (2001–2002), Heft 1–2, S. 44–67, S. 47.

1816 Vgl. Williams, Bernard (2013): Wahrheit und Wahrhaftigkeit, Berlin: Suhrkamp Verlag, S. 74.

1817 Dodier, Nicolas (2010): Konventionen als Stützen der Handlung. Elemente der soziologischen Pragmatik. Übersetzung des Originaltextes »Les appuis conventionnels de l'action. Eléments de pragmatique sociologique«, in: Réseaux, 1993, Bd. 11, Nr. 62, S. 63–85, Trivium, Nr. 5 (2010), S. 1–21, S. 16 (Kursivsetzung im Original).

individueller Entwicklungsziele und Lernprozesse nehmen, sondern das Blickfeld auf alle am Führungsgeschehen beteiligten Personen erweitern, gleich welcher Position sie zugeordnet sind. Damit erhalten organisationale Lernprozesse konsequenterweise den Anstrich dialogischer Ausgestaltung, innerhalb derer die Grenzen des instrumentalen Single-Loop-Lernens[1818] überwindbar werden. Mit Bezug auf den Ansatz des Double-Loop-Lernens, das einen Wertewechsel von handlungsleitenden Theorien durch reflexives Denken und diskursive Auseinandersetzung der beteiligten Akteure[1819] beinhaltet, lässt sich eine erste Verbindung zu dialogisch-orientierten Lernprozessen aufzeigen; ein hierin gelebter Diskurs der beteiligten Akteure kann – unter dem Aspekt eines hierarchie- bzw. sanktionsfreien Raumes – die Basis für dialogische Austauschbeziehungen und gemeinsame Lernprozesse in Organisationen[1820] schaffen. Stellt man im Kontext einer Organisations- bzw. Führungs- und Personalentwicklung allerdings eine Beziehung zu organisationaler Bildung her, dann erhält das Deutero-Lernen eine entsprechende Bedeutung. Deutero-Lernen als „gesellschaftlich verantwortetes normatives Identitätslernen von Organisationen"[1821] und der in ihnen handelnden Individuen beinhaltet auch die Möglichkeit und den Anspruch einer kritisch-konstruktiven Reflexion von individuellen bzw. organisationalen Deutungs- bzw. Orientierungsmustern[1822] und damit einen emanzipatorischen Ansatz des Lernens und Diskurses[1823]. Derlei Lernprozesse bedingen eine Ermöglichung selbstregulierten Lernens und hieraus die Anforderung an ein »coachendes Führen«, das im gleichen Zug auch das Rollen- bzw. Selbstverständnis der betreffenden Führungskräfte verändert[1824]. Und in diesem Kontext zeigt sich der Ausblick auf die Bedeutung organisationalen Lernens unter einem dialogisch fundierten Zugang. In der Ermöglichung von selbstgesteuerten, auf Teilhabe basierenden – dialogisch gestalteten – Lernprozessen liegt nicht nur die Chance, bestehende Wert- und Handlungsrahmen zugunsten anderer Deutungs- und Orientierungsrahmen aufzulösen. Vielmehr

---

1818 Zum »Einschleifen-Lernen« im Kontext der Bewahrung von Wertvorstellungen einer Handlungstheorie vgl. Argyris/Schön 2008, S. 36.

1819 Vgl. Geiger/Schröder 2014, S. 177.

1820 Vgl. Isaacs 2011, S. 23.

1821 Geißler 2000, S. 209.

1822 Vgl. Moning/Petersen 2010, S. 174f.

1823 Vgl. Raelin 2008, S. 521.

1824 Vgl. Aschermann, Ellen/Härtl-Kasulke, Claudia (2012): Lernen als Führungsaufgabe in Organisationen: Handlungsregulation als theoretisches Modell und Aspekte der Implementierung integraler Perspektive, Wirtschaftspsychologie, Heft 3-2012, S. 79–88, S. 86.

beinhaltet diese Perspektivverschiebung auch die Möglichkeit der am organisationalen Führungsgeschehen beteiligten Akteure, sich aus bestehenden Machtverhältnissen zu emanzipieren und zu einer selbstbestimmten Gestaltung je eigener Weltbezüge[1825] zu gelangen. Unter (betriebs-)pädagogischen Gesichtspunkten kann ein dergestalt verorteter Dialog als Praxis angesehen werden, mittels derer eine grundlegende Umwandlung von existenten Verhältnissen bewirkt wird, die den beteiligten Individuen nicht nur neue Möglichkeiten in ihrer gemeinsamen Suche nach Erkenntnis und Wahrhaftigkeit schaffen kann, sondern gerade auch den Führungskräften eine Emanzipation von scheinbar festgefügten Mythen, Konzepten und Verhaltensweisen erlaubt. Damit erfährt der Begriff der »Umwandlung« gleichsam eine tiefere Bedeutung im organisationalen Führungskontext.[1826]

Aus der obigen Darlegungen lässt sich die Verwebung von dialogischer Führung und organisationalem Deutero-Lernen ableiten. Dialogisch gestaltete Führungsprozesse ermöglichen den an ihnen beteiligten Akteuren einen gemeinsam getragenen Austausch in der Suche nach Erkenntnis und Wahrheit, unter dem Gesichtspunkt des »besseren Argumentes«, das allgemeinen Geltungsansprüchen genügen soll. Hiermit einher geht die kritisch-konstruktive Auseinandersetzung des je einzelnen Akteurs mit scheinbar festgefügten Deutungs- bzw. Handlungsmustern innerhalb des sozialen Systems »Führung«. Unter diesem Gesichtsfeld werden Prozesse des Deutero-Lernens möglich, das eine Auseinandersetzung des je Einzelnen mit sich und seinen Deutungsmustern im organisationalen Kontext beinhaltet. Damit ermöglicht dialogische Führung individuelles und letztlich organisationales Deutero-Lernen und erfährt gerade durch derlei Lernprozesse der einzelnen Akteure ihre eigene Verstetigung. So wird dialogische Führung einerseits zum Gestaltungselement innerhalb des organisationalen Deutero-Lernens, andererseits eröffnen diese Lernprozesse den beteiligten Akteuren neue Sichten auf Verantwortung im Kontext ihrer Entscheidungs- und Handlungsfreiheit[1827].

---

1825 Vgl. Geißler 2000, S. 56; zum Begriff des emanzipatorischen Erkenntnisinteresses das, im Zuge dessen Akteure auf Basis ihres reflexiven Zuganges zu Erkenntnissen gelangen, die einem inhärenten vernunftbezogenen Motiv folgen, vgl. Habermas, Jürgen (1973): Erkenntnis und Interesse, Frankfurt am Main: Suhrkamp, S. 244; zur kritischen Auseinandersetzung mit der von Habermas postulierten Einordnung des Erkenntnisinteresses im Kontext der Wertneutralität der Wissenschaft vgl. Schurz 2014, S. 42f.

1826 Vgl. Kaufmann, Jodi Jan (2010): The Practice of Dialogue in Critical Pedagogy, Adult Education Quarterly, Jg. 60, Nr. 6 (November), S. 456–476, S. 458.

1827 Zur Verantwortung im Kontext der Entscheidungs- und Handlungsfreiheit von Akteuren vgl. Geißler 2000, S. 52; zur individuellen Verantwortung für Vertrauen und Behauptung in Sprechakten vgl. Hartmann 2011, S. 133; zur diskursiven Rationalität

Die nachfolgende Abbildung 41 verschafft eine synoptische Übersicht zu den Charakteristika »konventioneller« und dialogischer Führung im Kontext des organisationalen Lernens.

*Abbildung 41: Synopsis »konventionelle« und dialogische Führung*[1828]

| | »konventionelle« Führung | dialogische Führung |
|---|---|---|
| Grundannahmen | ♦ Führung als zielorientierte Beeinflussung von Akteuren.<br>♦ Linear-kausale Wirkungszusammenhänge im Führungsprozess. | ♦ Führung als gemeinsam getragene Suche nach Erkenntnis und Problemlösungen.<br>♦ Multi-kausale Wirkungszusammenhänge im Führungsprozess. |
| Modell/Konzept | ♦ Administrative Steuerung des Systems »Organisation«<br>♦ »One-best-way« Lösungen | ♦ Selbstabstimmung innerhalb des Systems »Organisation«<br>♦ Emanzipatorischer Diskurs |
| Führungsverständnis | ♦ Führungskräfte verfügen über die bessere Einsicht zu Erfordernissen und Problemlösungen innerhalb des Führungszyklusses.<br>♦ Führungskräfte als überwachende Akteure innerhalb hierarchischer Beziehungen.<br>♦ Anreize und Sanktionen als Bestandteile des Führungshandelns. | ♦ Führung als Aufgabe, die alle am Führungsgeschehen beteiligten Akteure angeht.<br>♦ Führungskräfte als Impulsgeber und Mentoren innerhalb eines hierarchiefreien Miteinanders.<br>♦ Gültigkeit des »besseren« Argumentes innerhalb eines sanktionsfreien Diskurses um die beste Lösung. |
| Orientierung | ♦ Zweckrationale Handlungen<br>♦ Erfolgsorientierung<br>♦ Strategisches Handeln | ♦ Wertrationale Handlungen<br>♦ Verständigungsorientierung<br>♦ Teilhabe am Führungsgeschehen |
| Ausrichtung | Problemzentrierung | Ermöglichensorientierung |
| Lernparadigma | Erkenntnisgewinn auf Basis bestehender bzw. partiell hinterfragter Wert– und Handlungsrahmen. | Kritisch-konstruktive Reflexion zu Denk– und Handlungsmustern bzw. Deutungs– und Orientierungsrahmen. |
| Organisationales Lernen | Single-Loop-/Double-Loop-Lernen | Deutero-Lernen |

und Selbstreflexion des Akteurs auf sein eigenes normenreguliertes Handeln vgl. Habermas 2009b, S. 109.

1828 Eigene Darstellung, basierend auf Petersen 2003; Moning/Petersen 2010; Geißler 2000; Argyris/Schön 2008.

Organisationales Lernen, das den engen Blickwinkel einer vornehmlich auf ökonomisch verwertbaren Lernerfolgen[1829] der betreffenden Akteure verlässt, ermöglicht dem je Einzelnen eine auf Selbstbestimmung fußende Entwicklung. Mit Bezugnahme auf individuelle Selbstbestimmung und kollektive Mitbestimmung steht Partizipation im organisationalen Bezug nicht isoliert als Phänomen an sich da, sondern umfasst auch das Akzeptieren von Ansprüchen anderer, i.S.d. Wahrnehmens und Teilens.[1830] Partizpation im Sinne eines partnerschaftlichen Diskurses beinhaltet auch Gestaltungsmöglichkeiten im »produktiven Konflikt«, der innerhalb dialogischer Austauschbeziehungen den freien, von hierarchischen Zwängen gelösten Suchprozess und das Zulassen von Widerspruch und Zweifel beinhaltet.[1831] Unter dieser Perspektive lässt sich Partizipation sowohl dialogische als auch organisationsethisch verorten. Dabei ist „Organisationsethik [...] getragen von der Einsicht, dass es Zeiten und Orte der Unterbrechung braucht, des Innehaltens, der kollektiven Nachdenklichkeit, der Selbstverständigung unter Beteiligung der Betroffenen"[1832]. Partnerschaftliche Diskurse im Sinne eines dialogischen Verständnisses zu individuellen und organisationalen Lernprozessen unterliegen der gemeinschaftlichen Abstimmung zur Geltung sozialer Normen, die den Rahmen moralischer Verträge zwischen den beteiligten Akteuren darstellen. Innerhalb einer so gestalteten idealen Kommunikationsgemeinschaft können die an ihr Beteiligten in »wahrhafte« Dialoge eintreten, da erst die diskursive (Über-)Prüfung von handlungsleitenden Normen den Akteuren eine Basis ihres dialogischen Austausches schafft. „Das moralisch urteilsfähige Subjekt kann nicht je für sich allein, sondern nur in Gemeinschaft mit allen übrigen Betroffenen prüfen, ob eine bestehende oder empfohlene Norm im allgemeinen Interesse ist und gegebenenfalls soziale Geltung haben sollte. [...] Der Entwurf einer idealen Kommunikationsgemeinschaft dient deshalb als Leitfaden für die *Einrichtung* von Diskursen, die tatsächlich durchgeführt werden müssen und nicht durch monologisierte Scheindialoge ersetzt werden können."[1833] Eben derlei kontraproduktive Scheindialoge systemisch zu vermeiden, bedarf es einer

1829 Vgl. Harteis, Christian (2004): Zur Diskussion über die Konvergenz ökonomischer und pädagogischer Prinzipien betrieblicher Personal- und Organisationsentwicklung, Zeitschrift für Erziehungswissenschaft, Jg. 7, Heft 2/2004, S. 277–290, S. 283.

1830 Vgl. Krobath 2013, S. 64f.

1831 Vgl. Senge 2011, S. 272.

1832 Krobath 2013, S. 66.

1833 Habermas, Jürgen (1995): Theorie des kommunikativen Handelns. Band 2: Zur Kritik der funktionalistischen Vernunft, Frankfurt am Main: Suhrkamp Verlag, S. 145 (Kursivsetzung im Original).

entsprechenden Führungskultur, die sich auf den Dialog als emanzipatorischen Ansatz innerhalb des organisationalen Führungsgeschehens stützt. „Der Dialog ist bei der […] Unternehmens- und Führungskultur die Form der Kommunikation, bei der man sich gegenseitig hilft, eigene Einsichten und auf gegenseitiger Beratung beruhendes sachorientiertes Handeln zu entwickeln.“[1834]

Mit dem Konzept der dialogischen Führung wird auf die selbstbestimmte, auf Teilhabe und gemeinsam getragenen Diskursen hierarchie- und sanktionsfrei agierender Individuen in Organisationen rekurriert. Ihre partizipativ ausgestaltete Suche nach Erkenntnis, vorläufiger Wahrheit und Problemlösungen ermöglicht allen am organisationalen Führungsgeschehen Beteiligten eine wertrational orientierte Emanzipation von scheinbar gesicherten Modellen der Betriebswirtschaftslehre[1835] und damit die Einnahme einer Beobachtungsposition in eigener Angelegenheit. *„Beim Dialog werden die Beteiligten zu Beobachtern ihres eigenen Denkens.“*[1836] In eben dieser Beobachtung des eigenen Denkens vermag die Möglichkeit zu liegen, organisationale Führung in einem anderen, von »traditionellen« Erklärungs- und Deutungsmustern emanzipierten Verständnis zu verorten und innerhalb des sozialen Systems »Organisation« (er-)lebbar zu machen. „Dialogue is an encounter between people who name the world […].“[1837] Aus diesem Blickwinkel heraus kommen Praktiken des organisationalen Lernens eine wesentliche Bedeutung zu: im Zuge der Neubewertung von Situationen im Kontext geduldbezogener Selbst-Regulierung von Akteuren[1838] stellt ein diskursiver bzw. dialogischer Ansatz der Organisationsentwicklung die Akzeptanz individueller Sichtweisen und Wirklichkeiten der beteiligten Akteure in den Vordergrund[1839]. Nicht zuletzt dieser Rahmen schafft den betreffenden Akteuren innerhalb ihres sozialen Systems »Führung« den Blick auf die Bedingtheit von und gestalterische Emanzipation aus scheinbar gesicherten »Wahrheiten« im Führungsgeschehen.

---

1834 Dellbrügger, Peter (2007): Gestaltungselemente für eine unternehmerische Fühungskultur – Das Beispiel der „Dialogischen Führung“ bei dem Unternehmen dm-drogerie markt GmbH & Co KG Karlsruhe, in: Raich, Margit/Hinterhuber, Hans H./Pechlaner, Harald (Hrsg.): Entrepreneurial Leadership. Profilierung in Theorie und Praxis, Wiesbaden: Deutscher Universitäts-Verlag, S. 65–79, S. 75.

1835 Zur Emanzipation der Managmentwissenschaft von der traditionellen Betriebswirtschaftslehre vgl. Geißler 2000, S. 6f.

1836 Senge 2011, S. 263 (Kursivsetzung im Original).

1837 Kaufmann 2010, S. 458.

1838 Vgl. Comer, Debra R./Sekerka, Leslie E. (2014): Taking time for patience in organizations, Journal of Management Development, Jg. 33, Heft 1, S. 6–23, S. 13.

1839 Vgl. Bushe/Marshak 2009, S. 353.

Für das institutionalisierte Controlling als Element organisationaler Führungssysteme lässt sich aus den obigen Darlegungen ableiten, dass mit der Bewältigung seiner risikobehafteten Rolle im Führungsgeschehen die doppelte Kontingenz eines Kontrollverlustes möglicherweise am ehesten gelingt, wenn die beteiligten Akteure »Führungsinstanzen« und »Controlling« sich auf das Wagnis einer gemeinsam getragenen – dialogischen – Emanzipation aus bedingten Formen einer selbstgeschaffenen – und selbstverantworteten – Abhängigkeit und Begrenzung innerhalb ihres sozialen Systems »Führung« einlassen. Diesen Weg zu beschreiten, umfasst neben der Akzeptanz von Veränderung im Bild einer scheinbar festgefügten Instanz »Controlling« als Korrektiv im Führungsprozess den Mut und das Zutrauen aller am Führungsgeschehen beteiligten Akteure, einen kritisch-konstruktiven Blick auf bestehende Werte, Orientierungs- und Handlungsmuster bzw. Denk- und Deutungsrahmen zuzulassen und hieraus individuelle Entwicklungsprozesse anzustoßen sowie geeignete Veränderungen innerhalb ihrer Organisationskultur zu bewirken[1840]. Im Kontext eines Führungsalltages, der zunehmend weniger durch linear-kausale Erklärungszusammenhänge beschreibbar ist, erfährt auch die Führungskräfteentwicklung eine Perspektivveränderung. Mit der Anforderung an die Selbstbildung von Führungskräften geht die Erkenntnis einher, dass eine kritisch-konstruktive Reflexion eigener Selbstbilder und Weltsichten mit einem dialogisch ausgerichteten Miteinander verbunden sein kann.[1841] Gelingt diese kritisch-konstruktive Selbstbildung auf Seiten der betreffenden Führungskräfte und ein hiermit einhergehendes Zur-Disposition-Stellen von scheinbar festgefügten, probaten Führungskonzepten, lässt dies neue Gestaltungsräume eines dialogisch-motivierten Miteinanders aller am Führungsgeschehen beteiligten Akteure zu. Im Zuge organisationaler Lernprozesse kann hieraus nicht zuletzt für die Akteure im Controlling und in den Führungsinstanzen eine andere, innovative Art des Wirkens in der Steuerung des sozialen Systems »Unternehmen« resultieren und somit den Anspruch an die Rechenschaftslegung aus einer epistemisch fundierten Perspektive in kritisch-emanzipatorischer Hinsicht reformulierbar machen.

1840 Vgl. Moning/Petersen 2010, S. 176.
1841 Vgl. Petersen 2003, S. 323.

# 7. Zusammenfassung und weiterer Forschungsbedarf

Mit dieser Forschungsarbeit galt es, das Controlling als Risiko-Träger innerhalb seiner Beteiligung am betrieblichen Führungsgeschehen aufzuzeigen und Optionen zur Bewältigung darzulegen. Dabei standen zwei Forschungsfragen zur Bearbeitung: (1) Warum kann sich das betriebliche Controlling als systemisch bedingter Risiko-Träger im Führungsgeschehen ausprägen, ohne dass dies den beteiligten Akteuren sichtbar wird? (2) Kann im Rahmen der dialogischen Führung das betriebliche Controlling als Risiko-Träger vermieden bzw. bewältigt werden?

Mit Bezug zur ersten Forschungsfrage konnte verdeutlicht werden, dass im Zusammenhang mit den Aufgaben, Funktionen und Rollen des institutionalisierten betrieblichen Controllings systemische Risiken bestehen, die weder diesem Akteur noch den von ihm begleiteten Führungsinstanzen erkennbar sind. Vielmehr wurde sichtbar, dass unabhängig von der konzeptionellen Ausrichtung des Controllings und seiner Informations-, Koordinations-, Rationalitätssicherungs- bzw. Kognitionsorientierung sich Risiken zeigen, die eine Einbindung dieses Akteurs in das Führungsgeschehen fragwürdig erscheinen lassen.

Würdigt man das betriebliche Controlling als diejenige Instanz, die Führungskräften bei der zielorientierten Steuerung des Wirksystems »Unternehmen« unterstützen und hierbei die Güte von Führungsentscheidungen sicherstellen bzw. erhöhen soll, stellt sich zunächst einmal die Frage, warum dies nicht von den betreffenden Akteuren in den Führungsinstanzen selbst bewirkt werden kann. Auf diese Frage nimmt die Controllingforschung insofern Bezug, als dass sie das Controlling als unabhängige und uneigennützliche Instanz beschreibt, durch deren Hilfe im Führungszyklus ökonomische Vernunft sichergestellt wird. Dies begründet sich vor allem daraus, dass ein vom Controlling zur Verfügung gestelltes Sekundärwissen den Führungsinstanzen bei der Bewältigung ihrer kognitiven Begrenzungen zur Seite gestellt wird. Nimmt man diesen Faden bei der Untersuchung des Zusammenwirkens von führungsinstanzen und Controlling auf, lassen sich theoriegestützte Untersuchungen bezüglich der risikobehafteten Rolle des institutionalisierten Controllings im Führungsgeschehen anstellen.

Mit Bezug auf die soziale Austauschtheorie einerseits und die Prinzipal-Agenten-Theorie bzw. die Verfügungsrechtetheorie andererseits besteht eine Rahmensetzung, innerhalb derer die Handlungen der beiden Akteure »Controlling« und »Führungsinstanz« unter ökonomischer bzw. systembezogener Perspektive aufgespannt werden können. Die Verbindung zur Strukturationstheorie unter dem Aspekt der Schaffung und Reproduktion von Sinnzuweisungen im Kontext des Führungsgeschehens zeigt, dass mit dem Controlling ein betrieblicher Akteur existiert, der einerseits Führungsstrukturen überwachen soll, andererseits aber auch zur Legitimation dieser Strukturen und der in ihnen handelnden Institutionen beiträgt. Damit schafft und reproduziert das Controlling faktisch seine Existenzberechtigung: Führungsinstanzen können ihre Handlungen anderen gegenüber mit dem Verweis auf das Controlling als Überwachungsinstanz rechtfertigen bzw. die Verantwortung für getroffene Entscheidungen und deren Konsequenzen zumindest teilweise auf das Controlling abwälzen. Ausgehend von diesen Bezugselementen lässt sich ein Modell zur Identifizierung des Controllings als Risiko-Träger im Führungskontext erarbeiten.

Im Verlauf der Untersuchung hat sich gezeigt, dass das Controlling als Risiko-Träger im Führungsprozess verborgen bleibt, weil es gerade Bestandteil jenes Geschehens ist, das es als unabhängige Instanz überwachen und steuern helfen soll. Im Besonderen ließen sich systemische Risiken ableiten, die aus den Handlungen der beiden Akteure »Controlling« und »Führungsinstanz« resultieren und in ihrer beiden Funktionen bzw. Rollenbilder begründet sind.

Die zweite Forschungsfrage konnte dahingehend beantwortet werden, als dass mit dem Konzept der dialogischen Führung eine Grundhaltung im organisationalen Führungsgeschehen besteht, die auf eine gleichberechtigte, sanktionsfreie Austauschbeziehung zwischen allen am Führungsgeschehen Beteiligten basiert und den Akteuren eine Loslösung von monologisch-determinierten Sichtweisen und Handlungen ermöglicht. Eine hiermit verbundene Orientierung an wertrationalen Kriterien in Entscheidungssituationen und Problemlösungen eröffnet den beteiligten Akteuren die Perspektive auf Führungshandlungen, die ihnen die kritisch-konstruktive Reflexion zu scheinbar als gesichert geltenden ökonomisch-rationalen Denk- und Wahrnehmungsmustern ermöglichen. Eine dialogisch orientierte Führung vermag darüber hinaus neue Lösungswege aus einem ethisch und – letztlich auch ökonomischen – Dilemma des institutionlisierten Controllings zu ermöglichen: dem bisweilen freiwilligen Übertragen von Gestaltungsraum organisationaler Führungsinstanzen an die Akteure im Controlling, in dessen Konsequenz nicht selten die fragwürdige – und risikotragende – Dominanz von Rationalitätsmythen steht.

Diese theoretische Forschungsarbeit greift einen blinden Fleck innerhalb der Literatur zum Controlling und zur Unternehmensführung auf. Sie legt dar, in welchen Bezügen der modellhafte Ansatz des rationalen, begrenzt-rationalen und bisweilen irrationalen Akteurs im Controlling bzw. den Führungsinstanzen zu risikobehaftetem Handeln beider Beteiligten führen kann. Dass dieser blinde Fleck existiert, aber den betreffenden Handlungsträgern offenkundig nicht bekannt bzw. bewusst ist, lässt sich mit dem Hinweis auf kognitive Begrenzungen von ökonomischen Akteuren – und zwar sowohl in den Führungsinstanzen als auch im Controlling – und hieraus resultierenden Konsequenzen für die Führung und Steuerung von Unternehmen begründen. Beispiele aus der betrieblichen Praxis im Hinblick auf das Versagen von Mechanismen der Risikosteuerung, spektakuläre Unternehmensschieflagen und Bilanzierungsskandale können hierzu als Belege angeführt werden.

Gleichwohl, eine theoretische Arbeit unterliegt grundsätzlich der Einrede fehlender empirischer Abstützung der identifizierten Befunde und Lösungsansätze. Dies gilt auch für die vorliegende Forschungsarbeit und eröffnet somit die Perspektive auf einen weiterführenden Forschungsbedarf. Dieser Forschungsbedarf erstreckt sich im Wesentlichen auf drei Problemfelder:

(1) Den Beitrag zur und die Bedeutung eines abträglichen Controllings für die Entstehung bzw. Verschärfung von Unternehmenskrisen[1842] empirisch zu untersuchen.
(2) Die Frage zu untersuchen, ob den Akteuren in der betrieblichen Praxis die Reflexion auf das systemische Risiko im Controlling möglich ist und – in der Konsequenz hieraus – ihnen die dargelegten Lösungsansätze zum Controlling als Risiko-Träger umsetzbar erscheinen.
(3) Den Beitrag dialogischer Führung als Alternative zum institutionalisierten Controlling zu konkretisieren und aufzuzeigen, wie eine Transformation hierzu innerhalb von real existenten betrieblichen Führungsstrukturen ausgestaltet sein sollte.

Mit dem ersten Problemfeld besteht eine unmittelbare Anschlussfähigkeit an die im Rahmen dieser Forschungsarbeit aufgezeigten Ausprägungen des Controllings als Risiko-Träger. Im Allgemeinen zeigt sich innerhalb der betriebswirtschaftlichen Literatur bzw. der betrieblichen Praxis eine weitgehend unreflektierte Sicht auf diesen Akteur im Führungsgeschehen.[1843] Vielmehr wird unterstellt, dass

1842 Auf das Fehlen empirischer Untersuchungen hierzu weisen Krystek et al. ausdrücklich hin, vgl. Krystek/Moldenhauer et al. 2009, S. 166.

1843 Eine kritische Auseinandersetzung mit diesem Tatbestand findet sich – wenngleich auch nicht unter dem Betrachtungswinkel des Controllings als Risiko-Träger – bei Bücherl 2014, die das Realphänomen »Controlling« und dessen Beitrag zur kontingenten Wirklichkeitskonstruktion im betrieblichen Geschehen untersucht hat, vgl. Bücherl, Stephanie (2014): Anspruch und Wirklichkeit des Controlling. Eine Untersuchung jenseits des betriebswirtschaftlichen Paradigmas, Wiesbaden: Springer VS.

mit einem institutionalisierten Controlling ein per se wirksames Element besteht, das die Entstehung von Unternehmenskrisen – wenn nicht gänzlich vermeiden – so doch in ihren Auswirkungen wirksam einzudämmen vermag. Empirisch ist dieses Postulat allerdings nicht untersucht bzw. begründet worden. Hier anzusetzen und aufzuzeigen, unter welchen Bedingungen ein Controlling sich als abträglich erweisen kann, erscheint allein aus der Erkenntnisperspektive sinnvoll und geboten.

Das zweite Problemfeld mag zunächst wenig tiefgründig anmuten. Zumindest unter der Perspektive der »traditionellen« Auffassung von Führung und Überwachung ökonomischer Wirksysteme und der in ihnen handelnden rationalen Akteure. Allerdings vermag eine graduelle Perspektivverschiebung auf Unternehmen als sozio-ökonomische Systeme, die in einem Beziehungsgeflecht aus internen und externen Koalitionen von Anspruchsgruppen stehen, bereits den Anspruch an die empirische Forschung in Bezug auf den aufgezeigten Problemkomplex dieser Forschungsarbeit zu vermitteln. Zu klären wäre in diesem Zusammenhang beispielsweise, ob und in wieweit den Akteuren eine kritische Reflexion auf die Bedingtheit des Rationalitätspostulats im Führungskontext – und damit gleichermaßen auf Habitusformen innerhlb ihrer sozialen Praxis – gelingt. Darüber hinaus wäre zu bestimmen, in welchem Ausmaß die Beteiligten in den Führungsinstanzen und im Controlling zu Veränderungen in ihren Rollenbildern bereit sind, um die erarbeiteten Lösungsoptionen dieser Forschungsarbeit umzusetzen. Letztlich vermag eine empirische Untersuchung mit Bezug auf das Konzept der Selbststeuerung im Führungsprozess auch aufzuzeigen, in welchem Ausmaß es eines institutionalisierten Controllings als »Begleiter und Wächter« von Führungsinstanzen tatsächlich bedarf.

Unter diesem Blickwinkel lässt sich als weiterführender Forschungsbedarf beispielsweise auf das Konzept der dialogischen Führung und dessen Verankerung in der Führungskräfteentwicklung verweisen. Dies erscheint insbesondere vor dem Hintergrund gerechtfertigt, als dass mit einer intensiven Rückverlagerung von Verantwortung bezüglich der Steuerung und Überwachung im Unternehmensgeschehen an die betreffenden Führungsinstanzen auch die Anforderung verbunden ist, dieser Verantwortung in einer komplexer und volatiler sich ausprägenden Welt gerecht zu werden. Hier stellt sich die Frage, wie Führung unter dem Blickwinkel weitgehend ökonomisch-rationaler Ursache-Wirkungs-Ketten mit dem an sie gestellten Anspruch an eine weitgehend reflexive Selbststeuerung und »föderalistische« Ausrichtung im Führungsgeschehen umgehen sollte.

Mit Bezug auf das dritte Problemfeld der Transformation von Führung als Alternative zum institutionalisierten Controlling wird mit der Frage nach einer

»guten und angemessenen Unternehmensführung« im Sinne der Corporate Governance zudem eine weitere Forschungsperspektive auf eine »dialogische Steuerung« von sozio-ökonomischen Wirksystemen »Unternehmen« eröffnet. Hier bietet sich mit der empirischen Untersuchung zu Möglichkeiten und Grenzen eines solchen Konzeptes wiederum eine Chance, die von der vorliegenden Forschungsarbeit abgeleiteten Lösungsansätze auf ihre praktische Anwendbarkeit zu prüfen und gleichsam Verbesserungsmöglichkeiten aufzuzeigen. Damit wäre dann auch die Frage verbunden, wie eine Transformation des institutionalisierten Controllings im Zuge der Implementierung von dialogischer Führung im sozialen System »Unternehmen« ausgestaltet sein sollte. Da mit der Dialogorientierung zunächst und vielmehr eine Grundhaltung gegenüber dem je einzelnen Akteur und weniger ein Instrument verbunden ist, spannt sich hier das Feld der Organisationsentwicklung unter dem Gesichtspunkt einer »kritischen Mündigkeit« aller am betrieblichen Geschehen beteiligten Stakeholder auf.

Die vorliegende Forschungsarbeit nimmt im Sinne der Erkenntnisgewinnung zum Controlling als risikobehaftete Institution im betrieblichen Führungsgeschehen eine Beobachtungsperspektive auf diesen Akteur und seine Austauschbeziehungen zu Führungsinstanzen ein. Einige der aufgezeigten Problemfelder zum Controllings als Risiko-Träger lassen die Frage nach dessen Stellung bzw. Berechtigung im Führungsgeschehen aufscheinen. Dies vermag insofern nicht zu verwundern, als dass letztlich mit einem institutionalisierten Controlling als »Wächter und Warner« im Führungsgeschehen nicht nur die Vertrauensfrage an die betreffenden Führungsinstanzen bezüglich ihres Willens und ihrer Fähigkeit zur Einhaltung ökonomischer Grundsätze und Regeln »guter« Unternehmensführung verbunden ist. Vielmehr stellt sich auch die Frage nach dem Selbstbild eines Akteurs, der als »Hüter ökonomischer Vernunft« selber zum aktiven Bestandteil desjenigen Systems geworden ist, welches er kritisch hinterfragen soll – und dabei bisweilen seine eigenen Spielregeln und Messgrößen hierzu selbsttätig und nicht selten im Verborgenen zu definieren vermag.

Unter Würdigung der vorgenannten Aussagen bleibt als Ausblick die Frage, welchen Beitrag eine Änderung im (Selbst-)Verständnis von Führung zur Ermöglichung von Selbststeuerung und einem »föderalistischen« Führungskontext zu leisten vermag. In diesem Sinne richtet sich der Blick auf den Beitrag der Organisationspädagogik zur Ausprägung eines nachhaltign dialogischen Führungsverständnisses auf Basis eines gemeinsam zwischen den beteiligten Akteuren getragenen Wertekanons bezüglich ihrer organisationalen Austauschbeziehungen. Im besten Sinne lässt sich hier die Frage nach der Führungskräfteentwicklung als Element organisationaler Bildung aufwerfen. Ein dialogisches

Führungsverständnis als hierachiefreies Miteinander innerhalb der gemeinsamen Suche nach Wahrheit und Erkenntnis vermag diejenige Keimzelle zu sein, die Unternehmensführung im Spannungsfeld aus ökonomischen und sozialen Ansprüchen unterschiedlicher Stakeholder zu einer auf Ermöglichung bzw. Teilhabe aller an ihr Beteiligten ausgerichteten Angelegenheit macht. Diese Perspektivverschiebung innerhalb des (Selbst-)Verständnisses von Führung, Führungskräften und Mitarbeitern beinhaltet gleichwohl den Bildungsauftrag an die Organisationspädagogik, in dessen Umsetzung die Emanzipation der betreffenden Akteure von scheinbar gefügten organisationalen und ökonomischen Wahrheiten eingebettet ist. Und ein solches – zweifelsohne weites – Feld aufzunehmen, mag Aufgabe weiterer Forschungsarbeiten sein.

# 8. Literaturverzeichnis


Adams, Matthew (2006): Hybridizing Habitus and Reflexivity: Towards an Understanding of Contemporary Identity?, Sociology, Jg. 40, Nr. 3, S. 511–528.

Ahrens, Sophie (2009): Soziale Netzwerktheorie, in: Schwaiger, Manfred/Meyer, Anton (Hrsg.): Theorien und Methoden der Betriebswirtschaft, München: Verlag Franz Vahlen, S. 299–314.

Ahrens, Thomas/Chapman, Christopher S. (2007): Management accounting as practice, Accounting, Organizations and Society, Jg. 32, Nr. 1–2, Januar-Februar 2007, S. 1–27.

AKEIÜ (2010): Aktuelle Herausforderungen im Risikomanagement - Innovationen und Leitlinien. Arbeitskreis Externe und Interne Überwachung der Unternehmung (AKEIÜ) der Schmalenbach-Gesellschaft für Betriebswirtschaft e.V., Köln, Der Betrieb, Jg. 63, Heft 23 vom 11.06.2010, S. 1245–1252.

AKEU/AKEIÜ (2009): Anforderungen an die Überwachungsaufgaben von Aufsichtsrat und Prüfungsausschuss nach § 107 Abs. 3 Satz 2 AktG i.d.F. des Bilanzrechtsmodernisierungsgesetzes. Arbeitskreis Externe Unternehmensrechnung (AKEU) / Arbeitskreis Externe und Interne Überwachung der Unternehmung (AKEIÜ) der Schmalenbach-Gesellschaft für Betriebswirtschaft e.V., Köln, Der Betrieb, Jg. 62, Heft 24 vom 12.06.2009, S. 1279–1282.

(AktG 2011): Aktiengesetz (AktG), Fassung vom 22.12.2011.

Alewell, Dorothea/Martin, Simone (2006): Transaktionskostenansatz und Personalwirtschaftslehre. Analyse zentraler Problemfelder und Präsentation von Lösungsansätzen, Zeitschrift für Management, Jg. 1, Heft 3, Juli 2006, S. 282–302.

Alvarez, Sharon A./Parker, Simon C. (2009): Emerging Firms and the Allocation of Control Rights: A Bayesian Approach, Academy of Management Review, Jg. 34, Nr. 2, April 2009, S. 209–227.

Alvesson, Mats/Empson, Laura (2008): The construction of organizational identity: Comparative case studies of consulting firms, Scandinavian Journal of Management, Jg. 24, Nr. 1, März 2008, S. 1–16.

Alvesson, Mats/Kärreman, Dan/Sturdy, Andrew/Handley, Karen (2009): Unpacking the client(s): Constructions, positions and client-consultant dynamics, Scandinavian Journal of Management, Jg. 25, Nr. 3, September 2009, S. 253–263.

Ameln, Falko von/Kramer, Josef (2012): Macht und Führung. Gedanken zur Führung in einer komplexer werdenden Organisationslandschaft, Gruppendynamik und Organisationsberatung, Jg. 43, Heft 2, S. 189–204.

Andersen, Torben Juul (2006): Global derivatives. A strategic risk management perspective, Harlow: Financial Times/Prentice Hall.

Anthony, Robert N./Govindarajan, Vijay (2004): Management Control Systems, 11. Auflage, Boston: McGrawHill/Irwin.

Apesteguia, Jose/Ballester, Miguel A. (2009): A theory of reference-dependent behavior, Economic Theory, Jg. 40, Nr. 3, S. 427–455.

Argyris, Chris/Schön, Donald A. (2008): Die lernende Organisation. Grundlagen, Methode, Praxis, 3. Auflage, Stuttgart: Schäffer-Poeschel Verlag.

Armstrong, Christopher S./Ittner, Christopher D./Larcker, David F. (2012): Corporate governance, compensation consultants, and CEO pay levels, Review of Accounting Studies, Jg. 17, Heft 2, S. 322–351.

Armstrong, Robert W./Williams, Robert J./Barrett, J. Douglas (2004): The Impact of Banality, Risky Shift and Escalating Commitment on Ethical Decision Making, Journal of Business Ethics, Band 53, Heft 4, September 2004, S. 365–370.

Arnold, Rolf (1997): Betriebspädagogik, 2., überarbeitete und erweiterte Auflage, Berlin: Erich Schmidt Verlag.

Arnold, Rolf/Becker, Manfred (2012): Organisationsentwicklung. Studienbrief OE0110, Kaiserslautern: Technische Universität Kaiserslautern.

Artz, Martin (2011): Slack in Marketing- und Vertriebsbudgets – Ressourcenverschwendung oder notwendige Flexibilität in der Marktbearbeitung?, Controlling, Zeitschrift für erfolgsorientierte Unternehmensführung, Jg. 23, Heft 1, Januar 2011, S. 47–54.

Aschermann, Ellen/Härtl-Kasulke, Claudia (2012): Lernen als Führungsaufgabe in Organisationen: Handlungsregulation als theoretisches Modell und Aspekte der Implementierung integraler Perspektive, Wirtschaftspsychologie, Heft 3–2012, S. 79–88.

Backhaus, Klaus/Erichson, Bernd/Plinke, Wulff/Weiber, Rolf (2008): Multivariate Analysemethoden. Eine anwendungsorientierte Einführung, 12., vollständig überarbeitete Auflage, Berlin [u.a.]: Springer-Verlag.

Badura, Bernhard/Greiner, Wolfgang/Rixgens, Petra/Ueberle, Max/Behr, Martina (2013): Sozialkapital. Grundlagen von Gesundheit und Unternehmenserfolg, 2., erweiterte Auflage, Berlin, Heidelberg: Springer Gabler.

Baecker, Dirk (2003): Organisation und Management. Aufsätze, Frankfurt am Main: Suhrkamp Verlag.

Baetge, Jörg/Kirsch, Hans-Jürgen/Thiele, Stefan (2004): Bilanzanalyse, 2., vollständig überarbeitete und erweiterte Auflage, Düsseldorf: IDW-Verlag.

Baglioni, Angelo/Colombo, Luca (2009): Managers' Compensation and Misreporting: A Costly State Verification Approach, Economic Inquiry, Jg. 47, Nr. 2, April 2009, S. 278–289.

Bakker, Frank G. A. de/den Hond, Frank (2008): Introducing the Politics of Stakeholder Influence: A Review Essay, Business & Society, Jg. 47, Nr. 1/März 2008, S. 8–20.

Ballinger, Gary A./Rockmann, Kevin W. (2010): Chutes versus Ladders: Anchoring Events and a Punctuated-Equilibrium Perspective on Social Exchange Relationships, Academy of Management Review, Jg. 35, Nr. 3, Juli 2010, S. 373–391.

Ballwieser, Wolfgang (2007): Unternehmensbewertung. Prozess, Methoden und Probleme, 2., überarbeitete Auflage, Stuttgart: Schäffer-Poeschel Verlag.

Balsmeier, Benjamin/Peters, Heiko (2009): Personelle Unternehmensverflechtung und Vorstandsgehälter, Zeitschrift für Betriebswirtschaft, Jg. 79, Heft 9, September 2009, S. 967–984.

Bamberg, Günter/Coenenberg, Adolf Gerhard/Krapp, Michael (2008): Betriebswirtschaftliche Entscheidungslehre, 14., überarbeitete Auflage, München: Verlag Franz Vahlen.

Bamberger, Ingolf (Hrsg.) (2008): Strategische Unternehmensberatung. Konzeptionen – Prozesse – Methoden, 5., aktualisierte und erweiterte Auflage, Wiesbaden: Gabler Verlag.

Bardy, Roland (2008): Qualitätsmanagement im Controlling, ZfCM – Zeitschrift für Controlling und Management, Jg. 52, Sonderheft 3, November 2008, S. 70–79.

Baron, David P. (2003): Business and its environment, 4. Auflage, Upper Saddle River, N.J: Prentice Hall.

Baron, David P. (2009): A positive Theory of Moral Management, Social Pressure, and Corporate Social Performance, Journal of Economics & Management Strategy, Jg. 18, Nr. 1/Frühjahr 2009, S. 7–43.

Barth, Klaus/Hartmann, Michaela/Schröder, Hendrik (Hrsg.) (2015): Betriebswirtschaftslehre des Handels, 7., überarbeitete Auflage, Wiesbaden: Gabler Verlag.

Barth, Klaus/Hartmann, Michaela/Schröder, Hendrik (2015): Das Handelscontrolling, in: Barth, Klaus/Hartmann, Michaela/Schröder, Hendrik (Hrsg.): Betriebswirtschaftslehre des Handels, 7., überarbeitete Auflage, Wiesbaden: Gabler Verlag, S. 349–429.

Barth, Thomas/Barth, Daniela (2008): Controlling, 2., vollständig überarbeitete und aktualisierte Auflage, München: Oldenbourg.

Barua, Abhijit/Lin, Steve/Sbaraglia, Andrew M. (2010): Earnings Management Using Discontinued Operations, The Accounting Review, Jg. 85, Nr. 5, September 2010, S. 1485–1509.

Basel Committee on Banking Supervision (2010): Principles for enhancing corporate governance, Basel, Bank for International Settlements, Oktober 2010, verfügbar auf: www.bis.org, Stand: 03.01.2012.

Baseler Ausschuss für Bankenaufsicht (2006): Internationale Konvergenz der Eigenkapitalmessung und Eigenkapitalanforderungen. Überarbeitete Rahmenvereinbarung zu Basel II. Umfassende Version, Basel, Juni 2006, verfügbar auf: http://www.bis.org/publ/bcbs128ger.pdf, Stand: 03.01.2012.

Baseler Ausschuss für Bankenaufsicht (2010): Basel III: Internationale Rahmenvereinbarung über Mesung, Standards und Überwachung in Bezug auf das Liquiditätsrisiko, Basel, Dezember 2010, verfügbar auf: http://www.bis.org/publ/bcbs188_de.pdf, Stand: 03.01.2012.

Bassen, Alexander/Basse Mama, Houdou/Ramaj, Hidajet (2010): Investor relations: a comprehensive overview, Journal für Betriebswirtschaft, Jg. 60, Nr. 1, März 2010, S. 49–79.

Bastons, Miquel (2008): The Role of Virtues in the Framing of Decisions, Journal of Business Ethics, Band 78, Heft 3, März 2008, S. 389–400.

Bea, Franz Xaver (2004): Entscheidungen des Unternehmens, in: Bea, Franz Xaver/Friedl, Birgit/Schweitzer, Marcell (Hrsg.): Allgemeine Betriebswirtschaftslehre. Bd. 1: Grundfragen, 9., überarbeitete Auflage, Stuttgart: Lucius & Lucius, Schriftenreihe UTB, S. 310–420.

Bea, Franz Xaver/Friedl, Birgit/Schweitzer, Marcell (Hrsg.) (2004): Allgemeine Betriebswirtschaftslehre. Bd. 1: Grundfragen, 9., überarbeitete Auflage, Stuttgart: Lucius & Lucius, Schriftenreihe UTB.

Becker, Albrecht (2004): Jenseits des Kerns des Controlling: Management Accounting as Social and Institutional Practice, ZfCM – Zeitschrift für Controlling und Management, Jg. 48, Heft 2, April 2004, S. 95–107.

Becker, Albrecht/Jordan, Silvia/Messner, Martin (2003): Controlling als organisationale Praxis: Implikationen für die Forschung, in: Weber, Jürgen/Hirsch, Bernhard (Hrsg.): Zur Zukunft der Controllingforschung. Empirie, Schnittstellen und Umsetzung in der Lehre, Wiesbaden: Deutscher Universitäts-Verlag, S. 144–160.

Becker, Manfred (2009): Personalentwicklung. Bildung, Förderung und Organisationsentwicklung in Theorie und Praxis, 5., aktualisierte und erweiterte Auflage, Stuttgart: Schäffer-Poeschel Verlag.

Behringer, Stefan (2011): Konzerncontrolling, Berlin [u.a.]: Springer-Verlag.

Bennedsen, Morten/Schultz, Christian (2011): Arm's length delegation of public services, Journal of Public Economics, Jg. 95, Nr. 7–8, S. 543–552.

Berens, Wolfgang/Knauer, Thorsten/Sommer, Friedrich (2013): Gemeinsamkeiten deutscher Controlling-Ansätze. Konzeption und empirische Analyse von Stellenanzeigen, Controlling, Zeitschrift für erfolgsorientierte Unternehmensführung, Jg. 25, Heft 4/5, April/Mai 2013, S. 223–228.

Berger, Ulrike/Bernhard-Mehlich, Isolde (2006): Die Verhaltenswissenschaftliche Entscheidungstheorie, in: Kieser, Alfred/Ebers, Mark (Hrsg.): Organisationstheorien, 6., erweiterte Auflage, Stuttgart: Kohlhammer, S. 169–214.

Berrada, Tony (2009): Bounded Rationality and Asset Pricing with Intermediate Consumption, Review of Finance, Jg. 13, Nr. 4, S. 693–725.

Berthold, Norbert/Stettes, Oliver (2004): Die betriebliche Weiterbildung im organisatorischen Wandel. Continuous Training and Organizational Change, Jahrbücher für Nationalökonomie und Statistik, Band 224, Heft 4, S. 399–419.

Beyer, Bettina/Hachmeister, Dirk/Lampenius, Niklas (2010): Die Bedeutung des Risikomanagements in Unternehmen - Eine empirische Untersuchung, ZfCM - Zeitschrift für Controlling und Management, Jg. 54, Heft 2, April 2010, S. 114–121.

Biel, Alfred (2007): Controller-Leitbild, Gauting, verfügbar auf: http://www.controllerverein.com/Controller_Statements.187.html?, Stand: 22.08.2009.

Bienfait, Agathe (2008): Verantwortliches Handeln als soziologischer Grundbegriff. Der vernachlässigte Beitrag von Max Webers Wertlehre für die individualistische Sozialtheorie, Österreichische Zeitschrift für Soziologie, Jg. 33, Nr. 3/2008, S. 3–19.

Bierhoff, Hans-Werner (2006): Sozialpsychologie zwischenmenschlichen Verhaltens, in: Pawlik, Kurt (Hrsg.): Handbuch Psychologie. Wissenschaft - Anwendung - Berufsfelder, Heidelberg: Springer-Verlag, S. 397–413.

Binder, Christoph (2006): Die Entwicklung des Controllings als Teildisziplin der Betriebswirtschaftslehre, Wiesbaden: Deutscher Universitäts-Verlag.

Binzel, Christine/Fehr, Dietmar (2010): Social Relationships and Trust. Discussion Papers, Berlin, Deutsches Institut für Wirtschaftsforschung, Nr. 1007, Mai 2010, verfügbar auf: http://www.diw.de/documents/publikationen/73/diw_01.c.357052.de/dp1007.pdf, Stand: 17.06.2011.

Birl, Holger (2007): Kooperation von Controllerbereich und Innenrevision. Messung, Auswirkungen, Determinanten, Wiesbaden: Deutscher Universitäts-Verlag.

Birl, Holger/Hirsch, Bernhard/Weber, Jürgen (2008): Lohnt eine Kooperation von Controllerbereich und Innenrevision? Neue empirische Erkenntnisse aus dem Controlling-Blickwinkel, ZfCM – Zeitschrift für Controlling und Management, Jg. 52, Heft 4, August 2008, S. 254–268.

Bleicher, Knut (1994): Normatives Management. Politik, Verfassung und Philosophie des Unternehmens, Frankfurt/Main, New York: Campus.

Blume, Andreas/Duffy, John/Franco, April M. (2009): Decentralized Organizational Learning: An Experimental Investigation, American Economic Review, Jg. 99, Nr. 4, September 2009, S. 1178–1205.

Boddy, David (2002): Management. An Introduction, 2. Auflage, New York: Pearson Education.

Bofinger, Peter (2003): Grundzüge der Volkswirtschaftslehre. Eine Einführung in die Wissenschaft von Märkten, München: Pearson Studium.

Bohm, David (2011): Der Dialog. Das offene Gespräch am Ende der Diskussionen. Herausgegeben von Lee Nichol, 6. Auflage, Stuttgart: Klett-Cotta.

Bourdieu, Pierre (2014): Sozialer Sinn. Kritik der theoretischen Vernunft, 8. Auflage, Frankfurt am Main: Suhrkamp Verlag.

Bragd, Annica/Christensen, Dorit/Czarniawska, Barbara/Tullberg, Maria (2008): Discourse as the means of community creation, Scandinavian Journal of Management, Jg. 24, Nr. 3, September 2008, S. 199–208.

Brandau, Michael/Hoffjan, Andreas (2010): Comparative Management Accounting, DBW – Die Betriebswirtschaft, Jg. 70, Heft 1/2010, S. 101–104.

Brandt, Verena/Thomann, Detlef/Hlavica, Christian/Kopov, Safet/Fauck, Heiko/Kiehne, Nina/Bohm, Katrin (2011): Anti-Fraud Management als Risikomanagementdisziplin, in: Hlavica, Christian/Klapproth, Uwe/Hülsberg, Frank M. (Hrsg.): Tax Fraud & Forensic Accounting. Umgang mit Wirtschaftskriminalität, Wiesbaden: Gabler Verlag.

Bresser, Rudi K. F./Valle Thiele, Reynaldo (2008): Ehemalige Vorstandsvorsitzende als Aufsichtsratschefs: Evidenz zu ihrer Effektivität im Falle des erzwungenen Führungswechsels, Zeitschrift für Betriebswirtschaft, Jg. 78, Heft 2, Februar 2008, S. 175–203.

Brown, Jason L./Evans III, John H./Moser, Donald V. (2009): Agency Theory and Participative Budgeting Experiments, Journal of Management Accounting Research, Jg. 21, S. 317–345.

Brüggen, Alexander/Luft, Joan (2011): Capital rationing, competition, and misrepresentation in budget forecasts, Accounting, Organizations and Society, Jg. 36, Nr. 7, Oktober 2011, S. 399–411.

Bücherl, Stephanie (2014): Anspruch und Wirklichkeit des Controlling. Eine Untersuchung jenseits des betriebswirtschaftlichen Paradigmas, Wiesbaden: Springer VS.

Buchholz, Rainer (2010): Grundzüge des Jahresabschlusses nach HGB und IFRS. Mit Aufgaben und Lösungen, 6., komplett überarbeitete Auflage, München: Verlag Franz Vahlen.

Budde, Wolfgang Dieter/Dörner, Dietrich/Geib, Gerd (2012): WP Handbuch 2012. Wirtschaftsprüfung, Rechnungslegung, Beratung. Band I, 14. Auflage seit 1945, Düsseldorf: IDW-Verlag.

Burkert, Michael/Fischer, Franz Michael/Schäffer, Utz (2011): Application of the controllability principle and managerial performance: The role of role perceptions, Management Accounting Research, Jg. 22, Nr. 3, September 2011, S. 143–159.

Busco, Cristiano (2009): Giddens' structuration theory and its implications for management accounting research, Journal of Management & Governance, Jg. 13, Nr. 3, S. 249–260.

Bushe, Gervase R./Marshak, Robert J. (2009): Revisioning Organization Development. Diagnostic and Dialogic Premises and Patterns of Practice, The Journal of Applied Behavioral Science, Jg. 45, Nr. 3/September 2009, S. 348–368.

Buß, Eugen (2009): Managementsoziologie. Grundlagen, Praxiskonzepte, Fallstudien, 2., korrigierte Auflage, München: Oldenbourg.

Chan, Debby (2011): Activist Perspective: The Social Cost Hidden in the Apple Products, Journal of Workplace Rights, Nr. 15, 3-4/2010–2011, S. 363–365.

Chen, Qi/Mittendorf, Brian/Zhang, Yun (2010): Endogenous Accounting Bias when Decision Making and Control Interact, Contemporary Accounting Research, Jg. 27, Nr. 4/Winter 2010, S. 1063–1091.

Chiapello, Eve (2009): Die Konstruktion der Wirtschaft durch das Rechnungswesen, in: Diaz-Bone, Rainer/Krell, Gertraude (Hrsg.): Diskurs und Ökonomie. Diskursanalytische Perspektiven auf Märkte und Organisationen, Wiesbaden: VS Verlag für Sozialwissenschaften, S. 125–149.

Chira, Inga/Adams, Michael/Thornton, Barry (2008): Behavioral Bias Within Decision Making Process, Journal of Business & Economics Research, Jg. 6, Nr. 8/August 2008, S. 11–20.

Coenenberg, Adolf Gerhard (2009): Jahresabschluss und Jahresabschlussanalyse, 21., überarbeitete Auflage, Stuttgart: Schäffer-Poeschel Verlag.

Cohan, John Alan (2002): "I Didn't Know" and "I Was Only Doing My Job": Has Corporate Governance Careened Out of Control? A Case Study of Enron's Information Myopia, Journal of Business Ethics, Band 40, Heft 3, Oktober 2002, S. 275–299.

Cohen, Jeffrey/Holder-Webb, Lori/Sharp, David/Pant, Laurie (2007): The Effects of Perceived Fairness on Opportunistic Behavior, Contemporary Accounting Research, Jg. 24, Nr. 4/Winter 2007, S. 1119–1138.

Comer, Debra R./Sekerka, Leslie E. (2014): Taking time for patience in organizations, Journal of Management Development, Jg. 33, Heft 1, S. 6–23.

Conway, Lucian Gideon/Salcido, Amanda/Gornick, Laura Janelle/Bongard, Kate Ashley/Moran, Meghan A./Burfiend, Chelsea (2009): When Self-Censorship Norms Backfire: The Manufacturing of Positive Communication and Its Ironic Consequences for the Perceptions of Groups, Basic and Applied Social Psychology, Jg. 31, Nr. 4, S. 335–347.

Cordini, Melanie (2007): Vertrauen im Prozess komplexer Systeme. Zur Führungsfunktion des Mittelmanagements als Hauptträger personellen Verhaltens. Dissertation, Hannover, Gottfried Wilhelm Leibnitz Universität Hannover, verfügbar auf: http://d-nb.info/986451843/34, Stand: 19.01.2010.

COSO (2004): Enterprise Risk Management – Integrated Framework. Executive Summary. September 2004, Committee of Sponsoring Organizations of the Treadway Commission, verfügbar auf: http://www.coso.org/documents/COSO_ERM_ExecutiveSummary.pdf, Stand: 18.08.2008.

Crawford, Matthew T./McConnell, Allen R./Lewis, Amy C./Sherman, Steven J. (2002): Reactance, Compliance, and Anticipated Regret, Journal of Experimental Social Psychology, Jg. 38, Heft 1, Januar 2002, S. 56–63.

Crozier, Michael/Friedberg, Erhard (1993): Die Zwänge des kollektiven Handelns. Über Macht und Organisation, Frankfurt a.M.: Athenäum/Hain.

Cyrus, Achouri (2010): A Systemic Approach to Human Ressources Management, Advances in Management, Jg. 3, Nr. 3, Mai 2010, S. 16–19.

Dahrendorf, Ralf (2006): Homo sociologicus. Ein Versuch zur Geschichte, Bedeutung und Kritik der Kategorie der sozialen Rolle, 16. Auflage, Wiesbaden: VS Verlag für Sozialwissenschaften.

Damodaran, Aswath (2008): Strategic risk taking. A framework for risk management, Upper Saddle River, NJ: Wharton School Publishing.

Daum, Andreas/Steinle, Claus (2007): Controlling. Kompendium für Ausbildung und Praxis, 4., überarbeitete Auflage, Stuttgart: Schäffer-Poeschel Verlag.

Däumler, Klaus-Dieter (1996): Kostenrechnung 1. Grundlagen, 7., vollständig neubearbeitete Auflage, Herne, Berlin: Verlag Neue Wirtschafts-Briefe.

Däumler, Klaus-Dieter/Grabe, Jürgen (2004): Kostenrechnung 3. Plankostenrechnung und Kostenmanagement, 7., wesentlich erweiterte Auflage, Herne, Berlin: Verlag Neue Wirtschafts-Briefe.

Deffains, Bruno/Demougin, Dominique (2006): Governance: Who Controls Matters, Berlin, Humboldt-Universität, SFB 649 Discussion Paper 2006–053, verfügbar auf: http://sfb649.wiwi.hu-berlin.de, Stand: 27.02.2010.

Dellbrügger, Peter (2007): Gestaltungselemente für eine unternehmerische Führungskultur – Das Beispiel der „Dialogischen Führung“ bei dem Unternehmen dm-drogerie markt GmbH & Co KG Karlsruhe, in: Raich, Margit/Hinterhuber, Hans H./Pechlaner, Harald (Hrsg.): Entrepreneurial Leadership. Profilierung in Theorie und Praxis, Wiesbaden: Deutscher Universitäts-Verlag, S. 65–79.

Dequiedt, Vianney/Martimort, David (2004): Delegated monitoring versus arm's-length contracting, International Journal of Industrial Organization, Jg. 22, Nr. 7, S. 951–981.

Dewe, Bernd (Hrsg.) (2002): Betriebspädagogik und berufliche Weiterbildung, 2. Auflage, Bad Heilbrunn/Obb.: Verlag Julius Klinkhardt.

Dewe, Bernd/Schwarz, Martin (Hrsg.) (2011): Beruf – Betrieb – Organisation. Perspektiven der Betriebspädagogik und beruflichen Weiterbildung, Bad Heilbrunn/Obb.: Verlag Julius Klinkhardt.

Deyhle, Albrecht/Kottbauer, Markus/Pascher, Dietmar (2010): Manager und Controlling. Kompaktes Controllingwissen für Führungskräfte, Freiburg, Br., Wörthsee: Verlag für ControllingWissen.

Diaz-Bone, Rainer/Krell, Gertraude (Hrsg.) (2009): Diskurs und Ökonomie. Diskursanalytische Perspektiven auf Märkte und Organisationen, Wiesbaden: VS Verlag für Sozialwissenschaften.

Diederichs, Marc (2010): Risikomanagement und Risikocontrolling. Risikocontrolling – ein integrierter Bestandteil einer modernen Risikomanagement-Konzeption, 2., korrigierte Auflage, München: Verlag Franz Vahlen.

Dietz, Karl-Martin (2008): Jeder Mensch ein Unternehmer. Grundzüge einer dialogischen Kultur. Schriften des Interfakultativen Instituts für Entrepreneurship (IEP) der Universität Karlsruhe (TH), Karlsruhe: Universitätsverlag Karlsruhe.

Dietz, Karl-Martin (2010): Dialog. Die Kunst der Zusammenarbeit, 3., erweiterte Auflage, Heidelberg: Menon.

Dietz, Karl-Martin (2011): Führung: Was kommt danach? Perspektiven einer Neubewertung von Arbeit und Bildung. Studienhefte des Interfakultativen Instituts für Entrepreneurship (IEP) des Karlsruher Instituts für Technologie, Karlsruhe: KIT Scientific Publishing.

Dietz, Karl-Martin/Kracht, Thomas (2011): Dialogische Führung. Grundlagen – Praxis – Fallbeispiel: dm-Drogerie-Markt, 3., aktualisierte Auflage, Frankfurt a.M. [u.a.]: Campus Verlag.

Dodier, Nicolas (2010): Konventionen als Stützen der Handlung. Elemente der soziologischen Pragmatik. Übersetzung des Originaltextes »Les appuis conventionnels de l'action. Eléments de pragmatique sociologique«, in: Réseaux, 1993, Bd. 11, Nr. 62, S. 63–85, Trivium, Nr. 5 (2010), S. 1–21.

Dohmen, Thomas/Falk, Armin/Huffman, David/Marklein, Felix/Sunde, Uwe (2009): Biased probability judgment: Evidence of incidence and relationship to economic outcomes from a representative sample, Journal of Economic Behavior & Organization, Jg. 72, Nr. 3, S. 903–915.

Dunne, Paul J./García-Alonso, María D.C/Levine, Paul/Smith, Ron P. (2006): Managing asymmetric conflict, Oxford Economic Papers, Jg. 58, Nr. 2, S. 183–208.

Dur, Robert/Roelfsema, Hein (2010): Social exchange and common agency in organizations, Journal of Socio-Economics, Jg. 39, Nr. 1, Januar 2010, S. 55–63.

Dyckhoff, Harald/Souren, Rainer (2008): Nachhaltige Unternehmensführung. Grundzüge industriellen Umweltmanagements, Berlin [u.a.]: Springer-Verlag.

Ecker, Roland (2004): Erfolgsfaktoren eines ganzheitlichen Controllings komplexer Veränderungsprogramme, ZfCM – Zeitschrift für Controlling und Management, Jg. 48, Heft 5, September 2004, S. 345–349.

Ehmer, Susanne (2004): Dialog als kreativer Denkraum in lernenden Organisationen, Organisationsberatung – Supervision – Coaching, Jg. 11, Heft 4/2004, S. 329–340.

Ehrmann, Harald (2012): Risikomanagement in Unternehmen. Mit Basel III, 2., aktualisierte und erheblich überarbeitete Auflage, Herne: Verlag Neue Wirtschafts-Briefe.

Ehrmann, Thomas/Scheinker, Eugen (2009): Ex-Post-Adaptionen von Vertragsregelungen – eine simulationsbasierte Analyse auf Grundlage der *NK*-Modelle, Zeitschrift für Betriebswirtschaft, Jg. 79, Heft 1, Januar 2009, S. 93–123.

Eisele, Wolfgang (2002): Technik des betrieblichen Rechnungswesens. Buchführung und Bilanzierung, Kosten- und Leistungsrechnung, Sonderbilanzen, 7., vollständig überarbeitete und erweiterte Auflage, München: Verlag Franz Vahlen.

Ellebracht, Heiner/Lenz, Gerhard/Osterhold, Gisela (2009): Systemische Organisations- und Unternehmensberatung. Praxishandbuch für Berater und Führungskräfte, 3., überarbeitete und erweiterte Auflage, Wiesbaden: Gabler Verlag.

Englund, Hans/Gerdin, Jonas/Burns, John (2011): 25 Years of Giddens in accounting research: Achievements, limitations and the future, Accounting, Organizations and Society, Jg. 36, Nr. 8, November 2011, S. 494–513.

Erben, Roland Franz (2007): Lessons Learned: Beispiele für den Eintritt von Strategierisiken, operationellen Risiken und Reputationsrisiken, in: Kaiser, Thomas/Auer, Michael (Hrsg.): Wettbewerbsvorteil Risikomanagement. Erfolgreiche Steuerung der Strategie-, Reputations- und operationellen Risiken, Berlin: Erich Schmidt Verlag, S. 39–61.

Erlei, Mathias/Sauerland, Dirk/Leschke, Martin (2007): Neue Institutionenökonomik, 2., überarbeitete und erweiterte Auflage, Stuttgart: Schäffer-Poeschel Verlag.

Ernst, Edgar/Vater, Hendrik/Reinhard, Hartmut/Poschmann, Sarah (2008): Veränderungen im Rollenbild des Controllers. Theoretische Grundlagen und Erfahrungen aus der Unternehmenspraxis, DBW – Die Betriebswirtschaft, Jg. 68, Heft 6/2010, S. 729–742.

Eßig, Michael/Buck, Tobias (2007): Dimensionen, Elemente und Institutionalisierung eines Beschaffungscontrolling-Portfolios, ZfCM – Zeitschrift für Controlling und Management, Jg. 51, Heft 3, Juni 2007, S. 168–173.

Esteban, Joan/Sákovics, József (2008): A Theory of Agreements in the Shadow of Conflict: The Genesis of Bargaining Power, Theory and Decision, Jg. 65, Nr. 3, S. 227–252.

Falk, Armin/Kosfeld, Michael (2006): The Hidden Costs of Control, The American Economic Review, Jg. 96, Nr. 5, Dezember 2006, S. 1611–1630.

Fauré, Bertrand/Rouleau, Linda (2011): The strategic competence of accountants and middle managers in budget making, Accounting, Organizations and Society, Jg. 36, Nr. 3, April 2011, S. 167–182.

Feistel, Katharina (2011): Humankapitaltheorie und betriebliche Weiterbildung, in: Dewe, Bernd/Schwarz, Martin (Hrsg.): Beruf – Betrieb – Organisation. Perspektiven der Betriebspädagogik und beruflichen Weiterbildung, Bad Heilbrunn/Obb.: Verlag Julius Klinkhardt, S. 140–162.

Feld, Timm C. (2010): Entwicklung von Organisationen als organisationspädagogische Gestaltungsaufgabe. Anforderungsprofil an lernende Weiterbildungsorganisationen, Zeitschrift für Erziehungswissenschaft, Jg. 13, Heft 1/2010, S. 83–98.

Felfe, Jörg (2006): Transformationale und charismatische Führung – Stand der Forschung und aktuelle Entwicklungen, Zeitschrift für Personalpsychologie, Jg. 5, Nr. 4, S. 163–176.

Feng, Mei/Li, Chan/McVay, Sarah (2009): Internal control and management guidance, Journal of Accounting and Economics, Jg. 48, Nr. 2–3, Dezember 2009, S. 190–209.

Fernández-Huerga, Eduardo (2008): The Economic Behavior of Human Beings: The Institutional/Post-Keynesian Model, Journal of Economic Issues, Jg. 42, Nr. 3, September 2008, S. 709–726.

Fiege, Stefanie (2006): Risikomanagement- und Überwachungssystem nach KonTraG. Prozess, Instrumente, Träger, Wiesbaden: Deutscher Universitäts-Verlag.

Filipiuk, Bogna (2009): Transparenz der Risikoberichterstattung. Anforderungen und Umsetzung in der Unternehmenspraxis, Wiesbaden: Gabler Verlag.

Fink, Dietmar (2009): Strategische Unternehmensberatung, München: Verlag Franz Vahlen.

Fink, Dietmar/Knoblach, Bianka (2008): Managementmoden im Spiegel des Konstruktivismus, zfbf – Zeitschrift für betriebswirtschaftliche Forschung, Jg. 60, Heft 5/2008, S. 459–478.

Fink, Dietmar/Knoblach, Bianka (2009): Wie Manager ihre Realitäten konstruieren – Weltbilder und Modethemen, in: Oltmanns, Torsten/Kleinaltenkamp, Michael/Ehret, Michael (Hrsg.): Kommunikation und Krise. Wie Entscheider die Wirklichkeit definieren, Wiesbaden: Gabler Verlag, S. 3–16.

Fischer, Jens Henning (2009): Steuerung in Organisationen, Wiesbaden: VS Verlag für Sozialwissenschaften.

Florissen, Andreas (2008): Preiscontrolling – Rationalitätssicherung im Preismanagement, ZfCM – Zeitschrift für Controlling und Management, Jg. 52, Heft 2, April 2008, S. 85–90.

Flynn, Francis J./Wiltermuth, Scott S. (2010): Who's with Me? False Consensus, Brokerage, and Ethical Decision Making in Organizations, Academy of Management Journal, Jg. 53, Nr. 5, Oktober 2010, S. 1074–1089.

Foucault, Michel (2010): Die Ordnung des Diskurses, 11. Auflage der Originalausgabe von 1974, Frankfurt am Main: Fischer Taschenbuch Verlag.

Franken, Swetlana (2007): Verhaltensorientierte Führung. Handeln, Lernen und Ethik in Unternehmen, 2., überarbeitete und erweiterte Auflage, Wiesbaden: Gabler Verlag.

Fredebeul-Krein, Tobias (2012): Koordinierter Einsatz von Direktmarketing und Verkaufsaußendienst im B2B-Kontext, Wiesbaden: Gabler Verlag.

Freeman, Edward R./Wicks, Andrew C./Parmar, Bidhan (2004): Stakeholder Theory and "The Corporate Objective Revisited", Organization Science, Jg. 15, Nr. 3, Mai-Juni 2004, S. 364–369.

Freidank, Carl-Christian/Baetge, Jörg/Lachnit, Laurenz (Hrsg.) (2008): Controlling und Rechnungslegung. Aktuelle Entwicklungen in Wissenschaft und Praxis, Wiesbaden: Gabler Verlag.

Frey, Bruno S./Eichenberger, Reiner (1989): Zur Bedeutung entscheidungstheoretischer Anomalien für die Ökonomik. How Important Are Choice Anomalies for Economics?, Jahrbücher für Nationalökonomie und Statistik, Band 206, Heft 2, S. 81–101.

Frey, Bruno S./Osterloh, Margit (2005): Yes, Managers Should Be Paid Like Bureaucrats, Journal of Management Inquiry, Jg. 14, Nr. 1, S. 96–111.

Frey, Dieter/Gerkhardt, Marit/Fischer, Peter/Peus, Claudia/Trau-Mattausch, Eva (2009): Change Management in Organisationen – Widerstände und Erfolgsfaktoren der Umsetzung, in: Rosenstiel, Lutz von/Domsch, Michel/Regnet, Erika (Hrsg.): Führung von Mitarbeitern. Handbuch für erfolgreiches

Personalmanagement, 6., überarbeitete Auflage, Stuttgart: Schäffer-Poeschel Verlag, S. 561–589.

Friedrichs, David O. (2009): Exorbitant CEO compensation: just reward or grand theft?, Crime, Law and Social Change, Jg. 51, Heft 1, S. 45–72.

Fritz, Tina (2012): Die monetäre Bewertung von Bildungsmaßnahmen als Teilaspekt des betrieblichen Bildungscontrollings. Darstellung, kritische Beurteilung und Weiterentwicklung des gegenwärtigen Forschungsstandes, Hamburg: Kovač.

Fröhlich, Werner/Laumann, Maja (Hrsg.) (2009): Wertschöpfung durch Management Consulting. Research in Progress, München, Mering: Rainer Hampp Verlag.

Frow, Natalie/Marginson, David/Ogden, Stuart (2010): "Continuous" budgeting: Reconciling budget flexibility with budgetary control, Accounting, Organizations and Society, Jg. 35, Nr. 4, Mai 2010, S. 444–461.

Fuchs, Christian (2002): Some Implications of Anthony Giddens' Works for a Theory of Social Self-Organization, Emergence, Jg. 4, Nr. 3, S. 7–35.

Fülbier, Rolf/Gassen, Joachim/Sellhorn, Thorsten (2008): Vorsichtige Rechnungslegung – Theoretische Erklärung und empirische Relevanz, Zeitschrift für Betriebswirtschaft, Jg. 78, Heft 12, Dezember 2008, S. 1317–1342.

Fülbier, Rolf/Hirsch, Bernhard/Meyer, Matthias (2006): Wirtschaftsprüfung und Controlling – Verstärkte Zusammenarbeit zwischen zwei zentralen Institutionen des Rechnungswesens, ZfCM – Zeitschrift für Controlling und Management, Jg. 50, Heft 4, August 2006, S. 234–241.

Funk, Harry/Müller, Stefan (2010): Produzenten- und Produkthaftungsrückstellungen nach HGB und IFRS, Betriebs Berater, Jg. 65, Heft 36, S. 2163–2167.

Funk, Wilfried/Rossmanith, Jonas (Hrsg.) (2008): Internationale Rechnungslegung und internationales Controlling. Herausforderungen, Handlungsfelder, Erfolgspotenziale, Wiesbaden: Gabler Verlag.

Funk, Wilfried/Rossmanith, Jonas (2008): Internationalisierung der Rechnungslegung und des Controllings. Einflussfaktoren und Auswirkungen, in: Funk, Wilfried/Rossmanith, Jonas (Hrsg.): Internationale Rechnungslegung und internationales Controlling. Herausforderungen, Handlungsfelder, Erfolgspotenziale, Wiesbaden: Gabler Verlag, S. 3–76.

Gaenslen, Philip (2006): Risiken der Unternehmensleitung. Erfassung, Steuerung und Überwachung der von der Unternehmensleitung ausgehenden Risiken, Sternenfels: Verlag Wissenschaft & Praxis.

Gammelgaard, Jens (2009): Issue Selling and Bargaining Power in Intrafirm Competition: The Differentiating Impact of the Subsidiary Management Composition, Competition & Change, Jg. 13, Nr. 3, September 2009, S. 214–228.

Gao, Lei/Schmidt, Ulrich (2005): Self is Never Neutral: Why Economic Agents Behave Irrationally, The Journal of Behavioral Finance, Jg. 6, Nr. 1, S. 27–37.

Gargiulo, Martin/Ertug, Gokhan/Galunic, Charles (2009): The Two Faces of Control: Network Closure and individual Performance among Knowledge Workers, Administrative Science Quarterly, Jg. 54, Nr. 2, S. 299–333.

Gavetti, Giovanni M./Warglien, Massimo (2007): Recognizing the New: A Multi-Agent model of Analogy in Strategic Decision-Making. Working Paper 08–028, Boston, Mass., Harvard Business School, verfügbar auf: http://www.hbs.edu/research/pdf/08-028.pdf, Stand: 29.03.2010.

Ge, Weili/Matsumoto, Dawn/Zhang, Jenny Li (2011): Do CFOs Have Style? An Empirical Investigation of the Effect of Individual CFOs on Accounting Practices, Contemporary Accounting Research, Jg. 28, Nr. 4/Winter 2011, S. 1141–1179.

Geiger, Daniel/Schröder, Anja (2014): Ever-Changing Routines? Toward a Revised Understanding of Organizational Routines between Rule-Following and Rule-Breaking, sbr – Schmalenbach Business Review, Jg. 66, April 2014, S. 170–190.

Geimer, Alexander (2012): Bildung als Transformation von Selbst- und Weltverhältnissen und die dissoziative Aneignung von diskursiven Subjektfiguren in posttraditionellen Gesellschaften, Zeitschrift für Bildungsforschung, Jg. 2, Heft 3, S. 229–242.

Geißler, Harald (2000): Organisationspädagogik. Umrisse einer neuen Herausforderung, München: Verlag Franz Vahlen.

Geißler, Harald (2011): Organisationslernen durch Führungskräfte-Coaching mit modernen Mitteln. Neoinstitutionalistische Grundlegung und empirische Erprobung, in: Göhlich, Michael/Weber, Susanne Maria/Schiersmann, Christiane/Schröer, Andreas (Hrsg.): Organisation und Führung. Beiträge der Kommission Organisationspädagogik, Wiesbaden: VS Verlag für Sozialwissenschaften, S. 235–244.

Gerling, Patrick George (2007): Controlling und Kognition. Implikationen begrenzt kognitiver Kapazitäten für das Controlling. Dissertation, Technische Universität Kaiserslautern, Lohmar-Köln: Josef Eul Verlag.

Gerum, Elmar (2004): Unternehmensordnung, in: Bea, Franz Xaver/Friedl, Birgit/Schweitzer, Marcell (Hrsg.): Allgemeine Betriebswirtschaftslehre. Bd. 1: Grundfragen, 9., überarbeitete Auflage, Stuttgart: Lucius & Lucius, Schriftenreihe UTB, S. 224–309.

(ProdHaftG 2002): Gesetz über die Haftung für fehlerhafte Produkte (ProdHaftG), Fassung vom 19.07.2002.

Ghosh, Dipankar/Olsen, Lori (2009): Environmental uncertainty and managers' use of discretionary accruals, Accounting, Organizations and Society, Jg. 34, Nr. 2, Februar 2009, S. 188–205.

Giddens, Anthony (1997): Die Konstitution der Gesellschaft. Grundzüge einer Theorie der Strukturierung, 3. Auflage, Frankfurt a.M. [u.a.]: Campus Verlag.

Gierl, Heribert/Stiegelmayr, Karin (2010): Preis und Qualität als Dimensionen von Kompromissoptionen, Zeitschrift für Betriebswirtschaft, Jg. 80, Nr. 5, Mai 2010, S. 495–531.

Gilbert, Dirk Ulrich (2007): Vertrauen als Gegenstand der ökonomischen Theorie. Ausgewählte theoretische Perspektiven, empirische Einsichten und neue Erkenntnisse, Zeitschrift für Management, Jg. 2, Heft 1, Januar 2007, S. 60–107.

Gillespie, Nicole/Dietz, Graham (2009): Trust Repair After an Organization-Level Failure, Academy of Management Review, Jg. 34, Nr. 1, Januar 2009, S. 127–145.

Gilovich, Thomas/Griffin, Dale/Kahneman, Daniel (Hrsg.) (2008): Heuristics and biases. The Psychology of Intuitive Judgment, Nachdruck der Erstausgabe von 2002, Cambridge: Cambridge University Press.

Gleißner, Werner (2008): Grundlagen des Risikomanagements, München: Verlag Franz Vahlen.

Göbel, Elisabeth (2001): Neue Institutionenökonomik. Konzeptionen und betriebswirtschaftliche Anwendungen, Stuttgart: Lucius & Lucius, Schriftenreihe UTB.

Göbel, Elisabeth (2003): Der Mensch: ein Produktionsfaktor mit Würde, Zeitschrift für Wirtschafts- und Unternehmensethik, Jg. 4, Heft 2, S. 170–196.

Göhlich, Michael/König, Eckard/Schwarzer, Christine (Hrsg.) (2007): Beratung, Macht und organisationales Lernen, Wiesbaden: VS Verlag für Sozialwissenschaften.

Göhlich, Michael/Weber, Susanne Maria/Schiersmann, Christiane/Schröer, Andreas (Hrsg.) (2011): Organisation und Führung. Beiträge der Kommission Organisationspädagogik, Wiesbaden: VS Verlag für Sozialwissenschaften.

Goll, Irene/Rasheed, Abdul A. (2005): The Relationships between Top Management Demographic Characteristics, Rational Decision Making, Environmental Munificence, and Firm Performance, Organization Studies, Jg. 26, Nr. 7, S. 999–1023.

Goodstein, Jerry D. (2000): Moral Compromise and Personal Integrity: Exploring the Ethical Issues of Deciding Together in Organizations, Business Ethics Quarterly, Jg. 10, Nr. 4 (Oktober 2000), S. 805–819.

Goretzki, Lukas (2013): Management accounting and the construction of the legitimate manager, Journal of Management Control, Jg. 23, Nr. 4, Februar 2013, S. 319–344.

Goretzki, Lukas/Weber, Jürgen (2010): Der Wandel der Controller – Eine rollentheoretische Betrachtung am Beispiel der Hansgrohe AG, ZfCM – Zeitschrift für Controlling und Management, Jg. 54, Heft 3, Juni 2012, S. 163–169.

Goretzki, Lukas/Weber, Jürgen/Zubler, Susanne (2010): Die Rollen der Controller, Controller Magazin – Arbeitsergebnisse aus der Controller-Praxis, Ausgabe 2, März/April 2010, S. 56–62.

Goss, David (2008): Enterprise Ritual: A Theory of Entrepreneurial Emotion and Exchange, British Journal of Management, Jg. 19, Nr. 2, S. 120–137.

Götze, Uwe (2008): Investitionsrechnung. Modelle und Analysen zur Beurteilung von Investitionsvorhaben, 6., durchgesehene und aktualisierte Auflage, Berlin, Heidelberg: Springer-Verlag.

Götze, Uwe/Henselmann, Klaus/Mikus, Barbara (Hrsg.) (2001): Risikomanagement, Heidelberg: Physica-Verlag.

Grandori, Anna (2005): Neither Stakeholder Nor Shareholder 'Theories': How Property Right and Contract Theory can Help in Getting Out of the Dilemma, Journal of Management & Governance, Jg. 9, Nr. 1, S. 41–46.

Graumann, Mathias (2012): Wirtschaftliches Prüfungswesen. Sämtliche Prozessschritte der Abschlussprüfung; integrierende Darstellung von Berufsrecht und Berufspraxis; Kommentierungen der handelsrechtlichen Jahresabschlussvorschriften, 3., vollständig überarbeitete Auflage, Herne: Verlag Neue Wirtschafts-Briefe.

Gregory, Paul R. (2002): Essentials of economics, 5. Auflage, Boston: Addison Wesley.

Griese, Christiane/Marburger, Helga (2011): Bildungsmanagement. Ein Lehrbuch, München: Oldenbourg.

Gröbl-Steinbach, Evelyn (2000): Formale Pragmatik und Pragmatismus, Logos : Zeitschrift für systematische Philosophie, Band 6 (1999–2000), Heft 2, S. 143–172.

Gröbl-Steinbach, Evelyn (2002): Erkenntnistheoretischer Realismus – nach der pragmatischen Wende, Logos : Zeitschrift für systematische Philosophie, Band 7 (2001–2002), Heft 1–2, S. 44–67.

Grondin, Jean (2009): Hermeneutik. Aus dem Französischen übersetzt von Ulrike Blech, Göttingen: Vandenhoeck & Ruprecht.

Grote, Sven (Hrsg.) (2012): Die Zukunft der Führung, Berlin: Springer-Verlag.

Grote, Sven/Hering, Victor W. (2012): Mythen der Führung, in: Grote, Sven (Hrsg.): Die Zukunft der Führung, Berlin: Springer-Verlag, S. 1–24.

Grou, Beno/Tabak, Benjamin M. (2008): Ambiguity Averson and Illusion of Control. Experimental Evidence in an Emerging Market, The Journal of Behavioral Finance, Jg. 9, Nr. 1, S. 22–29.

Groves, Kevin S./Vance, Charles M. (2009): Examining Managerial Thinking Style, EQ, and Organizatinal Commitment, Journal of Managerial Issues, Jg. 21, Nr. 3/Herbst 2009, S. 344–366.

Grünberger, David (2011): IFRS 2011. Ein systematischer Praxis-Leitfaden, 9., überarbeitet Auflage, Herne: Verlag Neue Wirtschafts-Briefe.

Grundei, Jens (2008): Are managers agents or stewards of their principals? Logic, critique, and reconciliation of two conflicting theories of corporate governance, Journal für Betriebswirtschaft, Jg. 58, Nr. 3, September 2008, S. 141–166.

Guidice, Rebecca M./Mero, Neal P. (2007): Governing joint ventures: tension among principals' dominant logic on human motivation and behavior, Journal of Management & Governance, Jg. 11, Nr. 3, S. 261–283.

Günther, Thomas/Detzner, Martin (2012): Sind Manager und Controller risikoscheu? Ergebnisse einer empirischen Untersuchung, Controlling, Zeitschrift für erfolgsorientierte Unternehmensführung, Jg. 24, Heft 4/5, April/Mai 2012, S. 247–254.

Gutenberg, Erich (1984): Grundlagen der Betriebswirtschaftslehre. Band II: Der Absatz, 17. Auflage, Berlin [u.a.]: Springer-Verlag.

Haase, Michaela (2005): Metatheoretische Überlegungen zur Zusammenarbeit von Institutionenökonomik und Managementlehre, in: Schauenberg, Bernd/Schreyögg, Georg/Sydow, Jörg (Hrsg.): Institutionenökonomik als Managementlehre?, Wiesbaden: Gabler Verlag, S. 153–180.

Häberle, Siegfried Georg/Lissner, Sabine (Hrsg.) (2002): Handbuch für Kaufrecht, Rechtsdurchsetzung und Zahlungssicherung im Aussenhandel. Internationale Kaufverträge, internationale Produkthaftung, Eigentumsvorbehalt, Schiedsgerichtsbarkeit, gerichtliche Durchsetzung und Vollstreckung, internationale Zahlungs- und Sicherungsinstrumente, Incoterms, München: Oldenbourg.

Habermas, Jürgen (1973): Erkenntnis und Interesse, Frankfurt am Main: Suhrkamp.

Habermas, Jürgen (1983): Moralbewusstsein und kommunikatives Handeln, Frankfurt am Main: Suhrkamp Verlag.

Habermas, Jürgen (1991): Erläuterungen zur Diskursethik, Frankfurt am Main: Suhrkamp Verlag.

Habermas, Jürgen (1995): Theorie des kommunikativen Handelns. Band 1: Handlungsrationalität und gesellschaftliche Rationalisierung, Frankfurt am Main: Suhrkamp Verlag.

Habermas, Jürgen (1995): Theorie des kommunikativen Handelns. Band 2: Zur Kritik der funktionalistischen Vernunft, Frankfurt am Main: Suhrkamp Verlag.

Habermas, Jürgen (2009a): Diskursethik, Frankfurt am Main: Suhrkamp Verlag.

Habermas, Jürgen (2009b): Rationalitäts- und Sprachtheorie. Philosophische Texte, Band 2, Frankfurt am Main: Suhrkamp Verlag.

Habermas, Jürgen (2009c): Sprachtheoretische Grundlagen der Soziologie. Philosophische Texte, Band 1, Frankfurt am Main: Suhrkamp Verlag.

Hahn, Dietger (1996): PuK. Planung und Kontrolle, Planungs- und Kontrollsysteme, Planungs- und Kontrollrechnung, Controllingkonzepte, 5., überarbeitete und erweiterte Auflage, Wiesbaden: Gabler Verlag.

Hammer, Richard (2009): Planung und Führung, 8., völlig neu bearbeitete Auflage, München: Oldenbourg.

(HGB 2011): Handelsgesetzbuch (HGB), Fassung vom 01.03.2011.

Handler, Gregor (2007): Konzept zur Entwicklung integrierter Beratung. Integration systemischer Elemente in die klassische Beratung, Wiesbaden: Deutscher Universitäts-Verlag.

Hannan, R. Lynn/Rankin, Frederick W./Towry, Kristy L. (2006): The Effect of Information Systems on Honesty in Managerial Reporting: A Behavioral Perspective, Contemporary Accounting Research, Jg. 23, Nr. 4/Winter 2006, S. 885–918.

Harteis, Christian (2004): Zur Diskussion über die Konvergenz ökonomischer und pädagogischer Prinzipien betrieblicher Personal- und Organisationsentwicklung, Zeitschrift für Erziehungswissenschaft, Jg. 7, Heft 2/2004, S. 277–290.

Hartmann, Frank G. H./Maas, Victor S. (2010): Why Business Unit Controllers Create Budget Slack: Involvement in Management, Social Pressure, and Machiavellianism, Behavioral Research In Accounting, Jg. 22, Nr. 2, S. 27–49.

Hartmann, Martin (2011): Die Praxis des Vertrauens, Berlin: Suhrkamp Verlag.

Hasenzagl, Rupert (2007): Die Wirkung von Beratern, Gruppendynamik und Organisationsberatung, Jg. 28, Heft 4/Dezember 2007, S. 351–370.

Hasenzagl, Rupert/Falkner, Gina/Hatvan, Brigitte (2006): Rollen-Interventions-Modell – Eine empirische Untersuchung zur Wirkung von Beratung, zfbf – Zeitschrift für betriebswirtschaftliche Forschung, Jg. 58, Heft 8/2006, S. 1033–1050.

Häußner, Ludwig Paul (2009): Dialog, Führung und Zusammenarbeit. Führungspädagogik als Agogik. Dissertation, Universität Koblenz-Landau, Karlsruhe: Universitätsverlag Karlsruhe.

Haw, In-Mu/Ho, Simon S.M/Li, Annie Yuansha (2011): Corporate Governance and Earnings Management by Classification Shifting, Contemporary Accounting Research, Jg. 28, Nr. 2/Sommer 2011, S. 517–553.

Heid, Helmut/Harteis, Christian (2010): Wirtschaft und Betrieb, in: Tippelt, Rudolf (Hrsg.): Handbuch Bildungsforschung, 3., durchgesehene Auflage, Wiesbaden: VS Verlag für Sozialwissenschaften, S. 467–481.

Heidsiek, Charlotte/Petersen, Jendrik (Hrsg.) (2010): Organisationslernen im 21. Jahrhundert. Festschrift für Harald Geißler, Frankfurt am Main: Peter Lang.

Heine, Bernd-Oliver (2011): Modellbasierte Erfassung konzeptioneller Informationsnutzung, in: Meyer, Matthias/Weber, Jürgen (Hrsg.): Controlling und begrenzte kognitive Fähigkeiten. Grundlagen und Anwendungen eines verhaltensorientierten Ansatzes, Wiesbaden: Gabler Verlag, S. 261–311.

Heine, Bernd-Oliver/Hirsch, Bernhard/Hufschlag, Klaus/Lesch, Marc/Meyer, Matthias/Müller, Roman/Paefgen, Anne/Pieroth, Guido (2006): Zur Modellierung ökonomischer Akteure mit begrenzten kognitiven Fähigkeiten - Anleitung zu einer problemspezifischen Ausdifferenzierung des Homo oeconomicus, Vallendar/Rhein, WHU - Otto Beisheim School of Management, Nr. 110, verfügbar auf: www.whu.edu/control, Stand: 28.10.2008.

Helfen, Markus (2009): Soziale Netzwerke und Organisation. Die soziale Einbettung des Verhaltens von und in Unternehmen, in: Schreyögg, Georg/Sydow, Jörg (Hrsg.): Verhalten in Organisationen, Wiesbaden: Gabler Verlag, S. 179–220.

Henselmann, Klaus/Kniest, Wolfgang (2002): Unternehmensbewertung: Praxisfälle mit Lösungen, 3., überarbeitete und erweiterte Auflage, Herne, Berlin: Verlag Neue Wirtschafts-Briefe.

Hernandez, Morela (2012): Toward an Understanding of the Psychology of Stewardship, Academy of Management Review, Jg. 37, Nr. 2, April 2012, S. 172–193.

Herrmann-Pillath, Carsten (2009): Elements of a Neo-Veblenian Theory of the Individual, Journal of Economic Issues, Jg. 43, Nr. 1, März 2009, S. 189–214.

Herwartz, Helmut/Siegel, Martin (2009): Development and determinants of systemic risk in European banking - an empirical note, Applied Economics Letters, Jg. 16, Nr. 4, S. 431–438.

Hewege, Chandana R. (2012): A Critique of the Mainstream Management Control Theory and the Way Forward, SAGE Open, Jg. 2, Nr. 4/Oktober-Dezember 2012, S. 1–11.

Heyd, Reinhard/Beyer, Michael (2010): Bedeutung des Corporate Governance-Reportings nach § 289a HGB als Publizitätsinstrument, Zeitschrift für Planung & Unternehmenssteuerung, Jg. 20, Heft 4, März 2010, S. 373–392.

Hirsch, Bernhard (2007a): Controlling und Entscheidungen. Zur verhaltenswissenschaftlichen Fundierung des Controllings, Tübingen: Mohr Siebeck.

Hirsch, Bernhard (2007b): Wertorientiertes Berichtswesen – Theoretisches Konzept versus praktische Umsetzung, Zeitschrift für Planung & Unternehmenssteuerung, Jg. 18, Heft 2, August 2007, S. 161–185.

Hirsch, Bernhard/Schäffer, Utz/Weber, Jürgen (2008): Zur Grundkonzeption eines verhaltensorientierten Controllings, ZfCM – Zeitschrift für Controlling und Management, Jg. 52, Sonderheft 1, Mai 2008, S. 5–11.

Hirsch, Bernhard/Schneider, Yvonne (2010): Erklärungs- und Gestaltungsbeiträge verhaltenswissenschaftlicher Theorien für eine integrierte Rechnungslegung, Zeitschrift für Planung & Unternehmenssteuerung, Jg. 21, Heft 1, Juni 2010, S. 7–35.

Hirsch, Bernhard/Sorg, Mascha (2006): Corporate Governance – Welchen Beitrag können Controller leisten?, Zeitschrift für Planung & Unternehmenssteuerung, Jg. 17, Heft 2, Juni 2006, S. 201–221.

Hirzel, Matthias (2001): Selbststeuerung mit Performance-Controlling, ZfCM – Zeitschrift für Controlling und Management, Jg. 45, Heft 6, November 2001, S. 352–358.

Hlavica, Christian/Klapproth, Uwe/Hülsberg, Frank M. (Hrsg.) (2011): Tax Fraud & Forensic Accounting. Umgang mit Wirtschaftskriminalität, Wiesbaden: Gabler Verlag.

Hochhold, Stefanie/Rudolph, Bernd (2009): Principal-Agenten-Theorie, in: Schwaiger, Manfred/Meyer, Anton (Hrsg.): Theorien und Methoden der Betriebswirtschaft, München: Verlag Franz Vahlen, S. 131–145.

Hoefle, Manfred/Marquart, Hans/Schnopp, Reinhardt (2008): ZP-Praxis: Fehlentwicklungen und Therapien bei Planung und Budgetierung, Zeitschrift für Planung & Unternehmenssteuerung, Jg. 19, Heft 2, August 2008, S. 233–247.

Hoffjan, Andreas/Kolberg, Anja/Ufer, Heinz-Werner (2010): Controllingeffizienz in der Praxis – Effizienzverständnis, Einflussfaktoren, Maßnahmen, ZfCM – Zeitschrift für Controlling und Management, Jg. 54, Heft 2, April 2010, S. 96–101.

Hoffjan, Andreas/Trapp, Rouven/Boucoiran, Thomas (2011): Die Rolle des Controllers in internationalen Unternehmen – Empirische Analyse am Beispiel deutsch-französischer Unternehmen, ZfCM – Zeitschrift für Controlling und Management, Jg. 55, Heft 3, Juni 2011, S. 184–188.

Hoffmann, Dagmar/Mikos, Lothar (Hrsg.) (2007): Mediensozialisationstheorien. Neue Modelle und Ansätze in der Diskussion, Wiesbaden: VS Verlag für Sozialwissenschaften.

Hofmann, Stefan/Wald, Andreas/Gleich, Ronald (2012): Determinants and effects of the diagnostic and interactive use of control systems: an empirical analysis on the use of budgets, Journal of Management Control, Jg. 23, Nr. 3, Dezember 2012, S. 153–182.

Hofmann, Yvette E. (2007): Transparenz in Unternehmen. Leistungsanreiz oder Leistungsbremse für ihre Mitglieder?, Zeitschrift für Management, Jg. 2, Heft 1, Januar 2007, S. 6–27.

Holder-Webb, Lori/Sharma, Divesh S. (2010): The Effect of Governance on Credit Decisions and Perceptions of Reporting Reliability, Behavioral Research In Accounting, Jg. 22, Nr. 1, S. 1–20.

Hollis, Martin (1991): Rationalität und soziales Verstehen, Frankfurt am Main: Suhrkamp Verlag.

Holtz, Brian C./Harold, Crystal M. (2008): When your boss says no! The effects of leadership style and trust on employee reactions to managerial explanations, Journal of Occupational and Organizational Psychology, Jg. 81, Nr. 4, S. 777–802.

Homburg, Carsten/Lorenz, Michael/Sievers, Sönke (2011): Unternehmensbewertung in Deutschland: Verfahren, Finanzplanung und Kapitalkostenermittlung, ZfCM – Zeitschrift für Controlling und Management, Jg. 55, Heft 2, April 2011, S. 119–130.

Honneth, Axel/Joas, Hans (Hrsg.) (2002): Kommunikatives Handeln. Beiträge zu Jürgen Habermas‘ »Theorie des kommunikativen Handelns«, 3., erweiterte und aktualisierte Auflage, Frankfurt am Main: Suhrkamp Verlag.

Horngren, Charles T./Bhimani, Alnoor/Datar, Srikant M./Foster, George (2002): Management and Cost Accounting, 2. Auflage, Harlow: Financial Times/Prentice Hall.

Horngren, Charles T./Harrison, Walter T., JR./Oliver, M. Suzanne (2009): Financial and managerial accounting, 2. Auflage, Upper Saddle River, NJ: Pearson Education International.

Horváth, Péter (2006): Das Controllingkonzept. Der Weg zu einem wirkungsvollen Controllingsystem, 6., vollständig überarbeitete Auflage, München: Deutscher Taschenbuch Verlag.

Horváth, Péter (2009): Controlling, 11., vollständig überarbeitete Auflage, München: Verlag Franz Vahlen.

Hossain, Mahmud/Mitra, Santanu/Rezaee, Zabihollah/Sarath, Bharat (2011): Corporate Governance and Earnings Management in the Pre- and Post-Sarbanes-

Oxley Act Regimes: Evidence from Implicated Option Backdating Firms, Journal of Accounting, Auditing & Finance, Jg. 26, Nr. 2/April 2011, S. 279–315.

Hufschlag, Klaus (2008): Informationsversorgung lernender Akteure, Wiesbaden: Gabler Verlag.

Hungenberg, Harald/Wulf, Torsten (2007): Grundlagen der Unternehmensführung, 3., aktualisierte und erweiterte Auflage, Berlin, Heidelberg: Springer-Verlag.

Hungenberg, Harald/Wulf, Torsten (2011): Grundlagen der Unternehmensführung. Einführung für Bachelorstudierende, 4., aktualisierte und erweiterte Auflage, Berlin, Heidelberg: Springer-Verlag.

Hunton, James E./Mauldin, Elaine G./Wheeler, Patrick R. (2008): Potential Functional and Dysfunctional Effects of Continuous Monitoring, The Accounting Review, Jg. 83, Nr. 6, November 2008, S. 1551–1569.

Iding, Hermann (2010): Organisation – Beratung – Intervention. Zu einer mikropolitischen Theorie der Organisationsberatung, in: Kühl, Stefan/Moldaschl, Manfred (Hrsg.): Organisation und Intervention. Ansätze für eine sozialwissenschaftliche Fundierung von Organisationsberatung, München und Mering: Rainer Hampp Verlag, S. 187–214.

Inman, John/Thompson, Tracy A. (2013): Using Dialogue Then Deliberation to Transform a Warring Leadership Team, OD Practioner, Jg. 65, Nr. 1, S. 35–40.

Irwin, Scott H./Sanders, Dwight R. (2011): Index Funds, Financialization, and Commodity Futures Markets, Applied Economic Perspectives and Policy, Jg. 33, Nr. 1, S. 1–31.

Isaacs, William (2011): Dialog als Kunst, gemeinsam zu denken. Die neue Kommunikationskultur in Organisationen, 2. Auflage, Bergisch Gladbach: EHP.

Jaroschinsky, Alexander/Sekol, Thilo (2014): Wenn Controlling Controlling braucht, Controlling & Management Review, Jg. 58, Heft 4, August 2014, S. 64–71.

Jasay, Anthony de/Güth, Werner/Kliemt, Hartmut/Ockenfels, Axel (2004): Take or Leave? Distribution in Asymmetric One-Off Conflict, Kyklos, Jg. 57, Nr. 2/ Mai 2004, S. 217–236.

Jehn, Karen A./Rispens, Sonja/Thatcher, Sherry M. B. (2010): The Effects of Conflict Asymmetry on Work Group and Individual Outcomes, Academy of Management Journal, Jg. 53, Nr. 3, Juni 2010, S. 596–616.

Jenkins, Gregory J./Deis, Donald D./Bedard, Jean C./Curtis, Mary B. (2008): Accounting Firm Culture and Governance: A Research Synthesis, Behavioral Research In Accounting, Jg. 20, Nr. 1, S. 45–74.

Jonen, Andreas (2007): Semantische Analyse des Risikobegriffs. Strukturierung der betriebswirtschaftlichen Risikodefinitionen und literaturempirische

Auswertung, Technische Universität Kaiserslautern, Lehrstuhl für Unternehmensrechnung und Controlling, Nr. 11, August 2007, verfügbar auf: www.Controlling-Forschung.de, Stand: 17.11.2008.

Jonen, Andreas (2008): Kognitionsorientiertes Risikocontrolling, Lohmar-Köln: Josef Eul Verlag.

Jonen, Andreas/Lingnau, Volker (2007): Das real existierende Phänomen Controlling und seine Instrumente – Eine kognitionsorientierte Analyse, Technische Universität Kaiserslautern, Lehrstuhl für Unternehmensrechnung und Controlling, Nr. 13, Juli 2007, verfügbar auf: http://www.Controlling-Forschung.de, Stand: 19.06.2011.

Junc, Lars (2010): Corporate-Compliance-Berichterstattung in Deutschland. Eine theoretische und empirische Analyse, Wiesbaden: Gabler Verlag.

Kahneman, Daniel/Tversky, Amos (Hrsg.) (2008): Choices, Values, and Frames, 8. Nachdruck der Originalauflage von 2000, New York, Cambridge, UK: Russell Sage Foundation; Cambridge University Press.

Kaiser, Thomas/Auer, Michael (Hrsg.) (2007): Wettbewerbsvorteil Risikomanagement. Erfolgreiche Steuerung der Strategie-, Reputations- und operationellen Risiken, Berlin: Erich Schmidt Verlag.

Kane, Edward J. (2010): Redefining and Containing Systemic Risk, Atlantic Economic Journal, Jg. 38, Nr. 3, S. 251–264.

Kappler, Ekkehard (2004): Bild und Realität: Controllingtheorie als kritische Bildtheorie. Ein Ansatz zu einer umfassenden Controllingtheorie, die nicht umklammert, in: Scherm, Ewald/Pietsch, Gotthard (Hrsg.): Controlling. Theorien und Konzeptionen, München: Verlag Franz Vahlen, S. 581–610.

Karevold, Knut Ivar/Teigen, Karl Halvor (2010): Progress framing and sunk costs: How managers' statements about project progress reveal their investment intentions, Journal of Economic Psychology, Jg. 31, Nr. 4, August 2010, S. 719–731.

Karhunen, Päivi/Löfgren, Joan/Kosonen, Riitta (2008): Revisiting the relationship between ownership and control in international business operations: Lessons from transition economies, Journal of International Management, Jg. 14, Nr. 1, S. 78–88.

Kaufmann, Herbert (2008): Ermittlung der wertorientierten Steuerungsgrößen im DaimlerChrysler-Konzern, in: Funk, Wilfried/Rossmanith, Jonas (Hrsg.): Internationale Rechnungslegung und internationales Controlling. Herausforderungen, Handlungsfelder, Erfolgspotenziale, Wiesbaden: Gabler Verlag, S. 343–370.

Kaufmann, Jodi Jan (2010): The Practice of Dialogue in Critical Pedagogy, Adult Education Quarterly, Jg. 60, Nr. 6 (November), S. 456–476.

Keil, Mark/Depledge, Gordon/Rail, Arun (2007): Escalation: The Role of Problem Recognition and Cognitive Bias, Decision Sciences, Jg. 38, Nr. 3, August 2007, S. 391–421.

Keim, Matthias (2006): Die Prüfung des Risikomanagementsystems im Rahmen der Abschlussprüfung. Dissertation, Universität Bamberg, verfügbar auf: http://d-nb.info/98143925X/34, Stand: 12.08.2008.

Keller, Reiner (2007): Diskursforschung. Eine Einführung für SozialwissenschaftlerInnen, 3., aktualisierte Auflage, Wiesbaden: VS Verlag für Sozialwissenschaften.

Kelly, Khim (2010): The Effects of Incentives on Information Exchange and Decision Quality in Groups, Behavioral Research In Accounting, Jg. 22, Nr. 1, S. 43–65.

Keuper, Frank/Neumann, Fritz (Hrsg.) (2010): Corporate Governance, Risk Management und Compliance. Innovative Konzepte und Strategien, Wiesbaden: Gabler Verlag.

Khan, Uzma/Zhu, Meng/Kalra, Ajay (2011): When Trade-Offs Matter: The Effect of Choice Construal on Context Effects, Journal of Marketing Research, Jg. 48, Nr. 1, Februar 2011, S. 62–71.

Kieser, Alfred/Ebers, Mark (Hrsg.) (2006): Organisationstheorien, 6., erweiterte Auflage, Stuttgart: Kohlhammer.

Kieser, Alfred/Walgenbach, Peter (2007): Organisation, 5., überarbeitete Auflage, Stuttgart: Schäffer-Poeschel Verlag.

Kirchgässner, Gebhard (2008): Homo oeconomicus. Das ökonomische Modell individuellen Verhaltens und seine Anwendung in den Wirtschafts- und Sozialwissenschaften, 3., ergänzte und erweiterte Auflage, Tübingen: Mohr Siebeck.

Kirsch, Werner (1997): Kommunikatives Handeln, Autopoiese, Rationalität. Kritische Aneignungen im Hinblick auf eine evolutionäre Organisationstheorie, 2., überarbeitete und erweiterte Auflage, München: Verlag Barbara Kirsch.

Kirsch, Werner/Seidl, David/van Aaken, Dominik (2007): Betriebswirtschaftliche Forschung. Wissenschaftstheoretische Grundlagen und Anwendungsorientierung, Stuttgart: Schäffer-Poeschel Verlag.

Kirsch, Werner/Seidl, David/van Aaken, Dominik (2009): Unternehmensführung. Eine evolutionäre Perspektive, Stuttgart: Schäffer-Poeschel Verlag.

Klatt, Tobias/Möller, Klaus (2012): Entscheidungsanomalien in der strategischen Unternehmensplanung, Zeitschrift für Management, Jg. 6, Heft 4, Juni 2012, S. 427–449.

Klein, Andreas (Hrsg.) (2011): Risikomanagement und Risiko-Controlling. [Organisation und Dokumentation im Unternehmen, Datenerhebung und

Risikobewertung, Integration in die Führungs- und Reportingsysteme, Umsetzungsbeispiele aus der Praxis], Freiburg [u.a.]: Haufe.

Kloepfer, Michael/Grunwald, Anne (2007): Zur rechtlichen Bedeutung von Herstellerinstruktionen, Der Betrieb, Jg. 60, Heft 24 vom 15.06.2007, S. 1342–1347.

Knollmann, Ramon/Hirsch, Bernhard/Weber, Jürgen (2008): Role Making für Controllerbereiche? – Eine empirische Analyse zu den Auswirkungen von Gestaltungsfreiräumen für Controllerbereiche, Zeitschrift für Planung & Unternehmenssteuerung, Jg. 18, Heft 4, Februar 2008, S. 365–386.

Knupperts, Thilo/Ahlrichs, Frank (2007): Prozessorientiertes Risikomanagement, Controlling, Zeitschrift für erfolgsorientierte Unternehmensführung, Jg. 19, Heft 8/9, August/September 2007, S. 491–499.

Koch, Thomas/Zerback, Thomas (2013): Das Wiederholungsparadoxon. Warum die Wiederholung einer Aussage ihre Glaubwürdigkeit zugleich erhöht und senkt, Publizistik, Jg. 58, Heft 1, S. 5–21.

Kocher, Martin G./Sutter, Matthias (2007): Individual versus group behavior and the role of the decision making procedure in gift-exchange experiments, Empirica, Jg. 34, Nr. 1, S. 63–88.

Köcher, Anette (2007): Management von operationellen Risiken im Groß- und Einzelhandel der Konsumgüterbranche, in: Kaiser, Thomas/Auer, Michael (Hrsg.): Wettbewerbsvorteil Risikomanagement. Erfolgreiche Steuerung der Strategie-, Reputations- und operationellen Risiken, Berlin: Erich Schmidt Verlag, S. 145–159.

König, Roland (2008): Management betrieblicher Risiken bei produzierenden Unternehmen. Dissertation, Aachen, Rheinisch-Westfälische Technische Hochschule, verfügbar auf: http://d-nb.info/988610442/34, Stand: 12.08.2008.

Königswieser, Roswita/Hillebrand (2004): Einführung in die systemische Organisationsberatung, Heidelberg: Carl-Auer Verlag.

Kornmeier, Martin (2007): Wissenschaftstheorie und wissenschaftliches Arbeiten. Eine Einführung für Wirtschaftswissenschaftler, Heidelberg: Physica-Verlag.

Kosiol, Erich (1979): Kostenrechnung der Unternehmung, 2., überarbeitete und ergänzte Auflage, Wiesbaden: Gabler Verlag.

Kotler, Philip (1999): Marketing. Märkte schaffen, erobern und beherrschen, München: Econ.

Kotler, Philip (2003): Marketing Management, 11. Auflage, Upper Saddle River, New Jersey: Pearson Education International.

Koumakhov, Rouslan (2009): Conventions in Herbert Simon's theory of bounded rationality, Journal of Economic Psychology, Jg. 30, Nr. 3, Juni 2009, S. 293–306.

Krahnen, Jan Pieter (2011): „Das systemische Risiko ist letztlich die Ursache für die ganze Misere", Zeitschrift für das gesamte Kreditwesen, Jg. 64, Nr. 23 vom 01.12.2011, S. 1248–1251.

Kräkel, Matthias (2004): Organisation und Management, 2. Auflage, neu bearbeitet und erweitert, Tübingen: Mohr Siebeck.

Kramer, Dominik (2009): Koordination durch heuristische Budgetierungsverfahren, Zeitschrift für Betriebswirtschaft, Jg. 79, Heft 7, Juli 2009, S. 897–927.

Krcal, Hans-Christian (2003): Systemtheoretischer Metaansatz für den Umgang mit Komplexität und Nachhaltigkeit, in: Leisten, Rainer/Krcal, Hans-Christian (Hrsg.): Nachhaltige Unternehmensführung. Systemperspektiven, Wiesbaden: Gabler Verlag, S. 3–30.

Kreitner, Robert (2007): Management, 10. Auflage, Boston, New York: Houghton Mifflin Company.

Krobath, Thomas (2013): Partizipation als organisationsethisches Prinzip und Verfahren, in: Weber, Susanne Maria/Göhlich, Michael/Schröer, Andreas/Fahrenwald, Claudia/Macha, Hildegard (Hrsg.): Organisation und Partizipation. Beiträge der Kommission Organisationspädagogik, Wiesbaden: Springer-Verlag, S. 61–70.

Krohn, Michael (2011): Dialogische Führung und Coaching in Netzwerkorganisationen, Organisationsberatung, Supervision, Coaching, Jg. 18, Nr. 4, S. 399–412.

Krügerke, Christian (2009): Aktuelle Praxis des Vertriebscontrollings – Ergebnisse einer empirischen Studie, ZfCM – Zeitschrift für Controlling und Management, Jg. 53, Sonderheft 2, September 2009, S. 23–29.

Krystek, Ulrich/Moldenhauer, Ralf/Evertz, Derik (2009): Controlling in aktuellen Krisenerscheinungen: Lösung oder Problem?, Zeitschrift für Planung & Unternehmenssteuerung, Jg. 53, Heft 3, Juni 2009, S. 164–168.

Kuang, Xi/Moser, Donald V. (2009): Reciprocity and the Effectiveness of Optimal Agency Contracts, The Accounting Review, Jg. 84, Nr. 5, September 2009, S. 1671–1694.

Kühl, Stefan (2010): „Rationalitätslücken" – Ansatzpunkt einer sozialwissenschaftlich informierten Organisationsberatung, in: Kühl, Stefan/Moldaschl, Manfred (Hrsg.): Organisation und Intervention. Ansätze für eine sozialwissenschaftliche Fundierung von Organisationsberatung, München und Mering: Rainer Hampp Verlag, S. 215–243.

Kühl, Stefan/Moldaschl, Manfred (Hrsg.) (2010): Organisation und Intervention. Ansätze für eine sozialwissenschaftliche Fundierung von Organisationsberatung, München und Mering: Rainer Hampp Verlag.

Künkele, Julia/Schäffer, Utz (2007): Zur erfolgreichen Gestaltung der Budgetkontrolle. Ergebnisse einer empirischen Untersuchung, DBW – Die Betriebswirtschaft, Jg. 67, Heft 1/2007, S. 75–92.

Kunz, Jennifer (2009): Der Einfluss der Balanced Scorecard auf Lernprozesse in Unternehmen, Zeitschrift für Planung & Unternehmenssteuerung, Jg. 20, Heft 1, S. 105–128.

Kunz, Jennifer (2010): Beeinflussung der intrinsischen Motivation durch Controllingaktivitäten. Eine Diskussion am Beispiel der Balanced Scorecard, ZfCM – Zeitschrift für Controlling und Management, Jg. 54, Heft 6, Dezember 2010, S. 391–394.

Küpper, Hans U. (2007): Controlling und Operations Research – Der Beitrag quantitativer Theorie zur Selbstfindung und Akzeptanz einer praxisorientierten Disziplin, Zeitschrift für Betriebswirtschaft, Jg. 77, Heft 7–8, Juli 2007, S. 735–758.

Küpper, Hans U. (2008): Controlling. Konzeption, Aufgaben, Instrumente, 5., überarbeitete Auflage, Stuttgart: Schäffer-Poeschel Verlag.

Kürsten, Wolfgang (2006): Corporate Hedging, Stakeholderinteresse und Shareholder Value, Journal für Betriebswirtschaft, Jg. 56, Nr. 1, S. 3–31.

Lafond, Ryan/Roychowdhury, Sugata (2008): Managerial Ownership and Accounting Conservatism, Journal of Accounting Research, Jg. 46, Nr. 1, März 2008, S. 101–135.

Lahno, Bernd (2009): Verantwortlich handeln, Zeitschrift für Management, Jg. 4, Heft 1, März 2009, S. 75–94.

Landier, Augustin/Sraer, David/Thesmar, David (2009): Optimal Dissent in Organizations, Review of Economic Studies, Jg. 76, Nr. 2, S. 761–794.

Lang, Rainhart (2004): Controlling – Verstehen, erklären oder gestalten. Interdisziplinäre Perspektiven eines Konzeptes und einer sozialen Praxis aus der Sicht einer sozialwissenschaftlichen Management- und Organisationstheorie, in: Scherm, Ewald/Pietsch, Gotthard (Hrsg.): Controlling. Theorien und Konzeptionen, München: Verlag Franz Vahlen, S. 57–80.

Lang, Rainhart/Rybnikova, Irma (2014): Aktuelle Führungstheorien und -konzepte, Wiesbaden: Springer Gabler.

Lange, Ralph/Walth, Annu (2011): Anreizsysteme für Top-Manager im Lichte der regulatorischen Rahmenbedingungen, ZfCM – Zeitschrift für Controlling und Management, Jg. 55, Sonderheft 3, November 2011, S. 31–35.

Langenberg, Georg Johannes (2008): Controlling in jungen, innovativen Wachstumsunternehmen. Eine rationalitätsdefizitorientierte Analyse wesentlicher Probleme. Dissertation, Rheinisch-Westfälische Technische Hochschule Aachen.

Laux, Helmut (2010): On the benefits of allowing CEOs to time their stock option exercises, RAND Journal of Economics, Jg. 41, Nr. 1/Frühjahr 2012, S. 118–138.

Laux, Helmut/Liermann, Felix (2005): Grundlagen der Organisation. Die Steuerung von Entscheidungen als Grundproblem der Betriebswirtschaftslehre, 6. Auflage, Berlin, Heidelberg, New York: Springer-Verlag.

Lazaric, Nathalie/Raybaut, Alain (2005): Knowledge, hierarchy and the selection of routines: an interpretative model with group interactions, Journal of Evolutionary Economics, Jg. 15, Nr. 4/Oktober 2005, S. 393–421.

Leeson, Peter T. (2011): Opportunism and Organization under the Black Flag, Organizational Dynamics, Jg. 40, Nr. 1, S. 34–42.

Lehnhoff, Andre/Petersen, Jendrik (2002): Dialogisches Management als erwachsenpädagogische Herausforderung, in: Dewe, Bernd (Hrsg.): Betriebspädagogik und berufliche Weiterbildung, 2. Auflage, Bad Heilbrunn/Obb.: Verlag Julius Klinkhardt, S. 273–299.

Leisten, Rainer/Krcal, Hans-Christian (Hrsg.) (2003): Nachhaltige Unternehmensführung. Systemperspektiven, Wiesbaden: Gabler Verlag.

Lenger, Alexander/Schneickert, Christian/Schumacher, Florian (2013): Pierre Bourdieus Konzeption des Habitus, in: Lenger, Alexander/Schneickert, Christian/Schumacher, Florian (Hrsg.): Pierre Bourdieus Konzeption des Habitus. Grundlagen, Zugänge, Forschungsperspektiven, Wiesbaden: Springer VS, S. 13–41.

Lenger, Alexander/Schneickert, Christian/Schumacher, Florian (Hrsg.) (2013): Pierre Bourdieus Konzeption des Habitus. Grundlagen, Zugänge, Forschungsperspektiven, Wiesbaden: Springer VS.

Li, Jiatao/Tang, Yi (2010): CEO Hubris and Firm Risk Taking in China: The Moderating Role of Managerial Discretion, Academy of Management Journal, Jg. 53, Nr. 1, S. 45–68.

Lichtenthaler, Ulrich/Ernst, Holger (2008): Die Bedeutung von Promotoren im interorganisationalen Technologietransfer, Zeitschrift für Betriebswirtschaft, Jg. 78, Heft 7/8, August 2008, S. 779–811.

Liekweg, Arnim (2003): Risikomanagement und Rationalität. Präskriptive Theorie und praktische Ausgestaltung von Risikomanagement, Wiesbaden: Deutscher Universitäts-Verlag.

Lin, Chien-Huang/Sun, Ya-Chung/Chuang, Shih-Chieh/Su, Hung-Jen (2008): Time Pressure and the Compromise and Attraction Effects in Choice, Advances in Consumer Research, Jg. 35, S. 348–352.

Lingnau, Volker (2004): Kognitionsorientiertes Controlling, in: Scherm, Ewald/Pietsch, Gotthard (Hrsg.): Controlling. Theorien und Konzeptionen, München: Verlag Franz Vahlen, S. 729–749.

Lingnau, Volker (2006): Controlling – Ein kognitionsorientierter Ansatz. Beiträge zur Controlling-Forschung Nr. 4, Technische Universität Kaiserslautern, verfügbar auf: www.controlling-forschung.de, Stand: 17.11.2008.

Lingnau, Volker/Walter, Katja (2011): Psychologische Paradigmen für die Controllingforschung, Kaiserslautern, Technische Universität Kaiserslautern, Nr. 17, verfügbar auf: www.controlling-forschung.de, Stand: 23.10.2011.

Link, Jörg (2009): Führungssysteme. Strategische Herausforderung für Organisation, Controlling und Personalwesen, 4., überarbeitete und erweiterte Auflage, München: Verlag Franz Vahlen.

Littkemann, Jörn/Heldt-Sorgenfrei, Philipp (2006): Einbindung des Finanzbereichs in das Beteiligungscontrolling, Zeitschrift für Planung & Unternehmenssteuerung, Jg. 17, Heft 3, November 2006, S. 281–300.

Locke, Richard M./Qin, Fei/Brause, Alberto (2007): Does Monitoring Improve Labor Standards? Lessons from Nike, Industrial and Labor Relations Review, Jg. 61, Nr. 1 (Oktober 2007), S. 3–31.

Looschelders, Dirk (2003): Neuere Entwicklungen des Produkthaftungsrechts, Juristische Rundschau, Jg. 2003, Heft 8, S. 309–315.

Lowe, Robert A./Ziedonis, Arvids A. (2006): Overoptimism and the Performance of Entrepreneurial Firms, Management Science, Jg. 52, Nr. 2, Februar 2006, S. 173–186.

Lüdenbach, Norbert/Christian, Dieter (2010): IFRS-Essentials. Regeln, Fälle, Lösungen, Herne: Verlag Neue Wirtschafts-Briefe.

Luhmann, Niklas (1987): Soziale Systeme. Grundriss einer allgemeinen Theorie, Frankfurt am Main: Suhrkamp Verlag.

Luhmann, Niklas (1994): Die Wirtschaft der Gesellschaft, Frankfurt am Main: Suhrkamp Verlag.

Luhmann, Niklas (2000): Vertrauen. Ein Mechanismus der Reduktion sozialer Komplexität, 4. Auflage, Stuttgart: Lucius & Lucius, Schriftenreihe UTB.

Luhmann, Niklas (2003a): Macht, 3. Auflage, Stuttgart: Lucius & Lucius, Schriftenreihe UTB.

Luhmann, Niklas (2003b): Soziologie des Risikos, Berlin: de Gruyter.

Luhmann, Niklas (2006): Organisation und Entscheidung, 2. Auflage, Wiesbaden: VS Verlag für Sozialwissenschaften.

Luhmann, Niklas (2013): Macht im System, Berlin: Suhrkamp Verlag.

Lukas, Christian/Rapp, Matthias J. (2013): Unternehmenssteuerung mit Rentabilitätskennzahlen, Controlling & Management Review, Jg. 57, Heft 6, Dezember 2013, S. 68–74.

Lülfs, Regina (2013): Nachhaltigkeit und organisationales Lernen. Eine transdisziplinäre Analyse, Wiesbaden: Springer Gabler.

Maas, Victor S./Matějka, Michal (2009): Balancing the Dual Responsibilities of Business Unit Controllers: Field and Survey Evidence, The Accounting Review, Jg. 84, Nr. 4, Juli 2009, S. 1233–1253.

Macharzina, Klaus/Wolf, Joachim (2008): Unternehmensführung. Das internationale Managementwissen: Konzepte – Methoden – Praxis, 6., vollständig überarbeitete und erweiterte Auflage, Wiesbaden: Gabler Verlag.

Mahlendorf, Matthias D./Rehring, Jochen/Voußem, Ludwig/Weber, Jürgen (2011): Vergütung und Zielvereinbarungen von Controllern, ZfCM – Zeitschrift für Controlling und Management, Jg. 55, Sonderheft 3, November 2011, S. 59–64.

Mai, Robert (2011): Der Herkunftslandeffekt: Eine kritische Würdigung des State of the Art, Journal für Betriebswirtschaft, Jg. 61, Nr. 2–3, November 2011, S. 91–121.

Malik, Fredmund (2009): Systemisches Management, Evolution, Selbstorganisation. Grundprobleme, Funktionsmechanismen und Lösungsansätze für komplexe Systeme, 5. Auflage (Neuausgabe), Bern, Stuttgart, Wien: Haupt Verlag.

Malsch, Bertrand/Gendron, Yves (2011): Reining in auditors: On the dynamics of power surrounding an "innovation" in the regulatory space, Accounting, Organizations and Society, Jg. 36, Nr. 7, Oktober 2011, S. 456–476.

Mankiw, Nicholas Gregory (2001): Grundzüge der Volkswirtschaftslehre, 2., überarbeitete Auflage, Stuttgart: Schäffer-Poeschel Verlag.

Mantere, Saku (2007): Role Expectations and Middle Manager Strategic Agency, Journal of Management Studies, Jg. 45, Nr. 2/März 2008, S. 294–316.

Marek, Daniel (2010): Unternehmensentwicklung verstehen und gestalten. Eine Einführung, Wiesbaden: Gabler Verlag.

Marginson, David/Bui, Binh (2009): Examining the Human Cost of Multiple Role Expectations, Behavioral Research In Accounting, Jg. 21, Nr. 1, S. 59–81.

Maruschke, Christiane (2007): Reorganisation und Mikropolitik. Eine Analyse am Beispiel eines Baukonzerns. Dissertation, Philips-Universität Marburg, Philips-Universität, verfügbar auf: http://d-nb.info/984095357/34, Stand: 25.07.2009.

Matsui, Kenji (2011): Intrafirm trade, arm's-length transfer pricing rule, and coordination failure, European Journal of Operational Research, Jg. 212, Nr. 3, August 2011, S. 570–582.

Matys, Thomas (2006): Macht, Kontrolle und Entscheidungen in Organisationen. Eine Einführung in organisationale Mikro-, Meso- und Makropolitik, Wiesbaden: VS Verlag für Sozialwissenschaften.

Matzler, Kurt/Rier, Martin/Renzl, Birgit/Hinterhuber, Hans (2004): Die wichtigsten Managementkonzepte und -methoden: Die Sicht der Unternehmensberater, ZfCM – Zeitschrift für Controlling und Management, Jg. 48, Heft 2, April 2004, S. 82–85.

Mayerl, Jochen (2009): Kognitive Grundlagen sozialen Verhaltens. Framing, Einstellungen und Rationalität, Wiesbaden: VS Verlag für Sozialwissenschaften.

Meckl, Reinhard/Horzella, Andreas (2010): Wertsteigerung bei Unternehmensakquisitionen durch ein M&A-Controlling-System, DBW – Die Betriebswirtschaft, Jg. 70, Heft 5/2010, S. 425–442.

Meckl, Reinhard/Riedel, Florian (2011): Shareholder-Value-Steigerung durch Mergers & Acquisitions, Controlling & Management, Jg. 55, Heft 6, Dezember 2011, S. 377–386.

Meffert, Heribert/Bruhn, Manfred/Hadwich, Karsten (2015): Controlling im Dienstleistungsmarketing, in: Meffert, Heribert/Bruhn, Manfred/Hadwich, Karsten (Hrsg.): Dienstleistungsmarketing. Grundlagen, Konzepte, Methoden, 8., vollständig überarbeitete und erweiterte Auflage, Wiesbaden: Springer Gabler, S. 471–499.

Meffert, Heribert/Bruhn, Manfred/Hadwich, Karsten (Hrsg.) (2015): Dienstleistungsmarketing. Grundlagen, Konzepte, Methoden, 8., vollständig überarbeitete und erweiterte Auflage, Wiesbaden: Springer Gabler.

Merna, Tony/Al-Thani, Faisal F. (2008): Corporate risk management, 2. Auflage, Chichester, Hoboken (NJ): Wiley.

Messner, Martin (2009): The limits of accountability, Accounting, Organizations and Society, Jg. 34, Nr. 8, November 2009, S. 918–938.

Meyer, Matthias (2011): Controlling und begrenzte kognitive Fähigkeiten: Ausgangspunkte und Grundfragen, in: Meyer, Matthias/Weber, Jürgen (Hrsg.): Controlling und begrenzte kognitive Fähigkeiten. Grundlagen und Anwendungen eines verhaltensorientierten Ansatzes, Wiesbaden: Gabler Verlag.

Meyer, Matthias/Grisar, Cathérine/Kuhnert, Felix (2011): The impact of biases on simulation-based risk aggregation: modeling cognitive influences on risk assessment, Journal of Management Control, Jg. 22, Nr. 1, September 2011, S. 79–105.

Meyer, Matthias/Heine, Bernd-Oliver: Motivation und Einordnung des „Akteursmodells" – Überlegungen zur Integration von Anreizen und Kognition in der betriebswirtschaftlichen Forschung. WHU-Forschungspapier Nr. 105

(Mai 2005), Vallendar/Rhein, WHU – Otto Beisheim Graduate School of Management, verfügbar auf: www.whu.edu/control, Stand: 17.04.2010.

Meyer, Matthias/Weber, Jürgen (Hrsg.) (2011): Controlling und begrenzte kognitive Fähigkeiten. Grundlagen und Anwendungen eines verhaltensorientierten Ansatzes, Wiesbaden: Gabler Verlag.

Miebach, Bernhard (2007): Organisationstheorie. Problemstellung – Modelle – Entwicklung, Wiesbaden: VS Verlag für Sozialwissenschaften.

Miebach, Bernhard (2010): Soziologische Handlungstheorie. Eine Einführung, 3., aktualisierte Auflage, Wiesbaden: VS Verlag für Sozialwissenschaften.

Mikula, Regina (2009): Lernen in der Erwachsenenbildung: theoretische Perspektiven und Einblicke in die Forschungslandschaft, Magazin Erwachsenenbildung.at, Ausgabe 7/8 2009, S. 5.

Mikus, Barbara (2001): Risiken und Risikomanagement – ein Überblick, in: Götze, Uwe/Henselmann, Klaus/Mikus, Barbara (Hrsg.): Risikomanagement, Heidelberg: Physica-Verlag, S. 3–28.

Miller, Kent D. (2009): Organizational Risk after Modernism, Organization Studies, Jg. 30, Nr. 2–3, S. 157–180.

Minelli, Eliana/Rebora, Gianfranco/Turri, Matteo (2009): Why do controls fail? Results of an Italian survey, Critical Perspectives on Accounting, Jg. 20, Nr. 8, S. 933–943.

Miron, Anca M./Brehm, Jack W. (2006): Reactance Theory – 40 Years Later, Zeitschrift für Sozialpsychologie, Jg. 37, Nr. 1, S. 9–18.

Mistele, Peter (2007): Faktoren des verlässlichen Handelns. Leistungspotenziale von Organisationen in Hochrisikoumwelten, Wiesbaden: Deutscher Universitäts-Verlag.

Mizik, Natalie (2010): The Theory and Practice of Myopic Management, Journal of Marketing Research, Jg. 47, Nr. 4, August 2010, S. 594–611.

Moldaschl, Manfred: Institutionelle Reflexivität, in: Rehberg, Karl-Siegbert (Hrsg.): Soziale Ungleichheit, Kulturelle Unterschiede. Verhandlungen des 32. Kongresses der Deutschen Gesellschaft für Soziologie in München 2004. Teilband 2, Frankfurt a.M. [u.a.]: Campus Verlag, S. 4059–4078.

Moning, Elke/Petersen, Jendrik (2010): Organisationslernen und Dialogische Führung als Gestaltungsfelder betriebspädagogischer Professionalität, in: Heidsiek, Charlotte/Petersen, Jendrik (Hrsg.): Organisationslernen im 21. Jahrhundert. Festschrift für Harald Geißler, Frankfurt am Main: Peter Lang, S. 169–182.

Muhr, Thomas (2004): Beratung und Macht. Mikropolitische Fallstudie einer Organisationsberatung. Dissertation, Universität Bielefeld, verfügbar auf: http://pub.uni-bielefeld.de/publication/2304753, Stand: 25.07.2009.

Müller, David/Münnich, André (2008): Implikationen internationaler Rechnungslegung für das Investitionscontrolling international tätiger Unternehmen, in: Funk, Wilfried/Rossmanith, Jonas (Hrsg.): Internationale Rechnungslegung und internationales Controlling. Herausforderungen, Handlungsfelder, Erfolgspotenziale, Wiesbaden: Gabler Verlag, S. 517–543.

Müller, Hans-Erich (2010): Unternehmensführung. Strategien – Konzepte – Praxisbeispiele, München: Oldenbourg.

Müller, Nils (2009): Warum prägen Institutionen das Handeln in Organisationen? Die unbeantwortete Frage des Neo-Institutionalismus, in: Schreyögg, Georg/Sydow, Jörg (Hrsg.): Verhalten in Organisationen, Wiesbaden: Gabler Verlag, S. 221–238.

Müller, Roman (2008): Finanzcontrolling. Eine verhaltensorientierte Analyse der Rationalitätsdefizite und Rationalitätssicherung im Finanzmanagement, Wiesbaden: Gabler Verlag.

Müller, Stefan/Brackschulze, Kai (2011): Prozyklische Effekte von Risikomanagementsystemen nach KonTraG in Finanz- und Vertrauenskrisen, Der Betrieb, Jg. 64, Heft 43 vom 28.10.2011, S. 2389–2396.

Müller, Stefan/Kreipl, Markus (2010): Die Veränderung des abschlusspolitischen Potenzials durch das BilMoG im Lichte der Entscheidungsnützlichkeit der Rechnungslegung, Zeitschrift für Planung & Unternehmenssteuerung, Jg. 20, Heft 4, März 2010, S. 313–329.

Mundy, Julia (2010): Creating dynamic tensions through a balanced use of management control systems, Accounting, Organizations and Society, Jg. 35, Nr. 5, Juli 2010, S. 499–523.

Nau, Heino Heinrich/Steiner, Philippe (2002): Schmoller, Durkheim, and Old European Institutionalst Economics, Journal of Economic Issues, Jg. 36, Nr. 4, Dezember 2002, S. 1005–1024.

Neuberger, Oswald (2002): Führen und führen lassen. Ansätze, Ergebnisse und Kritik der Führungsforschung, 6., völlig neu bearbeitete und erweiterte Auflage, Stuttgart: Lucius und Lucius.

Neuberger, Oswald (2006): Mikropolitik und Moral in Organisationen. Herausforderung der Ordnung, 2., völlig neu bearbeitete Auflage, Stuttgart: Lucius & Lucius, Schriftenreihe UTB.

Neuhaus, Dirk (2008): Öko-Controlling – Umweltorientierte Unternehmensführung und ökologische Risikovorsorge, ZfCM – Zeitschrift für Controlling und Management, Jg. 52, Heft 4, August 2008, S. 246–250.

Neus, Werner (2009): Einführung in die Betriebswirtschaftslehre aus institutionenökonomischer Sicht, 6., überarbeitete und erweiterte Auflage, Tübingen: Mohr Siebeck.

Nevries, Pascal/Strauß, Erik (2008): Aufgaben des Controllings im Rahmen des Risikomanagementprozesses. Eine empirische Untersuchung in deutschen Großkonzernen, ZfCM – Zeitschrift für Controlling und Management, Jg. 52, Heft 2, April 2008, S. 106–111.

Newen, Albert/Schrenk, Markus A. (2013): Einführung in die Sprachphilosophie, 2., durchgesehene Auflage, Darmstadt: WBG (Wissenschaftliche Buchgesellschaft).

Nicholson, Gavin/Kiel, Geoffrey/Kiel-Chisholm, Scott (2011): The Contribution of Social Norms to the Global Financial Crisis: A Systemic Actor Focused Model and Proposal for Regulatory Change, Corporate Governance: An International Review, Jg. 19, Nr. 5, S. 471–488.

Nielsen, Richard P. (1990): Dialogic Leadership as Ethics Action (Praxis) Method, Journal of Business Ethics, Band 9, Heft 10, Oktober 1990, S. 765–783.

Nieschlag, Robert/Dichtl, Erwin/Hörschgen, Hans (1997): Marketing, 18., durchgesehene Auflage, Berlin: Duncker & Humblot.

Nikias, Anthony D./Schwartz, Steven T./Spires, Eric E./Wollscheid, Jim R./Young, Richard A. (2010): The Effects of Aggregation and Timing on Budgeting: An Experiment, Behavioral Research In Accounting, Jg. 22, Nr. 1, S. 67–83.

Nikolova, Natalia/Reihlen, Markus/Schlapfner, Jan-Florian (2009): Client–consultant interaction: Capturing social practices of professional service production, Scandinavian Journal of Management, Jg. 25, Nr. 3, September 2009, S. 289–298.

Nissen, Volker (Hrsg.) (2007): Consulting Research. Unternehmensberatung aus wissenschaftlicher Perspektive, Wiesbaden: Deutscher Universitäts-Verlag.

Nissen, Volker (2007): Consulting Research – Eine Einführung, in: Nissen, Volker (Hrsg.): Consulting Research. Unternehmensberatung aus wissenschaftlicher Perspektive, Wiesbaden: Deutscher Universitäts-Verlag, S. 3–38.

Nordberg, Donald (2008): The ethics of corporate governance, Journal of General Management, Jg. 33, Nr. 4, Sommer 2008, S. 35–52.

o.V. (2009): Finanzstabilitätsbericht 2009, Frankfurt am Main, Deutsche Bundesbank, verfügbar auf: http://www.bundesbank.de/Redaktion/DE/Downloads/Veroeffentlichungen/Finanzstabilitaetsberichte/2009_finanzstabilitaetsbericht.pdf?__blob=publicationFile, Stand: 17.07.2011.

Ogden, Joseph P./Jen, Frank C./O'Connor, Philip F. (2003): Advanced corporate finance. Policies and strategies, Upper Saddle River, N.J: Prentice Hall.

Olesch, Jens-Rüdiger (2009): Controlling als Risikofaktor. Ein beratungsorientierter Ansatz zur Risikobewältigung, in: Fröhlich, Werner/Laumann, Maja (Hrsg.): Wertschöpfung durch Management Consulting. Research in Progress, München, Mering: Rainer Hampp Verlag, S. 59–90.

Oltmanns, Torsten/Kleinaltenkamp, Michael/Ehret, Michael (Hrsg.) (2009): Kommunikation und Krise. Wie Entscheider die Wirklichkeit definieren, Wiesbaden: Gabler Verlag.

Ortelbach, Björn/Hagenhoff, Svenja (2004): Entwicklungen und Perspektiven der Controllingforschung, Göttingen, Georg-August-Universität, Institut für Wirtschaftsinformatik, Arbeitsbericht Nr. 17/2004, verfügbar auf: http://www.uni-goettingen.de/de/67744.html, Stand: 10.11.2008.

Ortmann, Günther (2008): Management in der Hypermoderne. Kontingenz und Notwendigkeit, Wiesbaden: VS Verlag für Sozialwissenschaften.

Osiemo, Lynette B. (2012): Developing Responsible Leaders: The University at the Service of the Person, Journal of Business Ethics, Band 108, Heft 2, Juni 2012, S. 131–143.

Ossadnik, Wolfgang (2009): Controlling, 4., vollständige überarbeitete und erweiterte Auflage, München: Oldenbourg.

Østergren, Katarina/Stensaker, Inger (2011): Management Control without Budgets: A Field Study of 'Beyond Budgeting' in Practice, European Accounting Review, Jg. 20, Nr. 1, S. 149–181.

Paefgen, Anne (2008a): Rationalitätsdefizite im Handeln von Controllern. Ausprägungsformen und Gegenmaßnahmen. Dissertation, WHU – Otto Beisheim School of Management, Wiesbaden: Gabler Verlag.

Paefgen, Anne (2008b): Rationalitätssicherung im Controlling, ZfCM – Zeitschrift für Controlling und Management, Sonderheft 3, November 2008, S. 80–88.

Paetow, Kai (2005): Organisationsidentität: Eine systemtheoretische Analyse der Konstruktion von Identität in der Organisation und ihrer internen wie externen Kommunikation. Dissertation, Hamburg, Universität Hamburg, verfügbar auf: http://ediss.sub.uni-hamburg.de/volltexte/2005/2413/, Stand: 28.12.2009.

Paetzmann, Karsten (2008): Corporate Governance. Strategische Marktrisiken, Controlling, Überwachung, Berlin [u.a.]: Springer-Verlag.

Paetzmann, Karsten/Kaspereit, Thomas (2010): Zum Einsatz von Residualgewinnmodellen post BilMoG – Nähert sich das Accounting Model dem Economic Model?, Zeitschrift für Planung & Unternehmenssteuerung, Jg. 20, Heft 4, März 2010, S. 419–444.

Parkin, Michael (2003): Economics, 6. Auflage, Boston, Mass.: Addison-Wesley.

Parvis-Trevisany, Natalie (2006): Implementierung von Controllinginstrumenten. Identifikation und Überwindung von Implementierungsbarrieren, Wiesbaden: Deutscher Universitäts-Verlag.

Pätsch, Christian (2007): Managementphilosophien und angewandte Betriebswirtschaftslehre. Eine vergleichende Betrachtung der wissenschaftlichen

Gemeinschaften Strategische Führung, Marketing und Controlling, Frankfurt am Main [u.a.]: Peter Lang.

Pawlik, Kurt (Hrsg.) (2006): Handbuch Psychologie. Wissenschaft – Anwendung – Berufsfelder, Heidelberg: Springer-Verlag.

Pazzaglia, Federica (2010): Are Alternative Organizational Forms the Solution to Limit Excessive Managerial Discretion?, Journal of Business Ethics, Band 93, Heft 4, Juni 2010, S. 623–639.

Peemöller, Volker H. (2005): Controlling. Grundlagen und Einsatzgebiete, 5. Auflage, Herne, Berlin: Verlag Neue Wirtschafts-Briefe.

Peetz, Thorsten/Lohr, Karin (2010): Arbeit und Organisation in der funktional differenzierten Gesellschaft. Ein theoretischer Rahmen zur Analyse von Arbeit, illustriert am Beispiel von Unternehmen und Schulen, Berliner Journal für Soziologie, Jg. 20, Nr. 4, Dezember 2010, S. 447–473.

Perridon, Louis/Steiner, Manfred (2004): Finanzwirtschaft der Unternehmung, 13., überarbeitete und erweiterte Auflage, München: Verlag Franz Vahlen.

Peter, Lothar (2011): Prolegomena zu einer Theorie der symbolischen Gewalt, Österreichische Zeitschrift für Soziologie, Jg. 36, Heft 4/Dezember 2011, S. 11–31.

Petersen, Jendrik (1997): Die gebildete Unternehmung, Frankfurt am Main [u.a.]: Lang.

Petersen, Jendrik (2002): Der Weiterbildende Studiengang Betriebspädagogik als Reflexionsforum für Führungs(nachwuchs)kräfte – Eine autobiographische Rückschau, in: Dewe, Bernd (Hrsg.): Betriebspädagogik und berufliche Weiterbildung, 2. Auflage, Bad Heilbrunn/Obb.: Verlag Julius Klinkhardt, S. 323–334.

Petersen, Jendrik (2003): Dialogisches Management, Frankfurt am Main: Peter Lang.

Petersen, Jendrik (2011): Dialogisches Management durch Mentoring, in: Dewe, Bernd/Schwarz, Martin (Hrsg.): Beruf – Betrieb – Organisation. Perspektiven der Betriebspädagogik und beruflichen Weiterbildung, Bad Heilbrunn/Obb.: Verlag Julius Klinkhardt, S. 371–388.

Petersen, Jendrik (Hrsg.) (2011): Dialogisches Management und Organisationslernen. Research in Progress, München, Mering: Rainer Hampp Verlag.

Petersen, Jendrik/Olesch, Jens-Rüdiger (2011): Innovative Organisationsgestaltung durch Dialogisches Management, in: Petersen, Jendrik (Hrsg.): Dialogisches Management und Organisationslernen. Research in Progress, München, Mering: Rainer Hampp Verlag, S. 3–20.

Petri, Mario (2011): Bildungspolitik, interdisziplinäre Personalentwicklung und Ressourcenabhängigkeit: Abhängigkeitsreduzierung durch staatlich beeinflusste

Personalentwicklung?, Zeitschrift für Management, Jg. 6, Heft 1, April 2011, S. 53–77.

Petzold, Hilarion (2007): Integrative Supervision, Meta-Consulting, Organisationsentwicklung. Ein Handbuch für Modelle und Methoden reflexiver Praxis, 2., überarbeitete und erweiterte Auflage, Wiesbaden: VS Verlag für Sozialwissenschaften.

Pfingsten, Andreas/Wagener, Andreas (2003): Bargaining Solutions as Social Compromises, Theory and Decision, Jg. 55, Nr. 4, Dezember 2003, S. 359–389.

Pflüger, Niels (2008): Einführung in die Betriebspädagogik. Grundbegriffe, Geschichte, Tätigkeitsfelder Ziele und Tätigkeitsfelder, 2., überarbeitete Auflage, Norderstedt: Books on demand.

Pfriem, Reinhard (2008): Corporate Governance. Die Unternehmung als gesellschaftlicher Akteur, in: Freidank, Carl-Christian/Baetge, Jörg/Lachnit, Laurenz (Hrsg.): Controlling und Rechnungslegung. Aktuelle Entwicklungen in Wissenschaft und Praxis, Wiesbaden: Gabler Verlag, S. 489–501.

Philipps, Holger (2009): Finanzkrise, Managementpflichten und Wirtschaftsprüfung. Anforderungen an eine ordnungsgemässe Geschäftsführung und deren Prüfung – Darstellung in Checklisten, Wiesbaden: Gabler Verlag.

Pietsch, Gotthard (2007): Human Capital Measurement, Ambiguity, and Opportunism: Actors between Menace and Oportunity, Zeitschrift für Personalforschung, Jg. 21, Heft 3/2007, S. 252–273.

Pietsch, Gotthard/Scherm, Ewald (2004): Reflexionsorientiertes Controlling, in: Scherm, Ewald/Pietsch, Gotthard (Hrsg.): Controlling. Theorien und Konzeptionen, München: Verlag Franz Vahlen, S. 529–553.

Pinsker, Robert/Pennington, Robin/Schafer, Jennifer Kahle (2009): The Influence of Roles, Advocacy, and Adaptation to the Accounting Decision Environment, Behavioral Research In Accounting, Jg. 21, Nr. 2, S. 91–111.

Ploner, Matteo/Ziegelmeyer, Anthony (2007): The Hidden Costs of Control: An Unsuccessful Replication Study. Research Paper, Jena, Friedrich-Schiller-Universität, 2007-074, verfügbar auf: www.jenecon.de, Stand: 27.02.2010.

Pohlmann, Markus C. (2002): Organisationsentwicklung und Organisationsberatung im Zeichen reflexiver Modernisierung, Gruppendynamik und Organisationsberatung, Jg. 33, Heft 3/September 2002, S. 339–353.

Polak, Benjamin/Herrmann, Andreas/Heitmann, Mark/Einhorn, Martin (2008): Die Macht des Defaults – Wirkung von Empfehlungen und Vorgaben auf das individuelle Entscheidungsverhalten, Zeitschrift für Betriebswirtschaft, Jg. 78, Heft 10, Oktober 2008, S. 1033–1060.

Praxmarer, Sandra (2009): Warum kann die Wirkung von Maßnahmen eines Unternehmens auf das Vertrauen des Partners kulturabhängig sein?, Zeitschrift für Betriebswirtschaft, Jg. 79, Nr. 5, Mai 2009, S. 609–632.

Preisendörfer, Peter (2008): Organisationssoziologie. Grundlagen, Theorien und Problemstellungen, 2. Auflage, Wiesbaden: VS Verlag für Sozialwissenschaften.

Preißler, Peter R. (2007): Controlling. Lehrbuch und Intensivkurs, 13., vollständig überarbeitete und erweiterte Auflage, München: Oldenbourg.

Prenzler, Carsten (2011): Entwicklung von Controlleraufgaben. Eine Längsschnittuntersuchung in deutschen Unternehmen, Wiesbaden: Gabler Verlag.

Priller, Christian/Rathnow, Peter (2007): Steuerung global agierender Unternehmen. Konzepte, Controllinginstrumente und deren Umsetzung, ZfCM – Zeitschrift für Controlling und Management, Jg. 51, Heft 1, Februar 2007, S. 31–36.

Pronin, Emily/Puccio, Caroly/Ross, Lee (2008): Understanding Misunderstanding: Social Psychology Perspective, in: Gilovich, Thomas/Griffin, Dale/Kahneman, Daniel (Hrsg.): Heuristics and biases. The Psychology of Intuitive Judgment, Nachdruck der Erstausgabe von 2002, Cambridge: Cambridge University Press, S. 636–665.

Pundt, Alexander/Nerdinger, Friedemann W. (2011): Transformationale Führung als Treiber einer Servicekultur, Marketing Review St. Gallen, Jg. 28, Nr. 1, Februar 2011, S. 48–53.

Quick, Reiner/Warming-Rasmussen, Bent (2007): Unabhängigkeit des Abschlussprüfers – Zum Einfluss von Beratungsleistungen auf Unabhängigkeitswahrnehmungen von Aktionären, Zeitschrift für Betriebswirtschaft, Jg. 77, Heft 10, Oktober 2007, S. 1007–1033.

Quick, Reiner/Wiemann, Daniela (2011): Zum Einfluss der Mandatsdauer des Abschlussprüfers auf die Prüfungsqualität, Zeitschrift für Betriebswirtschaft, Jg. 81, Heft 9, September 2011, S. 915–943.

Quiggin, John/Chambers, Robert G. (2009): Bargaining Power and Efficiency in Insurance Contracts, The Geneva Risk and Insurance Review, Jg. 34, Nr. 1, S. 47–73.

Radu, Miruna/Loué, Christophe (2008): Motivational Impact of Role Models as Moderated by "Ideal" vs. "Ought Self-Guides" Identifications, Journal of Enterprising Culture, Jg. 16, Nr. 4 (Dezember 2008), S. 441–465.

Raelin, Joseph A. (2008): Emancipatory Discourse and Liberation, Management Learning, Jg. 39, Nr. 5, S. 519–540.

Raelin, Joseph A. (2011): The End of Managerial Control?, Group & Organization Management, Jg. 36, Nr. 2, S. 135–160.

Raelin, Joseph A. (2012): Dialogue and deliberation as expressions of democratic leadership in participatory organizational change, Journal of Organizational Change Management, Jg. 25, Nr. 1, S. 7–23.

Raelin, Joseph A. (2013): The manager as facilitator of dialogue, Organization, Jg. 20, Nr. 6, S. 818–839.

Raelin, Joseph A. (2014): Imagine there are no leaders: Reframing leadership as collaborative agency, Leadership, Vorabdruck, 25.11.2014, DOI: 10.1177/1742715014558076, S. 1–28.

Raich, Margit/Hinterhuber, Hans H./Pechlaner, Harald (Hrsg.) (2007): Entrepreneurial Leadership. Profilierung in Theorie und Praxis, Wiesbaden: Deutscher Universitäts-Verlag.

Rankin, Frederick W./Schwartz, Steven T./Young, Richard A. (2008): The Effect of Honesty and Superior Authority on Budget Proposals, The Accounting Review, Jg. 83, Nr. 4, Juli 2008, S. 1083–1099.

Rao, Alaka N./Pearce, Jone L./Xin, Katherine (2005): Governments, Reciprocal Exchange and Trust among Business Associates, Journal of International Business Studies, Jg. 36, Nr. 1 (Januar 2005), S. 104–118.

Rapp, Matthias J./Wullenkord, Axel (2011): Unternehmenssteuerung durch den Finanzvorstand (CFO). Aktuelle Herausforderungen und Lösungen, Wiesbaden: Gabler Verlag.

Rausch, Alexandra (2011): Reconstruction of decision-making behavior in shareholder and stakeholder theory: implications for management accounting systems, Review of Managerial Science, Jg. 5, Nr. 2–3, S. 137–169.

Rautenberg, Michael (2010): Der Dialog in Management und Organisation – Illusion oder Perspektive? Eine systemtheoretische Zuspitzung, Heidelberg: Carl-Auer Verlag.

Rautenstrauch, Thomas/Müller, Christof (2005): Verständnis und Organisation des Controlling in kleinen und mitleren Unternehmen, Zeitschrift für Planung & Unternehmenssteuerung, Jg. 16, Heft 2, Juni 2005, S. 189–209.

Regierungskommission Deutscher Corporate Governance Kodex (2010): Deutscher Corporate Governance Kodex. (in der Fassung vom 26. Mai 2010), verfügbar auf: http://www.corporate-governance-code.de/ger/download/kodex_2010/D_CorGov_Endfassung_Mai_2010.pdf, Stand: 27.08.2011.

Rehberg, Karl-Siegbert (Hrsg.): Soziale Ungleichheit, Kulturelle Unterschiede. Verhandlungen des 32. Kongresses der Deutschen Gesellschaft für Soziologie in München 2004. Teilband 2, Frankfurt a.M. [u.a.]: Campus Verlag.

Reichmann, Thomas (2006): Controlling mit Kennzahlen und Management-Tools. Die systemgestützte Controlling-Konzeption, 7., überarbeitete und erweiterte Auflage, München: Verlag Franz Vahlen.

Reimer, Jürgen-Michael (2005): Verhaltenswissenschaftliche Managementlehre, Bern [u.a.]: Haupt Verlag, Schriftenreihe UTB.

Reimer, Marko/Orth, Mathias (2008): Die Bedeutung verhaltensorientierter Aspekte in der Controllingausbildung an deutschen Hochschulen, Zeitschrift für Planung & Unternehmenssteuerung, Jg. 19, Heft 2, August 2008, S. 185–205.

Reiß, Michael/Bernecker, Tobias (2006): Conjoint Controlling: Organisationsgerechte Controllingsysteme zwischen Better Budgeting und komplex-hybrider Steuerung, Zeitschrift für Planung & Unternehmenssteuerung, Jg. 17, Heft 1, März 2006, S. 5–26.

Reißig-Thust, Solveig (2010): Rolle und Einsatzmöglichkeiten des Controllings im Risk and Fraud-Management, ZfCM – Zeitschrift für Controlling und Management, Jg. 54, Heft 2, April 2010, S. 122–126.

Richter, Rudolf/Furubotn, Eirik Grundtvig (2003): Neue Institutionenökonomik. Eine Einführung und kritische Würdigung, 3., überarbeitete und erweiterte Auflage, Tübingen: Mohr Siebeck.

Riesenhuber, Maximilian (2006): Die Fehlentscheidung. Ursache und Eskalation, Wiesbaden: Deutscher Universitäts-Verlag.

Rijsenbilt, Antoinette/Commandeur, Harry (2013): Narcissus Enters the Courtroom: CEO Narcissism and Fraud, Journal of Business Ethics, Band 117, Heft 2, Oktober 2013, S. 413–429.

Rissbacher, Clemens/Rissbacher, Christof/Messner, Martin (2008): Zur Rolle des Controllings im Reorganisationsmanagement. Überlegungen auf Basis einer Fallstudie, ZfCM – Zeitschrift für Controlling und Management, Jg. 52, Heft 2, April 2008, S. 116–122.

Ritz, Kerstin (2012): Kulturbewusste Personalentwicklung in werteorientierten Unternehmen, Wiesbaden: Verlag für Sozialwissenschaften.

Roederer, Julia Dorothee (2011): Der Einfluss der Persönlichkeit von Topmanagern und der Unternehmenskultur auf den Unternehmenserfolg. Eine empirische Analyse zentraler Mechanismen und Rahmenbedingungen, Wiesbaden: Gabler Verlag.

Röhrich, Martina (2007): Grundlagen der Investitionsrechnung. Eine Darstellung anhand einer Fallstudie, München: Oldenbourg.

Rosenstiel, Lutz von/Comelli, Gerhard (2003): Führung zwischen Stabilität und Wandel, München: Verlag Franz Vahlen.

Rosenstiel, Lutz von/Domsch, Michel/Regnet, Erika (Hrsg.) (2009): Führung von Mitarbeitern. Handbuch für erfolgreiches Personalmanagement, 6., überarbeitete Auflage, Stuttgart: Schäffer-Poeschel Verlag.

Rost, Katja/Osterloh, Margit (2009): Management Fashion Pay-for-Performance for CEOs, sbr – Schmalenbach Business Review, Jg. 61, April 2009, S. 119–149.

Rotering-Steinberg, Sigrid (2009): Unterschiede und Gemeinsamkeiten von Coaching und Mentoring, in: Stöger, Heidrun/Ziegler, Albert/Schimke, Diana (Hrsg.): Mentoring: Theoretische Hintergründe, empirische Befunde und praktische Anwendungen, Lengerich: Pabst Science Publishers, S. 31–51.

Ruhnke, Klaus (2008): Rechnungslegung nach IFRS und HGB. Lehrbuch zur Theorie und Praxis der Unternehmenspublizität mit Beispielen und Übungen, 2., überarbeitete und erweiterte Auflage, Stuttgart: Schäffer-Poeschel Verlag.

Sandelin, Mikko (2008): Operation of management control practices as a package – A case study on control system variety in a growth firm context, Management Accounting Research, Jg. 19, Nr. 4, Dezember 2008, S. 324–343.

Sausele, Ines (2007): Personalentwicklung als Quelle der Macht. Ergebnisse aus einer Untersuchung von Mitarbeitergesprächen, in: Göhlich, Michael/König, Eckard/Schwarzer, Christine (Hrsg.): Beratung, Macht und organisationales Lernen, Wiesbaden: VS Verlag für Sozialwissenschaften, S. 85–96.

Sausele-Bayer, Ines (2011): Personalentwicklung als pädagogische Praxis, Wiesbaden: VS Verlag für Sozialwissenschaften.

Schaefer, Sigrid (2008): Controlling und Informationsmanagement in Strategischen Unternehmensnetzwerken. Multiperspektivische Modellierung und interorganisationale Vernetzung von Informationsprozessen, Wiesbaden: Gabler Verlag.

Schäffer, Utz/Binder, Christoph/Gmür, Markus (2006): Struktur und Entwicklung der Controllingforschung – Eine Zitations- und Kozitationsanalyse in deutschsprachigen wissenschaftlichen Zeitschrift von 1973 bis 2003, Zeitschrift für Betriebswirtschaft, Jg. 76, Heft 4, April 2006, S. 395–440.

Schäffer, Utz/Kramer, Stephan (2009): Experimentelle Erkenntnisse zu menschlichem Verhalten in Budgetverhandungen, ZfCM – Zeitschrift für Controlling und Management, Jg. 53, Heft 4, August 2009, S. 254–256.

Schäffer, Utz/Schürmann, Christian (2010): Die Rolle des Controllers: Erbsenzähler oder interner Berater?, ZfCM – Zeitschrift für Controlling und Management, Jg. 54, Heft 3, Juni 2010, S. 189–190.

Schäffer, Utz/Weber, Jürgen/Willauer, Bianca (2003): Mit Loyalität und Vertrauen besser planen – Ergebnisse einer empirischen Erhebung, ZfCM – Zeitschrift für Controlling und Management, Jg. 47, Heft 1, Februar 2003, S. 42–51.

Schauenberg, Bernd/Schreyögg, Georg/Sydow, Jörg (Hrsg.) (2005): Institutionenökonomik als Managementlehre?, Wiesbaden: Gabler Verlag.

Scheibehenne, Benjamin (2008): The Effect of Having Too Much Choice, Berlin, verfügbar auf: http://edoc.hu-berlin.de/docviews/abstract.php?id=28885, Stand: 14.03.2009.

Scherer, Andreas Georg (2006): Kritik der Organisation oder Organisation der Kritik? – Wissenschaftstheoretische Bemerkungen zum kritischen Umgang mit Organisationstheorien, in: Kieser, Alfred/Ebers, Mark (Hrsg.): Organisationstheorien, 6., erweiterte Auflage, Stuttgart: Kohlhammer, S. 19–61.

Scherm, Ewald/Pietsch, Gotthard (2003): Die theoretische Fundierung des Controlling: Kann das Controlling von der Organisationstheorie lernen?, in: Weber, Jürgen/Hirsch, Bernhard (Hrsg.): Zur Zukunft der Controllingforschung. Empirie, Schnittstellen und Umsetzung in der Lehre, Wiesbaden: Deutscher Universitäts-Verlag, S. 27–62.

Scherm, Ewald/Pietsch, Gotthard (Hrsg.) (2004): Controlling. Theorien und Konzeptionen, München: Verlag Franz Vahlen.

Scherm, Ewald/Pietsch, Gotthard (2007): Organisation. Theorie, Gestaltung, Wandel, München: Oldenbourg.

Schewe, Gerhard/Nienaber, Ann-Marie (2011): Explikation von implizitem Wissen: Stand der Forschung zu Barrieren und Lösungsansätzen, Journal für Betriebswirtschaft, Jg. 61, Nr. 1, März 2011, S. 37–84.

Schiller-Merkens, Simone (2008): Institutioneller Wandel und Organisationen. Grundzüge einer strukturationstheoretischen Konzeption, Wiesbaden: VS Verlag für Sozialwissenschaften.

Schilling, Jan/Kluge, Annette (2004): Können Organisationen nicht lernen? Facetten organisationaler Lernkulturen, Gruppendynamik und Organisationsberatung, Jg. 35, Heft 4/Dezember 2004, S. 367–385.

Schmalhardt, Herbert (2010): Korruption als unternehmerisches Risiko, in: Keuper, Frank/Neumann, Fritz (Hrsg.): Corporate Governance, Risk Management und Compliance. Innovative Konzepte und Strategien, Wiesbaden: Gabler Verlag, S. 141–162.

Schmid, Michael/Maurer, Andrea (2009): Erklärende Soziologie. Grundlagen, Vertreter und Anwendungsfehler eines soziologischen Forschungsprogramms, Wiesbaden: VS Verlag für Sozialwissenschaften.

Schmidt, Andreas (2005): Kostenrechnung. Grundlagen der Vollkosten-, Deckungsbeitrags- und Planungskostenrechnung sowie des Kostenmanagements, 4., überarbeitete Auflage, Stuttgart: Verlag W. Kohlhammer.

Schneeweiß, Christoph (1994): Elemente einer Theorie hierarchischer Planung, OR Spektrum, Jg. 16, Nr. 2, 1994, S. 161–168.

Schneider, Käthe (2011): Persönlichkeitsentwicklung in der Führungskräfteweiterbildung, in: Dewe, Bernd/Schwarz, Martin (Hrsg.): Beruf – Betrieb – Organisation. Perspektiven der Betriebspädagogik und beruflichen Weiterbildung, Bad Heilbrunn/Obb.: Verlag Julius Klinkhardt, S. 338–350.

Schneider, Wolfgang Ludwig (2009): Grundlagen der soziologischen Theorie, 2. Auflage, Wiesbaden: VS Verlag für Sozialwissenschaften.

Schneyder, Wolfram von (2007): Kennzahlen für die Personalentwicklung. Referenzmodellbasiertes System zur Quantifizierung erzeugter Wirkungen, Wiesbaden: Deutscher Universitäts-Verlag.

Schoeffler, Sidney (1954): Toward a General Definition of Rational Action, Kyklos, Jg. 7, Nr. 3/ August 1954, S. 245–273.

Scholl, Claus (2001): Management rechtlich bedingter Risiken, insbesondere der Produkthaftung, in: Götze, Uwe/Henselmann, Klaus/Mikus, Barbara (Hrsg.): Risikomanagement, Heidelberg: Physica-Verlag, S. 241–256.

Scholz, Christian (2010): Was eigentlich ist „gutes" Personalmanagement? Einige Anregungen zur Professionalisierungsdebatte, Zeitschrift für Management, Jg. 5, Heft 3, September 2010, S. 221–252.

Schramm, Holger/Hartmann, Tilo (2007): Identität durch Mediennutzung? Die Rolle von parasozialen Interaktionen und Beziehungen mit Medienfiguren, in: Hoffmann, Dagmar/Mikos, Lothar (Hrsg.): Mediensozialisationstheorien. Neue Modelle und Ansätze in der Diskussion, Wiesbaden: VS Verlag für Sozialwissenschaften, S. 201–219.

Schreiber, Daniel (2010): Management von Controllingwissen. Ein sach- und verhaltensorientierter Ansatz zur Verbesserung der Manager-Controller-Beziehung, Wiesbaden: Gabler Verlag.

Schreyögg, Astrid (2001): Konfliktcoaching für neu ernannte Führungskräfte, Organisationsberatung – Supervision – Coaching, Jg. 8, Heft 4/2001, S. 315–331.

Schreyögg, Georg (2008): Organisation. Grundlagen moderner Organisationsgestaltung, 5., vollständig überarbeitete und erweiterte Auflage, Wiesbaden: Gabler Verlag.

Schreyögg, Georg/Koch, Jürgen (2007): Grundlagen des Managements, Wiesbaden: Gabler Verlag.

Schreyögg, Georg/Sydow, Jörg (Hrsg.) (2009): Verhalten in Organisationen, Wiesbaden: Gabler Verlag.

Schubert, Andreas/Robyn, Daniel (2002): Internationale Produkthaftung, in: Häberle, Siegfried Georg/Lissner, Sabine (Hrsg.): Handbuch für Kaufrecht, Rechtsdurchsetzung und Zahlungssicherung im Aussenhandel. Internationale Kaufverträge, internationale Produkthaftung, Eigentumsvorbehalt, Schiedsgerichtsbarkeit, gerichtliche Durchsetzung und Vollstreckung, internationale Zahlungs- und Sicherungsinstrumente, Incoterms, München: Oldenbourg, S. 173–291.

Schüller, Stephan (1984): Organisation von Controllingsystemen in Kreditinstituten, Frankfurt a.M.: F. Knapp.

Schulz, Andreas (2010): Selbstreflexion und soziale Kompetenz, Organisationsberatung, Supervision, Coaching, Jg. 17, Nr. 4, S. 361–371.

Schurz, Gerhard (2014): Einführung in die Wissenschaftstheorie, 4., überarbeitete Auflage, Darmstadt: WBG (Wissenschaftliche Buchgesellschaft).

Schwaiger, Manfred/Meyer, Anton (Hrsg.) (2009): Theorien und Methoden der Betriebswirtschaft, München: Verlag Franz Vahlen.

Schwarz, Martin (2011): Betriebliche und pädagogische Handlungslogik am Fall der betrieblichen Weiterbildung und beruflichen Fortbildung, in: Dewe, Bernd/Schwarz, Martin (Hrsg.): Beruf – Betrieb – Organisation. Perspektiven der Betriebspädagogik und beruflichen Weiterbildung, Bad Heilbrunn/Obb.: Verlag Julius Klinkhardt, S. 118–139.

Schwegler, Regina (2008): Moralisches Handeln von Unternehmen. Eine Weiterentwicklung des neuen St. Galler Management-Modells und der ökonomischen Ethik, Wiesbaden: Gabler Verlag.

Schyns, Birgit (2008): Einflussfaktoren auf die Wahrnehmung von Führung, Zeitschrift für Arbeits- und Organisationspsychologie A&O, Jg. 52, Nr. 4, S. 182–190.

Seal, Will (2010): Managerial discourse and the link between theory and practice: From ROI to value-based management, Management Accounting Research, Jg. 21, Nr. 2, Juni 2010, S. 95–109.

Seel, Martin (2002): Die zwei Bedeutungen ›kommunikativer‹ Rationalität. Bemerkungen zu Habermas' Kritik der pluralen Vernunft, in: Honneth, Axel/Joas, Hans (Hrsg.): Kommunikatives Handeln. Beiträge zu Jürgen Habermas' »Theorie des kommunikativen Handelns«, 3., erweiterte und aktualisierte Auflage, Frankfurt am Main: Suhrkamp Verlag, S. 53–72.

Seemann, Eric A./Carroll, Shelley J./Woordard, Amber/Mueller, Marie L. (2008): The Type of Threat Matters: Differences in Similar Magnitude Threats of Psychological Reactance, North American Journal of Psychology, Jg. 10, Nr. 3, S. 583–594.

Seidel, Sabine (2008): Befragung als systemische Intervention in der Organisationsentwicklung. Organisationslernen vor dem Hintergrund von Daten. Dissertation, Technische Universität Dortmund, Dortmund, verfügbar auf: http://d-nb.info/997505362/34, Stand: 26.08.2013.

Seidel, Uwe M. (2011): Grundlagen und Aufbau eines Risikomanagementsystems, in: Klein, Andreas (Hrsg.): Risikomanagement und Risiko-Controlling. [Organisation und Dokumentation im Unternehmen, Datenerhebung und Risikobewertung, Integration in die Führungs- und Reportingsysteme, Umsetzungsbeispiele aus der Praxis], Freiburg [u.a.]: Haufe, S. 21–50.

Senge, Peter M. (2011): Die fünfte Disziplin. Kunst und Praxis der lernenden Organisation, 11., völlig überarbeitete und aktualisierte Auflage, Stuttgart: Schäffer-Poeschel Verlag.

Sengün, Ayse Elif/Wasti, S. Nazli (2009): Revisiting Trust and Control: Effects on Perceived Relationship Performance, International Small Business Journal, Jg. 27, Nr. 1, S. 39–69.

Seufert, Sabine/Fandel-Meyer, Tanja (2011): Die Rolle von Führungskräften im betrieblichen Lernen, in: Göhlich, Michael/Weber, Susanne Maria/Schiersmann, Christiane/Schröer, Andreas (Hrsg.): Organisation und Führung. Beiträge der Kommission Organisationspädagogik, Wiesbaden: VS Verlag für Sozialwissenschaften, S. 223–233.

Sharfman, Bernard S. (2011): Using the Law to Reduce Systemic Risk, Journal of Corporation Law, Jg. 36, Nr. 3, Frühjahr 2011, S. 607–634.

Sieber, Carsten (2008): Kooperation von Zentralcontrolling und Bereichscontrolling. Messung – Auswirkungen – Determinanten, Wiesbaden: Gabler Verlag.

Siebert, Jörg (2006): Führungssysteme zwischen Stabilität und Wandel. Ein systematischer Ansatz zum Management der Führung, Wiesbaden: Deutscher Universitäts-Verlag.

Simon, Fritz B. (2009): Einführung in die systemische Wirtschaftstheorie, Heidelberg: Carl-Auer Verlag.

Simon, Fritz B. (2011): Einführung in die systemische Organisationstheorie, 3. Auflage, Heidelberg: Carl-Auer Verlag.

Simons, Robert (2010): Accountability and Control as Catalysts for Strategic Exploration and Exploitation: Field Study Results, Harvard Business School, Working Paper 10–051, verfügbar auf: http://www.hbs.edu/research/pdf/10-051.pdf, Stand: 29.03.2010.

Sims, Ronald R. (1992): Linking Groupthink to Unethical Behavior in Organzations, Journal of Business Ethics, Band 11, Heft 9, September 1992, S. 651–662.

Sinclair, Amanda (1995): The Chameleon of Accountability: Forms and Discourses, Accounting, Organizations and Society, Jg. 20, Nr. 2/3, Februar/April 1995, S. 219–237.

Sitkin, Sim B./See, Kelly E./Miller, C. Chet/Lawless, Michael W./Carton, Andrew M. (2011): The Paradox of Stretch Goals: Organizations in Pursuit of the Seemingly Impossible, Academy of Management Review, Jg. 36, Nr. 3, Juli 2011, S. 544–566.

Six, Frédérique E. (2007): Building interpersonal trust within organizations: a relational signalling perspective, Journal of Management & Governance, Jg. 11, Nr. 3, S. 285–309.

Slovic, Paul (2008): The Construction of Preference, in: Kahneman, Daniel/Tversky, Amos (Hrsg.): Choices, Values, and Frames, 8. Nachdruck der Originalauflage von 2000, New York, Cambridge, UK: Russell Sage Foundation; Cambridge University Press, S. 489–502.

Snyder, Jeremy (2010): Exploitation and Sweatshop Labor: Perspectives and Issues, Business Ethics Quarterly, Jg. 20, Nr. 2 (April 2010), S. 187–213.

Solomon, Jill (2007): Corporate governance and accountability, 2. Auflage, Hoboken, NJ: John Wiley & Sons.

Spatz, Almuth C. (2009): Controllership. Messung, Wirkung und Determinanten, Wiesbaden: Gabler Verlag.

Spillecke, Dennis (2006): Interne Kundenorientierung des Controllerbereichs. Messung, Erfolgsauswirkungen, Determinanten, Wiesbaden: Deutscher Universitäts-Verlag.

Stadlbauer, Cornelia (2008): Betriebliche Führungskräfte-Entwicklung. Mechanismen der Selbstdisziplinierung, Wiesbaden: VS Verlag für Sozialwissenschaften.

Staehle, Wolfgang H./Conrad, Peter/Sydow, Jörg (1999): Management. Eine verhaltenswissenschaftliche Perspektive, 8. Auflage, München: Verlag Franz Vahlen.

Stanley, B. W./Sharma, V. I. (2011): To Cheat or Not to Cheat: How Bank Debt Influences the Decision to Misreport, Journal of Accounting, Auditing & Finance, Jg. 26, Nr. 2/April 2011, S. 383–414.

Stansbury, Jason (2009): Reasoned Moral Agreement: Applying Discourse Ethics within Organizations, Business Ethics Quarterly, Jg. 19, Nr. 1 (Januar 2009), S. 33–56.

Steyrer, Johannes/Schiffinger, Michael/Lang, Rainhart (2007): Ideal- und Realbild von Führung. Zum Zusammenhang zwischen Führungswahrnehmung, organisationalem Commitment und Unternehmenserfolg, Zeitschrift für Management, Jg. 2, Heft 4, Oktober 2007, S. 402–434.

Stiefl, Jürgen (2010): Risikomanagement und Existenzsicherung. Mit Konzepten und Fallstudien zu KMU, München: Oldenbourg.

Stöger, Heidrun/Ziegler, Albert/Schimke, Diana (Hrsg.) (2009): Mentoring: Theoretische Hintergründe, empirische Befunde und praktische Anwendungen, Lengerich: Pabst Science Publishers.

Strangfeld, Oliver (2012): Die Vorteilhaftigkeit relativer Anreizschemata unter Berücksichtigung der Kollusionsgefahr. Eine agentenbasierte Simulation, Wiesbaden: Gabler Verlag.

Strohmeier, Georg (2007): Ganzheitliches Risikomanagement in Industriebetrieben. Grundlagen, Gestaltungsmodell und praktische Anwendung, Wiesbaden: Deutscher Universitäts-Verlag.

Strydom, Piet (2008): Risk Communication: World Creation Through Collective Learning Under Complex Contingent Conditions, Journal of Risk Research, Jg. 11, Nr. 1–2, Januar-März 2008, S. 5–22.

Süß, Stefan (2009a): Die Institutionalisierung von Managementkonzepten. Eine strukturationstheoretisch-mikropolitische Perspektive, Zeitschrift für Betriebswirtschaft, Jg. 79, Heft 2, Februar 2009, S. 187–212.

Süß, Stefan (2009b): Managementkonzept, DBW – Die Betriebswirtschaft, Jg. 69, Heft 1/2009, S. 113–117.

Tebben, Tobias (2011): Vergütungsanreize und opportunistische Bilanzpolitik. Eine empirische Analyse der Rolle von Aufsichtsrat und Abschlussprüfer, Wiesbaden: Gabler Verlag.

Teichmann, Ulrich (1989): Wirtschaftspolitik. Eine Einführung in die demokratische und instrumentelle Wirtschaftspolitik, 3., aktualisierte und erweiterte Auflage, München: Verlag Franz Vahlen.

Tekleab, Amanuel G./Chiaburu, Dan S. (2011): Social exchange: Empirical examination of form and focus, Journal of Business Research, Jg. 64, Nr. 5, Mai 2011, S. 460–466.

Temmel, Philipp (2011): Organisation des Controllings als Managementfunktion. Gestaltungsfaktoren, Erfolgsdeterminanten und Nutzungsimplikationen, Wiesbaden: Gabler Verlag.

Thiele, Herny (2008): Die Interdependenz formaler und informaler Strukturen im Lichte der Systemtheorie Niklas Luhmanns. Dissertation, Universität Potsdam, verfügbar auf: http://d-nb.info/996936513/34, Stand: 16.01.2010.

Thielemann, Ulrich/Weibler, Jürgen (2007): Betriebswirtschaftslehre ohne Unternehmensethik? Vom Scheitern einer Ethik ohne Moral, Zeitschrift für Betriebswirtschaft, Jg. 77, Heft 2, Februar 2007, S. 179–194.

Thomas, Gail Fann/Zolin, Roxanne/Hartman, Jackie L. (2009): The Central Role of Communication in Developing Trust and Its Effect On Employee Involvement, Journal of Business Communication, Jg. 46, Nr. 3, S. 287–310.

Tippelt, Rudolf (Hrsg.) (2010): Handbuch Bildungsforschung, 3., durchgesehene Auflage, Wiesbaden: VS Verlag für Sozialwissenschaften.

Toyoki, Sammy/Spicer, André/Elliott, Richard (2006): Beyond old horizons: Theorising the rhythms of social reproduction, TAMARA: Journal of Critical Organization Science, Jg. 5, Nr. 1/2, S. 96–115.

Treviño, Linda K./Weaver, Gary R./Reynolds, Scott J. (2006): Behavioral Ethics in Organizations: A Review, Journal of Management, Jg. 32, Nr. 6, Dezember 2006, S. 951–990.

Tversky, Amos/Kahneman, Daniel (2008): Rational Choice and the Framing of Decisions, in: Kahneman, Daniel/Tversky, Amos (Hrsg.): Choices, Values, and

Frames, 8. Nachdruck der Originalauflage von 2000, New York, Cambridge, UK: Russell Sage Foundation; Cambridge University Press, S. 209–223.

Velte, Patrick (2009): Die Implementierung von Prüfungsausschüssen/Audit Committees des Aufsichtsrats/Board of Directors mit unabhängigen und finanzkompetenten Mitgliedern, Journal für Betriebswirtschaft, Jg. 59, Nr. 2–3, November 2009, S. 123–174.

Velte, Patrick (2010): Stewardship-Theorie, Zeitschrift für Planung & Unternehmenssteuerung, Jg. 20, Heft 3, April 2010, S. 285–293.

Velte, Patrick/Stiglbauer, Markus/Sepetauz, Karsten (2011): Entwicklung der Risiko- und Prognoseberichterstattung am deutschen Kapitalmarkt, Journal für Betriebswirtschaft, Jg. 61, Nr. 2–3, November 2011, S. 123–177.

Velte, Patrick/Weber, Stefan C. (2010): Koalitionsbildungen im Rahmen der Corporate Governance als Anlass für weitere Reformen des unternehmerischen Überwachungssystems, Zeitschrift für Planung & Unternehmenssteuerung, Jg. 20, Heft 4, März 2010, S. 393–417.

Vilanova, Laurent (2007): Neither Shareholder nor Stakeholder Management. What Happens When Firms are Run for their Short-term Salient Stakeholder?, European Management Journal, Jg. 25, Nr. 2, S. 146–162.

Viscusi, W. Kip/Phillips, Owen R./Kroll, Stephan (2011): Risky investment decisions: How are individuals influenced by their groups?, Journal of Risk and Uncertainty, Jg. 43, Nr. 2, Oktober 2011, S. 81–106.

Voigt, Stefan (2009a): How (Not) to Measure Institutions. Working Paper, Marburg, Phillips Universität Marburg, verfügbar auf: http://ssrn.com/abstract=1336272, Stand: 05.04.2010.

Voigt, Stefan (2009b): Institutionenökonomik, 2., durchgesehene Auflage, Paderborn: Wilhelm Fink Verlag, Schriftenreihe UTB.

Vosselman, Ed/van der Meer-Kooistra, Jeltje (2009): Accounting for control and trust building in interfirm transactions relations, Accounting, Organizations and Society, Jg. 34, Nr. 2, Februar 2009, S. 267–283.

Waldforst, Sebastian (2007): Die Wirkung von Zielen auf die Arbeitsleistung von Akteuren. Eine experimentelle Untersuchung, Wiesbaden: Deutscher Universitäts-Verlag.

Wall, Friederike (2008a): Controlling zwischen Entscheidungs- und Verhaltenssteuerungsfunktion. Konzeptionelle Gemeinsamkeiten und Unterschiede innerhalb des Fachs, DBW – Die Betriebswirtschaft, Jg. 68, Heft 4/2008, S. 463–482.

Wall, Friederike (2008b): Funktionen des Controllings im Rahmen der Corporate Governance, ZfCM – Zeitschrift für Controlling und Management, Jg. 52, Heft 4, August 2008, S. 228–233.

Wall, Friederike/Greiling, Dorothea (2011): Accounting information for managerial decision-making in shareholder management versus stakeholder management, Review of Managerial Science, Jg. 5, Nr. 2–3, S. 91–135.

Wall, Friederike/Kießling, Dirk (2008): Verhaltensorientiertes Controlling und Budgetinformationen – Praktische Erfahrungen und ausgewählte Forschungsergebnisse, ZfCM – Zeitschrift für Controlling und Management, Jg. 52, Sonderheft 1, Mai 2008, S. 74–81.

Wals, Arjen E.J./Schwarzin, Lisa (2012): Fostering organizational sustainability through dialogic interaction, The Learning Organization, Jg. 19, Nr. 1, S. 11–27.

Weber, Axel A. (2008): Die Subprime-Krise. Ursachen und Folgen für das Kreditwesen. Rede anlässlich des FTD-Bankengipfels 2008 unter dem Titel: Neue Strategien und Geschäftsfelder für den deutschen Bankenmarkt, Eltville, 25. April 2008, Frankfurt am Main, Deutsche Bundesbank, verfügbar auf: www.bundesbank.de, Stand: 07.10.2009.

Weber, Jürgen (2005): Das Advanced-Controlling-Handbuch. Alle entscheidenden Konzepte, Steuerungssysteme und Instrumente, Weinheim: Wiley-VCH.

Weber, Jürgen (2007): Aktuelle Controllingpraxis in Deutschland. Ergebniss des WHU-Controllerpanels, Vallendar/Rhein, WHU – Otto Beisheim Graduate School of Management, verfügbar auf: http://www.whu.edu/uploads/media/Ergebnisbericht_WHU-Controllerpanel_2007.pdf, Stand: 26.06.2011.

Weber, Jürgen (2008): Rollen der Controller – Theoretische Herleitung und empirische Erkenntnisse, in: Weber, Jürgen/Vater, Hendrik/Schmidt, Walter/Reinhard, Hartmut/Ernst, Edgar (Hrsg.): Die neue Rolle des Controllers. Aufgaben, Anforderungen, Best Practices, Stuttgart: Schäffer-Poeschel Verlag, S. 3–14.

Weber, Jürgen (2010a): Organisation des Controllerbereichs – ein Überblick, ZfCM – Zeitschrift für Controlling und Management, Jg. 54, Sonderheft 2, Juli 2010, S. 39–46.

Weber, Jürgen (2010b): Was unterscheidet erfolgreiche von nicht erfolgreichen Controllern?, ZfCM – Zeitschrift für Controlling und Management, Jg. 54, Heft 2, April 2010, S. 91–95.

Weber, Jürgen (2011): The development of controller tasks: explaining the nature of controllership and its changes, Journal of Management Control, Jg. 22, Nr. 1, September 2011, S. 25–46.

Weber, Jürgen (2013): Verhaltensorientiertes Controlling. Plädoyer für eine (nicht ganz) neue Sicht auf das Controlling, Controlling, Zeitschrift für erfolgsorientierte Unternehmensführung, Jg. 25, Heft 4/5, April/Mai 2013, S. 217–222.

Weber, Jürgen/Georg, Johannes/Janke, Robert (2010): Nachhaltigkeit: Relevant für das Controlling?, ZfCM – Zeitschrift für Controlling und Management, Jg. 54, Heft 6, Dezember 2010, S. 395–400.

Weber, Jürgen/Goretzki, Lukas/Meyer, Timo (2012): Nachhaltigkeit als neues Aufgabenfeld für Controller – Ergebnisse der WHU-Zukunftsstudie, ZfCM – Zeitschrift für Controlling und Management, Jg. 56, Heft 4, Juni 2012, S. 242–248.

Weber, Jürgen/Hirsch, Bernhard (Hrsg.) (2003): Zur Zukunft der Controllingforschung. Empirie, Schnittstellen und Umsetzung in der Lehre, Wiesbaden: Deutscher Universitäts-Verlag.

Weber, Jürgen/Schäffer, Utz (1999): Sicherstellung der Rationalität von Führung als Aufgabe des Controllings?, DBW – Die Betriebswirtschaft, Jg. 59, Heft 6/1999, S. 731–747.

Weber, Jürgen/Schäffer, Utz (2008): Einführung in das Controlling, 12., überarbeitete und aktualisierte Auflage, Stuttgart: Schäffer-Poeschel Verlag.

Weber, Jürgen/Vater, Hendrik/Schmidt, Walter/Reinhard, Hartmut/Ernst, Edgar (Hrsg.) (2008): Die neue Rolle des Controllers. Aufgaben, Anforderungen, Best Practices, Stuttgart: Schäffer-Poeschel Verlag.

Weber, Jürgen/Voußem, Ludwig/Zubler, Susanne/Rehring, Jochen (2009): Controlling im Zeichen der Krise – Der Verlauf des ersten Krisenjahres. Vergleich der Befragungsergebnisse November 2008 / April 2009 / September 2009, Vallendar/Rhein, WHU – Otto Beisheim School of Management, verfügbar auf: http://www.whu.edu/uploads/media/Ergebnisbericht_Krisenstudie_Der_Verlauf_des_ersten_Krisenjahres.pdf, Stand: 26.01.2010.

Weber, Jürgen/Zubler, Susanne/Krügerke, Christian (2008): Aktuelle Controllingpraxis in den D-A-CH-Ländern. Ergebnisse des WHU-Controllerpanels 2008, Vallendar/Rhein, WHU – Otto Beisheim School of Management, verfügbar auf: http://www.whu.edu/uploads/media/Ergebnisbericht_WHU-Controller panel_2008.pdf, Stand: 02.10.2011.

Weber, Jürgen/Zubler, Susanne/Rehring, Jochen (2009): Das 3. WHU-Controllerpanel 2009. Aktuelle Entwicklungen und Trends im Zeichen der Krise, Vallendar/Rhein, WHU – Otto Beisheim School of Management, verfügbar auf: http://www.whu.edu/uploads/media/Management_Summary_3._WHU_Controllerpanel.pdf, Stand: 04.10.2009.

Weber, Susanne Maria/Göhlich, Michael/Schröer, Andreas/Fahrenwald, Claudia/Macha, Hildegard (Hrsg.) (2013): Organisation und Partizipation. Beiträge der Kommission Organisationspädagogik, Wiesbaden: Springer-Verlag.

Wecker, Gregor/Galla, Stefan (2009): Pflichten der Geschäftsleitung & Aufbau einer Compliance Organisation, in: Wecker, Gregor/van Laak, Hendrik (Hrsg.): Compliance in der Unternehmerpraxis, 2. Auflage, Wiesbaden: Gabler Verlag, S. 49–72.

Wecker, Gregor/van Laak, Hendrik (Hrsg.) (2009): Compliance in der Unternehmerpraxis, 2. Auflage, Wiesbaden: Gabler Verlag.

Weetman, Pauline (2006): Financial and management accounting. An introduction, 4. Auflage, Harlow: Financial Times/Prentice Hall.

Wehrheim, Michael/Fross, Ingo (2010): Erosion handelsrechtlicher GoB durch das Bilanzrechtsmodernisierungsgesetz, Zeitschrift für Betriebswirtschaft, Jg. 80, Heft 1, Januar 2010, S. 71–109.

Weibel, Antoinette (2009): Kooperation und Engagement in der Arbeit – Eine vergleichende Betrachtung psychologischer Ökonomik und Verhaltenswissenschaft, in: Schreyögg, Georg/Sydow, Jörg (Hrsg.): Verhalten in Organisationen, Wiesbaden: Gabler Verlag, S. 31–66.

Weibler, Jürgen (2012): Personalführung, 2., komplett überarbeitete und erweiterte Auflage, München: Verlag Franz Vahlen.

Weik, Elke/Lang, Rainhart (Hrsg.) (2001): Moderne Organisationstheorien. Eine sozialwissenschaftliche Einführung, Wiesbaden: Gabler Verlag.

Weiß, Gregor (2009): Bank Contagion, DBW – Die Betriebswirtschaft, Jg. 69, Heft 4/2009, S. 521–524.

Weißenberger, Barbara E. (2008): Controller und IFRS. Konsequenzen der IFRS-Finanzberichterstattung für die Controlleraufgaben, in: Funk, Wilfried/Rossmanith, Jonas (Hrsg.): Internationale Rechnungslegung und internationales Controlling. Herausforderungen, Handlungsfelder, Erfolgspotenziale, Wiesbaden: Gabler Verlag, S. 425–454.

Weißenberger, Barbara E./Löhr, Benjamin (2008a): Planung und Unternehmenserfolg: Stylized Facts aus der empirischen Controllingforschung im deutschsprachigen Raum von 1990–2007, Zeitschrift für Planung & Unternehmenssteuerung, Jg. 18, Heft 4, Februar 2008, S. 335–363.

Weißenberger, Barbara E./Löhr, Benjamin W. (2008b): Verzahnung des Risikocontrollings mit den traditionellen Controllingaktivitäten. Konzeptionelle Gestaltungsvorschläge und Status quo im deutschsprachigen Raum, Gießen, Justus Liebig Universität, Working Paper 4/2008, verfügbar auf: http://wiwi.uni-giessen.de/controlling/, Stand: 09.07.2008.

Weißenberger, Barbara E./Löhr, Benjamin W. (2010): Integriertes Risikocontrolling in Industrieunternehmen. Status quo im deutschsprachigen Raum, ZfCM – Zeitschrift für Controlling und Management, Jg. 54, Heft 5, Oktober 2010, S. 336–343.

Weißenberger, Barbara E./Wolf, Sebastian (2010): Involvement of management accountants in incentive compensation. – Empirical results from a cross-sectional survey -. Working Paper 2/2010, Giessen, Justus Liebig Universität, verfügbar auf: http://www.wiwi.uni-giessen.de/controlling/, Stand: 02.04.2011.

Weißenberger, Barbara E./Wolf, Sebastian/Neumann Giesen, Axel/Elbers, Gunnar (2012): Controller als Business Partner: Ansatzpunkte für eine erfolgreiche Umsetzung des Rollenwandels, ZfCM – Zeitschrift für Controlling und Management, Jg. 56, Heft 5, September 2012, S. 330–335.

Weitzner, David/Darroch, James (2010): The Limits of Strategic Rationality: Ethics, Enterprise Risk Management, and Governance, Journal of Business Ethics, Band 92, Heft 3, März 2010, S. 361–372.

Wellman, Justin A./Geers, Andrew L. (2009): Rebel Without a (Conscious) Cause: Priming a Nonconscious Goal for Psychological Reactance, Basic and Applied Social Psychology, Jg. 31, Nr. 1, S. 9–16.

Welpe, Isabell M./Michl, Theresa/Spörrle, Matthias (2010): Expertenberatung oder Coaching? So finden Sie den richtigen Beratungsansatz für Ihr Projekt, Zeitschrift Führung + Organisation, Jg. 79, Heft 4/2010, S. 257–264.

Wentura, Dirk/Degner, Juliane (2006): Sozialpsychologie kognitiver Prozesse, in: Pawlik, Kurt (Hrsg.): Handbuch Psychologie. Wissenschaft – Anwendung – Berufsfelder, Heidelberg: Springer-Verlag, S. 385–396.

Werder, Axel von (2008): Führungsorganisation. Grundlagen der Corporate Governance, Spitzen- und Leitungsorganisation, 2., aktualisierte und erweiterte Auflage, Wiesbaden: Gabler Verlag.

Werder, Axel von/Grundei, Jens (2006): Konzeptionelle Grundlagen des Organisations-Controllings, in: Werder, Axel von/Stöber, Harald/Grundei, Jens (Hrsg.): Organisations-Controlling. Konzepte und Praxisbeispiele, Wiesbaden: Gabler Verlag, S. 15–50.

Werder, Axel von/Stöber, Harald/Grundei, Jens (Hrsg.) (2006): Organisations-Controlling. Konzepte und Praxisbeispiele, Wiesbaden: Gabler Verlag.

Wetzel, Ralf (2001): Kognition und Sensemaking, in: Weik, Elke/Lang, Rainhart (Hrsg.): Moderne Organisationstheorien. Eine sozialwissenschaftliche Einführung, Wiesbaden: Gabler Verlag, S. 153–200.

Wiemann, Daniela (2011): Der Zusammenhang von Prüfungsqualität und Mandatsdauer des Abschlussprüfers. Eine empirische Untersuchung unter besonderer Berücksichtigung der Bilanzpolitik beim Mandanten, Wiesbaden: Gabler Verlag.

Williams, Bernard (2013): Wahrheit und Wahrhaftigkeit, Berlin: Suhrkamp Verlag.

Willms, Johannes (2010): Neue Perspektiven in der Führungsentwicklung, Organisationsberatung, Supervision, Coaching, Jg. 17, Nr. 3, S. 269–280.

Wilson, Robyn S./Arvai, Joseph L./Arkes, Hal R. (2008): My Loss Is Your Loss … Sometimes: Loss Aversion and the Effect of Motivational Biases, Risk Analysis, Jg. 28, Nr. 4, S. 929–938.

Wimmer, Rudolf/Gebauer, Annette/Schumacher, Thomas (2014): Strategieentwicklung. Studienbrief OE0210, 3., überarbeitete Auflage, Kaiserslautern: Technische Universität Kaiserslautern.

Winter, Peter (2007): Risikocontrolling in Nicht-Finanzunternehmen. Entwicklung einer tragfähigen Risikocontrolling-Konzeption und Vorschlag zur Gestaltung einer Risikorechnung, Lohmar-Köln: Josef Eul Verlag.

Winter, Peter (2008): Controlling-Konzeptionen revisited. Definition von Anforderungskriterien an Controlling-Konzeptionen und Thesen für die konzeptionelle Controlling-Forschung, München, Universität München, MPRA Paper Nr. 10503, verfügbar auf: http://mpra.ub.uni-muenchen.de/10503/, Stand: 16.10.2010.

Wöhe, Günter/Döring, Ulrich (2010): Einführung in die allgemeine Betriebswirtschaftslehre, 24., überarbeitete und aktualisierte Auflage, München: Verlag Franz Vahlen.

Wolf, Joachim (2011): Organisation, Management, Unternehmensführung. Theorien, Praxisbeispiele und Kritik, 4., vollständig überarbeitete und erweiterte Auflage, Wiesbaden: Gabler Verlag.

Wolf, Klaus/Runzheimer, Bodo (2009): Risikomanagement und KonTraG. Konzeption und Implementierung, 5., vollständig überarbeitete Auflage, Wiesbaden: Gabler Verlag.

Wolke, Thomas (2008): Risikomanagement, 2., vollständig überarbeitete und erweiterte Auflage, München: Oldenbourg.

Wong, Kin Fai Ellick/Kwong, Jessica Yuk Yee/Ng, Carmen K. (2008): When Thinking Rationally Increases Biases: The Role of Rational Thinking Style in Escalation of Commitment, Applied Psychology, Jg. 57, Nr. 2, April 2008, S. 246–271.

Wong, Sze-Sze/Boh, Wai Fong (2010): Leveraging the Ties of Others to Build a Reputation for Trustworthiness Among Peers, Academy of Management Journal, Jg. 53, Nr. 1, Februar 2010, S. 129–148.

Wright, Alex (2014): Organizational routines as embodied performatives: A communication as constitutive of organization perspective, Organization, Jg. 21, Online Version vor Drucklegung, DOI: 10.1177/1350508414533165, S. 1–17.

Wrona, Thomas (2008): Konzeptionen der strategischen Unternehmensberatung, in: Bamberger, Ingolf (Hrsg.): Strategische Unternehmensberatung. Konzeptionen – Prozesse – Methoden, 5., aktualisierte und erweiterte Auflage, Wiesbaden: Gabler Verlag, S. 1–47.

Yermack, David (2006): Flights of fancy: Corporate jets, CEO perquisites, and inferior shareholder returns, Journal of Financial Economics, Jg. 80, Nr. 1, S. 211–242.

Zander, Kevin/Büttner, Volker/Hadem, Michael/Richter, Ansgar/Schäffer, Utz (2009): Unternehmenserfolg, Wechsel im Vorstandsvorsitz und Disziplinierung von Finanzvorständen, Zeitschrift für Betriebswirtschaft, Jg. 79, Heft 12, Dezember 2009, S. 1343–1386.

Zattoni, Alessandro (2011): Who Should Control a Corporation? Toward a Contingency Stakeholder Model for Allocating Ownership Rights, Journal of Business Ethics, Band 103, Heft 2, Oktober 2011, S. 255–274.

Zhang, Yue (2008): The Effects of Perceived Fairness and Communication on Honesty and Collusion in a Multi-Agent Setting, The Accounting Review, Jg. 83, Nr. 4, Juli 2008, S. 1125–1146.

Ziegenbein, Klaus (2007): Controlling, 9., überarbeitete und aktualisierte Auflage, Ludwigshafen (Rhein): Kiehl Verlag.

Zielowski, Christian (2006): Managementkonzepte aus Sicht der Organisationskultur. Auswahl, Ausgestaltung und Einführung, Wiesbaden: Deutscher Universitäts-Verlag.

Zietsma, Charlene/Winn, Monika I. (2008): Building Chains and Directing Flows: Strategies and Tactics of Mutual Influence in Stakeholder Conflicts, Business & Society, Jg. 47, Nr. 1/März 2008, S. 68–101.

Zülch, Henning/Gebhardt, Ronny/Hoffmann, Sebastian (2009): Politische Ökonomie der Rechnungslegung – Bisherige Forschungsergebnisse und künftige Forschungsperspektiven unter besonderer Berücksichtigung des Lobbyingkonzepts, Journal für Betriebswirtschaft, Jg. 59, Nr. 1, Juni 2009, S. 1–29.

**Bildung und Organisation**

Herausgegeben von Harald Geißler und Jendrik Petersen

Band 1 Walter Dürr (Hrsg.): Selbstorganisation verstehen lernen. Komplexität im Umfeld von Wirtschaft und Pädagogik. 1995.

Band 2 Rüdiger Reinhardt: Das Modell Organisationaler Lernfähigkeit und die Gestaltung Lernfähiger Organisationen. 2., veränd. Aufl. 1995.

Band 3 Alfred Lumpe: Pädagogik als Wahrnehmung von Wirklichkeit – Lernorganisation als Entwicklung der Selbstorganisation. Wahrnehmungsformen und Entwicklung pädagogischer Kompetenz. 1995.

Band 4 Jendrik Petersen: Die gebildete Unternehmung. 1997.

Band 5 Andre Lehnhoff: Vom Management Development zur Managementbildung. 1997.

Band 6 Christoph Diensberg: Betriebliche Weiterbildung, Vorschlagswesen und Umweltschutz. Lernprozesse zwischen Mitarbeiter- und Unternehmensentwicklung. 1997.

Band 7 Markus Hodel: Organisationales Lernen und Qualitätsmanagement. Eine Fallstudie zur Erarbeitung und Implementation eines visualisierten Qualitätsleitbildes. 1998.

Band 8 Anna Meyer: Führende und Geführte im Wandel der Führungsparadigmen des 20. Jahrhunderts. Ein Wandel vom Objekt zum selbstverantwortlichen Subjekt? 2000.

Band 9 Rüdiger Rhein: Betriebliche Gruppenarbeit im Kontext der lernenden Organisation. 2002.

Band 10 Jasmin Godemann: Leitbildimplementierung in Organisationen. Chancen und Möglichkeiten einer Bildung für eine nachhaltige Entwicklung in Kindergärten. 2002.

Band 11 Ulrich Spandau: Organisationslernen und Macht. Fallstudie zur Ermöglichung dialogorientierten Managementhandelns in Organisationen. 2002.

Band 12 Anna-Maria Huesmann: Binomische Kommunikation. Aktivierung des Selbsterneuerungspotentials in Veränderungsprozessen am Beispiel wissenschaftlicher Bibliotheken. 2003.

Band 13 Jendrik Petersen: Dialogisches Management. 2003.

Band 14 Mark Ackermann: Systemisches Lernen. Individuelle und organisationale Lernprozesse in Kommunikationsarchitekturen. 2005.

Band 15 Thomas Lücke: Wissensmanagement als eine betriebspädagogische Gestaltungsaufgabe unter dem Paradigma veränderter Arbeits- und Organisationsformen. 2005.

Band 16 Volker Naumann: Management polyzentrischer Organisationen. Perspektiven neuerer evolutions- und komplexitätstheoretischer Ansätze. 2006.

Band 17 Johannes Grill: Die strategische Bedeutung des Human Capital und seine Bewertung. Ein Bezugsrahmen zur Evaluation ambitionierter mittlerer Unternehmen. 2008.

Band 18 Frank Christian Galefski: Coachingbasiert-dialogisches Management-Audit. Möglichkeiten der Initiierung von individuellen und organisationalen Lernprozessen durch geeignete Führungskräftediagnostik mit dem Fokus der Generierung von Organisationslernen. 2008.

Band 19 Helmut Keller: Informelle Lernnetzwerke in Organisationen. Theoretische Zugänge und didaktische Implikationen für die betriebliche Weiterbildung. 2008.

Band 20 Charlotte Heidsiek: Reflexion und Organisationsberatung. Professionalisierung aus organisationspädagogischer Perspektive. 2009.

Band 21 Udo Kreggenfeld: Verhandlungen in und zwischen Organisationen. 2009.

Band 22 Jürgen Edgar Kauschke: Reflexive Führung. Die Führungskraft als Coach? 2010.

Band 23 Charlotte Heidsiek / Jendrik Petersen (Hrsg.): Organisationslernen im 21. Jahrhundert. Festschrift für Harald Geißler. Herausgegeben von Charlotte Heidsiek und Jendrik Petersen. 2010

Band 24 Elke Moning / Jendrik Petersen (Hrsg.): Wandlungen komplexer Bildungssysteme. Festschrift für Jürgen Wiechmann. 2010.

Band 25 Annette Verena Nolze: Entwicklung einer Methode zur Erhöhung der Situation Awareness bei Verkehrsflugzeugführern. 2011.

Band 26 Petra Kalendruschat: Business-Coaching als unterstützendes Instrument im Strategischen Management. 2012.

Band 27 Jens-Rüdiger Olesch: Institutionalisiertes Controlling als Risiko-Träger. Theoriegeleitete Verortung und Bewältigungsoptionen im Rahmen eines dialogischen Führungsverständnisses. 2017.

Band 28 Stefanie Godemann: Coaching – eine Frage der Theorie? Die Bedeutung der Coachingansätze für die Coachingpraxis. 2017.

www.ingramcontent.com/pod-product-compliance
Ingram Content Group UK Ltd.
Pitfield, Milton Keynes, MK11 3LW, UK
UKHW041828290926
8980IPUK00002B/127

9 783631 713792